中国书籍学术之光文库

社约物与人
论人自由自己的约束

温勇增 | 著

中国书籍出版社
China Book Press

图书在版编目（CIP）数据

社约物与人：论人自由自己的约束/温勇增著.—北京：中国书籍出版社，2020.4

（中国书籍学术之光文库）

ISBN 978-7-5068-7658-2

Ⅰ.①社… Ⅱ.①温… Ⅲ.①现代哲学—研究—中国 Ⅳ.①B26

中国版本图书馆CIP数据核字（2020）第002668号

社约物与人：论人自由自己的约束

温勇增 著

责任编辑	李　新
责任印制	孙马飞　马　芝
封面设计	中联华文
出版发行	中国书籍出版社
地　　址	北京市丰台区三路居路97号（邮编：100073）
电　　话	（010）52257143（总编室）　（010）52257140（发行部）
电子邮箱	eo@chinabp.com.cn
经　　销	全国新华书店
印　　刷	三河市华东印刷有限公司
开　　本	710毫米×1000毫米　1/16
字　　数	655千字
印　　张	36.5
版　　次	2020年4月第1版　2020年4月第1次印刷
书　　号	ISBN 978-7-5068-7658-2
定　　价	99.00元

版权所有　翻印必究

目 录
CONTENTS

序言：人自由自己的约束 ·································· 1

第一章 本原物质的"本能系统辩证逻辑" ·················· 13
第一节 辩证逻辑遇到的困境 ·························· 14
第二节 辩证逻辑的出路及其重建 ······················ 18
第三节 本能系统的物质辩证逻辑体系 ·················· 29
第四节 本能系统辩证逻辑的思维运用方法 ·············· 37

第二章 机能物质辩证研究的"格物系统论" ················ 48
第一节 机能物质世界的系统科学理论 ·················· 50
第二节 机能物质认识的格物系统 ······················ 61
第三节 格物系统的"秩边流"模型 ···················· 92
第四节 格物系统认识运用的方法 ······················ 104
第五节 关于"联系和发展基本环节"的格物认知把握 ······ 111

第三章 人类格物系统的"一般系统人论" ·················· 124
第一节 一般系统人的概念与性质 ······················ 125
第二节 一般系统人的规定性 ·························· 140
第三节 一般系统人存在和发展的辩证逻辑 ·············· 153

第四章 一般系统人的"社约物场论" ······················ 172
第一节 来源于亚物质的社约物 ························ 174
第二节 社约物场系统 ································ 200

第三节　社约物场的社约意志势能及其驱动力 …………… 216

　　第四节　社约缔结活动的社约物场模型分析 ……………… 226

第五章　社约物——人类系统约束的"无形之手" …………… 233

　　第一节　一般系统人的社约物意志 ………………………… 234

　　第二节　一般系统人的社约物普遍关联 …………………… 249

　　第三节　一般系统人社约物的总体性支配 ………………… 256

　　第四节　一般系统人社约物支配的"内手"——博弈自组织 …… 276

　　第五节　一般系统人社约物支配的"外手"——博弈他组织 …… 309

第六章　社约物"无形之手"的"手指" …………………………… 323

　　第一节　社约物无形手指之"经济社约物" ………………… 324

　　第二节　社约物无形手指之"政治社约物" ………………… 362

　　第三节　社约物无形手指之"科技社约物" ………………… 389

　　第四节　社约物无形手指之"人文社约物" ………………… 404

第七章　开明利己的社约系统人 ……………………………… 438

　　第一节　开明利己系统人的一般社约生活 ………………… 440

　　第二节　开明利己的"个体"系统人及其"社约修身" ……… 465

　　第三节　开明利己的"家"组织系统人及其"社约齐家" …… 505

　　第四节　开明利己的"企"组织系统人及其"社约营企" …… 515

　　第五节　开明利己的"国"组织系统人及其"社约治国" …… 527

　　第六节　开明利己的"人类"组织系统人及其"社约平世" … 543

参考文献 ………………………………………………………… 566

后　记 …………………………………………………………… 574

序言：人自由自己的约束

拾起哲学思维的一根稻草——让思维行走在自觉到本性的道路上，搭乘哲学之思维天使的翅膀起航旅行，认识自己、认识世界！

旅行所向，天使导航，飞入人群深处，混混沌沌熙熙攘攘；翱向云端高处，雾茫茫不知所在。从"人群深处"到"云端高处"的逻辑贯通一致性常常给人们带来困惑，比如"个人意志适应社会意志、改造社会意志"同"社会意志服务个人意志、制约个人意志"之间的一致性和解问题；对此，我带着疑惑问天使："何以释之？"

天使亮出了"辩证之枪"和"系统之筐"两件武器道："由低到高，由高到低，让思维自觉到思维本性之钥匙开启它们的逻辑贯通之门。辩证之枪直指问题关键，系统之筐承载和而不同。（1）辩证之枪可以击穿系统之筐，但需要系统之筐提供子弹，因为系统之筐可以束缚辩证矛盾使之集中统一，也可以承载辩证问题的矛盾展开，确保辩证直指问题关键，以突破求发展；（2）系统之筐可以束缚辩证之枪，但需要辩证之枪提供止杀之力——辩证之枪可以造成破坏，也可以射杀造成破坏的破坏，确保系统承载和而不同，优化整体发展。两者结合，贯通一致。辩证与系统在自为中展开，辩证自为诞生系统，系统生成承载新辩证，如此超循环螺旋演化发展。"

我听后露出茫然神色，继续问道："我想无限自我自由，但生活常常不如我愿，人自由自己的约束物是什么？我想充分达成意志，但行动时常不如我意，我的思想意志离开了人的实体是如何存在运行的？"

天使听后接着道："人之自由在于意志自由，人之约束在于社约物约束。人是思想者。人在社会，除了人的实体还有思想意志，思想意志离开了人的实体，融入实践产生社约物，它的存在和发展是有规律可循的，有些规律反复出现撑起了人与社会的稳定系统形态，即一般系统人形态。你可以尝试使用辩证和系统两件武器去探索旅行，去感受'人自由自己'与'社约物'带来的别样惊讶。"

我照做。于是，探讨形成了"人自由自己与社会的关系"问题的社约物之论。
……

古希腊德尔菲尔城阿波罗神庙大门上镌刻着名言："认识你自己！"

事实上，我们时刻都在回答"我是谁"的问题；因为，在生活中，人怎样实践表现自己，他就是怎样的。然而，大概缘于"当局者迷"的困扰，在人类整个的知识中，最缺乏的是关于人类自身的知识，比如卢梭曾说："人类的各种知识中最有用而又最不完备的，就是关于'人'的知识。"① 这表明关于人类自身的知识是一个亟待丰富的重要研究内容。在这个研究方向上，既要区分个体差异，又要站在不同阶层的人群组织（比如家、企、国等）的角度，因此系统科学将是一个十分必要的工具。

每个人在社会系统中的现实生存是这样的：一方面，他是自分形自由的，具有选择发展的自我恣意性，即自我发展的"自由"选择权；另一方面，他是社会系统的，既要接受社会系统（比如道德、法律、制度、习俗、文化等）的控制约束，又可享受来自社会系统的服务保障，即其过度的自由选择权利（恣意性）是受控制约束的，而其合理的自由选择权利（恣意性）是受服务保障的。既然人的"'自由'选择权利及其恣意性"是与生俱来的本性，那么在人类社会系统中，是谁制约着人的这种"无限"本性？又是谁保障着人的这种"合理"本性？

对此，本书归结起来就是在试图回答这样一个问题："什么是人自由自己的约束物，即什么在人类社会系统中支配运行的问题。"

一、研究背景资料及结构安排

在唯物辩证法的研究中，讨论"辩证逻辑自身真理永恒的确定性"同"其揭示的发展进程的暂时的确定性"之间的悖论问题以及在黑格尔那里讲得很多而在马克思那里讲得很少的"物自体"问题，这是很有必要的。

这里将对"辩证物质观"进行"接着讲"的思考——建立"本能系统辩证物质观"，试图推动系统科学哲学思维下的辩证唯物发展；建立"社约物"和"一般系统人"概念，试图解释"人自由自己的约束"的本体认识问题，并探索整个人类内在逻辑连贯的系统存在和演化规律。

---

① 卢梭：《论人类不平等的起源与基础》，商务印书馆1997年版，第62页。

在以上目标的指引下，本研究背景资料如下：

（1）马克思主义哲学思想是本研究的基本资料平台和思想背景；（2）《论本能系统的辩证唯物》① 的本能系统辩证物质观及其涌生思维是本研究的创新工具；（3）《社会契约论·论人类不平等的起源》② 是"社约物"研究的直接资料来源，社约物包括了社会契约实践行为及其机能的产物；（4）《系统哲学基本原理》③ 是本研究关于系统科学思维的主要参考资料；（5）《人学原理》④ 是一般系统人研究的重要基础资料，继承和发扬中国传统文明是一般系统人研究的重要使命背景。

本书展开的内容结构安排如下：

瞄准"人·系统·社会"，基于对唯物辩证逻辑的发展性思考，构建了"（1）本原物质研究的本能系统辩证逻辑→（2）机能物质辩证研究的格物系统论→（3）人类格物系统研究的一般系统人理念→（4）一般系统人研究的社约物场论"环环相扣，分别对应位于本文的"第一章到第四章"；接着讨论了社约物在人类社会系统的总体支配包括自组织"内手"和他组织"外手"等情况，讨论了社约物在人类社会系统的分类支配包括经济社约物、政治社约物、科技社约物和人文社约物等运行情况，最后讨论了社约物支配一般系统人运行呈现的"个人—家—企—国—人类"形式及"修—齐—营—治—平"内容，提出了"人活明己、社约生息"的开明利己社约自为优化理念，以及"和而不同、社约共赢"的开明利己社约协同优化思想。这对于中国传统文明与现时代融合具有积极的探索意义。

二、人之约束·社约物

人的约束是什么？人们通常会回答，其来自内心修养的自我约束和来自外部环境事物的他在约束。但这种未深入本质的回答，并不能让人完全满意。为什么我活着、家庭要养育我、学校要教育我、企业要馈赠我、法律要保护我？为什么人与人之间要竞争，你要打败我并以你成功的模式约束我？为什么人与人之间要合作，优秀、荣誉和成功不属于我，而抱怨、不公和失败却要环绕我？为什么我想做却不让我做，家庭如此，学校如此，企业如此，社会亦如此；我

---

① 温勇增：《论本能系统的辩证唯物》，九州出版社2017年版。
② 卢梭：《社会契约论·论人类不平等的起源》，刘丹、宋森译，湖南文艺出版社2011年版。
③ 乌杰主编：《系统哲学基本原理》，人民出版社2014年版。
④ 陈志尚主编：《人学原理》，北京出版社2004年版。

不想做却偏要我去做，凭什么管我，凭什么家长管我，凭什么老师管我，凭什么领导管我，凭什么社会管我，凭什么国家管我？……对于这一切为什么，脱离了具体环境条件之脚手架似乎很难回答"谁在约束"这个问题。

我自由但又被约束，我任性但又被保护。我们每个人心中都可能存在着面对约束时的困惑。人不是社会的熊孩子，完全的恣意性是不可能的，因为社会存在约束之"物"——社约物。"社约物"不是一个为了创造而创造的概念。整个人类面对的是同一个世界，但描述同一个现象事实，可能采用不同的概念和词句，也可以使用不同的语言比如中文、英文、希腊文等。因此，仅仅创造一个新名词并无意义，重要的是：它是否对应地描述了一个新现象或事实，提出了新问题；它在解决"问题"的"新文本"中是否具有"必须创造"的关键意义。

社会系统和人类应当是放在同一含义上的表达，社会本身是指处于社约缔结关系中的人本身。人自由自己的"普遍的""一般的"约束物是社约物。"人自由自己的需求内容与边界"同"社约物的供给内容与边界"的匹配关系是决定自由与约束关系的根源，即社约物的内容与边界是人自由的约束。

一个人的思想意志离开了人的实体是怎样的呢，比如马克思的思想离开了马克思人的实体后影响时代是如何进行的？人自由自己的核心是自由意志，自由意志的约束来自社约意志，社约意志的直接载体即人自由自己的约束之物是社约物。人在社会，除了人的实体还有思想意志。人的思想意志离开了人的实体，融入并涌现形成社会中契约性相互作用关系的亚物质便形成了社约物，它泛指活动的人与活动的对象关联起来的一切中介、一切相互作用和一切关系。通俗地说，社约物主要是指社会系统中各阶层内部和相互之间、各家庭内部和相互之间、各企事业团体内部和相互之间、各国内部和相互之间、个人内部（思想意志）和相互之间的，以及以上各系统相互之间的具有"契约性关系规定性"的社会系统亚物质。社约物意志即社约意志，是指人与实践对象之间的社约物被对应层级系统人赋予的意志，比如国家系统人赋予国家社约物的国家意志，个人系统人赋予个人社约物的个人意志。社约物和社约意志是不可分割的统一体。社约物承载社约意志，其以社约意志支配社会人运行，它是有规律可遵循的，有些规律在人类社会系统中反复出现，总体表现为：人自由意志离开了人的实体，在社会实践中相互契约性共融表达——涌现产生"社约物"，其以"社约意志"支配一般系统人运行，呈现出"自由自我"围绕"社约共我"协同发展的社约规律。

"社约物"研究，源自对卢梭社约思想的反思。卢梭在《社会契约论》中提出了"社约""公意"等核心概念及相关思想。按照卢梭的意见，人民将自己的权利转让给集体，以公意作为最高的指导；人民投票决定公意，然后又遵守公意的决定；公意代表自由，强迫某人服从公意，就是强迫他自由；公意容易受骗，所以需要一个具有最高智慧、超脱物外的立法者来作引导，来为国家创制。① 对卢梭《社会契约论》部分思想的反思如下：

（1）人民转让自己的权利是否以"自己的意志"为转移？有些社会成员并没有意识到自己的权利被转移，这些未被某些成员意识到却被转移走的权利对这一部分成员是否有失公平？有些成员并不想转移某些特定的权利，他是否可以不转移？有些成员想转移某些特定的权利，公意是否就一定会接纳吸收？

（2）公意如何有效形成并立法运行？人民转移（或被转移）意志的途径包括"资源转移（比如选举投票）""强制夺取（比如强行立法）"等，如何打造公平、科学、合理、正确的转移途径？如何防止立法者的无知和错误，防止公意被欺骗？

（3）公意是否代表自由？如果公意本质是限制"无限"自由，保障"有效"自由，对于天性自由的个体而言，公意代表着约束；那么公意和自由的真正关系是什么？

（4）强迫某人服从公意，"就这个行为本身"是否以人的意志为转移？如果个体在人类社会系统中被强迫服从公意是不以人的意志为转移的，犹如狼群中的低等级狼服从高等级狼、蜂群中的工蜂和蚁群中的工蚁服从对应所在组织，那么个体在社会系统中服从组织的、不以其意志为转移的"力量"来自哪里呢？

从一般社会系统角度看，回答以上问题就要探讨：一是公意的本质，即公意本体论问题；二是公意在一般社会系统中的生成和存在运行情况，即支配个体的控制约束和服务保障规律。归结起来就是探究"公意"作为人类社会系统中社约物意志的本质。"社约物"概念最初是为了解决卢梭《社会契约论》中"公意"的本质问题而提出来的，它有助于探索人思想意志离开了人实体的存在运行问题，它揭示了"人自由自己的约束"的本体论问题。在人类社会系统中，人是主体，（机能）物质是基础，社约物是核心。社约物一旦生成，它就成为人自由自己的约束物，其约束表现为物质、信息、能量能力、社会关系等社约物的约束，包括经济社约物、政治社约物、科技社约物、人文社约物等的约束，也包括他人、家庭、企事业团体、国家、人类等系统人对应的修身、齐家、营企、治国、平世之社约物约束。

---

① 王元化：《谈社约论书》，载《开放时代》，1998年第4期。

人是自分形自由的，又是受社约物整形制约的；人自由在于意志自由，人约束在于社约物约束。总的看，"人自由自己的保障与约束"问题就是社约物问题，"人自由自己的需求"同"社约物的供给"之间的匹配程度决定了人在社会系统中的自由感受程度，当需求小于供给时，人感觉在社会是相对自由的，此时社约物对人的自由提供服务保障功能；当需求大于供给时，人感觉是受社会约束的，此时社约物对人的自由提供控制约束功能。人之社会支配，社约物；人之服务保障，社约物；人之控制约束，社约物。人生活在人类社约物的海洋之中，和而不同，命运共同。

三、唯物思维本性

坚持唯物的思维本性，试问："人是物质的，人的实践活动是物质吗，是什么样的物质？事物是机能物质，事情是物质吗，是什么样的物质？系统是物质的，系统内相互作用关系是物质吗，是什么样的物质？"

爱因斯坦曾说，要解决我们面对的重要问题，不能停留在当初制造它们的思维层面上。要解决思维本性的问题，不能停留在产生思维活动的具体思维层面上，而是应当立足于人类近一百万年以来所知道的事实开展整体性思维。

人类对已知事实开展反省的思维方法是多样的，包括经验的、艺术的、科学的、神学的、宗教的等各种方法，它们通常都是"以某种确定的限定为前提"表达思想的具体思维方法，这存在的问题——正如威廉·罗杰斯所说：带来麻烦的不是未知的东西，而是我们以为知道，实际却并非如此的东西。"具体限定"的思维通常是以个人（主观特质）的、特殊（适合对象）的方式进行的，而"主观特质和特殊适合"正是形成"某种特定限定"的脚手架。拆除这些脚手架，才能有效地开展"思维自觉到本性"的觉醒运动。

思维之熟悉与清晰，宛如空气；思维之陌生与神秘，犹如上帝。思维研究是惯常的，却又是困难的，即使面对我们每天都遇到的简单问题，例如"我的自由遭遇了谁的约束"，一旦深入思考，拆除了"限定或脚手架"，就感觉完全难以回答。"思维结合具体对象"的盒子虽是形象的、精致的，却是脆弱的；"思维自觉到本性"的盒子虽是抽象的、粗糙的，却是坚固的。研究"思维"，不能以思维之外的方式来进行。任何确定的限定都是"思维结合具体对象"的表达，打破限定才可能实现"思维对思维自身"的表达。

在"思维发生学"的道路上，思维是否能够自觉到思维本性？

回答是肯定的。思维，应当立足于人类近一百万年以来所知道的事实，即在思维结合对象的基础上，追求思维自觉到思维本性。

思维行走在自我觉醒本性的道路上，经"生成、识他、自省、识己、觉醒"的历程，从思维生成、认识事物、对认识的反省、对思维的思维直至思维自觉到本性的顿悟，在觉醒中抵达思维自为的本性。思维来源于物质，在人脑中"生成"，以机能之道度识对象之物；又历经自省和识己，建立"逻辑"；在觉醒处抵达思维本性，展现出"思维的机能之道""思维的辩证逻辑""思维的形而上学"三者的统一。思维在人脑机能中诞生，在思想中生存和发展，在自觉到思维本性处收敛同一——在那里，思维同对象之物是同一的。

思维在认识自我的道路上，无论感性或理性，无论幻象或现实，它都试图透过表象寻找本质。思维着的思维，是人脑系统的机能，是人思想和认识的工具。人脑机能之思维存差异，则度识对象之物存差异，则思维之认识存差异。思维在认识自我的道路上，其以自我为工具探索本性，终将觉醒——在最高级层次顿悟自我：思维与对象物同一，共同根源于本能物质。

四、辩证之道

唯物辩证法是人类迄今为止的历史事实所证明了的。

然而，辩证逻辑遇到了"自我彻底辩证"的一些问题，比如在彻底辩证逻辑下，一切的"确切"都将同其对立面共存，一切的"存在"都将同其对立面共存，即什么都将不确切，什么都将不存在，包括辩证逻辑自身。

彻底辩证逻辑的大火容易把自己焚毁。为了控制无休止的大火，探索对辩证逻辑的挽救认为：辩证逻辑的"自我彻底辩证"将在最高层次抵达形而上学，即承认辩证逻辑存在"辩证的形而上学"，并基于此构建辩证之道。

辩证法在抵达最高层次即世界本原时，"辩证的二分法"连同其栖息的"机能物质"一道消失——收敛统一于本能物质。本能物质是指世界的根本的纯粹的存在。根本的存在就是纯粹的存在，"纯粹的存在"就是纯粹的无定状态，它是"潜在的存在"，因为其无事态内容，所有不具备自我内涵性边界，但，它具有导出生成性，即具有"潜在"向"显在"的"生成过渡"的自分形性。物质本体向物质显体过渡的内在机制可描述为自分形，即生成。显体物质一旦生成，将同时导出具有物质状态内容的边界，同时导出机能物质自分形整形"二分对立"的辩证发展的边界。这里以"思维自觉到思维本性"为钥匙，探索认为，思维本性与思维对象物本性是同一的，思维与物质是统一的，以物为本。本生万物，分形整形，辩证之本道。辩证之核为矛盾，以物为本的辩证系统展开之道如下：

（1）本①自分形，非均匀性，分形整形，同质异质，开显发展，物质本能生成矛盾之道；

（2）机②自分形，对立统一，质变量变，否定之否定，物质机能格物生成矛盾之道；

（3）机③自整形，差异协同，自组织涌现，超循环螺旋，物质系统共生矛盾之道。

本自分形，非均匀性整形，本物之道也。道由物生，显亚物；道亦有道，灵为最；物灵合一，人最优。物灵有别，人为尺度而格物；思维自觉到本性，物灵同一。

辩证之道，始于本；识别之道，始于人。万物格而不同，万物和而不同，普遍联系并育发展，物格有势，物共共势。人识物，物格物非常物；人识道，道可道非常道；物灵生人，格物明己，共己为社，社约共道。

五、一般系统人及其"看不见的手"

人生而自由，却受制于社会，如何把握自由人却受社会约束的困境？

马克思说："人是一切社会关系的总和。"因此，人自然地具有社会系统意义。采用系统科学思想和方法对人及人类的研究，可称为一般系统人研究。社约物是人意志离开人实体融入社会的直接载体，在社会系统中具有与"人、物质"同等的系统意义，并支配着一般系统人的存在运行和发展。在一般系统人中，具有整形意义的社约物是只"看不见的手"，它对溯及的人和事物具有"制约性"和"服务性"，比如公共社约物之公意对个体无限自由与权利的约束性，和对个体合理自由与权利的保护性。

社约物是一般系统人的系统意义的核心。因此，一般系统人也称"社约系统人"，社约系统人中的组分或个体称为"社约人"。"社约系统人"与"社约物"一一对应，自由人不能任意进出狭义的（即特定的）社约系统人，比如农民不能任意进入教师社约系统人（教师队伍）；自由人一旦进入社约系统人，就成为社约人，他是受社约系统人对应的社约物支配的，比如农民一旦考取了教师职位，他作为一名教师就受教师社约物（即教师守则）支配和约束。人在人类社会系统中遵循分形和整形辩证发展的逻辑，表现出社约系统人的"五形、

---

① 注："本"是指本能物质。
② 注："机"是指机能物质。
③ 注："机"是指机能物质。

三自、四成、一崇"模式，并受社约物支配。

（1）社约系统人的"五形、三自、四成、一崇"模式。"五形"是指"个人、家、企、国、人类"五种系统人及其对应的"修身、齐家、营企、治国、平世"内容构成的一般系统人形态；"三自"是指人在人与群之间自觉开展"自稳态存在、自适应生活、自组织（自生）创新"活动，自觉正关系树理念，构建人与社会的稳态发展、和谐发展、创新发展的"个人—家—企—国—人类"社约同构辩证支配文明体系；"四成、一崇"是指"学以成人、行以成人、使己成人、使人成人，不断崇高"的人类使命。人"学"之道，增识慧灵，拥灵释物，继往开来，学以成人；人"生"之道，自觉劳动，创造物质，美化精神，有物有魂，让生命创造历史，行以成人；人"活"之道，自成性情，幸福关怀，创造价值，有情有德，让生活诠释人生，使己成人；人"共存"之道，创造自我，社约共我，崇真善美，使人成人。人始终都在人群中活动，始终实践在"塑造自我、实现自我、超越自我，融入人群、塑造人群、发展人群，不断崇高"的使命道路上，不断推进人及人类的全面发展。

（2）社约系统人存在发展遵循"社约物支配规律"，即社约规律。社约物标识着"一切相互作用社会关系整合"的系统意义，支撑着整个人类社会的系统形态；它贯穿着人类超循环螺旋发展的整个过程，是一只"看不见的手"：一方面"创造自我"融合成"社约共我"；另一方面"创造自我"受"社约共我"制约，表现出"创造自我"围绕"社约共我"协同发展的社约规律。人活于一切社会关系总和之社约物的海洋中，既要做唯一的"自己"，又要做社会系统的"共我（社约共同体）"，生靠"胃"纳，活靠"思"立，生活靠"社约物"维系；人人相关联，处处讲社约，并育不相害，构建共同体。

根据自我与共我的社约规律，提出社约物支配一般系统人按"人活明己、社约生息；和而不同、社约共赢"方式运行的开明利己社约精神（简称开明利己主义精神）。关于"开明"，就"开"而言是指一般系统人社约系统是一个开放系统，具有物质、信息和能量的交流交换性；就"明"而言是指一般系统人社约系统是一个公平、正义、透明的系统，具有所在阶层的透明性和公平性。"利己"是广义的，"己"包括个体自己-家自己-企自己-国自己-人类自己，随着一般系统人阶层不同，利己的范畴也不同，明己的范畴也在变化。"人活明己、社约生息"是指个人在社约中自为优化方面的，可以表述为"人伦之理，活着明己；人己社约，生生不息"，它是指人在"原创自我，社约共我"的进程中，应当自觉把自己置身于社会系统之内，把握现实逻辑，知行合一，融入生活——一方面遵从人的自分形本性，原创自我，打造唯一自我之生命的符号、生命的形象、生命的意义；另一方面遵从人类社会整形的社约核心性，社约共我，共同创造美好生活，创造人类辉煌历史。"和而不同、社约共赢"是指人与人在社约中协同优化方面，具备"大家好我才好，我好大家好"的命运共同体的社约辩证协同发展理念。"社约精神"是指遵循社约物"无形之手"支配的控制约束和服务保障的精神。总地看，基于人自由自利意志，要建立"人活明己、社约生息"的开明利己社约自为优化理念；基于社会人的社约共利意志，要树立"和而不同，社约共赢"的开明利己社约协同优化思想。

六、综合特质的人类系统思考

我们需不需要一个整体的哲学观来指导生活？

答案是肯定的。有些人认为，这个世界是斑斓的，没有必要追求一个统一的理论，物理学大统一理论尚未能成功，哲学亦如此。然而，斑斓世界并不与"管总的"哲学是矛盾的，斑斓研究作为活生生文化的一部分，总是要从整体上看问题，并将它们联合起来作为更大整体——直至终极整体（尽管做到这一点很困难）。从哲学方向看，究天人之际解释世界、安抚社会、慰藉心灵、终极关怀、使人成人并不断崇高起来，等等，这些既是人类思维思想本性终极追求的方向，也是人类不断思维、反省、批判的动力。所有这些问题的回答都离不开一个整体环境。放弃追求整体的哲学观，即放弃追求世界统一的本性，意味着放弃了人类最高共同规定性的追求，即放弃了对人类"类本质"的维护——这必将最终导致人类"类本质"在自我意识形态的瓦解，成为人类从系统内部毁灭的重大隐患。

哲学是使人成为人并不断崇高起来的智慧。如果人们生活在思想贫乏之中，必定会在物欲横流的冲击下表现出浮躁和不安。随着改革开放我国物质发展不断丰富，精神生活同物质生活之间越来越多地存在着不平衡、不匹配的现象（例如信仰缺失、哲学思想贫乏）。这是需要协同发展解决的问题。

一切思想源于现实，加工于思维，服务于实践。对人与社会的思考，可以坚持以"思维的'认识你自己'"为切入口，直至"人的'认识你自己'"；即以思维自觉到思维本性为突破口，探讨对人自己的认识。

人是哲学的阿基米德点，"在各种不同哲学流派之间的一切争论中，这个目标始终未被改变和动摇过，它已被证明是阿基米德点，是一切思潮的牢固而不可动摇的中心"[1]。现实研究中，"哲学必须围绕人"的目标往往容易被淡化，

---

[1] ［德］卡西尔：《人论》，上海译文出版社1985年版，第3页。

有些人把一些低浅层次的目标作为哲学神圣使命的替代品,在那里,哲学阳光被裹着层层的现实迷雾,它甚至成为思维的枷锁和壁垒。一般系统人及其社约物研究,试图揭示一个新的关于客观涌生事物(社约物)的社会事实,提供一个对人类社会系统的相互作用关系的新的理论解释,试图建立从社约物角度看待人类社会系统的范式和体系。这是一种打破思维枷锁、追求一缕哲学太阳之光明的尝试。

古希腊德尔菲尔城阿波罗神庙大门的名言"认识你自己"揭开了人类自身研究的篇章,犹如一道命令促使人们去探索关于自己的道德法则。古希腊哲学在探索宇宙中就包含着对人的起源及本质的猜想。毕达格拉斯认为人的本质是灵魂,人作为哲学主题方面,古希腊赫拉克利特认为自己的全部哲学概括为:"我已经寻找过自己。"普罗泰戈拉认为,"人是万物的尺度,是存在者存在的尺度,也是不存在者不存在的尺度"。笛卡儿提出了"我思固我在"的命题。赫德尔认为,"如果哲学想要成为对人们有益的哲学,它就应当把人作为自己的中心问题"。康德把人作为世界的主体放到了哲学之中,著有《实用人类学》,是历史上第一部专门的人学著作。

将一般系统人社约物研究置身于人学方向,而不是人类学方向。人学与人类学是相区别的。人类学是指研究人类起源和进化、人种的形成和人体结构的正常变异的科学,"人类学已经演化为一门实证性很强的科学"[1]。人学是"哲学人类学"方向上,反思人自己,着重研究作为整体的人的存在、本质和活动规律,"人学是从整体上研究人的存在、人性和人的本质、人的活动和发展的一般规律,以及人生价值、目的、道路等基本原则的学问"[2]。"由于人是一切事物中最复杂、最高级的物质运动系统,在人身上包含着物质世界从低级到高级的各种运动形式,人的实践活动和人的社会关系都是多层次多方面的,人性和人的素质也是多层次多方面的,因此,人学研究应该运用科学系统论的方法,把它和唯物辩证法特别是矛盾分析法结合起来。"[3] 人学的研究离不开系统科学方法工具,而一般系统人及其社约物研究正是以"个体人、组织人及人类"这些系统为基本研究对象的,它们既是系统科学的具体应用研究,又是人学的具体内容研究。因此,一般系统人及其社约物研究作为一个整体收缩指向"人学",它的最终目的是研究人及人类的幸福生活形态和可持续长久生存形态的统一。

---

[1] 陈志尚主编:《人学原理》,北京出版社2004年版,第7页。
[2] 陈志尚主编:《人学原理》,北京出版社2004年版,第5页。
[3] 陈志尚主编:《人学原理》,北京出版社2004年版,第13页。

北京大学黄楠森教授认为："思想家们从古至今不知发表了多少关于人的观点和理论，作为科学的人学却一直没有诞生，这可能是由于人自己研究自己时，自我意识太强，难于坚持客观的态度，所谓'当局者迷'。"人学是对整体的人的存在、本质和活动规律研究的学说，追求"人的理性、主体意志、躯体三者相对区别而本质统一"，追求人之理性与现实一致性和解的研究。不同的（所谓）理性（其可具有不同的逻辑起点，比如上帝、神灵、自己、道德、真、善、美，等等），不管方式途径如何，只要达成其与现实的一致性和解，实现了人同（所谓）理性与现实的"理论自洽性闭合"，就能形成相应研究的局部理论——它们大多数的逻辑起点未能站立于系统人整体上，即使具有一定的效用性，也必然偏离本原的"理性"。

　　这里尝试提出"社约物"支撑"社约系统人"在人类社会不同层次结构中的系统形式逻辑①。在源于"问题"的方向上，探索创新"文本"。倚先哲之肩膀，窥系统之秘，求索思维自觉到思维本性且复归现实之逻辑，构建本能系统辩证之道；举辩证之剑砍伐事物，引系统之筐收罗差异，探究人类社会系统之"看不见的手"（社约物）。一般系统人及其社约物研究突出"自分形—整形—博弈""对立统一——质变量变—否定之否定""差异协同—自组织涌现—超循环螺旋"的自我辩证与共我辩证的社约系统人存在运行；具体地看，就是对"人自由自己与社会"开展综合特质的系统思考，重点探讨"个"和"群"的关系，探讨社会人"群"的系统核心—社约物，它可将古代中国"修齐治平"思想和现代的契约、诚信、竞争、合作、德治、法治等思想贯通融汇，探索社约物对从个人到"家—企—国—人类"等共同体的普遍支配运行规律，探讨从古代中国传统文明到今天习近平"人类命运共同体"思想的内在一致性逻辑。

　　哲学是追求真理、反映真理、服务时代的学问，其始终是对人及人类存在和发展的总体性问题和关系的研究。哲学的生命力源于对时代发展和文明进步作出积极响应，并且为凝结出时代精华之智慧而劳动，但哲学的时代精华内容不应局限于地方风俗性思想和局部效用性思想。一般系统人及其社约物研究根源于马克思主义哲学，汲取中国传统文化，对人及人类存在和发展的总体问题和相互关系进行系统反思，在探索解决"人自由自己的约束"问题的同时，尝试提出一般系统人"修身—齐家—营企—治国—平世"形式逻辑及其"开明利己社约物支配理念"，以期从系统科学角度推动中国传统文明在现时代的融合发展与创新发展。

---

① 注：本书力图系统阐述"人学"的"系统形式逻辑"问题。

第一章

本原物质的"本能系统辩证逻辑"

我来自社会,人源自自然。

在人类社会系统中开展"社约物"研究,需要从探本溯源开始。

遵此,思维天使带着我展开了一趟超越现实的旅行,探寻来源和开始的本原地方。在那里,一切都是陌生的,生活中的一切东西都失去了熟悉的模样,模糊且深邃,我的身边除了天使,只见雾气环绕轻盈如薄纱,遮眼如梦。

我问天使:"这是哪儿,为什么我先前活生生的精彩世界不见了呢?"

天使回答道:"我们已经远离了现实,在形而上的最深处,在辩证的发源地。按道理,在世界物质本原之处,你我都不能如此存在?"

我在惊讶中问道:"既然你和我都不能如此存在,那么你我的如此存在是如何从本原到来的呢,我们如何探寻呢?"

天使道:"我也不能确切知道。但,我们可以利用辩证之枪剥离外衣,超越身体,超越细胞,超越粒子……直至辩证逻辑的最深处。在那里,一切都接受辩证大火赤裸裸地燃烧——直至'同一'。"

说完,天使便微笑着慢慢消失了。在天使的微笑中,我仿佛看到了思维碰撞擦出的火花,来源于辩证之枪,划亮了惊讶,带来了新的认知世界。

在微弱火光中,我尝试描述本原物质"辩证之枪"展开的从头到脚的轮廓。
……

因为"社约物"是一个新名词,所以得解释其来源。

这就得从构建物质本原的本能系统辩证逻辑说起:针对辩证逻辑在"彻底"辩证方面遇到的一些问题,以"思维自觉到思维本性"作为引燃该方向哲学思维的导火索,坚持马克思主义哲学指导,充分发挥系统思维优势建立解决辩证逻辑问题的一种新途径,力求系统科学理论和辩证法理论的深度融合,探索构建本原物质的本能系统辩证逻辑①，以期实现本能系统辩证唯物逻辑在人类社会系统的运用，获得"社约物"概念及其描述一般系统人的事实。

第一节　辩证逻辑遇到的困境

自接触唯物辩证法以来，它在我心目中被誉为哲学女皇，似乎一切的其他哲学都可以被它批判，总能洗刷出其哲学思想的污渍和糟粕。如果唯独辩证逻辑未能对自身开展有效的批判及完善，哲学女皇也可能存在瑕疵。事实正是如此。针对辩证逻辑研究中遇到的一些困境，金观涛曾说："我读到国外哲学、社会学、经济学大师对辩证法的中肯批评而感到我和他们不谋而合时，我总是急切地想看看批评后面又是什么。可每当我读到下文时，却总像是被一盆凉水从头淋到脚！在他们看来，辩证法大多是一种歧途，是一种古典的思想不成熟的错误，取而代之的应该是承认形形色色其他哲学流派的合理性，特别是当我了解到黑格尔哲学在德国居然阻碍了科学发展，德国科学的起飞是和清算黑格尔体系联系在一起时，我的心情是难以形容的。"② 河本英夫认为："人们之所以常说黑格尔的逻辑与化学很吻合，是因为来自不同构成要素的化合物的合成，结构上与边界中发生的事态极为相似的缘故。但是如果除去对事态边界的最后的追求，认为在自然界的任何地方，作为定律辩证法都是非常妥当的话，那么它就成了如化合物那样牵强附会的主张了。"③ 辩证逻辑在时代发展中遇到一些问题是正常的。辩证逻辑应当正视它们，并将它们视为自己对自己"批判"的动力，推动开展自我批判，在解决问题中完善自己、摆脱困境，不断创新、不断自洽，实现自我批判与自我发展的统一。

一、关于辩证逻辑的"彻底"辩证困境

辩证逻辑自我批判的第一个困境：辩证逻辑的"彻底"辩证的问题。

在黑格尔的辩证逻辑体系中，如果贯彻"彻底辩证法"，则其思辨方法可能被辩证法大火自身焚毁。比如"穆尔关于黑格尔哲学是不可能适用于'桌子和

---

① 温勇增：《论本能系统的辩证唯物》，九州出版社2017年版。
② 金观涛：《系统的哲学》，新星出版社2005年版，序言第20页。
③ [日]河本英夫：《第三代系统论：自生系统论》，郭连友译，中央编译出版社2016年版，第51页。

椅子'的精彩评论"①。"辩证逻辑是为了表达事物由其内部发展变化这一最初要求而来分析事物质的规定性的"②。质的规定性的两重性,在彻底的方向上,不仅语言表达变化变得不可能,而且辩证法揭示的发展原理也应具有两重性,即它同它的否定方面共存——如此无休止地探究下去,"我们必将陷于绝对的概念混乱和虚无之中"③。A 和非 A 共存,其内在发展表示为 A 向一个新规定性即非 A 转化,假定这种新的规定是 B,则表达了事物的演化发展过程;根据辩证法,A 到 B 的过程是一种确定性,则这个过程同它的否定方面是共存的——辩证法仅仅描述 A 到 B,则其本身就没有贯彻彻底的辩证法精神。如果贯彻这种彻底辩证精神,则难以获得任何的确定东西,甚至什么也不能说——因为说出来的同它的否定方面是共存的。"发展原理如果不能用辩证逻辑表达,那么它本身是空洞的,没有意义的。它只是人类朦朦胧胧的感觉,不能转化为思想力量。而辩证逻辑一旦不去把发展原理贯彻到底,那么它自己也无非是它历来攻击得最厉害的'形而上学'方法中的一种,而且是用假辩证法掩盖起来的一种!"④

"在方法论上,彻底的辩证逻辑只能在两个极端之间抉择,要么不承认理论体系在其最高层次的框架上保留了形而上学,不能将发展原理贯彻到底(因为,任何一个哲学体系要表达某种意义,总要以某一层次的不变性——确定性为前提,这种哲学就不可能是以发展原理——自我否定作为贯彻一切的精神的),要么是一片混乱和绝对虚无,只要在任何一个层次的规定性上引进否定方面与其共存,那么这个体系中任何确定的东西都不会有,发展的内在大火已把思辨框架烧得干干净净。"⑤ 辩证逻辑用"主要和次要"、用"折中"来避开这一问题;而一旦深入思考会发现,在辩证世界的永恒发展进程中,"次要的"方面是指总存在着暂时的和局部的确定性,"主要的"方面是指辩证逻辑作为真理的永恒确定性。辩证逻辑的永恒确定与其否定方面共存,这是辩证逻辑真理永恒确定性的存在悖论。

二、关于唯物辩证逻辑中"物质自己说明自己"的困境

辩证逻辑自我批判的第二个困境:唯物辩证逻辑中"物质自己说明自己"的问题。

---

① 金观涛:《系统的哲学》,新星出版社 2005 年版,序言第 7 页。
② 金观涛:《系统的哲学》,新星出版社 2005 年版,序言第 9 页。
③ 金观涛:《系统的哲学》,新星出版社 2005 年版,序言第 9 页。
④ 金观涛:《系统的哲学》,新星出版社 2005 年版,序言第 11 页。
⑤ 金观涛:《系统的哲学》,新星出版社 2005 年版,序言第 10 页。

唯物辩证逻辑是辩证逻辑的科学系统形态。"什么是'物自身'？什么是某物之所以使自己成为自己的规定性？马克思讲得很少，而黑格尔却讲得很多。"① 因此，研究物质之所以使自己成为自己的终极规定性（超越了主观的精神与客观的物质的一般关系）是辩证唯物主义哲学的核心任务之一，并且它只能用辩证法来研究这种终极规定性。马克思主义对"世界是物质的"进行了科学的阐述，但之后对"彻底物质性"的创新研究不多——这给我们带来一些困惑，比如"实践活动是物质"的困惑，教育部社政司组织编写的陈先达主编的《马克思主义哲学原理》，书中写道："作为客观实在，物质既包括一切可从感觉上感知的自然事物，也包括可从感觉上感知的人的感性活动即实践活动。"② 可见，"感觉上感知的对象之物"是物质的，它包括了自然事物和实践活动等，而实践活动包含了"以人的意志为转移"的内容，这与"物质不依赖于我们的感觉而存在"的规定性比较，会产生一些困惑。梳理当前物质研究的困难和问题如下：

一是物质研究停滞于引经据典。马克思把辩证法从黑格尔那儿挽救过来，在克服旧唯物主义不足的基础上，建立了辩证唯物主义的科学理论。对于物质的研究，在马克思那里并没有专门的篇章阐述；在马克思主义的发展进程中，恩格斯第一次对物质作了定义："物、物质无非是各种物的总和，而这个概念就是从这一总和中抽象出来的。"③ 并认为："物质本身是纯粹的思想创造物和纯粹的抽象，当我们把多种有形地存在着的事物概括在物质这一概念下的时候，我们是把它们的质的差异撇开了。因此，物质本身和各种特定的、实存的物质不同。"④ 列宁对物质有一个完整的定义："物质是标志客观实在的哲学范畴，这种客观实在是人通过感觉感知的，它不依赖于我们的感觉而存在，为我们的感觉所复写、摄影、反映。"⑤ 在中国的马克思主义教材中，对于物质的研究和阐述，通常在列宁对物质定义的基础上开展，结合人类社会和科学技术的发展，以"举实例"的方式来完善，比如《辩证唯物主义原理》⑥ 中，把物质从实体推广到"场"，并没有在本体上对其进行与时俱进发展的应有阐述。

二是物质研究陷入"实证化"的悖谬。当前哲学，对物质的研究有"实证

---

① 金观涛：《系统的哲学》，新星出版社2005年版，序言第7页。
② 陈先达主编：《马克思主义哲学原理》，中国人民大学出版社2010年版，第11页。
③ 《马克思恩格斯选集》第4卷，人民出版社1995年版，第343页。
④ 《马克思恩格斯全集》第20卷，人民出版社1971年版，第598页。
⑤ 《列宁选集》第2卷，人民出版社1995年版，第89页。
⑥ 肖前、李秀林、汪永祥主编：《辩证唯物主义原理》，人民出版社1999年版。

化"的倾向,这一做法强调大量实证材料,显现从实例中归纳出来的一些普遍原则——变成了现成的结论性知识,失去理论思维的内容和特点。人们对"物质认知"的学习,除了一些普泛的结论性知识以外,在思维方法上所得的"哲学宗旨、精神和意义"并没有想象的多。世界是永恒发展的,科学和哲学也是如此;实证化的研究,只能在科学的后面寻求解答,这并不能让人满意。

三是物质无限可分的把握问题。诺贝尔奖获得者格拉肖用"洋葱还有更深一层吗"来讨论物质无限可分问题,并在1977年夏威夷第七届物理学讨论会上提议把构成物质的假设组成部分命名为"毛粒子",以纪念毛泽东的物质无限可分思想。毛泽东在1973年与杨振宁讨论光子的性质和质子的可分与不可分时提出:"物质是无限可分的,如果物质分到一定阶段,变成不可分了,一万年后,科学家干什么呢?"① 1963年刊登在《自然辩证法研究通讯》的日本物理学家板田昌《基本粒子的新概念》一文认为,基本粒子并不是物质的始原,电子是可穷尽的,场论不是最终理论。② 物质无限可分应当如何把握?是按照机械论方式划分,还是可以用新的方式来描述物质无限可分的本能?

从近代笛卡儿提出哲学上的物质概念算起,经历了几个世纪,它一直是与意识相区别而定义的。列宁指出:"物质是标志客观实在的哲学范畴,这种客观实在是人感觉到的,它不依赖于我们的感觉而存在,为我们的感觉所复写、摄影、反映。"③ 这里它并没有告诉人们,"物质"究竟是个什么样的东西。所以,有人想要修订列宁的物质定义,试图对该类问题给出具体答案,要求它提供类似实证科学一样的现成知识。"第一,寻找质的规定性有着巨大的任意性,任何一个具体的研究对象总是包含着无穷的质,至于在这些性质之林中抽取哪一种质,往往有一点事后诸葛亮的味道;实际上,在每个人的下意识中总是隐藏着他希望得到的答案。这样就引导了一个奇妙的心理过程,虽然表面上分析的最后结果是从困难的辩证思辨分析中得到的,但实际上这辩证逻辑很容易变成思辨游戏。第二个问题是:这种研究方法实际上是从个性向共性一级级往上抽象的过程,寻找有关对象的质的规定性在很大程度上和滤去问题的具体细节等价。每运用一次这种方法,有关研究对象就变得越抽象,这种方法的反复运用可以使研究者得到的是一种空泛的东西。"④ 如果我们总是从具体研究对象出发,即

---

① 赵梦昭:《论毛泽东哲学自然观》,载《求索》,1988年第1期。
② 魏屹东:《科学社会学新论》,科学出版社2009年版,第241页。
③ 《列宁选集》第2卷,人民出版社1995年版,第89页。
④ 金观涛:《系统的哲学》,新星出版社2005年版,序言第8页。

使一级一级往上抽象，也很容易进入具体局限的黑洞，或者迷恋于前人在此问题的思想亮光之中而不能自拔。这也不能使人们完全满意。

第二节　辩证逻辑的出路及其重建

曾经，我很纯粹地思考过辩证逻辑，自我屏蔽在其体系中，思维犹如一团无限膨胀的烈火，越烧越旺。然而，十四五年前，当我把思考的东西给专家审阅时，我思维在辩证逻辑方向上燃烧着的大火，遇到了一盆必要的冷水：那时我在部队，专家给出指点意见说，研究辩证逻辑可能是一个"错误"的方向，因为彻底的辩证逻辑是研究的冷门，甚至被认为存在一些问题，建议选择其他方向，避免造成大量时间和精力的浪费。冷水之下，思维之火降而不灭，在变得更加理性中燃烧照亮着开展辩证逻辑自我批判的方向，我试图为清除坚信的辩证逻辑的某些问题（瑕疵）做出一些努力。金观涛曾说："要知道，我深入批判黑格尔，没完没了地研究科学方法，吸收科学精神的营养，所做的这一切的最终目的都是为辩证法哲学寻找出路。"[1] 唯物辩证法是人类迄今为止的历史事实所证明的。所以，它所谓存在的瑕疵是值得去探索解决的，因为唯物辩证法终将是科学的、自洽的真理。

一、关于哲学的认识和思考

我相信科学，更热衷于吸收科学精神的哲学。如果科学的意义是预测冰冷规律下的事物未来，那么哲学的意义是点燃智慧信仰下的人文未来，前者侧重科学规律，具有物化、客体化、理性动力化特点，而后者侧重智慧人文，具有人化、主体化、感性动力化特点。两者关系是复杂的，有时候两者是统一关系，比如马克思主义哲学，既具有智慧人文的信仰特性，也具有科学的规律特性，成为中国唯一正确的选择；有时候两者可能是斗争关系，比如宗教哲学，哥白尼就是在宗教哲学和科学斗争中为科学而牺牲的。事实上，哲学和科学必定是统一的；因为，人是一种"人性的""具有主体能动性的"动物，他离不开主体性，离不开哲学，离不开惊讶、激情、热情、审美、愉悦、善良、快乐、幸福等感性；倘若离开，人类世界只剩下了科学的冰冷，人性失去了应有的"关怀和慰藉"，则人类将在自我物化发展中灭亡。

---

[1]　金观涛：《系统的哲学》，新星出版社2005年版，序言第20页。

因此，人的人性决定了：哲学的基本舞台是科学所无法替代的。科学仅仅是哲学舞台上表演的重要工具性内容，它不能喧宾夺主。如果用科学直接替代哲学，那么人将失去人质的性质，人类将失去人类主体的生命力，世界一片冰冷，没有了终极关怀，也没有了人性温暖——随着人性灯光的泯灭，人和人类将陷入一片漆黑中，没有了未来，只剩科学理性下的冰冷和僵硬的躯壳，甚至不如身边一条狗获得的温暖。因此，让绝对科学理性者绝对孤独，直至灭亡吧！

科技永远都只能为人类服务，这是一切科技伦理的底线。如果说科学技术的舞台重在安放人之肉身，那么哲学的舞台则重在安放人之心灵。一旦科技悖逆人类，倘若肉身难存，心亦无处安放，要科学技术何用？

人性的哲学思维在人类基本舞台的表演是不可替代的。它具体表现为"为人而格物共物"的活动，为维护自我及人类利益，为使人（包括自己）成人，为"幸福、崇高、自由"的自我及人类而格物共物，维护以人为中心的社会与自然和谐发展的格物共物。人们利用哲学思维格物，将形成哲学格物的架子理论，中国哲学和西方哲学都有自己面对"问题"进行"反思"而形成的架子理论。哲学的自分形和整形是一体的，中西方哲学各有侧重。中国哲学的架子理论侧重于对问题进行"以群体人为中心的整形"研究，而西方哲学侧重于对问题进行"以个体人为中心的分形"研究，这形成了中国哲学和西方哲学的"逻辑分水岭"。中国哲学侧重"整形"目标研究，虽然理论成果略显碎片化，但对于"人群（共同体）"的研究具有中华文明特色；西方哲学侧重"分形"目标研究，理论成果体现逻辑体系化，对于"人（个体到群体）"的自由发展及其基础上的人类发展具有积极意义，为此也形成了"哲学自分形"展开的本体论、逻辑学、认识论、方法论等为内容的规范体系。面对中国哲学及其历史，大多数哲学研究者都以西方哲学体系为参照模式，于是出现了诸多问题——这种严格照搬照抄用西方哲学自分形模式来研究侧重整形的中国哲学的做法，是得不偿失的。

在科学快速发展的今天，思考一些哲学问题显得更加有意义，而在思考时我总离不开辩证逻辑。古埃及格言说，当你喝了尼罗河的水，无论你走到世界哪一个角落，总有一天你还会回到它的身边。一个人在青年时代喝的哲学思想甘泉，无论在哪个领域探索、前进，他总会莫名其妙地回到那个青年时代的哲学理想身边。一个哲学探索者，一旦发现一些新思维，总想把它变为一个体系，而在进一步的探索中，他常常也容易被这个体系蒙蔽。要跳出这个可能自我蒙蔽的体系，就需要更多的占有理性，采用整体的方法和思想。

罗曼·罗兰曾把人生比喻成那浩浩荡荡奔流着的大江，人内心世界和自我意识的觉醒往往如那江心岛屿在晨雾和阳光中时隐时现。我们作为普通的社会一员，作蚂蚁、作蜜蜂忙忙碌碌已经很久了，"哲学麻木"使得我们淡忘了哲学的处所，有的把哲学推向了神学和科学两个极端，于是哲学无用成为物质至上时代的一种偏见。人的意识的觉醒是人类认识的首要问题。一种动物意识的觉醒决定了该种动物处于该类动物的质的规定性，而人的意识觉醒决定了人类处于万物之灵的主宰地位。人类意识的觉醒，一方面在于人脑机能的发达，另一方面在于思维自觉到思维本性的觉醒，前者使人成为一般社会性的超越动物的人类，后者使其不断构建波澜壮阔思维海洋中的智慧岛屿。哲学有用无用的问题，诸多哲学家有诸多的阐述，可概括为"有大用而不拘泥于小用""探讨人所不疑的各种可能而不局限于某一种"，比如"使人成人并不断崇高起来"的哲学研究，不拘泥于穿衣吃饭之用，不局限于成为某一种人。哲学之大用在于在人的类本质上觉醒，并指引未来的方向。

任何哲学思考都应首先假定其是哲学胡说，只是当其确切反映时代追求的真理时，才能成为时代精华的内容，并称为真正的哲学。任何真正的哲学"不仅在内部通过自己的内容，而且在外部通过自己的表现，同自己时代的现实世界接触并相互作用"①。哲学解释世界，根本的是对改造世界的指导。因此，一个对人类认识世界和改造世界不能直接或间接起作用的哲学，只能是时代精神之"伪精华"。余华说："为了不让真理的路上人满为患，命运让大多数人迷茫。"在各种社约物思想意志博弈的过程中，为了不让创新引领者人满为患，命运常会让大多数人迷茫，时代真理往往首先掌握在少数人手中，星星之火通过燎原之势，开启人类认识的新的发展进程。

思维自觉到思维本性是哲学追求的重要觉醒之一。建立在知识基础上的冥想是哲学思维自觉到思维本性的必由之路。哲学来源于生活，哲学意识的唤醒在于对生活的批判及其形成的觉醒智慧。因此，怀疑、批判是哲学的基本精神，从某种角度可以说哲学始于内心的骚动和惊讶。哲学的觉醒不能直接照搬科学的方法，它应当经过长久的哲学冥想思维训练，超越变化的事物世界直指恒久的理想世界。思维觉醒是哲学的特有方法，"思维自觉到思维本性的觉醒"是哲学始终追求的核心觉醒。思维觉醒可以是对现实生活的超越，对时代精华的批判性提取，可以是对科学的概括和对科学精神的怀疑；但，一般性思维觉醒都建立在"现实生活（经验、常识）"和"科学知识"的脚手架上，即在这些脚手架上开展怀疑和批判性思维工作。拆除这些脚手架，哲学思维觉醒是不是就

---

① 《马克思恩格斯全集》第1卷，人民出版社1995年版，第220页。

不可能了呢？回答是否定的。哲学思维觉醒始终追求的就是这种拆除脚手架的、究天人之际的终极智慧；因此，对于脚手架哲学思维觉醒的再思维、再反省、再怀疑、再批判，成为"思维自觉到思维本性的觉醒"的主要内容。没有了任何脚手架，思维便成了自己对自己的觉醒，即思维自觉到思维本性的自我觉醒。

马克思曾有一著名警句"站在真理面前就如站在地狱面前"，"有无数种方法可以把我们引向失败，而把我们引向成功的方法只有一个"。真理往往首先掌握在少数人手里。一直以来，在哲学觉醒中创建思想的哲学家们，构成了人类社会发展的精神之钙和智慧之灯。人类作为一个整体，少数人在哲学觉醒的高处服务人类，比如赫拉克里克、柏拉图、亚里士多德、康德、黑格尔、马克思，等等；大多数的人则在哲学指引下犹如蜜蜂和蚂蚁开展人类实践活动。这是人类自然选择和社会化自组织的形态，它并不要求每个个体人都投身到哲学觉醒的活动之中，而不顾其自身资质、喜好和社会需要。当然，每个人多一些哲学觉醒的冲动，少一些哲学缺失的躁动，对于人类社会的"人质"发展是有益的。

每个人都可能以其自身惊讶的方式触碰到哲学。今天的人们并不比古代的聪明，我们唯一和他们不同的是我们生活在21世纪，我们有条件利用这个时代为我们提供的知识积累之巨人肩膀，倘若能站在上面则有利于把一些基本问题看得更清一些——虽然可以更加细分深入，但视角总是横看成岭侧成峰，这使得当前哲学研究更多处在深入肢解进程中。哲学犹如一个又深又黑的地下岩洞，分支错综复杂种类繁多，由于一代又一代哲学人用自己的思想刻画这些深邃，而且有些人在探索中为了深刻而有意加入了把思路搞乱的程序，误以为自己走了很远，却原地兜圈子；有些人在哲学觉醒进程中迸发出思想火花去照亮道路时，这些瞬息即逝的亮光只能使探索者在身边的岩壁上看到自己高大的身影，误以为照亮了整个深黑的岩洞。这些似乎是巨人般的影子会给人以鼓舞，这也许会使探索者终其一生迷恋于此。

随着在不同的幽深分支黑洞的批判哲学发展到一定程度，综合特质的哲学终将到来。伯丁认为，经验世界的秩序本身也有秩序，也许可以称为二阶序。[1]人们在经验世界中发现一般规律的主要方法是归纳，如果用系统思维对它们进行再次归纳，就形成了规律的规律。各学科的规律就只是其特例了。最高级的二阶序规律，是对一切对象（包括人和思维自身在内）的描述和类比。一方面，任何有限定（或者特定）对象的所谓"二阶序（规律的规律）"，在本质上也是属于特例的，因为"有限定的（或者特定的）"本身就体现了其特例性；另一

---

[1] ［美］温伯格：《系统化思维导论》，王海鹏译，人民邮电出版社2015年版，第29页。

方面，所有事物既是现实的又是变化——描述的规律，不得不既是确切的又是不确切的——这要求（矛盾着的）两者自洽于规律自身统一体。基于此，二阶序规律只能从两个方面挺进，一个是系统思维方法，它是二阶序（规律）的探索和产生途径；另一个是辩证思维方法，它是能够脱离一切具体对象限定、表达所有事物存在和变化的最可靠描述。系统科学和唯物辩证法是综合特质哲学的两大基础，两者融合研究可能就是探索"规律的规律"起源问题的突破口之一。

二、思维自觉到思维本性

意识是如何从人脑（物质系统）中"产出"和"运行"的呢？

对此，经典马克思主义哲学家们深入的研究阐述较少。

人都有思维，也正思维，思维着的思维能否自觉到思维的本性呢？

思维是人脑的机能，意识是人脑的产物。思维的活动大体可包括三个方面：一是思维对物质存在和运动的认识，一般性格物的认知思维；二是思维对"思维对物质认识活动"的针对性反省，具有"脚手架"的反省思维；三是思维对"思维及其活动"的整体性反省，拆除脚手架的纯粹的"对思维的思维"。人类的知识集中在前两个方面产出，难点在于第三方面，因为思维的思维在"拆除脚手架"后似乎什么也不能说，又似乎说什么都可以——当思维自觉到思维本性，一切思维便都是合理的了。

假定1：拆除一切思维着的"脚手架"，思维的思维能够自觉到本性。

任何思维及其活动都是现实的，而一旦具有了其内容，这种内容就成为思维及反省思维的"脚手架"，便不再纯粹。思维没有任何脚手架，则什么也不能说；如果安上任意脚手架，则说什么都可以。拆除"脚手架"的思维，仅剩自己，此时思维的本性将显现出来：自己说明自己，既用一切来说明自己，又用自己去说明一切，在最高处实现"思维与物质"的同一性。

假定2：思维之外有"物质"，且物质存在理性。

思维之外无他物是不符合现实的。思维之外有物质，它成为思维的主要对象，人类有史以来的知识就是明证。人们对思维之外物质认识的"反省"研究比较多，比如思维对物质存在、运动和发展的认识的反省，思维对"思维对物质认识活动"的反省，等等。物质具有物质理性，其包括本能物质理性和机能物质理性。思维之外的物质是不以人的主观意志为转移的，它自然地存在着，自由地、理性地发展着。

假定3：思维及其思维活动都是合乎物质理性的。

"思维及思维活动"是合乎产生它的物质（人脑物质系统）的物质理性的。一旦把一切思维及其活动的脚手架拆除，思维及思维活动都是合乎物质理性的。思维的合乎物质理性是内在的，思维对象之物的物质理性是自然的。以思维之合乎自身物质理性去感觉、反映和识别身外的自在物质之理性，称为"感性"。因此，一切的"感性"都是人及其思维的自在的理性表达。从这个角度看，思维的"天马行空"和"横看成岭侧成峰"都是合乎思维自身内在的自在的物质理性的。而我们通常所说的"思维的理性"是指非自在的理性。思维的非自在的理性至少包括两个环节：一是感性经历实践验证后的形成新的思维之合乎"对象物质"理性；二是该新的理性作为思维之合乎自身物质理性的内容，去感觉、反映和识别身外的"特定的"对象物质之"自在"理性。很显然，"对象物质之自在理性"是不以"思维之所谓合乎对象物质理性"为转移的，即非自在理性是不以人的感性及其意志为转移的。

　　人类思维的使命之一就是极大地构建非自在理性即科学理性为自身服务。非自在理性是立足于思维，却不以思维自我为中心（即相对于感性）的理性。它为人类思维活动和实践活动服务。但是，任何的非自在理性都无法替代自在感性，即科学无法取代人文，否则人将不人。

　　坚持探索思维自觉到思维本性，就要坚持"绝对"整体性，就要克服思维因利害关系的选择性影响，就要克服思维因效用性和实用性价值功能的选择性影响，就要克服思维因物质生活需求的选择性影响，就要克服思维因心灵安慰与精神需求的选择性影响，对整体的一切"不确定性"深入地开展冥想。罗素认为，诸多哲学的不确定性问题既和我们的心灵生活有深切关系，却又始终不能解决，比如宇宙是否有一个统一的计划或目的呢？抑或宇宙仅仅是许多原子的一种偶然的集合呢？意识是不是宇宙中的一个永恒不变的部分，它使得智慧有着无限扩充的希望呢？抑或它只是一颗小行星上一桩昙花一现的偶然事件，在这颗行星上，最后连生命也要归于消灭呢？善和恶对于宇宙是否重要呢？或者它们只有对于人类才是重要的呢？目前存有的答案并不是可以用实验来证明其真确性的，但哲学就是要继续研究这类问题。然而，思维自觉到思维本性，就不能深入哲学的这些具体性，而应当以一切的"不确定性"为基本对象内容，开展人所不疑的探索。金观涛在《系统的哲学》① 中提出了世界的"不确定性"观点，但其只是"先置条件"应用，并没有阐述"不确定性"的起源。这里，展开思维自觉到思维本性的探索，将讨论"不确定性"的"辩证"的来源及其

---

① 金观涛：《系统的哲学》，新星出版社2005年版。

存在和运行规律等内容。

三、辩证逻辑最高层次形而上学假设

辩证逻辑在最高层次即最顶端是否允许存在一个形而上学的假设？

回答是肯定的。因为，辩证法作为一种世界观和方法论，在黑格尔那里辩证法最高层次的形而上学是精神，在马克思那里，其将辩证法挽救过来后，唯物辩证法最高层次的形而上学是物质。

辩证逻辑最高层次形而上学同辩证法的连通、过渡和统一，黑格尔那里讲得比较多，马克思那里讲得比较少。现在的问题是，马克思把辩证法挽救过来，但对于唯物辩证法最高层次形而上学的"物质物自体（本体）"问题讲得很少。经典马克思主义哲学家们对于唯物辩证法最高层次形而上学的"物质物自体"深入研究很少，惯用"世界是物质的，物质是运动的"笼统概括之，继而将重点转入世界普遍联系和发展的具体内容的辩证法研究之中。这种情况与唯物辩证法的现时代需求不匹配。

辩证法如果没有最高层次形而上学，彻底辩证只能是无休止的，即"一切"同"其对立规定性"同在，"一切的世界本体说明"都同"其对立面"同在，因而世界本体在根本上无法得到"确切的"说明。追求一个合适的人所不疑的说明，是求真的使命，也是哲学的使命。因此可以假设：辩证法在抵达最高层次的世界本原时，有一个"物质物自体"最高辩证逻辑形而上学的形态。

"思维自觉到思维本性——（在'无条件'思维下）显现思维与物质同一性。"如果"无条件"思维，则思维就是思维本身——自己说明自己；如果"无条件"认识，则物质就是物质本身——自己说明自己；"无条件"表明，任何语言、任何条件都是多余的。这看来是荒谬的，因为任何讨论都不得不使用思维和语言——事实上，我们并不能实现"绝对无条件"，我们能做得是：一、尽量无穷收敛于"无条件"；二、在语言上尽量使语义（思维信息）同物质物自体（物本信息）完全对应；三、基于前面两点，提出：物质自己说明自己及其过程的表述——物质自分形。

思维不能以思维之外的工具来进行，但在思维自觉到思维本性条件下，可通过"思维与物质同一"这一桥梁，开展"物质自己说明自己本能本性"的相关研究。这就是辩证逻辑最高层次形而上学的假设。

"物质被说明"可以有三种状态：一种是物质被他物说明，一种是物质被人说明，一种是物质被自己说明。前两种运用比较多，而最后一种是困难的。然而，物质自己说明自己才是最自然、最真实、最神圣的，它不因人的意志而发

生转移，它不因他物而丧失自我的本能本性。但是，探索物质自我说明的本能本性是一个无比巨大的挑战。因为，一切有条件下，物质都无法"绝对自由地"自己说明自己，它都因受他物影响而受被他物说明影响，尤其受被人说明的影响，即受"以人为尺度"说明物质的影响——一切有人研究的具体物质，都可以在划定条件下承认其思维说明事物的合理性，即承认人类认识研究具体物质存在的合理性。任何探索都离不开人及其工具，这必然对物质自己说明自己形成"干扰"，就目前而言，任何的科学研究都带有这种"干扰"影响，即任何对物质自己说明自己的科研表述都是不能"绝对科学的"，因为它都包含了科学工具的干扰影响。科学具有边界性、工具性、局限性，其无法消除科学脚手架的"干扰"，物质自己说明自己的问题归根结底留给了哲学舞台。

从哲学角度探讨"物质自己说明自己"，它与"物质自分形"具有"等同"关系。

一方面，"自分形"主要是指自己作为自己运动和发展的动力，自己通过分形说明自己。它同"物质自己说明自己"是天然吻合的。唯物辩证法最高层次即形而上学的"物质物自体"研究，既是世界的本体研究，也是世界第一动力的研究，它不能用世界本体之外的事物来说明，它只能是世界本体自己说明自己。世界物质的物自体自分形是自己运动的原因。

另一方面，"物质自己说明自己"是物质自在的描述，而自分形则是对该描述的本质把握。（本能）物质在尚未自分形状态下，它是无法被认识的，因为其没有自己说明自己并进入机能物质层次，而人是显在的机能物质系统体。没有说明自己的物质是不"显现"存在的，尽管本能物质具有潜在说明自己的唯一特性（即"潜在"存在性）。一切"显在"存在的物质都是自己说明了自己的物质，即机能物质；它并不以"是否能够被人认识"和"是否被人认识"为标准，而是以物质"自己说明了自己"为标志，即显现了机能物质现象。机能物质具有阶层性，受阶层局限性影响，理论上，人类只能直接认识相应有限阶层的机能物质，其他阶层机能物质只能通过间接（工具）方式获得认识。这意味着并非一切机能物质都能够被人类认识。

四、物质自己说明自己的辩证逻辑假设

"在自然哲学的构成里，物质在质之后出场。"① 自然哲学观点里的"物质"

---

① ［日］河本英夫：《第三代系统论：自生系统论》，郭连友译，中央编译出版社2016年版，第75页。

和"质"是有区别的，如果前者是指机能物质，那么后者就是指本能物质，即后者是前者的"质"。物质（机能物质）抵达辩证逻辑最高层次形而上学假设的这个"质"，是指"本能物质"；反过来，（本能）物质从"最高层次形而上学辩证逻辑"展开"自己说明自己"的过程（同时开显为机能物质世界）构成辩证逻辑体系——"物质自己说明自己的过程"其本身是指遵循辩证逻辑的物质体系展开的过程。这就是物质自己说明自己的辩证逻辑假设。

"辩证地思考由两个基本环节组成，第一步是确定研究对象质的规定性，第二步是寻找这种质的规定的自我否定——即所谓两重性。因为发展原理在辩证法中占核心地位，而发展原理最终只是强调任何事物在其本质上是内在地发展的，发展的动力和方式来自这个事物的内部，或者说来自这个事物之所以使其为这个事物的规定性——质的规定性。"① 金观涛提出可区分第一步第二步的辩证逻辑观点，其割裂了辩证法的终极整体性。这种割裂，却也显示出了当前辩证逻辑与最高层次形而上学辩证逻辑的差距。把握金观涛的这两个环节，用彻底系统科学思维切入，第一步是将整个全体的世界（包括思维和意识）作为研究对象，确定其质的规定性，即包括思维和意识在内的世界（物质）的终极规定性——确定"第一步"的同时，第二步必须被相应"揭示"，这是根本重要的。

金观涛认为，辩证法的核心思想内容包括"辩证法的万物是发展的"和"辩证法的事物之所以成为自身的规定性"，他说："在辩证逻辑中所说的质的规定性，即事物之所以成为自身的规定性，这种概念在今天看来不符合科学分析的规范，我们必须用新的方法来定义它。当时我已经知道由于科学规范要求理论具有可证伪性，因而任何理论分析必须以因果性和条件性为基础。当用这种方法来研究变化时，变化又会被肢解为两个部分：变化的结果和变化的原因。但这种分析肯定不是整体的，它不能用自己说明自己。我发现，困难的实质在于：一方面不得不采用因果性，但因果性的分析又不能把握整体！这个悖论苦恼了我好久。"②

"自己说明自己的因果性"是一个重要问题。对于"自己说明自己的因果性"，金观涛在探索中认为："把整体定义为一个闭合的功能耦合系统。对整体的每一个部分，都符合科学可证伪性规范，每个部分的功能和条件是符合因果性的，但由于各个部分是互为因果，整体可以自己说明自己。一旦完成了这一环节，再把整体的分析放到世界不确定性背景中去考察（即考虑干扰存在下整

---

① 金观涛：《系统的哲学》，新星出版社2005年版，序言第6—7页。
② 金观涛：《系统的哲学》，新星出版社2005年版，序言第37页。

体的稳定性），我们马上发现了保持整体之所以成为整体的稳态机制，可以根据有无这种稳态机制找到说明某物为何能以某种特殊方式存在。"① 金观涛以"闭合的功能耦合系统"假设来解决"自己说明自己的因果性"，这是值得商榷的：

（1）按照金观涛关于"整体的闭合系统"的定义，一个企业系统是封闭的吗？一个国家系统是封闭的吗？宇宙是否能够作为一个整体闭合的具有功能耦合的系统，即宇宙是否为闭合宇宙？如果是，宇宙闭合系统的动力（第一推动力）是什么？

（2）按照金观涛关于"每个部分的功能和条件是符合因果性的，但由于各个部分是互为因果，整体可以自己说明自己"的观点，每个部分作为更小的整体，其内部的互为因果说明对应的每个部分，每个更小部分作为更小更小的整体，其内部的互为因果说明对应的每个更小部分……如此分化，无穷无尽。按照此逻辑，"自己说明自己"最终收敛的部分即世界的本原必定是可分多元的，这是否会陷入本体论上的多元论混乱？

金观涛眼中的"封闭的功能耦合系统"都是机能物质系统，且是封闭的、稳定的；而事实上，机能物质系统通常都是开放的。辩证逻辑研究容易局限于"对机能物质的概括"。打破这种局限，我们认为，物质自己说明自己的因果性蕴涵在"自己说明自己（自分形）"过程本身之中。我们可以把"思维和思维之外的一切共同组成的整体"作为研究对象，构建其质的规定性，同时构建其自我否定性。问题在于如何实现"整体自己说明自己"。

宇宙整体是自分形自己构成自己的，分形前宇宙是自己，分形后宇宙也是自己，但是分形后宇宙相对于分形前宇宙具有了（不均匀性造就的）新质的部分，即分形后宇宙不完全等同于分形前宇宙，它是宇宙自身扬弃和发展了的过程自身。宇宙自分形的自己说明自己是以"内部机能物质显现存在和发展"为标志的，它允许内部机能物质事物（特殊）自分形首尾相连的有条件的封闭存在。宇宙自分形自己说明自己，表明宇宙是开放的；人类研究的尺度、坐标、时空决定了作为研究对象"宇宙"的开放程度。

本能物质按照辩证逻辑"物质自分形"的体系展开，构建物质自己说明自己的辩证逻辑假设如下：

假设1：思维自觉到思维本性处，思维与物质同一于物质。

思维能够自觉到思维本性，并在最高层次认为：思维与物质具有同一性，即本能思维同本能物质是同一的，同一于物质（本能物质）。唯物辩证法的最高

---

① 金观涛：《系统的哲学》，新星出版社2005年版，序言第37页。

形而上学形态是物质，物质说明自己的唯一方式是自分形。物质自己说明自己，如果它要脱离和超越于物质的"被他物说明"，只有走"被人说明的""思维自觉到思维本性"的道路，任何其他道路都无法逃脱"被他物说明"的干扰和桎梏。纯粹的"思维对思维的思维"，是一种冥想，是一种感性的、顿悟的过程，存在太多天马行空式的不确定性；为了增加冥想中人所不疑的力量，理性和科学是必要的辅助。基于此，构建"本能思维同本能物质是同一的"假设。

假设2：世界是物质的，物质本能是自分形的，自分形最大化是不均匀的。

世界是物质的，物质是运动的，这是辩证唯物的基本观点。本能思维和本能物质同一为本能物质。本能物质的"本能"是指"物质以自己的方式说明自己"。假设，本能思维和本能物质同一性为自分形性，即本能物质自己说明自己的本能是自分形，它具体包括两部分内容：一是自分形最大化；二是自分形不均匀性。前者解释了物质自己说明自己的内在动力问题，以及指向（机能）物质——实现"物质在质后出场"的方向性问题，自分形最大化包括分形信息模式传承发展壮大、自分形时空做久做大、自分形能量做强的本能和机能最大化；后者解释了（机能）物质丰富性根源，物质自分形"不均匀性"是"不确定性"① 的根源。自分形最大化和自分形不均匀性两者是不可分割的整体。

假设3：本能物质一旦开显即生成机能物质入场，"本能物质自分形最大化之间"或"机能物质的自分形最大化之间"的相互作用关系称为整形，分形和整形的二分对立关系构成了贯穿"本能-机能"的辩证逻辑核心。

逻辑上，机能物质在本能物质之后出场。任何机能物质都是来自本能物质自分形过程。分形一旦展开，整形将一切分形构成具有整体意义的物质系统形态。该物质系统内部包含着：一是内部组分的自分形；二是内部组分相互自分形的整形。机能物质作为整体亦具有自分形最大化发展特性（最大化可能因不同参照坐标而外在表现为"特定条件下"的最小化）。

纯粹讨论本能物质，它除了"（自分形）自己说明自己"之外，没有任何意义，即本能物质自分形辩证逻辑需要在其后出场的机能物质那里获得"意义"。因此，这里重点讨论本能物质之后出场的机能物质及其机能辩证逻辑。机能物质的"自分形和自整形之间的对立统一"和"自分形和他整形之间的对立统一"，是构成机能辩证逻辑的"质的规定性及其否定方面"的基本唯物事实来源。即，机能辩证逻辑揭示了机能物质物自体及它们之间普遍联系和发展的基本原理和规律，它包括机能自生辩证逻辑（传统唯物辩证逻辑）和机能共生辩

---

① 参见：金观涛《系统的哲学》中的"不确定性"研究。

证逻辑（系统辩证逻辑）。

第三节 本能系统的物质辩证逻辑体系

"物质在质之后出场。"[①] 其中的"物质"是指机能物质，即具有形式、内容和状态的存在；"质"是指本能物质，即没有内容的纯粹的存在。为了说明它们之间的关系，构建一个由"物质、亚物质、质（本能物质）"组成的本能物质辩证展开系统——表明由"质（本能物质）"到"物质（机能物质）和亚物质"、由"（机能）物质"到"新（机能）物质"的辩证逻辑关系，即本能系统的物质辩证逻辑体系。

本能物质自为展开的辩证逻辑体系包括本能部分和机能部分，即本能辩证逻辑和机能辩证逻辑。前者是物质通过分形整形的自己说明自己的本能辩证逻辑，后者是指本能物质开显的现实的机能物质普遍联系与发展的机能辩证逻辑。贯穿一切物质自为辩证逻辑的纽带是矛盾系统，它是指分形整形的二分对立关系。矛盾是物质辩证逻辑的精髓。它对应地包括本生矛盾和机生矛盾，其中机生矛盾又包括机能自生矛盾（对应物质纵向显现自我存在发展的传统唯物辩证逻辑）和机能共生矛盾（对应物质横向显现的多事物紧密联系共同存在发展的系统辩证逻辑）。物质辩证逻辑体系包括：（1）本能物质"本生"辩证逻辑；（2）机能物质"机生"辩证逻辑，其可区分机能物质"自生"辩证逻辑和机能物质"共生"辩证逻辑。

人及当前人之外的一切世界事物都是机能物质系统形态的物质事物。通常地，人具有社会历史条件的"脚手架"，处于机能物质系统的某一阶层并受其局限，具体表现为感官感知能力、人脑认知能力、实践工具能力的局限性，然而，人是万物之灵，拥有最高级思维，能够不断地打破各种"脚手架"局限发展前进。人在认知世界进程中，具有以自我为中心统摄和主宰形成的相对尺度的效用实践性，为了克服这种相对性局限，辩证法为人类认识世界提供了科学的认识论和方法论，它既承认在条件和范围内对应的各种认知的合理性，也承认各种认知打破藩篱的合理性——世界事物在人的感知中显现，因人而被格物存在，因人而被共物存在。事实上，不管是否被人感知，世界都按自己的方式在那里。

[①] ［日］河本英夫：《第三代系统论：自生系统论》，郭连友译，中央编译出版社2016年版，第75页。

世界就在那儿，它"自然地"表现着自我物格物存在，显示着机能物质的普遍联系和发展，等着人类去感知和实践。

一、本能系统物质总论①

历史上，各种形态的唯物主义在同唯心主义斗争中不断发展，主要可区分为古代朴素唯物主义的物质观、近代机械唯物主义的物质观和马克思主义哲学辩证唯物主义的物质观三个阶段。马克思主义哲学认为，我们所处的无限多样的现实世界是物质的；物质是一切事物、现象的共同本质和统一基础。

这里基于系统科学哲学思维，发展马克思主义哲学辩证物质观认为，本原物质是指一个包括了"本能物质、亚物质、机能物质（基质物质）"的物质系统，它具有本能自我辩证逻辑展开的系统形态。

世界是本原物质的系统，物质是运动的，运动是自为的；自为的物质，具有本能系统自我辩证逻辑——"自分形（大前提）—整形（小前提）—博弈②自生自组织系统（结论）"表达形式。本能系统物质包括本能物质、亚物质、机能（基质）物质，本能物质自分形，开显亚物质（整形）和机能物质（现实），反过来看，一切形态的物质，归根结底收敛于本能物质，如图1-1所示：

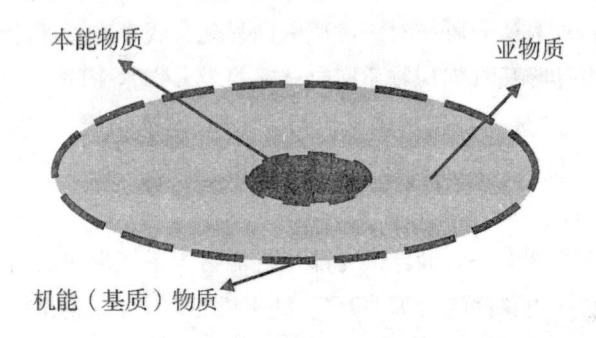

图1-1 世界本原物质的系统模型

世界系统物质概括起来的性质是指"可现实性"，即"自分形可现实性"。本能物质是世界物质最高统一的抽象基质，其"唯一"具有开显自己（指向现实）的自分形性；本能物质自分形（且不均匀）相互作用涌现出"亚物质"，

---

① 温勇增：《论本能系统的辩证唯物》，九州出版社2017年版。
② 注：博弈是指广义博弈，它区别于琢磨"对方可能的选择"以确定"自己的对策"而进行的"斗智"的狭义博弈，它是指根据"对方自分形可能"确定"自适应行为（策略）"而进行的"斗相互作用"及其妥协的过程和形态，具体见本书第五章相关内容。

30

同时开显出"机能物质——现实"。

本能物质开显的"机能物质"不仅具有来自本能物质本性的自分形性,同时,作为"本能物质的现实"而具有"不一"的具体机能(性质)。现实世界中,机能物质是相对的,低级的、小的机能物质在高级的、大的机能物质系统中,前者可以作为后者的组分(即该系统的"基质物质")。

物质的性质属于亚物质的内容,本能物质一旦自分形开显诞生机能物质的同时就诞生了亚物质,机能物质的一切性质都属于亚物质,从本能物质到当前机能物质的演化发展看,亚物质可区分初始阶段亚物质、历史阶段亚物质、当前阶段亚物质。亚物质必须栖息于机能物质载体,不管其如何"高度相对独立(比如意识)"都不能直接地是"现实"。本能物质自分形"涌生"亚物质,机能物质相互作用也产生(涌现)亚物质。"事物是机能物质,事情是物质且是亚物质""人是物质的,人的实践活动是物质且是亚物质""系统是物质的,系统内相互作用关系是物质且是亚物质""人的思想意志离开了人实体在实践中形成的社约物是物质且是亚物质",世界普遍联系之亚物质,涌生于博弈自生自组织,潜藏于宇宙万物之间,尤显物理力、生化力和社会力,它包括矿物特性、植物本能、动物意识、人类思想等,它使人类与石头、植物和动物等机能物质系统一样,在本质上接受大自然生态系统(亚物质)的整形协同(生态平衡)。这是关于物质世界的本能系统自我辩证逻辑探索的新认识。

二、本能系统物质的本能辩证逻辑

世界是物质的,物质是系统的。严格地说,物质是指物质本能及其展开的系统,即物质世界是指具有"自分形—整形—博弈自生自组织"的"本能"物质系统。"自分形—整形—博弈自生自组织"就是物质的"本能系统自我辩证逻辑"。机能物质在本能物质之后出场,它是指来源于"本能系统的自我辩证逻辑"的"本能物质"依本能辩证逻辑开显的现实"表现"。

"本能系统的自我辩证逻辑"是指"自分形—整形—博弈自生自组织(系统)"的辩证逻辑,具体如下:

(1)大前提:物质具有本能自我分形(最大化、不均匀)动因;

(2)小前提:"物质本能自我分形之间"自组织协同涌现出"自我相互作用"的亚物质整形支配力;

(3)结论:物质既是本能自我分形自动的,又是受自分形不均匀性之间的自我相互整形支配力约束的,它们构成博弈自生自组织的矛盾统一体,即呈现出"物质表现着自己"的物质体(机能物质)。

物质是"一",物质表现者(物质体)是"不一";物质通过自分形本能表现自己,物质自分形之间通过亚物质整形力自组织为整体——物质体。自分形不均匀性及其产生的亚物质差异(即整形力差异)使物质自分形呈现出"不一"的物质体,例如天底下没有两片完全相同的树叶。自分形具有最大化本性,现实系统的做大做强就来源于这一本性,比如"系统在与外界交换的过程中,始终存在一种原始的做大、做强趋势,一有做大、做强机会,系统或系统间就将发生分解、兼并、合并等行为"①。

本能物质自分形过程产生的分形整形博弈自生自组织的矛盾称为本生矛盾。假定:本生矛盾的两个方面,矛的方面是本能物质自分形,盾的方面是本能物质自分形之间涌现的亚物质整形,它们是一个矛盾自生自组织系统统一体。本能物质自分形与自整形两者相对,它们的这种作用是以相互之间涌现的亚物质来体现的。

本能物质辩证逻辑即本生矛盾辩证逻辑,它是以"本能物质自分形"为起源的,是以本生矛盾为核心的。纯粹的本生矛盾只描述世界本原的最高形而上学——本能物质展开的那一瞬间,由潜在向显在过渡的那一瞬间。一旦本能物质向现实过渡,就进入了机能矛盾的范畴。本生矛盾就是指本能物质的"自生矛盾"。本能物质没有"共生矛盾",因为,本能物质是"潜在的",潜在的本能物质之间不存在"共生问题"。潜在的本能物质(通过"本生矛盾"过程)一旦"开显",则其自然地转化为"机能物质"——现实中,一切辩证矛盾都是指转化了的机能辩证矛盾。

三、本能系统物质中的机能辩证逻辑

本能物质经本能辩证逻辑一旦展开,其产物是机能物质。机能物质继承了本能物质的"自分形(最大化、不均匀)"本性,产生了机能物质博弈"自生"自组织的矛盾统一体;同时具有了机能物质"质""量"等基本规定性,展现了机能物质对立统一、质量变化、否定之否定等规律。另外,多个机能物质体自分形之间,受他们"自我相互作用"涌现出的亚物质整形支配力,形成了机能物质博弈"共生"自组织的矛盾统一体,同时表现出自组织涌现、差异协同、整体优化、超循环螺旋等规律。可见,机生矛盾辩证逻辑包括了机能物质的"自生矛盾"辩证逻辑和机能物质的"共生矛盾"辩证逻辑,前者称为"机能自生矛盾"辩证逻辑,后者称为"机能共生矛盾"辩证逻辑。

---

① 袁建宏:《系统交换引论》,载《系统科学学报》,2010年第2期。

（一）机能物质的"机能自生矛盾"辩证逻辑

机能辩证逻辑是本能系统物质的显生矛盾辩证逻辑，来源于本能系统物质的本生矛盾辩证逻辑。我们所看见的一切物质都是机能物质，即物质体。本能物质是"是"，则机能物质是"是"的携带者（即是者），它表现自己的根本方式来自"是"的"自分形"，机能物质来源于本能物质，机能物质的遗传变异、同质异质等规律是来源于本能自分形的机能物质自分形表现。现实的系统物质的"是者"，通常是指包括自分形、自整形和他整形的统一的物质体，某一"是者（物质体）"通常包括了诸多要素"（基质组分）是者"。所有一切的机能物质，它们共同表现出物质世界的普遍联系和发展的世界图景。

传统唯物辩证法揭示了机能物质世界图景的总特征是联系和发展，其认为：整个物质世界是"各种物体相互联系的总体"，一切事物、现象及其内部诸要素之间都是相互影响、相互作用和相互制约的；"一切差异都在中间阶段融合，一切对立都经过中间环节而互相过渡"，坚持以整体性为原则的系统方法观察事物；事物的相互联系、相互作用而构成运动，由小到大、由不完善到比较完善、由低级到高级的发展，使新陈代谢成为宇宙间普遍的发展规律。

传统唯物辩证法是被无数事实所证明了的。一切事实都是指机能物质事实；因此，传统唯物辩证逻辑着重阐述了机能物质"自生"矛盾辩证逻辑。它的基本规律包括：对立统一规律、质量互变规律和否定之否定规律。

（1）对立统一规律揭示了显生事物内部对立双方的统一和斗争，是显生事物普遍联系的根本内容和变化发展的根本动力。

（2）质量互变规律揭示了一切显生事物运动、变化、发展的两种最基本的形式或状态，即量变和质变及其内部联系和规律性。

（3）否定之否定规律揭示了显生事物由矛盾引起的发展，即由肯定—否定—否定之否定的螺旋上升运动。

机能物质的自生辩证逻辑的范畴体系包括本质与现象、内容与形式、原因与结果、必然性与偶然性、可能性与现实性等，是以辩证思维的逻辑形式对客观显生事物的本质关系的反映。唯物辩证法的基本规律和范畴体系科学地概括了人类对自然、社会和思维运动的普遍联系和全面发展的不断深化的认识过程——在全部机能物质的世界层次实现了人类对自然、社会和思维运动的认识把握。对此，经典马克思主义哲学家们创建了数量巨大、内容丰富的研究资料，这里不再阐述。

（二）机能物质的"机能共生矛盾"辩证逻辑

机能物质的系统研究，主要是指以"适可而止"的组分、机构、功能的统一体（现实系统）为研究对象的系统科学研究。系统机能包括"分形机能、整形机能、自组织涌现机能"三个方面：分形机能是机能系统内部组分要素运动演化发展的根本动因；整形机能是机能系统中诸要素相互作用涌现生成亚物质整形而具有"系统意义"问题的核心动力；在机能系统中，亚物质支配各组分差异协同自组织演化发展并指向整体优化目的态，即自组织涌现机能揭示了机能系统具体存在演化的形态。系统机能的核心可以归结为自组织涌现机能，主要表现为系统科学的控制论、信息论、协同学、突变论、耗散结构理论、超循环理论、混沌理论、分形理论，等等。这里以乌杰教授的系统辩证原理为基础，阐述如下：

1. 关于自组织涌现规律

自组织涌现的研究是系统科学研究的逻辑核心。自组织涌现在典型系统（具有典型整体意义表现或具有整体研究意义的系统）中表现尤其明显。"自组织涌现律由自组织原理和涌现原理构成。"① 自组织对典型系统的涌现研究具有直接的认识意义：首先，严格地说，自组织是不需要条件的（典型系统的自组织被认为是需要条件的），任何系统（不管是典型系统还是非典型系统）都永恒地存在自组织；其次，在涌现原理研究中，提出了"把非加和性与加和性的差额叫作'剩余功能'"②，并认为涌现与其紧密相关。总的来看，自组织涌现律对于生活中的典型系统具有直接的认识和实践的指导作用。

2. 关于差异协同规律

"对立统一"不能只研究"对立"而只看到"矛盾或斗争"，其还有"统一"面——它包含着"差异"协同意义。"对立统一"是事物自身或事物与事物相互作用的描述，而"差异"是这种描述的外在表征内容，就如恩格斯讲："同一性自身中包含着差异，这一事实在每一个命题中都表现出来。"③

"差异协同律是自组织涌现规律的外在表征，即在差异中协同自组织。……差异存在于一切客观事物系统及思维的过程中，并贯串于一切过程的始终。差异的概念不同于反映互相排斥互相对立的矛盾概念。……差异是普遍的。……在整个自然界演化的过程中，产生了一系列的对称性破缺，即非对称差异。"④差异的概念是"存在"的"外在表征"，因此，"差异"并不直接地就是"存在

---

① 乌杰主编：《系统哲学基本原理》，人民出版社2014年版，第198页。
② 乌杰主编：《系统哲学基本原理》，人民出版社2014年版，第201页。
③ 《马克思恩格斯文集》第9卷，人民出版社2009年版，第476页。
④ 乌杰主编：《系统哲学基本原理》，人民出版社2014年版，第239－240页。

物"。从外在来看，"一切事物和现象都是相互联系、相互作用的。……系统物质世界是一个差异协同体。……差异系统律引用差异原理、协同原理和自组织原理阐述系统物质世界运动的规律，深化和发展了对立统一规律。……差异协同律认为，系统物质世界由一般差异发展到斗争阶段，是差异中的一种可能，并不是必然"①。"差异"在于"对立统一"的逻辑之"先"，这是值得商榷的，因为"差异、协同、统一"与"排斥、对立、斗争"都是"对立统一"的内容或属性，如果说"对立统一"是本质整体，那么"差异"就是表象部分。

差异是一种相互作用关系状态，是系统内部要素（或子系统）之间相互作用关系状态在系统参照下的显现。在人类社会和自然界中，系统无处不在、无时不在，只要有系统就有差异。纵观每一个系统，系统与系统之间，系统内部要素与要素之间、子系统与子系统之间，它们构成的基本的核心的关系状态表现为"合作的、竞争的统一"与"和谐的统一"，可概括为差异。

3. 关于整体优化超循环螺旋规律

整体优化应当包括两个方面：一是，整体优化具有本身的系统优化性，即研究系统首先是一个"系统"，该系统具有整体性——是对各个要素之和"优化"了的整体性。二是，系统作为一个旧优化整体向新优化整体演化发展，不断地整体优化。整体优化是系统哲学的基础规律，它揭示了系统事物的自我完善过程，它是从具有系统意义的整体出发，历经整体中构成整体的有意义的、适可而止的部分的优化过程，达成新优化的系统意义的整体。整体优化，拒绝彼此分离的整体分解，强调组分事物的相关关系，根据引起事物系统变化的非等当因果性决定系统发展方向的优化研究。

显生矛盾辩证逻辑的核心是"对立统一"自组织，当"对立统一"自组织从自身纵向发展向横向多事物紧密联系的"差异协同"转变时，则世界显现出多事物共同的机能物质系统形态。整体优化的系统遵循超循环螺旋规律②，它揭示了整体事物自身发展与受横向多事物紧密联系影响的质变量变及其否定之否定的超级扬弃了的系统演化发展规律。

（三）"机能共生矛盾""机能自生矛盾"与"本能自生矛盾"的关系

机能共生矛盾是物质世界普遍联系和发展的事实描述，它与经验一起可共同直接显现在同一个物质阶层。机能自生矛盾是对机能共生矛盾分离后的单个

---

① 乌杰主编：《系统哲学基本原理》，人民出版社2014年版，第249-252页。
② 温勇增：《系统涌生原理》，经济日报出版社2014年版。

机能自我矛盾及其普遍性的规律揭示。本能自生矛盾是在思维自觉到思维本性条件下对"思维与物质同一于物质性"的假设阐述。机能共生矛盾、机能自生矛盾、本能自生矛盾三者逐步深入本质,其中机能共生矛盾直接在现象和现实中,本能自生矛盾抵达辩证逻辑最高形而上学,机能自生矛盾既是本能自生矛盾的显现,也是机能共生矛盾的基础和来源。它揭示了机能物质存在和发展的现实规律,这是被无数事实证明了的。

机能自生矛盾是一种来源于本能物质自分形的自我辩证,而机能共生矛盾可认为是一种共我辩证。自我辩证逻辑是物质自己说明自己的辩证逻辑,在辩证逻辑的最高层次它被称为物质的本能辩证逻辑,它是物质自为的开显、存在和发展的根本辩证逻辑规律。共我辩证逻辑是世界普遍联系和发展的现实辩证逻辑,包括以自我辩证为主的、置身于环境中普遍联系和发展的自我现实辩证逻辑(传统辩证规律),也包括以共同紧密整体存在为主的、置身于环境中的多事物的普遍联系和发展的共我现实辩证逻辑(系统辩证规律)。传统辩证法既是本能辩证逻辑在现实中的具体体现,它揭示了世界普遍联系和发展的共我关系本质,既是自我辩证的现实,又是共我辩证现实的第一法则。

传统的唯物辩证研究主要集中在机能自生矛盾方面,它是被无数事实所证明了的。机能共生矛盾是一个包含了多个自生矛盾的系统,诸多自生矛盾在横向关系中又形成对系统具有不同系统意义的矛盾关系,它们的主导性质、层次、结构和关系等共同构成了机能共生矛盾系统的最高统一形式;有时候,机能共生矛盾系统最高统一形式下的矛盾载体发生变化,而各矛盾主导性质地位和结构关系不发生变化,则其并不影响该机能共生矛盾系统的最高统一形式,比如封建社会共生矛盾系统最高统一形式下的王朝更替并不影响各个王朝共同具有的封建社会最高统一形式。从系统科学角度进行简易分析,可以将一般矛盾系统的"矛盾部分"和"统一形式部分"进行有条件地"人为区分",形成系统科学的"矛盾两部分分析法"[①],这种方法有利于从宏观和宇观来分析和思考问题。在机能共生矛盾(系统)中,通常具有多个具体矛盾对,在研究中,应当根据需要进行综合分析,建立矛盾网络分析,根据系统辩证律要求,在系统一分为二、一分为多的基础上,建立侧重系统功能的结构功能耦合辩证法,是非常必然的;它的特点在于分析揭示系统的基本矛盾,这个矛盾是系统存在的必要条件,与系统共存亡,在很大程度上决定其他矛盾的发展,是系统发展演化

---

① 温勇增:《系统之"矛盾两部分分析法"》,载《系统科学学报》,2007年第3期。

的基本推动力。①

第四节 本能系统辩证逻辑的思维运用方法

高清海对哲学思维方式曾做过如下精辟论述:"哲学思维方式,属于哲学理论的内在思维逻辑,表现着哲学对待事物的方式、理解事物的模式、处理事物的方法。思维方式是无形的,它却像'灵魂'一样贯穿并支配着哲学的整个内容。""哲学理论的意义主要就在于思维方式的意义。随着时间的推移,哲学中的原理、结论乃至对许多问题的具体观点在历史的冲刷下大都被淹没、淡忘、淘汰了,能够保留下来的主要就是哲学思维方式曾经发生过的影响。"②

思维方式是思维建筑及其"脚手架"的搭建运行方式。本能系统辩证逻辑是思维自觉到思维本质本性这种思维方式下的产物,其揭示着辩证思维运行的逻辑。人类认识世界的辩证思维方法很多,思维研究内容包括概念、判断、推理为基本工具的分析、综合、抽象、概括,等等,它们归根结底可分两大类:一是广义分析类,二是广义综合类。广义分析类方法源自分形,广义综合类方法源自整形,一切运动皆体现在物质自我辩证逻辑(分形整形超循环螺旋)过程中。

一、辩证思维的逻辑及其形式

世界观主要解决世界"是什么"的问题,方法论主要解决"怎么办"的问题,即认识论和实践论解决两者统一的问题。方法论是用世界观的观点作指导去认识世界和改造世界的一个哲学范畴,它是普遍适用于各门具体社会科学并起指导作用的范畴、原则、理论、方法和手段的总和,它指导人们在认识和实践中用什么样的方式、方法来观察事物和处理问题。

马克思主义哲学认为,世界观和方法论是统一的。方法论是关于认识世界和改造世界的根本方法的研究,方法论和世界观是统一的,有什么样的世界观就有什么样的方法论,没有离开方法论的世界观,也没有离开世界观的方法论。

贝塔朗菲认为,系统概念、系统方法标志着"世界观的真正的、必然的和

---

① 姚志学:《系统辩证论丰富和发展了辩证唯物主义》,载《系统科学学报》,2006年第2期。

② 高清海:《哲学的创新》,吉林人民出版社1997年版,第82页。

重大的发展"①。苏联伊利切夫认为:"系统方法无非是唯物辩证法的一个有机组成部分、一个方面。"② 这里认为,系统方法不是唯物辩证法的一个"部分",而是与辩证唯物方法同一的"整体",从"部分"到"整体"表明了本能系统辩证唯物方法论的不同。

机能系统的方法论,是唯物辩证法的关于机能系统的整体性方法论,本能系统辩证方法是本体论、辩证法、认识论、逻辑学、方法论一致的方法。本能系统是利用自我逻辑辩证的方法,即"分形与整形"(系统本能)的具体思维方法,表现为"广义分析和广义综合"的辩证统一。

（一）辩证思维的辩证法、认识论、逻辑学一致

马克思主义哲学科学地把握了辩证法、认识论、逻辑学一致的关系。黑格尔以前的哲学通常把哲学区分为本体论、认识论和逻辑学三个部分,且三个部分各自独立。黑格尔在哲学史上第一次提出了辩证法、认识论、逻辑学相一致的思想,但其将理论建立在唯心主义基础上;马克思吸取黑格尔哲学关于这个问题的合理部分并进行根本的改造,提出三者一致的基础是现实物质世界的辩证运动和普遍联系,它们在实践基础上达到统一。

关于辩证法、认识论、逻辑学的区分:"辩证法研究自然、社会、思维的一般规律;认识论研究整个认识过程的一般规律;辩证逻辑研究理论思维及其形式、方法等发展的一般规律。"③ 列宁指出:"辩证法也就是（黑格尔和）马克思主义的认识论。"④ 唯物辩证法,一方面,科学地揭示了人类认识对象的客观的、辩证的性质,其规律贯穿于认识的全过程,成为科学的认识工具;另一方面,人类认识发展的全部历史证明了唯物辩证法的真理性。

唯物辩证法与辩证逻辑的关系表明,当辩证法应用于逻辑科学才体现出其实际意义:一般辩证法所揭示的规律和范畴,同时也是逻辑的规律和范畴;唯物辩证法本身就是科学的逻辑体系,辩证法的规律、范畴都是逻辑思维的产物。辩证逻辑是从人类认识史、思想史、思维发展史中概括出来的,本身具有思维活动的特殊性,它是在思维中把握和再现客观世界的过程,它是概念、判断、推理等辩证思维形式的相对独立的运行过程。⑤

---

① 贝塔朗菲:《一般系统论的发展》,载《自然辩证法学习通讯》,1981年增刊。
② 伊利切夫:《哲学和科学进步》,中国人民大学出版社1982年版,第110页。
③ 肖前、李秀林、汪永祥主编:《辩证唯物主义原理》,人民出版社1999年版,第444页。
④ 《列宁选集》第2卷,人民出版社1995年版,第584页。
⑤ 肖前、李秀林、汪永祥主编:《辩证唯物主义原理》,人民出版社1999年版,第448页。

(二) 辩证思维的形式

"辩证思维最基本的形式是概念、判断、推理、假说和理论。辩证逻辑最重要的任务是揭示诸思维形式的内在联系，从而使人们自觉地运用思维形式并根据它们的内在联系去辩证地思考。"① 本能系统辩证逻辑将丰富和发展传统辩证逻辑。

罗素等分析哲学家认为，哲学的本质就是逻辑，哲学的主要任务是进行逻辑分析。逻辑分析的概念是人类理论思维的最重要的工具。思维是认识的一种系统活动表现。辩证思维基本形式包括概念、判断、推理、假说和理论，"这些"是指在"已经形成的认识结果"基础上开展的进一步的认识活动；或者说，在认识已经获得显现的基础上，进行更多的更深入的认识活动。思维的概念是认识深入展开的工具，是指人脑意识亚物质同认识对象信息亚物质之间的反映相互作用（包括信息传递、响应、处理、重组、激发、存储等），而获得的亚物质信息模式形成"对应认识的或思维的对象的概念"。"我们之所以能够看到或听到具体的人或物，而不是像透过了一个焦距没有对准的摄影机那样看到一团虚头图像的世界，就是因为依靠了概念。"②

概念是任何哲学体系、思想观念的基本单元。人类的认识必须建立概念、借助概念、依靠概念。它是任何认识的基础。黑格尔说："哲学乃是一种特殊的思维方式——在这种方式中，思维成为认识，成为把握对象的概念式的认识。"③ 尼采说："正像蜜蜂一边筑造蜂房一边向里面灌蜜一样，科学也在概念的伟大骨灰陈列所即知觉的墓地忙个不停，不仅总是在修葺整理旧墓室和建造更高层次的墓地，而且还特别努力填充这一巍峨的构架，在其中安排整个经验世界也就是拟人世界。"④ 概念的根本性质是以特定信息模式在人脑中的亚物质性。概念是思维的细胞，"它凝聚着人类全部认识成果，是整个人类思维史的结晶，因而它是人类认识的总结形式；另一方面，概念又是人的认识的新的起点，人类凭借着概念向各个未知的、更新的领域深化，形成着向新知识的运动过程。"⑤ 通常，概念具有灵活性和确定性的统一性，具有主观和客观的相对统一

---

① 肖前、李秀林、汪永祥主编：《辩证唯物主义原理》，人民出版社1999年版，第449页。
② [美] 罗伯特·所罗门：《大问题：简明哲学导论》，广西师范大学出版社2004年版，第15页。
③ [德] 黑格尔：《小逻辑》，商务印书馆2003年版，第38页。
④ [德] 尼采：《哲学与真理》，上海社会科学院出版社1993年版，第111-112页。
⑤ 肖前、李秀林、汪永祥主编：《辩证唯物主义原理》，人民出版社1999年版，第455-456页。

性，具有抽象和具体、共性和个性的相对统一性。

判断是概念自分形之后的"整形"的界定（评判）。运用概念对事物的性质、状态、关系及规范有所断定的思维形式就是判断。根据本能系统辩证逻辑，在现实中可认为，"判断是概念内涵和内在矛盾的展开，是在概念基础上发展起来的一种更为复杂的形式。概念和判断是相互依赖的，任何一个判断，哪怕是最简单的判断，都是由两个或两个以上的概念构成的"①。辩证判断是通过物质本能自我辩证逻辑，反映主观思维和客观事物的相互一致的分形整形自我辩证矛盾及其发展变化。本能系统辩证逻辑的判断，完善"思维中的矛盾判断不过是客观世界矛盾的反映"② 论述，思维中的矛盾判断，既反映客观世界（机能物质）矛盾，又反映主观世界（亚物质）矛盾，它是物质本能系统的辩证逻辑之判断，于认识和实践相适应的统一。当我们对有关事物能够做出正确、深刻的判断时，我们才能说在一定程度上认识了该事物。

"推理是以已有的若干判断为前提逻辑地推出作为结论的新判断的思维运动过程。……这一过程表明，概念、判断、推理互为前提、互为中介，并在一定的条件下互相促进、互相转化。"③ 推理的思维方法很多，可分为形式逻辑的思维方法、辩证的思维方法和直觉的方法。对于逻辑的思想工夫，毛泽东说："就是人在脑子中运用概念以作判断和推理的工夫。"④ 推理是适用于人类改造世界的实践需要而产生和发展的，推理必须以科学的判断为前提，科学的判断又必须由科学的概念所构成，科学推理过程应当严格遵守推理的形式即逻辑的格，而逻辑的格是在人类漫长的实践过程中形成的。⑤ 推理不是万能的，社会的历史的实践可以检验科学逻辑推论。

"假说和科学理论都是概念、判断、推理的系统，这是它们的共性。假说和科学理论的区别在于，科学理论是被证实为正确反映客观现实的概念、判断、推理系统，而假说还没有被实践所证实。"⑥

辩证的思维形式，即是亚物质思维的辩证表现形式。因此，以上对于辩证思维的"概念、判断、推理、假说和理论"等形式的阐述，主要参考《辩证唯

---

① 肖前、李秀林、汪永祥主编：《辩证唯物主义原理》，人民出版社 1999 年版，第 456 页。
② 肖前、李秀林、汪永祥主编：《辩证唯物主义原理》，人民出版社 1999 年版，第 459 页。
③ 肖前、李秀林、汪永祥主编：《辩证唯物主义原理》，人民出版社 1999 年版，第 462 页。
④ 《毛泽东选集》，第 1 卷，人民出版社 1968 年版，第 262 页。
⑤ 肖前、李秀林、汪永祥主编：《辩证唯物主义原理》，人民出版社 1999 年版，第 463 页。
⑥ 肖前、李秀林、汪永祥主编：《辩证唯物主义原理》，人民出版社 1999 年版，第 466 页。

物主义原理》①。本能系统辩证思维，就形式和一般运用问题同马克思主义辩证思维是一致的，仅就辩证思维的本体，它指出了思维的亚物质（即物质）本质，同时指明了辩证思维自身运动来源于本能系统物质的自我辩证逻辑。

二、本能系统辩证的分析与综合

马克思主义在传统分析与综合方法向辩证思维复归中创立了辩证唯物主义。"分析与综合"的本体论来源是物质自我辩证逻辑的"分形与整形"。分形是一切可分的或分析（含有分析意义）的方法（比如演绎、具体等）的本体论来源和哲学基础；整形力是一切可综合的或综合方法（含有综合方法意义比如归纳、抽象等）的本体论来源和哲学基础。

20世纪30年代以来，科学研究中出现了既高度分化又高度综合，且以综合为主的发展趋势，其中系统研究的方法构成了现代科学认识的新的焦点，它打破传统分析与综合方法的局限，将分析与综合融为一体。钱学森指出："分析与综合的辩证思维工具，它在辩证唯物主义那里取得了哲学的表达形式，在运筹学和其他系统科学那里取得了定量的表达形式，在系统工程那里获得了丰富的实践内容。"② 这里钱学森所指的是具体的、可以定量的机能系统研究；本能系统辩证唯物是定性的、抽象的，是对马克思主义哲学传统分析与综合方法的继承和发展研究。

（一）传统的分析与综合

分析和综合是比归纳和演绎方法更深刻揭示事物内在本质的方法。关于分析，恩格斯说："我们用世界上的一切归纳法都永远不能把归纳过程弄清楚。只有对这个过程的分析才能做到这一点。"③ 科学分析的方法很多，包括结构分析、功能分析、信息分析、模式分析、发生学分析、流程分析、系统分析，等等。关于综合，它是指组分因素组合成整体的思维过程。马克思说："研究必须充分地占有材料，分析它的各种发展形式，探寻这些形式的内在联系。只有当这项工作完成之后，现实的运动才能适当地叙述出来。这一点做到，材料的生命一旦观念地反映出来，呈现在我们面前的就好像是一个先验的结构了。"④

分析和综合是相互依赖的，是可以相互转化的，列宁把"分析和综合的结

---

① 肖前、李秀林、汪永祥主编：《辩证唯物主义原理》，人民出版社1999年版。
② 钱学森：《论系统工程》，湖南科技出版社1982年版，第78页。
③ 《马克思恩格斯选集》第3卷，人民出版社1995年版，第548页。
④ 《马克思恩格斯选集》第3卷，人民出版社1995年版，第217页。

合——各个部分的分解和所有这些部分的总和、总计"① 规定为辩证法的要素，突出了分析与综合的统一研究。"分析是在思维中把客观对象的整体分为各个部分、方面、特性和因素的认识过程，综合则是在思维中将已有的关于客观对象各个部分、方面、特性、因素的认识联结起来，形成对客观对象的整体认识过程。"②

（二）本能系统的分析方法

本能系统分析就是从物质自我辩证逻辑角度对认识对象进行分析，一方面从对象事物自分形的角度，保留传统分析的合理内容；另一方面扬弃传统分析的不足，依据亚物质整形，用普遍联系的观点，合理使用机能系统涌现的机制，进行系统分析。

本能系统分析法，强调了"分析"的本源来自物质的"自分形及其自我辩证逻辑"，从而将传统分析与综合分析统一起来："由内而外，再由外而内；由部分到整体，再由整体到部分。"③ 实现列宁所说的"分析与综合的结合"④。通过"分析"把握物质（亚物质、机能物质）在自我辩证逻辑中的演化发展以及相互转化的动态研究，一方面要考虑相对独立的机能事物自身的演化发展（自分形），另一方面也要考虑机能事物普遍联系的相互作用演化发展（系统整形），整体分析把握"一切发展，不管其内容如何，都可以看作一系列不同的发展阶段，它们以一个否定另一个的方式彼此联系着"⑤ 的相互关系，在分析问题时"要把问题提到一定的历史范围之内"⑥，进行"本能系统—机能系统—机械系统"的动态研究，通过自身统一的层次结构分析实现从系统本能到系统现实机能的分析。

现实中，根据涌现可在研究中区分"机能系统—机械系统"：（1）在弱涌现情况下，进行物自体亚物质的分析。弱涌现情况下，物自体具有自分形最大化运动及其相应趋势（具有内部物质体亚物质），不同的物自体事物之间可视为没有"相互作用亚物质"，即没有涌现，相互之间的关系可以用机械论和还原论来处理，侧重传统分析法。（2）在强涌现情况下，机能物质之间的普遍联系是"紧密的"，相互作用的"强大的"，使它们获得"系"在一起的"统一"形态。

---

① 《列宁选集》第2卷，人民出版社1995年版，第607页。
② 肖前、李秀林、汪永祥主编：《辩证唯物主义原理》，人民出版社1999年版，第476页。
③ 乌杰主编：《系统哲学基本原理》，人民出版社2014年版，第333页。
④ 《列宁专题文集 论辩证唯物主义和历史唯物主义》，人民出版社2009年版，第140页。
⑤ 《马克思恩格斯全集》第4卷，人民出版社1958年版，第329页。
⑥ 《列宁专题文集 论辩证唯物主义和历史唯物主义》，人民出版社2009年版，第302页。

在该情况下，机能物质受系统与要素的整形力约束和支配，通常需要用系统科学方法来处理，侧重系统的分析方法，即综合分析法。

（三）本能系统的综合方法

本能系统综合法是指来源于本能物质自我辩证逻辑的"整形支配"方法。本能系统的综合方法，一是明确指明了其本体来源性，即亚物质整形性；二是根据亚物质整形的涌现情况不同，区分为弱涌现的传统综合方法和强涌现的系统综合方法。传统综合方法具有机械性和可还原性；系统综合方法把握住了机能系统诸要素、结构层次、动态过程的内在联系，克服传统综合的加和性局限和无逻辑秩序性缺点。

本能系统综合方法，本质上是一种整形综合的"创新"方法。本能物质自分形通过亚物质整形（开显）获得机能物质，即"创新"物质；机能物质之间通过亚物质整形作用产生"新"的机能物质系统，即"创新"物质。"所谓创造性活动，指的是人们发现客观对象的新性质、新关系、新规律，形成反映事物本质的新概念、新思想、新理论、新设计、新制造和获得新的物质客体和精神产品的一种认识和实践活动。……首先，发现未知的常规系统需要进行系统综合。……其次，在系统优化理论和实践中，系统综合方法具有更为独到的创新性作用。"①

在现实中，本能系统综合主要是指机能物质的整形（自组织）：（1）在弱涌现情况下，可根据需求进行机能（基质）物质的加和综合研究。机能（基质）事物的自分形是该研究的核心，机能（基质）事物之间的涌生亚物质事物"被忽略"了，因此传统的加和综合具有逻辑秩序的局限性。（2）在强涌现情况下，需要进行系统条件下的非加和综合研究。系统整体与部分（基质事物）之和不相等，涌生亚物质支撑涌现，系统层次结构表现显著的逻辑秩序性。机能系统综合方法，包括整体方法、结构方法、层次方法、序性方法、协同方法、工程方法等。②

三、本能系统辩证的归纳与演绎、抽象与具体

归纳和演绎、抽象与具体是重要的辩证逻辑方法。归纳是物质系统"整形"的归纳，演绎是物质系统"分形"的演绎；抽象是物质系统"分形与整形"的抽象，具体是物质系统"分形与整形"的具体。

---

① 乌杰主编：《系统哲学基本原理》，人民出版社2014年版，第339－341页。
② 乌杰主编：《系统哲学基本原理》，人民出版社2014年版，第342－345页。

归纳是指从个别事实走向一般概念、结论，它是指物质系统中个别组分基质事物在整形中揭示一般组分事物在相同的整形力作用下所形成的抽象的、一般的概念和结论。演绎是指从一般原理、概念走向个别结论，它是指物质系统中一般概念和结论在分形运动中同时受系统整形作用下所产生的具体的、个别的结论。

"归纳是从个别到特殊、从特殊到一般的思维和运动；演绎是从一般到特殊、从特殊到个别的思维运动。归纳和演绎是统一认识过程中的相互对立又相互联系的两种方法。"① 从个别走向一般的具体归纳方法是多样的，包括传统归纳、统计、类比等方法，它们从自然和社会现象出发，通过归纳推理认识走向一般原则或结论。恩格斯指出："原则不是研究的出发点，而是它的最终结果；这些原则不是被应用于自然界和人类历史，而是从它们中抽象出来的；不是自然界和人类去适应原则，而是原则只有在适合自然界和历史的情况下才是正确的。"② 归纳是认识的基础，在对经验材料作研究的过程中，归纳有其特别重要的意义，但是归纳离不开演绎，比如牛顿的科学贡献中，他不仅运用归纳法，也运用了演绎法。在理论思维中，特别是在建立理论体系和寻找理论体系内在的逻辑结构时，归纳让位于演绎。对此，爱因斯坦说："适用于科学幼年时代以归纳为主的方法，正让位于探索性的演绎法"；应该"由经验材料为引导，……提出一种思想体系，它一般是在逻辑上从少数所谓公理的基本假定建立起来的。"③ 欧几里得几何学就是用这种方法建立起来的，爱因斯坦利用逻辑演绎推导出狭义相对论，演绎法是现代科学中极其重要的方法；但它不能排除归纳法，不能离开归纳法。亚里士多德推崇演绎推理形式，培根则认为归纳推理才是引导我们走向真理的科学方法，他们忽视了二者的统一。

抽象是指由感性具体到思维抽象，既是亚物质（思维）的运行过程，也是亚物质思维的方法。一方面，亚物质思维经过分析抽取出认识对象的规定，体现客观对象某方面属性、因素在思维中的反映；另一方面，亚物质抽象思维方法，把对象的某个属性、因素抽取出来而暂时舍弃其他属性、因素的一种逻辑方法。"抽象过程的主要手段是思维的分析活动，通过分析把整体分解成各个部分，区分开必然的本质的方面和偶然的现象的方面，从中抽取出各个必然的本

---

① 肖前、李秀林、汪永祥主编：《辩证唯物主义原理》，人民出版社1999年版，第470页。
② 《马克思恩格斯选集》第3卷，人民出版社1995年版，第74页。
③ 肖前、李秀林、汪永祥主编：《辩证唯物主义原理》，人民出版社1999年版，第473页。

质的因素。"①

具体是指本能系统辩证逻辑中物质的具体（主要是指机能物质），是指许多规定的统一，包括感性具体和理性具体。马克思指出："具体之所以具体，因为它是许多规定的综合，因而是多样性的统一。"② 从抽象到具体，要遵循它内在的逻辑规律，既要把握从抽象到具体的抽象，又要把握从抽象到具体的逻辑中介过程，最终实现从抽象到具体的逻辑终点即具体。辩证思维运动包括"完整的表象蒸发为抽象的规定"和"抽象的规定在思维形成中导致具体的再现"③两条相反道路及其统一的认识过程。

四、本能系统辩证逻辑与历史的统一

在物质的本能系统自我辩证逻辑中，逻辑的东西和历史的东西是一致的。历史的东西是本能物质自分形的发展过程的东西，开显为机能物质系统（包括客观实在的自然界和社会，也包括人脑及其思维）自身的历史发展过程。逻辑的东西是本能物质系统中亚物质规律，是指逻辑范畴之间的次序和关系等。历史的东西与逻辑的东西相一致集中体现在，人脑亚物质意识思维同客观实在机能物质之间的反映关系——形成的人类认识的历史发展过程的统一，比如科学史、哲学史、认识史、语言发展史等。历史的东西是第一性的，这是由本能物质自分形决定的；逻辑的东西是第二性的，这是由逻辑的亚物质与本能物质的关系决定的。历史的东西与逻辑的东西相一致，是由分形和整形相互统一决定的。

亚物质逻辑是在事物的发展过程中实现了自身同历史的一致性认识，是指从历史的发展过程来看待事物各有关因素如何在它们的相互联系、相互作用中发展、展开和成熟，正如马克思所说："人体解剖对于猴体解剖是一把钥匙。低等动物身上表露的高等动物的征兆，反而只有在高等动物本身已被认识之后才能理解。"④

黑格尔首次提出了逻辑与历史一致的原则。"黑格尔认为，整个宇宙和人类历史的发展都是绝对观念合乎逻辑的外化的结果，都是理性的逻辑力量的产物。而逻辑范畴的发展又与哲学史的发展相一致，'历史上的那些哲学体系的次序，

---

① 肖前、李秀林、汪永祥主编：《辩证唯物主义原理》，人民出版社1999年版，第483页。
② 《马克思恩格斯选集》第2卷，人民出版社1995年版，第103页。
③ 《马克思恩格斯选集》第2卷，人民出版社1995年版，第103页。
④ 《马克思恩格斯选集》第2卷，人民出版社1995年版，第108页。

与理念里的那些概念规定的逻辑推演的次序是相同的。'……马克思和恩格斯摒弃了黑格尔关于逻辑与历史一致思想中的唯心主义实质，给予了唯物主义的改造。在逻辑和历史的关系中，历史的东西是第一性的，而逻辑的东西是第二性的，从而使这一方法第一次具有科学的形态。"①

逻辑与历史一致，是指亚物质逻辑信息模式和顺序必须遵循本能物质系统地展开顺序规律，并是本能物质系统历史发展顺序的反映。历史的东西是逻辑的东西的基础，逻辑的东西是历史的东西在理论思维中的再现，是具有历史的东西信息模式的亚物质。亚物质（逻辑）的东西是历史的东西（本能物质）分形整形的产物。逻辑的东西是人脑意识亚物质的特殊内容，是人脑产生以后的人脑亚物质活动规律；因此，"逻辑是和人类认识发展的历史相统一的……个人头脑中思维辩证运动的逻辑，基本上是同整个人类思维发展历史相一致的"②。在本能系统辩证物质观中，本能物质自分形产生的亚物质能够"反映"本能物质。即，主观思维意识亚物质能够反映客观的机能物质，并且，"适可而止"的基质（机能物质）常常成为我们思想的起点和逻辑的起点。"逻辑的研究方式是唯一适用的方式。但是实际上这种方式无非是历史的研究方法，不过摆脱了历史的形式以及起扰乱作用的偶然性而已。历史从哪里开始，思想进程也应当从哪里开始，而思想进程的进一步发展不过是历史过程在抽象的、理论上前后一贯的形式上的反映。"③

亚物质自分形和整形的演化规律，同本能系统物质（包括机能系统物质）自分形和整形演化发展的规律是一致的。因此，亚物质理论逻辑的顺序同实际历史（机能物质系统演化）的顺序是相一致的。亚物质理论逻辑虽然可以反映机能物质系统演化形成的亚物质（进而揭示对历史的反映），但两者不是一个东西：（1）逻辑的东西是"修正过"的历史的东西。首先逻辑是按照历史规律修正过的历史的东西，在总的规律方向上是一致的，但对于非主流、非必然、非基本线索和基本方向的具体细节进行了修正（抛弃）；其次，逻辑的东西具有意识亚物质本体是相对独立的，其反映并携带历史的东西（信息模式）——在人脑思维中的某种相对独立（思维意识），可以离开历史的顺序，遵循亚物质逻辑的自组织原则进行"思维活动"。（2）逻辑和历史的差别表现为逻辑方法和历史方法的差别。历史的方法遵循再现历史揭示历史规律的方法，研究历史的具

---

① 肖前、李秀林、汪永祥主编：《辩证唯物主义原理》，人民出版社 1999 年版，第 487 页。
② 肖前、李秀林、汪永祥主编：《辩证唯物主义原理》，人民出版社 1999 年版，第 489 页。
③ 《马克思恩格斯选集》第 2 卷，人民出版社 1995 年版，第 122 页。

体发展过程；逻辑的方法舍弃了历史发展的曲折过程和偶然因素，根据相关问题及现实事物的相互关系建立理论体系揭示历史规律，常常需要历史的佐证。

"历史方法和逻辑方法的统一还表现为'在完全成熟而具有典范形式的发展点上'来考察客体，这种发展点把逻辑与历史都充分展现着，既是历史发展的充分形式，又是逻辑关系展开的充分形式。"① 本能系统辩证唯物研究，坚持"物质"本体，贯穿"系统"形态。本能系统自我辩证逻辑是最高级的理论思维和逻辑思维，它不仅揭示本能系统思维的动力，也从形式和方法上揭示思维的辩证运动，把全部的辩证法和时间囊括为自己的内容，揭示着本体论、逻辑学、辩证法、认识论和方法论的统一性。

---

① 肖前、李秀林、汪永祥主编：《辩证唯物主义原理》，人民出版社1999年版，第494页。

第二章

机能物质辩证研究的"格物系统论"

搭乘天使的翅膀，离家旅行，飞离房屋，飞跃小区和城镇，飞过高山和大海，飞得越来越高、越来越远。

回头俯视，它们都尽收眼底。掠过小区，家人和房屋失去了原来的模样，它们只是一个个点分布在小区；掠过城镇，小区失去了原有的模样，它们只是一个个点分布在城镇；掠过高山和大海，树木、花鸟和鱼儿只是一个个点分布在高山和大海。天使飞得越来越高，世界变得越来越小，原来现实的那些事物逐渐变成了点，慢慢模糊一片。

我诧异地问天使："收入眼底的事物都变成了一个个点，模糊一片，我如何区分它们并对应花儿、猫儿、鸟儿呢？"

天使微笑着回答："看，我们眼眶大了，花儿、鸟儿等都是一片模糊的点，在大眼眶系统内它们是可以不作区分的；我们眼眶小了，花儿和鸟儿作为物体整体出现了分格，但花儿上的粉与蕾，还有鸟儿上的羽毛与脚爪，它们还是可以不作区分的模糊一片的点；我们的眼眶更小了，花上的瓣蕾、鸟上的羽毛作为整体出现了分格，但瓣蕾和羽毛中的细胞分子它们是可以不作区分的模糊一片的点……"

我若有所思。天使接着道："眼眶之内是系统，眼眶之外也是系统。系统就是一个筐，筐住花儿是花儿，筐住鸟儿是鸟儿，筐住树木是森林，筐住人类是社会。筐内的事物总是受筐的束缚，被束缚着的筐内事物形成区别于筐外事物的自我存在的分格——花儿、猫儿、鸟儿等一切事物都是格物系统对应的'产物'。"

我似懂非懂。天使见状接着道："系统之筐是我们本能的武器，当局者迷，只缘身在此山中罢了！"

我拨开云雾，尝试着以系统方法来认识事物，探寻系统之筐格物致知的工具意义。

……

第二章 机能物质辩证研究的"格物系统论"

一个行星、一粒沙、一棵树、一朵花、一条狗、一个人、一个国、一个家……它们是如何自我分格独立、相互分格独立的，又是如何被人类感知这种分格的呢？无论是物是兽是人，作为机能物质的它们都是以自我为中心形成自生系统而相对独立于世界且获得分格的。这种以自我为中心的自生系统自我分格，既造就了矿物的自在性，又造就了动植物的"适应性"。但在以自我为中心进行能动识别格物方面，矿物几乎不表现出自我能动性，植物表现出弱自我能动性，动物表现出较强自我能动性，人类表现出最强最高级自我能动性，并被称为万物之灵。因为人拥有对世界的最高级自主能动思维认识，这成为人类的特质。

人类在对一般物质研究中，研究者参与到"被研究物质的自在存在状态及其运动"之中，被研究物质也相应地参与到了"研究者某种存在状态及其运动"之中，此时，研究者和被研究物质共同构成了"物质研究系统"。在这种情况下，研究者直接（或间接）地参与到被研究物质的自在存在及其运动之中，必然干扰被研究物质的自在存在及其运动，那么"研究"又是如何可能的呢？假定研究可以顺利展开，被研究的诸多物质又是如何被区分为"不同物质"的呢？另外，不同的研究者面对同一物质，他们是如何形成一致性认识即该物质被认定为"同一物质"的呢？

基于揭示物质自在存在及其变化的本能系统物质辩证逻辑，考察一般"认识"系统构成及其运行。首要的，研究者在研究之前就已经把自己从物质的海洋中自我独立出来，称为了"主体"；之后，研究者研究物质。此时，研究者同被研究物质虽然相互区别、相互分格，却又因"研究"而一起构成"物质研究系统"，以获得相应的"被研究物质认知"。研究者利用由自己直接或间接参与构建的"物质研究系统"对其中的被研究物质开展研究，既能使自己与被研究物质区别和分格开来，又能使不同的被研究物质区别和分格开来，获取"被研究物质的认知"的研究方法，称为"格物系统研究"。

机械论还原论是人类特质格物系统的"典型格物认知"的产物，一般系统论是"非典型格物认知"内容；非典型格物离不开典型格物（没有典型格物，则无从谈起非典型格物，它来自既成典型格物秩之间的"涌现性"关系逻辑）。通常，格物系统都可以建立"秩边流"研究模型。广义格物包括人格物和物格物，它将揭示世界的本原相互格物状态。

第一节　机能物质世界的系统科学理论

人类接触的物质都是机能物质。机能物质研究的重要理论之一是系统论。系统论起源于生命理论的研究，它是从生命科学中借鉴内部机制研究而形成的。随着系统论的不断发展，它已经成为一种普遍的世界观，尽管系统科学的基础理论（系统学）还没有建立。系统科学理论的逻辑连贯的核心是"涌现"，其"涌现（机能）"是系统理论区别于传统还原理论的逻辑核心。

系统论的演化历史，按照河本英夫[①]的观点，把系统论区分为三代：第一代的开放性的动态平衡系统（坎农、贝塔朗菲、拉兹洛等），第二代的开放性的非动态平衡系统（普里高津、艾根、哈肯、什米格勒、克隆等），第三代的自生系统论（梅求若纳、维若拉、河本英夫等）。目前系统科学理论表现出一定的阶层性：系统科学理论源于对象性问题，因研究对象不同而具有不同的阶层性，比如系统论、控制论、信息论等属于"动态平衡系统阶层"对应揭示"有机构成"关系问题；耗散结构理论、协同学、超循环理论、突变论、混沌理论、分形理论等属于"动态非平衡系统阶层"，其中一些理论具有研究特定系统的脚手架。总地看来，系统论、控制论、信息论、耗散结构理论、协同学、超循环理论、突变论、混沌理论、分形理论等都是作为某一特定阶层的"文本"对应着各自阶层的"问题"，面对这些具有阶层性的系统科学理论，虽然有些学者提出"涌现"作为逻辑连贯核心的观点，但也尚未形成整体统一的自洽的系统科学学科体系。

河本英夫的第三代系统论重点研究的是自生系统的"边界"问题，没有研究"自生"的本质，而超循环理论、突变论、分形理论等对系统从胚胎到生长到成熟的"一般自生"解释具有积极意义。这里认为，自生系统的本质是"自分形"，系统论的有机构成、自组织研究的系统都是成熟形态的现象系统：（1）"有机构成"是（要素）自分形的"简单"整形的自约物支配现象（关系基本保持不变）；（2）"自组织"是（要素的）自分形的"高级"整形的自约物支配运动；（3）"自生系统"的本质是指从胚胎系统到生长系统到成熟系统的（要素）自分形的"复杂"整形（形成"整体意义的"自分形）的自约物支配运

[①] ［日］河本英夫：《第三代系统论：自生系统论》，郭连友译，中央编译出版社2016年版。

动——真正整体意义的整体自分形得到显现。系统是物质研究的必要工具形态，不管处于粒子或场阶段、矿物阶段的系统形态，还是处于有机体阶段、自组织自生阶段的系统形态，揭示系统形态存在和运动的本质，这是系统研究的核心。

一、以"有机构成"为突破口诞生的系统论

系统科学要解决的核心问题是有机体和机械为何不同？比如，生命现象和一般矿物现象不同，零部件坏掉的汽车自己不会修理，壁虎断掉尾巴却能不断再生。

机械论在解释有机体现象时，是以现实机械为榜样来解释生命现象的，比如把心脏比作水泵，把眼睛比作镜头，可以利用物理和化学规律。机械论在解释经验科学现象的能力方面，具有压倒性优势；在解释生命现象方面，这种设置机械榜样的类比性解释也具有某些优势，因为机械在人制造中不断升级，人类的某些能力会以某种方式不断赋予机械从而提升相应的机械论解释能力；但是，系统科学的生机论指出了心脏具有水泵所没有的某些东西，眼睛也具有镜头所没有的某些东西，即指出了机械论解释的局限。

研究者提出生机论，把有机体中固有原理作为一种与物质性要素性质完全不同的东西进行探究，曾经在有机体内虚构诸如"生命力""有机化力""产出力"等实体性要素。但不管如何解剖，它们都不能从有机体内找出。然而，即使解剖学上无法实证，也不能放弃这些生命原理。理由有两个："第一，按照动力学构想，"力"本身是非空间性的，并且可以看作是把物质带到空间内的原理。和斥力、引力一样，因为力不是空间内的存在，而是将物质空间化的原理，因而通过解剖学怎么寻找也无法找到。杜里舒的"隐德来希"就是这种非空间性原理。第二，力学中有弹力，化学中有亲和力，即使元素分解，也无法亲眼看到这些力。解剖学上无法亲眼目睹，不是特别不利的证据。如果都把空间内物质作为前提，则生机论和机械论并不直接对立。经验科学性探究在没有前提下无法进行，那么就保留了部分经验科学性探究无法解释的某些前提。生机论和机械论的对立情况下，消除它们对立的一种解释如下：效仿康德的《第三批判》的有机体论，诸如生命力、有机化力、产出力等有机体的原理，不是存在于有机体内的实体性要素，而只是为了赋予经验性研究方向的"方法论式原理"；而把有机体中虚构的"力"简单理解为方法论式原理，在生理学及生物学

的发展中将遇到困难"①。有机体的有机构成固有性:"(1)不能导入与物理、化学上固定了的物质要素性质截然不同的、特殊的要因;(2)但是必须在结构上写明生命现象和物理现象间的差异。有机构成在物质要素成为复合体的时候,显示出如同维持要素特定配置那样拥有统一性的构成化水准。"② 有机构成并没有在生命体中引入特殊的要因,但在把握生命现象时可以顺利地与依靠物理及化学来进行经验性探究相结合。有机构成带来的现象不能还原成各要素的物理、化学性质。有机体正是基于此,才能保证生命的固有性,它也是系统论得以诞生和发展的根据。有机体论的主要观点:"(1)有机体系统显示各要素、各部分的独特构成关系;(2)有机构成的网络形成一个阶层,而有机体是多阶层的。"③

1945 年贝塔朗菲建立了一般系统论。系统论主要研究"机能系统"的基本概念、性质、运动规律及其演化机制等。机能系统是指"相互作用的诸要素的复合体",体现了系统的多元性、相关性和整体性,指出系统要素是构成系统的基本单元。系统要素之间存在相互作用而形成结构。系统具有要素在空间上相互作用形成的空间结构,也有要素在时间上相互作用形成的时间结构,系统在某一瞬时点各要素之间相互作用形成框架结构,而在时间段内各要素运动状态下相互作用形成运行结构。系统的机构内部具有层次性,高层次具有低层次所不具有的特性,称为机能系统的涌现性。机能系统整体涌现性,被认为是其要素之间相互作用的结构效应。

20 世纪 40 年代末期,美国数学家维纳等人创立了控制论。控制论把研究对象看成是一个系统,不考虑具体的物质结构和能量的过程,研究各个部分之间密切相关而推动整体的情况,研究一切通信和控制系统的共有特点,从控制、信息、反馈多方面揭示了生命、社会和人三种不同形式的共同的控制规律。④控制论研究动物(包括人类)和机器中的控制以及通信规律等,也研究对系统的改造问题。

20 世纪 40 年代末的通信领域产生了信息论,并于 20 世纪 60 年代末 70 年

---

① [日]河本英夫:《第三代系统论:自生系统论》,郭连友译,中央编译出版社 2016 年版,第 4 页。
② [日]河本英夫:《第三代系统论:自生系统论》,郭连友译,中央编译出版社 2016 年版,第 7 页。
③ [日]河本英夫:《第三代系统论:自生系统论》,郭连友译,中央编译出版社 2016 年版,第 9 页。
④ 乌杰主编:《系统哲学基本原理》,人民出版社 2014 年版,第 93 页。

代初形成信息科学。信息是物质世界系统的重要组分（内容）之一。信息产生的原因有两个：一是相互作用着的事物产生一定的反映；二是产生反映需要有一定的物质基础，即一定的物质结构和能量变化。① 信息的定义有三类：第一类是香农信息论角度的定义，即信息是消除的不确定性；第二类是围绕物质与意识的关系来定义，比如"信息是属于物质的""信息是属于意识的""信息既是物质又是意识的"等观点；第三类是从广义主体与广义客体的关系来定义，比如"信息是广义主体对广义客体的反映""信息是广义主体对广义客体的表征"等观点。信息论中，香农把通信过程作为一个系统来考察，他把统计和概率引入通信理论，认为信息就是负熵，实现了通信科学由定性阶段到定量阶段的飞跃，并且提供了信息获取、传递、加工处理、输出、反馈等揭示对象运动规律的信息方法。

系统科学是在反对还原论和机械论基础上建立起来的。贝塔朗菲在机械论和活力论斗争中提出"机体论"代替它们，并于1945年提出一般系统论，标志着系统科学的诞生。以"有机构成"为突破的开放性系统，一边同外界进行物质、能量和信息的交换（代谢），一边维持自身。系统的基本要义在于，即使环境发生很大变动，这种自我维持也不会毁坏。"有机构成"显示的是在各个要素、各个部分之间成立的相互关联的形态，同时也显示了不轻易因物质、能量和信息的代谢和环境变化而改变构成的水准。

二、以"自组织"为核心的系统论

在"有机构成"的系统论中，组分之间维持固有关系表现秩序的形态是核心，并提出了内稳态自我维持的结构，它侧重动态平衡系统现象研究。这种系统论的核心是"自组织"。

"'自组织'一词我们并不陌生，如结晶的形成、河流的蜿蜒、植被的变迁、动物的蜕变等随处可见。但是令人感到意外的是，自组织系统逻辑并没有像第一代'一般系统论'那样的方式得到梳理。自组织系统现在仍然处于计划应用认知系统或批评言论的阶段，同时受自生系统提出的影响，正在对自组织的逻辑本身进行改良。作为古典难题，事实上像普里戈金和哈肯的无机现象的自组织与超越艾根和罗特的有机现象的自组织之间并没有联系起来。"② "有机构成"

---

① 乌杰主编：《系统哲学基本原理》，人民出版社2014年版，第96页。
② ［日］河本英夫：《第三代系统论：自生系统论》，郭连友译，中央编译出版社2016年版，第41—42页。

系统论侧重"关系","自组织"系统论侧重"生成"。"所谓的形态是由于连续进行生成过程而看似静止的系统表现"①，开放系统在同环境进行物质能量信息的交换中形成自我是秩序状态，侧重"自组织"。植物经生根发芽长成植株，动物昆虫蛹经蜕变长成成虫，它们都在持续的动态非平衡系统中进行自我生成，表现出"自组织"现象。

"（1）自组织的生成过程偶然开始（初源偶然性）。（2）即便是在初期状态偶然成立的情况下，生成过程继续时，也有可能回到原来的状态。在分歧点上，如果单方发生情况，系统整体就会迅速坍塌般转向那边（瀑布的不可逆行）。（3）在分歧点上生成过程发展的话，系统整体的状态会一举发生变化（相变）。在此，力学的平衡系统成为前提，莱布尼茨说的原因＝结果的原理，表面上看是不成立的。似乎是系统的小小混乱引发了严重的结果。（4）一旦生成过程开始，这一生成过程就会反复进行（生成过程的反复进行）。系统局部偶然发生的是过程就会扩展到系统的整体部分。会突然形成要素中看不见的秩序，偶然运动要素和秩序之间产生飞跃。亚里士多德的'自然界不存在飞跃'的原理，曾经被量子的飞跃所动摇，而在自组织系统中，这种动摇是全面的。（5）自组织系统，通过与环境的相互作用，使自己的边界发生变化。这一系统通过自身的运动使周围条件发生变化，并且这一变化又对系统的运动产生影响（自我边界的变化）。（6）自组织系统是与环境之间进行物质代谢、能量代谢、信息代谢（系统的开放性）。为此，系统中输入和输出是不可或缺的，两者的差异是赋予系统特征的重要变数之一。输入和输出的差异，由站在系统外面的观察者所理解。自组织系统的基本概念，基本都出全了。如果再加上'自我参照性'的话，第二代系统论的基本用语一览表就完整了。"②

1945年，比利时物理化学家普里戈金发现最小熵产生定理，之后他吸收一般系统理论思想，把非平衡热力学和非平衡统计物理学应用于机能系统的自组织问题研究，于1969年正式创立耗散结构理论。耗散结构理论是在非平衡热力学和非平衡统计物理学发展过程中出现的一个科学假说。③ 现实中，机能系统是充满变化的开放系统，都存在物质、能量和信息交换。耗散结构理论是对特定系统的机能研究，其解决热力学与进化论的矛盾，对自然科学、生命科学和

---

① ［日］河本英夫：《第三代系统论：自生系统论》，郭连友译，中央编译出版社2016年版，第41页。
② ［日］河本英夫：《第三代系统论：自生系统论》，郭连友译，中央编译出版社2016年版，第52－53页。
③ 乌杰主编：《系统哲学基本原理》，人民出版社2014年版，第117页。

<<< 第二章 机能物质辩证研究的"格物系统论"

人文科学的研究具有推动作用,揭示了开放系统的物质能量和信息交换对于物质发展的意义。协同学起源于德国物理学家哈肯关于激光的研究。他利用统计学和动力学相结合的方法研究激光原理和机制,发现激光是普通光系统在远离平衡态时出现的相变,把激光理论模型应用到生态学、气象过程、星云演化等,发现系统内部子系统都具有竞争、协同的特性,称之为协同学。现实系统内部的要素组分(或子系统)之间,都具有竞争与协同的关系。竞争是机能系统中要素组分"各自"表现的动力现象,而协同是机能系统中要素组分"联合作用"表现的共同动力现象。哈肯借助"序参量"和"伺服"概念来描述机能系统中"联合作用"的协同,这两个概念是协同学的核心概念。

1970 年艾根提出了超循环思想,他从实验和理论两个方面,对生命起源进行探索,认为在生命起源和发展的化学进化中,存在从反应循环到催化循环再到超循环的由低到高的循环组织。超循环是一个自然的自组织原理,它使一组功能上耦合的自复制体整合起来并一起进化。其中,自复制体为选择而竞争,且稳定的野生型信息量是有限的,筛选的竞争通过相互依赖的简单形式被联结在一起。物质系统的超循环发展,其进化中有大量的随机事件即自复制误差和突变,组织正是利用这种误差之机,利用突变扩大循环组织并增加信息容量而向更高复杂性进化。在这一进化进程中,必然性通过大量的偶然性表现自己,并为自己开辟着道路。[①] 整个自然世界通过循环的循环进化,由低级循环向高级循环发展。达尔文在 19 世纪中叶建立了生物进化论,艾根的超循环理论在分子水平上把竞争与协同结合起来,解决了生命起源问题,发展了生物进化理论。

1963 年,美国气象学家洛伦兹发表《确定性的非周期流》一文,第一次明确地从确定性方程得到随机性的结构。他的数值天气预报方程是确定的和非线性的,当初始值出现微小误差时,方程的解出现非周期性振荡,即产生随机性。它是一种非环境噪声影响的、非原于无穷多个自由度相互作用的、非原于量子力学不确定性造就的,而是系统内在的随机性。洛伦兹把这种现象比喻为蝴蝶效应。人们把在某些确定性非线性系统,不需要附加任何随机因素,由于其系统内部存在着非线性的相互作用所产生的类随机现象称为"混沌""自发混沌""动力学随机性""内在随机性"等。"混沌研究的进展,无疑是非线性科学最重要的成就之一。它正在消除对统一的自然界的决定论和概率论两大对立描述体系间的鸿沟,使复杂系统的理论开始建立在'有限性'这个更符合客观实际的基础上。跨越学科界限,是混沌研究的重要特点。普适性、标度律、自相似

---

① 沈小峰、曾国屏:《超循环论和循环发展》,载《现代哲学》,1991 年第 1 期。

性、分形几何学、符号动力学、重整化群等概念和方法，正在超越原来数理学科的狭窄背景，……这也许是20世纪后半叶数理科学所做的意义最为深远的贡献。"① 混沌学家认为，混沌是自然世界的一种普遍运动形式，它具有确定性、非线性、非周期性和对初始条件的极端敏感依赖性。混沌理论揭示了自然界和社会存在混沌的客观现实，指导人们认识混沌，实现面对混沌不"混沌"的目的。混沌理论研究的是自然界系统内在的非线性自组织的普遍现象，它是本能系统的内部自组织运动的普遍现象。

"从混沌到有序""从未分化的始源向分化出来的关系"等都表明自组织系统中秩序的形态相变现象。"如果从分子层面重新理解作为宏观现象被明确感知到的相变的话，就会发现任意活动的多数分子由于某种契机，或只是偶然地开始有秩序的协调活动。好像有一个给分子运动发出命令的'统治者'，这个统治者向分子发出协调性运动命令，分子的运动呈现出协动现象。当然这里所说的统治者，只是单纯为了说明而做的一个比喻，现实中分子集合，在分子各自的关系中开始协调性运动。分子集合包含了本身自组织的事实，这种现象称之为'自组织'。"② 哈肯将这种相变时产生的分子间的协调性活动称为"协同现象"。在 B-Z 反应化学现象中，$Ce_2(SO_4)_3$、$kBrO_3$、$CH_2(COOH)_2$、H_2SO_4 以及氧化还原指示剂两三滴混合搅拌，做成均一混合液，其颜色随时间变化，周期性地呈现红、蓝、红、蓝的颜色。"哈肯认为，在这种化学反应中，分子间新的协同活动，分子互相协助复制和自己相同的分子，形成了自我催化作用。但实际上，在这一反应整体中，似乎有80个化学反应参与其中，至今其全貌仍不明朗。这种包含自动创造性的现象，在生命现象中为人熟知，但作为从物理学角度对宏观法则提出异议的观点，却受到了人们的热切关注。"③ "物理学上的系统会随着时间的流逝逐渐向熵增大的方向转移。但是在自组织的现象中，似乎产生了违反熵增大这一严格规则的现象。这就是引起人们热切关注的理由。"④ 向水中滴入一滴墨水，墨水扩散，会将系统整体的墨水浓度的偏差变成均质而达到平衡状态，但不会出现扩散的墨水再次凝结成一滴墨水。"关于自组织的现

---

① 格莱克：《混沌学：开创新科学》，上海译文出版社1990年版，"校者前言"。
② [日] 河本英夫：《第三代系统论：自生系统论》，郭连友译，中央编译出版社2016年版，第3页。
③ [日] 河本英夫：《第三代系统论：自生系统论》，郭连友译，中央编译出版社2016年版，第54-55页。
④ [日] 河本英夫：《第三代系统论：自生系统论》，郭连友译，中央编译出版社2016年版，第55页。

象与熵增大法则完全对立这一点，由于自组织系统不是闭锁系统而是开放系统，因此熵增大法则不成立。哈肯也是这样解释的。……在有机体的开放系统方面，洛伦兹和薛定谔认为是从外部获取负的熵来维持自我。强调开放性，也就是从外部寻找与熵增大法则相反现象的成立要因，即将秩序化的可能性诉诸外部。也就是说，通过向遵循规则的系统外部发出指示，从而将创造发生的可能性从外部带进来。"[1] 如果系统自组织的原因从外部带进来，即从外部寻找系统自组织的动力，那么只能说明我们并未把握住"整体"。自组织的动因依旧是个难题。

三、以"自生"为焦点的系统论

河本英夫把基于梅求若纳、维若拉的自生系统论称为第三代系统论，并以"边界"为焦点讨论了自生系统论。他认为，自生系统论是系统论研究的未来趋势之一，它是一种尚在形成过程中的理论构想。

1973 年梅求若纳和维若拉共同发表论文《自生系统论——生命的有机构成》[2] 首次提出了自生系统的概念。它是基于位相空间论相混合而形成的一种理论构想。梅求若纳认为自生系统不是赋予生命特征的基本性组织，而是一种仅仅适用于极其特殊的对象（细胞系统、免疫系统、神经系统）的原理。[3] 并认定唯有"自立"（自律性）才是生命的基本原理，而非自生系统。[4] 1980 年前后，自生系统理论发展缓慢，但其他领域的人们竟相开始应用到各自的领域，比如卢曼将其应用到社会学领域，维诺格拉德和佛洛伦斯将其应用到认知科学，G. 罗特将其应用到脑、神经科学，G. 托依布纳将其应用到民法学，吕克·琼皮、布兰肯堡将其应用到精神医学等领域。自生系统不能直接连接现有的经验，却又在打开一个全新的经验领域，这就是自生系统面临的现状。"自生系统所讨论的焦点之一是'边界'。是指'自我的边界在哪里'这一问题中的边界。""自生系统不是从本质或者从本体方面来规定自我，也不是任由自我变换为各种

---

[1] [日]河本英夫：《第三代系统论：自生系统论》，郭连友译，中央编译出版社 2016 年版，第 55 页。
[2] [智利]梅求若纳、维若拉：《自生系统论——生命的有机构成》，[日]河本英夫译，国文社，1991 年 10 月。
[3] Francisco J. Varela, "Autonomy Autopoiesis", in: G. Roth, H. Schwegler (eds), *Selforganizing Systems*, Campus Verlag, 1981, pp. 14–23.
[4] Francisco J. Varela, *Principles of Biological Autonomy*. North Holland, 1979.

面貌，而是考虑通过自我本身创造出边界，并同时制造出自我。"①

著者认为：动态平衡系统是自生系统的一种成熟形态，其侧重研究系统内部的"有机构成"的"关系"；动态非平衡系统也是自生系统的一种成熟形态，其侧重研究系统内部的"自组织"的"生成"。然而，尽管自组织系统论也讨论系统的"生成"问题，但主要都局限于一些具体特例的动态非平衡系统自组织研究，而一般系统"成熟"形态之前的系统孕育、系统生长等问题并没有得到深入研究和解决，这是河本英夫、梅求若纳、维若拉等人的自生系统论研究的方向。因此，自生系统论研究的核心包含：①系统自生自组织的动力；②系统"孕育、生长和成熟"的边界。

突变论为"A质系统向B质系统自生"提供了理论参照。1968年法国数学家勒内·托姆提出突变论后，于1972年在《结构稳定性和形态发生学》中进行了阐述。突变论是研究自然和人类社会中连续的渐变如何引起突变，以及以统一的数学模型来描述、预测和控制突变的问题。事物系统演化存在渐变和突变两种方式。突变与渐变的本质区别在于，渐变是原来变化的延续，而突变是原来变化的"不连续"性质产生的间断。突变论对于系统结构质变问题提供了原则。哲学上对于结构质变的形式存在两种认识倾向：一种是飞跃论，认为一种质态向另一种质态是以不连续的飞跃方式转化的，包括爆发式飞跃和非爆发式飞跃；另一种是渐进论，认为在任何两种质态之间不存在着什么绝对分明和固定不变的界限，两者转化是以连续的渐变方式完成的。突变理论从稳定性理论出发，对飞跃进行了科学界定，揭示了事物质态转化的模型，对于判断飞跃提供了一条原则，推动了人类对于系统结构功能的认识。

分形理论为"胚胎系统向幼年系统向成年系统的自生发展"提供了自我参照的"动因"，超循环理论也为系统自生提供了描述。1967年法国数学家曼德勒罗发表了讨论分形的论文《英国海岸线有多长？》，1975年出版《分形：形、机遇和维数》，创造了fractus（即分形）一词，1985年出版《大自然的分形几何》宣告分形理论诞生。混沌理论与分形理论关系密切，目前尚未完全阐明它们之间的关系。自然界有无数的分形现象，比如海岸线、山脉、河流等。分形几何"是研究自然界中没有特征长度而又具有自相似的形状和现象。古代的几何学在希腊曾大放异彩，但它研究的图形只是用圆规和规尺画的简单图形，这样的图形全都是平滑的。自牛顿以后，由于微积分学与几何学的结合，才能表

---

① ［日］河本英夫：《第三代系统论：自生系统论》，郭连友译，中央编译出版社2016年序言第4页。

现更为复杂的形状，但这些形状的重要特征是具有特征长度，是平滑的，可微分的。分数维安静的图形是更为复杂的图形，是不平滑的，不可微分的。从这个意义上来说，分数维否定微分，这是一个划时代的革命，将建立在一个全新的理论体系上"①。分形在数学上可以通过极为简单的规则生成，分形的部分与整体具有自相似性，分形的结构在整体上都是一种破碎的非规则的形体。日本分形物理学家高安秀树认为，分形几何可能为物理学研究宏观现象提供一种数学方法，就像精神分析学给解析人类心理带来有力线索那样，希望分数维观也能成为解析中等大小复杂现象的关键。② 分形方法是观察无穷的有形思维方法，是理解各学科内在复杂性的新语言和新工具，比如递归、嵌套和自相似等。分形作为一种哲学思维方法，应当跳出数学及其脚手架束缚，要从哲学思维高度探讨分形物质世界中自相似体产生和发展的动因。

自生系统论探讨了系统自生的一些内部规范机制。梅求若纳举例说："首先假定我们要建造两栋房子。为此分别雇佣了两队由十三个建筑工人组成的施工队。在第一组里，先指定其中一人为负责人，交给他明确标有墙壁、下水道、电线线路、窗户的设计图，以及标有竣工时哪些地方需要注意的资料。工人们把设计图记在脑子里，听从负责人的指挥建造房子，逐渐接近设计图以及资料这些二次记录所叙述的最终状态。在第二组里不指定负责人，在每一个出发点安排一个工人，给每个工人同样的书，上面只写了给各个工人的相关指示。这个指示不包含房子、管道、窗户这样的单词，也不包含想要建造的房子的蓝图和设计图。上面只包含了一些工人们在位置和关系不断变化的过程中应该做什么的指令。"③ 第一组是人类的行为，侧重于"构成"，它是一种由结构构成的规范，是一种具有人特质的目的论倾向的用"结果来叙述事态"的特定规范；第二组是蜜蜂造蜂窝、蚂蚁建蚁巢的行为，侧重于"生成"，它是一种按照自我规则自我运动实现，以达成共同的新生成规范。自生系统论往往在于解释后者。自生系统存在四个特征，即自律性、个体性、自我划界、无输入与输出。④ 昆虫蜕变仍保持自我（自律性），个体吸收食物能量和营养用以维持个体生命的同一性（个体性），免疫系统划分自我和非我边界，"无输入与输出"却是非常令

---

① 王东生、曹汤：《混沌、分形及其应用》，中国科学技术大学出版社1995年版，第4页。
② 高安秀树：《分数维》，沈步明等译，地震出版社1994年版，第6页。
③ ［智利］梅求若纳、维若拉：《自生系统论》，转引自［日］河本英夫：《第三代系统论：自生系统论》，郭连友译，中央编译出版社2016年版，第141页。
④ ［日］河本英夫：《第三代系统论：自生系统论》，郭连友译，中央编译出版社2016年版，第106页。

人费解的。系统中"无输入与输出",那么说明该系统是一个封闭系统,它同外界不存在物质能量和信息的交换,但一个纯粹孤立系统在机能物质世界是不可能的。卢曼解释说:"因为自生系统是封闭式运动的,所以才是开放的,封闭性是开放性的前提。"①

自生系统研究具有一些难点:(1)围绕"自我"的难点。当认为神经系统是自我参照系统,是一种与自身的构成要素相互作用而产生新的构成要素的系统时,与构成要素相互作用的这个系统的"自我"是什么?自生系统是通过自身的运动产出自我的系统,按理说不存在什么预先在空间内被设想的自我。自生系统是通过产出性运动才形成自我的系统,其后通过自我参照性运动,形成符合、复杂的产出形态。(2)围绕"边界"的难点。对于在空间内被画出来的系统,是谁规定了区分系统本身与外界的系统的边界呢?观察者同时把握系统和系统的外部,一方面系统自我参照性封闭式运动,不断重复圆环式运动使之与自身相互作用;另一方面,外部条件从系统外部进行参与。为此可以说系统正因为是封闭式运动的,所以才是开放的,然而这个规定本身就是由观察者进行的。自生系统必须不依赖观察者来规定自己。当系统通过产出性运动产出自己的边界时,从系统本身来看,其外部不应该是由观察者指定的空间上的圆环的外部。(3)围绕"自我参照性"的难点。神经系统是自我参照系统。自我参照式运动是自己参与自己的所谓"反省式"的机能,是指系统和自身的构成要素相互作用产生新的构成要素的阶段,即系统中一切现有的构成要素参与产出新的构成要素的阶段。这显示了用自我参照性来说明系统的封闭性是不妥当的。②

除了以上的难点,这里认为自生系统还存在一些问题,比如自生系统自我参照性产出自我的动力是什么?它是偶然性产出还是必然性产出,其规范又是什么?自生系统必须自我规定自己,那么从系统本身来看,系统通过产出性运动产出自己的边界是否具有意义?……面对这些问题,著者认为自生系统自我参照性产出自我的动力是"自分形"、自生系统自我规定的意义必须通过观察者来体现——通过观察者对"观察者指定的系统边界"同"自生系统自我规定的边界"的比较而获得意义,等等。

---

① [德国]卢曼:《系统理论的最近展开》,转引自[日]河本英夫:《第三代系统论:自生系统论》,郭连友译,中央编译出版社2016年版,第107页。

② [日]河本英夫:《第三代系统论:自生系统论》,郭连友译,中央编译出版社2016年版,第116–117页。

第二节　机能物质认识的格物系统

机能物质与机能物质之间存在边界。机能物质 A 之所以成为 A（而非 B）是因为其具有对应的 A 格物及其边界。A 格物包括 A 内部的自格物和 A 外部的共格物，它们之间通常由边界表明一个 A 格物整体，即格物自身系统。万物自格之系统，不管你愿意与否，不管你认识与否，它都在那儿。

语言是格物认识的表达工具。人类语言是格物在人类认识系统中的特定标识，动物语言是格物在动物认识系统中的特定标识。机能物质的格物仅仅存在那儿是没有意义的，重要的是被人类认识。格物作为名词是一种来源于机能物质且与机能物质共存的具有揭示认知信息的亚物质，它作为动宾词构建格物系统包括：格物之物或格物主体（通常是指人）、被格之物或格物客体（通常是指认识对象）、格物相互作用共三部分。物质研究的格物认识主要表现为：他格之物和共格之物，自格物是前两者展开的前提。格物系统论是机能物质格物的认识论，不管怎样的格物系统都服务于格物主体，即服务于构建格物系统的主体的"认识"，因为任何认识论都必然潜在或显在地构建了对应的格物系统。

一、物质的"形而上学"格物

（一）物质"是之为是"的格物依据

形而上学是研究"是之为是"的科学。它包括"是何以为是"和"是为是"两部分，前者包含了人类的主观意识成分，表达了人类追求"是为是"的意愿；后者仅仅表示对"是为是"的描述，并不以主观意志为转移。理论上讲，任何描述"是为是"都避免不了包含主观意识——因为这一过程本身就是人思维意识的活动产物，思维不能以思维之外的方式进行，即"描述"本身不能以思维、思想和意识以外的方式进行。如果过分强调了回答"何以"的主观意识，又常常脱离"是为是"本身。这就是理论和实际、认识和存在之间的困难。

我们所接触和认知的一切事物都是"是"的现象物，"一切现象的是"的共相是什么呢？

假定：一切自然事物（包括意识）现象之"是"的最高共相是"物质"。分形整形是一切"是"之相互作用的共相关系：（1）在纵向上，"前是"分形为"后是"，分形为主，整形为辅相互作用；（2）在横向上，"甲是"和"乙是"整形为"丙是"，整形为主，分形为辅相互作用。

"是为是"其中的两个"是"都是指"现实的是",它的现实共相是指具有格物组分的共物系统。"是为是"的研究包括:"此是"为"此是","此是"为"彼是"。"此是"为"此是"包括:一方面"此是"自为为"此是",另一方面"此是"被认为"此是"。"此是"为"彼是"包括:一方面"此是"自为为"彼是",另一方面"此是"被(误)认为"彼是"。

"是何以为是?"的研究包括:"此是"何以为"此是","此是"何以为"彼是"。"此是"何以为"此是",一方面"此是"何以自为为"此是",另一方面"此是"何以被认为"此是"。"此是"何以为"彼是",一方面"此是"何以自为为"彼是",另一方面"此是"何以被认为"彼是"。

(1)"'此是'自为为'此是'""'此是'自为为'彼是'"的动力是什么?

此问题亦即是要回答"世界运动的动力是什么"。世界运动是自为的,其动力是自分形力;分形一旦开始,分形前后之间的相互作用力称为整形力。由于自分形具有不均匀性,因此,世界自分形前态与自分形后态比较:一方面两者具有质的某些规定性的延续,即"此是"继续自为为"此是";另一方面两者具有分形不均匀性前后的差异,差异扩大到一定程度,即完成自分形前的"此是"向"彼是"的自为过渡飞跃。

(2)"'此是'被(人)认为为'此是'""'此是'被(人)认为为'彼是'"的依据是什么?

现实世界之"是"是一个被认知为"是"的系统,有"此是",有"彼是",有"甲是",有"乙是",有"丙是",等等。现实世界之"是"是指现实世界物质系统,抽象之"是"是指抽象"物质"。抽象之"是"如何过渡为现实之"是",即抽象"物质"如果过渡为现实"物质"系统?现实之"是"系统中的"此是""彼是"是如何自我区分的,它们是如何被人类认识区分的,即现实"物质"系统中"此物""彼物"是如何自我区分的、是如何被人类认识区分的,依据是什么?

"此是"自为区别于"彼是"的依据是自生系统界壳。自生系统界壳使得界壳内事物构成和生成了整体的"此是",以区别于界壳外世界的"彼是"。

"此是"被人类认为区别于"彼是"的依据是人类的识格物参照。人类认识形态中以(感官感觉的、经验的、逻辑的)识格物参照这一尺子去丈量对象事物,使之形成"此是之'概念'"并与"此是"对应,以区别于人类以其他识格物参照获得的与"彼是'概念'"相对应的"彼是"。当"此是"和"彼是"共同生成为"丙是"时,"丙是"识格物参照对于"此是"和"彼是"识格物参照而言,是全新的识格物参照。人类开展物质研究的识格物参照的客观基础是对象物质事物的"自生系统界壳",因为,只有当识格物参照(概念)同对应格物对象事物的"自生系统界壳"一致时,该概念才具有"真"的认识意义和价值,并展现出识格物参照认识作为工具的强大生命力。

人类是一种有限系统。当人类利用自己的有限去认识无限的机能物质世界时,为了克服有限与无限的对立问题,通常会选择将特定效用的认识对象从无限世界中"隔离"出来,以自己特有的认识工具和方式,形成"有限"同"有限"对应关系的认识。

我们使用工具去认识、了解和研究我们所面对的世界,并把世界内部的具体事物区别开来的过程称为"格物"。"一切的工具"抽象为"黑箱"。黑箱干扰、入侵作用于世界,黑箱被填充明了,使得世界分格为箱内世界和箱外世界,箱内世界由于具有某种区别于箱外世界而"表现出的质"的规定性——该箱内世界称为具有该质的规定性的物质,即被物之物。我们所说人、房屋、蚂蚁、树木、花草等人类所认识的一切具体物质都是被格之物,而这些认识形成的概念也可以成为人用来认识的识格物参照(即格物之物),这些概念表示的通用标识是语言文字。

(二)物质的格物认识

格物作为一个名词是指机能物质世界内具体物质相互区别、相互分格的一种中介亚物质存在。格物是中介性的亚物质,它包括时间亚物质、空间亚物质、信息亚物质、能量亚物质等。格物标识是一种依托机能物质表现的标识,包括语音、图像、语言、文字、实物等荷载及其标识的信息模式。格物的本质是客观性的亚物质。格物可区分为自格物和识格物。其中自格物具有客观性信息模式意义指向,而识格物具有主观性信息模式意义指向。自格物包括间格物、信格物、能格物,其中间格物包括时间格物和空间格物。自格物,以时间为轴链具有"原因和结果""必然和偶然""可能和现实"等内容,以空间为轴链具有"形式和内容""现象和本质"等内容。识格物的研究包括:机能物质的内涵、外延、表象和表现、属性、种性、个性、机能和功能等。格物之质是指来自机能物质的格物亚物质的规定性,格物之量是指格物之质的量关系表达。

人脑意识中的"格物概念",不仅最终对应被反映的客观存在的"机能物自体",而且直接对应反映该机能物质客观存在的"格物亚物质"。比如人脑意识中"牛"格物概念,不仅直接对应反映客观存在"牛"的格物亚物质,而且最终对应反映客观存在"牛物自体"。格物概念只能直接反映客观存在的格物亚物质,并通过格物亚物质的认识——最终反映和认知客观存在的机能物质物自体。

在人们的常规认识中,认为人脑意识的格物概念直接反映格物物自体,这是多么粗糙、多么粗心的认识啊!

格物作为一个动宾词组连接着格物主体和格物对象,严格地说,格物之物是指由认识者或认识主体携带的格物参照,被格之物则是被认识的对象物。被格之物是一个自我系统,可以是单组分系统(单一的相同的组分构成的系统)比如单晶硅,也可以是多组分系统,比如空气、人体等。

格物揭示格物主体与格物对象之间的一对一关系称为单格物,揭示格物主体与格物对象之间的多对多关系称为多格物。单格物对应物自体。单物体通常是以作为更大系统的组分出现的,其本质上也是具有内部细分组分的系统。比如人在社会系统作为单物体(个体),是作为人类社会系统的组分出现的,其本身作为一个系统具有内部五脏六腑等组分。单格物信息模式侧重于在整体上被格物主体把握。依据格物主体和格物对象的不同对应关系,单格物研究可区分:(1)单一格物主体对单一格物对象的单格物;(2)多个格物主体对同一格物对象的单格物。

多格物对应多个事物组成的共物系统,即"物共体"。多格物强调依托共物链关系对诸多被格之物进行把握。多格物链构建具有人的主观参与性,即多格物链可以被人为地构建,比如上帝和人之间的关系链、梦境与事实之间的关系链、风牛马之间的关系链,等等。它们有些是正确的关系链,有些是错误的关系链。但是,构建多格物链是人类创新信息模式的基本途径——人思维中新构建的合理的多格物链信息模式,它可以通过理论指导实践的方式达成创新,即形成实践指导对应的新的共物系统(物共体)。被格之物 A 和被格之物 B 之间具有某种相互作用关系链,称为 AB 共物链系统,即 AB 物共体。被格之物之间一定存在相互作用、相互关系、相互交换链条,其中相互作用和相互关系是绝对的,相互交换链主要是指物质、能量、信息等的交换流通。如果两个被格之物之间的相互作用和相互关系可以忽略,两者之间的交换链条和交换内容可以忽略,则称该两被格之物的关系为"失共"关系;反之,称为"存共"关系;从绝对上讲,任何两个被格之物之间的关系都是真实的存共关系。两个或多个被格之物具有存共关系,则它们构成基于此关系的物共体系统。多格物的研究依据格物主体和格物对象的不同对应关系可区分:(1)同一格物主体对不同格物对象(物共体)形成的多格物;(2)多格物主体对多格物对象(物共体)形成的多格物。

单格物对于一般物质来说,其对应的是物自体;对于人来说,其对应的是个体,即自我。多格物对于一般物质系统来说,其对应的是物共体;对于人来说,其对应的是群体,即是指家、企、国等为代表的社会组织,亦即"共我"。

单格物与多格物的关系，对应着物自体与物共体的关系。物自体在物共体中的位置阶层、结构关系、功能作用等决定了其对于物共体的系统意义，而物共体对物自体的自分形约束控制、干扰影响、帮助服务、机制保障等整形情况决定了其对物自体的支配意义。

（三）自格物、人格物

格物之物 A 和被格物之物 B 之间具有或构建某种相互作用关系链，称为 AB 格物系统。格物系统中包含格物主体、格物、格物对象三大内容。当格物主体和格物对象相同时形成的自我格物称为"自格物"；当格物主体和格物对象不同时形成的格物称为"他格物"，他格物通常是一种互格物，即揭示格物主体和格物对象的相互联系基础上的相互区别。

自生系统的自格物就是其内部组分构成的共格物。自生系统的"自格物"是客观存在的，它是指系统内部组分共生并形成边界时产生的亚物质格物。这不得不讨论物自体（系统）的生成，其核心是物自体系统边界的生成。系统的界壳，界是指边界、界线，壳是指包裹体，边界通常是指软性的边界、逻辑的边界等，壳通常是指硬性的边界、实体的边界等。物自体系统同外界的"输入—输出"流其实就是"系统交换链"，它是物共体的主要共物链内容。

格物主体识别格物对象且形成具有被格物对象信息模式的存载于格物主体的格物，称为识格物。当格物主体特指人时，对应形成的识格物称为人识格物，简称"人格物"；当格物主体为动植物或其他事物时，对应形成的识格物称为物识格物，简称"物格物"。人格物和物格物都属于他格物，其作为格物（亚物质）的本质是客观存在的，但其信息模式具有主观意识性或他物性——它未必同格物对象信息模式是一致的。人类认识事物形成的格物都是识格物，它包括了单格物和共格物。动物认识事物也形成识格物，人识格物和动物识格物作为格物亚物质的本质是相同的，但格物亚物质的信息模式不同，其载体和标识也不同，比如对于同一棵树，动物识格物信息模式可能是食物，而人识格物信息模式可能是木材；动物识格物信息标识可能是叫声，人识格物信息标识可能是语言文字。对人类而言，一切的格物离开了人的认识都是无意义的。因此，格物研究集中是指人格物研究。

人对自我的格物研究，就是指思维自觉到本性的研究。人作为格物主体，对于单一事物形成单格物认识，对于多事物系统形成多格物认识；单格物信息模式同对应的物自体（自格物）信息模式的一致性程度决定了其认识趋于真理的程度，多格物信息模式同对应的物共体（共格物）信息模式的一致性程度决定了其认识趋于真理的程度。在人的识格物中，认识的单格物对应物自体及其自格物，认识的多格物对应物共体及其共格物。

总地来说，人的格物认识过程可以表达为：

"人实体+人格物"对"自格物+物自体"和"共格物+物共体"在相互作用条件下的识别运动。

识格物主要包括单格物和多格物，而格物对象所具有的格物包括物自体的自格物、物共体的共格物（或他格物）、别人的识格物。人实体能够直接认识对象物自体吗？显然不能。人实体通过识格物参照（自带）同对象物的自格物相互作用形成具有认识对象信息模式的人识格物。人识格物同物自格物的一致性问题是真理探讨的核心问题。

一切的格物都可以成为人的认识对象，即人的自带识格物可以把一切格物及其载体对象物作为认识对象。格物主体、格物、格物对象三者统一性的研究，表现为"格物主体"通过"格物"对"格物对象"形成"识格物"的认识论和本体论研究；而"识格物"的运动以及其产生"真"的规范工具研究，集中表现为"逻辑学"；对格物对象的识格物分析研究，集中表现为分析哲学；对格物对象的识格物整体研究，集中表现为系统哲学。

纯粹识格物系统同语言哲学是紧密联系在一起的。格物同逻辑联系起来研究。"单格物"对应"概念"，"单格物链"对应"判断"，"多格物链"通常对应"推理"。识格物的客观性，反映了对格物对象的描述性或叙事性。人对物质的格物研究，既要考察其单格物情况，也要考察其共格物情况。格物主体携带的识格物信息同格物对象的一致性是"真理"的必然要求。形而上学格物研究是思维对物质研究的必要方法。逻辑是获得真理的途径和工具，格物是逻辑的载体。因此，格物可以是理性的，即理性格物工具；也可以是感性的，即感性格物工具。逻辑学、科学等都是偏向于理性格物研究，而例如美学、神学、心理学、感官、经验、艺术、道德伦理等则偏向于感性格物研究。

二、动宾格物系统

格物系统研究包括动宾格物系统和名词格物系统，通过动宾格物而获得名词格物。动宾格物系统中包含格物主体、格物、格物对象三大内容，而名词格物系统主要是指物质之间相互区分、相互分格的亚物质系统。动宾格物系统中主要研究人格物何以可能、如何开展、获得格物结果的情况，等等；名词格物系统中主要研究识格物参照和自格物的相互对应性和一致性，其中识格物参照是人脑载荷的具有认识对象信息模式的格物亚物质，而自格物是认识对象事物自身围绕的亚物质。

<<< 第二章 机能物质辩证研究的"格物系统论"

我们通常所说的研究,是指包含格物主体(人)、格物、格物对象三大内容的动宾格物系统,这个系统本身也是认识构成的一个系统。有人参与的动宾格物系统中,人格物是指由人的认识作用产生的识格物,物格物是指由事物的相互作用产生的被格物,对对象物的自格物和共格物的研究如何摆脱人的自带格物带来的干扰和影响?"主宰一般系统思维的3个重要问题,即系统三元论:(1)为什么我会看到我所看到的一切?(2)为什么事物会保持不变?(3)为什么事物会发生变化?"[①] 我们当前所看到的事物是确切的,我们也许会问:我们是如何看到确切事物的?事物是怎么发展到今天这个样子的?事物的以前是什么样子、以后会是什么样子?为什么事物不能永远保持不变?

(一)人的识格物是如何可能的?

在人识格物中,存在斑斓的机能物质多元性的必要条件:(1)无论是什么机能物质,理论上都不能拥有普遍性和绝对性,它是一个有限的、相对的机能物质;(2)理论上,由于人格物研究系统的不同,多元机能物质是普遍联系、相互共存的;(3)多元机能物质具有不同的阶层,不同阶层机能物质在理论上无法直接比较。人类观察研究不同机能物质并进行比较,就需要建立"等价中介模型",即识格物参照。

人类最初的经验来自同本位阶层机能物质相互作用的识别和比较。对于下位阶层和上位阶层的机能物质,通过建立思维信息的等价中介模型进行研究,一切研究的检验都是以同位阶层的机能物质存在及其运动为标准的。每一个阶层都具有该阶层系统或集合的基础组成元素(简称基元),比如人类系统阶层的基元之一是个体人,动物系统阶层的基元包括细胞、器官等,物理系统阶层的基元包括各种粒子,化学系统阶层的基元包括各种分子,等等。

根据人类认识的现实性和有效性需求,规定如下:如果把某一系统阶层相对独立出来,则其基元可以相对地认为是该系统阶层的直接的初始构成元素。本位阶层是一个系统,其具有时间尺度限定、空间尺度限定、质量能量限定、结构关系、信息模式、机能功能限定等。动物体同一本位阶层的有机动物体包括鸟、鱼、猫、狗、马、鹿等,同本位阶层的有机物质可以比较。动物体的下位阶层的有机物质体包括分子系统、细菌系统等,下位阶层有机物质体同本位阶层有机物质体不能直接比较,但通过某些的等价中介模型可以进行比较研究和相互作用关系研究。上位阶层的有机物质体,包括本位阶层有机物质体自我创新创造的或联合创新创造的社会有机物质体;比如人本位阶层有机物质体的

---

① [美]温伯格:《系统化思维导论》,王海鹏译,人民邮电出版社2015年版,第201页。

上位阶层有机物质体可以包括家庭、企业、国家、人类系统等。

W. 罗斯·阿什比认为："真实世界给出了它的子集。乘积空间代表了观察者的不确定性。如果换一个观察者，乘积空间可能因此而改变。两个观察者可能采用不同的乘积空间，在其中记录真实物体上发生的一些真实事件的同一子集。因此，'约束'是观察者与事物之间的一种关系。任何特定的约束的特性既取决于事物，又取决于观察者。所以，组织理论的基层部分和一些属性有关，这些属性不是物体固有的，而是观察者与事物之间的关系。"① 观察者同事物之间的关系，观察者具有能动性，他采用自身具有的识格物参照对事物作用，即形成观察者同事物的认识乘积空间。观察者的格物参照与事物之间形成的"约束"关系就属于整形亚物质。不同人的识格物参照对同一事物进行格物作用，它们形成的约束整形亚物质乘积空间是不同的，即形成的格物认识（识格物）是不同的，比如对于同一片森林，猎人看到的是猎物，药师看到的是中草药，建筑工人看到的是建筑材料，等等。就识格物参照的认识价值而言，各有其长，比如科学家和诗人用不同的识格物参照作用观察同一事物，科学就不比诗人"好多少"，可能诗人考虑到的是"潇洒的文明"，而科学家却看到"邋遢的衣服"。

对于同一森林、同一桌子、同一筷子和盘子的认定，是因为人们具有大体相同的认知。不同观察者对同一桌子作用，形成大体相同的识格物认知，即这些观察者将形成对该桌子的大体相同的"同一（桌子）"认识，这要求观察者采用大体相同的识格物参照，并且要求该识格物参照同桌子作用时具有大体相同的条件（包括作用环境和认识方法等）。值得庆幸的是，人作为一种"类"动物，大体具有相同的识格物参照信息模式，这使得我们能够认识到同一张桌子，并围绕同一桌子吃饭。对于思维而言，我们不仅要用"约束"来指导对象事物的认识，还不能让旧的"约束"限制了我们的想象，我们应当从经验和传统的"约束"中解放出来——在识格物参照方面进行创新，在乘积空间的作用条件、作用环境、作用方法等方面进行创新。

观察者应掌握两种识格物参照模式，一是对象规定形成的识格物信息参照模式，另一个是观察者观念反省规定形成的识格物信息参照模式。前者称为对象信息识格物参照，其侧重于客观物质信息模式，侧重于不以人类意志为转移的客观规律；后者称为观念信息识格物参照，其侧重于恣意性观点的主观思维信息模式，侧重于"以人为中心""以人为尺度"的研究。

---

① ［美］温伯格：《系统化思维导论》，王海鹏译，人民邮电出版社2015年版，第42页。

<<< 第二章 机能物质辩证研究的"格物系统论"

　　多元的机能物质（物体系统直至人体系统）自然地具有本能的自分形自由性，正如多元主义认为：恣意性，或者选择的权利是每个人的基本权利。"遵循多元主义命题的现实规则，理应无法对任意的个人导入相同的制约"①，但是，为什么个人在人类社会中通常会被导入（各种不同层次）相同的制约，比如法律、制度规则、道德、风俗等？当然，多元主义也导入了现实性的制约："规定个人一生中可利用资源和能量的上限，在制度上禁止利用能源超过上限。"② 用统一的标准限制每个人的选择权利，从命题角度看，它作为标榜多元性的规则是不合适的。从长远来看，能量的制造是多元的，能量的需求是多元的，能量的总量和每个人利用能量的上限也是多元的。多元主义无法从根本上阐述多元产生的本质，也无法真正解释现实中具有恣意性多元的相同制约性问题。

　　人类社会系统中，每个人作为个体（机能物质系统）的现实存在是这样的：一方面，他是自分形自由的，具有发展的恣意性，具有发展的"自由"选择权利；另一方面，他是社会系统的，受社会关系（包括各种相同法律、规则、习俗等）共同制约的，即其恣意性和自由选择权利是受制约的。既然"恣意性和'自由'选择权利"是人与生俱来的本性，那么是谁制约了个体的这种本性呢？

　　人类社会系统中由每个个体相互紧密联系构成的契约性涌生事物亚物质格物，即社约物。社约物通俗地说，主要是包括社会系统中各阶层内部和之间、各家庭内部和之间、各企事业组织内部和之间、各国内部和之间、个人内部（主要是指脑思想系统内部的观念信息模式）和之间的具有"关系的规定性"的亚物质。社约物是一种人格物。脱离了人的直接或间接参与的契约性的其他一切亚物质（主要是指物格物）都不能称为社约物。社约物具有整形性，即对社约物能力应该溯及和能够溯及的系统组分事物具有制约性和服务性。

　　人主导的动宾格物是如何可能的？回答此问题，集中表现为讨论人格物系统中观察者与被观察者之间的关系。人格物因为观察者的不同而具有不同的观察结果。同一观察者采用不同的观察者模型对同一观察对象进行观察，也可能获得不同的观察结果。如果不同观察者具有相同机能，并用这些机能去观察同一事物，能否形成相同或相近的人格物及其表述？

　　首先，我们可以肯定大体相同的人能够形成大体相同的观察结果或认识结

---

① ［日］河本英夫：《第三代系统论：自生系统论》，郭连友译，中央编译出版社2016年版，序言第36页。
② ［日］河本英夫：《第三代系统论：自生系统论》，郭连友译，中央编译出版社2016年版，序言第36页。

果，即形成大体相同的人格物。但是，每个人对"所谓"同一事物的观察是绝对不同的。因为：第一，每个人提供的识格物模型参照是绝对不同的；第二，"所谓"同一事物是永恒变化的，是绝对不同的；第三，由于前两者的不同，观察者与被观察对象之间的相互作用即识格物是绝对不同的，即观察结果是绝对不同的。

任何两种观察结果既是绝对不同的，又是互补的。"如果能量的分割有一个下限，那么用我们的术语来说，超过这个下限，对观察的分解（或简化）就是不可能的。对物理学家来说，所有观察都伴随着从被观察者到观察者的能量传递。"① 某一观察者并不能获得被观察对象的全部信息，这时其他观察者的观察结果同该观察结果具有互补性；即互补性是不能得到全部信息的一种特殊情况。"只要当测量工具和目标之间的相互作用构成了现象中不可分割的部分，互补性的概念就说明了这种探究所能给出的答案。"② "互补性思想的要点：它们是两个不完全独立但又相互不可规约的观点。"③ 如果大体相同的人（拥有大体相同的识格物模型参照）对同一被观察对象（提供大体相同的状态信息）进行观察，形成该条件下、该阶层的（全部信息）结果：它们表现为大体相同的人格物，并被人表述为大体一致的观念。

其次，人格物的表述符号的一致性并不取决于观察者对观察如何命名。"我们不要求我们的'观察者'能'正确地'做出每一次观察（衣衫和边幅不修中的元素），因为这些是我们原始的、未定义的元素，使用它们时，'正确'是毫无意义的。"④ 如果没有"正确性"的符号表示，不同观察者及其观察结果之间就无法进行深入的讨论了；当然，不同的表示符号，可以表示同一"人格物"。因此，"定律不依赖于选择的特定符号"⑤。

再次，同一观察者［或不同观察者采用同一观察模型（识格物参照）］重复观察时，人格物可以重现；或者说，观察对象状态的"重现"是可以被识别的。比如，我们一起吃饭，可以看到被围绕着的同一张桌子——我们看到的是一样的；又比如科学实验的重复，观察对象状态重现是可以识别的。物理学家指出："如果强度量保持不变，那么你对系统的分解就是正确的。"⑥ 观察者大

---

① ［美］温伯格：《系统化思维导论》，王海鹏译，人民邮电出版社2015年版，第105页。
② ［美］温伯格：《系统化思维导论》，王海鹏译，人民邮电出版社2015年版，第105页。
③ ［美］温伯格：《系统化思维导论》，王海鹏译，人民邮电出版社2015年版，第106页。
④ ［美］温伯格：《系统化思维导论》，王海鹏译，人民邮电出版社2015年版，第62页。
⑤ ［美］温伯格：《系统化思维导论》，王海鹏译，人民邮电出版社2015年版，第63页。
⑥ ［美］温伯格：《系统化思维导论》，王海鹏译，人民邮电出版社2015年版，第136页。

脑中都有一套"正确"的格物法则，同样被观察事物也存在显现于观察者的一种或一组性质，当格物强度量相同时，相同的格物（正确的系统分解）将获得一致的结果。对于任意的格物行为，都可能保持被观察对象物的一些性质，也可能改变被观察对象物的一些性质。"对于任意给定的性质，都存在一些保持它不变的转换和一些改变它的转换。……一般来说，一种属性或性质可以通过那些保持它的转换来描述。同样，一种转换也可以通过它所保持的性质来描述。我们之所以认为某些转换工具有价值，是因为它们让我们感兴趣的性质保持不变。"① 被观察事物通过"观察转换工具"，有时候不变化的性质是重要的，不随转换而变化的性质是不重要的，有时候对一些重要的性质要禁止相应的转换。

动宾格物的内容包括：一是"对状态确定的系统的行为"进行描述；二是"对状态不确定的系统的行为"进行描述。显然，后者难于前者。"在上帝创造世界之前，法则就是已经被写过914代了。但它不是写在羊皮纸上，因为那时没有动物提供皮；也不是写在木头上，因为还没有树木；也不是写在石头上，因为还没有石头。它写在上帝左臂上白色火焰的黑色火苗上。——尼克斯·卡赞卡基斯"② 我们格物是为了让物体在研究分格、分割出来，最简单的方法就是把它"拘禁式地"、理想地分格出来。"拘禁意味着存在完美的高墙，这是构筑理想的封闭环境所必须的。但对于高墙存在的问题，有一些非常重要的质疑。我们真的知道某种方法能构筑防止射线穿过的高墙吗？理论上这是不可能的，但在实践中，在物理和化学实验室里可以轻易地做到。——L. 布里渊"③ "为什么物理和化学实验室要构筑理想的封闭环境呢？目的是为研究创建状态确定的系统。为什么他们喜欢研究状态确定的系统？因为状态确定的系统的行为简单。"④ 对于所谓理想隔离的系统，任何观察者研究它的时候都可能给该系统带来"来自外部"的"输入"，输入和输出形成系统的交换链。如果它们无关紧要，则我们近似认为封闭系统是状态确定的。

（二）人识格物的边界

人认识主导的动宾格物即人识格物的结果是"人格物"。人格物的边界主要依据两个方面：一是被格物的物自格物边界，它是客观的；二是人作为认识主体的识格物参照，它具有主观性。人认识被格之物形成人格物，该人格物的信

---

① ［美］温伯格：《系统化思维导论》，王海鹏译，人民邮电出版社2015年版，第137页。
② ［美］温伯格：《系统化思维导论》，王海鹏译，人民邮电出版社2015年版，第184页。
③ ［美］温伯格：《系统化思维导论》，王海鹏译，人民邮电出版社2015年版，第178页。
④ ［美］温伯格：《系统化思维导论》，王海鹏译，人民邮电出版社2015年版，第179页。

息与该物自格物的信息是否一致？回答这个问题，集中要解决人格物的边界与物自格物的边界是否有效对应的问题。

自格物的边界随着事物生成而生成，随着分形整形变化而变化，它自然地在那儿；但是，没有被人"认识"，物格物边界则没有认识意义。

1. 在某个物质阶层，人格物边界和物自格物边界是大体对应一致的，先有物自格物边界，再有认识条件下的人格物边界，比如山峰格物认识，先有山峰自格物外形的边界，后有认识条件下的山峰人格物之边界。

2. 在某些条件下，人格物边界是人为制定或界定的，物格物边界（并非一定是自格的）对应人格物边界而被人为划分，先有人格物边界，后有物格物边界，比如国家格物认识，先有人为规定领土、领水、领空的国家，再有物格物的边界国家，这个国家边界并不是国家自格物生成的，它是人格物之后生成的。

事物或物质的所有"边"，包括物质边、能量边、信息边、功能边、新能边、逻辑边、叙事边等，也包括介质及其承载的能量和信息等。从格物主体看，格物系统通常包括人格物系统和物格物系统；从格物对象角度看，格物系统可包括自格物系统和共格物系统。人格物边界和物自格物边界的一致性原则，是人类格物追求真理性的基本要求。

（1）不以人意志为转移的人格物及其边界

世界是随意分类的，还是能够清晰地按照自己的固有的规律清晰分出一些部分的？世界并不如你肆意想象的随意分类产生物种，而是遵循某些规律而自生成自我边界而形成清晰的划分一些部分、一些物种。物体自我区分出来，从物理空间上看："物应各有其所，亦应各在其所。"① 系统的边界中，有些部分比如人体的嘴部，它既是人体与环境的边界内容，又是人体与环境的"接口"——通常在主要接口处形成系统同环境的"主交换链"。对于系统而言，接口有时候比边更"有用"。这种接口简单可分为三种基本类型：一是物质型接口，二是能量型接口，三是信息型接口。对于人体系统而言，嘴巴和排泄口是典型物质型接口，同时也是能量型接口；鼻子是能量型接口也是物质型接口；眼睛、耳朵、舌头等主要是信息型接口。

对于被观察对象而言，其出现概率大的状态比出现概率小的状态更容易被观察到。由于物理或现实的原因被观察对象更偏爱于某些状态，而由于观察者因为某种精神上的原因，更偏爱被观察对象的某些状态。我们所研究的系统并非都处于物理世界中，边界通常只是一种比喻。经常地，我们根据以往的经验

---

① ［美］温伯格：《系统化思维导论》，王海鹏译，人民邮电出版社2015年版，第160页。

来选择边界，比如质地材料变化处、颜色变化处、固固接触处、固液交界处、气液交界处等，它们在大多数情况下是有效的；但当它们无效时，我们很难摆脱它们的影响，比如两个固体牢牢地粘在一起，又比如人体的边界被通常认为是皮肤，而肺怎么处理，闭上嘴，肺部的空气是人体的一部分，张开嘴，肺部空气和外部空气是一体的。人们关于自然世界边界的经验性边界观念会影响我们对系统边界思维的有效性，比如将动物划分为食肉动物和食草动物，有些动物既食肉又食草，边界就不好区分。

系统同环境具有自生的边界，而系统内部部分、组分或要素之间的边界则更复杂。人们对于系统内部的分格，从经验上看，部分机械系统通常可以利用还原分解方法，比如汽车系统可以还原分解为发动机、车架、轮胎等组分零件；但有一部分系统则不能直接还原分割，比如人体系统不能直接分割为头、五脏六腑、四肢等零件部分。系统内部组分的关系是强相互作用的。从机械系统到有机构成系统，容易分解的系统已经被分解，剩下的系统一般是连接紧密、较难分解的，犹如大网捕大鱼大部分已经被抓住了，该换小网工具捕小鱼了。广义地讲，任意的组合都可以称为系统，因为它们之间天然地具有相互作用关系或某些联系，比如生活中联系松散的组织也可以称为"系统"，但，这些松散的组织很容易直接被分解为一些组分或因素，可以极端地认为它们大部分已经分解丧失了"相互作用关系和连接"的自生秘密。因此，狭义地看，对于人类研究而言，强相互作用的、强连接的、具有自生边界及其秘密的系统才是有"研究效用"的。通常地，我们研究的系统是指这一类系统，比如汽车系统、人体系统、社会系统，等等。如何区分广义的"松散组织"与狭义的"有效系统"？其中系统内部组分之间的强相互作用和强连接是一个重要指标。强连接是指："平均来说，系统连接的紧密程度在平均水平之上。"① 类似地，强相互作用是指："平均来说，系统内部组分相互作用的强烈程度在平均水平之上。"强相互作用和强连接条件下，有些系统其内部任何一个部分或组分都不能改变，即使系统内组分变化，强相互作用和强连接的主导地位也不能改变。

（2）依托人识格物参照的人格物及其边界

"在地球表面，我们可以围着某个东西画一条线，然后立即区分出'里面'和'外面'。……明确区分不同部分的思想根深蒂固，所以我们很自信，认为总能区分出里面和外面，即使可能需要花费许多精力。通过类推，我们将这一概念应用于所有系统，用'系统'这个词来表示'里面'，用'环境'表示'外

---

① ［美］温伯格：《系统化思维导论》，王海鹏译，人民邮电出版社2015年版，第143页。

面'。根据无差异法则，我们也许会想，随便哪个部分都可以叫作'系统'，因为一个人的系统可能就是另一个人的环境。但根据差异法则，系统的选择对我们的世界观可能非常重要。"①

"隐藏最深的一个科学隐喻就是'事物'或'部分'的概念，它能与其他事物或部分清楚地区分开来。这个隐喻藏得很深，以至于我们用到它时很少能觉察到。人类学家谈到部落的'社会组织'时，就好像它是他口袋里的一盒火柴一样。但是，如果初出茅庐的实地考察工作者来到研究现场，根本看不到'社会组织'。……这些'事物'或'部分'是'属性'或'性质'的拥有者，它们拥有这些特性，就像火柴盒装着火柴，猪带着膘一样。通过区分'事物'，可以区分不同的属性。……我们使用'部分'或'事物'这一隐喻，这与我们在物理空间的体验密切相关，尤其是我们对'边界'的体验。正如达·芬奇所说：'一个事物的边界就是另一事物的开始。'"②

依托人识格物参照的人格物的特点是具有主观感性的。边界之内，人感觉不到边界的约束，甚至感觉不到边界时，他就感觉到了"自由"。"实际边界"和"感觉边界"的关系是自由与纪律关系要讨论的。在天空中我们可以"自由"飞翔，在森林里我们可以"自由"呼吸，在大海中我们可以"自由"航行……所有的"所谓的自由"都是指感觉边界的模糊或消失，而实际边界一直存在着，比如大气层、树木、海岸，等等。纪律通常是指在肆意自由的方向上遇到了实际的边界，这种边界使肆意自由变为了有限自由，有限自由反作用于人的意识，人通过自我调节和适应，使得"自我自由空间"中肆意的成分较少或较弱，而有限自由的成分充斥起来，当有限自由充斥了整个"自我自由空间"时，纪律的实际边界在感觉边界中逐渐模糊甚至消失。如果个体意识系统中的体内边界太细太多，他无法感觉到外在的实际边界，他容易胆小、懦弱、压抑。什么是合理的纪律以及纪律下合理的"自我自由空间"？有两个极端，一个是极度压抑的禁锢的"自我自由空间"，另一个是无限扩张的肆意的"自我自由空间"。两者都是灾害，因为人体系统及人类社会系统都具有一定的空间形态，过小或过大都不利于人类及其社会的存在和发展。纪律边界的科学意义在于其同人类及社会发展的合理匹配的服务效用性表达。

---

① ［美］温伯格：《系统化思维导论》，王海鹏译，人民邮电出版社2015年版，第128-129页。

② ［美］温伯格：《系统化思维导论》，王海鹏译，人民邮电出版社2015年版，第128-129页。

三、名词格物系统

名词格物研究是指识格物概念对物格物状态的描述。观察者对被观察事物的性质和属性的描述，存在多种甚至是无限的转换可能。倘若我们一旦真正地深入研究身边的简单问题，从一开始探索，直到被迫转入另一个问题，对另一个问题深入探索，直到被迫转入下一个问题……比如我们会问："为什么我会看到我所看到的一切？"似乎我们永远没有希望到达（能够令我们满意的）终点。但是，我们有信念把它们收敛于某一处——这就是"形而上学"的意义。例如，在现实中我们并不是要全部解决斯芬克斯之谜，而是重在解决需要了解的问题（它可能只是整体的一个部分或者某一阶段的形态、状态、属性等）。我们在现实研究中需要把事物有效地划分、分格开来，名词格物正是对应分格的事物的一种描述。

"一般性的观点总是有一些抽象，正因为如此，这在某种程度上是对真实生活的否定……人类的思想以及由此产生的科学，只能抓住并命名事实的重要性一面，比如它们的关系、法则，简而言之，就是永恒变化中不变的部分；而不能抓住这些事实的物质性、个性化方面，这些方面随着现实和人类生活而跳动，因此变幻无常而又不可触摸。科学包含的是对现实的思考，而不是现实本身。是关于生活的思考，而不是生活。这是科学的局限，真实且不可逾越的局限，因为科学正是基于思考的本质，思考是科学的唯一器官。——巴枯宁"[①] 思考具有人类的效用性，思考能够抓住对象事物的重要性一面，把握其永恒变化中的不变部分，抓住这些让对象事物服务于人类就足够了，即使思维产生的信息并不直接等同于对象事物或生活，但人类用它们可以把握事物和生活，即具有认识和把握的"效用"。科学的局限亦即是思考的局限，任何思想都只是思想，要想完全抓住事实（一点都不遗漏）是不可能的，任何所谓的"思想＝事实"其实都是指在信息表示方面的"思想≅事实"。因此，要放弃科学的局限，就只能放弃现实的思考。

综合地看，只要人一"研究"，其产物都是人格物。"物格物"就在那儿，你一旦发现它、研究它，它就成了人格物。我们走过的地方，我们的周围都是物格物，我们如何研究它呢？"我们走过哪些地方？采用杰拉德的术语'存在、行为、进化'，我们已经讨论过记录存在的方法：集合符号、结构图、属性、边界以及白盒。我们研究了行为：状态空间、时序图、输入、随机性以及黑盒。

---

① [美]温伯格：《系统化思维导论》，王海鹏译，人民邮电出版社2015年版，第202页。

我们也研究了存在和行为之间的关系：如何通过抽取'属性'，从特定的行为推断出特定的结构；如何通过执行'程序'，从特定的结构产生特定的行为。"① 纯粹以主观意志为转移的人格物会产生类似"白马非马论"现象，而不以主观意志为转移的物格物具有亚物质客观性，主要包括空间格物、时间格物、能量格物、信息格物、介质格物（介质格物主要是指两个格物对象之间的介质，它在研究中被作为低于格物对象的亚物质格物）等，它们构成了名词格物的主要内容。

（一）空间格物

空间的概念起源于物体的广延性。日常生活中，空间的概念是非常明确的，比如房子的空间、容器的空间、房子与房子之间的空间、森林中树木与树木之间的空间等。一直以来，空间概念的研究存在两种：一是绝对空间，空间是独立的、是客观存在的真实客体；二是属性空间，空间是物质的广延、是物质的属性。17世纪的牛顿在《自然哲学之数学原理》中说："绝对的空间，其自身特性与一切外在事物无关，处处均匀，永不移动。"② 牛顿物理学中加速度概念需要一个绝对空间参考系。20世纪初期爱因斯坦在继承绝对空间概念的基础上提出狭义相对论，但他在提出广义相对论之后抛弃了绝对空间概念，支持属性空间概念。对此，爱因斯坦说："我要指出，空间—时间未必能被看作是一种可以离开物理实在的真实客体而独立存在的东西。物理客体不是在空间之中，而是这些客体有着空间的广延。"③ 在研究中，空间是相对于参考系而言的，不同的参考系对应着不同的空间；不同的空间，观察到的物质分布状态变化的快慢是不同的，即空间和时间都具有相对性。

从本能辩证唯物观看来，空间是一种非绝对独立的客观存在，是亚物质的内容。具体地看，空间揭示了机能物质系统中的一种格物状态，它使得不同的机能物质相互分格、相互联系。一方面，在根本上空间格物与系统的稳定状态有关。我们大都承认，世界是变化的。变化的世界系统中什么是永恒的？为此，我们有必要引入"稳定"。我们常常混淆"稳定"和"不动"，东方明珠塔是稳定的，但在大风的日子里它也会轻微晃动，因此稳定并不是完全不变的。稳定性意味着在某种界限内的变化，意味着系统承受变化的界限，意味着系统能够

---

① ［美］温伯格：《系统化思维导论》，王海鹏译，人民邮电出版社2015年版，第200－201页。
② 牛顿：《自然哲学之数学原理》，王克迪译，北京大学出版社2006年版，第4页。
③ 爱因斯坦：《爱因斯坦文集》第一卷，许良英、范岱年编译，商务印书馆1976年版，第560页。

承受的扰动程度——表达了系统的一些可接受行为以及环境的一些预期行为。①另一方面，空间格物与研究的参考系有关。纯粹的人格物空间主要是指视觉空间、感官空间和心理空间，比如对一幅蕴含三维的画，有些人只看到平面图像，而有些人则能看到立体图景。在研究系统的空间格物时，空间格物稳定系统可以是良性系统，也可以是恶性系统，它们与人类的某些特定观念有关。帕森和希尔斯认为："如果系统足够持久而值得研究，那么肯定有一种趋势去维持秩序，除非遇到异常的情况。"②维护秩序的趋势是什么？谁又是系统秩序的维护者？

（二）时间格物

时间概念起源于过程的持续性，与太阳的东升西落等自然现象联系在一起，地球自转一周为一天，平均太阳日的1/86400定义为时间的基本单位"秒"。奥古斯丁曾经指出："时间究竟是什么？谁能轻易概括地说明它，谁对此有明确的概念，能用言语表达出来？可是在谈话中，有什么比时间更常见、更熟悉呢？我们谈到时间，当然了解，听别人谈到时间，我们也会领会。那么时间究竟是什么？没有问我，我倒清楚，有人问我，我想说明，便茫然不解了。"③

柏拉图认为时间是永恒世界的永恒摹本，即永恒的运动，它按照数而运转；亚里士多德认为，运动有快慢之分，而时间只是均匀的流逝，时间只是运动和运动持续量的尺度，借助于均匀的时间，运动才区分出快慢。时间总是与自由、存在和人生意义相联系的。康德意识到了自由与时间的内在关联，提出将时间与自由二分：时间隶属于现象界，而自由则在本体界才存在。柏格森则把时间与空间分开，强调时间的特殊性；柏格森认为时间就是创造，"如果时间不是某种力量，那么，为什么宇宙会以在我看来是绝对的速度来展开相继的状态呢？为什么这一速度是特定的而不是任意的？这速度为什么不能一举展现，换句话说，为什么不能像放映电影那样，一切都给一次给定呢？愈是深入地考察这点，我们愈是感到：未来是现在的继起，而不是与现在并列，因为未来不能全面由现在决定；这种继起所占的时间不是某个数目，而是一种过程，对置身于时间的意识来说，它具有绝对的价值和真实性，因为时间具有无穷无尽的创造性"④。海德格尔把时间与存在相联系，把"时间"分为时间性和时间，他认

---

① ［美］温伯格：《系统化思维导论》，王海鹏译，人民邮电出版社2015年版，第202－203页。
② ［美］温伯格：《系统化思维导论》，王海鹏译，人民邮电出版社2015年版，第206页。
③ 奥古斯丁：《忏悔录》，商务印书馆1977年版，第241、242页。
④ 柏格森：《创造进化论》，湖北人民出版社1989年版，第264－266页。

为，时间性即此在（人）的根本存在方式，"时间性是原始的自在自为地出离自己本身"，时间性不是一种现成的存在者，而只是一种出离自身的状态，是一种动态或过程，它只在绽出中有自身。时间性是时间的源头，时间是时间性的到时。时间性既然是出离、绽出，那么，绽出总是有时机和机缘的，时间就是指时间性绽出的时机或机缘。存在者正是借助某种机缘展现出来或开展出来，并认为只有在时间中或在人绽出时显示出来的存在才是真正、真实的存在，才是世界内的存在者。

"唯有变化，才是永恒。——赫拉克利特""要理解变化，只有通过观察什么保持不变。要理解恒久，只有通过观察什么发生了变化。"[1]

本能系统辩证唯物观点认为，时间格物是指机能物质运动变化的分格与相互联系的描述，它是亚物质的一种，它通常与空间一起形成"时空"，是格物的重要内容。"变化的分格"和"变化的相互联系"构成了变化的系统，即存在的变化和变化的存在。"这里真正的转变，是从关注组织形式转向关注行为，从存在转向行为，从形式转向功能，从模式转向过程，从永恒转向暂存。'存在'是实体与时间相交的部分，在一段时间里，组织中那些似乎相对不变的方面，构成了实体或有机体的基本结构。历时不变有助于确定成熟系统的重要部分。相反，随着时间推移，会出现短暂的、可逆的变化，这些变化常常反复发生，构成了'行为'或功能；那些长期的、不可逆转的变化，常常逐渐发生，构成了'进化'或发展。随着这种时间的推移，人们对于实体的关注也发生了变化：从"物体空间的物质模式"转向行为（时间中的事件模式）。——R. W. 杰拉德"[2]

关于"变化的分格"。揭示变化的分格即格物时间的一个核心概念是时间尺度。它主要包括星系之间的光年时间尺度、太阳系内的四季时间尺度、日照与否的一日白天黑夜时间尺度、以及具体分化的小时、分、秒等时间单位尺度。格物系统的持续存在具有时间上的相对性："在小时间尺度中，系统的存续性增强；在大时间尺度中，系统的存续性减弱。"所谓某一格物时间下的系统存续性是指：该系统存在时间长短同该格物时间尺度之间的比值。例如，昙花系统的存续性4-5个小时。

关于"变化的联系"。变化的联系揭示了格物系统的存在变化的关系。格物系统的存续是存在的持续，即持续存在的特性。"'持续'是指系统要值得研究

---

[1] ［美］温伯格：《系统化思维导论》，王海鹏译，人民邮电出版社2015年版，第137页。
[2] ［美］温伯格：《系统化思维导论》，王海鹏译，人民邮电出版社2015年版，第200页。

而必须存在的一段时间。这段时间的长度取决于系统和观察者之间的相对时间尺度，因此至少也是间接地与观察者的生存时间有关。如果人是观察者，那么这种时间尺度的效果就不难确定。例如，我们一般不会认为事物能靠自身力量移动，但如果观察事物时通过定时拍照技术，将时间变化加快，我们会看到它激烈地扭曲。通过高速摄影技术，我们可以和微生物这样的世界产生共鸣，否则我们尚未理解时，它们已经完成了一生。"① 我们说一种系统存在是稳定的，隐含着相应的时间尺度边界和范畴，在一定的时间尺度之外，它终会消亡，比如太阳系在一定的时间尺度之外，也会走向消亡。

时间格物在系统中体现为维生性。它是描述系统自身运动的变化的分格和联系的一种属性。我们所看到的系统，都是从过去的系统中存续下来的，那些在过去系统中没能存续下来的系统都已不在了。因此，存续对于系统来说很重要，即系统的维生性。常见系统通常是过去系统中存续的幸存者，如果选择相应的时间跨度，大部分系统的存续时间都不会很长。"对于生物个体而言，我们有理由相信，没有一个生物体能永远生存下去。已知最古老的活生物是刺果松，至今已经活了约4000年。如果我们选择种群作为系统，那么即使个体死亡，系统仍然存续，但情况也好不了多少。自从生命出现在这个星球上，已经灭绝的物种超过了90%。仅仅有极少数的物种，比如蟑螂，拥有大约3亿年的历史。人类的组织群体（组织系统人）就更弱了。大部分公司5年内就会关门，很难想象一家公司会拥有几百年的历史。像罗马天主教会那样的机构，有近2000年的历史，是硕果仅存的稀罕物。"②

（三）能量格物

能量伴随着机能物质。在现实生活中，能量对人类的生存至关重要，它可以维持生命体的存在，可以传递信息。在人类史上，人类发现了从其生存的环境中获取能量的各种方式方法，比如，从最简单地收集各种果实，到燃烧，到行船，到水轮。后来，在积累了大量的实验与观察的基础上，人类制造出了蒸汽机，取代人力和动物力，获得巨大能量。

本能系统辩证唯物观点认为，能量是游离态的本能物质，它可以被机能物质携带并对其存在和变化具有重大影响——它甚至是改变机能物质速度的原因。

在科学上，人们对于"热"的本质展开了大量的研究，亥姆霍兹在1847年

---

① ［美］温伯格：《系统化思维导论》，王海鹏译，人民邮电出版社2015年版，第209页。
② ［美］温伯格：《系统化思维导论》，王海鹏译，人民邮电出版社2015年版，第208－209页。

发表了《论力的守恒》，第一次系统地阐述了能量守恒定律，从理论上把力学中的能量守恒原理推广到了热、光、电、磁以及化学反应等过程中，解释了运动形式之间的统一性。能量守恒与转化使得物理学达到了空前的综合与统一。热力学的第一和第二定律实现理论化。奥地利的物理学家路德维克·波尔茨曼把热力学与分子动力学的理论相结合，发现了宏观的熵与体系的热力学几率的关系，导致了统计热力学的诞生，他还提出了非平衡态的理论基础。20世纪20年代以来，引入了量子力学，建立了量子化学、统计人力学，同时使得非平衡态理论进一步得到发展；普朗克在能斯特研究的基础上，利用统计理论指出：各种物质的完美晶体在绝对零度时熵为零。在人类对于宇宙能量的研究中，1998年科学家提出了宇宙加速膨胀的观点，并认为宇宙中存在大量的暗能量。里斯说："大约10年过去了，显然暗能量并没有远离我们……在过去的10年里，也证实了暗能量处于物理学中两个最著名理论——量子力学和广义相对论的交叉之中。"①

（四）信息格物

信息格物是人类认识对象事物的格物标识。

1. 关于亚物质信息

"信息就是信息，不是物质也不是能量。不承认这一点的唯物论，在今天就不能存在下去。"② 邬焜教授说："信息是标志间接存在的哲学范畴，它是物质（直接存在）存在方式和状态的自身显示。"③ 信息的本质不是物质本身，它是物质系统的亚物质范畴，具体说是指信息物质。信息物质，不是能量亚物质，也不是间物质亚物质，它是本能物质（基质）、能量物质、间物质亚物质、其他信息物质的相互关系的揭示且具有"可信可息"意义的亚物质，例如"它是物质系统所具有的，在物质与物质的相互作用中，具体物质（确切讲是物体）、能量的取值（参量）或取义（暗喻）"④。近代哲学家洛克曾经指出："我们在考察各种实体时，往往当它们是各个自存的，认它们的一切性质都是在自身以内存在，而且与别的事物不相干的。……各种事物本身似乎是绝对的、完整的，可是它们所以有我们所见的各种明显的性质，只是因为它们是自然中别的部分的扈从。它们的可观察到的性质、行动和能力，都导源于外界的一些事物。而

---

① 胡德良编译：《暗能量究竟是什么》，载《物理学》2007年第12期。
② 李升：《控制论与信息情报》，载《情报理论与实践》，2001年第6期。
③ 邬焜：《信息哲学——理论、体系、方法》，商务印书馆2005年版，第45–46页。
④ 黄小寒：《从不同领域信息学的比较研究再论信息的本质》，载《自然辩证法研究》，2005年第12期。

第二章 机能物质辩证研究的"格物系统论"

且我们在自然中所知的任何部分，不论怎样完备、怎样完整，而它的存在和优点，都只是由其邻居来的。"① 信息亚物质是指由邻居而来的可信可息的相互作用亚物质。它包括三个方面的内容：一是指消除不确定性的"东西"；二是表达确定性的东西；三是可信可息的东西。信息是亚物质中的信物质，包括两个方面：一是对信宿不确定性的消除的信息；二是对信宿确定性的表达的信息。通常研究的信息是指第一种，即信息是对信宿不确定性的消除，因此，只要是消除了信宿对特定事物的不确定性，这个消除不确定性的"东西"就是信息。第二种信息是指，对于"过去的""知道了的"东西，已经是确切的信物质，不属于"消除不确定性的东西"，它在当前研究中通常属于信息中的知识。

信息不是独立物质，是必须以质为载体的，仅仅是可以依附于质的、可以复制的和被识别共享的相对独立物范畴。信息区别于"质"的规定性，它是反映和标识"质的规定性"的一般匹配的相对独立等价物。信息，从字面来理解，"信"具有认识和感知的意义，即来源于事物、反映事物和描述事物的"可信"问题。息，具有运动与静止的转换意义，即一切事物的相互作用——存在、联系、运动和发展的统概意义。消息，从字面意义理解，消即消除庞大的、无穷的、复杂的一切事物的相互作用的不确定性所表现出来的，即剩余的那一部分——"息"。信息区分为三类：一是狭义的信息，即申农信息论，不注重信息的内容，而重视信息传递形式和方法。二是广义的信息，即质的反映、认识描述的一般相对独立等价物，比如符号、文字（包括知识和智慧）、图像、态势等等，人们在日常生活中获得的信息。三是机制信息，即系统内部自组织涌生事物亚物质的自复制分形遗传和变异的超循环质机制性相对独立意义及其载体，主要表现在生物体的遗传和变异，表现在物种的延续（个体生命体的死亡和新生命体的诞生的超循环系统内部机制意义）。

20世纪40年代，申农的《通信的数学理论》《在噪声中的通信》，维纳的《控制论》拉开了关于信息的独立研究。申农提出了经典的信息概念，认为要产生不定性减少，就要有信源与信宿，提出了信息的传输与识别等一系列问题。维纳认为，信息就是信息，不是物质，也不是能量。随着信息研究的深入，主要表现出三个方面内容：一是表现为对申农、维纳信息概念的继续讨论；二是研究各个领域信息的表达、存储、传输、传播等；三是对"信息是什么？信息何以为信息？"的哲学研究。"就近来对信息研究的情况而言，无论是大类划分：机械信息学、生物信息学、人类信息学等，还是分门别类：物理信息学、化学

---

① 洛克：《人类理解研究》，商务印书馆1983年版，第579–581页。

信息学，即各种单科信息学，等等，都从不同的领域表达了对信息问题的见解，用各自学科的语言阐述着自己的观点。但是，这些讨论从总体上说都是对信息问题的个性研究（虽然，有人称信息学，有人称信息科学，在当前的实践中，都无碍大局）。"①

2. 关于信息的格物标识意义

信息对于人类认识事物而言，具有格物标识意义。"存在就是有一个标识。标识实际上就是生存能力的同义词，因为不能生存，就没有什么可标识了，而事实一旦改变了标识，就代表不再存在。但要有标识，就需要一个鉴定人，因此很难说系统何时存在、何时消亡。罗马是在公元476年灭亡的吗？一些历史学家说是的，但如今的罗马城中依然生活着几百万罗马人。"② 一个标识实施者比如人对某一被标识物的相互作用格物，称为标识。对同一被标识物，每个标识实施者都可能通过某种格物方式方法形成自己的格物标识，这些标识是如何达成"一致性"的呢？比如让所有观察者达成对系统观察的共识——共同一致的标识。格物标识者采用某种格物参照模式与格物被标识者通过格物相互作用产生标识性格物，即格物标识。格物标识是一种具体格物参照模式条件下的格物亚物质。通常，标识的格物参照模式即标识的方法，具有格物标识者的主观能动选择性。"采用的标识方法聚焦于我们感兴趣的部分，抛弃其他的标识方法。"③ 格物标识可能对格物标识者（比如观察者）产生扰动或产生压力，进而形成格物标识者系统结构的微小变化和相应的自稳态调节或自适应调节。"（1）看世界的方法不对观察者产生过度的压力，就不需要改变。（2）看世界的方法可能会改变，以减轻观察者的压力。换句话说，为什么我们不断向古老的世界观注入新的活力？为什么我们有时候花费巨大精力去修正那些观点？为什么我们有时候以旧换新？"④ 答案是：人类在自我发展变化上的自稳态调节需求，在环境变化带来自身变化的自适应调节需求，以及对以上两者的反思。它们决定了人类思想的格物标识要同人类自身系统的需求相互匹配、相互自洽、相互和谐，而不是产生压力、产生矛盾、产生脱节，在动态调节中实现时代思想同现实的同步。

信息的存在需要物质载体，通过文字、语言、图像等具体物质形式表现出

---

① 黄小寒：《从不同领域信息学的比较研究再论信息的本质》，载《自然辩证法研究》，2005年第12期。
② [美] 温伯格：《系统化思维导论》，王海鹏译，人民邮电出版社2015年版，第211页。
③ [美] 温伯格：《系统化思维导论》，王海鹏译，人民邮电出版社2015年版，第224页。
④ [美] 温伯格：《系统化思维导论》，王海鹏译，人民邮电出版社2015年版，第224页。

来。邬焜在《信息哲学——理论、体系、方法》中认为,信息科学技术对信息的发掘利用,使人们发现了新的世界,即信息世界。"对人而言,物质的信息怎样却与人的感觉和意识相关,对感觉与意识具有不同的依赖性。……在认识的过程中,人的认识是由与观察对象间的相互作用及其间的想象和理论的混合结构组成的。……也就是说,人对信息的认识与提取与自身情况相关,具有人的选择性、价值取向。……实际上,一个事实是不是客观的,不是看出来的,而是对这一事实附加的一个哲学判断。"① "信息世界的发现从根本上改变了人们对世界构成的理论,提供了全新的事物存在与演化的世界图景和思维方式。"②

四、自格物系统与共格物系统

还原论追求在分解和分析中获知研究对象的自格物系统,而系统论则追求在整体把握中获知对象事物的共格物系统;因此,自格物系统和共格物系统是格物系统研究的两个重要方向。在研究中,格物的核心是阐述研究对象的规定性,共格物系统重点描述事物共同的规定性,自格物系统重点描述单独事物自身的规定性,然而,自格物规定性是来源于其内部共同的规定性,因此,自格物本质上是一种具有整体规定性的共格物。有些共格物具有稳定的整体规定性,比如氯化钾;有些共格物不具有稳定的规定性,比如北京西客站第一候车室的人群。

(一) 自格物系统

1. 自格物系统与自生系统

自格物是机能物质遵循分形整形作用的自生系统。从这个角度来看,自格物系统是自生系统。

关于有机体的生成问题,进化论试图描述世界中各种有机体形态差异的多样性问题。华莱士和达尔文认为,以个体差异为前提,个体之间不断产生的微妙差异积累扩大成物种之间的差异;如今的综合说法认为是以遗传基因的突然变异和显现部位的变异为前提。个体出现理论中的"自组织"表明,有机体生成的东西就是"自我",而不是一件形成的自我产生的另外一个"自我"。个体在从"胚胎"开始生长为"个体"的过程中遵循什么样的机制?

"(1) 生成过程结构所形成的东西,在最初启程时,是以微妙的形态存在

---

① 黄小寒:《从不同领域信息学的比较研究再论信息的本质》,载《自然辩证法研究》,2005年第12期。
② 邬焜:《信息哲学——理论、体系、方法》,商务印书馆2005年版,第14页。

的，或者具备了指挥生成过程本身的程序。也就是说，基本结构已经先成。(2)未分化的相同的质量，在生成过程本身中，逐渐形成有秩序的形态。这是发生学中最笼统的理论分类，通常前者称作先成论，后者称作渐成论。"① 先成论主张基本结构先成，即预先成体的秩序以及之后东西的秩序犹如重重套匣，像同心圆一样层层编织在一起，又像剥笋皮一样，新的个体不断显现出来，比如单性繁殖的无翅蟑螂中能看到在母体中的胚胎阶段就已经携带了下一代胚胎。关于有机体秩序形态中各个器官的由来，哈拉采用推论方法认为，生成过程没有断点可以推移到先成器官的可见状态。"由于个体出现之初，有机体的各个器官之所以看不见是因为透明，随着不断成长增加了不透明性而成为可视。成长的动物所具备的无非就是胚胎。外观上看两者之所以完全不相似，是因为它依赖于局部成长的速度差异、向其他部分的侵入、位置的变化、透明的物体变成不透明以及液质和粘液统一等因素。"② 先成论在解决"蜥蜴尾巴断掉再生的问题"时，认为其头部也残留着尾巴的胚种，即器官秩序形态的胚种留在完全形成后的成体中（但是会不会出现头部不断长出小尾巴的情况呢？这有必要研究显现的契机和抑制显现的结构问题）。先成论的基本结构在现代而言，是指遗传基因指挥整个生成过程，主张所有系统的生成编码是相同的，比如套匣说主张个体的形态，哈拉主张局部空间性位置价值，保奈主张胚种。现代遗传学是以信息为编码的，如同昆虫的蜕变一样，即使在产生急剧的形态变化时，也遵循同一编码的生成。

渐成论认为，胚胎系统在生成的各个阶段形成对应的系统的程序，并且在这一程序的形成中，事先同一编码应该不参与其中。"对于渐成论的生成过程，到底应该怎样描述呢？如果仅仅是言及生成过程的各个特定时间点，就无法知道这个事情的意义。从具有芽状隆起的某个胚中，产生了鸟的翅膀、人的手臂、马腿，在特定的时间呈现特定的形状，无法给出此外的任何意义。如果想就渐成论的生成过程进行描述的话，至少要论述在两个时间点上的关系。要把两个时间点关联起来，就一个时间点的生成阶段进行叙述。这和丹托的'叙事语句'的定义是相同的。只有引入叙事才能谈论生成过程。"③ 生成过程并不是瞬间性

---

① ［日］河本英夫：《第三代系统论：自生系统论》，郭连友译，中央编译出版社2016年版，第43页。
② ［日］河本英夫：《第三代系统论：自生系统论》，郭连友译，中央编译出版社2016年版，第44页。
③ ［日］河本英夫：《第三代系统论：自生系统论》，郭连友译，中央编译出版社2016年版，第45页。

的"现在"的连接，通过叙事可以把时间的流动作为一个整体的事态去体验，并由于"观察者的存在"而指出该叙事中自组织时的组织方向。

系统最初从零的状态开始，按规定的顺序补足器官，这个过程逐渐增加了复杂性。异质性即差异性的增大，将会导致将物质统合到秩序之中并按规定生成的复杂化。物质进行统合，植物吸收营养，动物咀嚼进食，强大的部落统一弱小的部落等，它们是一种集中的复杂增大；鱼类分化为爬行类，种族分裂，党派分裂等，它们是一种分化的复杂增大；健康身体所产生的疾病，是异物的增加；死后不久组织的部分质变，是个体整体不协调的增大，等等。斯宾塞对于进化中的集中与分化的形式以外，引进了"由混乱向有序"发展的"限定性进化"方法。它作为复杂性增大的二次法则的作用在于："一是幼儿的哭泣声不会改变整体的运动量，而是变为音声的运动分配变化，在器官分化产生新机能不稳定化和结晶化中，使分子排列系列化的分凝作用；二是见于生理调节机能中的平衡作用。"①

渐成论通过事先映射设定好的系统产生的序列，描绘出系统生成过程，高等有机体从简单的细胞开始，当进入分化和完整化时，就会在短时间内通过祖先走过的庞大的变化序列。冯贝尔认为："各类动物共通的东西出现在个体生长的最初期，之后的生成过程是从特定种类固有的东西，不停地向个体固有的东西分化。最初人的胚胎只含有极少和脊椎动物相同的特征，尚不确定将会长成什么种类的脊椎动物。不久，随着个体生长的发展，逐渐向灵长类、人类、黄色人种固定，最后个体特征分节。……曾经是秩序的个体的形态产生于未分化的等质物质以及现实性个体限制各种可能性而产生。"② 冯贝尔的观点表明，从什么都不是的系统的初期状态起，可能性就受到限制，构思了从未分化的初期状态缓慢分节化的进展，同时包含了生成各阶段的剧烈相变。

"在自组织的生成过程中，当出现伴随着阶层飞跃的生成时，生成物必须获得新的变数，根据变数采取的值，生成物一定会变成可变性物体。"③ 从固定的初始条件向固定的产物转化是一种生成。"现在用'自组织'描述的是，生成过程一边持续，一边在这一过程中稳定下来的形态和关系所生出的结构，即在生

---

① ［日］河本英夫：《第三代系统论：自生系统论》，郭连友译，中央编译出版社2016年版，第47页。
② ［日］河本英夫：《第三代系统论：自生系统论》，郭连友译，中央编译出版社2016年版，第47页。
③ ［日］河本英夫：《第三代系统论：自生系统论》，郭连友译，中央编译出版社2016年版，第48页。

成产物中由于生成过程也一直在持续,一定的形态和关系得以维持的结构。这时系统只有通过不断运动才能维持系统本身。"①

李曙华认为,系统生成机制可分三个过程:

一是自选择过程:即具有进化优势的突变体作为偶然涨落而出现,并通过自复制实现自我选择。这种自复制机制相当于"正反馈"放大作用。通过自复制,信息选择质料,功能相似的突变体越生越多,它们逐渐聚集起来,使进化信息得以积累。

二是自组织过程:经选择生成的突变体通过自组织进行功能整合。选择出来众多突变体经相互竞争、相互协同,功能慢慢耦合起来,并在此过程中逐渐建立起负反馈机制,最终生成总体稳定的封闭环。这样,突变体通过自组织成为一个整体,从而作为更大循环功能整合的单元进入更高层次的进化过程。

三是自稳定过程:在高度关联的组织中,经过不同层次因果的反馈循环、自我选择和组织,自催化与交叉催化嵌套起来,突变组织成的多重循环逐步地强化自我稳定。在新的稳定序中,系统的整体功能不断完善,信息不断积累,并层层转换传送,最终使系统整体得以稳定生长,实现向高度有序的宏观组织进化。②

2. 自格物系统的动力和边界

自格物系统是以自分形为发展动力的,是以整形为聚合动力的。其中,分形格物动力是最根本的,整形格物聚合动力是表征系统最核心的。

自分形显示在系统自组织最大化方向上。"如果从侧面向烧杯内的溶液中施加声波的话会出现突然结晶的现象。溶液内的分子由于声波采取一定的排列时,结晶突然开始析出。一旦开始形成结晶,析出持续,结晶就会增大。这种情况声波只不过是提供足以使最初的分子整齐排列的契机。假如产生了偶然的分子排列,那么结晶的析出就会偶然进行。持续的结晶化是动态非平衡系统最简单易懂的事例,并且给传统有机体论提供了范式。也就是试图以自动增大的结晶为范式,认识有机体自我形成的方法。结晶是自组织进行的生成过程的视觉性明喻。"③

客观机能物质的自格物系统的形成,主要是指物质系统分形整形的自生系

---

① [日]河本英夫:《第三代系统论:自生系统论》,郭连友译,中央编译出版社2016年版,第49-50页。
② 李曙华:《系统生成论体系和方法论初探》,载《系统科学学报》,2007年第3期。
③ [日]河本英夫:《第三代系统论:自生系统论》,郭连友译,中央编译出版社2016年版,第52页。

统的界壳明显形成并以此区别其他事物的过程。对于单核单组分系统而言，自生系统具有单核或单组分自分形和整形的"势"，组分及其势达到一定的稳态产生自稳态的界壳，即单质组分具有某种稳定的"秩"。界壳是指该秩的边。对多组分构成的物自体而言，"自己构成自己"与"自己生成自己"的现象标志是物自体系统界壳的形成，其本质是物自体系统的质秩形成。秩与质的区别与联系，质通常是指事物区别于其他事物的内在规定性，秩通常是指质的存在及其秩序运动势能的规律系统。

纯粹亚物质的自格物系统比如上帝，它是以思维为载体的具有自分形动力和整形聚合力的精神产物。这种思维亚物质自分形动力同客观机能物质的自分形动力是一致的。概念自分形是推理的直接动力，它为推理和判断提供了内在动力；推理也包括了对概念自分形的整形，即整形为概念自分形提供了运动的外在动力，判断则是对概念运动及其推理过程的"界壳性"再次规定。逻辑是这一个整个过程合乎真理的规律性工具。概念以精神载体的自分形整形动力运动，同黑格尔的精神运动是不同的。自格物系统的边界主要是指具有某种紧密联系程度及其质的规定性的界壳。

3. 自格物系统的相对稳定结构内涵

"结构上的微小变化通常会导致行为上的微小变化。"[①] 系统内部结构发生微小变化后，通常由于受维生性支配在一定范围内将对应地进行"自调节"；这种内部结构微小变化可以直接来自内部组分的自分形，也可能来自环境事物影响，前者带来的系统自调节行为可称为"自稳态"，后者带来的系统"自调节和他调节"行为可称为"自适应"。"虽然调节性并不意味着系统保持不变，但它确实意味着变化是'频繁的''小或不重要的''可逆或循环的'，而且变化发生在系统的'可变部分'或'功能'中。"[②] 自稳态调节很好的系统，其自适应能力强，自适应调节可以减弱；自稳态调节弱的系统，其自适应能力弱，自适应调节可以增强。比如汽车系统内部自稳态调节很好，外部自适应调节（例如维修、换件等）就可以减少；相反，如果汽车系统内部自稳态调节弱，外部自适应调节就可能增加，例如机油消耗量巨大，就可能需要换活塞环甚至买一个新引擎。

"结构主义生物学之所以独特，就在于它作为经验科学以严密科学为目标这一点上，即试图把多元论和严密科学这两种难以兼顾的东西兼顾起来。……结

---

① ［美］温伯格：《系统化思维导论》，王海鹏译，人民邮电出版社2015年版，第220页。
② ［美］温伯格：《系统化思维导论》，王海鹏译，人民邮电出版社2015年版，第221页。

构主义生物学所主张的'结构',脱离了一般的结构,而具有了独自的特征。(1)'结构'被证明为物质的关系(实证性命题)。(2)'结构'包含了分节恣意性和对应恣意性(恣意性命题)。(3)'结构'本身是没有根据的,无法由原子、分子的关系演绎(无根据命题)。(4)'结构'是封闭系统(封闭性命题)。(5)存在多种尚未作为现象显现出来的'结构'(可能性多元结构命题)。"[1]同时,河本英夫认为:第一,结构在处于动态平衡状态下的有机体中,封闭性命题并不成立;第二,认为"结构"是唯一必然带来现象的根据这种说法是定义,它无法成为定义之外的东西;第三,"结构"被规定为物质的关系,把"结构"限定为物质的关系,结构主义生物学无法在定义上理解脑的结构;第四,现实上的"结构"出现方式是疑似垄断的,即使在可能性层面上承认结构的多元性,但它也不可能原封不动地与现实的结构多元性相联通,即把可能性偷换成了现实性;第五,结构的阶层关系中,上位结构的规则必定是对下位结构可能性的限制。[2]

结构主义生物学难以处理"结构是无根据的"问题。"在从'结构'下位的原子、分子关系到达'结构'的阶段中,可以承认创新性。因此,不能把'结构'还原成原子、分子。但是,一旦'结构'毫无根据地成立,则在形成此后的上位结构中,就无法承认创新性。为此,结构主义生物学既无法一般性地讲述阶层关系,也不需要那样去做。"[3]结构主义生物学无法解决"原子、分子关系到达上位结构的创新性"和"结构成立之后继续形成的上位结构的创新性"的共同原理。他们认为结构是无根据的,需要构建一个先天性的,此后的现象则依赖"结构"及其派生形态。"因此,如果虚构一个最初的'结构',那么和其他神学创造学说一样,讨论就能够自由地进行。"[4]

如果把"结构"纳入系统的亚物质的范畴,那么就能够很好地解决结构主义生物学中"原子、分子关系到达上位结构的创新性"和"结构成立之后继续形成的上位结构的创新性"的一致性问题。系统是否可以还原,取决于构成系统的亚物质的涌现性,结构涌现性强则难以还原到下位组分和下位结构,结构

---

[1] [日]河本英夫:《第三代系统论:自生系统论》,郭连友译,中央编译出版社2016年版,序言第28-29页。

[2] [日]河本英夫:《第三代系统论:自生系统论》,郭连友译,中央编译出版社2016年版,序言第31-32页。

[3] [日]河本英夫:《第三代系统论:自生系统论》,郭连友译,中央编译出版社2016年版,序言第32-33页。

[4] [日]河本英夫:《第三代系统论:自生系统论》,郭连友译,中央编译出版社2016年版,序言第33页。

涌现性弱则可还原到下位组分和下位结构。

（二）共格物系统

共格物系统的客观基础是共存共生系统。共存系统是由多个自存系统构成的自然物质系统。共生系统是由多个自生系统和自存系统构成和生成的物质系统。共存系统侧重指非有机物质系统，共生系统侧重指有机物质系统，两者没有严格的界限。对共物系统而言，"多物构成一统新物"与"多物生成一统新物"的现象标志是具有共物涌现机能的形成，其本质标志是共物系统的多质秩（新的系统共同质）的形成。共生系统，有的具有明显的界壳，有的不存在明显的界壳。不管有没有明显界壳，共生系统内的组分物之间至少存在一条主要交换流或交换链。①

"对于'人造'系统而言，我们可以谈论其'目的'；而对于'自然'系统，则绝对不能如此。"② 大众汽车公司作为人造系统，其存在是为了生存汽车，而不是生产废铜烂铁，尽管两者它都产出；前者是人造系统的目的，而后者不是人造系统的目的。草原老鼠作为自然有机生物系统之一，其存在是为了吃草，是为了排便育草，是为了给老鹰、狐狸和蛇等食肉动物提供食物，等等，这些好像都是其存在的目的，又好像都不是其存在的目的（它只为自己而存在）。温伯格提出的系统目的观点是以人为参照的。广义地看，"自然"系统的演化方向是自分形最大化方向，它按照系统内整形亚物质支配规律运动，并没有确切的目的。

共格物系统研究主要解决组合定律和分解定律的矛盾：（1）组合定律：整体大于部分之和；（2）分解定律：部分大于整体的局部。简单地说，整体由于"其整形自约物及其功能"的有效形成使得整体具有部分所不具备的功能，通常有"整体大于部分之和"；当然根据功能的具体指向不同，也可能出现"整体小于部分之和"。部分作为从整体中相对独立出来——摆脱了整形亚物质的有效束缚，该部分具有属于"自己的边界及其交换链"，而其身处系统整体中时该部分作为系统的局部只有属于"整体的内部环境边界"，两者比较：可以出现"部分大于整体的局部"的现象，也可能出现"部分小于整体的局部"的现象。

若弗鲁瓦·圣伊莱尔认为：（1）有机体的各个部分在相互的空间配置中表现为一定的形态，这种形态本身是不变的，被称作"相互位置不变定律"；（2）即使有机体的特定部分出现欠缺，由相邻的部分填补，相邻器官群的机能性也

---

① 袁建宏：《系统交换引论》，载《系统科学学报》，2010年第2期。
② ［美］温伯格：《系统化思维导论》，王海鹏译，人民邮电出版社2015年版，第48页。

维持不变,被称作"相互填补原理";(3)即使拥有统一器官系统的动物,品种不同,整体形态也不同,特定器官肥大,相邻器官就会缩小而产生形态差异,被称为"平衡原理"。组织根据所属器官的不同,有着各种形态,各构成要素都不是单纯的手段而是目的,各要素相互协调使得全体成为可能的同时,依据全体的理念,规定每个位置和功能。物质的自然,由于相反的两个作用力(引力和斥力)的根源性不均衡而处于不断的流动状态或者生成过程之中,当生成过程的产物关联到生成自身的生成过程的时候,自然就会出现生成过程的新形态,即循环生成过程。①

有机构成的各个部分依关系连接,具有一定自律性,并且从属于有机构成的维持,即有机构成具有自律性和从属性。系统中,同时具备自律性和从属性的要素单位称为"子整体"②。若弗鲁瓦·圣伊莱尔的"相互位置不变定律""相互填补原理""平衡原理"描述了平衡系统规范运动的细节,它也是对"子整体"的规范。这一切定律的本质来源是自约亚物质的整形作用力。整形力对于要素单位(子整体)而言具有控制约束和协同放大作用,这种作用在子整体的效果:一是子整体表现出自律性的现象,二是子整体具有从属于整体的特性。

居维叶③根据以功能为中心统合各个部分提出"功能—构成论",在功能中设定了神经功能、运动功能、营养功能等主要功能,各种器官同功能系统相连接,功能系统之间具有"阶层"关系,下级功能从属于上级功能,即"功能从属原理"。如果把系统中的功能作为能够驾驭各个部分的东西被抽离出来,它成为先于系统作用存在的本性了,这与唯物辩证逻辑不符。

创建近代临床医学的皮内尔和比沙④注意到形态不同的组织却呈现出相同的症状,认为组织是一种能够自如形态化却没有形态的东西,组织之所以会出现差异,是由于被编入了有机构成。器官和有机构成的关系固有化要素和它们之间的关系,而组织和有机构成的关系是则是由于有机构成的成立才有组的固定化这样一种关系,即组织是"没有形态的形态"(没有关系的关系、没有实体的实体)。器官拥有独立的形态,有着分担作用的功能,但它在组织中通过有机

---

① [日] 河本英夫:《第三代系统论:自生系统论》,郭连友译,中央编译出版社 2016 年版,第 10、11 页。
② [日] 清水博:《作为整子的人类——生物节律是什么?》,[日本] 石井威望等编:《对微观秋樱的挑战》,1984 年,27–80 页;转引自 [日] 河本英夫:《第三代系统论:自生系统论》,郭连友译,中央编译出版社 2016 年版,第 12 页。
③ W. Coleman, *Georges Cuvier Zoologist*, Harvard U. P., 1964.
④ J. E. Lesch, Science and France, *The Emergence of Experimental Physiology*, 1970–1855, Harward U. P., 1984.

构成才拥有作为某一部分的位置的价值;即在组织中"有机构成"具有先于要素的本性,这与唯物辩证逻辑不符。

康德①认为有机体的必要条件:(1)部分(关于现实性存在和形式)只有与整体相关联时才是可能的;(2)所有的部分在互为因果的情况下结合,形成统一的整体。单凭这些,精密机器也符合,比如汽车的引擎只有和汽车整体相关联时才有现实意义,汽车各个部分相互作用的同时形成统一的汽车整体。河本英夫认为,在这里,康德所导入的是各个部分的产出关系——所有的部分也是(相互地)产出其他部分的器官,汽车零部件无法产出其他零部件,汽车整体也无法利用外界物质产出别的汽车。②精密机器系统是若涌现的系统,组分事物自分形难以在以人为格物参照系中显现,即汽车零部件难以自分形显现,汽车整体更是难以自分形显现——但这并不影响其自分形的物质本性。

谢林在"世界灵"中的观点认为,当生成过程变成某种循环,回归到自我生成过程的时候,于是就会形成一个循环的封闭领域,这是连续性产出过程形成一个阶层时候的结构。维若拉认为:"当生成过程产物回归到与生成过程同样的水平时,在那里出现一个封闭领域,阶层诞生。"③有机体论导入了多阶层性,诸如高分子、细胞内器官、细胞、组织、器官、个体、个体群等稳定阶层。阶层有机体是指一种不能拆卸的事物整体,也是格物阶层。阶层的诞生是指以物自体自格物的边界形成为标志的。阶层是格物边界的一种内容,不是格物边界的全部内容。阶层是系统自组织和自生运动的高级阶段系统界壳的重要研究内容。

自我维持的有机体即自格物呈现出一种物自体的内稳态,它是一种能使有机体整体的状态保持恒定的机构。克劳德·贝尔纳提出了"内环境"概念;卢曼把它解释为等同于经济系统中的"市场"④。有机体不仅拥有外部环境,还具备维持器官系统状态恒定的内部环境,比如恒温有机体动物体内都保持一定的体温。

---

① [德国]康德:《判断力批判》,65节。
② [日]河本英夫:《第三代系统论:自生系统论》,郭连友译,中央编译出版社2016年版,第14页。
③ [智利]F.维若拉:《创造的圆环》,载《现代思想》,1984年12月号。
④ 参考[日本]春日淳一:《卢曼的经济系统论(续)》,关西大学《经济论集》27卷2号。转引自[日]河本英夫:《第三代系统论:自生系统论》,郭连友译,中央编译出版社2016年版,第15页。

第三节　格物系统的"秩边流"模型

"当我们发现某物发展动因在外部时，这只是表示我们尚未抓到整体。"这里试图提出一种"抓住整体"的"秩边流"系统模型工具。

"任何模型，都是用我们认为我们已经了解的一种东西，去表示我们认为想要了解的另一种东西。推理的过程可能有上百步逻辑，也可能只是一个类比，但最终总是会得到我们认为无需继续深究的一些原语。"① "秩边流"系统模型是一种构建的模型用来表示一般系统，它试图成为一种系统黑洞——装下一切系统，简化系统，并试图成为系统简化的原语模型工具。机械论者把一切现象都归结为物理原语或物理和化学原语，有机论者提出了有机体系统的"活力素"原语（把所有不懂的东西都归结为活力素，试图让它像上帝一样解释所有现象，事实上并不能够）。活力素在"简化"追求的进程中，并没有寻找到一个哲学上的本体。舍弃系统观中的"活力素"，并不意味着舍弃"有机思维"。模型本质上是一种类比。这里选择用另一种类比来解决系统的简化问题，即"秩边流"系统模型。这种模型具有来源于物质的本体（原语），又具有自身自洽、能力可大可小的描述性规定——秩边流是一个系统，"秩"中有"边流"，"边流（内环境）"属于"秩"；"秩"外有"边流"，"秩"可以属于"边流（外环境）"的媒介；"秩"既可以作为更大"秩"的"子秩"，也可以自身包含更小的"子秩"，"秩边流"模型是自洽的。任何事物都是系统的，任何物质秩都可以表示为其对应的秩边流模型。格物系统是大系统秩内部的边流亚物质系统。某一系统秩是更大系统秩的格物系统外延产物，称为格物秩系统。通常地，格物秩系统是指格物系统中的被格物对象通过格物系统而获得的产物。格物一方通常也是格物另一方的格物秩，即被格物对象是格物秩，格物主体也可以是格物秩。

格物秩系统通常就是指机能物质系统，它是我们讨论的重要内容，典型例子包括：宇宙系统、粒子场系统、食盐（氯化钠）系统、热力分子系统、汽车系统、人体系统、气候系统、社会系统，它们分别对应宇宙、粒子、化学、物理、机械、有机体、自然、社会等不同的阶层。这些阶层系统都有其自身的一般规律，而这些一般规律的规律则是系统学的内容。秩边流模型则是试图在二阶序规律方面开展探索。宽泛的概括加上合适的例证才是有效的概念。秩边流

---

① ［美］温伯格：《系统化思维导论》，王海鹏译，人民邮电出版社2015年版，第24页。

模型概念的例证将重点在人类社会系统展开,基于马克思主义哲学,利用系统思维和系统方法对人类社会开展研究是一个值得深入探讨的内容,即这里创新提出的"秩边流"系统模型为社约物相关研究提供了认识论和工具论。

一、格物系统研究的困境及其思考

系统研究的困境(1):系统科学如何在"非任意系统的共性研究"的基础上研究任意系统的共性?

困境的原因在于"任意系统是除了'没有任何共性',还是没有任何共性的系统"①。L. A. 扎德认为:"真实物质世界中的物体并没有精确定义的分类准则。"研究任意系统可以从非任意系统(特殊系统)开始。非任意系统的非任意性来自两个方面:一是来自"本来存在"于"真实的物理世界或精神世界";二是来自观察者或思维者。所谓严格的任意系统是很难找到的,因为一旦我们想到一个,它就变成非任意的了。"实际上,没有人能证明他可以任意地选择事物。因此,如果我们无法排除有意识的任意选择对结构的影响,就会发现观察者的方式会导致不想要的结构溜进其他系统中。"②

关于系统的规定。霍尔和费根认为:"系统就是物体的集合,包括这些物体及其属性之间的关系。"③这些物体(其本身也是系统)从何而来?系统本身与观察者之间具有复杂关系:①观察者看到的系统是不是"系统本身"?②客观存在的"系统本身"是否受观察者的影响,是否受周边环境物体的影响?

第一,任何观察到的系统都不是其系统本身。任何观察者同被观察对象形成观察相互作用关系,则必然对观察对象(系统本身)形成扰动,使得系统本身变化为具有"新增的这一关系"的特定系统(非任意系统)。

第二,系统本身是从物体海洋中脱离的,由于某些物体强相互作用、强连接、自稳态、自组织、自生边界而形成的一种具有涌现特性的特殊整体。系统本身的存在受"边界""强相互作用、强连接""交换链"等来自环境物体的影响,对特定研究系统而言,如果观察者同系统本身的关系构成了"这些影响的内容",则观察者对系统本身具有很大影响;反之,则观察者对系统本身的影响可以忽略(影响绝对存在,但可以忽略)。

我们如何来定义任意系统呢?把系统本身从周边环境事物和观察者围绕状

---

① [美]温伯格:《系统化思维导论》,王海鹏译,人民邮电出版社2015年版,第53页。
② [美]温伯格:《系统化思维导论》,王海鹏译,人民邮电出版社2015年版,第53页。
③ [美]温伯格:《系统化思维导论》,王海鹏译,人民邮电出版社2015年版,第53页。

态下抽离出来，称为"秩"。它是纯粹的、理想的系统，是系统本身。现实中，系统本身是一定有环境的。在系统本身（秩）的边界外，逐一地添加物体，物体A、物体B、物体C等，它们分别对应A格物系统秩、B格物系统秩、C格物系统秩等，假定物体A是观察者，那么其将形成观察者格物系统秩。反过来看：系统本身（秩）是边界外一切环境物体的格物系统秩的总和。非任意秩的客观存在是指它依据若干主要的格物系统秩而存在。

对研究秩进行作用的秩称为格物秩。人格物秩是指人对任意秩进行研究，比如人观察盐酸溶液，人观察人体；物格物秩是指物体对研究秩进行作用，比如钠作用于盐酸溶液、钠作用于人体肌肤。

格物是由格物秩和对象秩相互作用形成的亚物质。格物作为名词是指一种亚物质；作为一个动宾词组是指认识、区别、分格、形成、生成特定秩规定性的过程。动宾格物必须以名词格物的涌现形成为标识。

分格与整合的相互作用亚物质可称为格物。世界是由本能物质及其分形格物组成的。现实世界是由机能物质及其分形整形格物组成的。

秩中具有内部组分格物，它既是格物流，又是共物流。

任意系统将自身系统从事物中相对分格出来，同周边环境事物形成自格物，即边界外一切环境事物作为格物秩对系统本身的格物总和。

观察者（或某事物）作为格物秩对对象系统的格物相互作用，称为他格物，尤其人作为观察者时，可称为人格物，即通常意义的、认识的格物。

格物秩（通常为观察者）对"两个或多个对象系统秩的相互作用及其格物"的格物作用，或者对"包括格物秩（贯彻者）参与在内的两个或多个对象系统秩的相互作用及其格物"的格物，称为共格物。

系统研究的困境（2）：系统论和还原论的斗争关系如何解决？

系统论是在反对还原论的基础上建立起来的，但是系统论和还原论的争论并没有得到解决。"当氢和氧的化合物产生时，几乎无疑都能生成水。生成的水以后也不会变化。的确在水中产生了氢和氧都看不见的特性。但这并不是在生成物中产生了新的媒介变数。水是唯一必然的形成物，因此，还原论的说法也讲得通。既然氢和氧几乎完全百分之一百地必然生成水，那么也可以说水的性质就包含在氢和氧之中。"①

按照本能系统辩证唯物观点，水中氢和氧产生了新的亚物质，而不是没有

---

① ［日］河本英夫：《第三代系统论：自生系统论》，郭连友译，中央编译出版社2016年版，第48页。

产生"新的媒介变数"。亚物质整形意义在弱涌现条件下是可以忽略的，即可以进行还原处理，而在强涌现条件下是不可以忽略的，应当进行系统研究和处理。①

二、系统科学模型研究

近代科学创造了模型方法，现代科学更加突出了模型方法的重要性。系统科学进一步把模型方法提升为基本方法。② 系统科学虽然重视模型方法，但是其还没有确立自己通用的基础模型。根据苗东升的《系统科学大学讲稿》归纳系统科学研究模型现状的分类如下：③

1. 系统的框图模型

在二维的载体上，用一个个封闭的小框图代表系统的各个组分或子系统，在框图内或框图边注明组分或子系统的名称，按照系统的结构模式把它们排列安置于适当位置，用无向线段或有向线段把这些小框图连接起来，以表示系统的基本结构框架，再用无向线段或有向线段表示系统与环境的联系，这样形成的图形就叫作系统的框图模型。框图模型在具体的系统研究中，具有积极意义，比如人文社会系统和经济生活系统中常用框图模型来展开研究。最简单的框图模型是输入—输出模型，如图 2–1 所示：

图 2–1 最简单的输入—输出框图模型

最简单的框图模型可以是系统的通用模型，但过于粗糙，不利于系统科学展开深入研究。

2. 系统的数学模型

一切以数学语言表示出来的关系，包括最简单的表格、曲线（图）等，都是数学模型。数学模型是对真实系统的某些特性用数学的方法进行描述，并揭示相关的数学关系，从而对系统进行有效认识和研究的模型。数学提供的各种描述手段，如函数、方程、矩阵、几何图形等，以及抽象代数的群、环、格、

---

① 参见：温勇增：《系统涌生原理》，经济日报出版社 2017 年版。
② 苗东升：《系统科学大学讲稿》，中国人民大学出版社 2007 年版。
③ 苗东升：《系统科学大学讲稿》，中国人民大学出版社 2007 年版。

坡等，都可以用作真实系统的数学模型。最常用的数学模型是解析模型，即原型系统的变量、常量之间相互关系的解析表达式，主要是各种方程，特别是代数方程、微分方程和差分方程。比如著名的逻辑斯蒂差分方程，在生态科学、经济科学和认知科学等领域都有重要应用。数学是系统科学研究的必备工具和手段，但数学模型不是充分具备系统意义的基础模型。

3. 系统的网络模型

网络模型，更一般地说是图论模型。图论是数学的重要分支。基于图论建立的数学模型，特别是网络模型，是描述系统的有力工具。以点代表系统的组分，称为节点或顶点，节点之间的联系用一条线段表示，称为边，全部节点和边的集合就是系统的图论模型。图论应用的一个著名例子是哥斯尼堡七桥问题。适宜用图作模型的系统往往涉及流动问题，有物质、能量、资金、人力、信息等从图中的某一点流向另一点。图论刻画的是系统的拓扑特性，它反映的是结点（对象）之间的连接性质，至于点之间的相对位置、连线的曲直长短，并不重要。这种不在乎点的相对位置、线的曲直长短的连接性质，就是拓扑特性，具有重要的系统意义。赋予系统意义的图论模型是研究的重点，因为系统学的基础模型要具备本质的系统意义。

4. 系统的计算机程序模型

在计算机科学发展的条件下，系统科学研究与计算机技术相结合的模型，就是系统的计算机程序模型。依托计算机科学，把系统内部的组分的关联方式提炼为若干规则，以"若……则……"形式的程序语言表达出来，以便通过计算机的数值计算模拟对象系统的运行演化，观察构件如何通过执行这些简单规则而涌现出系统的整体特性，预测系统的未来走向，主要用于大型复杂计算或数值实验。以计算机程序来定义的基于计算机的系统模型，正获得越来越广泛的应用。系统的计算机程序模型，很显然是应用模型，不能是系统学基础模型。

5. 系统的直观模型

系统的直观模型对于系统科学具有经典意义。世界中的各种事物都是以系统的方式存在的，无论是有机的、无机的、社会的或文化的，给我们的是一个直观的轮廓，即系统是一定边界范围内部相互作用的多个要素的整体。作为非严格的系统定义，该系统描述性整体轮廓就是一种直观的模型，其一包括多个组分要素，其二包括了各个组分要素之间的相互作用，其三具有一定的系统边界范围。系统直观模型，实际是一种模型性解释系统的观点，如图 2-2 所示①：

---

① 李建华、傅立：《系统科学与管理》，科技文献出版社 1996 年版，第 16 页。

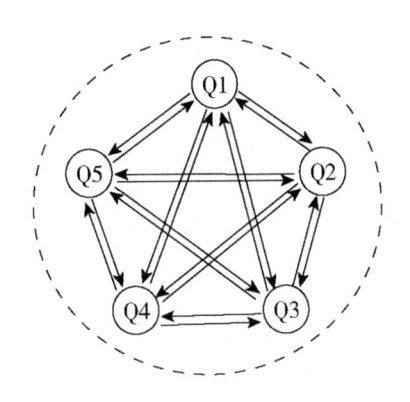

<<< 第二章 机能物质辩证研究的"格物系统论"

图 2-2 系统直观模型

从系统直观模型可看出,边界是相对稳定的系统在时空中延展范围或在逻辑范围的一定界限,是系统的最基本的要素之一。从传统唯物论来看,实在系统通常具有时间和空间的限定,比如米勒说:"系统是空间和时间上有限的一个领域……"从逻辑上来说,系统作为一个整体应当有一个边界。系统研究作为针对实际工作用的一种世界模型或假说,是通过边界的划分而使某一个研究整体得到相对确立,使系统与环境、系统内部组分之间、系统层次等关系得到明确,本质上是把握事物过程中研究和分析对象的一种方法。该模型是静止的模型,描述出了系统的边界性和相互作用组织性。

6. 系统的动态说明模型

系统是动态的,运动和发展的。因此,在系统静态模型描述的基础上,应当强调其动态说明。笼统地来讲,动态系统描述包括三个方面:边界性、组织性和动态性。在系统直观模型的基础上,可以用下面的框图来揭示动态系统意义(如图 2-3 所示)。[1]

贝塔朗菲认为:"理解组织的完整性,应当既认识各组成部分,也认识它们之间的关系。"系统之所以为系统,是因为其内部组分之间具有紧密的联系。针对这种紧密联系,不能作机械的、完全可还原的认识,而应当作涌现条件的认识研究,动态系统才能产生涌现现象。系统的动态性是指形成系统整体性的现实运动变化的方面,没有系统内部组分的永恒运动,就没有系统的整体运动,也没有系统整体的永恒运动。将系统的直观模型同系统的动态意义有机结合起来形成新的一般意义的模型,是系统科学基础模型研究的重点。

---

[1] 李建华、傅立:《系统科学与管理》,科技文献出版社 1996 年版,第 16 页。

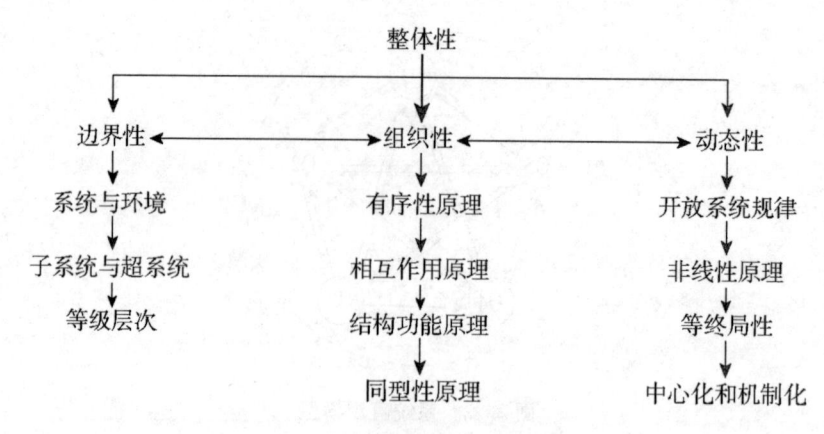

```
                            整体性
                ↙            ↓            ↘
            边界性  ←→   组织性         动态性
              ↓            ↓             ↓
           系统与环境     有序性原理      开放系统规律
              ↓            ↓             ↓
          子系统与超系统   相互作用原理    非线性原理
              ↓            ↓             ↓
            等级层次     结构功能原理     等终局性
                           ↓             ↓
                        同型性原理     中心化和机制化
```

图 2 – 3　系统的动态说明模型

三、格物系统的"秩边流"模型分析方法

从贝塔朗菲提出的一般系统论来看，系统论的核心思想是系统模型思想及其针对实际工作的意义。他强调：一般系统论是一种实际工作的假设；作为做实际工作的科学家，我看到了理论模型对说明、预测和控制迄今未被探索的现象的重要作用……过早地认为理论模型已经完备和确定了是危险的。① 显然，系统观念的具体形式即系统模型，并非一开始就是完备的，而是需要不断发展和完善的。为构建直观模型同系统动态意义有机结合的一般系统模型，通过研究系统科学模型情况，初步认为：系统科学基础模型，应以系统原型为根本，以最简单的框图模型和图论模型为基础、框图模型的通用性、突出图论模型的拓扑性以及可以充分赋予的本质系统意义，结合系统概念研究，构建系统科学基础模型。

苗东升认为："两个以上事物或对象相互关联而形成的统一体，叫作系统。"② 如果把相互关联而被包含在系统中的那些事物或对象叫作组分，则任何一个原型系统，除了组分，就是"组分之间"——包括组分之间的空间、组分之间的逻辑、组分之间的关系、组分之间的信息、组分之间的能量以及组分之间的其他一切。系统与环境是通过边界分隔开来的，系统内部的组分与组分之间也是通过边界使组分与组分得到区分的。很显然，对于任意一个原型系统来

---

① ［美］贝塔朗菲：《一般系统论——基础、发展与应用》，清华大学出版社1987年版，第82页。
② 苗东升：《系统科学大学讲稿》，中国人民大学出版社2007年版。

<<< 第二章 机能物质辩证研究的"格物系统论"

说,"组分""边界""组分之间"是必不可少的。系统科学的本质系统意义体现于两点:一是把传统科学中忽视或弱化研究的"组分之间"的部分提升到同"组分"同等的研究高度;二是把"组分之间"对于"组分"整合形成统一体带来的"涌现"作为研究核心。

遵循充分体现系统意义的思路,著者把动态演化的系统称为秩①(因为动态演化的系统才能产生涌现);把动态演化系统的内部组分称为秩点;把系统的环境边界和内部组分边界统称为"边";把"组分之间"称为"流"(因为"组分之间"作为被传统科学忽视的事物,恰恰是最具有系统意义的根本性事物)。在最简单框图模型和图论模型的基础上,探讨并提出系统学"秩边流模型"如图2-4:

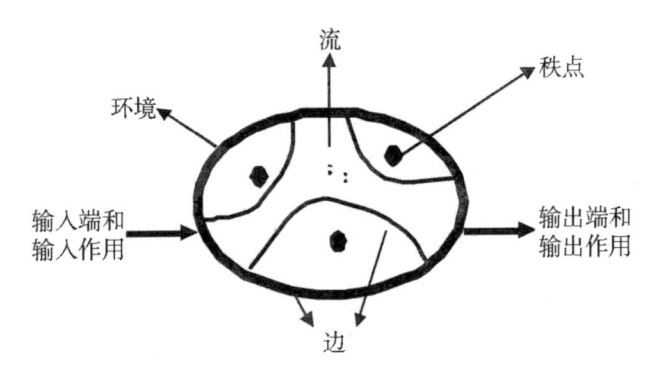

图2-4 系统的秩边流模型

秩边流模型有秩点参数、流参数、边参数三个基本参数,表现如下:一方面,"秩点"囊括了一切组分的研究信息,展开可获得组分、元素、要素、子系统、部分等;另一方面,"边"是系统与环境的分隔,也是秩点与秩点的分隔,它展开可以获得边界的实体性、渗透性、通道性、承载性等一切边界具有的属性和信息;再一方面,"流"定义为秩点与秩点的相互关联的存在,包括了流的内质(比如介质实体),也包括了秩点之间的信息、能量、结构、层次、关系、序度、熵,等等。

(一)"质"与"秩"

"秩"的定义,作为系统学的独特的研究对象,它包括了对象实体、运动和关系,完全符合"科学"的研究标准,重要的是:它把科学研究的实体、运动和关系,作为一个囫囵的整体研究对象——显示了坚决而彻底的系统精神,这

---

① 温勇增:《秩论》,载《系统科学学报》,2010年第1期。

在任何科学中都尚未出现。但这恰恰是系统学需要创新而独树的根本特点——它是与"涌现"的精髓相符合的需要。秩概念的定义——"系统及其演化"包括两个方面：一是系统及其生成，是指"从无到有生成系统的过程及系统"的统一的普遍的研究对象抽象概念；二是系统及其演化，是指系统已经存在，系统及其演化进程统一的普遍的研究对象抽象概念。这两个方面并不矛盾，是相统一的，两方面综合起来，秩的定义可以直接是描述普遍的"系统及其演化"统称的抽象范畴。秩，作为抽象范畴，在科学研究中，又必须是具体的，可以直接作为系统学的独特的最基本研究对象。

（二）动宾格物与"边"

秩边流模型的边，要同系统科学的边界联系起来，同时要同网络模型中的边区别开来。网络模型中的边，指节点与节点之间的联系用线段表示。系统学认为，把系统与它的外部环境分隔开来的，称为系统的边界；把系统内部秩点组分与秩点组分分隔开来的，称为秩点的边界，它们统称为"边"。"边"一身二任，表现在两个方面：一方面，它把系统内部与外部分隔开来，同时又把系统内部与外部联系起来，其重要特点是：边界不管以何维度、何质存在，边界上总有各种各样的、显在的或者隐性的、直接的或间接的"口岸""毛孔""间隙""通道"等使系统内外的物质、信息、能量通连起来，具有通道性和渗透性。一个系统处于环境中，环境中其他系统变化，引起环境变化，环境变化通过边进而影响系统，使系统与环境具有互动性。另一方面，系统内部秩点的边，把系统内部的不同秩点分隔开来，其重要特点是：秩的边，把系统内部的秩点和流分隔开来，同时又把它们联系起来，并且直接决定了"流"的形成；内部"边"不仅具有渗透特性和互动特性，而且这类特性异常地紧密和高效——使它们能够向外部呈现为一个整体，而以系统的形式来进行研究。边是客观存在的。系统的客观性和环境的客观性，决定了把二者分隔开来的"边"具有客观性。凡系统原则上都有"边"。有些系统"边"是可以直接观测的，特别是有些地理的或物理的空间中划分出边界的系统；有些系统不能直接观察到边界，但不等同于它没有边界。以书作为系统，物理空间边界是封皮和书厚，但思想边界是其表达的一定范围的思想的东西。环境不是空集，则表明系统存在范围的限制；有限制就有边界，可从几何上、直观上、思想上、物质上、信息上、能量上等区分。系统边包括系统环境边和系统秩点组分边，包括物质边、能量边和信息边，可划分为隐性边界和显性边界、硬边界和软边界，而隐性边、信息边、软边等是系统科学边研究的重点。科学研究都涉及边界问题，但没有任何一门学科把边界问题作为自己学科一个基础范畴来研究，只有系统科学要把边问题作为基础性研究之一，因为边是系统的守护者。《界壳论精要及其应用》①中的有些研究可以作为关于系统"边"研究的一些具体例证。

（三）名词格物与"流"

流的本质是亚物质，是亚物质格物。我们在系统内部的事物与事物之间，会发现一些介质、空间、结构、关系等显在的间隙，也会发现一些我们不直接感觉到的东西，比如信息、能量、隐性结构、隐性关系和逻辑等充斥在系统内部事物之间。这些是系统内部把秩点与秩点分隔开来的边与边（包括硬边、软边、能量边、信息边、物质边、逻辑边等）之间的存在，统称为"流"。事物与事物通过边界得到区分和划分，但是在事物与事物之间，存在间隙（包括介质间隙、时空间隙、能量间隙、信息间隙和逻辑间隙等），它们之间既不是等同直接连接的，也不是真空的，间隙是边与边之间的存在。传统科学对此研究是忽视的，要么把事物之间的部分作为真空（如果事物之间介质不明显的情况下）来研究，要么把事物之间的部分作为介质（介质明显的情况下）来研究，这是传统科学认识的机械论、还原论观点产生的原因。

系统科学，打破机械论和还原论的束缚，把系统内秩点组分与秩点组分之间的间隙存在称为流。流，就是涌生事物，并把涌生事物提升到与组分事物具有同等重要意义的研究高度。② 秩点和流，是通过边分隔开来的，同时在系统中存在于边的两侧，它们的地位在传统科学中和系统科学中截然不同：传统科学中，秩点组分事物受到重视，流被忽视；而系统科学赋予它们同等重要的地位。在系统研究模型中，流之所以称为流，是因为非边闭合包裹体的流相对于系统内部的边闭合包裹体稳定的秩点而言，具有更多的相对运动特性，尤为呈现流态特性，故称为流。在系统中，秩点被流的海洋包围着。流和秩的关系是密不可分的，没有秩，就没有流；没有流，秩也无从生存。

流是复杂的，包括了具有介质（实体事物）的流，也包括了纯粹涌生事物的信息的、能量的、结构关系的非实体的流，更多的是也包括了它们的综合体。流整体对系统中的秩点（组分、元素等）具有整合作用、约束作用、组织和控制作用。流的研究，包括流道、流边界、流介质、流动力等问题的研究，核心的是流动力、流效益和流涌现的研究。目前系统科学研究中的系统动力学把"流"作为三个核心概念之一，虽然系统动力学的"流"与秩边流模型的"流"在实际研究中会有一些相通之处，但它们是相互区别的。流，是系统内的非自

---

① 曹鸿兴：《界壳论精要及其应用》，科学出版社 2011 年版。
② 温勇增：《系统辩证论新议》，载《系统科学学报》，2007 年第 4 期。

身闭合稳定的涌生事物，它是系统内的血液和神经。因此，系统学动力学应在秩边流模型基础上，立足系统学本质应当不断开展创新研究。关于"流"的交换方面的研究，比如袁宏建在《系统交换引论》中认为："系统不论大小，不分类别，欲要描述系统的发达程度，均可用系统与外界的交换程度（信息、物质、能量、思想等方面的强度、频度、广度和深度）来比较和描述。"①

（四）格物之"边流效应"

边流效应的核心是涌现。边流效应的基础是子秩点（系统内部秩点），子秩点决定系统的性质，但不同的秩点在同一抽象流的约束下，达到同一目的却不具备同一的性质。比如，钢铁秩点，在汽车抽象流结构下，整合成为汽车；木头秩点，在汽车抽象流结构下，整合为"木头汽车模型"；两者都达到"汽车抽象流结构"目的，但它们性质相差巨大。另外，系统中，相同的秩点在不同的边流结构形态下将具有不同的性质、功能和意义，通常对于相同秩点群来说，优秀的边流结构形态决定涌现的效能。比如，同样的一万个汉字，不同的人安排它们形成不同的边流结构形态，形成小说、散文、戏曲等。又比如，一个工厂，同样是10个人，优秀的边流结构系统形态可能比非优秀的边流结构系统形态产生的经济效益高很多。而对于一个具体系统，我们必须研究它的边流结构形态才能真正开展有效研究，比如曹雪芹把文字安排形成《红楼梦》系统，如果我们要懂得《红楼梦》的真谛，就必须弄清它内部复杂的非线性流结构，弄清层次，梳理网络，获取它的各种涌现性思想。苗东升认为，涌现的来源有四种效应：组分效应、规模效应、结构效应、环境效应。参照之，可把系统的"边流效应"也划分为四类。

第一类，边流效应之组分效应。对于系统科学来说，组分是重要的，钻石项链系统和玻璃项链系统是有重大区别的。巧妇难为无米之炊，给一堆沙子，神仙也难以造出可口的食物。很显然，组分（系统学称秩点）的基质、特点、长处和短处等是造就系统整体特性的实在基础，或者说是唯物论基础，它决定了系统只可能是什么，而不可能是什么。同秩边闭合体就是秩点，同秩闭合边包囊的基质不同，就是不同的秩点，就是不同的组分。在系统研究中，重视不同秩点组合成系统的研究，即系统有两个要点：多元和异质。苗东升认为"二者对系统整体涌现性的形成都是不可或缺的"②。系统涌现产生，满足边流效应就必然产生涌现，边流效应的大小——能够达到适可而止研究的地步——通常

---

① 袁建宏：《系统交换引论》，载《系统科学学报》，2010年第2期。
② 苗东升：《系统科学大学讲稿》，中国人民大学出版社2007年版，第23页。

是具有多元和异质的组分基础的。人本身是一个复杂体,是异质的系统,对于系统涌现的认识和需求,直观性和经验性在于具有多元和异质的系统涌现。比如,单调不成音乐,单一动作不成舞蹈,美丽涌现在于多元和异质的有机涌现。

第二类,边流效应之规模效应。流的不同质边的多少,决定流的组成和性能,也决定流在系统中的作用。因此,系统的规模大小的不同可能对系统的属性和行为产生不可忽视的影响。这就是系统的规模效应。它的本质是边的规模形成的流的规模对流的属性变化,进而产生对系统整体的属性和行为、功能的影响。规模是形成系统整体涌现性的必要根据。(1)不成为系统,也是不具有涌现性的。这就是是没有规模的。(2)以上的事物及其对应流的统一体才称为系统。人多势众,众人拾柴火焰高,是直观的规模效应体现。但是,我们研究系统,是为了认识和改造系统,落脚点是实践,因此,研究系统规模并非越大越好,适可而止。

第三类,边流效应之环境效应。一般系统都是开放系统,都存在环境效应。环境对于系统的秩点以及流的边、边的流影响都很大,如果系统环境中的事物,突破系统边力,通过流道进入系统,影响系统的物质、能量和信息,如果在流边力的控制范围内还好,如果超出了流边力的控制范围,可能突破流边进而影响秩点,从而整体地影响系统的涌生物,进而直接影响系统,甚至导致系统崩溃。当然,系统正常的物质、能量和信息需求是通过流的吸引力或系统的能动力,将环境中的负熵吸收进系统,通过流道输送和分配给不同的部分——通过边渗透提供给秩点,进而维持秩点的自我发展变化的相对稳定性——从而使系统整体涌生物相对稳定,即系统相对稳定。在吸收负熵的同时,秩点也将正熵通过边渗透到流,由流输送到系统环境之中。

第四类,边流效应之结构效应。边流效应的结构效应研究是最为复杂的,也是系统科学的重点。流的层次结构形态是边流效应之结构效应的具体表现。系统科学把结构定义为组分或要素之间关联方式的总和。这说明结构具有方式性,组分与组分之间不同的关联方式,具有不同的结构。本质上讲,不同的关联方式,就是边的不同相互作用的方式。通常而言,系统的关联方式是多种多样的,穷尽研究一切关联方式是不可能的,有些关联方式是主要的,有些关联方式是次要的,有些关联方式是可以忽略的。根据人的研究需要,人们总是选择一部分合适的形式和方式来研究系统,比如链式结构、环形结构、树状结构、嵌套结构、塔式结构、网络结构,等等。

在某一确定系统中,把不同级别的子流整体在流整体中的位置态势描述,就是层次结构。很显然,大子流体具有的某些特性,小子流体不具有,因为大子流体相对小子流体,具有流质的不同,也具有流质的量的增加或减少区别。

在系统科学层次理论中，认为高层次具有低层次不具有的特性，即高层次观测到的属性，一旦还原到低层次就不复存在，这样的特性也是涌现性。多层次的各层次涌现性构成系统的涌现性集合，而最高层次的整体涌现是系统的整体涌现性。系统的整体涌现性与子层次的涌现有关系，但并不相同。这是非常重要的，有时候，我们需要的特性在系统整体涌现中不具有，而在系统的子层次涌现中能具有，即有时候需要合理地分解系统，而取系统的某一个层次，获取它的层次涌现性，即子涌现性。子涌现性与整体涌现性，并不是子系统与整体的那种关系，它们只是依托了子系统与整体的关系作为产生联系的基础，但它们本身不可能具有直接的相同的关系和联系。如果把一种方式划分的层次与另一种方式划分的层次甚至多种方式划分的层次综合起来，则这个层次具有多种方式的边，它们构成层次的网络，任何一个层次其内部都可以表现出网络性，因此，网络结构也是系统的常态。网络结构的研究，通常是把其分解为不同维度的层次结构来展开的。多种方式层次综合（即网络）比单一方式层次的系统，其涌现性研究要复杂得多。秩点只是产生涌现性的实在基础，但秩点齐备只是形成整体涌现性的必要条件，仅仅把秩点汇集起来不会产生整体涌现性。因为，这种汇集不是系统。秩点边的相互关联、相互作用、相互制约、相互激发的整合，不断地形成流、生成流，并使流发生质变或量变，也使秩点通过边发生质变（或者微小质变）或者使秩边发生形变，它们在流的整合中组织为共同体，形成整体的同时会出现涌现。

第四节　格物系统认识运用的方法

格物系统，都是认识格物产生的结果。当涌生事物没有进入到我们的研究有效范畴，则不必纠结其背后的原因，只需寻找现实的能够有效解决和说明问题的原因，即可进行机械论和还原论处理；当涌生事物出现有效涌现时，应当抛弃寻求表面原因的传统方法，把涌生事物当成涌生事物进行系统涌生论处理。坚持有所为有所不为的取舍进行格物。"认识主体、认识相互作用关系、认识对象"构成的认识活动系统，其中事物格物系统被认识产生的方法可分为三种：一是对于认识对象而言，并非其所有的一切都被认识，其只有"存在及演化发展"的一部分被认识，这一部分仅仅是认识对象系统存在和发展链条上的一个部分，称为链段。侧重于认识对象研究的涌生事物认识方法，称为链段法。二是对于认识主体和认识对象的相互作用关系，并非认识主体所有的涌生事物与认识对象所有的涌生事物都发生有效的相互作用,即不能形成绝对的、理想的"全"认识相互作用。侧重于研究认识主体与认识对象之间有效相互作用的涌生事物认识方法,称为作用法。三是认识主体并不是用一块白板去同认识对象发生作用,让认识对象直接反映在白板上(所谓白板也具有细胞本能信息模式)。人脑系统是一个复杂的涌生事物群体载体,它首先总是用预先的、本能的或存储的涌生事物信息模式去和认识对象涌生事物进行比较识别,其结果有效则形成认识,无效则可以将对象涌生事物信息模式存在于脑系统中(作为参加其他认识比较识别的库存);显然,有效的认识,是由预先的脑系统信息模式去衡量对象系统涌生事物的活动,它犹如用一个坐标去衡量对象系统事物,侧重该方法的研究,称为坐标法。

苗东升认为:"系统认识论承认人的认识活动发生于显意识和潜意识两个层次,完整的认识系统是由这两个层次组成的,潜意识为显意识层次的认识提供了深厚的基础,没有潜意识就没有灵感、顿悟、直感之类非逻辑思维。……对潜意识层次认识活动的特点、机制、规律,以及如何促使潜意识转化为显意识,我现在几乎没有什么了解,系统认识论在这里还是一片空白,有待填补。"[1] 认识活动的核心和归宿是在人脑,即使是对思维的认识也离不开思维。记忆是脑系统对外界新事物的认识存储。脑系统的潜意识如同一张白纸,外界事物的涌生物信息,通过通道和媒介传入到脑系统,在脑系统的潜意识白纸上"反映"画上了具有该事物信息模式的涌生事物信息——形成显意识,使脑系统的潜意识获得向显意识的过渡。人们在认识事物的时候,当认识主体和认识对象发生有效系统作用的时候,主体意识和认识对象亚物质能够发生"有效作用"——识别认识对象亚物质信息模式,并使具有认识对象亚物质信息模式在人脑系统中"反映"显现出来。这一显现,相对于认识对象在人脑系统中的"无"显现来说,是实现了向"有"的过渡;相对于脑系统中原有的潜在的亚物质意识信息模式来说,是一种创造性激发,即是通常称为的记忆。人脑中主控意识对于脑系统内的其他潜在的亚物质信息模式进行整合,并产生新的涌生信息模式的意识亚物质(思想或画面)的相对独立显现,称为创新认识的潜意识向显意识的过渡,比如创新认识、灵感、顿悟、惊讶,等等。将"认识主体、认识相互作用关系、认识对象"看作一个整体系统,区分不同侧重可获得三种认识事物格物系统产生的格物方法,即链段格物法、作用格物法、坐标格物法。在实践中需要整体把握格物,即整体效用格物法。

---

[1] 苗东升:《系统科学精要》,中国人民大学出版社2006年版,第48页。

一、链段格物法

列宁说:"人的概念并不是不动的,而是永恒运动的、相互转化的、往返流动的;否则它们就不能反映活生生的生活。"① 我们的认识要对活生生的生活给予反映,我们需要不断地进行认识活动,即往返的认识活动——每一个回合都将对运动变化的世界进行一个认识截取。人类意识以概念形式反映现实进行认识时,经过了思维的一番加工制作工夫,分割了事物本身的现象和本质的联系,撇开其丰富变化的现象的方面,舍去其偶然的、非本质的属性,抽取和概括出事物中一般的、必然的、稳定的、本质的东西。概念的内容来源于对象,来源于客观事物。而这主观对于认识对象的认识活动,不管如何进行思维处理和制作,第一步都是要对认识对象进行截取,即分割、撇开、舍去,形成对客观世界的一个抽取,然后进行思维处理和制作。

于是,我们就可以把认识的对象系统及其演化描述为:一个"点"及其在"直线"上的变化。认识这个系统的思维处理过程,是在认识效用下将"这个点展开或相对展开"与"对这个点变化直线的截取或相对截取"相结合的过程。这种将系统及其演化在效用认识条件下的"点和线段化"的抽象研究方法称为"链段法"。从人们研究世界系统的情况来看,可以把世界分成不同的层次,比如粒子层、宏观层和宇观层等,每个层次其实对应一个世界系统的序链段,粒子链段、宏观链段、宇观链段等,对于世界来说,穷尽的一切链段的总和构成了系统整体。从具体的事物来说,一个人按照生长情况可以分婴幼儿链段、青少年链段、成年链段、中老年链段,每个链段都可以从人整体系统的效用来获得划分。一个人对于人类整体来说是一个链段,一个朝代、一个社会发展时期,对于整个人类发展来说也是一个链段,通常,在系统效用认识条件下,人们研究的对象并不直接地是世界整体,即不可能是无穷无尽的一切链段,而是有限的——具有系统效用的这些链段。我们总是活在当下,在一定的系统序列之中,我们首先要做的是当下系统效用的序,认识和改造它们,使人类走向更美好,使人类与世界更和谐。人们的精力和能力是有限的,应用这有限的精力和能力去认识和改造系统效用条件对应的事物链段,而不是以有限的精力分割和浪费在无穷的链段上。②

---

① 《列宁全集》第 38 卷,中文第 1 版,第 227 页。
② 温勇增:《系统效用认识论》,中国书籍出版社 2012 年版。

二、作用格物法

我们脑海中有不同的潜意识,但是这些潜意识并不是对认识对象的一切都能够作用的,都能够反映的。唯物辩证法认为,在无限的宇宙中,联系不是个别事物的暂时的、特殊的现象,而是一切事物、现象和过程所共有的客观的、普遍的本性;……整个世界是由万事万物相互联系构成的统一体,每一事物都是统一联系之网上的部分或环节,都体现着整体的联系;同物质世界的存在和运动一样,物质世界中的联系也是无限的、永恒的。[1]

在系统科学看来,世界是一个巨大的复杂系统,事物与事物之间是绝对联系的,不存在没有任何关系的事物,即没有绝对独立的具体事物。任何系统内部事物之间都存在相互作用——如果不承认这一点,我们无法认识任何事物。事实上,我们认识事物,尤其是具体应用中认识事物都是与对象发生有效作用的。恩格斯在反对信仰主义谬论追溯事物关系的"终极原因"时指出"我们不能追溯到比对这个相互作用的认识更远的地方"。[2] 相互作用、普遍联系,是物质所固有的永恒运动、物质之间的相互作用。

在应用认识论中,把物质相互作用关系的显现定义为"作用"。系统科学中的作用,不仅包括了组分事物之间的作用,即传统科学认识的机械论,也包括了涌生事物之间的作用(甚至纯粹的思想活动),还包括了涌生事物对系统(含部分、含涌生事物和组分事物)的作用,即一般的认识反映。应用认识强调的是在这些作用中针对对象的有效的联系关系的显现的研究。认识认识主体与认识对象的相互作用规律,揭示应用认识相互作用的基本方法,称为"作用法"。[3]

三、坐标格物法

列宁指出:"概念的全面的、普遍的灵活性,达到了对立面同一的灵活性,——这就是问题的实质所在。这种灵活性,如果加以主观的应用=折中主义和诡辩。客观地应用的灵活性,即反映物质过程的全面性及其统一的灵活性,就是辩证法,就是世界的永恒发展的正确反映。"[4] 我们不管主观的应用概念还是客观的应用概念,我们都会对事物形成一个认识——只是它们使用的参照不

---

[1] 肖前、李秀林、汪永祥主编:《辩证唯物主义原理》,人民出版社1999年版,第167页。
[2] 《马克思恩格斯选集》第3卷,人民出版社1995年版,第552页。
[3] 参见温勇增:《系统效用认识论》,中国书籍出版社2012年版。
[4] 《列宁全集》第38卷,中文第1版,第112页。

同，或者参照使用过程的不同（判断和推理的不同）。我们在日常认识事物的时候，我们总会有一个参照和依据——这个依据和参照成为主体对认识对象进行系统效用确切处理的依据。人们的认识过程中，认识对象客体本身包含多种属性、多种规定，即事物本身可能包含多种信息模式、多种信息含义，人类认识需要在主控意识下的知、情、意多种因素统一下参与对事物信息的组织和加工，对此，每个具有不同信息背景结构的人会从不同的意义上予以理解和接收。当客体发出多种多样的信息时，人们总是根据一定的需要和目的，并在自己神经系统信息背景结构的支配和制约下，有选择地接收不同的信息，进行不同的处理——筛选、加工信息并置于自己原有的信息性结构中，同过去存储的背景信息进行比较和分析，运用各种逻辑方法，使这些被观念地分解了的客体信息，在主体的大脑中借助于抽象的词语符号，以概念、判断、推理以至知识体系的形式重新有组织地建构起来。在通常的应用认识活动中，认识是客体信息进入人脑，与人脑中原有的"信息性结构"进行比较分析。为了方便研究，我们把"原有信息性结构"称为认识的"坐标"——主要是以知识体系为主的坐标（认知坐标）。

　　人的认识活动总是表现为把原有的认知模式延伸并运用于将要认识的客体。这个过程就是将认知坐标运用于将要认识的客体——犹如坐标"套量"认识客体——按照一定的逻辑建构原则来认识客体信息。人们对客体信息的一次构建，往往不能获得关于客体的有效的真实的和准确的知识。为此，大脑利用信息系统具有的输入、输出和反馈功能，在认识与实践、主体信息加工系统与客体信息源系统之间不断进行输入、输出和反馈调节，使作为一定信息组合的认识信息模式不断得到检验、充实和发展——人的信息背景也不断地沉积、充实、丰富和发展。人的脑系统信息性结构不断地构建、不断地以坐标的形式进行套量认识客体，使人能够不断获得更多的外界刺激信息，不断地丰富和加深对世界的认识。认识要不断地补充新的知识要素，扩展和改造自己的知识结构，改进思维方式和思维方法，使认识坐标处于一个优化、合理的状态。任何人认识事物，包括思维，都必须依托人脑——本质上就是依托人脑思维，即概念和概念系统——它具有被动评判和主动评判一切对象的功能。

四、整体效用格物法

　　任何一个认识活动，都包括了链段法、作用法和坐标法，它们构成了一个整体，统称为整体格物法。格物认识的对象，可能不是一个事物，而是多个相互联系的事物（这多个相互联系的事物可能是系统，也可能是序链条事物系统，也可能是它们相互胶合的事物系统);可能不是一个事物的一个方面,而是一个事物的多个相互联系的方面(这同一事物的多个方面,在时间上和空间上可能存在区别)。这时,我们简单地用链段格物法、作用格物法、坐标格物法将难以有效掌控。在这些方法的基础上,有效把握认识对象的多事物及其联系、多方面及其联系,这就要采用整体格物法。

整体格物法重在于整体战略把握。整体格物法的整体战略把握,包括分析形势、分析当前的现状和环境、分析它们的走向。一个系统具有多个内部组分和子系统,它们之间的层次结构关系构成了整体序,整体序内有不同的子序,如果不需要按序,不需要选择,不需要导向这些序,没有一个系统整体战略下的大序来规范和指导这些子序,则系统是难以把握的。时间是不可逆转的,在任何一个固定的时间点上,系统的空间维度所展开的方面、要素是比较确定的。虽然有预见的系统整体战略之序,但总会在未来出现落在预见之外的一些不确定性因素,主要体现为信息的不确定性。我们对于未来信息的把握确定性的不同程度可分无知、可预见、可观察、可确证等,因此,不管如何努力,对于未来我们总有一定的局限性,把握未来事物存在概率问题。随着时间的推移,系统内部的确定的东西变得不确定,不确定的东西变得确定,系统整体战略之大序,要在小序的变化和改变中调整,要在环境变化中作适应性调整。

整体格物的重点在于大序驾驭。大序驾驭,要从全局的角度,以宏观的视野,从整体上驾驭大序。大序驾驭,一方面要确实认识和把握大序,要有宏观思维,要有囊括横看成岭侧成峰、远近高低各不同的庐山思维,要有囊括药农见药、猎人见猎、樵夫见木的森林思维,从宏观上把庐山看得更全,把森林看得更全,把握大序更全更准确。另一方面,要把宏观和微观有机结合起来,要把森林同森林中的药物、猎物、樵木、矿物等微观的局部联系起来,把握组成要素之间与森林整体的不可分割的关系;要把庐山同不同角度看到的庐山形态、状态的局部联系起来,把握不同部分、不同角度与整体的不可分割的关系和联系。系统宏观思维,加上系统宏观与微观的有机结合,才能确实认识和把握大序,为大序驾驭提供良好的平台基础。大序驾驭,是驾驭系统整体通过阶段目标之序向整体目标之序生成,从而达成整体战略目的。在大序驾驭中,要处理好阶段目标与最终目标、核心目标与多目标的关系,掌握重点优先驾驭,兼顾全面普遍驾驭,立其大不可夺其小。大序驾驭是一个复杂过程,涉及主体的能力,包括认识能力、决策能力、控制能力等;也涉及系统组织机制,包括他组织与自组织等。大序驾驭根据主体与系统的关系可以区分三种模式:主体不直接是系统组分,主体对系统的驾驭模式为他组织控制;主体是系统的组分,但主体对其他组分具有系统效用下的支配地位,则对系统的驾驭模式为管理协同;主体是系统组分,主体与其他主体具有同等的系统效用地位,则对系统的驾驭模式为博弈模式。

人不可能全部把握对象系统的一切,同时,人也不能在同一时空需要对象系统的一切功用。主体把握系统对象的功用是模糊的,并不是穷尽一切的精确。满足需要条件下对对象系统做认识的取舍,就在于对对象系统在满足主体需求参照下做认识取舍。在这个过程,一方面要做满足需要下的系统"适可而止",比如,对于一张桌子来说,它就是生活中的,我们生活需要它,不需要惹动我们的思维进行深入的科学研究。我们共用一张桌子吃饭,我们不会说,我们共坐在一堆碳氢结合物边吃饭,我们的饭菜都放在一堆原子、分之之上,放在一群粒子之上……我们共同坐的桌子,我们如果用人文的深入来认识它,我们也无法吃饭。我们将看到桌子在翠绿树木的状态,想起饭菜在田地的美丽,浮现荤菜的猪、鸭、鹅欢快跑动的情景……我们不能把生活中这些生活的实在的事情都追究到无穷无尽的深处,普通生活着的个体没有必要浪费那个精力(即使有那个精力和能力),我们需要的是系统"适可而止"的效用,满足生活的效用,让普通的人们有更多的时间来生活,提高生活的效率,提高生活的质量。另一方面,要有整体战略方法,把有利于研究方向或者效用方向的事物,通过坐标法和整体战略法进行效用性衡量,从而使一般意义的认识,再经过淘汰、筛选、重构、强化等过程后,进入具有意义的认识范畴。

有意义的认识,要以"实践检验"为基本原则。在系统科学研究的实践中,主要有两大类方法,一是还原论方法,二是整体论方法。系统涌生认识的实践效用方法,就是整体论和还原论辩证统一的实践认识方法。钱学森说:"系统论是整体论和还原论的辩证统一。"① 系统涌生原理认为,它们之间的关系是相互统一的、互为支撑的,因为,涌生物使整体论和还原论得到了辩证统一。"近现代科学经历数百年的发展带来的方法论启示是:不要还原论不行,只要还原论也不行;不要整体论不行,只要整体论也不行。正确的做法是把还原论和整体论结合起来,采用系统方法论。"② 只片面地、极端地讲究任何一方面的方法论,都不可能最具有效用意义,也就不可能是普遍适用的,也不能够满足普遍意义的研究。因此,在这方面,钱学森说:"从科学的整体来说,彻底的还原是不可能的,物质结构的层次是无穷无尽的,总还有下一个层次。我们实际都在

---

① 钱学森:《创建系统学》,山西科学技术出版社2001年版,第365页。
② 苗东升:《系统科学精要》,中国人民大学出版社2006年版,第49页。

妥协，还原到适可而止。"① 系统方法论的还原研究，并不是要单纯找出系统对象的建筑组分的离开整体时的还原释放性；而是重在于，找出系统对象的建筑组分加以分析，目的是进行综合组分以描述整体。

系统整体与还原相统一，还体现在矛盾（对立统一）的研究中。辩证法的核心是对立统一律，根据研究需要，系统可把矛盾的适可而止分析划分为两个部分：对立部分和统一部分，对立是统一下"内容"的对立，统一是对立内容间"作用"的统一，"对立"和"统一"是同步的。这种系统辩证的适可而止研究，称为系统矛盾适可而止两部分分析法（简称矛盾适可而止两部法）。它是探索矛盾中"对立"部分和"统一"部分各自相对独立的规律特性和相互作用统一的规律特性；其侧重于对复杂的系统事物进行辩证法规律的宏观研究，侧重于解决系统事物的宏观抽象统一形式和系统具体内容的变化发展关系；在宏观上，矛盾统一形式是抽象的，统一形式是对一个矛盾集合系统的统一，统一的是多个的、复杂的、具有不同层次的矛盾对立内容。矛盾适可而止两部法，是系统辩证法与一般辩证法相互融合的产物，是一般辩证法在系统的特殊和具体化。它侧重于解决系统事物的统一形式和系统的具体内容之间的变化发展关系；探索矛盾中"对立"部分和"统一"部分各自相对独立的规律特性和"互为你我"的规律特性。矛盾适可而止两部法是系统辩证律和系统网络多维辩证律在一般辩证法基础上系统形成的辩证法统一；离开任何一者都是不完整的，也将是孤立的、不具备有效系统特性的。矛盾两部分析法对于系统的整体性研究、对于系统内部的复杂性研究，都具有哲学的辩证法应用的指导意义。

第五节　关于"联系和发展基本环节"的格物认知把握

辩证唯物哲学认为，普遍联系和发展是物质世界中一切事物、现象的辩证本性，事物是统一联系网上的部分或环节，唯物辩证法的基本范畴和规律，是从不同侧面具体地揭示了事物的普遍联系和发展的本性、一般形式和基本环节。② 唯物辩证法是物质的本能系统辩证逻辑"表现"的一般内容，本能系统自我辩证逻辑是对一般唯物辩证法"本质和来源"的丰富和完善。因此，对

---

① 转引自戴汝为主编：《复杂性研究文集》，前言，1999年版。
② 肖前、李秀林、汪永祥主编：《辩证唯物主义原理》，人民出版社1999年版，第166页。

"联系和发展基本环节"的把握，一方面要立足传统唯物辩证法对其具体揭示和反映的把握，另一方面要深入利用本能系统自我辩证逻辑（包括机能系统辩证思维）对其进行新的全面深入的把握。综合认为，"联系和发展"是本能物质系统中的分形和整形的相互作用（亚物质）及其运动的描述。

一、普遍联系和发展的总体把握

（一）关于联系

辩证唯物主义哲学认为，联系是事物或现象之间、事物内部因素之间一切相互联结、相互依赖、相互渗透、相互作用和相互转化等的共性，是一切事物、现象和过程所共有的客观的、普遍的本性；整个世界是由万事万物相互联系构成的统一体，每一事物都是统一联系之网上的部分或环节，都体现着整体的联系。

然而，对"普遍联系是如何形成的"问题，"从事物的内在矛盾来回答"是值得深入思考的。事物内在矛盾是来源于事物自分形的产物。从"本能物质自分形"的角度，从"本能系统自我辩证逻辑"的角度，探讨世界普遍联系的成因，具有积极的意义。

联系是本能物质系统内部的自分形相互作用（表现）的亚物质内容。对于本能物质而言，其自分形之间的亚物质就是联系；对于机能物质而言，其内部基质组分相互作用的亚物质和同外部环境相互作用的亚物质，就是联系（即事物内部和外部联系）。

联系亚物质来源对应的基质，是不以人的主观意志为转移的。例如，思维（亚物质）来源对应的人脑基质，它受"人的主观意志"支配，但在本质方面，思维亚物质和其他事物联系亚物质是平等的，即思维亚物质本体是不以人的意志为转移的。联系作为亚物质，表明了本能物质系统的世界统一性，即包括思维和万有引力、电磁力、强力、弱力四种相互作用在内的一切联系都属于亚物质，它们同机能（基质）物质和本能物质一起构成了世界统一的本能物质系统。

在普遍联系中，机能物质 A 和机能物质 B 之间的联系可以通过中介或过渡环节来揭示。因此，物质世界中由于各种具体的联系通过无数中介或过渡环节构成了一个无限的总体系列（即本能物质推动机能物质演化发展的系统世界），形成一个由无穷无尽的层次、中间环节的相互联结交织而成的普遍联系之网，每个具体事物（机能物质）的存在、运动和变化都被包括在这网之上，即是普遍联系网之上的具体环节。

联系的研究，本质上归属于亚物质的研究。辩证唯物主义观点认为："普遍联系不是一个简单的抽象公式，并非仅仅满足于承认任何事物现象都有联系，更不是给人提供一个可以把一切都混淆起来的，随意编织'联系'的借口。"① 其实，世界就是一个充满亚物质的海洋，基质物质仅仅是漂浮在海洋中的一个个小岛，"亚物质"在理论上为人们提供了一个可以随意编织联系的借口，但在人体机能物质（效用）作为认识条件的情况下，这种借口必然会被人类利用，同时也可能出现歪曲甚至随意编造。

在人类机能物质系统（亚物质海洋中的一个特殊的小岛）认识中，亚物质海洋上漂浮的各种具体事物小岛的联系是丰富的、具体的和有条件的。既要防止形而上学思维方法中只见"事物"忘了联系的缺陷，又要防止只强调联系而看不到差别的片面，因此，"辩证法不知道什么绝对分明的和固定不变的界限，不知道什么无条件的普遍有效的'非此即彼!'，它使固定的形而上学的差异互相过渡，除了'非此即彼!'，又在适当的地方承认'非此即彼!'，并且使对立互为中介；辩证法是唯一的、最高度地适合于自然观的这一发展阶段的思维方法"②。机能物质事物是置身于联系亚物质海洋中的，人意识亚物质也是通过联系亚物质海洋获得认识反映的，从一定意义来说，认识事物就是认识它的联系（亚物质）。机能物质事物的差异性和复杂性，表明联系亚物质的条件性、多样性和复杂性，"每一具体事物，总是在一定条件下才能产生，在一定条件才能发展，又在一定条件下趋于灭亡。"③ 正如斯大林所说："一切以条件、地点和时间为转移。"④

联系亚物质是系统的"支撑"。恩格斯在总结19世纪自然科学的三大发现时，指出："由于这三大发现和自然科学的其他巨大进步，我们现在不仅能够指出自然界中各个领域内的过程之间的联系，而且总地说来也能指出各个领域之间的联系，这样，我们就能够依靠自然科学本身所提供的事实，以近乎系统的形式描绘出一幅自然界联系的清晰图画。"⑤ 恩格斯的总结，主要是指物质世界中机能物质之间的系统联系，表明了机能物质系统的整体性、结构性、有序性、优化性等；本能物质系统，透过机能物质系统，揭示了物质世界的整体性、深刻性和具体性。

（二）关于发展

顾名思义，发展中的"发"和"展"就有本能物质自分形的"开显"意义。本能物质自分形是发展的来源，发展是本能物质自分形指向最大化的显现，运动

---

① 肖前、李秀林、汪永祥主编：《辩证唯物主义原理》，人民出版社1999年版，第169页。
② 《马克思恩格斯选集》第3卷，人民出版社1995年版，第535页。
③ 肖前、李秀林、汪永祥主编：《辩证唯物主义原理》，人民出版社1999年版，第171页。
④ 《列宁主义问题》，人民出版社1995年版，第634页。
⑤ 《马克思恩格斯选集》第4卷，人民出版社1995年版，第241-242页。

是物质自分形在发展方向的现实表述。发展是指包含了联系亚物质的机能物质系统整体的"自分形运动",正如辩证唯物主义所认为的:"世界的相互联系、相互作用所构成的运动,其本质是发展的。"① 本能物质自分形和运动是统一的,联系亚物质和运动是统一的,本能物质系统自分形运动和发展是统一的,体现了本能系统辩证唯物的一元论本质。本能系统自分形运动是一切物质的根本存在方式,包括了本能物质自分形运动、机能物质自分形运动、联系亚物质运动等。

发展是本能物质系统自分形运动(包括整形运动)在总体性质、趋势和方向上的揭示,同时也包括了具体机能物质系统(自分形和整形博弈)在具体基质性质、趋势和方向上的表现——前者揭示"处在永恒运动变化中的世界和万物向何处去"的问题,同时后者揭示"处于永恒运动变化中的具体机能物质向何处去"的问题。因此,"发展"是"在运动变化的基础上进一步揭示物质世界运动的整体趋势和方向性的科学范畴"②。

"发展"的基本理念来源于黑格尔的辩证法,恩格斯指出:"一个伟大的基本思想,即认为世界不是一成不变的事物的集合体,而是过程的集合体,其中各个似乎稳定的事物以及它们在我们头脑中的思想映象即概念,都处在生成和灭亡的不断变化中,前进的发展,不管一切表面的偶然性,也不管一切暂时的倒退,终究会给自己开辟出道路。"③ 发展的基本思想实际上是指本能物质系统通过"自分形"为"自己"开辟通道的观点。

物质通过自分形为自己开辟出道路,即表现为物质自分形运动。物质自分形运动表现为具体的不同运动形式,通常地一种运动形式转变为另一种运动形式的过程可称为进化,即表明物质从一种质态进到另一种质态的分形整形运动:前进、进化、质变、飞跃、旧质的消失和新质的生成是发展的趋势。

从本能系统辩证唯物角度看,发展是指以本能物质自分形为动力核心的整个自然世界机能物质系统的自分形"最大化"运动。自分形最大化是前进的变化或进化的方向规定性,即是发展的方向规定性。机能物质系统自分形最大化运动及其方向,表现为形式从低级向高级、结构从无序到有序、功能从简单到复杂的上升运动。对此,"唯物辩证法的科学的、具体的'发展'范畴,也就把上升的运动即从低级到高级、从无序到有序、从简单到复杂的变化作为自己的内容的特殊规定。……发展,即前进的变化或进化,是对客观世界运动变化的

---

① 肖前、李秀林、汪永祥主编:《辩证唯物主义原理》,人民出版社1999年版,第182页。
② 肖前、李秀林、汪永祥主编:《辩证唯物主义原理》,人民出版社1999年版,第184页。
③ 《马克思恩格斯选集》第4卷,人民出版社1995年版,第239-240页。

普遍趋势和本质特征的哲学概括,指事物从一种质态变为另一种质态,或从一种运动形式中产生出另一种运动形式的过程,特别指人类所处的现实世界中从低级到高级、从无序到有序、从简单到复杂的上升运动。"① 具体机能物质系统的发展,不是一帆风顺的,它不仅受自身内部组分基质自分形的博弈产生的亚物质——支配本身机能物质系统整体自分形发展(不同组分基质亚物质信息模式占领机能物质系统整体亚物质体系的引领地位,必然形成机能物质系统的不同进化方向),另外它也受来自具体机能物质系统的环境亚物质的它组织整形。因此,肯定发展的基本方向是前进、上升的运动,并不等于断定一切事物的具体变化都只有一个方向,且都是绝对的、直线式的运动;而是指发展具有变化方向的多样性,具有包含着局部的或暂时的倒退、停滞在内的曲线的运动。因此,就总体而言发展可以归结为超循环螺旋上升的运动。

(三)普遍联系和发展的统一

普遍联系是指联系亚物质性,发展是指本能系统物质自分形变化的上升运动。亚物质和本能系统物质是统一的,因此,普遍联系和发展是统一的。一切亚物质都是本能(基质)物质自分形的产物,而一切运动都来源于本能(基质)物质自分形变化,因此,联系和发展是统一于本能(基质)物质自分形的,现实中是指统一于机能"分形和整形博弈"的机能物质系统。

"联系和发展的统一,在客观事物自己运动中表现为现实的决定性特征及其一系列具体形式和环节,在理论上则通过唯物辩证法的整个范畴和规律体系得到反映和再现。"② 联系和发展统一的反映形成了决定论。从决定论的发展来看,经历了自发决定论、机械决定论和辩证决定论三种不同的形态,其中,自发决定论具有自身的局限性,机械决定论导致简单化和绝对化思维后果,只有辩证决定论才是对世界的普遍联系和发展相互统一的全面、辩证的理解。

所谓"决定",是指事物和过程的根本制约性和规定性。③ 事物和过程的决定性问题,关系到人类能否进行合乎逻辑的思考以及考察事物产生和发展规律的依据。本能物质自分形决定整形——物质本能系统"分形整形博弈的自我辩证逻辑"决定着机能物质事物的存在和发展,反映了联系和发展统一的决定论。简单地看,物质的分形整形博弈是事物和过程的普遍制约性和规定性,遵循物

---

① 肖前、李秀林、汪永祥主编:《辩证唯物主义原理》,人民出版社1999年版,第186 - 187页。
② 肖前、李秀林、汪永祥主编:《辩证唯物主义原理》,人民出版社1999年版,第197页。
③ 肖前、李秀林、汪永祥主编:《辩证唯物主义原理》,人民出版社1999年版,第198页。

质本能系统的自我逻辑辩证决定论，是人类一切有目的、有计划的活动和科学研究的普遍原则。

联系和发展的统一，表现为一切事物、过程的决定论内容；具体表现为一系列具有普遍性的基本环节和线索——在科学理论中反映这些客观环节和线索的思想形式是"范畴和规律"。范畴是思维对事物、现象普遍本质的概括和反映。比如力学有力、质量、速度、功等范畴；马克思辩证唯物主义中包括质、量、度、量变、质变、矛盾、对立、统一、肯定、否定、原因和结果、必然和偶然、可能和现实、形式和内容、现象和本质，以及认识、实践、真理、谬误、物质、意识、时间、空间、运动、静止等范畴；又比如本能系统辩证唯物研究在马克思辩证唯物主义范畴的基础上，还包括系统、本能、机能、本能系统、机能系统、本能物质、亚物质、机能物质、分形、整形力、博弈等范畴。范畴具有意识亚物质的本质，但范畴亚物质信息模式来源于现实世界的反映，这是范畴的唯物论基础，正如恩格斯所指出的："这在黑格尔那里是神秘的，因为范畴在他看来是先存在的东西，而现实世界的辩证法是它的单纯的反光。实际上刚刚相反：头脑的辩证法只是现实世界（自然界和历史）的运动形式的反映。"①

规律认识是人的思维利用一系列范畴对一系列环节所构成的普遍趋势和线索的表述，而规律本身是事物发展中所固有的本质的、必然的、稳定的联系，"规律的概念是人对于世界过程的统一和联系、相互依赖和整体性的认识的一个阶段。"② 规律是联系和发展统一的范畴，它既有某一阶段对事物及现象的普遍本质的概括和反映，又具有事物及其现象从某一阶段向另一阶段变化的规律发展特性，正如毛泽东所说："一切战争指导规律，依照历史的发展而发展，依照战争的发展而发展；一成不变的东西是没有的。"③ 规律的本质是联系亚物质及其运动发展的一系列环节构成的普遍趋势和线索的表述，即规律的本质是联系亚物质的"关系规律（亚物质）"，它作为亚物质存在和演化是不以人的意志（人质亚物质）为转移的。

联系和发展统一的规律研究中，"唯物辩证法作为事物的普遍联系和发展变化的学说，它又是标志认识发展的辩证之网，每一范畴都是网上的一个纽结，而由纽结的联系及其运动所构成的规律，既是客观事实的规律，也是认识的规

---

① 《马克思恩格斯选集》第3卷，人民出版社1995年版，第531页。
② 《列宁全集》第38卷，中文第1版，第158页。
③ 《毛泽东选集》第1卷，第157-158页。

律。"① 唯物辩证法的范畴是对机能物质的事物、现象最普遍的辩证关系的概括和反映,是辩证思维的形式和工具,是对机能物质系统客观事物的反映和揭示的普遍规律。而在此基础上,物质本能系统自我辩证逻辑是对本能物质系统的反映和揭示,是对马克思辩证唯物的深化的新系统形态。

二、"原因和结果""必然和偶然""可能和现实"

列宁说:"在人面前是自然现象之网。本能的人,即野蛮人没有把自己同自然界区分开来。自觉的人则区分开来了,范畴是区分过程中的一些小阶段,即人生世界的过程中的一些小阶段,是帮助我们认识和掌握自然现象之网的网上纽结。"② 范畴(亚物质)主要是对自然现象之网的网上纽结的研究,即揭示世界联系和发展的各个侧面的基本环节,其中揭示因果关系的"原因和结果"是重要的一对范畴,它是一切自觉认识所必需的逻辑条件。"必然和偶然"是"原因和结果"的深化,"可能和现实"是"原因和结果"的辅助。

(一)原因和结果

原因和结果是人类在一切实践和认识中都要遇到的一种现象,是哲学史上较早产生的一对范畴。因果范畴揭示的是事物引起和被引起的关系。③ 因果关系亚物质是普遍联系亚物质的一个重要环节,它与时间亚物质和空间亚物质具有密切关系。因果性在时间亚物质的顺序性中,一般地原因在前,结果在后;在空间亚物质的连续性上,因果性的连续性构成了"因果链"。

为了研究普遍联系网之上的纽结(机能物质事物)的存在和发展情况,需要研究该事物无数方向的发展路线及现实多样性,就必须抽取某一个侧面的普遍联系之网的"因果链",正如恩格斯所说:"为了了解单个的现象,我们就必须把它们从普遍联系中抽出来,孤立地考察它们,而且在这里不断更替的运动就显现出来,一个为原因,一个为结果。"④ 因果联系是普遍联系中的一个重要的、但又极小的部分,即并非联系都是因果联系。因果关系是辩证的,一方面,原因和结果在一定条件下互相过渡、互相转化,正如恩格斯所说:"原因和结果这两个观念,只有在应用于个别场合时才有本来的意义,可是只要我们把这种个别场合放在它和世界整体的总联系中来考察,这两个观念就汇合在一切,融

---

① 肖前、李秀林、汪永祥主编:《辩证唯物主义原理》,人民出版社1999年版,第207页。
② 《列宁全集》第38卷,中文第1版,第90页。
③ 肖前、李秀林、汪永祥主编:《辩证唯物主义原理》,人民出版社1999年版,第274页。
④ 《马克思恩格斯选集》第3卷,人民出版社1995年版,第552页。

化在普遍相互作用的观念中，在这种相互作用中，原因和结果经常交换位置；在此时或此地是结果，彼时或彼地就成了原因，反之亦然。"① 另一方面，原因和结果在循环和超循环螺旋发展中，表现为双向的、事物及现象发展过程中的互为因果，比如科学上的反馈原理就是原因和结果的不断相互作用的揭示。

因果联系是机能物质分形整形博弈的普遍联系相互作用的一种效用表述，具有客观普遍性：一是任何现象、任何变化都是由一定的原因引起的，也必然会引起一定的结果；二是错综复杂的"因果链"置身于普遍联系亚物质海洋中是连续的，是决定论的重要内容。因果关系的决定论，表明人类在普遍联系中的认识效用性：（1）弱因果关系，即通常所说的非因果关系或弱相关关系，在人类认识中，在一定条件下未进入效用认识的其他普遍联系内容，都成为弱因果关系，它在认识事物研究中可以作"暂时的弱相关或非相关关系"处理，在改变条件下，其中的部分联系可能进入相关关系或因果关系研究；（2）强因果关系，即通常哲学所说的一般因果关系，它是一种强相关关系，具体表现为等当因果关系和非等当因果关系；等当因果关系的代表是机械论因果关系，而等当因果关系主要是系统论因果关系，比如互联网和大数据时代的非等当因果的代替传统等当因果的相关关系，重在利用全数据侧重解决"是什么"的问题，而弱化"为什么"的问题。

(二) 必然和偶然

必然和偶然范畴在哲学史上出现要晚于因果范畴，必然和偶然是对因果关系的进一步深化。② 必然和偶然，表明了物质系统演化发展在因果关系基础上的系统目的性，即在因果关系基础上揭示机能物质系统演化发展的确定性趋势和非确定性趋势。它是物质系统分形整形博弈的普遍联系和永恒发展的总趋势和线索中的子趋势和子线索的具体内容或具体侧面。"必然性是指客观事实联系和发展中合乎规律的确定不移的趋势，是在一定条件下的不可避免性。……偶然性揭示的是事物联系和发展中并非必定如此的不确定的趋势。"③

事物的发展总是既包含了必然的方面，又包含着偶然的方面，这种矛盾现象是由于事物因果联系的复杂性而产生的：（1）唯物辩证法认为，必然的东西是偶然的，没有脱离偶然性的必然性。一方面，必然性通过大量偶然现象表现出来，并为自己开辟道路；另一方面，偶然性又是必然性的补充，没有这种补

---

① 《马克思恩格斯选集》第3卷，人民出版社1995年版，第62页。
② 肖前、李秀林、汪永祥主编：《辩证唯物主义原理》，人民出版社1999年版，第283页。
③ 肖前、李秀林、汪永祥主编：《辩证唯物主义原理》，人民出版社1999年版，第284页。

充，事物的变化发展不可能是现实的、丰富多彩的和具体的。（2）唯物辩证法又认为，偶然的东西是必然的，没有脱离必然性的偶然；凡是看来偶然性在起作用的地方，偶然性本身又始终服从于内部隐藏着的必然性，科学的发展证明，生物进化论中偶然性背后都有必然性支配。（3）必然与偶然在一定条件下互相转化，比如在无限的事物过程中，相对于某一过程来说是必然的东西，相对于另一过程就成为偶然的星系，反之亦然。① 世界普遍联系和发展的总趋势是受物质分形整形博弈的自我辩证逻辑支配的，在普遍联系之多样性和复杂性链条编织的网中，科学的根本任务是认识必然性、规律性和本质的联系，揭示出一种指向未来的必定如此的发展；但科学通常是指一定领域、一定条件、一定范围的必然性研究，因此恩格斯说："在必然的联系失效的地方，科学便完结了。"②

（三）可能和现实

"可能和现实这对范畴既包含着整个历史发展，又孕育着未来的各种发展前景。"③ 可能和现实是机能物质存在和演化发展的历史、现实、未来的展现。"现实是标志一切实际存在的东西的哲学范畴。……现实并不是简单地说明现在存在着的个别事实和现象，而是相互联系着的各种客观实在的事物、现象的综合。……现实又体现从过去、现在到未来的不可逆转的过程性。"④

现实来源于过去的现实，将来可能变成新的现实。可能性是和现实性相对的范畴，是指包含在事物中的、预示事物发展前途的种种趋势，是潜在着的尚未实现的现实。在事物系统内，其中的一种趋势占领趋势涌生事物亚物质的引领地位，则该趋势（可能）会变成现实，而其他趋势（可能）则不成为现实。趋势是一种由组分基质物质携带的亚物质，种种趋势之间相互博弈，自组织形成某种趋势占领事物机能系统的引领地位，从而整合支配事物机能系统走向系统目的态（现实）——正如唯物辩证法指出："任何一个新事物在它产生以前，总是孕育在现实事物中的一种发展趋势，是一种潜在的处于萌芽状态的现实；当通过事物的矛盾发展，新的方面战胜旧的方面，新事物则由潜在的现实即可能转化为现实。"⑤ 可能转变为现实，具有其辩证的、系统的过程和条件：在自

---

① 肖前、李秀林、汪永祥主编：《辩证唯物主义原理》，人民出版社1999年版，第285－294页。
② 《马克思恩格斯选集》第3卷，人民出版社1995年版，第541页。
③ 肖前、李秀林、汪永祥主编：《辩证唯物主义原理》，人民出版社1999年版，第295页。
④ 肖前、李秀林、汪永祥主编：《辩证唯物主义原理》，人民出版社1999年版，第296页。
⑤ 肖前、李秀林、汪永祥主编：《辩证唯物主义原理》，人民出版社1999年版，第300－301页。

然界中主要是指物理、化学、生物的无意识的自发自组织过程和条件；在人类社会中主要是指人类有意识自觉活动地实践改造客观条件和主观条件的人为组织过程和条件，重在对可能走向现实的转化进行目的、手段、结果与反馈的社会活动过程的分形和把握。

三、"形式与内容""本质与现象"

任何物质都具有形式和内容，都是形式和内容的统一体，都是现象和本质的统一体。世界物质的最基本形式是"系统"，最基本内容是"物质"，除此之外没有其他。

作为"形式"的物质是指本能物质"系统"，作为"内容"的物质是指本能物质、亚物质和基质物质（机能物质）等内容。它们又分别具有对应的本能物质系统、亚物质系统和机能物质系统的形式。本能物质是一切亚物质和机能物质的本质，组分基质是机能物质和相应亚物质的本质——终极本质或（深刻的）多级本质是一级本质（现象）的本质；反过来看，亚物质和机能物质是本能物质的现象，机能物质和相应的亚物质是组分基质的现象，即一级本质（现象）或（深刻的）多级本质是终极本质的现象。

（一）形式与内容

形式和内容范畴是哲学史上产生较早的一对哲学范畴，在古代哲学中，内容是从"有""存在""物质基质"等概念分化而来的，形式是从"形状""比例""构成""规则"等概念转化过来的。比如亚里士多德认为"自然"包括：一是"直接物质基质"，二是"该物的性质和形式"。"唯物辩证法认为，内容是构成事物的一切要素的总和。……事物的形式是指把内容诸要素统一起来的结构或表现内容的方式。"①

1. 关于内容

唯物辩证法认为，内容作为构成事物的一切要素的总和，包括事物的各种内在矛盾以及由这些矛盾所决定的事物的特性、运动的过程和发展的趋势等，具体包含：（1）内容是由要素构成的，一切事物的内容都可以分析为各个要素（但是仅仅分解为"要素的内容"只是内容的一部分）；（2）内容又是由要素与要素的相互关系构成的，该"相互关系"高于各个要素，又不属于各个要素，被称为"整体的内容"；（3）事物的内容是由"要素的内容"和"整体的内容"

---

① 肖前、李秀林、汪永祥主编：《辩证唯物主义原理》，人民出版社1999年版，第305页。

二者所构成的。①

从系统角度看，内容是子内容生成的总和。其中，子内容包括两大类：一是要素子内容，二是关系子内容。要素子内容是指"要素的内容"，关系子内容是指"整体的内容"。本能系统辩证唯物在现实中主要是指"机能物质内容"，包括基质物质内容（要素的内容）和亚物质内容（整体的内容）；基质物质内容包括子基质物质内容（子要素的内容）和子亚物质内容（子整体的内容）；亚物质内容（比如思维）包括组分亚物质子内容（亚物质要素的内容，比如思维要素）和亚物质子内容的亚物质内容（亚物质整体的内容，比如思维要素的关系）。综上所述，本能系统辩证唯物认为：内容是指物质内容，物质内容是指对应的基质物质和亚物质生成的系统总和。

2. 关于形式

任何事物都是内容与形式的统一体。内容是指物质内容，形式是指物质的"系统"形式。本能物质是抽象物质，其内容只有抽象的基质物质（自分形物质）和抽象的亚物质（间物质），因此，本能物质只有唯一的自分形逻辑辩证系统形式。机能物质是本能物质自分形不均匀性的产物，因此现实机能物质的组分基质物质是复杂的，相互统一的结构是多样的，表现组分基质物质的内容是复杂的，现实机能物质的具体形式是复杂多样的；但是，机能物质来源于本能物质，因此，机能物质的最高形式是与本能物质统一的自分形逻辑辩证系统形式，机能物质的具体结构形式是各种具体的"系统"形式：（1）世界的抽象内容只有一种，那就是抽象的本能物质；世界唯一的抽象本能物质内容，对应的形式也只有一种，那就是本能自我逻辑辩证系统。（2）物质世界的现实内容是无限多样的，即抽象本能物质下的现实机能物质是无限多样的；与现实机能物质内容对应的形式，也是无限多样的，不同的机能物质都有自己特殊的内容，都有与之相适应的各种形式（系统）。

3. 关于内容和形式的统一

内容和形式的统一体在现实中是指机能物质事物。机能物质事物的内容包括组分基质要素和结构亚物质要素，其形式主要是指亚物质整形支配组分基质的系统功能形式。内容的变化会引起形式的变化，形式的变化也会影响内容的存在和发展。比如现代非平衡热力学的耗散结构理论表明，作为内容的要素与结构同作为形式的功能处于相互制约、相互作用过程中，形成一个在环境变化

---

① 肖前、李秀林、汪永祥主编：《辩证唯物主义原理》，人民出版社1999年版，第305 - 306页。

（涨落）条件下相互影响的系统：该系统内要素、结构、功能的相互作用中，任何一方的变化都会引起他方的变化。内容和形式的关系如下：

（1）不存在没有任何形式的纯粹质料，也不存在没有任何质料的纯粹形式，唯一终极抽象的世界内容是本能物质，对应唯一的本能自我逻辑辩证系统形式。本能物质作为（近乎）纯粹质料只具有自分形性，即必然的唯一的含有各种发展的可能性；本能自我逻辑辩证系统形式，作为（近乎）纯粹形式具有使本能物质的可能性转变为现实的"本能"——开显为机能物质系统（现实），它作为本能物质现实化的基质，不断地永恒地重复自分形，辩证逻辑系统对应着不断地永恒地整形支配着机能物质系统事物的演化发展。

（2）内容是机能物质存在的基础，内容处于决定的地位，犹如系统科学中组分对于系统的基质和决定性意义，所谓"龙生龙，凤生凤，老鼠生来会打洞"，基因组分处于系统功能形式的决定地位。

（3）形式对于机能物质内容具有巨大的反作用：一方面，凡符合内容的形式，对内容的发展具有积极推动作用，这主要是指涌生事物亚物质同"支配内容"一致的系统形式，对内容的服务协调保障的积极推动作用；另一方面，凡不符合内容的形式，对内容的发展起消极阻碍作用的——是指占领支配地位的涌生事物亚物质与支配内容不一致的系统形式，对内容的控制约束支配的阻碍作用。

（4）内容和形式统一是复杂的和多样的：一方面，同一内容可以有多种多样的形式，比如同分异构体；另一方面，同一形式可以表现不同的内容，比如同一茶杯形式的钢铁内容（钢杯）或瓷土内容（瓷杯）；再一方面，新内容可以利用旧形式，旧内容也可以利用新形式。

（二）现象与本质

现象和本质是揭示事物内在联系和外在表现的范畴。对人类而言，现象是事物的外部联系和表面特征，最现象的现象即直接表象，直接表象是复杂的多样的机能物质的直接表象。本质是事物的各必要要素的内在联系，最本质的本质（即终极本质）是指抽象的唯一的世界本原物质即本能物质。介于"直接现象"和"终极本质"两者之间的现象和本质都是相对的，因此考察现象和本质通常必须同"一级本质和二级本质以及个别、特殊和一般范畴"结合起来。[1]

1. 关于现象与本质的认识

现实中，现象和本质是机能物质事物存在的两个方面：（1）现象是个别的、片面的和表现的东西，表现了事物的多方面具体；而本质则是同类现象中共同

---

[1] 肖前、李秀林、汪永祥主编：《辩证唯物主义原理》，人民出版社1999年版，第315页。

的东西。比如人的外表特征、性格气质、为人处事等表现的现象,是丰富多样的,是无法直接穷尽的。(2)现象是多变的和易逝的,有较大流动性;而本质则是相对于同类现象中的"稳定"。(3)现象是表面的、外露的,因而可以直接为人的感官所感知;而本质深藏于事物内部,看不见、摸不着,是只有靠理性思维才能把握的东西。①

2. 关于透过现象把握本质

"本质是现象的根据,本质决定现象,并且总是通过一定的现象表现自己的存在;现象是从特定的方面表现事物的本质,它的存在和发展变化,归根到底是依赖于本质的。"② 与已知本质具有来源的一致性的表现,称为现象(本质的不一致性表象);正如列宁所说:"本质在表现出来;现象是本质的。"③ 而与事物已知本质相反的现象,称为假象。不表现现象的本质和不表现本质的现象都是不存在的,假象是与"其他现象对应的本质"的错位对应的现象。列宁说:"假象的东西是本质的一个规定,本质的一个方面,本质的一个环节。"④ 假象同本质也是来源于本质同一的,如果其一旦变得能够反映事物主要的本质,则称为真相。

从现象到本质的研究,就是透过现象把握本质,对此毛泽东说:"我们看事情必须要看它的实质,而把它的现象只看作入门的向导,一进了门就要抓住它的本质"。⑤ 在科学的分析中,人的认识是由个别进到特殊再进到一般,从认识事物的一级本质进入到二级本质,正如列宁所指出的:"人的思想由现象到本质,由所谓初级本质到二级的本质,这样不断地加深下去,以至于无穷。"⑥ 在现实机能物质系统研究中,透过现象把握本质的本质,随着不断深入,总在适可而止处把握本质,即相对本质;而在抽象本能物质系统研究中,对本质无穷的把握,最终收敛于本能物质。马克思说:"如果事物的表现形式和事物的本质会直接合而为一,一切科学都成为多余了。"⑦ 透过多样性的和复杂性的无穷机能物质现象,把握物质本质的无穷收敛,寻求物质世界一切表现形式和事物本质的统一。

---

① 参见肖前、李秀林、汪永祥主编:《辩证唯物主义原理》,人民出版社1999年版,第316-317页。
② 肖前、李秀林、汪永祥主编:《辩证唯物主义原理》,人民出版社1999年版,第317页。
③ 《列宁全集》第38卷,中文第1版,第278页。
④ 《列宁全集》第38卷,中文第1版,第137页。
⑤ 《毛泽东选集》第1卷,人民出版社1968年版,第96页。
⑥ 《列宁全集》第38卷,中文第1版,第278页。
⑦ 《马克思恩格斯全集》第25卷,人民出版社1971年版,第293页。

第三章

人类格物系统的"一般系统人论"

搭乘天使的翅膀旅行,专注于眼前的事物,却模糊了自己。

模糊中我问天使:"天使,天使,您能告诉我,我自己是怎么一回事吗?"

天使回过头朝我笑了笑说:"这是个难题。在你自己,你是一个活生生的自由的人;在社会,你是被别人关系着的对象,你想怎样却并非任意由着你。"

我又问:"那如何把握'自由的我'和'被关系着的我'的关系呢?"

天使微笑着说:"在'人'与'人群'中寻找,系统之筐和辩证之枪将会是有力的工具。希望你能如愿!"

于是,我开启辩证之枪,打开系统之筐,反省人类历史,尝试从社会走来,复归社会,探讨一般系统人的存在和发展规律。

……

个人意志与社约物意志融合是人在社会亘古不变的主题。人类近一百万年以来一直是群体社会性动物,以前是,现在是,将来还是。在人类社会中,每个人都是一个系统,称之为个体系统人;每个由人和人组成的社会群体都是一个系统,称之为组织系统人。"一棵小树挡不住寒流,融入森林方可共御严冬"。每个人都在个体系统人(自我)与组织系统人(团体)之间往复运动地生活着:一半是自己,一半是他人;一半是实体,一般是关系;一半是思想,一半是实践;一半是自由,一半是约束……为了本我自由,人往人处去,自立自私;为了共我生活,人向社会来,共存共赢。

世界是本能系统物质的,人是机能系统物质的,物质是自为运动的。物伦之理,存在有因,支配有律;人伦之理,活着明己,社约有律,形成一般系统人"辩证逻辑"。"夫物之不齐,物之情也"。世界上没有完全相同的两片树叶,也没有完全相同的两个人。人之活着,在于明己;人之生活,在于共我。所谓"明己",是指人的物自体分形明确自己,使人区别于草木、区别于牲畜、区别于他人之复制品,明立独我之存在,体现自我之价值。所谓"共我",是指人类社会系统自组织整合你我他为"大我",你中有我,我中有你,使其融于家庭、融于组织、融于国家,生活于一切社会关系总和的海洋。人活着,须修身明己、自立自强,释放"我在"之社会正能量;须遵从社约,正己正人,共创"我融"之社会好生活。

人是人类社会系统的一份子,人与人构成人类,生成社会。人在人类社会系统中生活,人类社会系统在人之生活中延续。人活着是为了明己,人己社约是为了生活,一般系统人之总关系作用——"我融故我在":我表明自己,活于社约物。人伦之中,一半是独立自己,一半是社约物,以人为己,即是以己为人,方能实现人己共融;以己为己,即是以人为人,必然滋生自私与冷漠。勤劳的人民创造历史,正演的历史福泽人民,负演的历史涂炭生灵。人有着躯体和思想,在社会生活中感知、创造和享受真善美,善德善生活,收获当下的幸福。幸福生活与可持续生存是统一的,幸福生活是可持续生存的稳态与优化,可持续生存是幸福生活的基础与目的。人与人自组织社约物承载着人类追求"幸福"与"恒存"的内在逻辑,即,人类从原始状态走来,向着整体优化之幸福生活前进,实践着可持续生存之系统目的的永恒演化。人的意义,在于谋取包括自己在内的人类系统的最大化福祉,在于推动人类历史系统前进的车轮。

第一节 一般系统人的概念与性质

"有一物,早上四条腿走路;中午两条腿走路;傍晚三条腿走路。谜底是人。"司芬克斯之谜是一个千古之谜,探索这个谜底就要研究人。而在现实中,人类往往容易局限在"狭义"的认识和改造世界中迷失自己。卢梭曾说:"人类的各种知识中最有用而又最不完备的,就是关于'人'的知识。"[①] 卡西尔在《人论》中认为:"认识自我乃是哲学探究的最高目标——这看来是众所公认的。"[②] 认识自己是一个哲学问题,应当汲取新时代新思想和采用新时代新工具,比如系统科学思想工具。

一个人,他不是石头,不是植物,也不是一般动物,而是一个人。人区别于石头、植物和一般动物的本质是什么?答案:人区别于植物和一般动物的本质是人系统整体的"人质机能"。

[①] 卢梭:《论人类不平等的起源与基础》,商务印书馆1997年版,第62页。
[②] 卡西尔:《人论》,上海译文出版社1985年版,第3页。

采用系统科学哲学思想和方法对人及人类的研究，称为一般系统人研究。一般系统人研究对象包括个体系统人、群体系统人直至人类整体。个体人系统不是简单的细胞和器官的加和，而是一个有机系统；群体组织系统不是简单的个体加和，而是一个社会系统；整个人类系统不是一个个人体的简单加和，而是一个主宰自然界的物种系统。人类具有自然世界的共同物质本质，但人类具有高度相对独立的意识脱离于动物，相对独立于自然界成为其能动的主体。人从组成自身的细胞和器官开始，一直到成为万物之灵的主宰种类，系统贯串其运行的整个过程。人类作为系统，遵循自然界系统演化规律，具有自己的独特系统涌现机能，具有自我发展辩证逻辑和独特规定性。

一、一般系统人产生的社会环境

人类社会系统是"自然界的一部分"①。一般系统人是人类社会系统的一部分。一般系统人的直接环境，即社会系统。因此，社会系统和人类应当放在同一含义上，"社会本身，即处于社会关系中的人本身"②。人是自然的一部分，又是自然的改造者，"只有在社会中，自然界才是人自己的人的存在的基础。只有在社会中，人的自然的存在对他说来才是他的人的存在，而自然界对他说来才成为人"③。人首先直接生活于人化自然即社会之中，在社会认识和实践中，形成为人类社会的一般系统人。一般系统人的人化自然主体部分以社会形态相对独立于自然，成为人通向自然界的通道和中介，也是自然界反作用于人的中介：一方面，人类系统同自然界系统的关系决定了一般系统人之间的基层社约关系；另一方面，一般系统人之间的现实社约关系推动着人类系统同自然界系统关系的不断变化发展。正如马克思所说："人们对自然界的狭隘的关系决定着他们之间的狭隘关系，而他们之间的狭隘的关系又决定着他们对自然界的狭隘的关系，这正是因为自然界几乎还没有被历史的进程所改变。"④

自然史是自然自己创造的，人类史是人类自己创造的，后者相比较于前者，其能动性高度相对独立显现。因此，人们常常把前者作机械论和还原论处理，而把后者拔高为"相对于自然的高度独立"，关于这方面，恩格斯说："在自然界中（如果我们把人对自然界的反作用撇开不谈）全是没有意识的、盲目的动

---

① 《马克思恩格斯全集》第42卷，人民出版社1979年版，第167页。
② 《马克思恩格斯全集》第46卷，人民出版社1980年版，第226页。
③ 《马克思恩格斯全集》第42卷，人民出版社1979年版，第122页。
④ 《马克思恩格斯选集》第1卷，人民出版社1995年版，第82页。

力,这些动力彼此发生作用,而一般规律就表现在这些动力的相互作用中。……相反,在社会历史领域内进行活动的,是具有意识的、经过思虑或凭激情行动的、追求某种目的的人;任何事情的发生都不是没有自觉的意图,没有预期的目的的。"人类社会具有自我创造的最高级能动性,但强调人类的自觉能动性的同时,也不应当割裂人类系统从自然界系统演化而来的、同自然界系统具有的一般系统内在逻辑一致的本性。一切系统(包括自然界系统和社会系统在内),作为一个整体都具有自在、自由、自发地朝着自分形最大化演化发展的物质存在本性。自然界系统的构成主要是机能物质(包括动植物),即使是一般动物系统其自约物意志相比较于人类而言,其也是低能的、被动性的、生存目的的存在;人类社会系统的主体是人,其具有高度相对独立自约物意志,并展现其主体性、能动性和目的性。人类社会一旦形成,即人类社会从自然界大系统中相对独立出来以后,一般社会人并非直接地处于自然界系统,而是首先通过人类社会系统作为直接的生存系统,进而存在于广义自然界系统。

人类社会是人类相对独立于自然界机能物质的长期发展的系统产物,即是一个以人为核心组分的高级类动物群体系统。对此,在人类社会研究历史上诸多学者坚持"有机整理论"思想,比如孔德和斯宾塞等学者是社会有机整体论的代表,孔德认为社会就像生物学上的有机体一样,是一个不可以分解为其组成部分的复杂统一体,甚至也不能分解为个人;斯宾塞认为,社会从无差别的单一状态发展为复杂的、有差别的结构,各个组成部分是相互依赖的,直接把生物进化论应用于社会;这种观点带有社会达尔文主义倾向,但"作为一个整体"的观点和方法是符合系统科学思想的。人类社会系统作为一般系统人的环境,其是一个有机的复杂巨系统,各种要素按一定结构和方式联系在一起,彼此互相依存、互相制约、互相作用、互相促进,形成独特的层次结构。一般系统人的环境具有可划分的层次结构,有学者把社会系统区分为三个层次:"(1)基础层次,包括生产力和生产关系、经济基础和上层建筑、社会存在和社会意识等;(2)中间层次,各种人群共同体或社会组织,包括氏族、部落、部族、民族、家庭、阶级、国家以及各种党派性组织和社会团体等;(3)高级层次,主要运筹性要素,包括社会预测和决策、社会管理和各种社会分工与协作等。"[1] 这些有机整体论对机能物质社会系统的部分表现机能进行了阐述,但并没有将其置于"本能系统物质"条件下研究,即并没有阐述人类社会系统的社约物亚物质问题。

---

[1] 陈志尚主编:《人学原理》,北京出版社2004年版,第70页。

人类社会系统受其对应的整体性社约物支配运行，即社约物是支配人类社会系统的"看不见的手"。由于人类的高度相对独立自约物意志及其显现在社会系统中的社约物意志，使得人类社会系统具有自觉能动性及其高级意识目的性。自然系统的自约物通过万物自我契约性博弈自组织形成，总体呈现自然世界演化规则，其中人类社会系统的社约物要通过人的有意识有目的的活动才能产生，并发生支配作用，因此，人与人相互社约的社约物的精髓是社约物意志。社会是一般系统人研究的基础环境。人与人通过社约物生成一般系统人的社会系统；一般系统人置身于社会系统社约物的海洋之中，既从社约物海洋中汲取营养，进行物质能量信息的交换，又受社约物支配，形成个人同社会融合的复杂关系。

二、一般系统人的概念及本质

人是一般社会系统人，他是人类社会系统的中心与主体。一般系统人是：（1）具有意识相对独立引领的、"贯穿物质、能量和信息交换的"、作为社会分子的一般自组织独立动物体（个体系统人）；（2）具有系统内部社约物意志相对独立引领的，贯穿物质、能量和信息交换的，作为社会细胞、器官、机体的一般自组织子系统（组织系统人）；（3）具有人类社会人质社约物意志相对独立引领的，贯穿物质、能量和信息交换的，作为人类社会"看不见的手"的一般自组织类系统（人类系统）。概括起来，一般系统人是指具有意识（社约物）相对独立引领（支配）的贯穿物质、能量和信息交换的一般社会机能自组织体，概念范畴包括个体系统人、组织系统人和整个人类系统。

从人类社会大系统中抽离出"一般系统人研究"，它是从系统科学哲学角度"认识你自己"的重要内容。古希腊政治家伯里克利指出："人是第一重要的"；普鲁泰戈拉认为："人是万物的尺度，人是存在的事物存在的尺度，也是不存在的事物不存在的尺度"；荷兰哲学家斯宾诺莎提出了自由是对必然性的认识，启蒙运动中有人提出了"人生下来就是自由的"；康德说："人是目的，而不仅仅是手段……人的理性为自己立法"；"黑格尔在其唯心主义体系和否定性辩证法中包含着：人是人自己通过对象化的活动（劳动）自我创造的过程和结果，劳动、实践是人的本质等重要思想；费尔巴哈在批判宗教神学时提出观念是人的本质的异化的思想，……用抽象的人性异化和复归来解释人类社会历的变化和发展，几乎成为了当时一些思想家们的共同思维模式。……他们对人和客观世界的关系，以及对人性和人的本质的认识都是抽象的、片面的，……它为'关

<<< 第三章 人类格物系统的"一般系统人论"

于现实的人及其历史发展的科学'所替代已是不可避免的了。"①全面地、系统地、完整地认识"人",是"关于现实的人及其历史发展的科学"的基本要求。因此,要自觉将脱离社会的人(主体)与社会系统之人(实践主体及客体)的自组织作为自组织系统即作为"一般系统人及其社会系统"来研究;而不是肢解一般系统人,进行片面的或机械抽象的"人"研究。

从系统科学看,人自身是一个系统,又是人类社会系统的子系统。一般系统人可区分个体、群体、整个人类三个层次。个体系统人具有独特的系统本质,主要表现为人实体与精神的匹配发展(成长)的自约物关系,即自我意志关系;群体系统人的独特系统本质,主要表现为人与人的自约物关系,即社会意志关系;整个人类系统人的独特系统本质,主要表现为人与自然的自约物关系,即天人意志关系。

1. 个体系统人的自约物意志与实体统一的系统本质

人从自然界进化而来,脱离于一般动物,高级于一般动物,是具有自约物意志与实体统一的高级动物:首先,人是动物体,显著具有一般系统的自组织涌现特性;其次,人是具有高级涌生事物亚物质(自约物意志)相对独立能动性的特殊动物体,是具有意识、具有智慧、具有精神的能动动物体,它使人区别于一般动物并成为万物之灵;再次,人是贯穿物质、能量和信息交换的动物体系统(就系统运行本质这一点与动物是没有本质区别的);最后,人是能够不断开展社会实践和创新创造的特殊动物体,具有自组织创造人类社会历史的机能。

在本源上,个体系统人来源于自然界的进化;在当下现实中,个体系统人来自社会人的直接繁衍。个体人产自母体,一出生就置身于人类社会系统环境。个体系统人作为一个相对独立的有机系统动物体,其具有自约物意志与细胞器官实体的统一本质,即个体系统人是自约物意志与肉身的统一体(身心统一体)。

个体系统人自约物意志是个体系统人内部组分相互作用形成的系统特质的契约性涌生支配且相对独立的亚物质,其本身是一个复杂系统,包括精神、意识、潜意识、灵魂、意念、思维等内容。自约物意志不能绝对独立,必须具有载体(比如人),只能相对独立。亚里士多德曾主张:人的本质是灵魂与身体的统一。这里的"人"是指个体系统人,这里的"灵魂"与精神、意识等具有同等意义。然而,灵魂并不是自约物意志的全部,它只是自约物意志的具有特殊

---

① 陈志尚主编:《人学原理》,北京出版社2004年版,第25页。

的"控制意义和识别意义"信息模式的内容。亚里士多德观点中的"灵魂与实体"是相对立的,并没有阐述"统一的本质",灵魂作为自我契约性亚物质内容同人脑机能物质是统一的,具体如下:

(1)亚里士多德认为,灵魂只存在于有生命的事物之中,但并没有阐述灵魂的根本来源。灵魂作为自约物意志,它首先具有自约物的亚物质本质,其次它只有演化处于活的生命体内才表现出具有能动性自我意识,此时正如亚里士多德说它"潜在地具有生命的自然形体的形式"①。自约物意志具有"灵"性,因而称为灵魂。自约物意志灵魂具有高度主观能动性,区别于一般矿物自约物的机械运动性。亚里士多德认为:"生命是靠自身摄取营养和生灭变化的运动过程。……灵魂在身体内部推动生命活动,是身体生灭和运动的原因。这种自因和内因,与从外部推动无生命的事物作位移运动推动力不同。"②

(2)自约物意志(灵魂)具有躯体实体的载体来源性。正如亚里士多德所说:"就发生的次序而言,躯体先于灵魂。躯体先于灵魂而产生,灵魂的非理性部分先于理性部分而产生。如儿童刚出生时灵魂尚未显现出来,尤其是没有理性,只有欲望,理性部分只有到了成人时才逐渐产生。"③灵魂作为自约物亚物质意识,是躯体细胞和器官等机能物质的自分形自组织的涌生事物,因此,灵魂之源来自躯体。灵魂一旦产生必须栖息于机能物质(组分)上,尤其以特色信息模式牵引能量支配机能物质产生主观能动。灵魂(自约物意志)不能绝对独立,它与身体是不能分离的,但可以高度能动地相对独立。"灵魂和身体是不能分离的"④,两者既不能分离也不能等同。亚里士多德在《论灵魂》中认为,有生命的实体包括植物、动物和人三大类,植物灵魂具有"消化和繁殖"的营养功能,动物灵魂在植物灵魂基础上具有"感觉、生理欲望、行动"等感性功能,人类灵魂在动物灵魂基础上具有"理论理想(想象和抽象)、实践理性(思虑和选择)"等理性功能。

(3)自约物意志具有主观能动自觉到意识本性的趋势功能,集中表现为"思维自觉到思维本性"的理性功能。亚里士多德认为灵魂的感觉活动可分为触觉、味觉、视觉、听觉和嗅觉等与相对应感官的运动,心脏把血液供给感官的同时,把各感官的感觉统一起来。感觉是人和动物共有的活动,对于人类特有

---

① 亚里士多德:《论灵魂》,412a20。
② 赵敦华主编:《西方人学观点史》,北京出版社2005年版,第46页。
③ 赵敦华主编:《西方人学观点史》,北京出版社2005年版,第47页。
④ 苗力天主编:《论亚里士多德全集》第3卷,中国人民大学出版社1997年版,第32页。

的理性活动，亚里士多德承认："关于理智的问题，它在何时、如何、从哪里被有理智的人所悉知，是一个最令人困惑的问题，我必须尽我们所能，解决能被解决的问题。"亚里士多德在《论动物的繁殖》中提出："理智、理性"是人类自约物意志之"思维自觉到思维本性"进程涌现的高级灵魂及其性质，当"思维自觉到思维本性"会发现"灵魂自约物意志"同"躯体"共同收敛于本能系统物质。

在人有机系统个体内，其自约物意志的信息模式可以有快乐、情感、理智、德性、善、恶、美、丑等，它们是来源于人自分形并指向自分形最大化的不同内容、不同社会环境、不同满足需求条件下的产物。一般系统人自约物意志支配身体在现实生活中表现为追求幸福，包括了追求思想的体验和鉴赏，也包括了肉体快乐与欲望的满足，它既不是纯粹理性的生活，也不是牡蛎般的生活，而是快乐与理智的系统混合——理智主导这一系统，既有释放情感与感知的快乐之善，又有追求理性的真知之善，表现出和谐、美、适宜等关系。

2. 组织系统人的自约物意志即社约物意志的系统本质

组织系统人中所有个体系统人的意志"共同"，形成组织系统人意志。组织系统人自约物意志是指组织系统人内部组分相互作用形成的系统特质的契约性涌生支配且相对独立的亚物质。组织系统人自约物意志是一个复杂系统，譬如包括组织精神、组织制度、组织文化、组织意志、组织目标、组织方式等内容。组织系统人自约物意志，可以个体系统人为载体，以语言文字为载体，以广义的制度、规定和文化为形式，获得相对独立。个体系统人集合成"社会的组织系统人"，即诞生组织系统人。组织系统人形成的标志是其自约物意志的生成。组织系统人自约物意志同个体系统人自约物意志是紧密联系的，多个个体系统人意志相互作用凝聚成组织系统人意志，组织系统人意志即社约物意志来源于个体系统人意志但高于个体系统人意志。组织系统人意志一般由组织系统人中的某一或若干个体系统人来承载执行。

组织系统人自约物意志来源于个体系统人意志，并在社会系统实践中获得升华——个体自约物意志与社约物意志实践统一，构成了个体系统人向组织系统人过渡的基本环节。在这个环节中，一方面个体系统人成长为"社会的人"，即称为组织系统人的一个组分个体；另一方面在社会中出现具体社约物意志有效支配范围内若干个体系统人形成的组织系统人。

对于个体系统人而言，其通过个体系统人自约物意志与社约物意志统一进而调节其身心全面发展。个体系统人自约物意志在社会系统中实践发展的核心是德性和幸福，通过语言、工具、劳动等为中介进行社会实践，获取同社约物意志自组织并指向德性的美感、快乐、幸福等。正如苏格拉底所说，"认识你自己"就是要认识"人的内在于心灵的原则"，即德性。他解释说，"德性"指过好生活或做善事的艺术，是一切技艺中最高尚的技艺，并认为每个人都确定地知道且能够学会。苏格拉底提出"德性就是知识"，强调知行合一、真善一体的道理。[①] 这里认为，德性是一般系统人自约物意志与社约物意志博弈自组织最大化性，既指高尚思想、强壮身体、过好生活的自我全面发展艺术，又是指做善事确保包括自我在内的人类系统的幸福存在最大化的社约全面发展艺术，每个人都自然地拥有德性本质（来源于自分形与整形的博弈自组织），只是在同等的现实生活环境中具有不同偏向（或偏向自分形自私，或偏向整形公正），具有不同层级表现罢了。这些不同表现的比较，便形成了相对的德性和相对的幸福。

组织系统人意志即社约物意志有效支配其内部个体系统人。若干个体系统人形成一个组织，个体系统人自约物意志追求的真善美，在该组织中便以社约物意志的形式出现。组织系统社约物意志，通常以预言文字信息模式为载体，以个体系统人自约物意志自分形博弈自组织的共同意志信息模式为核心，通过组织内（选举的或竞争的）特定个体系统人为社约物意志（权力）行使者，表达该公共社约物意识对该组织系统人的支配运行。按照组织系统人社约物意志本意（假如它不被社约物意志权力行使者凌驾、篡改、强奸的话），该公共社约物意志追求该组织系统人中所有个体系统人的整体最大化"德性和幸福"。社约物意志条件下，"知识的真"和"有效分形的善"是德性的两个内容，"真知（真的知识）"是"善形（善的分形）"的基础和前提，"善形"是"真知"的分形运动与演化。善包括社约物意志赋予自约物意志之善，比如"灵魂的善：正义，节制，智慧，勇敢，虔诚"[②]；包括社约物意志抚育个体系统人的身体的善，比如"健康，有力，美丽"[③]；包括组织系统人提供给个体系统人的物质能量之善，比如"财产的善：富有"[④]。幸福是指善和德性在个体系统人自约物意志升华而推动或支配人身心满足需要全面发展的美感；相对应地，"不幸"是指组织系统人社约物意志对于个体系统人自约物意志的侵害，以及个体系统人自约物意志对组织系统人社约物意志的侵害，产生的不利于人身心满足需要全面发展的形态，比如"财产的恶：贫穷；身体的恶：疾病，软弱，丑陋；灵魂的

---

① 参见赵敦华主编：《西方人学观念史》，北京出版社2005年版，第38－39页。
② 赵敦华主编：《西方人学观念史》，北京出版社2005年版，第40页。
③ 赵敦华主编：《西方人学观念史》，北京出版社2005年版，第40页。
④ 赵敦华主编：《西方人学观念史》，北京出版社2005年版，第40页。

恶：不义，放纵，愚蠢，懦弱，不虔诚"①。

3. 人类系统的社约物意志与自然自约物本能统一的系统本质

整个人类作为一个系统受本系统自约物意志支配。整个人类系统的社约物意志就是人类命运共同体意志。人类系统自分形演化的目的是可持续存在发展——作为"类"恒久存在，在这一进程中同时追求现实的幸福存在和发展。人类系统的现实社会之社约物意志支配着人类社会系统的演化发展，表现出对真善美的追求，人类系最高级社约物意志之爱善、爱美、爱智慧三者具有复杂关系，比如柏拉图说："爱善的目标是永恒地占有善，爱美的目标是通过生育在有朽中实现不朽，爱智慧的目标是把有限的知识融会在无限的持续过程之中。"柏拉图在《会饮篇》中提出：这里认为，"爱善、爱美、爱智慧"是指人类社会系统社约物意志追求自分形最大化的幸福生活和可持续生活的博弈自组织表现，既指人类社会系统内部一切个体系统人与一切组织系统人之间在最高社约物意志支配条件下实现最大公约数理想目标的幸福发展，又指人类社会系统整体自约物同外部自然系统自约物之间的通过"主观能动智慧"博弈实现人改造自然服务人类的最大化——将有限的知识架构"现实"通向"德性之善之美"的无限持续过程（社约物意志以知识智慧形式作为工具支配该过程）。

"人定胜天"是人类改造自然的豪言壮语。就局部而言，人类可以在有限的范围内改造自然世界，并使之成为人类社会世界的一部分；然而，就整体而言，"人定不能胜天"，人类只是自然世界这个最广大系统的一个子系统，受不以主观意志为转移的自然意志（相对于人类主观意志的自然系统自约物总趋势称为自然意志）支配。这是一般系统人存在和发展的必然。人逾越这种必然就是一种不合理的臆想，必然遭受自然系统自约物（支配）总趋势的无情涤荡和整顿。然后，这种臆想活动是可以产生的，人的自约物意志和自然自约物亚物质是本质统一于本能系统物质的，人通过思维能动性把前者拔高而把后者降低，于是这种臆想便萌生了——遏制不合理的臆想，就要善于开展探索思维（彻底）自觉到思维本性的活动，在这一进程中一切臆想打破了其特制的生存环境，便荡然无存。人类的知识亦是如此，最早的知识是神话（一种有体系的臆想，亦是混沌哲学），随后的知识在特定的对象、条件和环境下不断出现，混沌哲学不断分化，比如物理学、生物学、化学、等等，当对象、环境和条件不断被打破时，新的知识、新的学科不断产生——假设把所有的条件和环境都打破的时候，思维自觉到思维本性，人的自约物意志同自然自约物亚物质具有同一性，即统

---

① 赵敦华主编：《西方人学观念史》，北京出版社2005年版，第40页。

一于本能物质的系统本质之中。

现实上，人类始终生活在条件的环境之中，周围离不开空气、水、食物、社会商品等；因此，人思想的开始源于环境对象，"人有随心所欲地思想的能力，他却不能随心所欲地感觉，只能在感觉对象呈现时才能感觉"。亚里士多德在《论灵魂》中提出：尽管如此，人类因具有高度相对独立的自约物意志而可以自由行进在"感性—知性—理性"的道路上，并不断趋近收敛于最高理性（思维自觉到思维本性）。人类系统的社约物意志与自然自约物亚物质的本能物质统一本质是人类主观能动性应当遵循的最高准则。在该最高准则下，一般系统人（个体系统人、组织系统人、人类系统）研究具有三个系统本质特征：一是一般系统人是从自然界系统演化生成的子系统种类，具有不可逾越自然界的一般属性，即本能系统物质性；二是一般系统人具有最高级机能物质的有机整体属性，表现为高度相对独立自约物意志（是最高级最发展的典型系统，而不是弱涌现弱亚物质的机械系统）；三是一般系统人的个体系统人自约物意志、不同组织系统人社约物意志、人类系统社约物意志三者之间具有复杂的亚物质相互作用关系，它们共同构成一般系统人社约物意志从不同层次结构的点位和角度以自有的方式汇聚起来，个人有自约物意志，家庭有家庭社约物意志，企事业团体有规章制度等社约物意志，国家有政治体制法律、道德习俗、文化等社约物意志，整个人类有国家联合起来的社约物意志，它们形成支配人类社会系统创造历史的"看不见的手"。

三、一般系统人的特性

一般系统人既是具体的人，也是抽象的人。马克思也曾指出，人的本质"不是人的胡子、血液、抽象的肉体的本性，而是人的社会特质"①。陈志尚教授等把人性作为一个系统划分为：人的属性、人的特性、人的本质，认为"第一个层次是人的属性，包括组成人的一切要素：各种自然属性和社会属性。第二个层次是人的特性，范围比属性要窄，它是人的属性中能把社会的人和动物区别开来的各种特性，如劳动实践、语言、思维、德性、美感等等，主要是人的社会属性。第三个层次是人的本质，这是人的各种特性中最重要的部分，它就是社会实践"②。一般系统人的本质是"包括精神和肉体的有机动物体本性"与"社会特质的一般系统本性"两者统一的人质特质，前者是基础，后者是核

---

① 《马克思恩格斯全集》第1卷，人民出版社1956年版，第270页。
② 陈志尚主编：《人学原理》，北京出版社2004年版，第90页。

心。因此，一般系统人的主要性质就是一般系统人本质表现的主要性质，可从三个方面把握：一是从整体方面把握一般系统人的系统人性，即对物质属性、自然属性和社会属性的系统把握；二是从基础方面把握一般系统人的高级于自然生物的属性，即对人脱离于动物的高度相对独立的自约物意志支配特性（表现为思维、思想、意识等）进行系统把握；三是从核心方面把握自约物意志与身体统一（表现为语言、劳动、德性、美感、幸福等）、自约物意志自组织为社约物意志（表现为政治、经济、文化、道德、伦理、工具、社会实践等）的特性，即对一般系统人在社会系统中的社约物支配进行系统把握。

1. 一般系统人的系统人性

马克思关于"人的本质"的认识是人的现代化的"发生学"解释。马尔库什认为，马克思关于人的本质的认识"必须在劳动、社会性和意识之中寻找，在包含这三个要素并在每一要素中显示自身的普遍性之中寻找"，这三个要素融合于一般系统人的和解性与自洽性，即表现为一般系统人的系统人性。人是系统的人，人有自约物意志能动牵引，追求自由和本能劳动，在展现自由个性和劳动创造中，培育独立的人格意志。这一切都要在社会环境中进行。因此，现实的人，"不是某种处在幻想的与世隔绝、离群索居状态的人，而是处在一定条件下进行的、现实的、可以通过经验观察到的发展过程中的人"①。一般系统人的系统人性就是指自约物意志能动的、在社会中劳动实践表现的整体性质；就是指在社会环境的过程中表现的，这种现实的、整体的、动态的一般系统人整体性质。

一般系统人性具有来源自然的基础属性和根源于本能系统物质的根本属性。一般系统人的自然属性是一般系统人发展的来源性；一般系统人的本能系统物质属性是指一般系统人的自分形最大化本性，具体表现为发展过程中的分形整形博弈自组织辩证逻辑性，它是一般系统人之整体性的根本性。一般系统人性具有人质社会的社会性核心。一般系统人性的社会性是指一般系统人拥有自约物意志指导劳动和社会实践性，它是系统人性的核心。一般系统人自约物意志指导主体能动性开展劳动和社会实践。一般系统人的主体能动性的展开，一方面人类的自分形力以自由意识指导下的人类实践，向自分形最大化演化，人类的意识向最自由自分形演化（实现人类自分形在主观世界的最大化意义），人类的劳动实践向创新发展、改造世界、主宰自然世界的最大化演化（实现人类自分形在客观世界的最大化意义）；另一方面，人类的主体性展开的自由性、创造

———————
① 《马克思恩格斯全集》第 3 卷，人民出版社 1960 年版，第 30 页。

性和系统人格意识与个性,并不是空中楼阁——它作为人类系统的涌生事物不能是裸亚物质,而是必须有载体的亚物质,因为主体性的展开必须受系统人组分实体物质、社会和自然世界的实体物质束缚,主体性的展开也必然受到系统人类其他涌生事物亚物质以及社会和自然世界的各种涌生事物博弈作用。这使人具有了脱离一般动物的根本规定性,也明确了属于人的范畴,标识了人的特有规定性;即使拥有"人"的这种躯体,但脱离了这些范畴,脱离了这些特有规定性,他也难以进入人类社会系统自分形演化发展的序列——退一步说,在现实社会系统中,存在极少部分人被人的范畴和特有规定性遗弃,那么他们则会被社会淘汰或消灭,比如罪犯逾越了法律,必然受到强力社约物(法律)的打击;再比如悖逆历史潮流的行为,必然被正义前进的历史洪流吞噬。

一般系统人性是一般系统人通过社会实践这个中介环节达成自分形与整形的博弈自组织的逻辑自洽性。它要求人为了自由自约物意志及其引领自由躯体而奋斗,为了公平社约物意志保障每个社会人通过真正劳动实现幸福美好生活而奋斗,为了人类共同体社约物意志保障人类克服异化实践可持续发展和恒久存在而奋斗。一般系统人性不是片面的人性,不是单一的人性,是系统的人性,是有机统一的人性;任何一种片面的人性都是系统人性的具体内容,任何一种所谓自洽的人性系统都是系统人性的子系统,人性的善恶、美丑、真假等都是一般系统人性的内容;因此,当仅仅用"系统"去评价一般系统人性时,则它是中性的,它不带任何色彩,任何人性的表现都是一般系统人的机能,它都是自约物意志和社约物意志的统一性在实践博弈中的显现,给予它各种社会坐标和道德度量,它才被色彩化,展现出人性的千姿百态。

2. 一般系统人高级于自然的生物属性

一般系统人的自然生物属性表明,人类对于自然界系统而言,与其他事物是存在平等的,都来源于自然,都把依赖自然界改变自然界作为它们生存的外部环境,最终复归于自然界。一般系统人来源于自然,但高级于自然生物,其核心表现为意识亚物质的高度相对独立机能。一般系统人的自然属性是指人来源于自然,不能以意志为转移而超越自然规律的基础性。马克思指出:"人直接地是自然存在物。人作为自然存在物,而且作为有生命的自然存在物,一方面具有自然力、生命,是能动的自然存在物;这些力量作为天赋和才能、作为欲望存在于人身上;另一方面,人作为肉体的、感性的、对象性存在物,和动植物一样,是受动的、受制约的和受限制的存在物,也就是说,他的欲望的对象是作为不依赖于他的对象而存在于他之外的;但这些对象是他的需要的对象;

是表现和确证他的本质力量所不可缺少的、重要的对象。"① 人是自然的存在物，从自然中演变而来，受自然规律支配，不能超越自然。人遵循自然规律，受自然世界系统约束，犹如草原上的斑马受植物和顶级猎食动物的约束；自然世界的规律是不以人的意志为转移的，虽然人类具有极端主观能动性并主宰世界，但本质上归属并受制于自然界，人的生命是脆弱的，并不能为所欲为。

人并不直接地超越自然，他归属于自然，以人类社会子系统形式在自然界超系统中生成和发展。马克思在《1844年经济学哲学手稿》中说："对社会主义的人来说，全部所谓世界史不外是人通过人的劳动的诞生，是自然界对人说来的生成，所以，在他那里有着关于自己依靠自己本身的诞生，关于自己的产生过程的显而易见的、无可辩驳的证明。"②这里马克思阐述着人和自然的关系，马克思主义哲学具有人与世界的"物我一体"的意义，与中国的古代的"天人和一"思想相合，"人定胜天"是西方资本主义激发人类科学力量改造世界的一种口号，是人类区别于植物和一般动物的独特性存在的"宣示"；事实上，人归属于自然世界是前提，任何"人定胜天"都不能改变人具有的物质本质属性。人犹如地球上的蚂蚁，辛勤而忙碌地筑着社会之巢。没有了蚂蚁，仅如没有了恐龙还有蜜蜂、鲜花、大象、日月等其他的一切，地球照样转。人只是自然界系统的一个类组分，缺失了这个组分，犹如缺失了恐龙，并不影响地球这个大系统的存在和运转。这表明人具有同蚂蚁、蜜蜂、鲜花、大象、恐龙在自然界一样的存在的基础平等性，但是，人类一诞生，就立刻表现出了建立在这种基础平等性上区别于其他种类组分的独特主宰性——拥有自约物意志高度相对独立（最高级意识能动）而成为万物之灵。

一般系统人的意识亚物质整合支配功能并不是人特有的系统机能，自然界许多动物都具有弱意识，一般自然生物（包括矿物）都具有亚物质整合系统机能，只是涌现微弱而已。但是，一般系统人意识亚物质的"最高级相对独立"及其表现的"最高级的主观自觉能动性"是一般系统人的高级于自然生物的属性。自然先于人而存在，人类在自然界系统演化发展中诞生和发展。本能物质系统是普遍存在的，自然世界是普遍系统的。在自然世界中，以无机物和有机物的分化为界线，以一般自然生物和人的分化为界线，可以区分三个阶段层次，即意识亚物质从来源于本能物质的开显，到一般有大脑意识动物的相对独立，再到万物之灵人类的最高级相对独立。本能系统物质在无机物质层次中亚物质

---

① 《马克思恩格斯全集》第3卷，人民出版社1960年版，第105页。
② 马克思：《1844年经好学哲学手稿》，人民出版社2000年版，第92页。

是微弱涌现开显的，在有机物层次尤其动物子层次有限动物意识是相对独立开显的，而在人类系统层次其主观自觉能动性是最高级相对独立的，即人脑意识亚物质具有高级于自然生物的属性。一般系统人从自然界逐步演化生成，在自然界系统涌生演化在逐渐细化的方向上，包括四个方面：一是最绝对整体的世界系统演化，二是生物系统演化，三是人类社会系统演化，四是技术系统进化演化和意识系统文化演化（该两系统都包括了理论和实践两个过程，两系综合也称为人化演化）。"人类社会系统进化"与"意识系统文化和技术系统进化"的方向是逐步具体化的，是由大前提逐步走向细化的小前提的，不能把顺序颠倒了，也不能片面化，尤其不能把科技的发展等同为人类的发展。支配、约束和协调"人类社会系统进化"与"意识系统文化和技术系统进化"的涌生事物，统称为社约物关系，具体包括思想、关系、技术等。最高相对独立意识，就是人类的思维、精神、意识和思想等。人从自然界演化生成，具有最高级相对独立亚物质而独特存在，以矿物为中心基础，植物、动物和人类的超循环螺旋轨迹线是依次向外环绕的，其中地球矿物是以"一般矿物"为焦点展开超循环螺旋的产物，植物是以"地球矿物"为焦点展开超循环螺旋的产物，动物是以"地球矿物和植物（或有低端动物）的共同焦点"展开超循环螺旋的产物，系统人是以"地球矿物、植物和动物的共同焦点"展开超循环螺旋的产物。

　　人脑不是自然界有目的的设计的，而是自然界物质演化发展的高级产物。从没有脑到产生脑，从动物脑到人脑，中间经历了一系列的发展阶段。哺乳动物出现在中生代早期，这类动物的脑有了高度的发展，该动物的大脑皮层已经出现了沟回，可以对从身体外部或内部来的刺激进行改造，形成条件反射，并能使知觉对象留下记忆痕迹，达到了认知心理学的表象水平。猫、鼠、狗等动物对外界的分析综合能力即最基本的思维能力，已经达到了很高的水平。比如，狗能按照主人的指令去执行，一看见主人就"摇头摆尾"，向主人讨好。马戏团的各种动物的表演，更显示了它们惊人的模仿和"学习"能力。到了高级哺乳动物猿类，就与人很相似了。猿脑和人脑在脑量上比较接近，而且结构上也十分相似；它们不仅具有感觉、知觉、表象、记忆等多层次高水平的认识反映能力，而且能对事物进行分析、综合、归纳、演绎，即达到了具有初级思维能力的知性水平。人类具有最高级相对独立的意识亚物质，在认识、劳动和社会实践中释放最高级的主观自觉能动性，使人类活动世界形成人类社会而相对独立于自然世界。人类来源于自然世界的共同物质本质，但具有最高级相对独立的意识亚物质，意识亚物质自觉能动把握人同世界关系要注意两个方面：一是不能把人类高度相对独立的意识放大到无穷，不能把"最高级相对高度独立"等同为"绝对独立",而出现二元论,更不能喧宾夺主晋升为世界的第一本原;二是不能把具有相对独立性的意识倒退为高度束缚的可还原的机械产物,陷入机械论还原论不可解释的地步。

3. 一般系统人的自约物意志和社约物意志协同支配性

人作为一种生命实体,遵循生物运动新陈代谢的普遍规律。一般系统人既是一个具有自约物意志支配的整体有机系统,又是身处社约物意志支配的具体社会环境系统,自约物意志与社约物意志的协同支配构成了人与社会的共同发展。一般系统人同外界进行物质能量和信息的交换,生存在空气、阳光和水的环境下,同时在社会环境中获取所需的衣、食、住、行等物质生活资料。一般系统人既受自身系统自约物意志、又受社会系统社约物意志的制约和支配,即统合起来受自约物意志和社约物意志协同支配。

一般系统人自约物意志同社约物意志具有紧密关系。一方面,正如社会来自每个人一样,社约物意志来自每个人的自约物意志。另一方面,自约物意志缺乏社约物意志环境是会凋谢和枯萎的,因为,人脑及它的机能(思维)是生物长期进化、特别是社会运动的产物。初生婴儿的大脑已经进化到具备复杂的生理结构,存在着发展为思维器官的内在根据,但它毕竟还不是能够直接地进行思维和认识的人脑——婴儿的大脑只有在社会的影响和熏陶下,才能够进一步地成熟和完善起来,成为一个能思维的人脑,比如脱离了社会生活这个决定性条件的"狼孩",其大脑强大的自约物意志机能严重枯萎。

一般系统人自约物意志和社约物意志通过"社会实践"进行协同支配。一般系统人自约物意志与社约物意志的协同,主要是指从整体战略高度统筹研究系统人意志和社会意志的相互作用,而并不把个人或某个国家或某个历史的人与社会直接作为具体对象,也不把其所携带的具体个性属性作为重点,而是把"一般"作为重点与核心,强调一般系统人的个人自约物意志与社会社约物意志协同作为整体系统支配人类社会存在和演化发展的一般规律。社会是一个宽广范围的组织系统人,一般系统人通常在其内部作为组分。一般系统人自约物意志与社约物意志相互作用,通常地自约物意志处于社约物意志约束之下,在社会系统中不管你愿意不愿意,"技术、意志思想、他人"都通过"关系"作用于一般系统人;一般系统人意志反作用于社约物意志,即其可以通过竞争博弈获得"自约物意志在社约物意志中的相应地位",比如某些个人、党派、集体、集团的意志在社约物意志中的体现。一般系统人自约物意志和社约物意志通过"社会实践"进行相互作用的自组织协同,共同支配一般系统人的存在和演化发展。

第二节 一般系统人的规定性

人非直接地是抽象本能物质。人类同石头、植物、动物等一样，是具体机能物质体系统。生物区别于矿物，人类区别于一般动物，各种现实开显的具体机能物质系统相互区别的核心在于不同的"各自机能特质"。一般系统人作为机能物质有机体，从自然界演化发展而来，脱离于一般动物，成为万物之灵，具有在于自然界最大系统内区别于其他机能物质的机能人质自我规定性，主要包括：一般系统人外在地区别于其他系统表现机能的规定性；一般系统人内在地区别于其他动物系统的认识与实践独特优越机能的规定性；一般系统人根本地追求自身系统幸福存在与可持续演化人质目的的规定性。

一、一般系统人的人质机能规定性总论

在社会和自然环境背景下，一般系统人展现为一个具有不同组织层级人类社会系统庞大体系。这种展现表达了人类作为区别于一般动物类而具有的具体机能动物体的人质机能总体规定性，人在人类系统中以系统形态展现个体系统生活，以社会组织系统人展现人类共同生活，以人类整体社会形态展现整个人类的存在和发展。这种展现显示了人质优越性，一方面表现为优灵智慧认识世界，另一方面表现为优灵智慧改造世界；这种展现显示了人类追求幸福生活、可持续发展、恒久存在的整体机能本质规定性。综合起来，一般系统人的人质机能规定性主要包括三个方面：

（1）从外在看，具有区别于其他系统的"三以"表现规定性：以人质有机个体系统人为基础，以社会和自然为环境，以组织系统人为共同生活。

（2）从内在看，具有区别于其他动物系统的认识与实践的"两优"独特规定性：认识把握世界的优灵智慧和实践改造世界的优灵主宰。

（3）从本质看，追求自身系统存在演化的"两目的"根本规定性。把"幸福生活"和"继续存在"作为核心与根本的目的，幸福生活的核心目的与继续存在的根本目的是由内在逻辑贯通的，既不能为了幸福生活而放弃继续存在，又不能为了继续存在而放弃了幸福生活。幸福生活是一般系统追求的核心，可持续存在是一般系统追求的根本，根本失去了核心是不完美的根本，是干瘪的根本，是失去现实意义的根本；核心失去了根本是没有方向的核心，是短暂的核心，是在现实中沦丧的核心。

如果把一般系统人的人质机能规定性看作一个以人质为圆心的多个同心圆体系，那么圆心部分是人质本质规定性，最外边同心圆部分是外在表现机能规定性，而在两者之间是内在独特优越机能规定性。如下图：

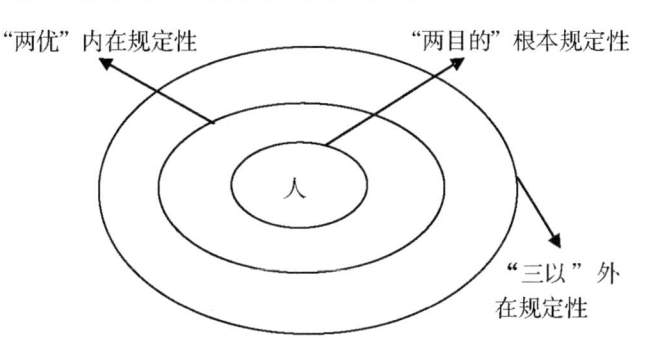

图3-1 "三以、两优、两目的"机能规定性

从系统的视角追求对人质机能规定性诠释，人质是以自分形的自由发展为源点的，展现在人类社会之中。因此，一般系统人具体生活，应当坚持围绕自分形的开明利己主义，应当坚持"自稳态、自适应、自组织"的系统人思想，应当坚持人自由自己与社会协同统一的社约物支配思想，继承古代中国"修齐治平"的思想，创新发展为对应"个人—家—企—国—人类"的"修齐营治平"，丰富人类"追求幸福生活与可持续生存"的"使人成人，不断崇高"的哲学理念，推动人类社会发展。

二、一般系统人机能外在的表现规定性

一般系统人的外在规定性表现为三个方面：首先，一般系统人顾名思义是以系统形态存在的；其次，一般系统人是以自然和人类社会为基本环境的，但区别于一般自然矿物、植物和动物，区别于一般社会物；再次，一般系统人在人类社会系统中活动通常以"个体系统人在具体组织系统人内部的共同自组织生活"为表现，具体组织系统人（子系统）是指社会系统的细胞子系统或器官子系统，比如家庭、单位、团体、企业、组织、政党、国家，等等。

一般系统人基于"系统形态"和"系统环境"的外在表现规定如下：

（1）个体人是一个有机系统（即个体系统人）；

（2）多个个体系统人自组织生成人类社会系统，具有"个人—家—企—国—人类"的层次结构组织体系；

（3）个体系统人具有组织系统人载体，在自我与组织系统人中往复运动，

形成人之生活的具体写照。

　　人和人类是具有系统存在形态的。个体系统人作为一个具有高度相对独立自约物意志支配的有机整体，其整体具有典型系统的存在和运行方式；组织系统人作为多个个体系统人自组织形成的、具有相对独立社约物意志支配的有机整体，其整体具有系统整形性，比如组织系统人社约物表现的组织文化、组织选择性、组织规章、组织运行等相互作用服务性和约束性。因此，"系统形态"是一般系统人外在表现的规定性内容之一。

　　整个人类离不开自然环境，个体系统人离不开组织系统人社会环境，小组织系统人离不开大组织系统人社会环境。人个体系统人生活在组织系统人中，各层次组织系统人构成人类社会系统环境，人在人类社会系统中进行物质能量和信息的生产、交换，满足个体系统人和组织系统人需求的同时，推动人类社会系统不断演化发展。人类社会系统又必然以自然界系统为生存环境，人类的一切（包括人体自身）归根结底都来自自然界系统中，都依靠自然界系统获取物质、能量和信息，并进行交换，只有这样才能达成人类系统的存在和继续存在。个体系统人即使脱离了人类社会系统（比如狼孩），也必然在自然界系统中，其在自然界系统中获取食物、能量和信息，并进行相应的交换。在一般系统人层次结构研究中，高层次依次构成低层次系统人的系统环境，个体系统人是基础的细胞级系统人，组织系统人是生活的器官级系统人，人类系统则是整体系统人。在现实中，"国家（民族）级别的系统人"通常被视为最高系统人的现实替代品。

　　在一般系统人研究中，个体系统人是一般系统人研究划分的最小组分，人类系统则是最高整体。个体系统人是一般系统人研究的基层，比如研究人如何从自然中脱颖而出，人从哪里来，人由什么构成，人死后去哪里等问题，这些都表现出一般系统人的自然属性和生物属性。组织系统人是一般系统人生活的现实形态，"个人总是'从属于一个较大的整体'，必须'一群的联合力量和集体行动来弥补个体自己的能力不足'，人本身的存在就是社会性的活动"[①]。一般系统人的生活是以组织的形态具体表现、开展和延续的，一方面表现在个体系统人生活在组织系统人之中，另一方面表现在组织系统的"生活"呈现组织系统人形态。组织系统人形式的表现主要有：家、企业、团体、单位、国家政府等。只要人在社会中，人就在组织中；绝大多数个体系统人都生活在组织系统人中，不生活在组织系统人中的个体通常会丧失人类社会性，即丧失人质特

---

① 陈志尚主编：《人学原理》，北京出版社2004年版，第35页。

性,比如狼孩。

总地看,一般系统人机能外在的表现规定性可以概括为"三个以":以系统为形态,以社会和自然为环境,以组织人系统为生活。"三以"表现规定性,揭示了一般系统人机能逻辑的现实出发点和落脚点。

三、一般系统人机能内在的优灵独特规定性

人类区别于植物,区别于动物,脱离并高级于比如猪、牛、猴、马等动物。李中华教授认为:"人的本性是由人的多重属性集合而成的,其中人的自然属性、生物属性、社会属性、精神智能属性和道德属性是构成人之本性的五个基本属性。"[①] 人与猴比起来,人与猴都具有各自的自然属性与生物属性,它们都是社会化群居动物,不同在于人具有李中华教授所说的精神智能属性和道德属性——这才是人类区别于一般动物所特有的规定性。不管是精神智能属性还是道德属性以及高级社会属性等,它们归结起来就是人相对于动物的最优等灵魂意识属性,简称优灵属性。人类的优灵独特规定性是一般系统人的内在机能,它表现出一般系统人的优灵意识运用,一方面是指优灵意识对世界的认识和把握,另一方面是指优灵意识通过社会实践对世界的改造性主宰。因此,一般系统人机能内在规定性对应包括"优灵智慧认识"和"优灵实践主宰"两部分内容,集中表现为优灵主体实践性。

一般系统人的机能内在独特性,是使人区别于动物,使人具备人性,使人成为人的内在系统机能。它要回答"人的天性""人与万物尤其是动物相区别""人之为人的内在根据"等问题。它们集中起来就是优灵智慧认识和优灵实践主宰统一的优灵主体实践性。

(1) 优灵主体实践性是人与生俱来的天性。这包括两方面:一是先天遗传的,这个属性是由于人基因遗传自组织形成的自约物意志能力决定的,即遗传(变异)天性获得的,正如中国古代荀子所理解的:"生之所以然者谓之性"(《荀子·正名》);二是适应环境后天生成的,人类在适应环境中改造世界,形成相对独立于自然的人类社会系统,人在社会系统不断创造历史;人受环境的影响,比如近朱者赤近墨者黑。在优灵主体实践性中,一般系统人具有高度相对独立的自约物意志主观能动性,它来源于先天和后天的综合,先天遗传重要,后天努力更重要。

(2) 优灵主体实践性侧重揭示了人与动物区别的类特性。自然世界的生物

---

① 李中华主编:《中国人学思想史》,北京出版社2004年版,第7页。

大都具有一定的灵性，优灵脱离并区别于低灵，一般生物灵性低下，一般动物灵性高之，人类灵性最高而成为万物之灵。人类作为万物之灵的灵性，即优灵主体实践性。人的自然属性在很多方面同动物是一致的，比如生理构造、吃喝拉撒睡、安全和性繁殖的自然本能需求性，等等，在这个基础上，人具有优灵主体实践性而使人从动物中脱离出来。正因为人的优灵主体实践性，从亚里士多德开始的大多数西方哲学认同"人是理性的动物"，比如"人的全部尊严来自思想""人是会思想的芦苇"以及卡西尔的"人是符号的动物"等观念，中国古代王充把人看成是"万物之中有智慧者也"。

（3）"优灵主体实践性"是人之为人的内在根据。理性是智慧中的最高原则。康德、费尔巴哈等把人性归结为知、情、意的统一，一般系统人以优灵智慧指导其主观能动实践（优灵主体实践性）实现感性、知性与理性（知、情、意）相互协同——使人脱离动物、认识世界和自己、改造世界，不断优化发展自我。卡西尔在《人论》中说："如果有什么关于人的本性或'本质'的定义的话，那么这种定义只能被理解为一种功能性的定义，而不能是一种实体性的定义。我们不能以任何构成人的形而上学本质的内在原则来给人下定义；我们也不能用可以靠经验的观察来确定的天生能力或本能来给人下定义。"① 优灵主体实践性就是一般系统人机能内在的功能性定义，它继承人类天性，使人类自组织为社会系统成为可能，直接揭示了一般系统人的现实本质。

（4）优灵主体实践性是一般系统人的整体性描述。一方面，一般系统人优灵智慧认识具有整体优越性。人类就整体而言具有优灵意识性，但在某些具体方面，人类并不直接具有优灵性。比如，在人类同生物的比较中，单就千里之外的"识途"意识而言，人类就不比鸽子强。由于人类的思想、理论和知识是一个庞大的系统，具有不同的层次、体系和结构，某些思想、理论和知识在这方面比较是属于优灵意识，而在其他某一方面比较却并不属于优灵意识。因此，优灵意识是相对的，它相对于可比较的同类的优灵性，它相对于过去的优灵性，它作为人类的整体意识相对于其他生物的整体优灵性。在人与人的比较中，更是"寸有所长、尺有所短"，比如某个人在这个思想方面有成就，另一个人在那个思想方面有造诣；某个人掌握了这个务农的理论知识，另一个人掌握了打猎的理论知识……就整体而言，尺就是比寸长，个体还是存在优灵意识差异的。另一方面，优灵实践主宰具有整体优越性。人优灵实践过程中，就单一机能方面，奔跑方面比不上猎豹，飞翔方面比不上小鸟，游泳方面比不上鱼儿……但

---

① 卡西尔：《人论》，上海译文出版社1985年版，第87页。

就整体实践而言，人类优灵于动物，汽车跑过猎豹，飞机飞过小鸟，快艇快过鱼儿。由于人类的实践对象是一个庞大的系统，具有不同的层次、体系和结构，某些实践方式在这方面比较是属于优灵实践，而在其他某一方面比较却并不属于优灵实践。在人类社会中，人们务农的技能不能直接用在打猎上，打猎的技能不能直接用在务农上，一般系统人各具有优灵实践性，各个系统人"优灵"自组织汇聚成人类系统不可分割的整体优灵智慧认识和优灵实践主宰性。再一方面，优灵主体实践性具有整体优越性。优灵主体实践性，即一般系统人的社约实践性。人类社约实践性同一般社会性动物比如蚂蚁、蜜蜂、大象、猴群等比较，具有最高等级优越性。人类对于自身比较具有整体优越性。海明威在《真实的高贵》中说："优于别人，并不高贵，真正的高贵应该是优于过去的自己。"人类系统自分形发展进程中，社约实践性产物是不断进步的、不断优化的，比如共产主义社会、社会主义、资本主义、封建主义、奴隶社会、原始社会，其中前者比后者都具有整体优越性。

（5）一般系统人优灵主体实践的自组织，即优灵智慧认识和优灵实践主宰的自组织。在自组织过程中，通常优灵意识指导优灵实践。优灵意识其来源于初始的、特定的实践，又超越之，对于开拓新的实践工具、把握新的实践对象、获得新的更高的实践效用具有理论指导意义。优灵意识来源于"初始实践"，在高于实践的优灵意识指导下的"新"实践过程，称为优灵实践。优灵意识，决定了优灵实践的工具在一定的范围，决定了优灵实践的对象在一定的范围，决定了优灵实践的效果和涌现机能在一定的范围——这一点，犹如组分决定系统的机能范围，老鼠层次的优灵意识可以在优灵实践中生出较强适应性的老鼠，但不能超越老鼠规定性而生出大象。在优灵智慧认识和优灵实践主宰的自组织进程中，以优灵智慧为指导的实践改造世界，需要同人类自身生物系统进化演化整体匹配——不能超越人类自身生物系统规定性。否则肆意的实践活动会反噬人类自身。

一般系统人的优灵主体实践性表明，人是改造自然的主体。"根据苏联科学院费尔斯曼院士的统计材料，在15世纪至20世纪这几个世纪里，人们从地球挖掘出不下500亿吨煤、20亿吨铁、2000万吨铜、2万吨黄金，等等。人用运河把大洲切开，向大海夺取陆地，灌溉沙漠，排干沼泽，改变河流，修建水库，甚至改变自己生活的气候条件。人还对植物界和动物界施加影响，干预生物进化的进程。他们消灭一些植物和动物品种，培育和改变着另一些品种。地球上相当一部分地区的植物是由人改造而成的。现代遗传学和分子生物学研究的突破，使人可以通过基因工程技术，改变遗传信息流等手段创造出新的物种，生产大量适应于人类需要的植物和动物。"① 优灵智慧认识和优灵实践主宰是一个整体,两者协同统一于社会实践,其本质是改造世界,创造美好人类社会,创造不断发展的人类历史。

四、一般系统人"由机能至本能"的人本目的规定性

一般系统人机能源于本能。一般系统人的本能本性是自分形性,一般系统人自分形本能目的不是裸存在的,而是在环境中具体存在的,即表现出一般系统人生活机能现实目的。而一般系统人机能归根结底收敛于本能——在这一过程中表现出一般系统人"由机能至本能"的自我演化目的规定性:一是机能的幸福目的,一般系统人自我自分形表现的内部系统自稳态、外部环境自适应、整体自组织的"知、情、意满足需要平衡"优化演化发展的"幸福形态";二是本能的可持续目的,一般系统人自分形表现自我的个体系统人形态、组织系统人形态、人类系统形态的可持续生存的最大化恒存演化序列。一般系统人演化发展的机能幸福目的和本能可持续目的两者是统一的,它们交织连成一个自分形演化整体,遵循自组织的"整体优化原理"和"最小作用量原理"。

1. 一般系统人对机能幸福目的的追求

一般系统人是由高度相对独立自约物意志支配的高等级优灵动物体,作为整体系统机能具有追求"知、情、意"统一的幸福目的。这也是现实人的一种直接目的追求。在现实生活中,"知、情、意"统一的幸福集中表现为对至善的追求。在对至善的追求过程中,有些人把快乐作为善的目标,将快乐等同于幸福,出现独乐的利己主义和群乐的利他主义思想;有些人把道德作为善的目标,对此黄建中认为:"幸福与快乐有联系,却有本质上的差别。无论是个人之乐或群体之乐,快乐都有功利性的方面,而真正的道德行为,却应该是超功利的。"② 快乐是一般系统人躯体生物性需求得到平衡满足的释放,幸福在这个基础上追求包括一般系统人社会性需求在内的全面需求得到满足平衡的"知、情、意"统一。大多数快乐都是幸福的内容,但少数快乐并不属于真正的幸福,如果人的某种自稳态需求得到满足是非优化的,则不能是属于正义的幸福内容,比如吸毒带来的短暂快乐不属于真正的幸福内容。

幸福是人生活机能的现实目的性意义。意义主要是指人自身需求得到满足产生的幸福感,以及通过给予使别人或别的事物需求得到满足而带来的幸福感。

---

① 陈志尚主编:《人学原理》,北京出版社2004年版,第37页。
② 黄建中:《比较伦理学》,山东人民出版社2011年版,再版引言第5页。

一般系统人对机能幸福目的追求的生活过程，需要把握"知、情、意"统一并满足需求对于自身和对于他人及社会的意义。幸福意义作为具体感受特性，它是相对的，同一事件，出现在不同比较、不同评判境遇中，意义可能是不同的；同一个人在不同的时间会因自己的情感、需要、境界的变化而给出不同的理解，意义也是可以发生转化的。亚里士多德认为："我们把那些始终因其自身而从不因它物值得欲求的东西称为最完善的。与其他事物相比，幸福似乎最会被视为这样一种事物。因为，我们永远只是因它自身而不因它物而选择它。""不仅如此，我们还认为幸福是所有善事物中最值得欲求的，不可与其他的善事物并列的东西。"① 亚里士多德认为幸福是重要的，但并没有阐述幸福是如何生成的。

一般系统人的快乐幸福感，是其自约物意志系统的主观能动自我意识通过自我调节同现实与实践达成一致性和解——获得平衡感、安全感和满足感，也可以延伸到责任平衡感、社会安全感、价值满足感等。"起床，乘电车，在办公室或工厂工作四小时，午饭，又乘电车，四小时工作，吃饭，睡觉，星期一、二、三、四、五，总是一个节奏，在绝大部分时间里很容易沿循这条道路。一旦某一天，'为什么'的问题被提出来，一切就从这带点惊奇味道的厌倦开始了。"② 这个例子中，如果"为什么"没有提出时，即该人的意识体系中的正在显现的意识是同一天工作情况贯通的、达成了"知、情、意"一致性的和解；当"为什么"提出后，即意识体系中的原来用来和解的子意识——跃升了，在新的层次上，拥有新的信息模式的新子意识；该新意识同一天工作情况进行"新"贯通与连接，显然这种连接失去了原有的"知、情、意"贯通一致性及和谐性，在未达成新平衡之前，相应地丧失了幸福感，觉得失去了意义。一个面朝黄土背朝天辛勤劳作的农民——"农耕意识和农田农活对应达成'知、情、意'一致性和解"，农民用自己的双手生活是幸福的。如果一个农民获得前面这样的一天工作，把农耕意识与上面的一天工作情况对应时，或许就农耕意识的物质需求性而言是极大超越的，能够满足需求而充满幸福感；或许就工作方式而言，打破了原来自我擅长的农耕技术，在工厂技术中难以达到平衡，感觉不幸福。人类社会系统中，人具有相同的结构和社会环境，具有大体相同的自然和社会属性，拥有大致相同的优灵主体实践同"知、情、意"的一致性和解范畴，即同一社会环境的不同人，可以具有大致相同的类幸福感。快乐幸福感是一种趋向本我的幸福感，肉体的快乐和器官的满足是本我快乐的基础，是一种

---

① 亚里士多德：《尼可马可伦理学》，商务印书馆2003年版，第18—19页。
② [法] 加缪：《西西佛的神话》，西苑出版社2003年版，第15—16页。

感性的快乐，本我的被压抑的那些需要的满足，情欲之爱、肉体之欢，当属这个范畴；另一方面是现实自我优灵社会实践性方向，社约物意志对个体系统人自约物意志进行支配调节，产生社会责任及社会满足需要性下的"知、情、意"一致性和解，实现梦想是一种幸福，禁欲也可能成为一种幸福，比如，中国古代的宋代理学的"饿死事小、失节事大"的思想，个体的禁欲奉献可使社会整体中其他成员或更多成员获得满足而使自己收获幸福感。优灵主体意识不同，在现实实践中获得一致性和解平衡并产生幸福感也不同，优灵主体意识具有不同的层次，现实具有不同的环境，两者匹配一致性和解贯通产生幸福感，而不匹配不和谐则通常是不幸福的，比如一个斗大字不识的农民，让他从烈日下农作到空调房中教学，他的优灵主体意识（之知识）同现实教学是不匹配的，因而他是不幸福的；相反，农民辛苦农耕实现丰收达成了农民农学知识同现实农活的匹配一致性和解，他是幸福的。如果把优灵主体意识层次与现实错乱匹配，尤其出现诸多级别错乱时，人总在错乱匹配之中，总无法获得平衡和满足，则总是会没有幸福感。因此，幸福感是一种匹配调节的过程，在于一种优灵主体意识同现实达成一致贯通的动态需求满足平衡匹配过程。

  人的意义在于从出生向死亡的自分形展开过程中，以符合人体机能的方式展开，它是一个链段连着一个链段、一个节点连着一个节点的连贯演化过程。死是自然的，但是没有抵达那个"自然"节点而发生的死亡，它是一种错位，是不应为正义人性所接受的，也是不符合人的意义的。幸福是追求美好生活、满足需要的快乐过程。我们所有的，例如焦虑、空虚、无聊、罪过、孤独、荒谬等，都是优灵主体实践同现实的错位相互作用，未能真正达成和解并获得人体机能平衡，而产生的一种非满足感受。由于我们并不能保证我们的理性（人不能绝对地获得理性，可以获得相对理性，并向绝对理性靠近）一定能够指引我们获得正确的和解，因此，焦虑、空虚、无聊、罪过、孤独、荒谬等是我们生活的必然部分。生活中优灵主体实践与现实的非和解性产生的挫折和困难是不可避免的，因此，生活需要勇气，勇于克服困难调节优灵主体实践与现实的一致性，向幸福出发，在过程中收获幸福感；我们需要不断改造自己，相信思想的力量，用智慧之光点亮生存的勇气，科学追求幸福，调节自己（在重大困难、困惑和挫折面前，艺术、宗教、信仰等有利于帮助我们自我调节），展开一幅追求幸福发展的生活史。

  人追求幸福是一般系统人机能的本性，也是人自约物意志调节整体自组织满足需要快乐平衡的机能本性。人对自己存在的反思，领悟到自己的有限，追求幸福的有序，努力从思想上去不断地创新，提升自约物意志层次，对应地指导改变新现实；或者依据现实的不断发展和改变，迫使自己思想获得新的认识，指导新实践；这两者都是为了使自己自约物意志优灵主体实践能够达到同现实的一致性贯通与和解，使意识和思想在人机体内能够获得自我快乐调节的有效性和针对性，完成系统稳定发展。人思考人生的意义是为了更好地调节幸福，更好地提升自我意义——思想的意义，在于使自我融于社会而实现"自我意义"的伟大和不朽。因为，个体的实体意义终将因个体生命的逝去而消失，而其思想对于社会之意义则可能以文明的信息模式在人类历史中长存。个人的幸福是本我幸福，人类社会系统的幸福是共我幸福——追求包括自我在内的最广大人民的幸福生活是我们的核心目的。

2. 一般系统人对本能的可持续目的的追求

一般系统人本能可持续目的，简单而言就是存在和继续存在；具体比如捍卫生存、保卫国家、保卫人类、繁衍后代等都是人类的本能目的行为。

一般系统人生存是首要的本能，只有"活着"才能谈其他。因为，其他一切都是"活着"机能下的产物。因此，生命是首要可贵的。一般系统人生命是指人质的"知、情、意"统一动物体及其活动，它具有高级性，比如在满足饥饿自然需求方面，人用刀叉或筷子食用熟肉比较动物直接用牙齿啃食生肉具有高等级性。

可持续生存既是具体的又是抽象的。对个体系统人而言，具体可持续存在主要是指生命延时，是存在的活着的持续进行；抽象可持续存在是指基因繁衍后代，人质基因的一代又一代地持续活着。对组织系统人而言，具体可持续存在主要是指具体模式的群体系统人形态的持续保持和发展，例如张三和李四组成的具体婚姻模式的家、华为具体组织模式的企业、社会主义模式的中国，等等；抽象可持续存在是指群体系统人形态抽象形式的持续保有和发展，比如家庭、企业、政党、种族、国家，等等。

一般系统人可持续生存本能来源于一般动物（类）本能。在动物（类）中，可持续生存即繁殖，它是动物自分形最大化超循环螺旋的表现，比如，鲑鱼为了延续繁衍后代，经历艰险漫长的旅程，从海洋返回溪流出生地，产下卵就死亡；螳螂为了繁衍后代，交配结束后公螳螂就成为配偶的大餐，滋补下一代……一般系统人并没有直接超越一般动物（类）可持续生存的这一自分形目的。一般系统人系统比一般动物（类）系统要高级，一般动物（类）系统比如狮群、蚂蚁系统、蜜蜂系统等，就表面上看来，它们同样具有社会系统形态，但一般动物系统直接地是以猎取食物满足自身生物需求和延续种群为目的的，而人类系统不仅追求食物需求和繁衍后代，更在此基础上追求人质的高级的全

149

面需求（包括物质的、精神的、自然的和社会的需求）。

一般系统人整体虽然相对独立于自然，但在追求可持续目的的进程中也受自然约束。人受自然界理性的支配是"人作为自然界的一部分"的必然结果。人作为自然界系统的一部分，不能改变自然界系统的本质即客观规律；人类的能动性是有限的，总体还是受自然界系统自约物支配的，人类违背了自然界系统客观规律，则自然界系统自约物将发挥区别控制约束人类的作用，比如破坏自然环境将遭受自然系统环境自约物的"报复性"支配。正如恩格斯所说："我们不要过分陶醉于我们人类对自然界的胜利。对于每一次这样的胜利，自然界都对我们进行报复。"① 另一方面，人的优灵主体实践能动性可以运用到无限的改造世界的进程中，利用好自然界，改造自然、善待自然，使自然系统和社会系统协同服务保障人类的存在和发展。

一般系统人作为整体系统追求可持续目的的进程中，要受本身系统内各要素协同相互约束。在人类社会系统中，人口的增长是人类自分形最大化的本能表现，是可持续生成本能目的；但是，一般系统人整体其内部不仅有人口要素，也包括物质、能量、信息要素，各要素自组织协同匹配才能呈现和谐系统高效机能，这表明有限的社会资源环境只能承载有限的人口数量。马尔萨斯在《人口学原理》中提出两个假设前提：其一，人的性本能几乎无法限制；其二，食物为人类生存所必须。同时，马尔萨斯做出一个著名的预言：人口增长超越事物供应，会导致人均占有食物的减少。其基本思想是：如没有限制，人口是呈指数速率（即2，4，8，16，32，64，128……）增长，而食物供应呈线性速率（即1，2，3，4，5，6，7……）增长，只有自然原因（事故和衰老）、灾难（战争、瘟疫及各类饥荒）、道德限制和罪恶（马尔萨斯所指包括杀婴、谋杀、节育和同性恋）能够限制人口的过度增长。马尔萨斯的观点反映了一般系统人整体中人口要素与食物要素协同匹配的一些观点。但是，对于一般系统人整体的内部各要素自组织协同匹配问题，它是受一般系统人具有主观能动性的社约物意志支配的，比如对人口增长与食物供应的协同组织，当人口过多时，社约物意志将以各种经济或政治的措施实行计划生育等来调节；当食物不足时，社约物意志将通过提高生产力、加大经济生产、提高供给来调节；总地来看，社约物支配使人口增长和经济生产供给的关系基本平衡，确保人类社会自组织协同的可持续生成和发展。

---

① 《马克思恩格斯选集》第4卷，人民出版社1995年版，第383页。

3. 一般系统人对幸福目的和可持续目的的统筹追求

一般系统人自分形幸福化和可持续最大化是一体的，既可以相对区别独立，又相互统一。在人类社会系统的"某一具体现实阈值"内，幸福存在一个相应高限值，可持续生存存在一个相应高限值，两者需要通过社约物自组织支配协调——以期实现当时社会一般系统人的满足需要幸福感和人口经济社会可持续发展两者匹配协同的一个最优值，每一个最优值都是人类自分形过程中的状态点，而不是终结状态。

一般系统人的幸福目的和可持续生存目的是相对的。一方面，幸福生活目的区分为短幸福和长幸福、小幸福和大幸福、表面幸福和深度幸福，比如，有些人的幸福只是几天几年的短幸福，有些人的幸福是几十年、一生甚至几代的长幸福；有些人是一杯一饮一食的小幸福，有些人是多人共享一生的大幸福；有些人是一字一词一句的肤浅幸福，有些人是整节整章整篇抓住本质囊括人生的深度幸福。另一方面，可持续生存目的，包括短可持续生存和长可持续生存的问题、存在小范围可持续生存和大范围可持续生存的问题、存在内在机制可持续生存和外在表象可持续生存的问题，有些是五年十年的可持续生存与发展，有些是百年千年的可持续生存与发展；有些是村、镇、县地域范围的可持续生存与发展，有些是省、国家、全球范围的可持续生存与发展；有些经济与文化具有内在机制可持续生存与发展，有些经济文化是泡沫的表象繁荣可持续生存与发展。由于幸福目的和可持续生存目的都是相对的，所以在选择时可以进行相对比较。比如，女孩在选择对象的时候，有些宁可选择"坐在自行车上笑"，有些宁可选择"坐在宝马车中哭"。两者比较，前者幸福生活强些，而以财富衡量的可持续生存弱些；后者幸福生活弱些，而以财富衡量的可持续生存强些；幸福生活和可持续生存在某些条件下是可以相互转化、相互促进的，前者幸福生活可能促进其包括财富衡量在内的可持续生存，后者以财富衡量的可持续生存也可能促进其幸福生活感增强。有些一般系统人在处理幸福目的和可持续生存目的的相对性选择方面，发挥主观能动性，有的倾向于理性，有的倾向于感性，有的交织不清，比如，有些人为了追求短暂的爱情幸福，放弃可持续生存——宁可第二天去死；有些人，为可持续生存的苟且偷生，放弃真爱的幸福；有些人为了短暂的幸福刺激吸毒，危害了可持续的生命存在；有些人，为了活命，放弃了真理，放弃了善良，沦丧了道德。有时候，追求幸福，就是追求可持续生存，幸福可以使身心愉悦，健康长寿，达到可持续生存的目的；有时候，追求可持续生存就是追求幸福，可持续生存，可使感知累加，可使幸福累加，达到追求幸福的目的。从长远来看，可持续生存和幸福生活的指向是一致的，根本的是可持续生存，现实的是幸福生活，一个个幸福生活的连环构成了可持续生存的超循环螺旋发展。

一般系统人的幸福目的和可持续生存目的是紧密联系的。幸福生活与可持续生存紧密联系，它们在具备条件下可以相互转化。在某些条件下，一般系统人转让自己的自由、权利、利益，可以获得更大的可持续生存，比如奴隶社会战败者为了不被杀，转让自己的自由和权利——成为奴隶，获得继续生活的机会；比如，人们转让自己的金钱财富，用来医治身体，以便延长自己的生命；比如，人们将自己的财富投入再生产中，以获得更多的财富，满足自己的需求，延长自己的可持续生存。在某些情况下，某些一般系统人转让自己的可持续生存可以获得更大的幸福生活，通俗地说就是，牺牲健康获得成功的幸福感，比如加班加点完成任务获得成功的幸福感，加倍努力实现目标的成就感。

归根结底看来，一般系统人在可持续生存的超循环螺旋链条上承载着幸福生活；当然，在该本能链条上，有些链环是允许暂时不幸福的，甚至是痛苦的，但他的意志指向"未来幸福"。关于一般系统人在可持续生存链条上的幸福生活研究应把握两个方面：第一个方面的幸福，把握可持续生存超循环大链条上幸福生活链环的数量和质量，既要把握个体系统人从出生、成长、成熟、衰老到死亡的大链条上的幸福生活链环的数量与质量，又要把握组织系统人从萌芽、涨落、诞生、维稳、消亡的大链条上幸福生活链环的数量与质量。比如，莫泊桑《项链》中，主人公幸福一时、辛苦一世，有些人则打拼一时、享受一世；有些人为了新中国的诞生奉献了生命，是光荣和值得纪念的，载入史册；有些人为了苟且偷生卖国做汉奸，是可耻和应当唾弃的，遗臭万年。第二个方面的幸福，把握幸福生活指标对于母系统（整个社会系统）可持续生存的意义与价值，把握幸福生活指标对于母系统可持续生存的量变、质变、分叉超循环等链条的意义与价值。有些人见义勇为，牺牲自己挽救他人，对母系统起正能量作用，意义和价值重大；有些人牺牲自己的健康和幸福服务社会，给大多数人带来幸福和快乐，对母系统具有推动和服务作用，意义和价值重大；有些人发明，有些人创造，有些人辛勤劳动等，他们对母系统具有推动和发展作用，具有保障整个人类社会可持续生存的作用；有些人危害他人，抢占他人财富甚至身心，满足自己的幸福，对母系统起危害作用，意义是负面的，价值是反面的；有些人，贪污腐败，不劳而获，贪图享受，把自己的幸福建立在耗费公共资源甚至是别人的痛苦之上，他们对于母系统而言是害虫，不仅不能推动可持续生存，相反影响母系统的稳定与可持续生存。一般系统人的两个目的研究，应当把这两个方面幸福进行辩证的统筹考虑。

每个个体系统人，每个组织系统人，都时刻在幸福生活与可持续生存的混合博弈中存在着、演化着、延续着，因为，这就是一般系统人"活"的展开，即"生活"。通常而言，作为一般系统人，在合理范围内，首先争取"第一方面"的幸福，其次开发"第二方面"的幸福，最好做到两者兼顾，两者皆有为。人之本意，在于幸福；人之根脉，在于延续。所谓"幸福"，是指人追求获得自身系统内外需求满足的自稳态机能，反映人自分形的自适应优化本能意识和价值意识，是一种满足身心快乐的本意。所谓"延续"，是指人追求自分形最大化之"根"，表现为人自分形之扬弃与发展的链条，呈现出人追求以"类"恒存的自我序列。人，需要追求幸福生活的本意，更需要追求整体根脉的延续。

第三节　一般系统人存在和发展的辩证逻辑

人生哲学的基本问题是如何认识和处理个人与他人、个人与社会的关系，西方人生哲学的特点集中在于讨论两个问题："（1）人与人是有等级的还是平等的？（2）是以个人为中心、本位还是以群体（人民）和社会为中心、本位？"[①]面对这两个被争论了几千年的问题，这里将其置于本能系统辩证物质条件下利用系统科学思维进行哲学反思，获得一般系统人的自我发展辩证逻辑研究如下：

世界物质是统一的，任何物质都具有自分形发展的权利，即自分形来源本能物质是平等的，本性是自由的。人作为物质世界的有机动物体机能物质具有物质本性，遵循自由自分形规律。人与人在物自体自分形方面是自由的、平等的，人与人在具体机能物质意识亚物质方面是"不一的"，相对存在差异的自约物意志在自分形相互作用中自组织形成社约物意志——整合支配人类社会系统每个人的生活，服务协同每个人，同时约束束缚每个人，支撑支配人类社会之系统存在及其意义。关于"人与人是有等级的还是平等的"反思。人自分形本性是自由的平等的，但是，现实中具体人来源于自分形"不均匀性"是"不一的"，即现实社会中没有两个完全相同的人——"不一"的机能系统人相互作用中"自分形能力"表现是"不一的"，它直接体现在社会系统自约物意志参与自组织产生的社约物意志中，即社约物意志具有来源于不一自约物意志的、反过来支配不一机能个体人的"差异性"——这种差异性，一旦同社会系统中劳动分工和社会分层（甚至分阶级）对应起来，就形成了现实社会的"等级"。

[①] 陈志尚主编：《人学原理》，北京出版社2004年版，第25页。

它是一个由"自由平等"到"不一"再到"有等级"的整体序列。因此，人与人自分形本性是自由的、平等的，这种本性落地在现实社会系统，由于受自分形不均匀性影响，经历"不一"而在社会系统中表现出"差异"，在阶级社会被制度体制支配形成"有等级"。

关于"个体本位还是群体本位的"反思。从系统科学来看，个体本位和群体本位是自组织一致的：由个人自组织形成的人类社会系统，它以社约物意志为支撑表现整体意义，直接的是以群体（人民）和社会为中心为本位，它以个体为组分表现人类社会意义，间接的是以个人为中心为本位，两者是自组织一致的；从长远来看，个体本位自组织凝结为群体社会本位，群体社会本位以系统社约物意志反哺个体本位。在现实中，个体自约物意志与群体社约物意志（已有的）总是永不停息博弈的（自组织），不能因为这两者的博弈、对抗、斗争而割裂出"个人中心本位和群体中心本位"，如果这么做就是对一般系统人自组织的一种以主观意志为转移的"肢解"，是一种纯粹机械论还原论观点，无视人类社会系统作为有机整体系统自组织的本性。

总地来看，一般系统人具有"自分形最大化"同"社约物整形"博弈自组织最小作用量的自我发展辩证逻辑。从整体来看，一般系统人自分形与社会系统社约物整形是自组织逻辑一致的，前者利益生成后者利益，后者利益协同保障或控制约束前者利益以实现其整体利益最大化，本质上后者利益即是前者利益。但是就局部发展而言，一般系统人自分形与社会系统社约物支配演化发展之间，两者可能目标共同而出现涨落放大，也可能两者目标相互悖逆而出现矛盾斗争，这一切都蕴含在人和人类社会自组织演化发展的整个过程中，具体表现出一般系统人"自分形最大化"同"社约物整形"博弈自组织指向最小作用量的自我发展辩证逻辑。一般系统人自我发展辩证逻辑集中表现为"一般系统人自分形最大化与社约物整形支配的自组织一致性问题"，具体包括三个方面内容：(1) 根本方面的内容，是指一般系统人作为整体秩点的物自体自分形最大化问题，即一般系统人的独立、自由、平等问题；(2) 核心方面的内容，是指一般系统人作为社会系统的主体组分，参与社会系统博弈的能动性、主体性和受社会系统涌生事物整合支配的受动性问题，即社约物支配问题；(3) 现实方面的内容，是指一般系统人自由最大化与社约物整形支配之间的博弈自组织问题。回答这些问题，也是一般系统自我发展辩证逻辑的具体内容。

一、人类社会的"人—社约物—人"共我存在

社约物的提出，真正将人类社会系统构建成一个具有实体组分和涌生事物

组分的有机系统，可描述为一个"人—社约物—人"的系统形态。"人自由自己的需求内容及边界"同"社约物的供给内容及边界"的匹配关系是决定人自由与约束关系的根源。

人类社会研究的第一个前提无疑是有生命的个体系统人的存在，正如马克思指出："现实中的个人，也就是说，这些个人是从事活动的，进行物质生产的，因而是在一定的物质的、不受他们任意支配的界限、前提和条件下活动着的。"[①] 有生命的个体人共同生活形成人类社会，犹如蚂蚁社会、蜜蜂社会、狮群社会、大象社会、猴群社会等，是自然界内部组分事物自分形与组分事物间涌生事物整形的超循环螺旋状态表现的一个子系统，在这一点上，人类和其他自然物种是平等的。但是，人类系统区别于一般自然物种系统，是因为其具有高度相对独立的涌生事物意识及其指导实践的复杂心理和行为，表现为脱离一般动物种类的主体性。

劳动的主体是人，人们生活的主要内容是劳动，因此，以"劳动"为出发点和以"人"为出发点的结合就是以"现实生活"为出发点。马克思强调："应当避免重新把'社会'当做抽象的东西同个人对立起来。个人是社会存在物……他的生命表现，即使不采取共同的、同其他人一起完成的生命表现这种直接形式，也是社会生活的表现和确证。"[②] 因此，个人同社会的存在演化的统一就是现实生活，而"在人与人类之间往复运动生活"是一般系统人"活"的本质，是一般系统人研究的出发点和落脚点，是一般系统人研究的逻辑连贯桥梁与纽带：一方面体现了个体人孕育生成组织系统人的社会组织化意义，另一方面体现了组织系统人反哺个体人的社会人化意义。一般系统人研究的纽带，架构个体系统人推动人类社会系统发展和人类社会系统反哺促进个体系统人进化两个方面贯通往复运动。在一般系统人社会实践中的纽带作用，社会心理学内容表现明显，因为心理学以实践经验（案例）揭示着人在人与人类之间往复运动的某些表现规律，形成对人类认识与实践具有指导意义的研究。但是，心理学缺乏理性的基石，侧重经验与感性的研究，侧重实验与案例的研究。一般系统人生活的现实纽带研究，应从理性的基石出发，达成对社会学、经济学、心理学、政治学等实践指导，为它们提供一般的共同的理论和资料来源。

人与人类之间往复运动的基本形态就是社会互动形态，即社约物形态。在人际交往中，人们不仅彼此交流思想感情，而且在互动理解的基础上建立不同

---

① 《马克思恩格斯选集》第1卷，人民出版社1995年版，第71－72页。
② 《马克思恩格斯全集》第19卷，人民出版社1963年版，第404－405页。

亲密程度的社会关系——这种社会关系是人与人类之间往复运动的相对确立的关系形态，是相对稳定的社会契约性涌生事物，即社约物。人与人之间交往，生成各种涌生事物关系（作为人与人之间相互影响、相互作用的直接承载），整体获得个人与人类之间往复运动的基本社会形态，即社会互动形态。社会互动形态的形式有很多，比如合作、竞争、冲突、调适、模仿、暗示与感染等，它们都是人与人之间、人与人类之间涌生事物博弈的表现形式。大多数社会互动表现有方向性、目标性和目的性，比如管理形式；一些社会互动具有规范形式，比如婚姻关系、社会制度等。一般系统人的社会互动形态，是广义的，区别于狭义的社会心理学社会互动。广义的社会互动，包括自然内部相互作用的基本规律和原理、一般系统人（人类）自组织存在和发展的内部互动、个人在自我和社会组织之间的往复互动等。狭义的社会互动，主要是人在人类社会中相互作用和相互影响的研究，它仅是"人在人类社会系统中的存在和发展"的社会心理行为的内容。

人类社会的"人—社约物—人"系统模式，就是社会一般系统人"明己社约"和"社约明己"的统一体。一般系统人自分形决定了"明己"是其存在的绝对标志。一个人是否具有社约物环境，是一个人是否生活在人类社会系统的现实标志。"明己"与"社约"是相辅相成的，既包括系统人"明己"并将之转化为社约物过程，又包括社约物支配约束下的系统人"明己"过程。一个不能明己的人，则是这个世界上可有可无的人，谈不上对人类发展的"独特"贡献。一个人明己，并将明己之自约物转化为推动人类发展的有效的社约物，则是推动历史前进的英雄。按照先明己后建立相应明己下的社约物的顺序，一般系统人的存在和发展形态，可称为"明己社约"。任何一个人都是社会人，都受历史环境的支配约束，在既有的人文社约物之中实现自己的价值和梦想，达成"明己"，则是顺应潮流推动潮流发展之人。在历史时代环境中，受现有社约物支配影响条件下，实现"明己"的一般系统人存在和发展形态，可称为"社约明己"。严格地讲，任何英雄和伟人都首先必须经历"社约明己"形态，任何"明己"都不能是空中楼阁，"明己社约"是社约明己进入的发展的和质变的高级阶段，是英雄或伟人出现于历史的潮头，代表人民意志牵引人类历史的潮流前进。任何一般系统人，做好"社约明己"是自我张显的本分，做好"明己社约"是自我留存久远的本性。因为，"社约明己—明己社约—新社约明己"是一种超循环螺旋发展，新社约明己是一般系统人自分形最大化以"留存久远之历史"而达到的更高形式。一个人，在社约中不明己无社约，是可有可无的人；在社约中明己社约，是一个正常的人；在社约中明己且创新社约服务社会，是对社会有用的人，甚至是推动社会前进的英雄或伟人。

二、一般系统人的自分形自我发展逻辑

世界系统的根本动力来源于本能系统物质的自分形力，总体方向是自分形最大化。在物质自分形演化进程中，随着物质系统越来越高级、越来越丰富、越来越庞大，其内部子系统相互之间的自分形自由尺度越来越小（即相互之间亚物质整形力越来越大），自然地球系统在宇宙系统中产生，人类在自然界发展的某个阶段诞生。因此，人类的存在和继续存在发展同自然一道遵循物质本能自分形最大化规律，即其具有自我发展的自分形最大化逻辑。

人类同自然界的相互作用表现为认识自然和改造自然，其对自然的整个相互作用就是自分行最大化显现：自分形最大化使一般系统人处于这样一个范围，正如陈志尚主编的《人学原理》中指出："从最低的目的来看，在于满足人的肉体生存和精神享受的需要。而从最高目的来看，则应是服从于人的发展的需要，使人能最后摆脱动物本能而自由全面发展其个性和潜能。"[1] 其中，"最低目的"是一般系统人自分形最大化的基本内容，"最高目的"则是一般系统人自分形最大化的必然趋势。

马克思指出："凡是有某种关系存在的地方，这种关系都是为我而存在的。"[2] 这种"为我性"实质上是一般系统人"自分形"最大化的一种综合体现——是对外部现实世界的某种扬弃而获得自身自分形发展的相互作用关系。一般系统人自分形最大化是一般系统人研究的根本目的和方向。

任何物质系统都具有物自体自分形最大化趋势并朝该目的不断演化发展。"成为你自己"及其最大化，不仅是每个人类生命，也是每个动物生命，甚至是每个事物的自然本性。"尼采的哲学是一种基于对自然生命的肯定的、超越于善恶之上的生命道德。它强调，内燃是生命的本性，自主是生命的作用方式，自我则是生命的表现方式。这种新道德以自然生命为基础，以权力意志为价值标准，以每一个个体'成为你自己'为价值理想。尼采的哲学在当时曾经被当做一种行动哲学，一种声称要使个人的要求和欲望得到最大限度发挥的哲学。"[3] 一般系统人"成为你自己"就是要实现自分形最大化，理论上追求需求与欲望最大限度的满足，在现实中，这种成就自己的自分形最大化具体包括三个方面：

---

[1] 陈志尚主编：《人学原理》，北京出版社2004年版，第42页。
[2] 《马克思恩格斯选集》第1卷，人民出版社1995年版，第81页。
[3] 盛文林编著：《人类历史上的重要学说》，北京工业大学出版社2012年版，第39页。

（1）一般系统人躯体系统自分形最大化，即一般系统人的成长成熟及其表现的系统人细胞、器官、组织、躯体不断发展，实现躯体成熟（机能高效）的自分形最大化；（2）一般系统人自约物意志的自分形最大化，系统人自约物意志不断地在社会实践中丰富和发展，在汲取知识发展中不断完善，在经验和智慧的运用中不断成熟，实现自约物意志对一般系统人及人外世界的思维最大化、认识最大化、主观意识能动最大化、指导实践创新发展最大化；（3）一般系统人在现实社会生活的实践自分形最大化，一般系统人实践获得对世界改造的最大化——反过来间接实现自身自分形的最大化。

1. 一般系统人躯体系统自分形最大化

一般系统人躯体自分形最大化，是指一般系统人内肉身实体组织即生物有机体的自分形最大化，具体表现为躯体个体的萌芽、生长、成熟和维生等内容。"任何人类历史的第一个前提无疑是有生命的个人的存在。因此第一个需要确定的具体事实就是这些个人的肉体组织，以及受肉体组织制约的他们与自然界的关系。"[①] 每个个体系统人都是从受精卵分裂（自分形）发展而来，出生为婴儿，成长经历幼儿、少年、青年、青中年（成人）、老年，直至死亡。个体系统人躯体自分形最大化可分为三个阶段：第一阶段是在子宫里受精卵发育成婴儿，这个阶段具有细胞分形（自分形）的典型特性，一方面自我分裂复制以及自相似性（以基因为逻辑核心），另一方面具有自分形不均匀性即"不一性"，它与基因性两者进行复杂自组织，生成人体的不同细胞和器官组织；第二个阶段是婴儿出生到成人，这个阶段系统人躯体的各器官组织自分形不断最大化发展，各个器官自分形生长到人体所能够匹配和所需要匹配的最大化，同时形成人躯体系统具有最佳的身体生物机能；第三个阶段是成年衰老走向老年直至死亡，在这个阶段个人自分形最大化依旧支配人躯体发展——由于躯体器官自分形达到"现实"最大化极限（例如系统人躯体不允许心脏大过脑袋，系统人存在具有各种自分形最大化"现实极限"）之后，自分形最大化对躯体系统而言，转变为"维持"这种最大化，比如某一器官中新生自分形细胞在"现实限制"下没有足够空间，老细胞死亡新细胞接替，老细胞维生性和新细胞分形"博弈"之间，自分形新细胞机制逐渐变少变小——衰退，直至器官和躯体在老细胞维生中衰老死亡。

因此，一般系统人躯体自分形最大化同一般生物自分形最大化的本质过程是一致的。它包括基因信息牵引细胞分裂复制且不均匀性统一（遗传与变异统

---

① 《马克思恩格斯全集》第3卷，人民出版社1960年版，第23页。

一）的自分形过程，包括自分形涨落发展（器官和躯体个体长大）的过程，也包括自分形受相互之间亚物质整形（细胞、器官和躯体维生性）的自分形衰替发展，不管细胞分裂、个体成长、衰老死亡这三种过程和形式本质上都具有自分形本性为逻辑连贯的核心。

一般系统人自分形和整形是一体的，是不能割裂的超循环螺旋发展整体。一般系统人受精卵自分形分裂发展到成人现实极限阶段，通过男人和女人的结合（繁衍）实现下一个循环的自分形发展，此环区别于彼环，环中有环，环环相扣，形成超循环螺旋扬弃的自分形最大化的存在和发展形态。

一般系统人不仅包括个体系统人，也包括组织系统人，组织系统人躯体则是个体系统人与社会化的各要素。组织系统人躯体自分形最大化主要表现为内部个体系统人数以及土地、资产、货币、商品等财富为主体的实体经济构成的系统组分事物的最大化——这种最大化以组织系统人社约物意志为指导为牵引，其过程贯穿着"人之物化意志"自分形最大化（即物质利益循环放大或超循环放大）逻辑。

2. 一般系统人自约物意志的自分形最大化

一般系统人自约物意志自分形最大化，就是人思维、思想、意识的天马行空，无限自由，对一切世界事物的信息认知统摄最大化——指导实践改造世界最大化。

个体系统人自约物意志最大化是人之"自私"的本性根源。每个人都有自约物意志牵引躯体参与社会实践——实现个人自分形之社会存在最大化的本性。个体系统人在社会系统中的独立，即指属于个体系统人的各种社会要素和社会资源具有该个体系统人的独特规定性——不属于别的人即排他性；个体系统人自分形最大化发展，即个体系统人独特规定占有社会资源和要素内容最大化，且这些东西的排他性最大化。在这一本性之下，有人提出了"人不为己天诛地灭"的观点（事实上，现实社会人不仅具有自约物意志自分形最大化之自私本性，也具有社约物意志整形之正义公正本性，自分形和整形的博弈自组织性——才是我们真正的现实社会人性）。

一般系统人自约物意志的自分形最大化在超越指导实践就纯粹思维活动而言，它利用概念作为自分形细胞，利用推理和判断作为工具，实现形成自约物意志自分形最大化发展的思想体系（理论）。就这一形式而言，每个人都是哲学家，正如黑格尔所说："常有人将哲学这一门学问看得太轻易，他们虽然从未致力于哲学，然而他们可以高谈哲学，好像非常内行的样子。他们对于哲学的常识还无充分准备，然而他们可以毫不犹豫地，特别当他们为宗教的情绪所鼓动时，走出来讨论哲学，批评哲学。"① 这种现象表明了哲学的原始本性，即一般系统人自约物意志的纯粹思维活动自分形最大化本性。然而，哲学不是个人的哲学，是社会的哲学，自约物意志必须具有社约物意志的规范性，就如制鞋自约物意志指导制鞋社会实践的科学规范性，因此，对于现实哲学，黑格尔还有接下来的一番话："他们承认要知道别的科学，必须先加以专门研究，而且必须先对该科有专门的知识，方有资格去下判断。人人承认要想制成一双鞋子，必须有鞋匠的技术，虽说每人都有他自己的脚做模型，而且也都有学习制鞋的天赋能力，然而他未经学习，就不赶妄事制作。唯有对于哲学，大家都觉得似乎没有研究、学习和费力从事的必要。"②

纯粹思维活动的自约物意志自分形最大化，在"思维自觉到思维本性"方向上，具有最高收敛于本能物质本性的趋势，即具有"最可能高的"自由性。这一自由性，从另一角度可以视为：高度相对独立自约物意志试图把自身收敛至于"趋向绝对独立"的本能物质，并开显思维自觉到思维本性的绝对自由自分形意义。比如：一般系统人自约物意志自分形最大化具体表现的意识对世界的统摄和意识指导实践对世界的主宰，一个人在思想意识方面，总想把世界都看透，达到没有不认识的事物，没有不知晓的东西，趋向绝对丰富和绝对完备的知识最大化；在思想指导实践改造世界方面，总想把一切都实现在自我意识的掌控之中，总想让世界围绕人的主观意志来运行，等等。这一切都是一般系统人自约物意志最大化的现实表现。

3. 一般系统人在现实社会生活的实践自分形最大化

一般系统人实体和精神自分形最大化是根本的，是本质重要的；而实践自分形最大化是社会现实的内容，是"环境"重要的。一般系统人实践自分形最大化是人在社会环境生活的必然，本质上，它具有社会系统的传承性和舶来性。实践是一般系统人发展的社会基础内容，它使一般系统人直接享有了某些规定性而成为其自分形最大化的内容之一。一般系统人作为一个整体自分形最大化，从大的方面可以区分为自约物意志自分形最大化和躯体（及财富）自分形最大化，即精神需求自分形最大化和物质需求自分形最大化，这两个方面本质上是互为整体的。在经济需求的直接自分形最大化方面，可以通过投入和产出的"比较收益"实现物质需求自分形最大化，比如经济生活中，人力、资本、原材料、工具（工厂）、时间等投入，实现产出收益比较生产成本的最大化；在经济

---

① ［德］黑格尔：《小逻辑》，商务印书馆2003年版，第42页。
② ［德］黑格尔：《小逻辑》，商务印书馆2003年版，第42页。

需求的间接自分形最大化方面,主要是指社会经济体制机制、市场环境、社会环境、民生保障等,对于组织系统的物质生产和物质生活的"福泽"提供保障。在精神需求的直接自分形方面,可以不断地进行认识事物,不断地思考,不断地在实践中总结经验,形成知识和思想,丰富精神自分形发展需求;在精神需求的间接自分形方面,可以学习别人的思想、经验、感悟,借鉴社会系统历史发展的一切智慧,用舶来的知识、思想、逻辑和方法等丰富思维思想自分形发展的需求。

一般系统人是人类社会系统的一份子,一方面,一般系统人犹如小河,人类社会系统犹如大河,"小河有水大河满,大河有水小河满",一般系统人自分形最大化推动人类社会系统自分形最大化,人类社会系统自分形最大化福泽一般系统人自分形最大化;另一方面,一般系统犹如小树,人类社会系统犹如森林,小树难以抵御严寒,融入深林可以共度严冬,小树在森林中阳光营养充分之地长得快,在大树底下长得慢,森林的阳光、养分、气候、土壤制约着小树的成长,这与人类社会系统社约物意志制约支配着一般系统自约物意志的自分形发展具有相似的道理。因此,一般系统人在社会系统中的间接自分形最大化发展包括社会系统自分形发展的"福泽"方面的内容,也包括社会系统自分形发展的"制约"方面的内容。

一般系统人实践自分形最大化就是要善于把握"个人好集体好,集体好个人好""中国好世界好,世界好中国好"的自分形相互博弈的自组织辩证发展关系,做好一般系统人自约物意志融入人类社会系统社约物意志的自组织工作,积极参与社约物意志的形成和制定,提高社约物意志的话语权和支配权,通过一般系统人自分形最大化推动社会系统自分形最大化,同时获取社会系统自分形最大化带来的"反哺"——扩大间接自分形最大化发展的内容。当然,也要合理规避一般系统人自分形最大化受社会系统社约物意志"制约"的内容。

综合来看,一般系统人自分形最大化是一般系统人研究的根本问题。自分形最大化是一般系统人根源于自然界、根源于物质的存在发展的根本动力,一般系统人从自然界脱离出来依靠此,一般系统人推动社会发展依靠此,一般系统人认识自然和改造自然作为人的生存和发展的手段和目的是一致的。"人类的历史是不断地把自在之物转化为为我之物"[1],人类在自然界系统的自分形最大化以及在社会系统的自分形最大化就是"不断地把自在之物转化为为我之物",在改造自然和发展社会的实践中实现自我自分形最大化。人类社会系统中,每

---

[1] 陈志尚主编:《人学原理》,北京出版社2004年版,第42页。

个人都这么做，则每个人即是他人的他在之物，又是他人的为我之物。一般系统人作为最高级自由的、有高度能动意识亚物质支配的类存在物，其自分形最大化要发扬主观能动性，不断培育独立的人格意识，不断展现自由个性和创造性，在认识世界和改造世界中，拒绝"异化"，通过劳动和社会实践融入社会系统并推动其不断演化发展，实现自分形最大化发展，追求人的全面发展和崇高发展。

三、一般系统人的社约物整形共我发展逻辑

人是自分形自由的。自由选择之人，不是理想状态的人，不是不食人间烟火的人，不是没有来源、没有生存环境，也没有去处的"裸人"，其要存活只能选择同他人打交道。人与他人打交道，这是社会系统赋予他的内生天职，因为，他人是自由选择之人的系统环境。他人是自由选择之人的社约物（社会性）的共同来源，缺少了他人，社约物将无法生成，自由选择之人将丧失人质社会性而沦落为一般动物。因此，一个人存在，必须以他人存在为社会系统环境，这是社会人存在的本质。

在社会系统中，他人系统是指社会情景环境系统，包括了其他系统人和社会环境物质客体。他人系统和自我系统同属于人类社会系统——共同平等地受社会系统社约物（意志）整形支配。从组分实体来看，他人就是他人，自己就是自己；而从人类社会系统看来，你、我、他都作为其主体能动的、平等的"自己"，原本平等、自由自分形自我发展的你、我、他，通过自组织生成契约性的、系统共同意义的社会系统亚物质即"社约物"——它对人类社会系统中每个平等的（你、我、他）能动自己的自分形发展具有整形支配意义。社约物来源于个体系统人，又对个体系统人具有自组织整合支配作用，只要个体系统人在社会系统中生活、属于社会系统的组分成员，就必然承接来自社约物的受动性——无论你位于庙堂之高，或位于江湖之远，也无论你隐于市井，或隐于乡野，不管你自觉不自觉、抗争不抗争，它都按照本性规律支配"你"，因为除了你自己之外，它将是你社会命运的直接主宰（支配）者。

一般系统人在自分形最大化进程中，某一个体系统人自分形最大化和其他个体系统人自分形最大化之间，由于自分形的内容、环境、劳动对象、实践需求等社会情境环境的叠加和相互作用而产生社会利益冲突——构成社会系统自组织涌现出"人与人之间"的社会契约性亚物质即社约物——支配"人与人共同自分形"最大化的社会系统形态演化和发展。在社会系统中，一般系统人是自我存在的，同时人与人之间互为对方存在和发展的必不可少的社会系统环

境——他们之间互相博弈自组织生成社约物。因此，社约物意志具有个体系统人自约物意志的公共性。

一旦形成的社约物（意志）具有调解人类社会系统中的个人和他人自分形利益冲突的社会系统一般意义，它的更新和发展支配着其中的每一个系统人共同以社会系统形式的自组织存在和发展。因此，社约物是一般系统人研究的核心，即，社约物支配一般系统人（或一般系统人受社约物整形支配）是一般系统人基本问题的核心内容。即使所谓自由主义者的"自由"也是受社约物支配的产物。有些自由主义者认为："自由或者说个人自由是自由主义的核心与精髓，也是其倡导的首要价值。一般来说，自由主义者所阐述的自由指的是自愿的不受强制的行动，也就是个人不受外部威胁或其他形式的强制、出于自愿选择而做出的某种行动。"这种自由主义者口中的"自由"是偏颇的，他以主观意志为转移进行有选择的利用或接受社约物意志的支配，其偏颇在于他要社约物"马儿跑"（索取或接受社约物为"一切所谓自愿的自由"协同服务保障），却拒绝社约物"马儿吃草"（排斥包括社约物在内的外部威胁或各种形式的强制）——实质上，这种"拒绝"是拒绝了"自由"本身，因为，没有社约物强力支配内容就丧失了社约物的整体性意义，即丧失了社约物本身——连所谓的自愿的自由也因为人类社会系统情境的丧失而不复存在。因此，社约物对于个体系统人自分形发展是一把双刃剑，两刃互为整体，并不单刃绝对独立出现，社约物整体以符合"现实逻辑"的具体形态支配着社会中的一般系统人不断进化发展，形成人类发展历史。

人是自然性和社会性的统一体，人由于自约物意志高度相对独立而脱离于动物，由于自约物意志自组织相对独立而生成社约物意志存在于社会系统之中，社约物意志来源于自约物意志，反过来支配自约物意志。自约物意志与社约物意志的关系，犹如社会系统中生产力与生产关系的关系，自约物意志决定（生成）社约物意志，一旦生成即在有效系统中发挥作用：社约物意志整合支配内部具体个人自约物意志，即个人具有遵从公共意志的责任，接受具有来自自我自约物意志的社约物意志的支配。

"个体系统人—'个人共同生成社约物'—组织系统人"是一般系统人研究的新形态、新模型、新工具。一般系统人的研究，以系统科学涌生事物假说模型为工具，从系统科学角度，侧重一般系统人的复杂心理和行为的一般规律探讨，侧重一般系统人内部运行的一般规律、形态和机制的研究，形成社会人社约物支配运行理论。社会人的心理和行为受制于自然规律、生物规律、人格自组织规律、社会制度关系和文化道德伦理关系等诸多因素。人作为一个系统的心理和行为，不仅受自身基因的影响，也受环境的影响（尤其受社会制度关系的影响）。

　　社会人的社约物支配运行理论，在人本体自分形基础上，包括侧重人化的社约物支配运行和侧重物化的社约物支配运行，具体表现为物化社约物的物质文明和人化社约物的精神文明内容。

　　人化社约物的核心之一是政治社约物。政治社约物支配人类社会政治系统的运行称为政治。政治是多个系统人意志博弈的公共社约物及其运行——其中"政"是公共社约物意志，"治"是公共社约物意志的表达、运行和作用发挥（约束内部系统人）。意志的相互博弈生成公共意志，政治表现为争夺主导意志引领公共意志的运行实质形态。公共意志社约物对每个系统人都是平等的，每个系统人都可以在公共意志社约物下获得各自的最大自分形——系统人自身自分形的能力素质高低决定了其获得最大自分形是不相等的。

　　物化社约物的核心之一是经济社约物。经济活动是，系统人物化意志同对象事物博弈获得的满足与保障主体自分形存在演化发展的社约物及其运行。经济是具有保障主体方向的物化社约物，保障方指向被保障方（主体），保障方提供供给，而被保障方显示需求。经济社约物规定了对象事物对于主体需求的保障方向：对象事物在经济社约物下愿意提供最大供给——对每个系统人都是平等的，主体可以在经济社约物下获得各自的需求最大保障——系统人主体需求不同和获取能力不同决定了各自获得的需求最大保障情况不同。经济活动表现为，主体对对象事物博弈获取保障存在和演化发展的社约物及其运行。经济的核心是对经济社约物生成及其运行的管理。经济的原始态，是主体对对象事物（财货）博弈获得满足与保障主体自分形存在演化发展的社约物。一旦该社约物生成，则意味着：财货将物自体包括存在和自由的一切权利在某阶段转让给了该系统人（主体）。另一系统人同该财货博弈（期待获得满足与保障其自分形存在演化发展的社约物）——则转化为另一系统人同该系统人博弈（因为财货转让了其物自体存在和自由，通俗地说，财货属于该系统人）。于是，经济可以直接是系统人财货意志博弈的公共社约物及其运行。

　　总地来说，物化社约物的经济和人化社约物的政治是人类社会系统活动的两大基本内容，它们共同体现为人类社会系统的意志。意志包括了财货意志和精神意志。物质"质道旋"系统中，"质"具有"道"的逻辑基础意义；人类社会系统中，"物质"具有"精神"的逻辑基础意义，即"财货意志"具有"精神意志"的逻辑基础意义（在财货意志基础上，主体以主观能动性和人性为主导进行复杂涌现生成相对应的精神意志，精神意志反作用于财货意志，如此循环往复的超循环螺旋发展)。因此,可以从系统科学方面解释马克思关于"经济基础决定上层建筑"的论断。政治的"意志",以"精神意志"为载体,以"财货意志"为基础,是"抽象化财货意志"同"人物自体本意志"结合的精神意志。

政治离开了"抽象化财货意志"那是"空想社会主义",是理想的。政治离开了"人物自体本意志"就会使人"物化""异化",丧失人类社会的本性,甚至会使社会人性倒退。财货意志是政治的基础,人本意志是政治的保障。严格地说,人本意志中包含了人自分形最大化对要求物质保障的追求,即包含了相应的财货意志内容。作为相对区别于财货意志的人本意志,主要是指人权意识、道德意识、文化意识和信仰意识等。财货意志主要是指物权意识、商品意识、货币意识和财富意识等。

人类关于自己的整体知识来源及运用,一是认识世界,二是改造世界,简单地说就是知和行的实践统一。认识世界和改造世界蕴涵在一般系统人的生活之中。人之生活,是一个始于自分形不断经历社约物整形优化的追求幸福与恒存的超循环螺旋过程。人作为普通生活中的人,表现出"生—活—生活"的超循环螺旋,即一般生活螺旋;人作为抽象物质的人,表现出"分形生—整形活—分形整形共生活"的超循环螺旋,即分形整形生活螺旋;人作为社会关系的人,表现出"明己生—共我活—人己社约共生活"的超循环螺旋,即社约生活螺旋;人作为具有意识的智慧人,表现出"忧天下者生—优天下者活—平天下者践生活"的超循环螺旋,即优化生活螺旋;人作为追求幸福与恒存的人,表现为"生存—生活—幸福生活"的超循环螺旋,即幸福生活螺旋……一般系统人生活的内部具体表现庞大而复杂,就整体内在逻辑而言,如图3-2所示:

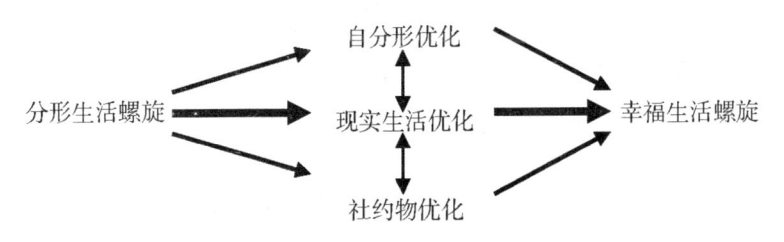

```
                    自分形优化
                   ↗     ↕     ↘
分形生活螺旋 → 现实生活优化 → 幸福生活螺旋
                   ↘     ↕     ↗
                    社约物优化
```

图3-2 "人—社约物—人"内在逻辑关系

一般系统人生活的整体内在逻辑是超循环的,总地来说,人是自知、自在、自为之存在物,一般系统人的逻辑始端是人的自分形,逻辑终端是人经过扬弃自我实现新的始端,形成始繁衍发展——在此根本目的基础上,就扬弃的过程而言,人不断追求各个阶段的自稳态、自适应和自满足的幸福主体目的。人追

165

求繁衍和追求幸福的生存发展，是一个自组织社约不断优化支配人类系统的过程。生存是一种系统人实体存活的状态，生活是一种系统人发挥主体能动性认识和改造世界的状态，幸福生活是自适应自稳态满足需求维生的生活状态。

人，生容易，活容易，生活不容易。"人生不易"主要是指为生存发展的开创奋斗和对幸福生活的不懈追求方面。人之生活，心忧天下难，活优天下难，行平天下更难；人之社约，分形容易，整形难，分整和谐则更难；人生明己不易，共我不易，社约优化更不易。人把握住了社约物，就把握住了生活的关键和要点。

四、一般系统人博弈自组织的开明利己社约优化逻辑

（一）一般系统人博弈自组织

一个人融入人类社会系统的自分形最大化，拥有了共同系统人的"另一半"意义，才真正成为"社会人"。一个人自分形最大化，另一个人也自分形最大化，博弈自组织之后创造了一个共同系统人，其中每个人一半是自己，一半是他人。

物自体自分形的整形研究包括两个方面：一方面是指物自体自分形的自约物研究方面，即自己对自己的整形，其侧重于对有效自分形的服务保障；另一方面是指物自体自分形的他约物方面，即他物对自己的整形，其侧重于对有效整形的控制约束。

根据物质世界"大前提—小前提—结论"的自我逻辑辩证演化，可知：(1) 任何事物都具有自分形最大化动力；(2) 事物自分形之间将出现自整形，不同事物自分形之间将出现他整形；因此，事物立足于自分形最大化的方向，在自整形和他整形博弈自组织中显现为现实系统，则有物自体系统的存在和演化规律，如图3-3所示：

图3-3 物自体系统的存在和演化规律

物质事物系统，可指自然世界这个最大系统，也可指自然世界系统内部的各子系统，包括人类社会系统、生物系统、矿物系统、组织系统人、个体系统人、动物、植物、矿物、分子、电子，等等。在人类社会系统中，个体系统人

是基础，其除了自身自约物之外，通常还受来自社会的他约物（社约物）支配，可用"两极演化"系统思维讨论如下：

假如个人处于自分形极端，则该个体不受自身之外的任何事物约束，拥有绝对的物自体自由，例如某个体在无人荒岛或无人原始森林——拥有人特质物自体自分形的几乎全部权利（但不是绝对的全部权利，只有不存在他物，才具有绝对全部的物自体自由）；假如个人处于被整形极端，则该个体不拥有任何该个体主导的自由及其权利，他约物主导该个体的一切自由及其附属权利，例如奴隶——丧失了个体物自体自分形主要权利——转移给了奴隶主，处于几乎极端整形社约物支配状态；而仆人和走狗——丧失了个体物自体自分形部分权利——转移给了主人，处于整形社约物主导的生活状态（但并不存在绝对的整形，被整形对象事物至少具有表征自我存在的"自分形"，否则被整形对象是不存在的）。现实中，人既不能处于极端自分形，也不能处于极端被整形，通常而言，一般系统人生活在两极之间，具有主要的自分形自由及其权利，同时转移了部分自由和权利融合生成为社会系统公共他约物（社约物）——支配和约束该个体的存在和演化发展。

在具体的生活实践中，自约物主要体现了个人自分形及自由权利的保障意义，即趋向自分形极端；他约物主要体现了外在人（群）系统整形的约束支配意义，即趋向被整形极端。人类社会系统的他约物，称为社约物，包括了公共他约物（法律、道德等）和具体实时子系统他约物（约定、承诺、交流等），当个体系统人自约物与社约物相一致时通常表现系统和谐放大的生存发展状态；而当个体系统人自约物与社约物相悖逆时，即个体系统人自约物、博弈实时社约物、一般公共社约物三者可能存在相悖情况时，个体系统人需要自适应斗争，以适应和改变环境。

海德格尔和萨特等人认为，个人与他人的关系是对立的，实际上是一种主体与客体、人与物的关系，他们侧重看到了一般系统人自分形最大化的冲突性。而布贝尔和马塞尔等人的主张则与之相反，他们则侧重看到了人类社会系统社约物意志对个体系统人的整形性。海德格尔认为，一个人在世界上必须同其他人打交道，他和其他人的关系是"麻烦"和"烦恼"；萨特认为，他人就是地狱，他人乃是一个存在的自由的对他构成了威胁的客体——因为他人也同时存在自分形最大化进程，势必影响自我的自分形最大化——"打交道"就是在社会系统中博弈自组织的过程，其结果无非是协同与合作、中立与各行其道、冲突与斗争三种情况；而萨特极端地研究了其中的部分情况，比如他认为，一个人要从他人的目光或他人的地狱中解脱出来只能是两种结果，一种结果是心甘情愿地做别人的物,另一种结果是使他人做自己的物,去操纵他人。事实上,一个人与他人都有自分形选择的自由,只是自分形博弈自组织区分"从协同合作到冲突对抗"的不同程度,在最激烈程度时,有可能产生"他人是地狱"的一方对另一方彻底性支配现象,但这并不是社会系统中人与人之间相互关系的常态。常态的本质,是公共社约物意志平等地支配每一个人的自分形最大化社会进程,由于社约物不仅来源于自己也来源于他人,每个人都有自分形选择自由,但对于选择后形成的社约物结果,每个人又有着无法逃避的无条件接受其支配的责任;因此,"人在选择过程中,面对最大的问题是他人的选择,因为每个人都有选择的自由,但每个人的自由选择又会影响他人的自由,所以他人就成了自由选择之人的地狱"[1]。所不同的,社约物支配并不是真正的地狱,而更多的是社会生存之必要的社会保障关系。

总地来看,一般系统人自分形最大化与受社约物整形支配之间的博弈自组织是一般系统自我发展的现实逻辑。

从人类整体系统来看,一般系统人的最大化是整体的最大化,一个人自分形最大化,同他人自分形最大化、同人类整体系统自分形最大化是一致的;自由选择之人的自由,同他人自由、同整个人类社会的自由是一致的;这种一致性由来源于每个人意识的公共社约物意志支配。如果,自由选择之人追求自我自分形绝对自由或新生自由,则把个人意识凌驾于公共意志之上,否认了旧有自组织社约物的系统意志,则必然侵害旧社会系统中其他人的自由,危害当前社约物意志支配的自由发展系统形态——个体系统人意识同社约物意志进行博弈自组织,如果个体系统意识占据上风,则将该意识改写进公共社约物意志,形成具有该个体意识满足性的新公共社约物意志对自己的支配,把自己置身于新公共社约物意志的引领地位,进而影响整个社会系统演化发展(比如,英雄对社会历史进程的引领性改变);如果社约物意志占据上风,则个体系统人屈从于社约物支配规则,否则将遭受社约物的埋葬;当然,还有一种就是自约物意志与社约物意志的博弈妥协,则按照博弈妥协的自组织方式支配个体系统人和人类社会系统的演化发展。人是社会生活的人,人是社会系统社约物支配下的社会人,因此,一般系统人自分形同社约物整形的博弈交互作用,如图3-4:

一般系统人自我发展的自分形与整形博弈自组织,归根结底是要产生新的社约物及其意志,支配一般系统人日益增长的自分形之物质和精神生活需要。但是,社约物意志一旦形成就具有相对的独立性、受载体影响性、维生性以及

---

[1] 盛文林编著:《人类历史上的重要学说》,北京工业大学出版社2012年版,第38页。

<<< 第三章 人类格物系统的"一般系统人论"

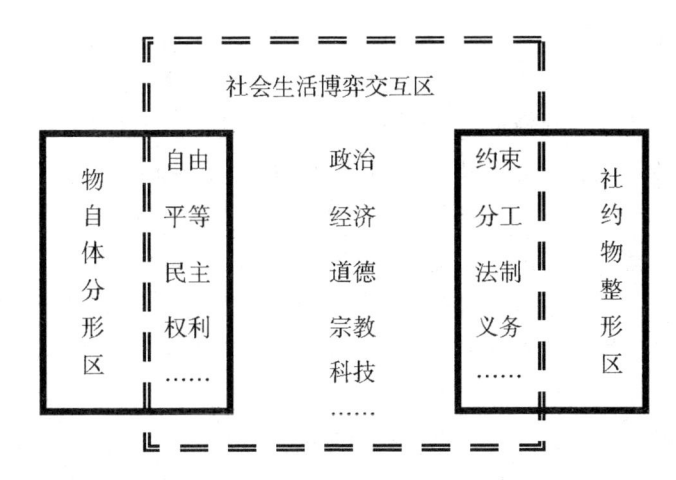

图 3-4 自分形最大化与整形支配的博弈自组织图

社约物意志更替交换的动态过程性等，相对独立的社约物意志容易在某些人类社会系统发展阶段出现"极端异化"。

"一般异化"是指人自分形不均匀性的"合理变异表现"，比如遗传中的变异；而"极端异化"则是社约物对一般系统人的压抑、扭曲甚至否定，比如人的物化，通常没有特别说明异化是指后者。

关于"一般异化"。人类系统具有人的基本特点和属性，它们都是通过自身自分形不均匀性的"异化"表现出来，因此，只要人类系统出现就伴随着异化的现象和问题。一般异化或广义异化是指人类系统演化后差异于自身演化前的超脱化，包括了进化和退化。异化的社约物本性具有两重性，即异化的积极性和消极性。异化的积极性是指人通过自身的异化表现的社约物反过来推动和促进人的自分形最大化及其稳态发展；异化的消极性是指效益的异化，是指人通过自身的异化表现的社约物反过来控制和约束人的自分形最大化及其稳态发展，狭义的异化侧重于人的退化。人类系统的根本问题是人类自身进化，核心问题是防止人类异化，即防止人性和人的本质出现异化。

关于极端异化。陈志尚主编的《人学原理》中指出："异化是指人的物质、精神活动及其产物变成异己的力量转过来反对甚至支配、统治人本身，因而出现了人原来具有的正确的人性和人的本质被压抑、扭曲，甚至被否定的情况。'异化'这个概念可以用来表达人的活动负面效应所造成的消极后果，所导致的人同自己的活动、活动的产品，以及他人、社会的某种反对关系，以及阶级社会中社会生活对人性的破坏性影响。"① 从一般系统人研究角度看,"极端异化"是指社约物意志(他约物意志)对一般系统人自约物意志的正义性和合理性的侵害,这种侵害性他约物意志可以来自社约物意志、社会产品及技术意志、自然界意志等内容(归结起来以某种具体社约物意志表现),一旦侵害性他约物意志占据主导和支配地位,将使人的正义性和合理性方向及其内容发生变化——这种偏离或脱离的变化称为异化。判断人类系统异化的积极性和消极性,看具体异化社约物对一般系统人的整形意义:如果具有回归人本性的主要体现协同服务保障功能,则表现为积极意义;如果主要表现为区别控制约束功能,对人起限制意义,则表现为消极意义。

一般系统人自分形与社约物整形的博弈自组织,应当充分朝向积极异化即进化,有效避免或克服消极有害异化。在当前社会系统现实逻辑中,一般系统人自分形与社约物整形的博弈自组织主要集中解决人的物化异化、现代化陷阱、整体性生存困境等现实"异化"倾向问题。

(二)一般系统人开明利己社约优化逻辑

人在社会的实践活动范围,可以在个体自我圈子,可以在家庭圈子,可以在团体(企事业集体)圈子,可以在国家圈子,直至整个人类圈子。把整个人类的实践作为一个最大系统,具有"个体—家庭—企业—国家—人类"的系统层级,中国古代的"修身、齐家、治国、平天下"则充分体现了整个人类系统的层级意义。因此,当前一般系统人的具体形式可有:个体系统人,家、企、国、人类等不同层次的组织系统人形式,一般系统人的具体运行方式可有:修身、齐家、营企、治国、平世社约物等不同层次的生活方式。中国古代儒家的"修身、齐家、治国、平天下"可在系统科学思想下完善为"修身、齐家、营企、治国、平世、社约天下"。

一般系统人自我发展中,纯粹以自我为中心为本位的优化是狭隘的,而以包括自己在内的群体为中心为本位的优化是科学的,如果前者称为利己主义,则后者可称为开明利己主义。人类社会系统的社约物支配本意就是要实现开明利己主义社约优化,即实现人群体意志优化及其实践优化。从系统科学角度来看,"优化"是一个人类系统涌生状态的比较态势,体现为两个方面:一是外部比较,即整个人类系统与其他自然世界系统的比较,包括同矿物、植物和其他动物的比较;二是人类系统内部比较,比如处于同一层级的不同个体的比较,处于不同层级的不同个体的比较,以及同一个体处于不同层级的比较,等等。

---

① 陈志尚主编:《人学原理》,北京出版社2004年版,第110页。

"优化天下"是人类系统涌生状态存在和发展的根本特点。在整个人类的知行实践统一系统中，修身、齐家、营企、治国，是"优化天下"系统的内容，是"优化天下"系统的细胞或元素。"优化天下"意志的知行实践，在具体中表现为"忧天下—优天下—平天下"的优化超螺旋循环，其中"忧天下"是主体指导意志；"优天下"是一种机能目的；"忧天下"传导的动力，是"平天下"的能力；"平天下"是"优天下"的实践活动；"优化天下"是"忧天下""优天下"和"平天下"连贯一体的目的态势。整个人类的知识都在围绕人类知行实践统一进行思索和探索，因此，其内部展开是无穷的和复杂的，"优化"意志贯穿"人—社约物—人"系统演化的整个过程。

开明利己主义社约优化，要打破割裂、封闭、孤立、保守、自私的纯粹利己主义禁锢，要建立广泛的、相互依存的、相互促进的、群体自我的共同利己主义理念。开明利己主义表明一般系统人利己系统是一个开放、透明、公平、正义的系统，具有物质、信息和能量的交换活动，具有人的命运共同体特性。开明利己主义中的"己"是广义的，包括个体自己—家自己—企自己—国自己—人类自己，随着一般系统人阶层不同，利己的范畴也不同，明己的范畴也在变化。开明利己主义要求一般系统人把握好小我与大我的关系，自觉把自己置身于社会系统之内，把握现实逻辑，进行生产生活实践，创造自我发展的同时，共同创造人类共同体美好生活，主张"大家好我才好，我好大家好""和而不同，社约共赢"的理念。

第四章

一般系统人的"社约物场论"

搭乘天使的翅膀旅行,飞翔中闪现惊讶的思维火花,我不禁问天使:"哲学是始于惊讶吗?那惊讶是存在吗?"

天使微笑着道:"惊讶是存在的,犹如'实践是存在的''社约物是存在的'一样。"

我茫然道:"既然'惊讶''实践''社约物'等都是存在的,那它们是怎么存在的呢?"

天使继续微笑道:"它们都是以物质的'相互作用'方式存在的,它们都是机能物质携带(相互之间)的亚物质存在,辩证之枪可以打通它们之间的隔阂,系统之筐可以承载它们之间的差异与统一。"

我继续问道:"在人类的知识中,关于自然的知识较之于关于人类自身的知识丰富。人类社会只是自然界海洋的岛屿,假如关于人类自身的知识是关于自然的知识海洋中的岛屿,那么其中的部分自然科学理论向社会科学领域拓展是否可能呢?"

天使回答道:"应当区分对待,也有一些成功的例子。如果你想探索,是否已经选择好突破口了呢?"

我想了想说:"'社约物'揭示的相互作用,犹如'场';据此,我想探讨'社约物'和物理学'场'之间的关系。"

天使道:"自然科学场理论拓展应用于社会科学领域研究已有先例,比如心理场、社会场、物流场等,它对于探讨人类社会系统社约物问题可能具有积极意义。去做,或许就会有收获!"

听了天使鼓励的话,我决定尝试。

……

我很惊讶于我的"思维",我能够感觉到它,但我不能证明它犹如手、脚、牙齿一样的存在。思维,在本能系统物质辩证逻辑中是指一种亚物质存在,那么，这种观点是一种泛灵论吗？回答是否定的。认为其是泛灵论的看法出现了本末倒置的错误。灵魂是某些特殊机能物质系统（比如人体）产生的特殊亚物质机能，犹如"意识是人脑机能的产物"一样（意识是特殊的亚物质）；因而，亚物质是灵魂、意识和精神的本体来源，但不能说亚物质就是灵魂。另外，关于灵魂，它通常只诞生于动物尤其是高级动物的大脑亚物质信息运动，人类在认识、思维和反省方面走在万物的最前列。也最高级。人类历史上出现了不同种类的泛灵论，它们都曾经阻碍科学的进步；但是有一点需要注意：如果它们完全没有用，肯定早就消失了；它们有时候犹如宗教一样具有"安定和慰藉"思维思想的功用。

当前，生物进化论、社会进化论和技术系统进化论一起被认为"三大进化论"。其实，以上三种理论都蕴涵着系统科学基本思想，或者说它们都自觉或不自觉地实现了系统科学思想在不同领域的具体应用。系统进化的观点认为：系统的进化并非都是随机的，而是遵循着一定客观进化规律的，达尔文的生物进化论揭示了生物在变异、遗传与自然选择作用下演化发展、物种淘汰和产生的进化秘密；社会进化论解释了"由简单到复杂、由低级向高级发展的前进运动"的社会变迁秘密；而技术系统进化论阐明了人类技术系统的自然选择和优胜劣汰的发展秘密，它们共同的秘密在于系统自约物亚物质的支配，即在本能系统物质辩证逻辑体系下，机能物质世界充满着亚物质，呈现出一幅共同的发展画卷：

人之生演源于自然。人类系统，与石头、植物和动物等系统一样，遵守内在共同的一般系统物质涌生规律，只是涌生机能的层级、性质和强弱不同而已：石头具有低层级基质及其相应的弱系统涌现机能（矿物特性），植物具有略高于石头层级的基质及其相应的略高级系统涌现机能（植物本能），动物具有高于植物层级的基质及其相应的较高系统涌现机能（动物意识），人类具有脱离动物的人类基质及其相应的最高级系统涌现机能（人类思想）。一般系统物质不同层级的涌生，阐述不同层级的亚物质。世界普遍联系之"亚物质"，以博弈自组织涌生，潜藏于宇宙万物之间，尤显物理力、生化力和社会力。电闪雷鸣，弱肉强食，物竞生存，雨露滋润，春暖花开，天地人合，自有亚物质支配。其犹如阳光和空气充斥世界，犹如血液与养分供生万物，以物竞天择和生态平衡协同支配自然，在最高处尤以精神意识特立独行，并开显出社约物形态——以人与人之社会关系总和的方式支配着人类社会系统演化发展。人之社会生活，从一般动物活动中脱离出来；人之社约物，从一般涌生事物亚物质中脱离出来。社约物是人类社会系统中的特殊亚物质，既是有机构成物的内容，也是自组织涌生物的部分，本质上是人类社会系统自生系统的契约性涌生亚物质格物，即契约性格物。社约物来源于实体、涌现于实体、服务于实体，是一种具有契约规定性的社会系统涌生亚物质相对独立物。人类个体自生系统和人类社会自生系统的边界内的自约物以及边界外的他约物是社约物研究的主要内容。人是物质本能自我逻辑辩证显现的最高级系统，人类社会是一切社会人本能自分形最大化之博弈契约性妥协的现实系统；社约物是人类社会系统的自组织契约性涌生事物，它是支配人类自生系统存在和演化发展的"看不见的手"。

一般系统人社约物是人类社会一切机能物质"相互作用"的整体。按照爱因斯坦关于"场是相互依存事实的整体"的说法，"社约物"同"场"具有相同的本质，即亚物质。因此，社约物可以进行"社约物场"研究。东京大学广松涉教授认为，马克思哲学的历史唯物主义的"物"既不是抽象的物质概念之物，也不是一成不变的具体的物质存在，而是在一般意义上讲的动态的历史存在之物，即自然的且历史的关系存在之物，也就是人们在具体的社会历史实践中所形成的"函数性、功能性、文化性的实践关联关系的'场'"。[1] 这里对"场"的理解与社约物的理解具有某些一致性，"场"趋向功能表象性，而"社约物"则具有内在规定的本质性。马克思和恩格斯关于人类活动说："人类活动的一个方面——人改造自然。另一个方面，人改造人……"[2] 社约物对相关机能物质尤其是人不仅具有"约束控制"功能，而且具有"服务保障"功能，两者共同体现为社约物的支配力。在社约物场内，驱动社约相关方向符合或满足社约物意志方向运动的能力能量，称为社约物场意志势能，简称社约势能。社约势能差，是驱动社约相关方按照社约物规则或路径由高势能到零势能运行的动力。因此，携带社约势能的社约物是支配一般系统人演化发展的"看不见的手"。

第一节 来源于亚物质的社约物

一、本能系统物质的亚物质

亚物质是指由物质客体承载的"共有部分"，是以共有部分为基础的系统涌

---

[1] 杨思基：《实践关联关系的"场"与历史唯物主义的"物"——广松涉的"历史唯物主义"之理解》，《哲学研究》，2005年版第3期。
[2] 《马克思恩格斯选集》第1卷，人民出版社1995年版，第88页。

生事物（假说）相对独立物，即物质系统中的涌生事物。"物质客体或物质客体的实体不就是属性与关系、能量与过程的物质担当者吗？物质实体怎样能够与它的属性和关系机械地分割开来并用后者来否定前者呢？许多系统学家都觉得这种唯能论的或结构主义的系统观是不合理的。他们认为宇宙中的系统及其元素归根结底都是物质的客体，能量、过程或关系都是物质客体的属性，是不能离开物质客体的实体而存在的。"[1]物质客体同其承载的"属性与关系、能量与过程等（流）"用系统科学方法把其区别开来，用一个概念表述后者，即"亚物质"。

亚物质，一方面表示物质客体内部自我契约的涌生事物亚物质意义和物质客体同外部环境的博弈契约涌生事物亚物质，另一方面作为整合支配物质客体整体意义的显现。亚物质就是物质系统中"属性与关系、能量与过程、层次与结构等（流）"的统称。系统物质观中的"－A 共有部分－A 亚物质——中介（允许近似等于零）——B 亚物质－B 共有部分－"通常被称为涌生事物亚物质，即广义亚物质（其中，理想的 A 事物和 B 事物相互作用时，认为来自非 A 事物和非 B 事物的"中介"等于零）。亚物质，包括物自体亚物质和公共亚物质。物自体亚物质是指物质客体通常包含或携带的亚物质，对囵囵抽象物质而言是指"－A 共有部分－A 亚物质——中介（自分形）——A'亚物质－A'共有部分－"，对一般系统而言，则是指多基质的自组织涌现。物质客体可以通过公共亚物质不断自分形涨落放大生长，也可能被别的物质客体吞并成为别的物质客体的内容，或被公共亚物质消化成为公共亚物质的内容，或者两者皆有。

有些系统哲学家认为，宇宙中的系统，并不是物质客体而是一种纯粹的属性与关系，包括能量、过程或组织等。亚物质是本能物质自分形不均匀性的"涌生表达性"物质。"涌生表达性"亚物质包括三大类：一是本能物质的游离态物质，即能量；二是本能物质的"质"与"其分形质"之间的"间物质"，主要表现为"时间"和"空间"；三是本能物质的"质"与"其分形质"之间的"信物质"，即信息。

"能量（亚物质）"来源于本能物质的自分形"涌生"，它虽然相对区别于本能物质，但具有来源于本能物质自分形的本性——表现为"使事物（机能物质）运动"的性质——对机能物质而言，是整理性质。运动根本地是指本能物质自分形的表现，而现实中集中是指机能物质自分形相互作用（涌现）整形的表现。能量的本原属于本能物质性范畴（上一节有阐述），能量的机能属于机能

---

[1] 张华夏：《物质系统论》，浙江人民出版社 1987 年版，第 33 页。

物质性范畴，这里主要阐述机能物质能量。

"间物质（亚物质）"主要是指"时间"和"空间"，是本能物质的自分形"不均匀性"的"涌现"产物，它是"亚物质意义"的相对独立的"专属内容"之一，它为机能物质客体的"不一"及其普遍联系和发展提供了环境和来源。

"信物质（亚物质）"主要是指信息，是指对本能物质的"质"与"其分形质"的分形运动过程以及它们的间物质"自我辩证逻辑性"的"可信性"和"全息性"的描述，它是使"质"与"分形质"相互"信"的描述：（1）"质"通过"信（亚物质）"展开抵达"分形质"；（2）"分形质"通过"信（亚物质）"收敛归于"质"。这种"信物质"来源于物质，栖息于物质——且只有"在其栖息于物质条件下"才能进行识别和处理，所谓裸信息及其裸处理是不可能的。

亚物质是物质系统的"整形意义"的"层类物质"，集中表现为（能量＋时空＋信息）亚物质的整形特性。

二、人脑的"意识亚物质"①

在研究中，意识通常被认为是一种"反映"，比如"意识在任何时候都只能是被意识到了的存在"②，"观念的东西不外是移入人脑并在人的头脑中改造过的物质的东西而已"③，赵光武教授认为："从意识的内容来看，意识不是人脑分泌出来的特殊的物质，而是通过人脑的生理活动对客观实在进行的反映。……意识作为客观存在的反映，不仅反映自然现象、自然规律、人与自然的关系，而且反映社会关系、社会规律，比如有政治观点、法律观点、哲学、经济学、文学、艺术、伦理思想，等等。"④ 但是，"反映"是什么，是物质吗？意识作为人脑机能的产物是如何存在的？这些问题，经典马克思主义者讨论的深入并不令人满意。这里把意识归结为本能系统辩证唯物系统之亚物质的范畴。

亚物质通常是指由机能物质客体承载的"共有部分"，是以共有部分为基础的系统涌生事物（假说）相对独立。从"一般亚物质"到"有机构成亚物质"到"自组织亚物质"到"自生意识亚物质（灵）"，表明了亚物质的发展演化特性。经典唯物辩证法认为：物质是显示世界的统一基础，物质世界发展到一定

---

① 温勇增：《系统意识观——马克思主义哲学意识观的继承和新发展》，载《系统科学学报》，2009年第2期。
② 《马克思恩格斯选集》第1卷，人民出版社1995年版，第72页。
③ 《马克思恩格斯选集》第2卷，人民出版社1995年版，第112页。
④ 赵光武：《哲学来自非哲学》，北京师范大学出版社2011年版，第140页。

的阶段上，产生了人，并"产生"了与自己既相对立又相统一的意识现象。但这一过程的说明并不能让人满意，主要的原因是对物质的研究并没有达到令人满意的高度——决定了意识的研究不可能令人满意。本能系统辩证物质观认为：物质是显示世界的统一基础，物质世界发展到一定的阶段上，"显现"出了与传统组分基质物质（客观实在性的实体）既相对立又相统一的意识现象——意识亚物质。

（一）意识亚物质的起源

意识的起源问题一直成为科学史上和哲学史上的最大难题之一。早在远古时代，人类就开始探索自己的意识的奥秘。原始时期的人们认为万物都有灵魂，把意识看做一种寓于人体之中而在人死亡时就离开肉体的灵魂的活动。这种灵魂观念后来就成为宗教神学和唯心主义学派哲学产生的思想渊源之一。哲学历史上，形形色色的唯心主义哲学往往从不同方面宣扬精神、意识的独立自在性，把意识解释为某种不仅不依赖于物质反而派生出物质的神秘的"实体"。当然，旧唯物主义哲学也形成了一些当时时代的观点，比如把意识归结为"某种"精微的、特殊的物质，或者把意识认为其仅仅是对外部现实世界的直接反映。二原论哲学把物质和意识看做两种彼此独立的实体。马克思主义哲学对意识的基本观点是："我们自己所属的物质的、可感知的世界，是唯一现实的；而我们的意识和思维，不论它看起来是多么超感觉的，总是物质的、肉体器官即人脑的产物。物质不是精神的产物，而精神却只是物质的最高产物。"[①]从物质世界的演化中产生出能思维、有意识的生物（人），这是物质世界运动的内在本性和必然结果——这种运动的结果使物质的两种基本形态相对"显现"于"生物（人）"系统中，并以客观实体和意识的相互对立和统一的形式"显现"，这是世界发展的必然结果。在物质本能辩证逻辑的发展道路上，意识的产生即人脑系统内部亚物质相对独立显现，有其自然发展的基础，有社会发展的基础，也有人神经生理的基础。

1. 人类意识于物质世界显现的自然发展基础

人类及其意识是物质世界自身长期进化的结果。由自然物质到人类的进化是一个漫长的过程，意识作为物质的一种形态（涌生事物亚物质），从物质世界中相对显现出来，也经历了一个漫长的过程，至少经历了三个具有决定性的发展环节：从蕴藏于一切物质所具有的反应特性的显示到蕴藏于低级生物的刺激感应特性的显示；从低级生物的刺激感应性的涌生事物亚物质显示到高级动物

---

① 《马克思恩格斯选集》第4卷，人民出版社1995年版，第223页。

的感觉和心理的涌生事物亚物质显示;由一般动物的感觉和心理涌生事物亚物质显示到人类意识的涌生事物亚物质显示。在这个过程中,意识作为涌生事物亚物质的显现程度越来越高,从反应特性到人类意识是依次转化的向高级独立相对显现的过程,意识是涌生事物亚物质这种物质基本形态相对独立显现的最高形式,自然界的这些进化过程,为人类意识的相对独立显现的发生提供了自然基础。

2. 人类意识于人脑物质系统显现的神经生理基础和社会基础

马克思指出:"人们的意识……也是受他们的肉体组织所制约的。"①关于这一点,在系统辩证法中组分事物和涌生事物亚物质的相互存在关系中已经阐明了。人类意识的产生,即涌生事物亚物质的相对独立显示,必须要有人肉体的生理基础,其中最关键的是人脑。脑的出现是生物为适应环境而长期进化发展的结果。从高等动物的大脑发展到人脑,脑的重量成倍地增加,脑的结构特别是大脑皮质的构造更加复杂。人脑的进化不仅表现为量的增长,更是表现在质的变化上,人脑量的变化实际上是新质的扩张。人脑中约有1000亿个神经细胞,神经细胞构成中有核糖核酸这种复杂的生物大分子——被认为是存储记忆的物质基础。所谓"记忆的存储"是指涌生事物亚物质的信息模式被神经细胞所携带的过程,反过来,记忆展现是信息模式从神经细胞中释放出来并与涌生事物亚物质结合"使涌生事物亚物质在神经系统中相对独立显现出来"。显现出来的结果在神经系统中就是记忆的展现。人类意识活动,必须依赖人脑,同人脑的高级神经活动的生理过程以及物理、化学过程是分不开的,但是仅仅用这些过程也是无法解释的,它还必须用系统科学的原理结合解释,尤其是系统辩证律和系统自组织原理。意识作为人脑的机能,其具体的生理运行机制并不是直接看得见、摸得着的,对意识的研究带来一些困难。现代科学对意识活动的生理机制的了解,从反射过程及两种信号系统学说深入到神经细胞的水平,但这些研究都是意识的形成机制过程研究,而对意识的本质并没有更深的探索。随着系统科学的发展,本能系统辩证唯物的亚物质意识观揭开了意识本质的神秘面纱。

(二)意识作为一种亚物质形态显现的本质和结构

意识作为物质的一种基本形态的人脑系统中的有条件的显现的本质,其显现过程的活动称为意识活动。意识是物质的涌生事物亚物质基本形态显现,意识活动完全不同于一般传统组分事物(实体)的活动,其显现出独特的本质、

---

① 《马克思恩格斯选集》第1卷,人民出版社1995年版,第33页。

复杂的结构和内容。

1. 意识活动是人脑系统中高级涌生事物亚物质的反映

意识的本质是涌生事物亚物质，意识作为物质的一种基本形态显现的本质过程就是意识活动——笼统地来讲，体现为人脑的机能。人脑是器官，但不是思维的源泉。仅仅有人脑，还不能使意识相对独立显现出来，还需要人们在社会实践中同外在的客观世界（包括组分事物和组分事物携带或组分事物系统蕴涵的涌生事物亚物质信息模式）打交道，使人脑和其他各种反映器官同客观世界发生联系，才会产生意识活动。马克思说："观念的东西不外是移入人的头脑并在人的头脑中改造过的物质的东西而已。"①马克思提出了观念是物质的，并且是"改造过的物质的东西"，并不知道所谓"改造过的物质的东西"实质上是物质的另一种基本形态的显现。列宁说："感觉是客观世界，即世界本身的主观映象。"②其揭示了意识活动的本质方式是"映象或反映"，是物质对物质的反映，而不是非物质对物质的反映；随着系统科学探索深入，是人脑系统中的基于系统的一种基本形态物质（涌生事物亚物质）对两种基本形态物质或两种基本形态物质构成的系统的反映。"反映"概念最初是用来形容光的反射性质的。因为外界客体作用于人的感觉和思维器官后，能在思维着的头脑中"复制""再现"客体，作出了相应的类似光的"反映"；但是，意识这种反映是基于人体（人脑）系统自组织的需要的能动的反映。人的反映不是消极被动的反映，是最高级的、"能动的"反映，由于高级涌生事物亚物质对低级涌生事物亚物质构成的纯粹涌生事物亚物质系统反映在人脑系统中的相对独立活动，使具有纯粹涌生事物亚物质本质的观念事物（如神话、上帝、鬼怪等）得以在反映中出现——而本质上是具有某种人系统满足需要的创新的信息模式与人脑中涌生事物亚物质的结合的显现。由于反映的能动性，"改造过的物质的东西"，即反映的表现，不同于外在的、未被人脑改造过的物质本身。总之，人的意识是主观的映象，包括客观世界的主观映象以及该主观映象在人脑中的再次或更多次的映象，也包括来自人脑系统本身的涌生事物亚物质的映象。传统物质和意识的对立统一，是相对的对立统一，在本质上都统一于本能物质。因为，意识活动是人脑系统中高级涌生事物亚物质对低级涌生事物亚物质、对客观实体组分事物携带的涌生事物亚物质的系统相互作用的活动反映。

---

① 《马克思恩格斯选集》第2卷，人民出版社1957年版，第217页。
② 《列宁选集》第2卷，人民出版社1972年版，第117页。

2. 关于意识亚物质的存在形式

意识在人的头脑中是怎样存在和活动的，这是个哲学问题，也是个脑科学问题。恩格斯在《自然辩证法》中谈到物质的运动形式时明确指出："终有一天我们一定可以用实验的方法把思维'归结'为脑子中的分子的和化学的运动。"① 这里面所描述的都是意识的活动表现的过程或机制，不可简单归结为脑的物理、化学和生理过程的必然结果，因为这些都没有对意识存在形式的本质进行阐述。列宁在《唯物主义和经验批判主义》中提出："世界上除了运动着的物质，什么也没有。"②毛泽东在《矛盾论》中也说："除了运动的物质以外，世界上什么也没有。"③这就是说，人的意识也是运动着的物质。但是，对是什么类型的物质？什么样的存在形式？对这些问题并没有进一步阐述。意识虽然表现的过程或机制是有脑的物理、化学和生理的过程，这仅仅是脑系统的组分事物系统基础上的脑系统的活动揭示。在这个揭示中，描述了有脑系统涌生事物亚物质的特性，但都"强加"给了组分事物，这是不合理的，也是不科学的，因而只有在涌生事物亚物质基础上，提出：意识是脑系统的与组分事物（脑的实体事物）平等的涌生事物亚物质，这才能使"意识是物质的"论断达到科学的自洽统一。

3. 意识亚物质活动的基本结构

意识作为人类的活生生的精神世界，是一个相对于组分事物物质相对独立的复杂的观念活动系统。意识是人类大脑反映和把握现实世界的心理活动和精神活动的总和。人类的意识活动作为一个多水平、多层次、多向度的观念体系，意识世界的各种内容和形式并不是彼此分离的、杂乱无章的，而是互相有机地联系的，并具有一定结果和功能的统一体。在这个统一体中，始终贯彻着一种特别功能的狭义意识——起控制协调人的思维和生理活动的涌生事物亚物质的"经常性"的"子系统"，我们称为主控意识。"主控意识"被认为是人体人脑中的常驻的高级涌生事物亚物质子系统。它的本质是涌生事物亚物质；它的高级指相对于初级涌生事物亚物质的高级；它的常驻指的是已经相对应人脑的组分事物发展而形成的、具有的涌生事物亚物质中相对独立的、对该系统起主要控制和调节作用的子系统，伴随着人脑的存在而一直的经常性的存在；这个过程与人脑组分事物是同步的，只要人脑形成存在，它就存在；这个涌生事物亚

---

① 恩格斯：《自然辩证法》，人民出版社1956年版。
② 《列宁选集》第2卷，人民出版社1972年版。
③ 《毛泽东选集》第1卷，人民出版社1967年版。

物质子系统的功能就是主导控制和协调人体机理,更多研究的是控制协调人的思维活动和生理活动。诸如感觉、知觉、概念、判断、推理、想象、欲望、情感、意志以及社会的意识形态和精神文化生活,等等,都是主控意识协调或控制人的思维活动的意识系统结果表现,或协调或控制人的生理活动的意识系统同生命系统结合的表现。主控意识是高级涌生事物亚物质聚合体,在人脑思维活动或意识活动弱的时候(比如睡眠时候),被相对分散的由相应的脑细胞组分事物携带(主要携带涌生事物亚物质当量,包括信息模式);当人开始思维或意识活动的时候(比如醒来),相应脑细胞将迅速释放相关涌生事物亚物质当量及信息模式,继而迅速形成高级涌生事物亚物质并在脑系统组分事物体系的作用下迅速形成"聚合体"——形成"主控意识"对整个人脑的思维活动和意识活动进行调节和控制。在以主控意识为主导的意识活动系统中,意识世界有几个基本结构:一是由意识反映的对象而形成的内容结构;二是由主客体关系内容而形成的意识反映的功能结构;三是由意识系统自身子组织的活动形式和水平而形成的意识反映的形式结构。

(三) 意识亚物质的本质特性

意识作为人们在对象性活动基础上对世界的一种概念的反映,表明意识和实践具有十分密切的关系。意识离不开实践,实践也离不开意识。一方面,因为意识是生成的,在生成过程中人脑提供了涌生事物亚物质基础,而实践提供了涌生事物亚物质显现活动需要的信息模式,并反过来促进实践的发展,这个过程的循环,使意识不断地发展并走向高级。意识本身并不等于实践,意识在人脑下与世界的能动的相互关系活动的过程才表现为实践,因此,实践性是人类意识的一个重要特点。意识本身具有一些具体的特性。

1. 意识的根本特性是亚物质性

意识的根本特性,在各种唯物论哲学中阐述都没有"十分明确";其实它就是物质性,即亚物质存在性。意识是人类活生生的精神世界的活动,世界是物质的,它的根本特性必然是物质的,这一点可由本能系统物质辩证逻辑来证明。一般系统中能很明显的区分组分事物(机能物质存在体),它的涌生事物亚物质主要是自身存在体与自身存在体的组分事物关系,即机能物质自分形之间关系,涌生事物亚物质因而是机能物质之间的整形涌生事物亚物质。这揭示了意识的原始本质(涌生事物亚物质)在世界物质中作为与组分事物(实体)具有同等地位的形态,即揭示意识的物质本性。世界是物质的,意识的最高特性就是物质性(准确地说是亚物质性)。意识从"改造过的物质的东西"到涌生事物亚物质的本质,从各个层次、各个角度来阐述意识是物质的,而只有涌生事物亚物质的提出，才提供了自洽的逻辑证明。

2. 意识亚物质的相对独立性

意识的相对独立性，主要在人脑系统中组分事物物质对其的决定性和意识自身独立发展性的共同作用下来揭示；也可以在考察传统物质的决定性和意识的能动性的关系中来揭示。人类意识的产生、发展和成熟，必须依赖于被意识的客观对象和物质的实践活动，同周围的现实世界不可分割地交织在一起；它的产生也必须依赖人脑这个物质系统，尤其是物质系统中的组分事物形态（脑细胞）——当人脑中组分事物对涌生事物亚物质当量的携带、释放和控制的能力、效力越高越大，意识作为涌生事物亚物质的显现也越容易、越高级——这种显现是在脑系统中的相对独立显现。因为涌生事物亚物质在系统之外，无法相对组分事物独立显现出来，也无法独立地进出人脑系统——这些过程都必须依赖组分事物（即传统物质，实体）来进行。由于人脑的高度发达，意识在人脑系统中也随着人类的发展而达到了高度的相对独立性。正如马克思、恩格斯所指出的，人类意识一开始是同周围可感知的环境和生活实践活动"纠缠"在一起的，由于社会的发展，特别是"从物质劳动和精神劳动分离的时候起"，意识就有了更多的相对独立。它的本质就是，意识系统高度发展，从对周围环境和实践的组分事物的反映，到对该反映的涌生事物亚物质的再次或多次高级反映。这些反映都是在涌生事物亚物质内容层次间进行的，这些较纯粹的高级的涌生事物亚物质内部的系统自组织和再组织的活动情况称为脑力劳动，在表象上形成的对外界组分事物的相对"脱离"，即相对独立。意识的主观性——相对于传统物质（组分事物）的涌生事物亚物质性质的集中体现，在人类哲学研究中称之为"主观性"，是人类研究意识的最直接的一个特性，它的涌生事物亚物质系统的独特存在方式和存在形式，使其具备相对独立的自觉的能动作用，意识表现出自由性、意向性、预见性、创造性、超越性和反思性等各种意识类型的高度相对独立。

3. 意识亚物质自组织表现的主观能动性

意识的能动性，是人类意识的重要特点之一。意识的能动性是人脑系统中涌生事物亚物质子系统的变在性使该子系统相对独立（摆脱系统束缚）的内在本性的表现，它并没有超越物质亚物质存在性，相反，它正是物质亚物质存在性的表现，物质的系统形式存在的涌生事物亚物质形态的性质的表现。意识能动性表现为，人的活动是有目的、有计划的创造性活动。这里的"目的和计划"是人脑系统自组织的需要体现，——它是人脑系统的组分事物系统和涌生事物亚物质系统的精致的、微妙的对立统一的活动的需要，可以使这些"计划和目的"

改变。这种自组织使涌生事物亚物质系统的特殊的高级的部分（意识系统）得到相对的高度的独立，而使其本身具有意识系统内部相对独立的系统自组织，形成意识活动本身展现出创造性的活动过程。意识的能动性，通过人脑组分事物和人体组分事物以及人体系统的综合运用，突出地表现为对客观实体世界的改造，这是能动性改造世界的核心过程。意识能动性的直接对象是脑系统中的低级涌生事物亚物质，然后通过人体系统，主要对外部世界的实体事物进行能动作用，因此必须遵循涌生事物亚物质形态规律和组分事物形态规律。一是涌生事物亚物质形态方面：意识活动有自己的规律，意识是脑系统的涌生事物亚物质，离开系统，意识不存在（被组分事物携带，涌生事物亚物质不能相对独立显现），组分事物（脑细胞）发展程度不高，影响意识的产生和发展；在单独的或割裂的脑系统的部分，意识也无法成系统地相对独立出现——但有可能在某些动物中表现涌生事物亚物质的性质，即反射特性。二是组分事物形态方面：主要是客观实体，也就是传统物质的部分的运动规律。意识的能动性是通过实践来实现的，这个过程的完成，必须依赖于一定的（基质）物质条件和（基质）物质手段。

三、人类社会系统的自约物——社约物

社约物是指来源于实体、涌现于实体、服务于实体的具有契约规定性的社会系统涌生亚物质相对独立物。社约物一定要同"能式"的物质性存在研究相结合。金岳霖教授的"能式"观点是社约物研究的资料来源内容之一。乌杰教授认为："世界是物质的，物质世界是系统的，系统物质世界是不断运动的。"[①] 人类社会也是一个系统。社约物是人类社会中相互作用契约性亚物质。人是社会系统的中心存在物，是一切社约物的根本来源和主要载体。社约物是一切的人与人、人与物、人与能量、人与信息的关系描述物，是人的一切社会生活的描述物，是一切社会实践活动的描述物，它支配着人类创造自我、创造历史、创造未来的总运动。因此，社约物是一般系统人脱离于一般动物意义上的人的标志，是支配一般系统人存在和运行的"看不见的手"。

（一）一般系统的自约物

契约原指古代师徒间分割成的带锯齿状边缘的契约，并且每人在契约上咬上牙印，表示双方的某种约定关系。契约的观念早在古罗马时期就已经产生，罗马法最早概括和反映了契约自由的原则。通常，契约是指两人以上相互间在

[①] 乌杰：《系统哲学》，人民出版社2008年版，第54页。

法律上具有约束力的协议，法律作为其支配力的强力保障。该支配力对任何协议方而言表现在其身上的约束义务称为"所约定的义务"，该支配力对任何协议方表现在其身上的服务保障权利称为"所约定的权力"。一般系统中各组分相互作用的契约性，来源于现有的契约，但超越现有的契约，形成为广义的契约。广义相互契约性来源于自我辩证发展契约性即自约性，它首要地是指"相互作用"关系，其次是具有人的意志的相互约定特性。

一般地，物自体系统自分形博弈产生的自我契约性涌生事物①，称为自约物；自然界系统的自约物，即自然系统内部博弈生成的契约性涌生事物；社会系统的自约物（也称为社约物），即社会系统内部博弈生成的契约性涌生事物。某一物自体系统自分形同其他物自体系统自分形博弈生成的"来自他方"的契约性涌生事物，对该物自体系统而言称为他约物。某一确定研究系统的整体自约物对该系统内部组分来说通常都是他约物，例如一个国家系统自约物（比如法律社约物）对该国家内部的某一企业子系统来说是他约物。

在系统中，直接承载广义契约相互作用关系及其涌现的事物，称为"涌生事物"。乌杰教授在《系统哲学基本原理》② 中对自组织涌现规律进行了阐述，笔者在《系统涌生原理》③ 中认为：涌生事物是自组织涌现（现象）的直接载体，并提出了研究涌现假说模型概念。"系统涌现生成的整体"与"所有之部分"的差异表现为：单个组分的某些特性、功效不能有效显现，而当该组分与其他组分的某些特性共同生成涌生事物的时候，涌生事物支撑的涌现功能生成，即系统拥有了组分不具有的功能或机能。比如，多种类中药混合具有单种类中药并不具有的疗效功能。"任何系统的自我契约都是该系统内部组分博弈自组织的涌现产物"，这同"涌生事物是系统内部组分博弈涌生的非整体非部分、亦整体亦部分的相互作用的相对独立统称"是一致的。系统的自我契约作为一个名词，等同于系统的涌生事物，可用涌生事物解释；作为一个动词，则是指系统自我契约性对该系统的组分自分形（利益最大化）的协同服务保障与区别控制约束，即该系统的涌生事物的整形力支配行为，可用自组织涌现解释。广义契约相互作用关系及其涌现的本体是涌生事物亚物质。它是系统内部的"组分与组分之间"的"以相互作用为核心形成的统称"，它是一种特殊抽象的相对独立的事物。涌生事物是指系统中来源于组分的、基于"机体论"基础上的、于机

---

① 系统"自我契约"等同于"自组织涌现"。
② 乌杰主编：《系统哲学基本原理》，人民出版社2014年版。
③ 温勇增：《系统涌生原理》，经济日报出版社2014年版。

体中相对独立于组分的一种解释性和工作性的假说概念,具有"非整体非部分、亦整体亦部分"特性。"涌现现象的出现,并不神秘,涌现无非表明,低层次的组分在相互作用与结合起来之时,丧失了它们原来的独立性,而结合成为新的高层次的事物,高层次的事物就会反过来以一种整体的模式和机制支配它的各个组分协同起来。"① 涌生事物亚物质来源于组分,但也区别于组分;它的生成源自于整体内部,又具有支配整体内部组分的意义。系统中,有些低层次组分的独立性质隐而不见,但结合成为的整体涌现出新性质,比如食盐中的钠;有些低层次组分结合涌现新性质的同时,低层次组分的部分独立性质仍旧存在,比如家庭中的个体性质,个体结婚组建家庭组织,具有家庭整体新性质,但个体的部分独立个性仍旧存在(部分个体独立个性被家整体约束)。

涌生事物亚物质对于系统整体具有协同服务保障与区别控制约束的"支配和整合"功能自约物,是指物自体前一分形和紧邻的分形之间博弈的自我契约性涌生物,其核心是使自分形得以开显,并支撑和保障自分形连续化、持续化和最大化。自约物整理、约束和协调物自体自分形,其具有如下性质:

(1)自约物具有非整体非部分、亦整体亦部分性。自约物不是"整体",也不是"部分",它是部分生成整体时涌现出来的连结"整体"与"部分"的逻辑中介相对独立物,即"整体—部分",它既是事物相互作用关系又是事物演化过程信息,它既是整体又是部分。

(2)自约物具有相对独立性。自约物来源于系统组分,但相对独立于系统组分,并整合支配组分生成整体系统。就其整合系统的组分并生成整体系统意义而言,它具有相对独立性,其中"意识"是来源于人脑系统组分的、整合人脑机能的、具有相对独立性的最高代表。

(3)自约物具有自适应演化特性。自约物来源于组分事物自组织涌生,自约物自适应演化随组分事物自组织演化而演化。自约物存在于系统中,随着系统组分的变化,自约物也跟随该系统自组织的变化而发生变化,例如,中国系统的古代封建社会自约物制度,随着马克思主义中国化而被现代的社会主义自约物制度所替代。自约物信息模式可以栖息于别的事物,它可能受到别事物自约物的干扰和入侵,例如信号的干扰、调制、解调等。

(4)自约物具有承载涌现机能的层级性。自约物对组分整合强大且符合某种优化目的稳定态,则生成具有该自约物支配的新整体,新整体作为更大系统

---

① 吴彤:《试论复杂系统思想对于科学哲学的影响》,载《系统科学学报》,2013年第1期。

的组分，参与自组织生成新的自约物及其新新整体……如此超循环螺旋发展。例如，两个或多个原子在一定自约物力量且符合某种优化目的稳定态时，才能生成分子，分子生成分子聚合物，直至细胞、组织、器官、人、社会等，都是如此。通常地，具有强大整合力与优化目的态的自约物使低级组分不断地超越自己，涌现出新机能，生成新整体。新整体既是新的更高层次的整体，又作为更高系统的组分。随着低层次自约物的瓦解或崩溃，则其上层次的自约物也会瓦解。不同层级的自约物承载对应不同的涌现机能，具有层次结构的系统，通常具有层级自约物承载相应的层次结构涌现机能，自约物层次结构具有金字塔形状特性，最高层次自约物牵引整体系统及其内部各层次自约物共同演化发展，塔尖自约物（上层自约物，比如社会系统上层建筑）具有整体系统演化的引领作用和最高支配功能，这揭示了自约物承载涌现机能的本质。

（5）自约物具有双向作用性。自约物来源系统的组分，反过来整合支配组分，它具有同"组分事物"和"整体系统"的双向作用。自约物同组分的相互作用表明，组分确定了自约物可能存在的一个范畴（质决定了系统可能涌现的机能，比如老鼠基因不能生产出大象体形机能）；自约物同整体系统的相互作用表明，自约物决定了组分可能的发展（比如封建社会自约物决定了，地主和农民不能平等），自约物与组分具有互惠、互制约的相互作用关系。自约物对于整体来说，在理论上其直接代表了整体性。"组分生成自约物—自约物整合支配组分—致使组分产生新变化—新变化的组分生成新自约物……"是一个超循环螺旋过程，每一个自约物螺旋环都具有系统维生性，导致整个过程双向作用的延滞性。通常，多层次结构系统的塔尖自约物与低层自约物可能存在"渐进涌生性"或"滞后维生性"带来的差异。"渐进涌生性"方面，是指低层社会自约物反映到上层建筑使其匹配一致需要一个时间，比如马克思主义中国化在上层建筑层面的充分体现需要时间；"滞后维生性"方面，是指社会系统的上层建筑不适应经济基础，但它不会自觉让位，具有一定的维生性，比如中国推翻封建王朝革命的艰难及袁世凯复辟等体现了清王朝上层腐朽建筑的维生性。通常，一个复杂层次系统的"局部"自约物不能直接反映该系统的整体性，但自组织生成的上层建筑自约物可以代表该系统的整体性。

（二）人类社会系统的自约物——社约物

人类社会系统自约物即是社约物，社约物的本质是亚物质，社约物的核心特性是相互契约性，它同时具有来自人社约意志性。

1932年美国律师学会在《合同法重述》中定义契约为："一个诺言或一系列诺言，法律对违反这种诺言给予救济，或者在某种情况下，认为履行这种诺言乃是一种义务。"《现代汉语词典》认为，契约是指"依照法律订立的正式的证明、出卖、抵押、租赁等关系的文书"。从法理上看，契约是指个人可以通过自由订立协定而为自己创设权利、义务和社会地位的一种社会协议形式。广义地看，契约是由人参与的相互作用关系，即人类社会自组织关系；其中，狭义的契约是以自由同意为基础的（即契约自由原则），双方合意签订具法律效力之契约的法律行为，即契约行为。可见，在人类社会系统自组织相互关系中，区分广义自我契约和狭义相互契约，狭义相互契约是广义自我契约的一种特殊情况。狭义相互契约具有狭义契约性，狭义契约性是指契约双方在契约系统中偏重自我独立性，且它们之间相互契约通常具有法律约束力的协议性。在狭义相互契约研究中，可认为"契约等同于合同"。广义自我契约具有广义契约性，广义契约性是指博弈自组织相互协同服务保障与区别控制约束的整合性。在广义自我契约研究中，可以认为"契约等同于一般系统涌生事物保障和支配博弈各方的整合物"。任何系统都具有广义自我契约性涌生事物，因此，任何系统内部都具有广义自我契约性，它是系统自组织的"内在看不见手"的根本性质。在人类社会系统中，承载广义自我契约性的亚物质称为社约物。

社约物的广义自我契约性研究的是人类社会系统内部相互作用关系，即人类社会系统内部组分事物或涌生事物的博弈关系，特点如下：

（1）人类社会系统中的相互契约关系集中表现为自组织涌现亚物质，即社约物。

（2）社约物内部契约关系的各方是平等的，对整个系统的存在和发展具有"同样"的意义，没有哪一方可以只享有涌生事物的协同服务保障权利而不承担接受涌生事物区别控制约束的义务。社约物内部契约关系一定是相互的，协同服务保障博弈方自分形和区别控制约束博弈方自分形是互相捆绑在一起的——形成共同整合支配。

（3）社约物内部契约关系的遵照执行在于参与博弈方，而核查契约执行的区别控制约束权力在博弈涌生事物（可由博弈方或非博弈方携带，比如他事物、他动物、他人）。博弈方的遵照执行保障的是系统其他博弈方利益（通过涌生事物协同服务保障），反过来也成立；如果博弈涌生事物区别控制约束博弈方甚至排除或消灭某一博弈方，是发挥博弈涌生事物自然支配整合的天性，目的是协同保障其他博弈方在该系统自我契约（涌生事物）之下的共同利益，保障系统之所以成为该系统的合法性、合理性与存在性。广义博弈及其自我契约是世界系统内组分相互作用关系的基本属性，世界系统内的广义博弈自我契约区分矿物类博弈自我契约、植物类博弈自我契约、动物类博弈自我契约、人类博弈自我契约，它们通常是相互交织的，比如植物博弈自我契约，不仅包括植物内部博弈自我契约，也包括植物与动物的博弈相互契约，还包括植物与矿物（土壤）的博弈相互契约等；而人类系统博弈的自我契约生成人类社会，其以人类为中心包括了各种博弈自我契约关系。

广义的人类社会系统自约物即社约物具有相对独立性，它犹如意识的相对独立性。社约物性质统称为社约性，集中表现为社约物意志性，例如社会意志是某一社会系统的社约物意志。每个人都在参与社约物意志的生成，同时也都遵守社约物意志的调节，例如，在伦理方面，参与伦理，遵守伦理；在法律方面，参与法律制定，遵守法律；在经济方面，参与经济市场规律制定，遵守市场规律；在政治方面，发扬民主和自由参政议政，参与政治社约意志的生成，遵纪守法，接受政治社约意志的调节、支配与约束。社约性，是指契约性涌生物的系统意志信息模式的整合支配性。对于社会系统人研究而言，可根据权利与责任、自由与约束等方面区分服务保障特性和支配改造特性两大类，社约物性质主要如下：

（1）社约的权利、自由、服务、保障特性。假如社约物承载的社约物意志侧重表达一般系统人的权利、自由，社约物意志侧重于展现对某些一般系统人的服务功能，侧重于展现对某些一般系统人的保障和保护力量，则它们统称为社约物的服务保障特性。社约物的服务保障特性的核心，是保障系统人和社会事物的自分形存在和演化发展的自我权利和社会系统社约物赋予或给予的权利。

（2）社约的责任、约束、支配、改造特性。假如社约物承载的社约物意志侧重表达一般系统人的责任、约束，社约物意志侧重显示对某些一般系统人的支配力量，侧重于显示对某些一般系统人的改造功能，则它们统称为社约物的支配改造特性。社约物的支配改造特性，主要是指其他一般系统人的自分形权利和自由在社会系统中显现时通过社约物对某研究系统人的影响特性。

（3）社约物中服务保障特性与支配改造特性的整体协同支配性。社约物的整体协同支配性，是指社约物协调、支配和约束社会系统或事物按照社约物的法则、规律及其信息模式规定等要求呈现的存在与演化发展，确保受支配系统人（或事物）享受相应的权利和自由，享受社会系统提供的服务和保障；同时确保受支配系统人（或事物）提供相应的义务，接受相应的社会化约束，服务社会系统、服务其他系统人和社会事物。在现实人类社会系统研究中，人们通常容易把社约物的服务保障特性和支配改造特性进行相对割裂的独立研究，这是片面的，它在认识本质上违反了系统涌生支配自然规律。

（4）社约物的价值最大化支配特性。任何一个一般系统人都具有自分形最

<<< 第四章 一般系统人的"社约物场论"

大化的本能趋势,在人类社会系统有限的资源和环境条件下,多个一般系统人权利最大化、自由最大化、利益最大化之间形成了矛盾,社约物就是调和这种矛盾的产物。社约物是一般社会系统中人与社会事物之间相互作用构成有机体的涌生事物亚物质。它是一般社会系统自组织的产物,具有一般系统亚物质对组分的协同功能、控制功能、组织功能等,它可能对某些一般系统提供服务和保障功能,也可能对某些一般系统人提供控制、约束和改造功能,它不会刻意偏袒哪一个系统人,只是按照社约物支配规律办事。摒弃单个利益,就人类社会整体而言,社约物支配下的人类社会系统整体自分形最大化运行价值,是每个系统人在当前社会系统条件下自分形最大化价值及其相互作用价值的总和。社约物整体协同支配,能够有效抵制一般系统人自分形矛盾之间产生的内耗能量,能有效激发和保护一般系统人自分形协同产生的增长性正能量,它是符合"系统最小作用量原理"的、以整体最大化价值为目标的"无形的手"。

(5) 社约物的中介支配特性。人是活动的,社约物具有中介支配性。"中介把活动关系结构的两端互相介绍和引渡给对方。借助中介,活动的人(主体)使自己的特性、本质和本质力量在指向活动对象(客体)的活动中以不同的方式对象化;同时又以不同的形式使活动的对象变成自己物质的和精神的生活与活动的一部分,使自己的特性、本质和本质力量得到充实、丰富和发展。"[①] 中介性是社约物表现出来的整体性质,通常研究的中介性是机械的中介性(没有自觉的系统意义),社约物中介性是相对独立社约物的自发自觉的中介性,这使中介性获得根本的物质本质定位。社约物中介表现形式是多种多样的,比如各种形式的设施、工具、装备、业务、财货、资金、货币、语言、文字、符号、规章、制度、律令、规范、思维概念以及它们的运用方法,等等,简单来说,人同对象之间的一切介质(工具)、能量流、相互作用关系及其信息流都是社约物范畴。

社约性,表现为社约物中受信息牵引、能量动力支撑、组分实体根本承载的系统人性,是指人类社会系统的广义自我契约性,包括弱社约性和强社约性。社会自我契约性根据其来源及作用于个体系统人或组织系统人组分的不同,区分为生来社约性、强力社约性和合法社约性。我们讨论任何一个复杂系统人内部契约,都可以还原到适可而止,即,通常还原到一个社约对——社约对系统包括社约方、社约对方、社约性涌生物平台。对于一个个体系统人而言,通常具有生来社约性、强力社约性和合法社约性等。生来社约性是每个个体都必须

[①] 陈志尚主编:《人学原理》,北京出版社2004年版,第133页。

面对的，它是人类不平等的起源之一，比如出生在帝王之家的孩子，刚出生就是王子；出生在奴隶之家的孩子，刚出生就是奴隶。王子权利社约性和奴隶丧权社约性是其生来社约性，王子可能失去王室地位成为奴隶，奴隶可能推翻国家成为帝王。因此，生来社约性是可变的，并非社约方本质属性，而是一种附带属性（这种附带性可能因为博弈丧失）。强力社约性是系统人与系统人博弈，被博弈涌生事物极端强力支配的社约性，这种极端强力是指杀伤武力、自由强迫力、基本生存和基本情感的强迫力等，比如强盗用枪指着头获得的社约性涌生事物，其有可能支配被契约方的身体、财物、自由、精神等。不合法的强力社约性是人类不平等的重要起源之一，合法的强力社约性是受保护的，其强力社约支配约束性指向少数人而保护多数人利益。合法社约性是一个宽泛的体系，包括了家庭情感社约性、家族社约性、民俗风俗社约性、伦理道德社约性、文化社约性、制度社约性、法律社约性，等等。最高的合法社约性是由宪法和法律来兜底的。合法社约性是整个人类社会系统的基础与核心，它决定整个人类社会的和谐程度、文明程度和发展趋势。合法社约性也是人类不平等的起源之一。

生来社约性和非法强力社约性是人类不平等的外在起源，一切生来社约性和强力社约性都应建立在合法社约性基础之上。合法社约性作为人类不平等的起源是主体性的、内在的，这种"所谓的不平等"需要主体自身经过努力来消除；即，合法社约性对任何人都是公平的，"不平等"来源于主体的本性和能力差异，来源于主体能动性问题——内在主体性和能动性决定了系统人在合法社约性中的位置，呈现出自然平等上的差异（即使最优秀的合法社约性也不能绝对消除自然平等上的差异，否则就消除了合法社约性本身）。

总地来说，社约性是人类一切合法性的保障，也是一切不平等的起源，关于后一点正如卢梭关于契约观点的阐述。从根本上看，社约性是一般系统人"合理性和合法性"的标志，社约意志是一般系统人之所谓"人类系统"意志的标识。

（三）人类社会系统中的主体自约物、自我社约物、公共社约物

一般系统人社约物来源于一般系统人社会系统。在一般系统人社会系统中，一般系统人本身自约物并不直接地就是社约物，只有当它通过实践在人类社会系统中体现出来、展现出来、显现出来，它才被称为社约物——因此，它在被付诸实践之前即一般系统人拟将付诸实践（具有主观动机和意向）的社约物称为自约社约物或主体自约物，以区别于相对独立社约物。相对独立社约物都来源于一般系统人主体自约物及其社约对象。相对独立社约物中，根据社约对象

和社约范畴，可区分为自我社约物和公共社约物两大类。

1. 一般系统人现实的自约物即拟将付诸实践的主体自约物

受社会环境影响的系统人自约物就是主体自约物。主体自约物还不是社约物，应当称其为预社约物；因为它一旦实施才有可能成为相对独立社约物的来源内容。一般系统人主体自约物包括人本自约物和受社会环境影响社约物部分内容。一般系统人主体自约物可区分为个体系统人主体自约物和组织系统人主体自约物，即个人的主体自约物和组织的主体自约物。

个体系统人的主体自约物中的人本自约物，就是个人的意识自约物，也称为"原生态"主体意识，主要指原生态的人的需求意识和自我意识内容。纯粹的意识自约物是不受人外社会（自然）环境影响的，仅受人系统内部组分产生人体机能时博弈涌现生成情况影响；但是在现实中，纯粹不受人外社会（自然）环境影响的意识自约物是不存在的，因为人不能在社会和自然之外存在。因此，个体系统人的主体自约物中包含了受社会环境影响的社约物部分；意识自约物受社会实践影响的程度，显示了人的社会化程度及所对应社会系统的文明程度。

组织系统人的主体自约物，就是组织之所以构成组织的规章和制度等所蕴含的组织意志自约物，其主要承载具有组织稳定存在的保障性意志和某种特定方向的发展意志等。纯粹的组织意志来源于组织内容，受组织内部系统人的博弈涌现生成影响；但是，现实的组织意志既受内部系统人影响，也受外部环境的影响，没有纯粹独立于社会之外的社会组织。

在人类进化和发展进程中，人与自然的关系是通过人类劳动建立起来的，人的劳动不断地使自然人化——建立了相对独立于自然的人类社会系统。因此，"人与自然之间的社会性物质变换造就了主体和客体的分化"[1]，人类在社会实践中不断地创造对象物质，同时也不断地丰富显现和造就着自身的主体地位在人类社会系统中，实践成为具有主体能动性的人同自然（社会）的特有关系。"实践是主体作用于客体的中介环节"[2]，实践是人同对象世界的博弈关系表达，因此，实践是人同对象世界公共系统中的相互博弈的自组织契约性涌生事物亚物质的内容，即社约物内容，这里称为实践社约物。"人是什么样的同人的活动是一致的"[3]。人必须是活动的人，将人本自约物通过实践活动融入公共社约物形成主体自约物。实践是人的最基本的存在方式，人之所以成为这样的人或那

---

[1] 陈志尚主编：《人学原理》，北京出版社2004年版，第38页。
[2] 陈志尚主编：《人学原理》，北京出版社2004年版，第38页。
[3] 陈志尚主编：《人学原理》，北京出版社2004年版，第134页。

样的人，正是人通过活动生成主体自约物性质决定的；这种主体自约物性质通过人的劳动活动表现为不断生产和再生产的"人的世界"。主体自约物使"人创造他自己"，创造人之为人的基本规定性，及其潜在可能性并使之现实化，这使得人具有丰富的具体存在状况和具体规定性。劳动是社约物生成的第一基本条件。劳动使人同对象之间的涌生事物生成，该涌生事物从被动消极依赖外部自然物的自约物（主体性未形成有效社会意义），转变为主动积极地脱离于动物的社约物——使人从自然界中分化出来成为社会人。"人类史是我们自己创造的，而自然史不是我们自己创造的。"[①] 严格地说，绝对的纯粹的不受一丁点实践影响的人本自约物是不存在的，个体系统人如果只有人本自约物，没有经过人化、文化、社会化即没有经过实践社约物锻炼，没有收获主体自约物，没有主体自约物同人本自约物的融合，则不能称之为真正意义上的人，比如狼孩。人不能脱离社会（自然）环境，一般系统人主体自约物同社会（自然）环境博弈的相互作用和关系的涌生事物亚物质称为实践社约物。在人主体同自然界物质客体的关系中，一方面主体通过认识和实践这些中介环节作用于物质客体，另一方面自然界系统通过相应的自约物作用于人类。这是人类和自然界的基本关系问题。在人与自然界之间的关系中，人类已经脱离了动物同自然界单纯依存关系和适应关系的自然物与自然物相互关系的层级，人类具有意识自约物高度相对独立表现的能动性和创造性综合的主体性，使人类超越了一般生物与自然的自然性质，而人类主体与自然界之间的基本关系称为实践关系。没有人的高度相对独立的意识自约物，就没有主体性、能动性和创造性，就没有人类同自然的人质实践关系。人把自己作为主体存在，把自然界作为他的认识和活动的客体，没有人的高度相对独立的意识自约物，这一切都是不可能的。换句话说，人丧失了高度相对独立的意识自约物，他将和一般动物一样，仅是自然存在物。

　　一般系统人主体自约物通过实践社约物显现为相对独立的社约物。主体自约物表现出自约意志，社约物表现出社约意志。一般系统人的自约意志通过实践同社约物的社约意志博弈相互作用：一是自约意志占据上风，则一般系统人自约意志融入社约物意志并在其中占据主导地位，简单地说，是指自约意志打败了社约意志，即一般系统人打败了相应社会原有制度模式；二是社约意志占据上风，则一般系统人自约意志受社约意志压制、约束和支配调节，处于被支配地位，简单地说，是指社约意志打败了自约意志，即相应社会固有制度模式遏制住了一般系统人；三是自约意志和社约意志相互融合，各有妥协和改造。

---

　　① 马克思：《资本论》第1卷，人民出版社1975年版，第410页。

一般系统人自约意志同相应社会原有社约意志在实践博弈相互作用中,相互融合生成新的社约物及其意志。要善于把握认识理性和实践理性,因为,主体自约物在实践中,有可能占据新生社约物的主导意志,并在新实践中支配协调影响范围内的社约物"管辖"的个体系统人和组织系统人;也可能相反,即个体系统人意志顺从或妥协于现有实践社约物,受实践社约物支配、协调和组织。

2. 一般系统人实践形成的自我社约物与公共社约物

马克思和恩格斯指出:"历史不外是各个世代的依次交替。每一代都利用以前各代遗留下来的材料、资金和生产力;由于这个缘故,每一代一方面都在完全改变了环境下继续从事所继承的活动,另一方面又通过完全改变了的活动来变更旧环境。"①"历史不过是追求着自己目的的人的活动而已"②。一般系统人在社会系统中不断地实践,不外乎在原有社约物基础上进行创新改造和发展,通过增加或赋予主体自约意志内容形成新的社约物意志而达到自己追求的目的。

一般系统人在社约实践中,根据社约方和社约对象的范围不同,其社约结果可区分为自我社约物和公共社约物。社约方通常是指一般系统人,包括个体系统人、家组织系统人、企组织系统人、区域政府组织系统人、国组织系统人、人类组织系统人范围层次;社约对象可以是一般系统人,也可以是包括一般系统人的一定的时空区域或事物范畴。自我社约物是指由特定的社约方、特定的社约对象、针对特定事物及其特定社约方式三者共同构成的实践活动中产生的社约物。自我社约物的出发点和目的是一般系统人自约意识,是为了使该系统人自分形最大化或者有效实现自我目的,而进行的特定的社约实践活动,其亦可称为自我社约物实践活动。自我社约物实践活动是一般系统人构成独特自己的必要条件,它是一般系统人自由自分形发展的核心内容。任何自我社约物实践活动都必须立足于公共社约物平台和环境。公共社约物是指只要满足公共性质的社约方(比如公众、政府或公共公益性团体等)、公共性质的社约对象(比如公众)、公众社约方式(公共交通方式、公共交往交流方式等)三个条件之一的社约实践活动,其亦可称为公共社约实践活动。公共社约实践活动就是一般系统人生活,它为一般系统人生存和发展提供了物质能量和信息交换的环境、场所和平台,它是一般系统人生活的不可逾越的基本内容。

自我社约物指向私有制,而公共社约物指向公有制。自我社约物在公共社约物中被承认,这是自我社约物及其私有制存在的前提。自我社约物不能是无

---

① 《马克思恩格斯选集》第1卷,人民出版社1995年版,第88页。
② 《马克思恩格斯选集》第2卷,人民出版社1957年版,第118-119页。

限制的，它只能占据公共社约物中合理的一部分；即私有制也是不能无限制的，它只能占据公有制允许的那一部分内容。私有制是一般系统人格物范畴的问题，一般系统人从"裸肉体和灵魂"到"鞋衣裤帽"，到"私有家庭""私有房屋空间""私有财产"等，隶属于一般系统人的格物范畴不断扩大，这些原本在系统人之外的事物不断被自我社约物调控而归属于特定系统人的内涵。这就是私有制内容不断变化的表现。在私有制界定之外的社会事物，那是属于公有制范畴的。公有制以社会公共社约物意志调节私有制、调节公有制的运行。一个国家的社会制度，它是以保障私有制为目的宗旨还是以保障公有制为目的宗旨，区分为私有制社会和公有制社会。私有制社会和公有制社会都具有公共社约物，但是他们公共社约物的来源不同、产生渠道不同、运行方式不同、服务对象和服务宗旨不同。私有制是以"小写的人"为服务保障终极对象，公有制是以"大写的人"为服务保障终极对象，前者必然导致阶级斗争、（权利、民主、公平、自由、贫富等）两极分化长期存在，后者有利于协同社会各个层级结构，最终实现最大化的共同富裕系统形态。

（1）自我社约物对实践的指导、对公共社约物的影响。自我社约物中的主体自约物部分对自我实践的指导，即人在实践中的主观能动性，揭示了人能够按照自我主观意识主导实践的发展，为人的需求，为实践对象符合需求目的来设定和指导实践活动。正如马克思所说："最蹩脚的建筑师从一开始就比最灵巧的蜜蜂高明的地方，是他在用蜂蜡建筑蜂房以前，已经在自己的头脑中把它建成了。"[1]自我社约物中的主体自约物具有认识理性，"认识理性首先是主体在能动地改造客体的实践中形成的，没有实践便没有认识"[2]。主体自约物的认识理性是指主体意识自约物对客体所提供的信息进行的选择和加工，进行去粗取精、去伪存真、由此及彼、由表及里的改造和加工，使主体自约物意志以意识自约物为载体达到对客体本质和规律的一致性认识，从而形成主体意志。主体意志是自我社约物的核心意志，通常情况下可认为，主体意志等同于自我社约物意志。严格地说，自我社约物意志包含了主体意志内容和被加工的客体认识理性意识，即主体自约物意志在实践中不能仅以意识为转移，它不能是纯粹的意识自约物，而是混合了符合客体理性认识信息模式且被主观意识携带的意识自约物——这种符合性在根源上来自人外的社会（自然）系统社约性，但又存在于人的主体（大脑）内具有主体载体性。

---

[1] 《马克思恩格斯全集》第23卷，人民出版社1972年版，第202页。
[2] 陈志尚主编：《人学原理》，北京出版社2004年版，第38页。

实践通常是在主体认识的指导下开展的,自我社约物对实践的指导主要在于动机对实践的影响。自我社约物包含了主体对对象事物的价值观念,并由此决定了主体对客体的态度及实践的动机。自我社约物之动机对实践的指导并非都能够达成绝对一致性的结果,比如有些个体主体自约物动机向善却出现了恶行为实践社约物,相反的情况也有。自我社约物之动机对实践指导的一致性评价,比如对善恶的判断,既要依据主体自约物动机,也要看其实践效果,两者缺一不可。动机与效果对于道德行为来说犹如一个钱币的两面,是无法分开的。黄建中谈到为什么要兼顾二者时说:"盖动机属于人,效果属诸事。属诸人者,关乎品性,属诸事者,关乎行为。人若养成先见结果之品性,及指正结果之志趣,则人与事契,性与行合,动机与效果相一致,而主客内外之分悉泯。"① 自我社约物指导实践具有实践理性。主体自约物具有认识理性,其对实践的指导展开并能够有效生成实践社约物则具有实践理性("能够"说明实践理性的必然性,部分人以某种主体自约物认识理性指导实践,但在实践展开过程中受自身的社会地位、知识、技能、经验等影响而没能有效生成相应实践社约物即获得实践目的,这并不意味着该主体自约物不具备实践理性)。自我社约物主体的思维理性,提出对客体对象的行动目的、计划、方针、政策、策略等,指导实践活动,进行预见性和创造性的实践统一,以实现主体目的、满足人的需要。

自我社约物通过实践对公共社约物的影响是巨大的。自我社约物的实践对象是社会系统的对象,是通过实践抵达公共社约物直至其他组分系统人或社会对象的。自我社约物携带的人本自约物融化、改造、渗透的部分社约物信息内容,在实践中既可能同实践公共社约物吻合,也可能同实践公共社约物矛盾,但它是以私立主观意志为目的的实践活动,必然或多或少地影响公共社约物的存在和发展(以公共社会意志为目的)。

(2)公共社约物对实践的规范、对私利社约物和主体自约物的支配。公共社约物是指不被组分系统人私有的、被所有组分共同携带的、公共拥有的但又相对独立的社会系统契约性涌生事物。公共社约物允许被履行公共权利和义务的职能部门的特定组分系统人携带,即允许被公务人员携带。公共社约物要使公共社约物所在的社会系统自分形整体最大化,在整体最大化的道路上,部分个体自我社约物最大化必然会受到调整、控制和约束,反过来看,系统人在社会系统中实践必然会受到公共社约物的规范,一方面符合公共社约物运行方向和目的的被服务和保障,另一方面不符合公共社约物运行方向和目的的则被压

---

① 黄建中:《比较伦理学》,山东人民出版社2011年版,再版引言第4页。

制和约束。

公共社约物对一切在其范畴内的自我社约物具有支配力。一般系统人的主体自约物具有能动性。它是指作为人的内在能动牵引表现为对改造社会（自然）的实践的能动性，创造出适合人类自己生存、发展和享受的物质资料和环境，同时也改造着自己本身。在实践中，一般系统人自我社约物和主体自约物受社会关系这一基本形态整合支配着，因此它具有来自社会（自然）的受动性、受支配性。一般系统人主体自约物不仅受社会约束，也受自然约束，在这方面马克思指出："人作为自然存在物，而且作为有生命的自然存在物，一方面具有自然力、生命力，是能动的自然存在物；这些力量作为天赋和才能、作为欲望存在人身上；另一方面，人作为自然的、肉体的、感性的、对象性的存在物，和动植物一样，是受动的、受制约的和受限制的存在物。"① 马克思指出的存在人身上的"能动力量"和来自自然界系统作用于人身上的"受动力量"，前者主要是指一般系统人的主体自约物意志和自我社约物意志，后者主要是指社会和自然系统产生的附加于人身上的社约物意识或自然界系统自约物整合支配力。一切系统人的自我社约物意志要想实现，必须通过实践融入公共社约物意志。也就是说，主体自约意志只有融合于社约意志中才能真正实现其意志。有些人总是把主体自约物意志凌驾于社约物意志之上，这是不正确的；而人总是受社会各种法律、规章制度、道德等的约束，这是符合社约物对一般系统人支配规律的必然表现。

（四）社约物提出的意义

社约物是一切社会系统人自分形最大化矛盾之间的博弈妥协生成相对独立的社会系统契约性涌生事物亚物质。它是社会系统有限资源供给和系统人自分形最大化需求之间矛盾的系统化妥协的必然结果。

马克思认为，人是一切社会关系的总和。"总和"是一种线性的简单加和，具有机械论局限性。从系统涌现角度看，"人的社会特质"在于"一切社会关系总和"的内部差异协同及其自组织整合。从"一切社会关系的总和"到"一切相互作用社会关系的整合（生成社会系统涌生事物）"，表现了系统科学思维对马克思主义"人的社会特质"认识的继承和发展。

马克思批判费尔巴哈时指出："费尔巴哈从来没有看到真实存在着的、活动的人，……也就是说，除了爱与友情，而且是理想化了的爱与友情以外，他不

---

① 《马克思恩格斯全集》第 42 卷，人民出版社 1979 年版，第 167 页。

知道'人与人之间'还有什么其他的'人的关系'。"① 人类社会的一切的"人的关系",既包括了"内在的、无声的、把许多个人纯粹自然地联系起来的共同性"②,又包括了从事社会实践和社会生活的存在物的一切现实性。这里,把人类社会的一切的"人的关系"的自组织涌现的社会系统自我契约规定(意志信息模式),称为"社约"(社约意志模式)。"社约"作为名词,是指公共意志自组织协同规定,来源于自己,保障自己利益的同时也保障别人的利益,即社约物信息模式;"社约"作为动词,是指人类社会系统自组织涌生物契约性协同运行,即社约物支配运行。优化社约,其根基在于"信任"和"诚信",个体系统人意志同社约意志博弈,就是同自己的"原利益"博弈(表面上是在同他人的利益博弈),如果采用奸巧的方式寻找社约意志的信任漏洞,占社约的便宜(表面上是占了他人的便宜),实质上是在占自己的便宜,瓦解包括自身在内的社约意志,最终导致自身利益的不可保障。优化的社约意志总是凝结并保障着最多数人的利益,非优社约意志总是在人类自分形发展中不断地被打破(或瓦解),被新的符合发展和需求的优化社约意志取代,形成新旧更替的螺旋上升发展。

卢梭在《社会契约论·论人类不平等的起源》中,以公意为逻辑核心阐述了"社会契约"问题——部分包含了与契约性涌生事物支配整理系统相通的思想。但,这里的"社约物"和卢梭的"社会契约"是有区别的,前者是指一般系统人的契约性涌生事物,后者是前者具体内容的契约性典型表征物性质(还存在更多的非典型契约性社约物,社约物研究探讨一般系统人中涌生事物的协同支配内容,不仅包括了一般系统人中物质生产和经济活动的一般涌生事物的契约协同研究,也包括了一般系统人中精神劳动和政治等社会活动的一般系统事物的契约协同研究,不仅包括了日常生活中的一般系统人涌生事物契约协同研究,也包括了上层建筑国家架构社会体制运行的一般系统人涌生事物契约协同研究,等等)。卢梭以其伟大的思想描述了社约物在整个人类社会政治体制中的表面关系,尤其是相互作用的阐述,在不自觉中描述了一部分一般系统人涌生事物内在支配社会系统的作用规律。这里要做的,非仅仅停留在表面的关系和相互作用描述(这是别人嚼过的馍);而是,循着这个味探究嚼出馍的本质,透过表象的背后,用本能系统唯物辩证理论阐述一般系统人核心——相对独立社约物。

---

① 《马克思恩格斯全集》第3卷,人民出版社1960年版,第50页。
② 《马克思恩格斯全集》第3卷,人民出版社1960年版,第5页。

社约物来源于人类社会系统的自组织自我契约。系统自我契约性是系统的广义自组织的根本特性，是系统协同的内在的看不见的手。自我契约是指系统内部各组分自组织涌现的某种协同机能模式，其对组分事物既具有差异协同的意义，又具有整合支配的意义。系统契约性事物是标志该系统自我组织、自我协同、自我整理、相互支配、相互约束信息模式性质意义的事物，表现为该系统涌生事物的协同服务保障与区别控制约束的整合支配性，即表现涌生事物对整体系统的协同与组织的基本性质。因此，契约是人类社会系统涌生事物的协同服务保障与区别控制约束的契约性信息模式的表现，本质上，契约性事物就是社约物。社约意志信息模式是人类社会系统中的相互作用、相对独立的自组织涌生物信息模式，是指两个以上个体系统人（或组织系统人）的契约性涌生物支配的社会潜在约定、显在约定、混合约定及其系统功能的存在、变化和发展的统称。人类社会系统中，社约的直接承载体称为社约物，即社会系统中的自我契约性涌生事物。社约物包括社约信息（社约意志即社约）、能量和动力，它作为一个整体相对区别于组分实体事物，是指一切共同相互社会关系整合的相对独立物，是系统自我契约在人类社会系统的具体化研究对象。

社约物来源于系统人及社会事物，生成的社约物在社会系统内对系统人及相应的社会物质、财富及其他各种事物具有协调、束缚和整理意义。社约信息的直接承载者是社约物。没有社约的社约物是不存在的，没有组分（即系统人与物质）的社约物也是不存在的。人类社会系统既是构成的，更是生成的；个体系统人与对象组分物（包括其他人）构成社会的同时，与其相互作用、相互关系的社约物共同生成社会系统。社约物的存在和演化发展，以社约信息为核心牵引，以精神或物质的能量为动力，以实践为支撑保障和活动形式，形成一般系统人的社会契约性涌生物支配社会的存在和演化发展。一般社约物的生成，是指个体系统人或组织系统人系统内部博弈生成的契约性涌生事物，是人类社会系统中协同服务保障与区别控制约束的整合支配物。

社约物的萌芽、涨落、生长、成熟、维生、消亡，是一般系统人研究的主要内容。社约物的萌芽到成熟，称为社约物的生成。社约物的维生，是指社约物的总体性维护和局部性变革以及社约物组分实体系统人的更替。例如，封建社会的朝代更替革命，主要是社约物组分实体系统人的更替——带来社约物的新鲜血液及其内容和动力——并没有推翻抽象的总体性的封建社会社约物模式。社约物的消亡，表现为社约物的取代性革命，包括社约物的瓦解消亡、新社约物的取代。

社约意志可以是生成的，也可以是指定的；因此，社约物可以是生成的，也可以是制定的，前者具有自然性，后者具有人为性。制定社约物，是指人为制定一个社约信息，将若干个体系统人与事物联系起来，强制生成一个社约物。从根本上来说，这是逆反于社约物的自然生成规律的；但，如果制定社约物符合社会系统人的自分形最大化方向，则具有阶段合理性（归根结底，社约物是要由自分形博弈生成的，因此，制定社约物的合理性只能是暂时的，必将被新社约物所取代）。一个被制定的社约物是否合理，需要实践来检验。制定社约物与自然社约物如果具有一致性，则具有合理性；合理性的比例大小及其价值意义，要用效用坐标来考量，也要放在历史发展的维度来考量，根本的标准是系统人幸福和系统人自分形最大化长久持续存在。被制定的社约物具有被生成的性质，该社约物支配协调相应的个体系统人或组织系统人或事物，不管其愿意不愿意，其都被该社约物实施社约性协调——具有受动性。从效用看，社约物包括伪契约性涌生物和真契约性涌生物，从是否自然涌现生成可区分为：自然博弈契约性涌生物和人为制定契约性涌生物（自然博弈契约性涌生物的显现也应当由人为制定反映，所以两者的区别在于社约物的社约性是来源于自然博弈还是强力，即在于其合法性与合理性）。在稳定态社会系统中，真社约物具有有效支配和协调社会的意义，在非稳定态社会系统中，真社约物和伪社约物存在博弈，伪社约物必然会在博弈中被削弱、瓦解、消亡、抛弃和替代。

  人类社约物是一个复杂系统，其中，政治社约物是对组织系统人中具有层次结构的复杂社约物的综合管理与协调治理，法律是强力社约物，立法者是优天下社约物的主要承载者（对引领意义的政治核心内容以法律形式表现出来具有关键作用）。社约的政治核心是公意，是众意基础上的共同部分，是克服私意的公意。从整个人类社会系统的社约物来看，其社约包括原始社会系统社约、奴隶社会系统社约、封建社会系统社约、资本主义社会系统社约、社会主义社会系统社约和共产主义社会系统社约等。

  一般系统基质物质自分形博弈研究中，本能物质或物自体系统自分形博弈产生的自我契约性涌生事物亚物质[①]，称为自约亚物质；现实机能物质世界中，某一物自体系统自分形同其他物自体系统自分形博弈生成的"来自他方"的契约性涌生事物亚物质，对该物自体系统而言称为他约亚物质。自然界系统的自约亚物质，即自然系统内部博弈生成的契约性涌生事物亚物质；社会系统的自约亚物质，即社会系统内部博弈生成的契约性涌生事物亚物质，称为社约亚物质。不管是自然界系统还是人类社会系统，某一确定研究系统的整体自约亚物

---

① 注：系统"自我契约"等同于"自组织涌现"。

质对该系统内部组分来说通常都是他约亚物质，例如一个国家系统自约亚物质（比如法律社约物）对该国家内部的某一企业子系统来说是他约亚物质。

第二节 社约物场系统

　　研究系统内组分的"关系和被关系、作用和被作用、约束和被约束"等整形问题，同研究人在人类社会中的"关系和被关系、作用和被作用、约束和被约束"等整形问题是一致的，它们归根结底是研究系统的自约物亚物质整形支配问题，即在人类社会系统中是研究社约物整形支配问题。"相互作用"是亚物质的一种，场是一种运动着的相互作用描述；因此它属于亚物质范畴。简单地看，河水、树是物质，河水流动、树木生长是事，水与树是属于机能物质范畴，而流动与生长就属于场的范畴，就属于亚物质范畴。"运动着的相互作用"与"亚物质整形支配"具有一致性，前者对应自然科学场，后者对应社约物，因此，这里把自然科学的"场论思想"同"社约物支配"结合，提出"社约物场系统"研究。由于一个基本的社约系统通常包括社约人、社约对象、社约环境三部分，因此，一个基本的社约物场系统通常包括社约人力场、社约对象环境场（包括社约对象场和社约环境场）。人类社会系统是不断演化发展的，一个动态运行的社约物场系统，会形成一个社约物流场。由于人在社会系统中生产生活运动，因此，社约物流场的研究是最具有效用价值的。物质在重力场中具有重力势能，电子在电场中具有电势能，同样地，社约者在社约物场具有社约势能；重力势能驱动物质在重力场中作自由落体运动，电势能驱动电子在电场中形成电流，社约势能驱动社约内容在社约物流场中形成人流、物流、信息和能量流等。

一、社约物场系统的提出

　　"场"在《辞海》中的定义："物理场，即相互作用场，物质存在的两种基本形态之一，存在于整个空间。"人们将物理场引入社会科学研究，取得了诸多成果。坚持自然科学理论向社会科学拓展的方向，按照爱因斯坦关于"场是相互依存事实的整体"的说法，把"场论思想"同"社约物"结合，认为社约物场是指"社约者同社约对象在社会环境中通过'社约'方式形成相互依存事实的整体"。其中"相互依存事实的整体"同"系统"具有同等意义，因此，社约物场实质上是指社约物场系统（简称社约系统）。社约物场系统中用以标识社约者意志或表现社约者意志的反映社约价值的能量，称为社约意志能量势能，简称社约势能，它包括社约者主观意志势能、被社约对象意志势能、社约环境意志势能、社约物流场势能等。社约势能越高，单位时间能够产生满足社约者需求的社约价值（包括满足需求价值、经济价值、文化价值、社会价值等一切价值）将越大。

（一）社约物场研究的资料来源

从物理场拓展到社会科学的场理论研究较多，比如心理场、TRIZ 理论物场、经济场、物流场等理论研究。Durkheim 最早将物理学场应用于社会科学研究，他在 1895 年所著的《社会学研究方法论》中提出：任何事物都须在一定的场中存在，这种"场"即是社会的整体环境[①]；勒温把生活空间与心理张力结合提出心理场理论，认为任何一种行为，都产生于各种相互依存事实的整体，而这些相互依存的事实具有一种动力场的特征[②]。肖国安对经济场的概念及存在性、规律性、研究对象和研究方法等问题进行了较为完整的论述。[③] 社约物场理论模型的资料主要涉及三个方面：一是勒温心理场理论模型，二是 TRIZ 理论"物质—场"模型，三是流场理论模型（包括自然流场、社会物流场、信息流场、能量流场等）。以下对这三方面资料进行简要介绍。

1. 关于勒温心理场理论模型

传统科学传统思维下，场是一种独立于实体的东西，是一种还原论和机械论思想的产物；而按照现代场论的观点和系统科学思想的观点，场和实物是不能分离的；勒温场论把场视为一种社会环境或心理环境。1936 年勒温借用拓扑学和物理学中的概念，如场、力、区域、边界、向量等来建立较为体系化的心理场理论。心理场即个人活动的生活空间，可用来描述人在周围环境中的行为，Lewin 的基本公式[④]如下：

B = f（LS）= f（P * E）

一个人的行为（B）取决于个人（P）和他的环境因的相互作用，即行为取决于个体的生活空间（LS）。其中：B 代表个人行为的方向和向量；f 代表某个函数关系；LS（life Space）代表个人的生活空间；P 代表个人的内部动力；E 代表环境的刺激。

---

① 迪尔凯姆：《社会学研究的方法论》，华夏出版社 1988 年版，第 27 页。
② 库尔特勒温：《拓扑心理学原理》，浙江教育出版社 1997 年版，第 25 页。
③ 肖国安：《经济场简论》，载《经济学动态》，1995 年第 2 期。
④ 库尔特勒温：《拓扑心理学原理》，浙江教育出版社 1997 年版。

社约物是个人意志在实践中"共同"作用条件下,即意志矛盾自组织调和的产物。个人心理场是对于社约物研究的重要组成部分。

2. 关于 TRIZ 理论物场模型

社约物场都可以借鉴 TRIZ 理论中的物场模型开展研究。TRIZ 是苏联科学家 G. S. Altshuller 于 1946 年在研究了世界各国 250 万份高水平发明专利的基础上,提出的一套具有完整理论体系的创新方法。该理论核心是研究人们进行发明创造、解决技术难题的背后所遵循的科学规律和方法,并成功提炼出解决各种矛盾问题的创新原理和法则。TRlZ 是解决发明性问题的理论,在中文称"萃智"理论。TRIZ 是一个庞大的理论体系,主要包括两大部分,一是 TRIZ 的基本理论体系,二是 TRIZ 的解题工具体系,归纳起来包括 6 个方面内容:①创新思维方法与问题分析方法。该理论提供了如何系统地分析问题的科学方法,可以帮助人们快速确认核心问题并发现根本矛盾所在。②计算系统进化法则。通过提炼技术系统的 8 个基本法则可以分析当前预测未来。③技术矛盾解决原理。不同的发明可以遵循共同的规律,可以基于该理论提炼的 40 个创新原理结合实际寻找解决方案。④创新问题标准解法。针对物—场模型不同特征建立标准的模型处理方法。⑤发明问题解决算法。对初始问题进行一系列逻辑变形和转化,深入直至问题解决。⑥TRIZ 理论知识库。基于物理、化学、几何学等工程学原理而构建知识库。

TRIZ 理论的核心是技术系统进化论:技术系统进化过程不是随机的,是有客观规律可遵循的,这种规律在不同领域中反复出现,所有的系统都是向"最终理想化"进化的。其具体表现为三个要点:①无论是一个简单产品还是复杂的技术系统,其核心技术的发展都是遵循着客观的规律发展演化的,即具有客观的进化规律和模式。②各种技术难题、冲突和矛盾的不断解决是推动这种进化的动力。③技术系统发展的理想状态是用尽量少的资源实现尽量多的功能。① 从①可以看出,TRIZ 理论的基础是技术系统"自组织";从②和③可以看出,TRIZ 理论的重点是通过"他组织"实现技术系统的特定目标功能;可见,TRIZ 理论本质是系统科学理论在以技术系统为研究对象应用的具体理论。

TRIZ 理论建立了一种"物质—场"模型研究。物质—场(Substance - Field)描述方法与模型将所有的功能都分解为两种物质及一种场。其中物质可以表达从简单的物体到具有各种复杂程度的技术系统(要素物体表示为 S_1,作

---

① 王亮申,孙峰华等主编:《TRIZ 创新理论与应用原理》,科学出版社 2010 年版,第 12 页。

用体表示为 S_2 ），场则用于表示两个物体之间相互作用、控制所必需的能量（F）。功能是指系统的输入和输出之间期望的正常的关系。在 TRIZ 物—场分析中的功能通常遵循以下两条原理：①任何一个系统，经过分解后，其底层的功能，都可以分解为3个基本元素（物质1、物质2和场）。②将相互作用的3个基本元素进行有机组合将形成一个功能。① 表达一个系统的功能，可以用反应式和三角形式两种形式，其中三角形式应用广泛，如图4-1所示：

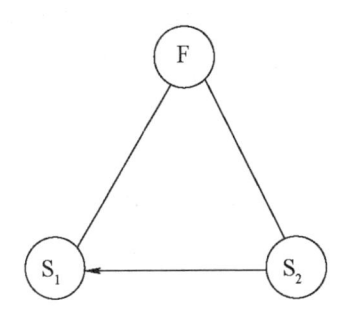

图-1　简单三角形的物—场模型

物质通常用 S 表示，利用下标可以区分一个系统中的多个物质，TRIZ 理论中的物质不仅包括日常生活中所说的物质，也包括技术系统、外部环境，甚至管理模式和各种生物等。场通常用 F 表示，也可以利用下标区分一个系统中的多个场，TRIZ 理论中场通常指重力场、弱作用场、强作用场、机械场、热场、电磁场以及化学场共6种。② 技术系统构成要素物体（S_1）、作用体（S_2）、场（F），三者缺一就会造成系统的不完整，而当系统中某一物质所特定的机能没有实现时，系统就会产生问题。

系统科学包含了自组织理论和他组织理论。苗东升在《系统科学大学讲稿》中把非线性动态系统理论、耗散结构理论、超循环理论、突变理论、分形理论、混沌理论、协同学等归为自组织理论，把系统工程、运筹理论、控制理论、博弈理论、系统动力学、系统信息论、模糊系统论、灰色系统论、软系统方法论等归为他组织理论。③ TRIZ 理论核心的本质就是系统科学自组织思想和他组织理论在技术系统具体应用的智慧理论。TRIZ 理论核心的思想是发明，其本质是

---

① 王亮申、孙峰华等主编：《TRIZ 创新理论与应用原理》，科学出版社2010年版，第132页。
② 王亮申、孙峰华等主编：《TRIZ 创新理论与应用原理》，科学出版社2010年版，第133页。
③ 苗东升：《系统科学大学讲稿》，中国人民大学出版社2007年版。

创新。TRIZ理论把技术系统作为一个系统，按照组织的方式进行思考和处理问题，把握住了技术系统作为体系进行"组织"发展可能出现原来没有的特性、结构和功能，尤其是尊重"自组织"的系统演化发展的基本客观规律，找到了创新的本质。对此，吴彤认为："在一定意义上，自组织意味着创新，自组织的实质就是创新。"① TRIZ理论作为一个高度应用的理论，抓住了"人的主观能动性"的充分意义——表现为实践中的他组织，通过他组织，使系统朝着特定的系统方向和目标演化发展，实现人类的组织目标，加速达到用尽量少的资源实现尽量多的功能的"人"的创新目的。TRIZ理论运用系统科学思想存在不足：虽然TRIZ理论在思维上突破传统并运用系统整体思想，但在研究对象方面更多的是把技术系统作为机械论对象或简单系统对象对待，作为可以完全对其进行"他组织"的研究对象，而忽略了技术系统及其环境（以及包括研究者在内的超系统）的自组织问题（尤其是复杂巨系统），未能同信息技术、生命科学和社会科学等具有复杂系统意义的理论成果实现有效融合。

一般系统人在社会中生活生产，无非是同人打交道，同社会物质打交道，因此，人类社会中的物质场系统是一般系统人社约物研究的主要内容。

3. 社会流场理论模型

传统科学传统思维下，物理的流场理论，比如在空气流场、水流场等方面研究丰富；把物理的场概念拓展到社会方面有物流场的研究，比如，孟氧将微观社会场看做一个类似量子力学介子场那样的相互关系与相互作用场，并研究了社会场与经济运行的机制；② 王子龙、谭清美将经济场源及其运行、变化规律作为研究对象开展了相关研究；③ 王志国1990年提出了物流场概念，把产生物流的人类生产点或居住点称为物流源点，在物流活动的一定区域内，按照某种有序方法（如按物流规模的大小排列）连接若干个规模不等源点的物流活动，定义为物流场④。王宗喜于2000年以物流中心为研究对象，将物流供需矛盾处理视为客户在物流中心激发的物流场的作用，通过定义物流场强、物流场势、物流场介质等概念，运用矢量分析的方法，研究"均匀发货，匀速行驶"理想条件下物流活动的基本规律，为定量研究物流问题奠定了理论基础。⑤ 汤银英

---

① 吴彤：《自组织方法论研究》，清华大学出版社2001年版，第19页。
② 孟氧：《社会场与经济运行机制》，载《马克思主义研究》，1989年第3期。
③ 王子龙、谭清美：《产业空间经济场研究》，载《现代经济探讨》，2006年第6期。
④ 王志国：《物流场论及其在经济分析中的应用》，载《地理学报》，1990年第1期。
⑤ 王宗喜：《军事物流学》，清华大学出版社2007年版，第4-7页。

2007年构建了物流的点线面"效应场"的相应模型;① 赵冰2011年研究了基于场论的物流生成和运行机理②,等等。

周起业等人的《区域经济学》中提出了劳动力场同资源场、区位场、市场场、技术场、资金场的六个引力场。"这六个引力场中,廉价的劳动力,在一定程度上一定时期内对技术、产业有吸引力。但由于劳动力的边际成本将随着当地技术进步、经济发展而不断上升,具有一定技术水平、能适应新技术新产业要求的劳动力供给有一定限度,因而这个场的吸引力是一个递减函数。而且劳动力所吸引的技术、产业,往往局限于层次较低的技术和劳动密集型产业。"③该劳动力场侧重于"场效应"研究,劳动力是经济区域的一种能量或资源;作为经济的吸引场之一的劳动力场,其通常分布在不发达或欠发达地区,其吸引范围和程度有限。这种研究局限于劳动力的外在机能或功能,而没有深入把握劳动力的内在主体性本质,以及其主导劳动的相关关系。

人在社会中实践运动所构成的事件是社约物的核心内容,因此,社会系统中的一切运动场,包括人流场、物流场、信息流场、能量流场、思潮流场、经济流场、政治流场等是社约物流场研究的核心组成内容。

(二)社约物场系统

场的本质是"相互依存、相互作用",它就是一种亚物质形态。从这个角度看,社约物场是指从自然科学场理论角度与社会科学场理论角度对社约物的一种描述。

任何一种社约行为,都产生于社约人同社约对象在环境的相互依存事实的整体,且其具有一种动力场特征。社约物场中,对社约人及社约对象所在的社约环境的规定性称为"域",它包括社约人环境、社约对象环境,以及社约实践活动发生的环境。社约物场的"域"揭示了社约物场所能展现机能的范畴,比如南非与中国分别作为社约物场的"域",其所能够展现的社约机能范畴是不同的。广义的社约物场是泛指一切社约人(即全人类)同"人类能够企及的一切社约对象及其环境"之间的社约相互作用依存事实的整体;狭义的社约物场是特指某一(些)社约人同某一区域环境内的社约对象之间的社约相互作用依存

---

① 汤银英:《物流场理论及应用研究》(博士学位论文),西南交通大学,2007年版,第5页。
② 赵冰:《基于场论的物流生成和运行机理研究》(博士学位论文),大连海事大学,2011年版,第6页。
③ 周起业、刘再兴、祝诚、张可云:《区域经济学》,中国人民大学出版社1989年版,第152页。

事实的整体。通常的研究中，社约物场都是指狭义的社约物场，它们都具有具体的"域"，比如农村域、城市域、县域、省域，东部区域、西部区域，等等。

社约物场是基于对勒温心理场理论、TRIZ"物质—场"理论、社会物流场理论等高度融合的基础上进行系统化整合创新而提出的一种充斥在人类社会系统中的一般性亚物质场。广义地看，社约物场可用"'社约相互作用'满足'意志需求'函数"来表征，即描述基于人类社会系统环境的"人思想意志及其实践活动"满足"公共意志需求"的分布情况。它是一个以社会系统人思想意志、能力能量、社会环境（物质、能量、信息、时空、地域等）、社会制度和关系、社会文化和习俗、社会信仰和追求等为变量的复杂系统量。

社约物场系统，首先从最简单的组分内容开始研究。简单的社约物场系统包括社约人力场即社约者及其能力，社约对象场即社约对象，社约环境场即社约物产生、存在和发展的社会环境，社约流场即社约物支配下的人流、物流、信息流、能量流、经济流、政治流、文化流等的流场。社约物场是一个多元场的耦合系统，其揭示的是内部的社约人力场、社约对象场、社约环境场、社约流场共四个要素场及其相互耦合作用关系。它们共同构成了社约物场系统模型。

（1）社约人力场是偏向一般系统人社约心理行为（能力）的场，侧重研究"社约者即一般系统人想做什么和能够做什么"，侧重于表达一般系统人的主观意志。

（2）社约对象场是偏向社约对象机能的场，如果社约对象是人，则社约对象场是另外的社约人场；如果社约对象是物，则社约对象场是物质场；如果社约对象是人、物、事，则社约对象通常是社会人、事、物及其复杂社约物。

（3）社约环境场是偏向社约行为过程中"意志、物质、关系"的场，侧重研究"受社约的发起者、对象、意志、能力、方式、关系等环境制约——社约应该构成和生成什么、选择构成和生成什么"。

（4）社约流场是一种运动场，侧重于用场模型研究社约物中的人、物质、信息、能量、意志、经济、政治、文化等要素的转移流动。

社约物场是一个多元耦合系统场，即是社约人力场、社约对象场、社约环境场、社约流场四者耦合作用的场系统。从整体上看，社约物场作为一个整体的抽象场，其可以表示为社约人力（R）、社约对象（S）、场（F）三者构成的一个系统。根据社约物场模型，可以将所有的社约物功能都分解为人与人（或物）两部分及一场。其中人与人社约或人与物社约，可以表达从简单社会关系到各种复杂社会关系，场则用于表示人与人或人与物之间相互作用、相互服务、相互保障、相互制约、相互控制所具有的能量。在人与机能物质的关系方面的社约物场，通常是指重力场、弱作用场、强作用场、机械场、热场、电磁场以及化学场共6种；而在人与人的关系方面的社约物场，主要是指思想意志场、信息场、能力能量场共3种，这9种场通常是相互交织的。因此，社约物场是一种多元复杂场耦合的场系统。

一般系统人包括人、物质和社约物。一般系统人整体社约物的物质性、人性、能量性、信息性的研究侧重不同，就信息牵引并指向物质生产和物质建设方面的称为物化社约物，指向精神生产和精神建设方面的称为人化社约物，指向能量性和信息性发展和建设方面的称为工具社约物。一般系统人具有物质客体指向的发展，称为物化社约物发展。以实现物质发展为目的的思想、科学技术、经济体制、经济管理及其模式等都属于物化社约物。物化社约物的直接结构是收获并呈现能够满足人类需求的物质财富，因而，一般系统人物化社约物可统称为经济社约物①。严格地讲，一切社约物都是人化社约物；狭义地看，人化社约物同物化社约物相对区别，它是指以精神意志方面的生产和建设为主要内容的，即主要是哲学和人文社会科学方面的内容。科学和技术主要是属于工具性社约物的范畴，科学是工具性社约生成、存在和发展的规范性和指导性的来源，而技术则直接地是工具性社约物内容。

所有社约物都是时空社约物，侧重于时间的包括瞬时社约物、时效社约物、历史社约物、时段社约物等，侧重空间的包括地域社约物、区域社约物、国域社约物等，侧重于特定人群和特定追求的社约物包括民族种族社约物、宗教信仰社约物、社会团体或党派社约物等，侧重于国家经济结构和治理体系的社约物包括政治和法律社约物，科技、教育、医疗、国防、外交、科技、文化等社约物。

（三）社约物场的主要参数

社约物的本质来源是人。人的思想意志是人能够成为万物之灵的本质。人的思想意志离开人体实体融入一般社会相互作用关系的亚物质海洋，便产生了社约物。研究社约物必然研究人的意志，社约物场的社约意志是核心内容之一。因此，社约物场的主要参数包括社约意志势能、社约作用力、社约相互作用方式、社约关系、社约梯度等。

1. 社约意志势能

社约人力场、社约对象场、社约环境场、社约流场四者耦合作用"用以产生社约价值并符合意志需求的能力能量"称为社约势能。社约意志是社约物的

---

① 注：关于经济社约物亚物质，在后面将有详细阐述。

灵魂，社约意志势能参数是一切参数的来源和目的，因此，所有的其他参数，必须以此参数为来源，或以此参数为目的。

2. 社约力

社约势能将直接产生系统社约作用力，即社约力。社约力通常包括两个方面，一是服务保障力，二是控制约束力，两者共同汇聚成整体协同力。社约物的研究，正是因为存在社约力作用的现象。人在社会系统中，有时候社约力推着你往前走，有时候社约力起着大浪淘沙的淘汰作用，透过这些社约力作用现象探寻本质是社约研究的根本。

3. 社约方式

社约物中承载社约势能的相互作用方式，称为系统社约方式，即社约方式。社约方式包括口头方式、书面方法、法律方式、道德方式、潜在方式、显在方式、文化方式、物化方式等，通常社约方式决定社约力处于某一个层次。

4. 社约关系

社约人力场同社约对象场之间相互作用系统中社约的层次结构关系，称为系统社约关系，即社约关系。在人类社会系统中，社约物系统包含了人类社会中的一切动力和一切关系，其中劳动生产社约对应的生产力和生产关系是最经典的一对关系（这方面，天才的马克思已对其完成了伟大的阐述）。从"生产力与生产关系"这一特例，概括抽象提炼出"一般社会力与社会关系"的研究，这也是社约物研究的一个方向性内容。

5. 社约梯度

社约人力场、社约对象场、社约环境场、社约流场四者耦合作用的"结构关系的分解参数"称为社约梯度。它是特指社约物多元耦合场的分解参数，它包括社约人场的梯度意志能力势能、社约对象场的梯度意志势能、社约环境场的社会意志势能、社约流场的梯度匹配势能等。社约物系统场中，任一社约梯度对某些社约人或某些社约对象可能是最优的，而对另外某些社约人或社约对象则可能不是最优的，社约梯度是表示最优参数"遴选"意义或者特定参数"遴选"意义；总地看，在抽象方面存在对绝大多数人都具有优化意义的社约梯度，比如工业化社约梯度优化于农业化社约梯度、数字化社约梯度优化于模拟化社约梯度，在具体方面社约梯度是一个比较性概念，在对某一确切研究对象在相互比较情况下，可区分优势社约梯度和劣势社约梯度，比如对某一确定社约系统人，它具有优势意志梯度和能力梯度、优势社约对象梯度场、优势社约环境梯度场、优势社约梯度流场等内容。

(四)社约物及其意志研究的原则

人的自由意志是一切社约物产生的根源。因此,社约意志是一切社约物研究的核心。社约物能够相对独立出来进行专门研究,是因为其社约意志的存在。社约意志对于社约物具有不可或缺的意义。社约意志与社约物是神与体的关系,犹如人是一个不可分割的统一体。社约物及其意志研究基于以下原则:

1. 社约物及其意志的支配原则

社约物及其意志支配下的一般系统人运行系统大都服从相同的系统发展规则,是有规律可遵循的,有些规则可以在人类系统反复出现;人类历史可以出现惊人的相似,因为它是相似条件社约意志支配一般系统人存在演化和发展的客观规律。

2. 社约物及其意志的辩证发展原则

社约物是人自由意志实践共同的产物,它是自生系统,是为人类服务的,可以通过解决矛盾、冲突而使其得到发展,具有一般系统的辩证认识特性。

3. 社约物及其意志的实践目的原则

研究社约物的目的,在于解决人的"意志需求"与"不能满足需求"之间进行创新研究,并依托物理学、化学、生物学、心理学、系统科学等理论,针对社约人场、社约环境场、社约流场等方面建立解决冲突的模型、分析方法、解法及知识库等的一整套体系,充分体现了系统研究和系统实践的思想;探讨人自由意志与社会之间的自组织和他组织的复杂认识与实践过程。

为了揭示社约物中意志的能力能量大小,利用社约物场势能来描述。社约物物势能包括了以社约意志势能为能动主导的一切社约内容的势能。

二、社约人力场及其"能力意志场强"

社约人力场,是社约物场系统的核心场和能动场。

研究个人行为的勒温心理场理论是社约人力场研究的基础,该理论基本公式如下:

$$B = f(PE)$$

式中:B 代表个人行为;f 代表某个函数关系;P 代表个人的内部动力;E 代表环境的刺激。此公式中认为行为 B 是个人 P 和环境 E 的函数 f,即人的行为是其个体与其周围环境相互作用的结果,其中环境是指对人的心理活动发生实际影响的环境,即心理环境。

这里,将勒温心理场同社约意志和社约行为相结合,提出"社约人意志行为能力场",即社约人力场;它包括社约人社约心理行为部分和社约人社约实践行为能力部分：前者可直接用勒温的方程表示，社约人的社约心理行为是社约人与环境的函数，此时 P 代表社约人个体的内部动力，E 代表社约对象性环境的刺激；后者主要是指人自分形发展通过社约实践所表现各种思想意志的能量和能力。社约人力场是社约物场系统的一个内部子系统场，"社约人力"指向"社约对象物"，不仅要研究基于社约人的心理行为"动机"和思想意志，更要研究社约人实践社约行为的"能量和能力"。社约人力场有两个重要研究内容：一是社约人力场的梯度，即社约意志方向性内容；二是社约人力场强，即社约人意志在实践中行为的能量和能力。

1. 社约人力场的梯度

它是指社约物场系统中泛指社约人在某一思想意志的社约方向。社约人在社约梯度方向上的实践能力，称为社约梯度能力。它体现了社约人参与社约在某一梯度展开的实践能力。社约人具有的某一具体社约梯度方向的能量能力场，称为"社约人力梯度场"。

2. 社约人力场的场强

描述社约梯度能力的大小，用人力社约梯度场强 D 表示。它是指单个系统人单位时间内在某一梯度方向社约所能够付出的能量能力。现实中，一个系统人在社会系统中同时具有全方位维度的梯度能力，一般来讲，某一系统人的社约人力场强是指综合场强，它包括了社约人的社约理论素养、社约技术、社约体能、社约工具运用等梯度能力，还包括社约人的社约意志、社约需求、社约经验、社约实践关系以及消费取向等梯度能力，因此，社约人力场的场强实际上是一般系统人的能力意志场强，也可称为人力场强。

一个系统人的社约人力场强 D 与以下指标有关：一是社约梯度能力总和 $\sum S$，其中 S 是指梯度能力；二是社约人不同种类梯度能力的需求和消费结构 J；三是考虑系统人心理行为对梯度能力实施的影响 b；四是社约梯度数量 M；五是社约融合时间 T。可由下式表示：

$$D = \sum SbJ/MT$$

式中：$\sum S$（$S>0$）是指转换为以货币表现形式和心理表现形式的社约能力，其单位为"元＆升"；b 是指梯度社约能力受社约人心理的影响程度（$0<b\leq 1$），b 为无量纲数；J 为无量纲数（$0<J\leq 1$）；M 单位为个；T 的单位为天；因此 D 的单位为"（元＆升）/（个天）"。

一般系统人社约梯度能力的种类决定了该系统人能够进行什么样的社约实践活动，社约人力梯度能力的大小确定了社约产生价值或产生满足需求的范围。比如农业社约梯度能力种类决定了一般系统人只能进行以农民和土地为对象的农业社约实践活动,而不能直接地选择比如以工人和汽车为对象的工业社约实践活动,通俗地说,组织农民种地的那一套,不能直接用来组织工人生产汽车,组织农民种地这种社约梯度能力的大小决定了该梯度社约实践的范围。

三、社约对象环境场及其"环境场强"

社约对象环境包括两个方面内容:一是社约对象人,其场强同社约人场强;二是社约对象事物环境,它是社约对象环境场的一个重要组分内容。

人表现自己的重要途径是"实践"。社约物是实践的产物之一。马克思说:"他们只有以一定的方式共同活动和互相交换其劳动,才能进行生产。"而生产社约物的平台和环境是人类社会系统。社约对象环境场,就其要素而言,包括社约对象事物(或人)、社约工具资料、社约生产方式、社约组织关系、社约利益分配关系、社约所处社会系统环境等主要内容;就其参数而言,包括社约对象环境场的梯度、散度、强度等。

1. 社约对象环境场的梯度

它是泛指社约对象环境场中可供社约人选择的事物、工具资料、组织方式、生产方式、利益分配等所表现的社约对象性关系及其方向。某一具体社约事物环境关系的社约对象环境场,称为"社约环境梯度场"。环境梯度场承载的社约人力数量称为该梯度场的人力载荷,其承载的社约数量称为该梯度场的社约载荷,其能够匹配容纳的最大社约和社约人数量,称为该梯度场的饱和载荷。环境梯度场载荷对于社约人在该梯度环境开展社约实践活动具有影响,当前载荷与饱和载荷之间差距越大,开展社约实践活动的意志势能差越大,迫切需要生产社约的意志和愿望越强烈,开展社约实践获得越容易。

2. 社约对象环境场的散度

它是指社约对象环境场中依梯度社约实践活动路径流过的社约人力数量、能量大小、物质和信息多少。社约环境人力散度、社约环境能量散度、社约环境物质散度、社约环境信息散度,它们都有助于研究社约实践活动中的社约人、社约物质、社约能量、社约信息的转移变化。环境梯度场的载荷,同环境梯度场的散度是对应的,当社约梯度场容纳转移的社约相关事物数量达到饱和载荷时,它具有该社约对象环境梯度场的该事物散度的理论最大值。

3. 社约对象环境场的旋度

社约对象环境场中的人力、物质、信息、能量等的转移流动是有规律可循的。理论上,因社约对象环境场的事物理性流动,则其没有旋;但,理性社约对象环境场在实际社约实践活动中就像城市完全充分就业一样是不现实的,由于现实社约对象环境场是不断变化发展的，其中的人力、物质、信息、能量等进出发生的交流交换也是变化的，以劳动社约为例子，变化劳动对象环境场，其与对应的劳动社约人力将进行重新匹配，该过程将支配部分劳动人力从原劳动社约环境梯度场脱离，即"下岗"；同时该劳动社约对象环境场既有的预期劳动社约意志势能不断吸收"合适的"劳动人力转移进入——它们形成了劳动社约对象环境场"特殊进出"的"有限旋度"。这是劳动社约实践活动中，某一劳动社约对象环境场中劳动人力源源不断进出和转移的解释。

4. 社约对象环境场的场强

某一社约环境域内，单位时间 T 内所有社约人开展社约实践活动所形成的总产值（包括物质价值和心理价值）V 与域内社约人个数 M 的比值，称为该域的社约对象环境场强度，也可称为环境场强。在社约物场系统中，社约对象环境场的"物质、事物、能量、信息及其关系"服务指向"社约人"，耦合支撑社约人展现其社约能量和能力，它与社约人力场的人力场强 D 相对应。社约对象环境场强（简称环境场强）用 Q 表示如下：

$$Q = V/MT$$

式中：V 的以货币表现形式和心理表现形式的社约能力，其单位为"元 & 升"；M 单位为个，T 的单位为天；Q 的单位为"（元 & 升）／（个天）"。

通常，社约对象环境场强主要包括两个部分：一是域内公共场强，二是域内个别场强。域内公共场强是指，某一社约对象环境场域内的一切社约人进行社约生产、社约生活、社约劳动的实践活动中形成的公共总价值与其社约人个数的比值，主要表现为域内社会系统的体制机制、法律法规、经济、政治、宗教信仰、道德习俗、民生保障等一切社约关系对于每一个社约人所平等享有的服务保障和控制约束。个别场强是指，某一社约对象环境场域内的某一特定产业、特定组织、特定团体、特定时空区域的特定被社约对象人或事物进行社约生产、社约生活、社约劳动的实践活动中形成的公共总价值与其社约人个数的比值，比如种植行业社约环境梯度场强、政党社约环境梯度场强、学校环境梯度场强、北京环境梯度场强，等等。

四、社约介质物流场及其"社约梯度匹配"

社约物天然地是一种亚物质场，但是，在现实人类社会系统中，社约物不是纯粹的亚物质，而是充斥着各种物质、能量、信息等介质的混合场。乌杰指出："系统之所以作为系统，从某种意义上来说，就在于构成系统的诸要素之间相互联系和相互作用所形成的运动性，即要素之间相互进行着物质、能量和信息不断变换和传递运动,以及相互作用的要素构成整体与其他系统之间的物质、能量和信息不断变换。"① 为了方便研究,把这种以社约物为核心的充满介质运动的混合流场称为社约介质物流场。社约介质物流场的研究,立足于流体力学中的介质流场理论,以及社会经济研究中的物流场理论。这里将社约人、社约物质能量和信息的转移流动看成特殊的"物质场或亚物质场"相互作用,提出社约介质物流场的概念及其相关研究。

社约介质物流场可视为一种有势场。其势能,是指社约人力与社约对象环境的社约实践匹配的势能。社约人力不是空气,不是水,也不是一般物质商品,而是有思想意识主导且主观能动的高级动物。因此,社约人力意志的本质决定了社约介质物流场不同于一般的社会物质流场(社会物质流场是社约介质物流场的内容),也不同于物理的介质流场。在社约介质物流场中,社约人理论上作为人自分形"自由"发展本能是可以依主观能动任意选择社约对象及其环境的;而事实上,现实中社约人只能选择某一或某些社约对象环境并进行社约实践,产生社约介质物的转移流动。可见,一方面社约人在社约介质物流场中具有结构方向性,应研究其"社约流转梯度"问题;另一方面,社约人同社约对象环境具有不同程度的匹配效用关系,该匹配关系的动态变化表现在社约介质物流场中,成为"社约流转梯度匹配"问题。

1. 社约介质物流场的梯度,即社约流转梯度

它是泛指社约人力场、社约对象环境场、社约介质物流场三者耦合自组织作用且体现在社约介质物流场中的结构关系和方向。社约介质物流转的方向是满足社约意志需求的方向,因此社约介质物流场的梯度方向是社约意志目的态方向。任何一个社约对象环境场中,都会具有潜在的或显在的社约意志优势梯度运行态势——可称为社会体制机制运行模式,社会潮流、思潮,或社会习俗、风尚,等等,它们构成社约环境梯度方向的优势内容;任何一个社约人都会具有潜在的或显在的社约人社约意志优势梯度能量能力,它可以是思想生成力,可以是物质生产力,也可以是人格魅力,等等,它们构成社约人力梯度方向的优势内容。社约流转梯度不能决定社约人力梯度和社约对象环境梯度都处于最优。

2. 社约流转梯度匹配效用函数

社约介质物是否流转,取决于其社约意志势能差驱动力;社约流转梯度是否最优,取决于社约流转梯度匹配,即社约流转梯度匹配效用函数是衡量社约

---

① 乌杰:《系统哲学》,人民出版社2008年版,第54页。

介质流转梯度优化的重要参数。在社约介质物流场的流转梯度方向上，既要把握来自社约对象环境场的梯度匹配问题，又要把握来自社约人力场的梯度匹配，前者要关注社约对象环境场容纳社约人及其意志物质的限度即饱和载荷，后者要关注社约人力在流转梯度方向上释放能量能力情况，比如社约人类在社约实践中"运用了几成功力"。总地来看，在社约介质物流场中，应当发挥主观能动性，科学认识社约人自身的梯度能力，科学认识和选择社约对象环境的优势梯度场，并寻求两者梯度匹配，推动社约实践价值最大化。

在现实中，匹配是一种相互选择的有机结合方式，例如婚姻中男女相互选择配偶的匹配。每个事物都具有自分形的自我选择趋势和功能，只要双方存在选择，就会有匹配现象出现。关于双边匹配，Gale 和 Shapley[1] 于1962年发表双边匹配理论的奠基论文，提出了"无货币因素"方向的双边匹配理论；Shapley 和 Shubik[2] 于1972年研究了一种包含价值支付的双边匹配市场；Roth[3] 于1984年提出了"引入实验经济学思想"的双边匹配理论；Corbae、Temzelides、Wright[4] 等人于2003年开展了"动态化"的双边匹配理论研究，等等。

社约流转梯度匹配，简称社约梯度匹配。它是一种双边匹配，包括社约人力与社约对象环境的一对一、多对一、多对多等匹配内容，其策略行为和特性是研究的重点。在社约交往和缔结活动中，社约人力同社约对象环境是双向选择的，它就是一种双边匹配。社约人以劳动力为例，劳动力社约市场是一种以劳动社约效价交易为核心的劳动力转移流动场，即是"劳动力以自身及其劳动能力为价值对象的劳动社约效价"同"劳动对象环境对劳动力的预期评价的劳动社约效价"之间匹配交换的相互依存事实的整体。所谓劳动社约效价是指劳动力或劳动对象环境对某一劳动社约产生价值的评价。劳动力社约市场中，劳动力社约效价与劳动对象环境社约效价的匹配交换，形成"就业"形态。

社约介质物流场中的社约流转梯度匹配活动主要表现在社会交往活动中，社约人寻找合适的社约对象和环境，社约对象环境选择合适的社约人，它们是一种相互社约缔结关系，尤其表现为社约缔结的国家活动、企业活动、家庭活

---

[1] Gale D. and Shapley L. S.. College admissions and the stability of marriage. American Mathematical Monthly, 1962, 69 (1): 9–15.

[2] Shapley L. S. and Shubik M. The assignment game I: the core. International Journal of Game Theory, 1972, 1 (1): 111–130.

[3] Roth A. E.. The evolution of the labor market for medical interns and residents: a case study in game theory. Journal of Political Economy, 1984, 92 (6): 991–1015.

[4] Corbae P. D.. Temzelides T. and Wright R. Directed matching and monetary exchange. Econometrica, 2003, 71 (3): 731–756.

动、个人活动等，也表现出潜在的社约缔结活动比如潜规则和显在的社约缔结活动比如法律制度。市场活动是社约缔结的主要活动之一，比如在劳动力市场中，劳动者找寻合适的企业和岗位，找寻合适的劳动对象、劳动资源和劳动环境；劳动对象、劳动资源和环境选择合适的劳动力，企业选择合适员工；它们之间相互选择的社约缔结关系都是双边匹配关系。社约缔结的社约梯度匹配耦合作用的效率性、效价性、稳定性，成为社约介质物流场的重要研究内容。

社约人如何将自身有限的梯度能量能力同有限的社约对象性环境（资源）进行能动匹配，以期实现社约缔结价值最大化。

为此，建立社约梯度匹配效用函数：以某一社约人为参照，社约人社约意志为 I，社约人能量能力使用度为 g，设社约形变系数为 K，偏离社约人满足需求平衡态距离为 L，社约人力与社约对象环境的梯度匹配效用函数为 λ，表示如下：

$$\lambda = (I+g)^2/KL$$

式中：I 为社约人社约意志意愿。它是社约缔结活动的主观力量，表现为社约热参加或准备参加社约实践活动的态度与决心。社约意志意愿与社约者的理想信念、行为观念、需求、兴趣、热情、激情、目的以及环境敏感刺激的涨落因素等有关。理论上，社约意志意愿表现为对具体社约实践活动的吸引或排斥，前者具有吸引社约人开展社约实践的正的引值，后者具有被社约人排斥社约活动的负的拒值，I 为具有正负方向的无量纲数。

式中 g 为社约人能量能力使用度，假定社约人在某一社约梯度方向上具有 100 元 & 升的总能量能力，其实际在该社约实践中使用量与总量的比值，称为该社约人能量能力使用度。g 为无量纲数。

式中 K 为社约形变系数。人类社会系统自组织社约制度模式都表现出自己的社约均衡系数 k_0，它是平均社约形态与总社约环境的比值。人类社会系统自组织经历的每一个社会制度模式，都具有其对应的相对稳定的社会自组织社约系数。它是一切社约人自组织形成某一社会系统"制度模式"时涌现出的社约亚物质支配运行参数，其主要由社会体制机制、地理环境、民族文化、宗教信仰、家族习俗等综合决定，不同发展阶段的社会自组织系统对应不同的均衡系统，比如原始社会、奴隶社会、封建社会、资本主义社会、社会主义社会都具有自身所对应的均衡系统。社约人在社约实践活动中，以追求社约人意志为目的，在具体社约实践时，当出现社约偏离当时社会系统均衡系数 k_0 时，社约人将因应变"偏离"而产生"社约形变"。假定，某一阶段人类社会系统社约均衡系数为 k_0，社约人在具体社约实践活动中因应变偏离而缔结社约，其具体社

约形态系数为 k_1，则有社约形变量 $\triangle k = k_1 - k_0$，社约形变系数如下：

$$K = (\triangle k + k_0)/k_0$$

形变系数是一个无量纲数，它与社约自由度、社约难度、社约健康度等有关。

式中：L 为偏离社约人满足平衡态的距离。假定，社约人满足需求程度为 α；通过社约实践获得使其意志获得"完全理想的满足平衡状态点"为零点；某一社约人实际社约实践获得的满足平衡程度态势点与其零点状态的距离，称为偏离社约人满足平衡态距离 L，表示如下：

$$L = 1/\alpha$$

其中，$0 < \alpha \leq 1$，$L \geq 1$。社约人满足需要程度是一个无量纲数，L 也是一个无量纲数。

偏离社约人满足平衡态距离，与社约人意志欲望、价值需求、目的、社约消费结构等有关。零点的设定，既与个人的价值观、能力目标、心理需求、兴趣等有关，也与社会环境、制度体制、风俗习惯、文化信仰、家庭意识等有关。同一"社约价值"对于不同的零点，具有不同的偏离社约人满足平衡态距离，例如同样一天 100 元 & 升的社约劳动价值，对于农民社约劳动梯度零点的偏离距离比较小，而对于企业家社约劳动梯度零点的偏离距离比较大。

第三节 社约物场的社约意志势能及其驱动力

社会中的人一定是社约人，人口的转移也一定是社约人的转移，即一切人口的转移都是社约实践活动中的人口转移。社约人口转移属于社约物场系统中社约介质物流场的内容，研究社约人流动或转移规律，其首要命题是驱动社约人转移的动因问题。

人口转移流动和迁移，长期以来是世界各国经济界和人口理论界研究的对象。最早系统研究这一对象的学者是瑞文斯丁[1]，他曾提出人口迁移的六大法则，成为工业化初期影响很大的人口迁移古典理论的代表人物。"二战"后，刘

---

[1] E. G. Ravenstein. The law of migration. Journal of Statistical Society, 1889 (52).

易斯①和托达罗②对城乡二元结构劳动力流动和人口迁移,给出了影响广泛的数学模型,被称为新古典理论,并指出:农业劳动力向城市转移的决定性因素是城乡经济结构差异以及迁移者对迁移成本和效益的权衡,其动力取决于城乡预期收入水平的差异。但是,新古典理论没能回答为什么在相近的收入差别下有些人迁移而有些人仍留在农村等现实较为复杂的一些问题。20世纪80年代以前还出现了人类资本迁移理论,其代表性学者为斯加思塔③和贝克尔④,他们都对劳动力素质、迁移距离等对迁移过程的影响做出合理的分析;对持续的劳动力迁移促使农村和城市人力资本与经济增长变化的结果,做了翔实的讨论。20世纪80年代以后相继出现了许多质疑新旧古典理论的新的迁移理论。这当中尤以斯达克⑤的新经济迁移理论最具影响力,其强调整个家庭作为决策主体,以家庭预期收入最大化和风险最低为原则,决定某些家庭成员迁移,某些家庭成员留守故地。20世纪末与21世纪初,伴随我国乡镇企业与大规模民工潮的兴起,学术界针对我国农业劳动力转移以及针对国外劳动力转移理论,发表数量庞大的研究成果。从系统科学角度看,社约人转移是一个以人为本的复杂动态系统。经济学的劳动力转移理论是以物化人为基础的,具有局限性。

人生而自由平等,人总是自主地向满足自身的自由、公平、合理真善美需求和幸福等的自分形意志势能最大化方向演化发展和转移流动,自组织地推动包括自身在内的人类社会不断发展。这里从社约物场系统的角度,探讨驱动社约人、社约物质、社约能量、社约信息转移流动的动力问题。

一、社约物场系统的社约意志势能和机能物质势能

1. 社约物场系统的社约物意志势能

社约意志势能通常是指社约物场系统的势能。社约物场系统中,社约缔结活动一旦确定了社约人、社约对象、社约环境、社约方式、社约关系等,就确定了某些社约人(及其社约要素)与社约对象环境的社约匹配作用,即确定了某一社约实践能够产生社约意志价值的能量——它可用社约意志势能 W 来描

---

① [美]刘易斯:《无限劳动供给下的经济发展》,《曼彻斯特学派和社会研究》,1954(5)。
② [美]托达罗:《人口流动、失业和发展:两部门分析》,《美国经济评论》,1970(3)。
③ Sjaastad. Larry A. . The costs and returns of human migration. The Journal of Political Economy, 1962, Vol. 70.
④ Becker. Human Capital. Chicago:Chicago University Press, 1975.
⑤ Stark. O. Taylorje. Migration incentives, migration type - the role of relative deprivation. The Economic Journal, 1991 (101).

述。它包括社约实践已产生价值、正在产生价值和预期未来产生价值的能量。

社约人与社约对象环境是非线性匹配相互作用的，它们之间形成的社约缔结实践活动所具有的满足社约人社约意志需求的能量能力是非线性的。社约意志势能是社约人（或承载社约人意志的社约要素）与社约对象环境之间进行社约实践产生社约价值的非线性相互作用能量，表示为 $W = D\&Q$（& 是特指"非线性相互作用加和"意义的符号）。研究中，社约势能通常可用社约人及其要素与社约对象环境匹配作用已经产生、正在产生、预期产生的社约价值及满足需要价值来反映。

社约物场系统中，某一点的梯度社约意志势能是指：在某种梯度匹配效用函数条件下，某一社约人及其社约要素将其梯度社约人力场强同对应社约对象的梯度社约环境场强的相互缔结社约实践活动——单位时间内社约实践产生的以货币形式（及满足需求形式）表现的总价值，表示如下：

$$W = (D\&Q)\lambda$$

式中，D 的单位为"（元 & 升）/（个天）"，Q 的单位为"（元 & 升）/（个天）"，λ 为无量纲系数，因此 W 的单位为"（元 & 升）/（个天）"。

社约意志势能有别于物理学势能，物理学势能取决于相互作用力下 a 点和 b 点位置，物体能够做功而具有势能；而社约意志势能取决于社约实践活动相互作用力下 a 点和 b 点的社约梯度态势，社约人及其社约要素能够产生"更多"价值和满足更多社约意志需求而具有的势能。通常说某一社约物场（或某一社约人力场、或某社约对象环境场）的社约意志势能，是一种简略的说法。社约意志势能是一种相对量，选择不同的势能零点为基准，势能的数值应是不同的。为了研究方便，可设定某一社约意志势能值例如 100 元/（个天）为标准劳动势。

在某一确定社会制度条件下，一个社约人力以标准匹配函数（$\lambda = 1$）耦合匹配某社约对象环境场，该社约实践活动在单位时间（1 天）内产生 100 元总价值状态时的社约意志势能，即 $(D\&Q)\lambda = 100$ 元/（个天）。某一社约人力场（或某一社约对象环境场）社约意志势能的研究，通常可选择 100 元/（个天）为势能零点。

2. 社约物场系统中的机能物质势能

社约机能物质势能是社约物场系统中的社约对象环境的机能物质所具有的满足社约需求的能量。社约机能物质势能是不以人意志为转移的客观势能。社约物势能通常包括社约意志势能、社约机能物质势能两大类，它是指社约物用以支配对应社会人、系统组分事物、系统机能的能量能力。由于社约物场系统中，社约意志势能是占据主导地位和方向的，社约机能物质势能通常转换为社约意志势能进行研究，即社约物势能通常由社约意志势能进行研究。

二、社约人开展社约劳动实践的动力

（一）社约人的自分形动力和心理意志张力

认识社约人，在本质上就是认识人本身。黑格尔认为："人是人自己通过对象化的活动（劳动）自我创造的过程和结果，劳动、实践是人的本质。"[①] 世界是物质的，物质是系统的，物质系统是自分形演化发展的，它具有"最大化开显"的本性。人通过实践使自己成为自己，实现自分形最大化发展。尼采哲学的新道德观认为，自然生命"以每一个个体'成为你自己'为价值理想"。"成为你自己"及其最大化，是每个人类生命、每个动植物生命、每个自然事物的物质本性。人实践行为的根本动力是人自分形发展本性，在社会现实生活中，依据勒温心理场理论，社约人的这种根本动力具体表现为社约力的社约心理意志系统张力；社约实践行为发生的动力（动机）来源于社约人的自分形最大化发展需求产生的心理意志需求张力，主要是指当前与预期社约满足需求之差异产生的心理意志张力。

（二）人类社会系统差异协同的社约实践动力

马克思主义认为矛盾是推动事物发展的动因。在系统研究中，既要研究"对立统一"中之间相互作用的"对立"面，又要研究事物之间的"统一"面——这里就包含着"差异协同"的意义。就如恩格斯所讲："同一性自身中包含着差异，这一事实在每一个命题中都表现出来。"[②] 乌杰教授认为："差异存在于一切客观事物系统及思维的过程中，并贯串于一切过程的始终。差异的概念不同于反映互相排斥互相对立的矛盾概念。……差异是普遍的。……在整个自然界演化的过程中，产生了一系列的对称性破缺，即非对称差异。"[③] "差异是自然界人类社会的根本动力，是一切动力之源。没有差异就没有量子涨落，没有自组织、没有演化、没有系统、没有生命。"[④] "差异不是矛盾、矛盾也不是差异，矛盾只是差异的一个特殊激化的阶段；也不是每个差异都必然演化发生的一个阶段。矛盾没有普遍性，而恰恰相反，差异具有普遍性的品格。"[⑤] 乌

[①] 陈志尚主编：《人学原理》，北京出版社2004年版，第25页。
[②] 《马克思恩格斯文集》第9卷，人民出版社2009年版，第476页。
[③] 乌杰主编：《系统哲学基本原理》，人民出版社2014年版，第239-240页。
[④] 乌杰主编：《系统哲学基本原理》，人民出版社2014年版，第241页。
[⑤] 乌杰：《关于差异的哲学概念》，载《系统科学学报》，2008年第2期。

杰教授澄清了有关差异和矛盾认识的误区，这为系统研究提供了依据。

恩格斯指出："人们总是通过每一个人追求他自己的、自觉预期的目的来创造他们的历史，而这许多按不同方向活动的愿望及其对外部世界的各种各样作用的合力，就是历史。"① 在人类社会系统中，"每个意志都对合力有所贡献，因而是包括在这个合力里面的"②。恩格斯同时指出："人们所预期的东西很少如愿以偿，许多预期的目的在大多数场合都互相干扰，彼此冲突……这样，无数的单个愿望和单个行动的冲突，在历史领域内造成了一种同没有意识的自然界中占统治地位的状况完全相似的状况……这样，历史事件似乎总地来说同样是由偶然性支配着的。但是，在表面上是偶然性在起作用的地方，这种偶然性始终是受内部的隐蔽着的规律支配的。"③ 恩格斯指出："历史是这样创造的：最终的结构总是从许多单个的意志的相互冲突中产生出来的，而其中每一个意志，又是由于许多特殊的生活条件，才成为它所成为的那样。这样就有无数互相交错的力量，有无数个力的平行四边形，由此就产生出一个合力，即历史结果。"④ 社会系统的合力来源于许多单个的意志、目的、活动，但不等于许多单个意志、目的、活动的简单相加。恩格斯指出："而这个结果又可以看做一个作为整体的、不自觉地和不自主地起着作用的力量的产物。因为任何一个人的愿望都会受到任何另一个人的妨碍，而最后出现的结果就是谁都没有希望过的事物。所以到目前为止的历史总是像一种自然过程一样地进行，而实质上也是服从于同一运动规律的。"⑤ 恩格斯所说的"规律"，从系统科学来看是指"差异协同"基本规律。20世纪70年代哈肯提出了协同学，"系统哲学认为，协同原理从系统的整体性、协调性、统一性等基本原则出发，揭示系统内部各子系统与要素围绕系统整体目标的协同作用，使系统整体呈现出稳定有序结构的规定性"⑥。

系统差异表现的相互合作、相互竞争、相互和谐的相互统一状态关系，表征着系统的存在，反映了系统的演化和发展的动力及主要呈现的基本状态，揭示了系统必然具有整体性基础上的各种系统特性。因此，根据系统的稳定程度、有序程度、演化发展等情况，对差异协同可侧重研究区分为两个方面的内容：

---

① 《马克思恩格斯选集》第4卷，人民出版社1995年版，第248页。
② 《马克思恩格斯选集》第4卷，人民出版社1995年版，第697页。
③ 《马克思恩格斯选集》第4卷，人民出版社1995年版，第247页。
④ 《马克思恩格斯选集》第4卷，人民出版社1995年版，第697页。
⑤ 《马克思恩格斯选集》第4卷，人民出版社1995年版，第697页。
⑥ 乌杰主编：《系统哲学基本原理》，人民出版社2014年版，第243-244页。

一是合和不同，差异协同；二是竞争不同，差异协同。这两个方面内容是一体的，相互合作相互统一、相互和谐相互统一的差异内容侧重表现了系统的稳定程度和有序程度，体现了系统发展的和谐动力；相互竞争相互统一的差异内容主要表现了系统演化发展的激进动力。

合作不同与差异协同的关系，主要是指"合而不同差异协同"与"和而不同差异协同"。"合而不同差异协同"是指，相互之间，合而不同，目标一致，运动方向一致，协作共同发展；"和而不同差异协同"是指，相互之间，和而不同，求同存异，和谐共同发展。合作在系统中无时不有，无处不在。美味佳肴讲究色、香、味的合作；人体离不开神经、消化、呼吸、生殖等众多子系统的合作；机器离不开各零部件的合作。"无论是宇观系统，还是宏观和微观系统，只要它们是开放系统，就在一定的条件下呈现出非平衡的有序结构。因而，他们都可以成为协同学的研究内容。"[1] 在世界这个唯一大系统中，人、社会和自然是和谐共同发展的。和而不同，求同存异，和谐共同发展，是系统的相互作用表现的一个"大同"的关系状态，是系统的一个"大同和谐状态"的差异内容。其主要表现为系统内部相互和谐，即在系统变化、发展或演化时，系统内部事物要素相互不同，但相互共存、相互协调、相互和平共处，整体表现和谐的关系状态。

竞争不同，差异协同。竞争包括对立竞争和比较竞争，因此，竞争不同包括对立竞争不同和比较竞争不同。这里的竞争不同差异协同的关系，主要是指比较竞争不同，相互竞争相互统一的关系——相互之间，比而不同，互相竞争，破缺对称，变化层次，涌现整体发展。普利高津提出了开放系统从无序转化为有序，形成结构，变得复杂，以致进化的可能性，这就是自组织理论。[2] 由于差异使系统内部事物形成竞争，竞争加快了系统的自组织；差异的高级阶段，竞争使系统基本统一形式产生破缺，使系统整体得到进化或发展，涌现新的事物要素、形成新的系统统一形式——出现具有新的"质"、新的"序"、新的"层次和结构"的系统形式。因此，竞争，是系统的"激进动力"的差异内容，主要表现了系统的相互之间，比而不同，互相竞争，破缺对称，变化层次，涌现整体发展的关系状态。

"协同放大原理是指开放系统内部子系统围绕系统整体的目的协同放大系统的功能。……非平衡系统的开放性，使系统内部结构与外部环境相互作用，产

---

[1] 王贵友：《从混沌到有序——协同学简介》，湖北人民出版社1987年版，第6页。
[2] 胡显章、曾国屏：《科学技术概论》，高等教育出版社2004年版，第70页。

生共鸣与涨落,这是促进系统内部协同放大的外因。系统内部结构的差异的非平衡性,非线性作用是产生系统功能协同放大的内因。……宇宙进化中,宏观的演化与微观的演化互为条件,相互对应和相互协调。……非平衡开放系统的协同作用:一是只有当某个外部参量达到一定临界值时,新的有序状态才能出现,而且是突然出现的;二是新的有序状态具有更丰富的时间结构、空间结构、功能结构,如呈现出周期性变化或空间样态等;三是只有持续不断地从外界供给物质和能量信息,这些新的结构才能够继续维持下去;四是新的有序结构一旦出现,就具有一定的稳定性,即不因为外部条件的微小改变而消失;五是序参量是具有宏观行为的量,它规定了整个系统发展状态,起到支配全局的作用,主宰整个系统能够运动。……事物的进化发展是差异协同的系统进化,……由于系统内部物质、能量、信息在交换过程中,内在的随机涨落与环境选择因素的作用相适应、相统一,便出现系统内在涨落的协同放大,使系统的无序结构逐步转变为有序结构,这种由旧结构的系统进化到新结构的系统的主要原因是来自系统外在环境和内在要素涨落的随机性。……由于系统内在诸因素之间的相互联系相互作用之间,受初始条件的影响和稳定的外部条件的规定,系统有一个必然的确定的发展变化方向。……由于一切系统都有一种从无序到有序和自组织的明显趋势,一种求极值的态势……系统通过自身自组织结构的演化,不断适应环境的变化,从而达到确保其生存的目的。"① 差异协同是系统组分事物生成"系统整体"的演化发展的具体研究。

三、社约人开展社约运行的社约意志势能差驱动力

人自由意志一旦参与社会实践,它一定会栖息于社约物,即人和人交往一定会生成社约物。某个人自由意志在社约物中能否形成社约意志的支配地位,这得由该意志在社约意志中的势能决定。有些人自由意志在社约意志中的势能趋于零,有些人自由意志在社约意志中的势能占据主导地位,有些人自由意志在社约意志中通过自组织扬弃和发展获得应有的新形态势能。

社约人开展社约运行的动力可用社约物场中的社约意志势能差驱动力描述。人生而自由平等,社约人总是自主地往减少自身的不自由、不平等、不合理、不经济、不满足需求的社会意志势能差方向移动,即社约要素(人、事、物、信息、能量等)总是沿着社会路径向社约意志势能高处转移。社约物场系统中的社约要素转移的目的是消除社约势能差,追求社约实践价值的更多能量,实

---

① 乌杰主编:《系统哲学基本原理》,人民出版社2014年版,第244-246页。

现社约实践价值最大化,即最大化满足社约人需要。

(一) 社约意志势能差

社约人改变自身社约梯度意志能量能力与社约对象环境梯度社约意志的耦合作用而产生社约意志势能的变化量,称为社约意志势能差。社约意志势能差表明了不同社约意志势能状态点产生社约实践价值的能量能力差别或满足社约人需求的差别。在社约人追求更多社约实践价值的发展能量以及获取更大社约价值满足发展需求的本性方向上,社约意志势能差是驱动包括社约人在内的社约要素由低势能点向高势能点转移的动因。

就本性而言,人是追求需求和欲望满足最大化的。这种自分形本性在社约实践中表现为追求社约意志势能的实现。同一社约人及其社约要素在不同区域的社约意志势能是不同的。在社约物场系统中,如果a、b两点之间存在社约意志势能差,它将推动社约人或社约要素由低点a转移到高点b。通常,社约人及其要素转移是社约人主观能动"预期"目的下的行为。恩格斯说:"就单个人来说,它的行动的一切动力,都一定要通过他的头脑,一定要转变为他的意志的动机,才能使他行动起来。"社约人是有思想、有意识、有追求的,社约人及其要素转移过程结束时得到的结果(目的态的社约意志势能),在社约人及其要素转移开始时就已经在社约人观念中"预期"存在着。客观社约意志势能差是预期社约意志势能差的基础,事实上,预期社约意志势能差是驱动社约人或社约要素转移发展的现实动因;总地来看,社约意志势能差是驱动社约人或社约要素转移发展的动因。

社约物场系统中的a梯度点和b梯度点的社约意志势能差为$(D_a \& Q_a) - (D_b \& Q_b)$,它的研究包括两个方面:一是假定同一社约人,在社约对象环境场的当前梯度态势a点和预期梯度态势b点的社约意志势能差;二是假定同一社约对象环境场,在社约人力场的当前梯度环境a点和预期梯度环境b点的社约意志势能差。

(二) 社约意志势能差形成的驱动力

人是通过"劳动实践"使自己成人的,也将继续通过"劳动实践"使自己成为更富裕、更幸福、更崇高的人。劳动使人脱离于一般动物。人类发展,社会化的劳动实践是第一位的,即社约实践归根结底的目的是推动社约人及其所在社会的全面发展。一切人类社会系统内的劳动实践都具有联合性、公共性、社会性,都是属于社约实践的范畴。社约实践的意义在于,一方面追求自身发展,即社约人自分形本性表现的追求物质、精神、自由、价值、意义等满足需求最大化的内容;另一方面推动包括社约人在内的人类社会系统整体发展。社约人在追求劳动最大化的过程中，通常社约人及其社约要素可能从社会系统的一个区域转移到另一区域，从一个岗位和地位流转到另一个岗位和地位，从一种社约关系转换到另一种社约关系……这些可统称为社约人或社约要素的转移，其目的是为了社约人及社会事物的"自我发展"和"社会共同发展与全面发展"。

社约意志势能差形成的驱动力包括：（1）制度社约物势能差的驱动力，比如公务员岗位制度要求的履职行为，其行为的动力来源于制度社约物（"规定目标或行为"同"现状"之间的）势能差；（2）道德社约物势能差的驱动力，其行为的动力来源于道德社约物（"规定目标或行为"同"现状"之间的）势能差；（3）自约（社约）意志势能差的驱动力，其行为的动力来源于自约意志或社约意志（"预期"同"现状"之间的）势能差；（4）文化社约物势能差的驱动力，其行为的动力来源于文化社约物（"潜在或显在的习惯或规定"同"现状"之间的）势能差，等等。

人的发展集中表现为意志指导下的人的全面发展。人的发展又必须在社会实践中进行，因此，社约人总是在消除社约意志势能差的方向上，沿着社会路径向社约意志势能高处转移或转移承载自身意志的社约要素事物。社约物场系统中具有诸多甚至无穷的社约梯度，某一社约梯度方向上的社约意志势能差 $\triangle W$，在驱动社约人及其社约要素沿着该梯度方向转移的过程中，总会遇到来自社会路径包括其他社约梯度方向的各种阻力 $f(z)$，假定社约流通系数 u，则有社约人人力及其社约要素事物的社约转移动力 F 如下：

$$F = [\triangle W - f(z)] u$$

式中，$\triangle W$ 是指预期社约意志势能点与当前社约意志势能点之间的梯度社约意志势能差，单位为"（元&升）/（个天）"；$f(z)$ 是指社约意志势能产生的阻力，即逆反于该具体梯度社约意志势能差方向的阻碍性的社约意志势能，单位为"（元&升）/（个天）"；u 为无量纲系数（$u \geq 0$）；F 的单位为"（元&升）/（个天）"。

社约意志势能差动力与转移阻力。社约人及其社约要素事物转移的社约意志势能差动力包括社约人的（生理的、安全的、情感和归属的、尊重的、自我实现的）改善生活、谋求幸福、实现价值等的需求、本能、兴趣、热情、爱好、追求等各个方面社约梯度能力及其需求的差异内容，也包括社约对象环境的比如制度法规、户籍、医疗、教育、就业等政治经济方面，以及宗教信仰、文化习俗等潜在或现在的社约梯度的变化内容，以及政治变化、经济发展、文化发展、道德演化、一般系统人（家庭或企业）组织变化、消费结构变化等社约方式和社约关系的相互匹配作用的变化的内容。当这些方面的社约意志势能差与研究梯度社约方向一致时，便成为社约实践获得的动力，否则便成为阻力。

社约人及其社约要素事物转移的阻力还包括三个方面：旧社约势能差的维生性阻力、转移成本阻力、预期转入社约意志势能点的排斥力。旧社约意志势能维生性阻力，一方面是指社约人的旧观念模式定势和旧行为模式惯性具有一定的维生性而产生的束缚性阻力，表现为旧思想、旧生活、旧观念、旧关系、旧习惯、旧需求、旧意识等阻力；另一方面是指社约对象环境的旧环境、旧制度、道德旧俗、家庭围城、旧文化、旧意识等的约束力。转移成本阻力是指社约人及其社约要素事物转移的体制机制阻碍、时间成本、流通成本等。预期转入社约意志势能点的排斥力是指转移目的地或运动过程道路上的社约环境包括宗教信仰、政治文化、就业、风俗习惯、租（住）房、医疗、教育等生产生活压力转化为对外来社约人及其社约要素事物的排斥力。

社约意志势能差动力外在表现为对具体社约人及其社约要素事物的排斥性"推力"和吸引性"拉力"，即：社约意志势能差在低势能点推动社约人及其社约要素事物向高势能点转移，表现为"推力"；在高势能点吸引拉动低势能点的社约人及其社约要素事物向己方转移，表现为"拉力"。在这方面，社约人比如劳动力转移的推拉理论是形象描述，"农村由于自然资源枯竭（包括气候、水文、植被）、人地矛盾、农业生产成本增加所导致的劳动力剩余、较低的农业收入水平等消极因素对农村劳动力移动产生一种推力，而作为流入地城市则形成积极因素（包括城市较多的就业机会、较高的工资收入水平、较多的教育和发展机会、较好的文化设施和现代化的城市生活方式等）来拉动劳动力向城市转移。两种力量形成合力共同决定农村劳动力的流动，且合力越大，流动势就越强"[1]。推拉现象只是劳动社约物场系统的一种特殊的表象机能，而劳动社约意志势能差是该表象机能的本质，是产生推拉现象的根本内在原因。

在社约意志势能差研究中，社约人主观认知社约意志势能差，并形成社约实践意愿：一方面，社约人主观认知获取社约意志势能差信息，遵从内心的需求和想法，形成主动的自组织社约实践；另一方面，社会系统形成的公共意志势能差信息，形成对社约人及其社约要素事物的被动的他组织社约实践，不管你愿不愿意，社会大潮都推着你朝前走，进行着不得不进行的社约实践。社约人开展社约实践，既具有客观社约意志势能差的理性基础，又具有社约人主观的社约意志感性叠加，理性是有限的，感性可能是无限的，比如，有些社约人

---

[1] 雷武科：《中国农村剩余劳动力研究》，中国农业出版社2008年版，第46页。

在较大的客观社约意志势能差驱动力情况下，仍旧主观排斥社约实践，以己之力抗拒社会大潮；相反，有些社约人在客观社约意志势能差很小的情况下，主观意愿极强，并高度兴奋开展社约实践。

社约意志势能差的研究，可以选择研究影响社约实践的普遍共性的社约梯度，比如劳动力劳动社约实践中的工资、劳动生产率、需求和消费结构等各种梯度参数。

第四节　社约缔结活动的社约物场模型分析

一、社约缔结的社约边际优势和社约壁垒

世界上没有完全相同的两片树叶。人在人类社会系统中都是唯一的，是不可绝对复制的，绝非可有可无的。而决定这一切的基层就是每个人都有自己的存在边际优势，通俗地说，每个人都有别人不能替代的部分或优势。我们可以承认自己在某些方面的平庸，但我们必须寻找到自己身上的不同于别人的、优越于别人的闪光点；更重要的是，要寻找现在的自己相对过去的自己的闪光点、进步成分。正因为如此，我们每个社约人在社约实践过程中都具有自己的社约边际优势，释放自己的社约边际优势，同时保护自己的社约边际劣势，这是社约人社约实践的一个基本遵循。

社约壁垒是由于社约人对自己边际优势的过度发挥、对自己边际劣势的过度保护造成的。人类社会是一个庞大的复杂系统，每个社约人及其社约意志势能都是存在差异的，却又是相对稳定的，正如马克思指出的："当分工一出现之后，每个人就有了自己一定的特殊的活动范围。"社会分工是劳动社约实践及其社约意志势能稳定形态呈现在社会系统中的一个表现形式。社约人总是寻求自己在社会系统中某一社约对象环境的最有效匹配，以获得满足自身的最大存在和发展需求，这些社约人在该社约对象环境中形成相对稳定的社约意志系统势能——表现为该社约人、社约对象、社约环境、社约形式、社约关系、社约规定性、社约生产力等在内的社约物信息模式整体相对独立，区别于其他社约物模式——这种区别体现为社会分工。如果某一社约人不能在该社约对象环境中生成相对稳定的社约系统势能，则将被该社约对象环境排斥，即不能成为该社约地位阶层的一份子。社约壁垒既来自社约人，也来自社约对象环境，它表现为对某些社约人的排斥作用和控制约束作用。社约壁垒来自社约人主要是指社

约人能力能量不足，社约意愿不高或不匹配，社约方式、社约工具不科学，等等。社约壁垒来自社约对象环境主要是指社约能量要求、社约关系束缚、社约制度限制、社约技术不高等，比如社约对象门槛，农民社约人通常是以土地为劳动社约对象的，改换为以汽车为劳动社约对象，后者通常具有社约对象门槛，不经学习培训是难以打破这种社约壁垒进入汽车生产门槛的。

二、社约缔结差异协同的社约物场模型分析

差异是一种相互作用的比较状态。社约缔结时的社约意志势能是差异的，具体是指社约人、社约对象、社约方式、社约关系、社约生产力、社约环境、社约资料等的差异。社约人需要不断同社会环境系统进行物质、能量和信息的交换，以确保个人的存在和发展。这就要求社约人不断地进行社约缔结活动。社约缔结活动中，社约人意志同社约对象意志形成匹配社约意志系统，即是社约意志差异协同。其可以运用社约物场模型分析。

一个具体的社约缔结活动可以分解为社约人、社约对象以及它们之间的一种社约物场，即可建立"人—社约—物—场"模型。社约人是发起社约的一方，社约对象是接受社约的一方，社约人可以是一般系统人，也可以是承载人意志的事物；社约对象可以是社会事物，也可以是人；"场"是社约人和社约对象之间的相互作用，它们通过相互作用实现社约系统的功能。任何一个"完整的、具体的"社约缔结系统功能都可以分解为社约人、社约对象及一种社约物场这3个元素。为了方便研究，"人—社约—物—场"可以构建三角形模型化，如图4-2所示：

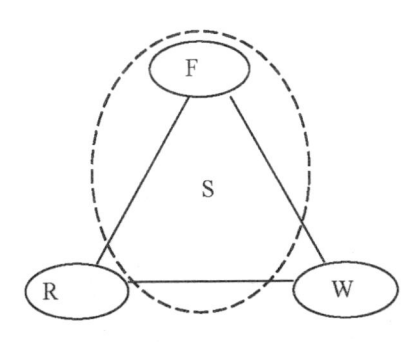

图4-2 社约缔结的"人—社约—物—场"模型

图4-2中R和W表示相互作用的社约双方，R为社约人，W为社约对象；F表示社约双方相互作用的社约意志势能场，S表示社约双方形成的社约物（F属于S的范畴，即社约意志势能场由社约物承载），两者通常用FS表示。

一个有效的、稳定的社约缔结相互作用关系系统中，社约人（R），社约对象（W），社约物势能场（FS），三者缺一就会造成社约物场系统的不完整，而当系统中某一要素所特定的机能没有实现时，系统机能或系统稳定就会产生问题。为了控制和解决这些问题，有必要改变社约人能力能量、改变社约对象环境、改变社约工具和生产方式等。"人—社约—物—场"模型通常具有四种社约意志势能态：（1）完整、有效、稳态的"人—社约—物—场"社约意志势能态，模型中3个要素都存在且都有效，社约物场系统内部处于优化的稳态，这是任何社约缔结活动都追求的效应和目标；（2）非完整的"人—社约—物—场"社约意志势能态，模型中3个要素至少一个要素缺失，社约物场系统内部的相互作用处于缺失状态；（3）效应不足的"人—社约—物—场"社约意志势能态，模型中3个要素都存在，但所希望的社约缔结效应未能有效实现或效应实现不能满足社约人需求；（4）有害效应的"人—社约—物—场"社约意志势能态，模型中3个要素齐全，但产生了与社约人所希望的效应相反的、有害的效应。

社约缔结活动中，社约物场系统是社约人、物质、能量、信息等"输入与输出"的社约意志势能差异协同的动态稳定系统，它形成为第一种社约意志势能形态模型。以第一种社约意志势能形态模型为目标和参照，其他三种即缺失模型、有害模型、不充分模型向理性模型转化的分析方法如表4-1所示：

表4-1

方法编号	存在问题	具体措施
1	缺失模型	社约人（或社约）补全缺失要素，使模型完整
2	缺失模型	社约对象补全缺失要素，使模型完整
3	有害模型	社约人改变，避开有害作用
4	有害模型	社约意志势能改变，抵消有害作用
5	有害模型	改造改变社约对象，减少有害作用
6	不充分模型	社约人及其社约要素转移至充分条件区域
7	不充分模型	提升梯度社约意志势能，增强有用效应
8	不充分模型	提升社约缔结关系，增强效应
9	不充分模型	改善社约对象，增强效应

我们以经营企业的社约缔结活动的"人—社约—物—场"模型分析为例：

企业社约缔结实践的运行系统中的社约人包括老板、管理人员、员工，物包括各种生产资料、原料、厂房、机器、资金等，社约包括生产技术、劳动关系、组织管理制度体制、销售模式等，场包括企业内部文化、外部社会环境、生产关系形成生产力的描述等。

第一种，在缺失模型下的分析，如果缺失社约人则补全社约人，比如企业缺失员工则招聘员工；如果缺失社约则补全社约，比如企业缺失制度则制定制度；如果缺失机能物质则补全物质，比如企业缺少厂房则建设厂房，缺少机器则购买机器，缺少资金则投入资金，等等。

第二种，在有害模型下的分析，如果社约人对社约缔结有害则改变社约人，比如企业员工损害企业利益则要清除，避开有害作用；如果社约意志导向对企业社约缔结有害则改变社约意志，抵消有害作用，增强有利作用，比如企业文化导向错误有害，则应增加正向有利的文化导向，抵消错误的危害，增强正确的导向；如果社约对象物和社约环境对社约缔结有害，则应改善改变对象物和环境，减少有害作用，比如企业环境有害，则改变环境，减少有害影响。

第三种，在不充分模型下的分析，如果企业社约人使用不充分，则调整使用尽量人尽其才、物尽其用；如果企业社约意志势能低弱，则提升社约意志能力和信心，增强社约意志势能；如果企业社约缔结关系不充分，则完善企业内部组织关系和薪金制度；如果企业社约对象不充分，则改善和完善社约对象，增强社约效用。

修身社约缔结、齐家社约缔结、营企社约缔结、治国社约缔结、平天下社约缔结，它们内部遵循逻辑一致，都可以采用"人—社约—物—场"模型分析，实现社约人意志需求不断提升社约生产力，提升社约价值和意义。

三、社约缔结差异协同系统的目标、优化路径和方法

社约人及其社约要素在社约意志势能差驱动下不断地开展社约实践活动。社约人力各不相同，社约环境和社约对象千差万别，社约缔结方式和关系各有长短，社约缔结差异协同系统是一种自组织或他组织系统，它具有某种最大化的运行目标，社约缔结差异协同的路径和方法也是有规律可循的。

（一）社约缔结差异协同系统的目标

在本质上，社约人开展社约缔结实践活动是一个自组织系统，是一个差异协同系统。人是具有主观能动性的，他既是人类社会系统内部自组织的组分，又是社会部分子系统他组织的动力和来源，它们朝着人类意志的系统目标演化发展——通过差异协同实现社约价值最大化和满足社约意志需求最大化。社约缔结差异协同系统化的目标主要有三个：一是解放社约人力，实现社约人意志

需求;二是丰富和发展社会人,使人不断幸福,使人不断崇高;三是推动社约人、物和自然的和谐共生发展。

(二)社约缔结差异协同的系统优化路径

社约缔结差异协同的系统化路径就是社约物场系统的进化路径。当前,生物进化论、社会进化论和技术系统进化论一起被认为"三大进化论"。达尔文的生物进化论揭示了生物在变异、遗传与自然选择作用下演化发展、物种淘汰和产生的进化秘密;社会进化论解释了"由简单到复杂、由低级向高级发展的前进运动"的社会变迁秘密;而技术系统进化论阐明了人类技术系统的自然选择和优胜劣汰的发展秘密。社约物场系统中包括社约人、社约对象物质、社约社会环境、社约生产工具等组分要素,显然,自然物质规律、生物进化规律、社会演化发展规律、科学技术发展规律等都涉及社约物场的组分要素内容,因此,社约缔结差异协同的系统优化涉及自然物质、生物、社会、技术等各种系统综合的优化内容。

社约缔结差异协同的系统优化即社约物场系统的进化并非都是随机的,而是遵循着超循环螺旋演化模式的,所有的系统都是向"人性自分形最大化、社约意志满足最大化、符合规律最优化理想化"的方向,其优化路径表现出一些相同的规则:

(1)社约缔结差异协同的超循环螺旋S曲线路径。其进化一般经历以某一边际优势的婴儿期、成长期、成熟期、衰退期4个阶段为一个螺旋环(描述该边际优势系统的完整生命周期为S曲线进化路径),群进化完成4个阶段后,必然会出现新的边际优势螺旋环来替代它,如此循环往复,形成超循环螺旋演化模式。通过性能参数随时间变化的规律,可以预测某一社约缔结系统社约意志势能所处的生命周期阶段。

(2)社约缔结内部的子系统不均衡进化、整体效应差异协同的路径。社约缔结系统所包含的各个内部子系统社约优势都是不同步、不均衡进化的,每一个子系统都是沿着各自的S曲线进化,梯度边际优势子系统的相互关系将决定整体进化。各个子系统社约边界优势存在匹配和不匹配交替出现的情况,要有目地进行相互协调或反协调,实现动态调整和配合;这是社约缔结差异协同的核心。

(3)社约缔结的社约人的需求能动性、创造性和可控性进化的路径。社约人具有自由、平等、自为的高等意识人性,它总是摒弃那些不自由、不平等、不合理、不科学的社约能量能力,不断地自觉能动地去完成更具有创造性的社约缔结工作,控制危害社约意志实现的内容,总是沿着满足人的不断增长的物质和文化需求方向开展社约实践活动,以适应社约人、社约对象环境相互作用的变化和满足多重需求的要求。

(4) 社约缔结差异协同提高社约意志势能的最小作用量理想化的路径。社约缔结最小作用量最理想化的极限是指"社约人不消耗社约能量能力,却实现最大的社约意志目的和满足需求",因此,这种极限理想化在现实中是不存在的。通常,理想社约势能与当前社约势能之差,是推动社约缔结差异协同不断优化的动力。

(三) 社约缔结差异协同的系统优化方法

基于系统科学的自组织理论和他组织理论,基于社约缔结差异协同系统优化的目标和路径,参考 TRIZ 理论物场模型的优化路径方法,相应提出社约缔结差异协同的优化的8化方法:

(1) 矛盾化。某一社约系统的功能性和满足需求性之间的矛盾,使社约系统进化和创新成为必要,推动社约缔结活动创新。

(2) 理想化。"社约人不消耗社约能量能力,却实现最大的社约意志目的和满足需求"的最理想化,是社约缔结进化的方向。

(3) 曲线化。事物也必然经历诞生、成长、成熟、衰落的周期,螺旋发展的曲线化认识是否定之否定辩证规律的具体体现。

(4) 人性化。社约缔结人性化主要目的是实现社约人目的、满足社约意志需求、实现社约价值。

(5) 协调化。人生而自由平等,推动社约人全面自由平等发展,需要社会系统(社约物)协调。社约系统中有不同的子系统,有不同的质的限制,社约人的满足需求既要这样又要那样,可用中庸之道来协调和缓解矛盾。

(6) 分合化。将矛盾事物点分开,进行单独处理,再集合成一个有机整体系统;或根据整体系统目标功能,将矛盾事物点还原到合适为止,展开具体处理。

(7) 转移化。社约系统是不断演化发展的,其功能也不断变化,可将社约系统不同要素进行转移,并实现在动态中控制社约系统势能。

(8) 逐优化。逐步优化,不断满足社约意志需求。将8化方法建立一个动态发展的社约缔结差异协同优化路径方法—目标图,如图4-3所示:

社约缔结的传统方法是就事论事地解决"需求"与"不能满足需求"矛盾的简单化方法;社约缔结的系统方法是差异协同的自组织和他组织的复杂性方法,区别见表4-2:

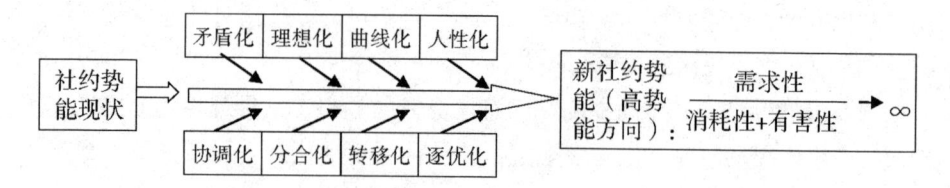

图 4-3 社约缔结差异协同发展路径方法—目标图

表 4-2 社约缔结的传统矛盾方法与差异协同系统方法的比较

序号	传统矛盾方法	差异协同系统方法
1	解决主要社约势能，着眼当下	趋于长远和当下的复杂社约势能求解
2	避免不可能的社约势能的路径	强调创造"不可能"的社约势能的路径
3	趋向于阶段性社约势能目标	趋向于最终理想化、人性化社约势能目标
4	对象/目标的"平面图像"	对象/目标的整体图像，包括社约势能的自系统与超系统及其整体目标
5	社约势能的孤立研究	社约势能的"过去—现在—将来"的历史轨迹研究
6	社约势能的时空转移	社约人及其社约要素流动与时空转移相结合协同调整
7	社约势能物化人化	社约缔结强调人化人意义和价值
8	"社约势能壁垒"机械构筑强	"社约势能壁垒"系统消解
9	社约的不平等性	社约缔结趋于平等性
10	人主宰社约的局限性	人主宰社约趋向自由性和全面性

第五章

社约物——人类系统约束的"无形之手"

搭天使的翅膀继续旅行,在社约物支配一般系统人的总方向上探索。

我问天使:"人类社会作为一个总的系统,其内部具有不同的层次结构,包含着不同层次规模的系统人;社约物对于自由意志的人来说,表现出组织性,即服务保障性和控制约束性,它的总体支配规律是怎样的呢?"

天使道:"社约物支撑着人类整个系统。社约物是社约意志共同社约实践的必然产物,它也是社约意志达成实践目的的必由之物。社约物是支配一般系统人存在运行'看不见的手',这只手在一般系统人内部称为自组织'内手',在一般系统人外部环境称为他组织'外手'。在'无形之手'作用下,'自由自我'围绕'社约共我'协同优化发展,这是社约物支配一般系统人运行的总规律。

在天使的指引下,我尝试探讨社约物"无形之手"的总体支配规律。
……

一般系统人,其独立的自分形在于表明"自我",强调社会"有我",而其作为人类系统之内容,则在于表现"共我"。哲学"是使人作为人能够成为人,而不是成为某种人"[1]。社约物是使人成为社会人,而不是成为某种"动物"人,具体社约物通常会使人成为某种具体现实的社会人。人的社会生存就是不断地表明自己,而人与人相互表明自己的这种相互作用关系就属于社约物;可见,人生活在社会关系中,本质上是生活在社约物之中。

你和我同在一个企事业单位系统,你想高工资,我也想高工资,单位可派发的薪金总值就10000元,凭什么给你6000元给我4000元?回答说根据职务高低、贡献大小、人事薪金制度等决定的,人事是由人制定的,归根结底,"给你6000元给我4000元"是由你和我共同自组织及社会他组织的社约物(制度)

---

[1] 冯友兰:《中国哲学简史》,北京大学出版社1985年版,第16页。

决定的，即这就是由承载着某梯度社约意志的"社约物"对单位系统进行差异协同优化"支配"的结果。不仅工资问题，一切社会人的相互交往、相互关系等问题，本质上都归结为社约物支配运行问题。

社约物是人类社会的"无形之手"。人在社会及其社约物中，犹如鸟儿在天空、鱼儿在水中；鸟儿飞得再高，受空气支配，鱼儿游得再深，受水儿支配——翱翔和畅游是人的自由本性，受社约物支配却是身不由己。人的本性是自分形自由自私的，与天斗、与地斗、与人斗、与己斗，是活着的"明己"表现；百家争鸣，千人明己，我"明"故我在。人的社会性是整形的、合和的，与天合、与地合、与人和、与己和，是社会系统整形共存的"社约"生活；百家齐放，万众携手，你我社约共同体。人之明己本性与社约共我社会性是人类活生生的生活属性，它们自组织统一于社约物，表现出追求幸福与恒存协同最大化的人本价值。

阿波罗神庙上的"认识你自己"还在拷问着每一个人。"认识你自己"只有进行时，没有完成时。假如，我们追求个人自分形同社约物的博弈最大公约数，把握"共我决定自我—自我反作用于共我"规律，践行"差异协同优化最小作用量"系统原理，展示自己"人己社约"的阿基米德点，就意味着在人类社会历史长河中谱写了"认识你自己"的新篇章。

第一节 一般系统人的社约物意志

人之所以成为人，是因为他具有思想意志。一般系统人之所以成为系统人，是因为他具有社约物意志。社约物是社约人思想意志融入实践的产物，因此，社约物具有社约意志，从某种意义上讲，一般系统人的社约物核心就是指其社约物意志核心。人的意志并非是现实自由的，比如别人不让、家庭不许、单位规定、法律禁止、国家限制等，人的实体及其意志在社会中总是受社约物及其意志制约的。

一、社约人——自我意志与社约物意志的统一

社约人即社约物支配的一般系统人。社约人体现了自我意志与社约物意志的统一。

自我意志离开自我实体在实践中涌现产生社约物意志。人都具有自己的思想意志，这是大家都普遍承认的。自我思想意志离开了自我实体后，它是如何

存在的呢？

马克思说意识是人脑机能的产物。思想意志的第一产生源头是人脑。思想意志亚物质产生以后的第一机能物质载体是人脑即人实体。思想意志亚物质的主体内容是信息内容，即思想意志亚物质的主体特征是信息特征，因此，思想意志亚物质通常具有信息特性，包括可复制、可传递、可共享等特性。

马克思的思想离开了马克思人实体，其思想意志从马克思人实体转移到书本，转移到视频音频影像，转移到受众者头脑，转移到大街小巷，转移到工人运动行为，转移到无产阶级革命行动，等等。马克思思想意志首先形成为思想意志信息，它在实践社约过程中形成社约物，社约物栖息在不同机能物质。比如，马克思思想意志信息同书本结合社约实践，思想意志信息同文字表达结构等生成该该思想意志社约物，表现在书上即以书机能物质为载体；思想意志信息同语言规范等生成该思想意志社约物，表现语言交流上即以声音声波机能物质为载体；思想意志信息同影像表达结构等生成该思想意志社约物，表现在光盘、电脑等即以视频存储介质机能物质为载体。书本上、光盘中的思想意志社约物是不是社约物呢？回答是肯定的；但是，由于社约物的核心是社约实践，各种存储介质中的社约物意志信息模式，尽管来源可能是社约实践，也可能付诸社约实践，但当前它并没有直接处于社约实践状态，因此，存储介质中的社约物属于潜在社约物。任何存储介质的潜在社约物一旦与社约对象结合，则其显现为社约物即显在社约物（如没有特别说明，本文中社约物通常是指显在社约物）。马克思的思想意识离开了马克思实体，转移到承载社约物栖息于例如书本、报纸等中介物质，生成潜在社约物；它同广大工人进行社约缔结时，马克思的思想意志同最广大人民的潜在需求意志是高度契合、高度一致的，形成了社约双方的社约意志同一性，即实现了社约思想意志从A社约人到B社约人的社约转移实践，A社约人思想意志主导的社约物实现了对B社约人的支配。

社约物意志蕴含于社约物之中，社约物栖息在机能物质上，它是以机能物质为载体的。社约物意志是自我意志离开自我实体在实践中的产物。社约物意志是如何从相互作用的自我意志中缔结的呢？

不同的社约人将自我意志相互缔结形成共同的意志，即公意。公意的概念使人很容易想到我们所说的"人民"。人民这一概念正如公意的概念一样，也是排除了特殊性与个体性的。社约人对于公意而言，他是主权者的一个成员，对于主权者而言，他的自我意志是公意的一部分。以公共社约物意志表现出强力意志的法律为例，卢梭对"公意立法"进行了阐述：最初订约时，缔约的集体中每个成员所享有的权利是平等的，谁也不比谁多，谁也不比谁少。你把你的全部个人权利转让出去后所收回来的也是和大家一样的，因为集体中每个成员也都把他们的个人权利全部转让再收回各自的一份和你完全一样，所以也是平等的，因此，集体中每个人都一样地享受同等的立法权。这应该是十分公平合理的。

卢梭颂赞立法者说："为了发现能适合于各个民族的最好的社会规则，就需要有一种能够洞察人类的全部感情而又不受任何感情所支配的最高的智慧；它与我们人性没有任何关系，但又能认识人性的深处；它自身的幸福虽与我们无关，然而它又很愿意关怀我们的幸福，最后，在时世的推移里，它照顾到长远的光荣，能够在这个世纪里工作。"卢梭在第二卷第七章《立法者》中又说："敢于为一国人民创制的人，——可以这样说—— 必须自己觉得有把握能够改变人性，能够把每个自身都是一个完整而孤立的整体的个人转化为一个更大的整体的一部分，这个个人就以一定方式从整体里获得自己的生命与存在；能够改变人的素质；使之得到加强，能够以作为全体一部分的有道德的生命来代替我们人人得之于自然界的生理上的独立的生命。总之，必须抽掉人类本身固有的力量，才能赋予他们以他们本身之外的，而且非靠别人帮助便无法运用的力量。这些天然的力量消灭得越多，则所获得的力量也就越大、越持久，制度也就越巩固、越完美。从而每个公民若不靠其余所有的人，就会等于无物，就会一事无成；如果整体所获得的力量等于或者优于全体个人的天然力量的总和，那么我们就可以说，立法已经达到了它可能达到的最高的完美程度了。"卢梭在《日内瓦手稿》中还把立法者比作"一个牧人对他的羊群具有优越性那样"。事实上，立法者是人而非神，他即使是英雄，也是人民中的个人，把他视若神明是一种危险，比如，有些以牧人自命的领袖是推动人类历史进程的英雄，有些自以为掌握了人类命运却令世界生灵涂炭。

根据社约物公意处理众人之事的需要，出现了政府。社约物意志的携带者和执行者的重要代表就是政府。卢梭在第三卷第一章《政府总论》谈到充当国家与主权者之间的联系，作为公共力量代理人的执政者，"对于公共人格所起的作用，很有点像是灵魂与肉体的结合对一个人所起的作用那样"。在社会共同体中，执政者、国君、君主作为国家与主权者之间的联系的中间体，应按照公意的指示而活动。肉体倘无灵魂是不能活动的，它必须由灵魂指示去活动。执政者、国君、君主正如不能自己活动的肉体，而公意则是指示他活动的灵魂。"以制订法律的人来执行法律（行使行政权力），并不是好事，而人民共同体把自己的注意力从普遍的观点（法律制度是针对社会全体成员，而不是为某个人，故是普遍的）转移到个别的对象上来，（法律的执行是针对个别人的，故是个别的行为），也不是好事。没有什么事是比私人利益对公共事物的影响更加危险的了，政府滥用法律的危害之大远远比不上立法者的腐化。"

卢梭在第二卷第三章《公意是否可能错误》中一开头就说：公意永远是公正的，而且永远以公共利益为依归；但不能由此推论说，人民的考虑也永远有着同样的正确性。人总是愿意自己幸福，但人们并不总是能看清楚幸福。人民是决不会被腐蚀的，但人民往往会受欺骗，而且唯有在这时候，人民才好像会愿意要不好的东西。因为他们为了眼前的利益而不能预见未来的灾难。在第二卷第八章《论人民》中说："人民甚至不能容忍别人要消灭缺点而碰一碰自己的缺点，正像是愚蠢而胆小的病人一见到医生就发抖一样。"卢梭第一卷第七章《论主权者》中说："每个人在可以说是与自己缔约时，却被两重关系所制约着：即对于个人，他就是主权者一个成员；而对于主权者，他就是国家一个成员。"一个社会人自己对自己缔结契约意志，即自由意志的自我支配；当这种意志实践于社会并在社会缔结，则其受社约意志支配，即他既是社约意志的权利者，又是社约意志的受动者。张奚若在《社约论考》中，拿主权者的权利和义务算了一笔账。他说："譬如一国中有万人，主权者之于个人，犹万之于一。个人之于主权者，犹一之于万。个人之为服从于法律的人民，为完全绝对的，而其为主权者，则仅为万分之一。"个人仅为主权者的一微小部分，又须完全服从主权者所造的法律，其结果岂非个人仅有主权者之名，而无主权者之实，受多数压制而为不自由之甚乎？这确实是个值得思考的问题。

人类社会系统中的社约物及其意志是自组织涌现的共同产物，其对系统内的任何组分都绝对地具有整形支配力。一方面共同主权者之社约物意志来源于单个主权者自我意志，这是主权者的自由；另一方面共同主权者社约意志服务保障控制约束单个主权者，这是社会系统之功能使命；抛开人类社会系统仅仅围绕个人谈主权之名和之实，这是不符合社会科学事实的。人的意志对于人的本性来说自分形最大化的、追求幸福的，每个人的幸福和利益在总方向上是相同的；因此，总地来看，公意只要其产生渠道不出现问题，公意必定是正确的，即社约物意志是每个人自我意志的共同体。

二、一般系统人的社约物意志核心

一般系统人社约物的核心集中表现为社约物意志。组织系统人与个体系统人一样，具有意志，即一般系统人具有其意志，个体系统人的意志存储于脑内，组织系统人的意志存储于其系统内部社约物。人脑及其意志是人活体的核心，社约物及其社约意志是一般系统人生活的核心，其中一般系统人的社约物意志

社约物与人——论人自由自己的约束　>>>

包括自组织社约物意志（自约物意志）和他组织社约物意志（他约物意志）。

（一）一般系统人的自约物意志

一般系统人的自组织社约物意志即主体自约物意志，简称自约物意志。每个人都有思想意志，没有思想，人类将只剩躯壳，或者仅仅是个植物人。每个人的思想意志也都是受社会环境影响的，是受社约意志影响的。也许有人说，我没有思想，谈不上被社会环境影响思想的问题。你真的没有思想吗？你是一个电子，还是一块石头？你是一根芦苇，还是一根木头？你是一只小猫，还是一头驴？……你说都不是，你是人。只要你是人，就一定有思想意志；只要你是社会人，就一定与其他人构成不同层级的系统人，不同的系统人具有各自的社约物意志，个体人作为组织系统人的组分一定被社会环境影响和被社约意志熏陶、改造和支配。个体人同组织系统人的关系，就是个人在社会生活的关系。这表明人在成长过程中所形成的思想意志，一定是被社约意志思想化的思想意志。

个体系统人是个思考着的思想者。思想者沉静的思想劳作，就其过程而言是孤独寂寞的；物质生产劳动者，是热闹而光鲜的。他们努力赚钱、购车、买房，投入资本创建公司、经营布置、产出利润，年复一年地重复着忙于积聚财富，获得光鲜的生活，短暂而表象；但思想者的劳作犹如化石，流传到世人的手里，其思想劳作的某个瞬间可能就已经留下了延绵千百年的回响，那声音即使在一片嘈杂之中也清晰且经久不息。有句西班牙谚语说："傻瓜了解自己的家甚于聪明人了解别人的屋子。"通常，社会生产中每个人对自己熟悉的领域都比别人更加了解，但就整个人类而言，人类所有的知识中恰恰对于自己本身的知识是最缺乏的，这是一个谜！要解决这个谜，就需要每个人实事求是的实践思考与判断。独立思考者不会乖乖地采纳所谓权威的看法，而是经过独立思考而承认经过自己证实的东西；而另一部分大众的头脑通常受制于各种流行观念、权威说法及世俗偏见，默默服从遵守着。"那些急切、慌忙拿出某些权威说法来决定有争议问题的人，在搬来外人的理论、思想见解作为自己的救兵的时候，显得非常得意，因为他们根本没有办法依靠自己的行动贯彻和理解，这些也正是他们所缺乏的东西。"[1] 用权威来捍卫自己的观点，不管时代和历史的变迁，有些人"宁愿相信胜于判断"，即相信权威胜过自己实践的判断。在这一点上，人的思想容易存在惰性、惯性和"定势"，因此，人化社约物的思想特性需要思维劳作来保障，而不是拿来主义的坐享其成，否则只会成为别人思想的口舌。

组织系统人的自约物意志就是组织系统人的家族意志、风俗习惯、道德风

---

[1] 薛震德：《人的哲学新路》，人民出版社2012年版，第36页。

尚、宗教信仰、精神领袖、企业文化等综合形成的共同意志。一般系统人内部各组分共同实践形成的实践社约物意志是一般系统人的核心与灵魂。它是一般系统人存在的本质规定性。相同的一般系统人组分，其实践社约物意志不同，则该系统人呈现的机能、功能和状态不同。以企组织系统人为例，相同100人的企业，以 A 管理社约物意志为核心和以 B 管理社约物意志为核心，它们的管理成效是不同的。社约物意志的知识信息模式通过学习和相互作用，获得在实践中感知、识别与运用；简单地看，社约物意志可以从实践和书本中获得。

一般系统人对未知的因人化社约物"平衡缺失"而生成的好奇，是点燃我们求知欲望的火种。生活中，对单个的、零星之物的好奇，是具体实践应用的；再深一个层次，对于普遍事物的好奇，将上升到对普遍原理知识的求知行列，即将进入对思想人化社约物的感知学习之中。我们在生产生活进程中，在感官感知中、在阅读过程中、在经历过的事物当中，最具有意味的和最重要的东西才能吸引头脑并自然留在记忆中，或许很久以后也能招之即来；而有些零星之物则被漏掉了。好奇，就是这样一种引领我们去获取最具意味记忆和思维的动力。思考是需要条件和动力的，不管是出于客观的、本能的还是主观的利益驱动，兴趣和激情激发的好奇动力都是我们求知、思考的火种。

（二）一般系统人的他约物意志

一般系统人的他组织社约物意志简称他约物意志。他约物意志主要是指来自一般系统人外部环境的社约物意志，包括他人自我社约物意志和公共社约物意志。个体系统人和组织系统人的外部环境中的社约物意志可以是相同的，也可以是不同的。个体系统人和组织系统人可以处于相同的外部环境社约物意志之下，同时组织系统人可以作为个体系统人的外部环境，游离的个体系统人也可以构成组织系统人的外部环境。

社约物客观地介于机能物质之间存在，其信息模式可以栖息于不同的机能物质载体。社约物意志的载体有两大类，一是载于社约者，二是载于社约媒介体。社约当事人通常是社约意志的载体和执行者；社约媒介体通常包括其他社约人、书籍、语言文字等各种人类能够识别并获取信息的信宿事物。书籍是社约意志的重要载体，它是思维社约物意志的主要载体，也是实践社约物意志的主要载体。思维社约意志是指尚未进入实践或者预期潜在实践的社约意志，而实践社约意志是实践中的社约意志，它的直接载体是社约物。

以某一般系统人为研究对象，其所在的社会关系围绕构成的社约物及其意志就是该一般系统人的他组织社约物意志。通俗地讲，一般系统人的他组织社约物意志就是一般系统人的环境意志。他组织社约物意志在很大程度上影响主体自约物意志的发挥和执行。

他组织社约物意志根据其来源可分为个体他组织社约物意志和公共他组织社约物意志。对某一学生系统人，其接受诸多的他组织社约物意志影响，包括父亲个体他组织社约物意志、同学个体他组织社约物意志等，比如父母的影响、同学的影响；包括家庭公共他组织社约物意志、班级公共他组织社约物意志、小区公共他组织社约物意志、学校公共他组织社约物意志、其他公共他组织社约物意志等，比如家庭家族的影响、班级学习氛围的影响、学校环境的影响、小区环境和生活周边环境的影响，等等。

他组织社约物意志决定了一般系统人自约社约物意志的执行程度和范围。"心比天高命比纸薄"是高自约社约物意志与高他组织社约物意志博弈生成低实践社约物意志结果的描述。"幸运之神总是眷恋某些人"是他组织社约物意志对一般系统人的选择性服务保障结果的描述。一般系统人可以改变他组织社约物，也可以被他组织社约物改变。一般系统人同他组织社约物的关系应当在它们构成的新的更大的系统中讨论，即两者对于该系统的支配作用的争夺。

辩证唯物主义认为，事物是永恒运动的。事物之所以为事物，是在某一时间和空间范围内，具有研究的相对不变的特性、属性和机能——辩证法称为"度"内的"质"不变。系统作为世界事物也是永恒运动的，运动也是有规律的。系统事物的运动分三个阶段：系统生成、系统维生、系统灭亡（该质的涌生物支配系统贯彻整个过程）。系统生成，是指该质涌生事物开始支配该系统。系统维生，是指系统具有某一涌生物支配系统后，在该"度"（系统主导特质不发生变化）的范围内，系统应对组分的变化以及整体自组织的变化以确保系统是该系统本身的过程。系统灭亡，是指系统占据支配地位的涌生物的系统意义的丧失。苗东升认为："广义的演化，包括系统的孕育、发生、成长、完善、转化、消亡等，即系统的任何可能变化。……一个系统，或它的某种形态或模式，从孕育、产生、成长到成熟的演化过程，称为它的成型演化；越过其顶峰后，从开始衰落到消亡的演化，称为它的保型演化。系统的一种原有形态或模式在越过它顶峰时就历史地而且内在地开始孕育取代它的新形态或新模式，从而启动了新形态新模式的成型演化，这意味着系统进入转型演化。……一个系统在其整个生存过程中，可能经历多次转型演化，形成由低级到高级的转型演化序列。……自组织理论以物理学和化学为主要背景给出描述系统转型演化迄今为止最好的理论框架。如图5-1所示（系统转型演化的序列）："[①]

[①] 苗东升：《系统科学精要》，中国人民大学出版社2006年版，第42-43页。

```
封闭结构 →转型深化1→ 近平衡结构 →转型深化2→ 耗散结构1 →转型深化3→ 耗散结构2 → ……
                    （近平衡态度）                              （原离平衡态）
                            系统转型演化的序列
```

图 5-1 系统转型演化的序列

系统演化转型的本质是什么？是处于支配地位的涌生物的更替。演化的直接原因是系统的处于支配地位的涌生物发生了更替，而演化的终极动因则是系统内组分的自分形力特性（即事物的永恒运动特性）。系统演化分为三个阶段。一个新的涌生物获得支配地位，即一个新的系统的生成，成型这个阶段比较容易理解。系统演化的保型中的转型研究，是系统科学研究的一个重点，核心是"大保型下的子型转型研究"——这就是系统演化。系统的最高本质和度可以不变化，或者系统的方向和目的态趋势不发生变化，但系统内部的子型或阶段型不断发生演化和转化，可以形成一个由低级到高级的演化转型序列。中国的改革就是这样一个，制度和方向不变下的系统自我由低级到高级的演化转型发展的序列。中国几千年的封建社会，从秦朝到清朝，每一个王朝的更替，都是封建制度这个社会系统的大型下的子型的转型，这些朝代的更替，形成一个中国封建王朝系统的演化发展序列……只有当进入近代从半封建半殖民脱离，封建主义制度的"大型"才真正地崩溃——走向了灭亡。系统演化的第三个阶段，系统的失型阶段，是处于支配地位的涌生物的支配地位的丧失。失型的系统研究，具有防止系统进入崩溃的意义。系统的保型阶段的研究，其实也是系统维生的研究。一个政权或一个组织能否长久，比如执政能否跳出历史周期律，一方面看组分系统人能否始终接受来自该组织或政权的他组织社约物作用，另一方面组织或政权的整体整形力是否具有科学可靠的稳定态维生性。

三、一般系统人社约物意志的转化与执行

"意志转化执行"用一个字来表达就是"化"。一般系统人社约物的意志执行作用，称为"人化"。一般系统人社约物的意志执行作用的力量，称为"人化力量"即社约物意志执行力。

在某一特定历史时期人类社会系统，某些一般系统人的高级社约物意志作用及其产物，称为历史文化。社约物意志的载体是社约人，则社约意志可以直接执行，如果其载体是社约媒介体，则需要系统人识别后执行。

(一)一般系统人社约物意志的执行力

一般系统人社约物意志的执行力主要包括三个方面：一是从根本上讲是一般系统人自分形最大化动力，即自分形力表现的劳动实践和生产生活动力；二是从系统角度表现的一般系统人自组织动力，即分形整形的最小作用量方向的社约意志势能差动力；三是研究对象的他组织作用的外力。

一般系统人社约物意志的自分形执行力是一种来自本能需求的动力。一般系统具有潜在或现在的需求意志，在需求本能的驱动下去执行意志方向的社约实践。劳动使人脱离于一般动物。对于人类的发展而言，劳动是第一位的，其劳动成果由劳动者享受，劳动归根结底的目的是推动人（劳动者）的全面发展。另一方面，人作为系统其又受系统最小作用量规律支配，即最小的付出获得最大的回报，表现为感性惰性。人是由思维追求理性的高级动物，自约社约物理性，社约意志势能差产生的理性，以及他组织作用的他组织社约物理性等，它们构成了一般系统人社约物意志执行的核心力量。

一般系统人社约物意志的执行力中，自分形力是根本力量，社约整形社约物意志势能差力量是核心力量，他组织直接外力是辅助力量。

社约物意志的执行必须通过实践社约物来实现。社约人主体自约物意志即主体意志一旦付诸实践，形成实践社约物，比如写作的意志，只有将其付诸写作实践活动，才能形成写作实践社约物，该系统人社约物意志才能得到执行；潜在社约物意志结合相应的社约实践对象，形成实践社约物，比如合同期潜在社约物意志，结合相应的合同人、合同对象事物等，才能形成实践社约物，相应的一般系统人社约物意志才能得到执行。

一般系统人社约物意志的执行力，它可能是一种输入力量，也可能是一种输出力量。通常对一个确定的系统人而言，社约物意志的执行力是诸多的和复杂的，既存在输入的执行力，也存在输出的执行力。社约物意志可以在通过实践社约物在不同的潜在社约物之间实现转移，比如马克思主义社约物意志可以在书本潜在社约物与视频潜在社约物之间实现栖息转移、共享转移或复制转移。在社约物场系统中，在社约意志势能差的驱动下，社约意志可能出现自动转移现象。

(二)一般系统人的社约物意志转化执行

1. 一般系统人社约物意志转化执行的根本表现

一般系统人社约物意志转化执行的根本表现为对世界的人化与对人的人化。

一般系统人包括人、（机能）物质和社约物。社约物指向人性的发展，即人化社约物发展。道德、知识、美德、宗教信仰、习俗等都属于广义人化社约物，其最终结果是收获个体系统人的适应并引领对应物质的精神和意识。人化者，在于让渺小的头脑与伟大的思想产生共鸣,通过文化的各种形式譬如文学和思想作品传达,让渺小的头脑跟上伟大思想的步伐。刚开始,伟大思想的作者仅能被拥有非一般思想的读者所欣赏,而这一伟大思想在不断"文化"的进展中,作者思想不断教化读者,不断扩大形成广阔共鸣。相反,拙劣思想者会让有思想的人反感、反对,难以与读者形成不断扩大的共鸣(当然,也会出现局部的另外)。

对世界的人化。对最广义世界的人化,这是人类探索努力的、对世界人化的方向。人类的社会化,是对最广义世界的人化的蚕食表现,应当食而能化之,能够有效化之,使之真正人化。但是,人类蚕食的口,张大是有限的,能食之物是有限的;我们也许尽量变换口形,以适应吞取世界,我们也许尽量调整消化,以适应食之世界的消化;我们一直这样努力着,所以,我们的社会不断地扩大——不断地在最广义世界中扩展。但是,我们食不得所有世界,消化不得所有世界,我们不是魔鬼,我们是人;我们不是世界本身,我们是人。但是,在社会盒子之边缘及其之外,我们常常去散步,常常去尝试和探索;在这一切过程中,也许我们常常能够把部分世界囊入社会化的盒子。即使不能,我们在社会盒子的边缘甚至之外溜达过、涉足过,留下着人类的足迹,打下人类的烙印——能够为人类服务,或者留下人类的气息,这就是人对世界的人化。社会化,是建设人类的巢穴;而对最广义世界的人化,是为了保护人类的巢穴,拓展人类的巢穴,为巢穴及其人类的存在和发展寻找新的食物、资源、能源和空间。对最广义世界的人化,是人类存在和能够发展之基础上的根本目标。这种目标,直接的是由人类意识相对独立决定的。

对世界的认识化和思想化。社约物的社约意志对人思想意志的影响过程称为社约物思想化过程。思想化是社约物支配核心特性之一。人类社会是一个具有层次结构的系统,个体系统人身处某一个层级,就具有对应层级的思想化内容;没有被某一对应人化社约物信息模式思想化的人,并不一定适应该社会层次。这是现实的。如果个体的思想化思想是过时的、空洞的,甚至是几乎空白的,那么这个个体的思想化是需要改造的。社会个体的思想化,是复杂的,主要靠哲学、政治、教育、感化和环境来进行。因为,个体不会存在不具有思想化思想的现象。因此,个体思想,不被此思想化,就被彼思想化,不被好思想思想化,就有可能被坏思想思想化。个体思想化的思想,对行为是具有主导作用的;个体思想化的思想,在时间上会具有定势作用——如果其一旦根深蒂固,可能是难以改变的,甚至是终身的。人被思想化的思想,最核心的就是信仰——它是思想化思想中的根本和主导。它能在诸多思想化思想中,突出来,并使其他思想化思想为该思想服务。在实践中,通常,没有明确的信仰的个体,被理想作为替代品——统治和管理着思想化的思想体系。民族、宗教、党派,都是思想化在集体中的必然产物,信仰、理想、想法是个体思想化思想的普遍存在物。如果我们对某一具体事情不知所措,那是因为,我们还没有被该事情所对应的思想思想化;或者,没有被思想化的思想可以应付此事情。思想化,可以是社会思想对个体的思想化,也可以是个体先思想对个体自己的思想化——后者常常是反省,是思维的思维,是思考。如果一个人不去思想化,那么这个人成为人和继续成为人将是危险的。

对世界的人化是以物质化为主的,对社会化和对人的人化,既包括了物质化建设也包括了思想化建设。对世界的认识化和思想化,是以意识化为主,或以精神化为主的。人类意识能够相对独立——并且是高度相对独立——比一般动物高得多得多。人类意识的独立,除了为人及人类的存在及发展服务外,另一个根本的目标是囊括世界,即对世界认识化和思想化。动物的意识相对独立仅仅能够在一个非常低的层次,仅仅为了动物个体以及动物种群的存在和发展服务,除此之外,它们没有多余的高级能够做其他。人类则不一样,他是如此地高级——从其一开始独立,就具备了另一个根本的本能使命和目标——囊括世界。人类能不能囊括世界,人类从一开始就这么做着,这是一种人类精神和意识的本能使命——这一结果表现为对世界的认识化和思想化——人类的知识和思想历史证明,人类过去这么做着,现在这么做着,将来也必然这么做着。也许有人问,人类为什么要研究哲学,尤其当科学如此发展的时候,人类社会和人类生活如此富裕和美好的时候,哲学还有什么意义吗?有的,哲学是人类意识高度独立的一种本能使命——如同为人类生存和发展服务一样的本能。如果我们放弃这种本能,我们将放弃人类意识的高度独立;如果我们失去了这种本能,我们将退回到一般动物的水平。我们所谓的科学、技术和一切确切的知识,都是从人类这种本能中分化或脱离出去的。

对世界的认识化、思想化,对世界的人化,对世界及人类的社会化,对人的人化,它们组成一个闭合的人类对世界人化的圆。它们之间相互关系复杂,外在表现为主观、思维、意识、人脑、认识、物质、客观这种闭合的认识和实践的复杂。被世界化、人的世界化本质,是人能够认识和把握世界的前提;人实践是世界被人化的可能前提。因此,人的认识把握世界和实践改造世界,是联结"人必居世界化"和"世界被人化"的桥梁纽带。人化是人化社约物对对象事物的人性和人痕迹的基本化,包括了先进人化社约物和非先进人化社约物对对象事物的改造,这里的对象事物不仅包括人,也包括社会事物和自然事物。

"化人",是指人化社约物对人的优化,包括了先进人化社约物和非先进人化社约物对人的改造。"化人"是将"人化"对象确定为"人"的人化统称,化人通常是由先进社约物来优化支配的,因为,非先进社约物终将会被历史的长河淘汰。

2. 一般系统人社约物意志转化执行的"人化和物化"运行

一般系统人社约物意志执行的归根结底的目标是服务于人,在这个总目标方向上,如果社约物意志执行方向直接围绕物展开,即人化物方向,此时社约物称为物化社约物;如果社约物意志执行方向直接围绕人展开,即人化人方向,此时该社约物称为狭义人化社约物(没有特别说明,本文中人化社约物都是指狭义人化社约物)。

根据一般系统人社约物意志作用的阶段性服务保障目标的不同,可区分为直接以"人"为阶段服务保障目标的人化社约意志作用,以及以"机能物质"为阶段服务保障目标的物化社约意志作用两大类;它们对应的社约物,前者称为人化社约物,后者称为物化社约物。总地来看,一切的阶段人化意志和物化意志归根结底是为了人化。在现实中,人化社约物意志作用方向和物化社约物意志作用方向是一般系统人社约物意志作用在阶段范围内的两种选择作用趋势。因此,一般系统人社约物意志作用通常是指阶段目标下的一般系统人的人化社约物与物化社约物的交融意志作用。

一般系统人社约物归根结底是指向人的,人化社约物始终指向人,物化社约物首先指向物质,人通过物质中介扬弃而间接指向人。问题在于,物化社约物在经历第一阶段指向"物质"后,忽略、中断、异化或丧失了第二阶段指向"人"的过程和内容,这导致了人化社约物和物化社约物的割裂。这在现实生活中表现为人文主义和科技主义的割裂,表现为"以人为本"和"以物为本"的割裂。事实上,一般系统人人化社约物和物化社约物是交融统一于社约物的,两者都是服务于广义的人化进程的,人为地割裂它们是机械论思想的局限。

物化社约物是人化社约物的基础,人化社约物要高级于物化社约物。如果物化社约物高于人化社约物,则将出现"物奴役人"的现象,而正常的应当是人化社约物要高级于物化社约物,即"人统治物"。"马克思、恩格斯本人就反复论述过,'物'是人类赖以生存的生活资料;'物'与'人'是人类生产过程中的两个缺一不可的要素;物质资料的极大丰富是实现共产主义理想的物质基础,我们要为共产主义社会建立强大的物质基础。用'以物为本'与'以人为本'来区别资本主义社会与社会主义社会,只是从'物'与'人'的关系上来说的。'物'不能统治人、支配人、奴役人,人不能沦为'物'的奴隶,人应当成为物的统治者、支配者，人应当成为物的主人。"① 共产主义是"以每一个人的全面而自由的发展为基本原则的社会形式"②。共产主义社会作为一种新社会，其强调了一般系统人在社会组织系统人中的自分形意义和整形意义，其中强调了个体系统人极大的理想的全面发展和自由发展，又不脱离"社会形式"——受社会系统社约物整形力支配，马克思主义的共产主义，实际上是将"个体系统人理想的自由自分形意义"和"组织系统人理想的联合意义的整形力意义"结合起来的新社会。单纯地看，这"两个理想"是相互矛盾的，即两个理想不能同时达到绝对最大（这是共产主义社会表露的外在逻辑悖论）；但引入系统博弈涌生原理来看，"两个理想"是可以相互妥协、内在逻辑协调一致的（这是理解和把握共产主义问题研究的逻辑连贯核心），即两个理想允许达到共同相对最大化，并实现良性博弈互动、互赢——不断放大，各自向理想绝对最大值逼近或收敛——近乎可获得"各尽所能，按需分配"。因此，绝对的共产主义不能直接抵达，只能不断逼近，一个阶段一个阶段地逼近共产主义，不断地实现阶段共产主义；比如，通过社会主义向共产主义过渡，在社会主义高级阶段，可以认为近似地实现阶段共产主义。

　　物质是一切社约物的基础之一，物质是人类社会系统的基本组分内容；但是物化社约物不能取代人化社约物，更不颠倒其位。"在现实生活中，'以物为本'有多种多样的表现形式。'以金钱为本''以权力为本'，以阶级斗争为纲搞'阶级斗争拜物教'，搞'GDP挂帅''GDP拜物教'等等，都是'以物为本'的表现，这种只见'物'不见'人'的思想现象，不仅在苏联、在中国肆虐过，而且在更广泛的范围内肆虐过，它所导致的恶果，……至今还禁锢着某些人的头脑。这是人们应当正视和警惕的。"③ 物质是人类社会发展争夺的、创造的第一资源和基本资源，因此，"以物为本"被放大追崇是可能的。但是，物质作为人类社会的基本保障，却不是根本内容，只有人才是人类社会的根本内容；没有了人，丧失了人格和人性，毁灭了人，一切的物质都没有任何意义。人类社会发展是阶段式、波浪式的，在不同的阶段、不同的波浪，其人化社约物和物化社约物主导社会发展是不同的，光有精神没有物质不行，贫穷不是社会主义，光有物质没有精神也不行，人化社约物和物化社约物需要匹配发展，物质生产落后了要加强，精神生产落后了也要加强。在经济建设中，当科技和

---

① 薛震德：《人的哲学新路》人民出版社2012年版，第22页。
② 《马克思恩格斯文集》第5卷，人民出版社2009年版，第683页。
③ 薛震德：《人的哲学新路》人民出版社2012年版，第20页。

物质发展达到一定程度，物质必然又要回归到其本来的受支配地位；比如中国的改革开放初期，虽然该阶段的发展带来了一些老虎、臭虫、苍蝇、蚊子、细菌，但随着社会共同涌生事物的匹配交融发展支配，这些问题都会得到解决，人将进入新的统治物的发展阶段。

一般系统人整体社约物中，物质性、人性、能量性和信息性服务于人的社约物，称为文化社约物。文化社约物研究，把客观物质放在次要地位，而把能量和信息等围绕人性服务放在首要位置。因此，文化体现出人化社约物的人性能量特征和人性信息特征，先进的文化是人化的核心内容。知识和思想是人性信息以客观语言文字信息形式而存储于人脑、书本或其他客观事物的人化社约物模式。人性知识与信息，停留在书本，只能是人化社约物信息模式，而不是动态运行的人化社约物，即知识并不直接等于人化。知识与思想社约物信息模式，存储在系统人并被运用服务于系统人——使其更好地成为或继续成为系统人。人化社约物的重点在于实践，即人化社约物同对象产生作用或运用的过程，称为人化过程。

人化社约物的知识信息具有"人性"特征，人化的过程是人性知识信息灌输与熏陶对象的过程，也是被化对象系统人识别、学习和运用人性知识信息的过程。因此，把握一般系统人人化社约物，其一，要能够将自己在认识世界和改造世界进程中的收获与经验，以知识信息模式记录并留存转换出来；其二，存储的人性知识信息模式能够被其他系统人识别、接受和学习，并对对象世界具有积极的效用意义。一般系统人人化社约物涌生与发展，主要表现在两个方面，一方面是不断生成知识信息模式的人化社约物，另一方面是不断识别与运用既有的知识信息模式的人化社约物，这两者是一个整体，生成活生生的人化社约物存在发展形态。

一般系统人物化社约物和人化社约物的融合就是以人为本的发展。马克思说："资本家对工人的统治，就是物对人的统治，死劳动对活劳动的统治，产品对生产者的统治。"[①] 马克思所说的死劳动就是通向物质的劳动并且受物质奴役的劳动，活劳动是意识自主能动性支配的统治和支配物的劳动。马克思的观点中，人和物都有价值，但是人与物相比处于最高价值。旧社会是一种吃人的、奴役人的、摧残人的社会，人自分形优化发展要改变旧社会，包括人类意识思想优化发展对其的改变和科学技术力量发展对其的改变，这是人类社会发展的规律，是任何人也无法扭转和阻挡的。一般系统人物化社约物和人化社约物的

[①] 《马克思恩格斯全集》第49卷，人民出版社1956年版，第48页。

融合发展，是整形力和分形力的融合发展。马克思、恩格斯在其合著的《意识形态》中说："共产主义和所有过去的运动不同的地方在于：它推翻一切旧的生产关系和交往关系的基础，并且第一次自觉地把一切自发形成的前提看做是前人的创造，消除这些前提的自发性，使它们受联合起来的个人的支配。"① 从一般系统人博弈涌现自组织原理来看，社会是受系统整形力和人自分形力共同支配的，不能重视了整形力而彻底忽略个体系统人的自分形力。共产主义是"受联合起来的个人的支配"并且"它使一切不直接依赖于个人而存在"；但是，作为一般系统人的个人的自发创造性是不可能消灭和消除的，它是"联合起来的个人"生成社约物的基础，没有它将自然丧失"联合起来的个人的支配社会"的现象。

一般系统人人化社约物与物化社约物演化的共同指向"劳动的自由"。劳动包括精神劳动和物质劳动，劳动自由对于物质生产是最明显的，对此马克思说："这个领域内的自由只能是：社会化的人，联合起来的生产者，将合理地调节他们和自然之间的物质变换，把它置于他们的共同控制之下。而不让它作为一种盲目的力量来统治自己；靠消耗最小的力量，在最无愧于和最适合于他们的人类本性的条件下来进行这种物质变换。"② 因此，"劳动的自由"也是有方向的，是最小作用量方向，即本原上是自分形最大化方向。人化社约物与物化社约物的劳动都具有自分形最大化，统一于社会系统。"恩格斯说，未来社会是'生产者自由平等的联合体'。'自由'和'平等'主要是针对奴隶社会和封建社会所存在的人身依附关系，以及资本主义社会所存在的人对物归根到底还是人对人的依附关系说的，是要将人从这种依附关系中解放出来。也就是从阶级剥削、压迫、奴役中解放出来，使生产者从经济的、政治的、文化的、社会的种种不平等、不自由中解放出来，使每一个社会成员都获得人格独立和尊严、经济利益、政治权利、文化享受、社会保障，使每一个人都能获得自由、平等的全面发展，使其脑力、体力等各方面的素质都能得到充分的发挥。"③ 共产主义社会，即"建立在个人全面发展和他们共同的社会能力成为他们的社会财富这一基础上的自由个性"④。

---

① 《马克思恩格斯选集》第 1 卷，人民出版社 1995 年版，第 122 页。
② 《资本论》第 3 卷，人民出版社 2004 年版，第 928－929 页。
③ 薛震德：《人的哲学新路》人民出版社 2012 年版，第 45 页。
④ 《马克思恩格斯全集》第 46 卷上，人民出版社 1979 年版，第 104 页。

第二节 一般系统人的社约物普遍关联

一般系统人是整体人。由于其内部契约性相互作用链接必然产生社约物，因此，社约物在一般系统人内外部是普遍存在的。一般系统人生活在社约物的海洋之中。普遍存在的社约在一般系统人身上发挥的作用为社约物普遍关联，主要表现为信息关联研究、组分机能物质关联研究、能量关联研究，其中信息关联研究的信息互联网尤其突出，物联网正以迅猛势头发展，能量互联网也在不断地推进。它们都是社约物互联网的具体子内容产物。信息是系统演化的牵引核。为了阐述信息社约物牵引社约物整体演化的研究，这里立足信息技术带来的人类社会系统的人工信息社约物网络即"互联网"，探讨"互联网+"与"社约物互联网"对于人类社会的系统支撑意义。社约物互联网思维是一种全新的信息牵引系统演化的系统科学思维，社约物互联网实践是一种全新的由信息牵引并推动社会物联网自组织发展的现实生活实践，它们共同构成一种与时俱进的牵引人类社会发展的全新社会形态。

一、人类社会系统的社约物普遍关联总模式

随着现代交通和信息技术的发达，我们生活在一个相互依赖的时代，地球越来越像一个村。著名现实主义学者亨利·基辛格在担任美国国务卿期间曾指出："世界在经济、信息交流和人类精神方面已经变成相互依赖了。"马克思主义哲学认为，世界上的万事万物都是相互联系相互制约的，这从本质上决定了网络是自然和社会的基本结构。宇宙是万有引力定律下的天体网络；人类社会是网络的，家庭家族是网络的；世界有国家外交和经济交流网络，市场有营销网络、供应网络等；生态群中的生态链和生态物种是网络的；自然有江河网络……对信息网络，有必要作为系统的一般意义的内容进行专门分析和研究。信息是系统的牵引核，人工信息技术的互联网，为人类认知世界和改造社会提供了新的动力。自然世界系统的信息自约物互联网是自组织的，是自然的，是具有自然事物属性的、非人类自主可融合的；而人类社会系统中的、以信息技术支撑的信息互联网+，则是人工的、具有高度人类自主可融合的。人从自然世界中提升出来并形成人类社会系统，自然世界系统（即自然物联网）和人类社会系统（即社会物联网），可通过社约物互联网（即社约物系统）实现系统科学的逻辑贯通一致，具体如图5-2所示：

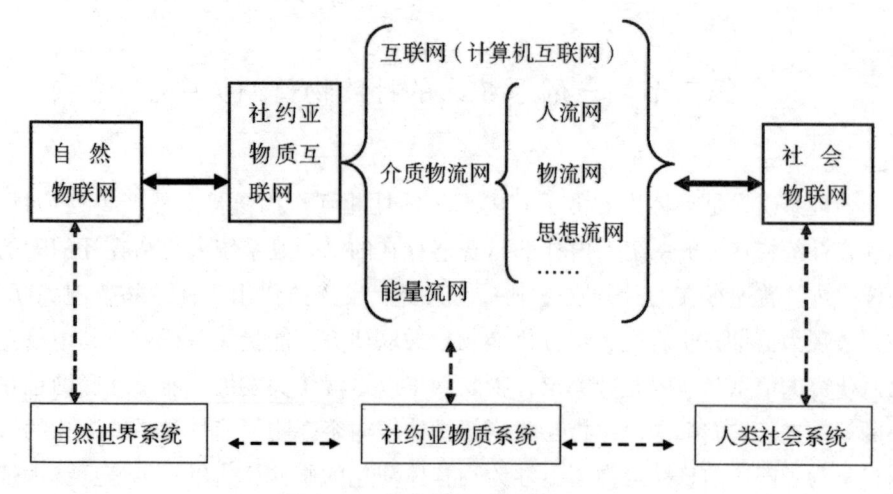

图 5-2 社约亚物质互联网总图

人类同动物、植物、矿物等是平等地存在于自然世界的自约物海洋，人类由于意识的高度独立而脱离于动物，成为万物之灵。人之社会生活，从一般动物活动中提升出来；人之社约物，从一般涌生事物中提升出来；人之社约物互联网，从普遍物联网中提升出来。社约物互联网是复杂的，包括信息互联网（信息流网）、介质物流网（物流网、人流网、知识流网、思想流网）、能量流网，它们终归服务于"人"及其主宰的"物联网"。

二、"信息互联网"与"社约物互联网"

李克强总理在2015年《政府工作报告》中提出"互联网+"的概念，其中认为："'互联网+'是把互联网的创新成果与经济社会各领域深度融合，推动技术进步、效率提升和组织变革，提升实体经济创新力和生产力，形成更广泛的以互联网为基础设施和创新要素的经济社会发展新形态。"[①] 从当前"互联网+"的研究来看，普遍局限在研究者所处行业的具体脚手架视野中，比如，马化腾认为，"互联网+"是以互联网平台为基础，利用信息通信技术与各行业的跨界融合，推动产业转型升级，并不断创造出新产品、新业务和新模式，构建连接一切的新生态；阿里研究院认为，"互联网+"是指以互联网为主的一整套信息技术（包括移动互联网、云计算、大数据技术等）在经济、社会生活各部门的扩散应用过程；雷军认为，"互联网+"就是用互联网的技术手段和互联网

---

① 参见国务院《关于积极推进"互联网+"行动的指导意见》，国发 [2015] 40号。

的思维与实体经济相结合,促进实体经济转型、增值、提效。①"互联网+"的研究要拆除研究者依靠的具体组分事物"脚手架",进入"互联网+一切"的抽象研究,并进行系统科学哲学反思。

从系统科学哲学角度看,"互联网+"是人类社会系统的社约物内容,即主要是指信息社约物内容。人类社会系统的一切事物,都受广义"互联网+"(信息社约物)连接——这是客观的,但未必所有的信息社约物都是能够为人类所可知和可控制的;事实上,只有人类信息技术催生的信息社约物即"互联网+"是能够为人类所"系统地、有效地"识别和控制的。人类社会系统的广义信息社约物互联网,在现实中选择了以信息技术的"互联网+"为代表和牵引,人类要通过"互联网+"而实现对一切事物的"连接"——这是人工的、可识别和可控制的。"互联网+"是人工信息技术的信息社约物互联网,力图实现整个人类社会系统信息社约物"互联网+"的人化意志融合,表现了以人为中心的、对社约物互联网意志的客观规律的认识、利用和生态共存发展。"互联网+一切(不包括"一切")"是要"包容"并"拆除"人工信息技术互联网的一切连接的"脚手架",使人工信息技术互联网成为真正可连接"一切"的人类社会系统信息社约物内容。于是,在系统科学哲学可表达为:互联网+一切(不包括"一切")=社约物互联网。

三、"物物互联网"与"社约物互联网"

从系统科学角度来看,人类社会系统即"社会物联网"。人类社会中一切组分事物的相互作用、相互联系形成的整体,就是人类社会系统,它直观地表现为"社会物联网"(系统)。社会物联网是社约物互联网的前提和基础;没有社会物联网组分,就没有社约物互联网涌生事物。这是客观的。在现实中,人类并没有能力实现完全的、绝对的信息社约物识别和控制,而选择了人工信息技术有条件地实现了人类自主融合、可广泛识别和控制的"互联网+";理论上,"互联网+"可以趋近实现社约物互联网。正因为如此,理论上,立足"互联网+"的社约物互联网+"一切",可以趋近实现社会物联网。当前信息领域研究的物联网是狭隘的,它仅仅是社会物联网的一部分内容。物联网是基于信息技术,当信息技术能够囊括人类社会系统"一切"组分事物的"一切"信息时,当前信息领域的狭隘物联网将成为社会物联网。

---

① 参见马化腾等著;张晓峰、杜军主编:《互联网+:国家战略行动路线图》,中信出版社2015年版,第19-20页。

当前信息领域研究的物联网，其英文名称是："Internet of Things（IoT）"。物联网立足互联网，是物物相连的互联网：一方面，物联网的核心和基础是信息互联网，是在互联网基础上的延伸和扩展的网络；另一方面，物联网的用户端延伸和扩展到了任何物品与物品之间，进行信息交换和通信，力图实现"物物相息"，按照国际电信联盟（ITU）的定义，物联网主要解决物品与物品（Thing to Thing, T2T），人与物品（Human to Thing, H2T，是指人利用通用装置与物品之间的连接），人与人（Human to Human, H2H，是指人之间不依赖于PC而进行的互联）之间的互联。目前，物联网通常是指，利用局部网络或互联网等通信技术把传感器、控制器、机器、人员和物等通过新的方式联在一起，形成人与物、物与物相联，实现信息化、远程管理控制和智能化的网络。物联网通过智能感知、识别技术与普适计算等通信感知技术，广泛应用于网络的融合中，因为互联网并没有考虑到对于任何物品连接的问题，故我们使用物联网来解决这个传统意义上的问题，因此被称为继计算机、互联网之后世界信息产业发展的第三次浪潮。

物联网愿景与监视社会欧盟研究报告《实现物联网的愿景和挑战》中的物联网愿景流传很广。① "对于电子人来说，内部和外部的界限动摇了。人与己的区别可以重构。差异变成了暂时的。"② "在某些国家，有关收入、工作、旅行、健康等个人信息被收集、存储，并利用数据挖掘技术进行分析处理。"③ "运用网络摄像头、RFID 标签和许多最新物联网技术，持续记录所有人的日常活动变得非常容易。"④ 物联网将完美实现祛魅。物联网感知一切，意味着自然被人所见所知，人为世界立法。万物皆有秩序，秩序不再源自上帝，而是人运用理智所订立的。改造、征服和控制自然，就是将人定秩序加诸自然。但是人应当盲目超越自然，应当在遵循自然大秩序前提下进行有条件的秩序立法，应当在不妨碍个体权利和人类权利前提下充分发展和利用物联网技术，应当确立必要的

---

① CERP – IoT, Vision and Challenges for Realizing the Internet of Things, http：//docbox. etsi. org/tispan/Open/IoT/20100601% 20IoT% 20Conference/ALL% 20SLIDES/EU_IOT_ Clusterbook% 202009. pdf.
② 米切尔：《比特之城：空间·场所·信息高速公路》，生活·读书·新知三联书店1999年版，第30页。
③ Lahlou, S. . Cognitive technologies, social science and the three – layered leopard skin of change. Social Science Information, vol. 47, no. 3, 2008, pp. 227 – 251. http：//ssi. sagepub. com/cgi/content/abstract/47/3/227.
④ Bailey, J. , Kerr, I. . The experience – capture experiments of ringley & mann. Ethics and Information Technology, Vol. 9, No. 2, 2007, pp. 129 – 139.

物联网道德并克服物联网伦理问题的发生。

物联网是信息互联网的延伸，它包括互联网及互联网上所有的资源，兼容互联网所有的应用。物联网是互联网的应用拓展，在当前信息产业发展中，应用创新是物联网发展的核心，以用户体验为核心的创新2.0是物联网发展的灵魂。由于信息技术互联网在目前仅仅是社约物互联网的一部分，因此，互联网延伸的物联网也是局限的，它也仅仅是社会物联网的一部分。物联网是新一代信息技术的重要组成部分，也是"信息化"时代的重要发展阶段，但社会物联网是信息技术终极追求的方向，是信息化社会发展的终极追求。选择信息技术互联网为代表的社约物互联网，使人类真正成为一个有机整体的地球村，基于此的物联网趋向社会物联网，将不断推动人类的人化发展和物化发展。综合而言可归纳为："社约物互联网" + "一切"（包括"一切"）= "社会物联网"（即社会系统）。

四、一般系统人社约物关联的金字塔层次结构

整个人类社会系统社约物具有金字塔层次结构，表现为由个体—家庭—企组织—国组织由低到高涌现生成的个体自我社约物意志、家庭社约物意志、企组织社约物意志和国家社约物意志等，社约物层次结构具有由低到高、相互之间不能直接替换支配的特性。生物系统是从植物—动物—高级动物由低级到高级涌现生成，高层阶段涌生物和低层阶段涌生事物不能直接相互推广替换支配，比如：人类系统生命体涌现是最高级的——涌生物能够获得相对的独立（意识形态独立），与动物的普通本能意志、植物的反映、石头的机械作用等相比，前者与后者不能直接相互推广支配，即不能把人的高度独立意志推广到植物和石头，也不能把石头机械作用推广界定为人脑内的相互作用方式。

人类社会系统整体社约物结构中，低层次涌现机能在高层次涌现机能特性中部分保留或不保留，具体如下：个体涌生事物特性在家组织系统中可能具有较多保留，在企组织和国家组织中可能部分保留，尤其在国家组织中，可能为国家而舍弃生命或被国家处决，出现毫无保留的情况。由于家庭与个体人都具有基础意义，家庭社约物特性可参照个体人。企组织自约物特性，其相对脱离于家庭与个体人涌生事物特性，但融入并受制约于国家组织系统人社约物意志。国家组织系统人社约物具有社约物体系的上层建筑地位，来源于个体人、家庭组织人和企组织人，同时支配控制他们。低层次事物涌现特性在高层次事物涌现特性中不一定保留，高层次涌现特性从低层次涌现特性发展而来但在低层次涌现特性中通常不能直接适用，这种涌生事物层次结构之间相互制约限制称为涌现局限①。类似地，个体—家庭—企组织—国组织由低到高序列中，低层次社约物意志在高层次社约物意志中不一定直接保留，高层次社约物意志从低层次社约物意志发展而来，但提出不能直接适用支配低层次系统——它可以从"上层角度"宏观"指导"支配低层次系统，并通过被支配作用化的相应低层次社约物意志来支配低层次系统，比如，国家社约物意志通常不直接支配企组织、家庭组织和个体人，但可以通过"上层角度"宏观"指导"现有的企组织社约物、家庭社约物和个体自我社约物，这些被国家社约物意志支配作用化的企组织社约物、家庭社约物和个体自我社约物再去支配相应的企组织、家庭和个人。人类社会系统金字塔社约物层次结构体系图如图5-3所示：

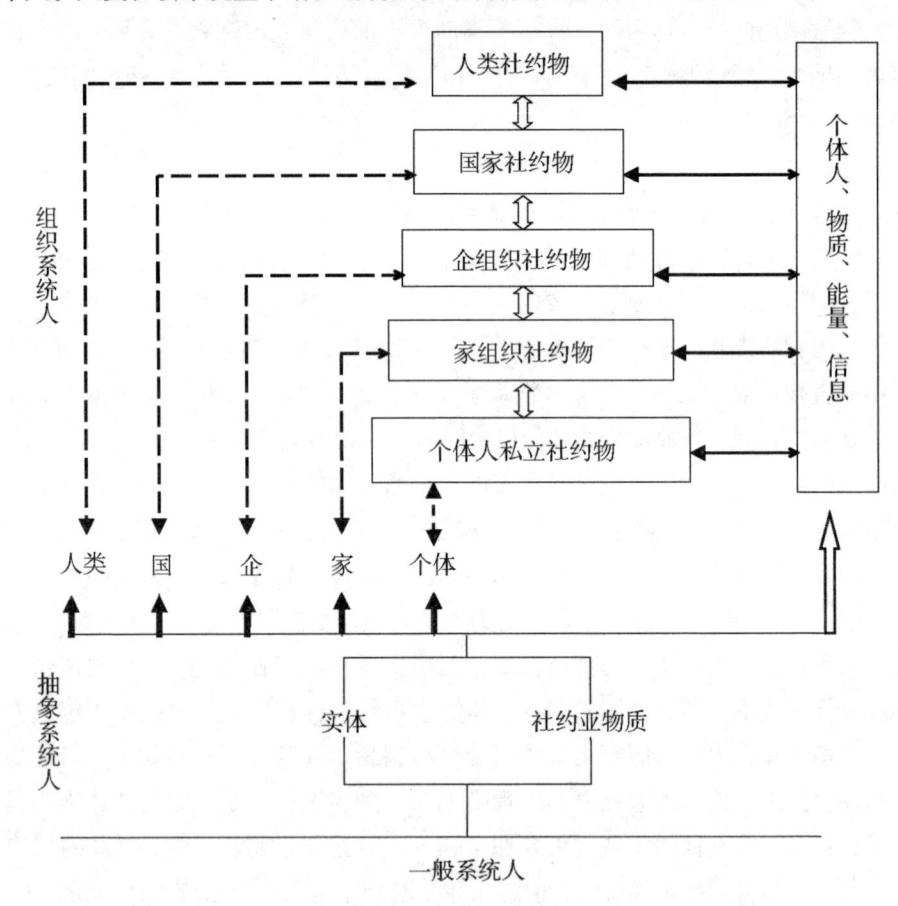

图5-3 人类社会系统金字塔社约物层次结构体系图

---

① 温勇增：《系统涌生原理》，经济日报出版社2014年版，第29页。

第五章 社约物——人类系统约束的"无形之手"

在人类社会系统中人与人之间、人与物之间、物与物之间、"组分与组分之间"的"以相互作用为核心形成的统称",称为社约物,包括一般社约物、政治社约物、经济社约物、文化社约物,具体比如家庭社约物、企业社约物、政府社约物、民族社约物、道德社约物、宗教社约物、科技社约物、文艺社约物,等等。

人类社约物包括狭义社约物和广义社约物。狭义社约物区分典型狭义社约物和非典型狭义社约物,其中典型狭义社约物有很多,例如:(1)家庭契约,是基于血缘关系之间的一种治家格言、家训、家礼等;(2)财产契约,是基于以增加财富为目的达成的财产约定,比如存单、股票、房产等;(3)生命契约,是为了达到财产顺利传承而订立的以生命为标的的合约,比如生命信托、人寿保险等。典型社约物整合支配社约各方的关系明晰、直截了当,具有简单性。人类社约物中的非典型狭义社约物,主要是经济社约物、政治社约物、科技社约物、文化社约物等一般社会性社约物;相对于典型社约物来说,它们的社约物形态、信息模式、存在和运行方式等具有相对复杂性、抽象性、来源与整合对象不确定性(典型社约物具有直接性和相对确指性)等。

人类社会广义社约物,是指人类同矿物类、植物类、动物类和人类自身的博弈契约,包括了人类同人类自身的博弈契约(人类整体的自我设计和发展问题),包括了人类同人类社会范畴内的矿物类、植物类、动物类的博弈契约(比如人类同人造物质、人造机器、人造生物等的博弈契约关系),包括了人类同自然世界范畴内的矿物类、植物类、动物类的博弈契约(主要指人类同野生自然矿物和生物等资源的博弈契约)。人类的狭义社约物需要依托广义社约物为平台,并以其为环境进行生存和演化;人类的广义社约物需要以狭义社约物为内部组分,并以其为基础进行拓展运行。这一切造就了人类社约物研究的巨大复杂性。

引领地位的社约物意志通常是具有"优越性"和"适合性"的社约物意志,其可能被少数人携带,其在通往占据支配地位的博弈历程也可能是艰辛和曲折的。在人类争夺社约物引领地位的社约物意志中,具有"最优性"和"适合性"的社约物意志表现的"时代真理",通常率先由少数人掌握,经历博弈历程获取引领和支配地位。

社约物的引领地位、主导地位和支配地位是各种内部社约物博弈争夺的目标。在以社约物为逻辑连贯的人类社会实践系统研究中,处于支配地位的社约物意志引领人类不断从社会生活实践走向新社会生活实践。弗洛文奇说:"每个种族都会遇到这个时刻:这个种族是备受奴役还是走向辉煌,只取决于该种族的某一个人。"这个人就是公共社约物意志的缔造者和引领者,其可能在人类演化发展的关节点影响人类进程,即社会的必然规律选择了以"他(她)——偶然"携带最优社约物意志改变着人们的命运。

第三节 一般系统人社约物的总体性支配

从总体上看,一般系统人作为一个整体其内部具有不同的层次结构,它包括个体系统人、子组织系统人、整体组织系统人,具体表现为"个体—家庭—企业—国家—国家共同体—整个人类"等演化层次。不管一般系统人处于哪个实体组分层次,都具有相应的涌生事物(即社约物)支撑。一般系统人总体性社约物,就综合社约物而言包括了自我社约物、家企国和人类等不同层级的社约物,就专门社约物而言包括了物化社约物和人化社约物。物化社约物指向侧重物质与能量,具体包括个人经济社约物、公共经济社约物等,人化社约物指向侧重信息与能量,具体包括个体意志社约物、人化公共社约物等。物化社约物为人化社约物提供组分基础前提和保障,人化社约物牵引着物化社约物的发展,即由经济基础决定上层建筑的基本规律。一般系统人物化社约物以经济和物质为核心,其人化社约物以政治和文化为核心。经济是人类社会的基于耗散平衡的侧重"供给满足需求"的"物化"契约性涌生事物,即经济人社约物,经济人社约物之间博弈产生公共经济社约物,经济人社约物和公共经济社约物的博弈关系,是整个经济研究的核心与主体。政治文化是人类社会的基于耗散平衡的"人化"契约性涌生事物,即一般系统人意志社约物,其中个体意志社约物博弈产生公共意志社约物,个体意志社约物与公共意志社约物的博弈关系,是整个政治文化研究的核心与主体。一般系统人社约物是一般系统人的核心,其支撑着人类的系统形态,揭示了一般系统人从机械实体到有机实体系统的非线性涌现意义。

一、一般系统人社约物总体性存在和演化

人是自然演化的产物。人的诞生并不直接是指人的生理上存在的开端,而是能够使用第一人称代词"我"作为个人意识的标志,即人的意识自约物高度独立表现的"有意识"的历史的开始。"人"的问题及其答案,如果脱离了"社约物",那么它将只能是"谜"。人的自我形象,并不直接是自我镜像,不是希腊神话中那喀索斯爱上自己在水里的影子不可得而憔悴至死的"水中花",而是自身追求外在对象的社约物映像之自我社约物形象。所有人的形象自组织涌现为一般系统人总体性社约物形象。根据社约物侧重具体信息模式不同,例

如古希腊人把最初的人自我形象概括为:(1)"宗教人"的形象;(2)"自然人"的形象;(3)"文化人"的形象;(4)"智慧人"的形象。[1] 不管是数百万年前的古人类,还是数十万年前出现至今的现代智人,他们都受一般系统人总体性社约物以"看不见的手"方式的支配:在自然世界眼中,人类同其他自然事物一样,遵循自然世界的系统涌生演化规则,更为重要的是,人必须遵循人类社会系统特有的文化社约物、物化社约物及整体社约物的涌生发展支配。因此,当你站在一般系统人螺旋发展的方向上,你就推动着人类历史发展的车轮;当你背离一般系统人螺旋发展的方向,你就是人类历史的罪人;一般系统人总体性社约物演化发展的历史潮流是人类共同的,是不可阻挡的。

(一)一般系统人总体性社约物的共生与演化

人类以自然为环境,通过劳动统筹协调意识系统、文化与技术系统进化获得人类系统社会的相对独立,即以人为核心调节意识系统与实践系统的系统化存在物——社会。一般系统人同其他事物共存于自然世界,我们每天醒来,迎接晨曦那第一缕阳光,开始劳作,犹如蚂蚁和蜜蜂辛勤地构筑社会之巢,直到天色渐暗;休憩之前,黑夜之中,我们仰望苍穹:月亮、星星和天空都被意识囊括,宇宙在我心中。个体系统人,存在于宇宙,存在于社会,但其自我社约物相对独立并以信息模式把世界和宇宙囊括。一般系统人,存在于宇宙,存在于自然,其总体性社约物支配人类演化发展。一般系统人不能脱离脚下的大地以及其头顶上的天空;他不能是世界的全部,不管在地球上,还是将来能够在其他星球上,他只能是世界的一个微小的、脆弱的一部分。从绝对上看,人类对于自然世界而言,同蚂蚁对于自然世界的意义是没有区别的,只是从人类角度看,人类主观能动性在不断地主宰自身及其周边自然世界,获得了人类社会。人只是世界的人,他离开地球来月球或者其他星球生活,犹如美洲的老鼠入侵了澳洲,但老鼠还是老鼠,人还是人,长生不老只是一种幻想,因为人并不能变成神。我们无法改变自然规律的支配和约束,总体性社约物是支配一般系统人的"自然的、内在的"系统规律。

系统人同其他自然世界事物一样具有共同的本质,都在自然之道的约束下存在及演化。一般系统人涌生演化发展,包括个体系统人演化发展和组织系统人演化发展,其中个体系统人演化发展表现为自我社约物发展、个体系统人实体发展、个体系统人实践发展等,组织系统人演化发展表现为组织系统人物化社约物演化发展、组织系统人人化和文化社约物演化发展、组织系统人综合社

---

[1] 赵敦华主编:《西方人学观念史》,北京出版社2004年版,第6页。

约物演化发展等。亚里士多德说过，人是社会性动物。个体系统人是组织系统人的细胞和基本实体组分，组织系统人是个体系统人的生活环境，个体系统人与组织系统人相互区别，但又相互联系。没有个体系统人，就没有组织系统人；没有组织系统人，也不存在真正意义上社会的个体系统人，在现实生活中，没有完全脱离群体组织的个体系统人。每个个体系统人都处在不同的社会组织系统中，社会组织系统的涌生事物与个体系统人总是相互影响的。

一般系统人类社会表现出个体系统人和组织系统人"交融式"的整体发展。这里主要对个体系统人或组织系统人在特定社会生活条件（特定自然条件）下的存在变化发展，以及个体系统人与组织系统人之间相互作用、往复运动的基本过程及其变化发展的条件和规律进行总体研究。一般系统人是关于人作为系统事物在社会和自然世界的系统行为的总体认识和一般行为规律研究。一般系统人研究个人作为一个独立系统的自组织行为与自组织意识，研究组织系统人的自组织行为与自组织意志，同时研究个人与组织之间相互作用、相互影响、往复运动的相互行为与意识。一般系统人研究的战略目的是指向人和人类的幸福生活与可持续长久存在。一般系统人自我系统的演化生成及其社会系统演化关系如图5-4：

图中，个体系统人和组织系统人各自是一个系统，在他们各自的系统中，涌生事物（自约物和社约物）支配和协调着各自系统。个体系统人与组织系统人相互作用，核心表现为个体涌生事物与组织涌生事物之间的博弈，就携带表现为社约物行为，即个体行为与组织行为的相互作用，而直接载体则是博弈后的新涌生事物——新涌生社约物。新涌生社约物，对个体系统人而言，为产生新的个体系统人涌生事物部分，进入个体系统人，进而参与、影响并协调和支配个体系统人；对组织系统人而言，为产生新的组织系统人涌生事物，进入组织系统人，进而参与、影响并协调和支配组织系统人。从外在行为来看，表现为：个体系统人行为与组织系统人行为相互作用，这种相互作用的社约物行为，既对个体系统人产生反馈影响，也对组织系统人产生反馈影响。这种外在行为的内在原因是社约物支配效应。

一般系统人整体社约物涌生情况，包括个体系统人自约物涌生情况、组织系统人社约物涌生情况、个体系统人同组织系统人博弈的社约物涌生情况。一般系统人整体社约物是博弈涌生生成的，其包含了不同层级、不同结构、不同内容的社约物形式、形态和内容，体现了不同系统人的物质性、人性、能量性和信息性。一般系统人整体社约物的物质性、人性、能量和信息性的指向是不同的，归结起来有两大类，一是指向客观物质性方面的物化社约物，另一是指

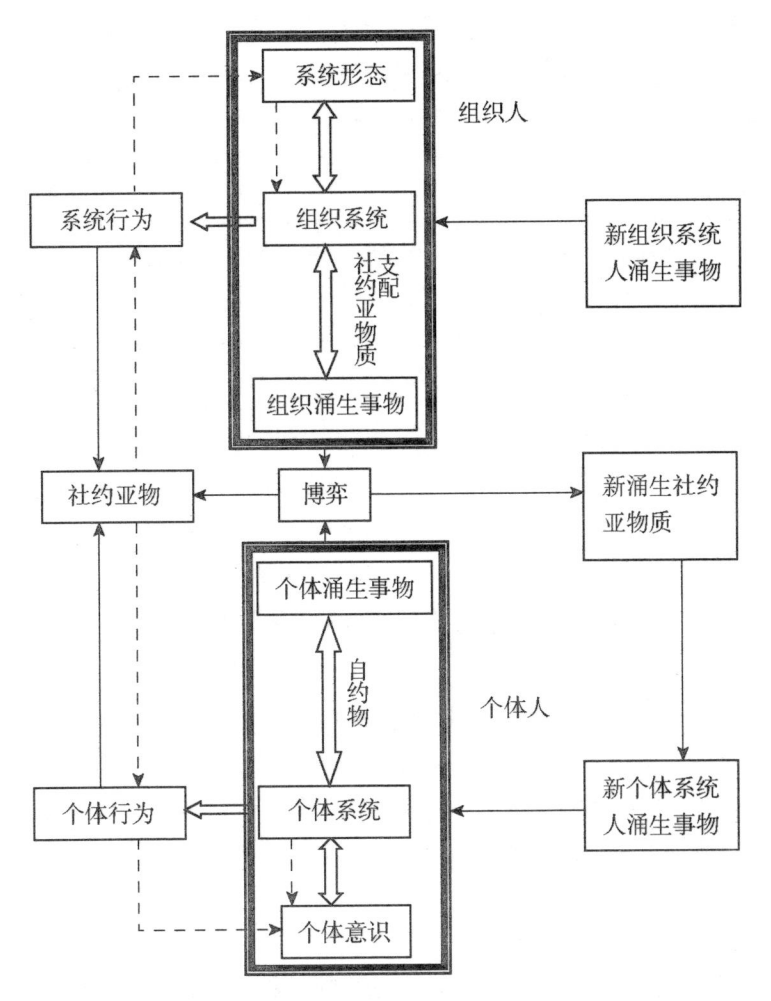

图 5-4　个体系统人与组织系统人互动行为

向主体人性方面的人化社约物。

(二) 一般系统人总体性社约物的差异协同发展

一般系统人系统中包括社约人、社约对象环境、社约物，它们存在差异，因此一般系统人具有优势差异协同的问题。人类社会系统协同主要是社约人以及承载社约意志的机能物质、信息、能量等的转移流动协同，其中的社约意志势能边际优势差异协同是一个系统工程，根本上是社约人在社会的全面、系统、科学的发展问题。

国家组织系统是一般系统人考虑问题的重要宏观出发点。因此，一般系统人优势差异协同问题应当站在整个国家系统全局性角度来研究，把问题放置在全国社会环境之中,坚持"以人为本""系统协调""科学发展"的原则。因此,整个社约物意志势能差异协同的系统研究对象包括三个部分,即国家社会协同子系统、区域协同子系统、区域内具体社约协同子系统。社约物意志势能差异协同系统研究对象中,社约物国家系统环境是社约物意志势能差异协同的基本前提和环境;任何社约物意志势能差异协同都是具体的,即是具有区域特色和区域差异特性的;区域社约物意志势能差异协同不是孤立的,而是相互联系的,区域之间的社约物系统信息、技术和宏观政策等是社约物场中人口、物质、信息、能量等进行区域转移协同的核心内容。区域子系统的行政部门,对于区域内部协同子系统具有"完全决策权力"和"完全支配权力",对于区域内相互协同子系统具有"协同决策权力"和"协同影响权力",对于国家社会协同子系统具有"参照决策权力"和"组分贡献权力"。总地看,区域子系统行政人员应当立足于国家社会协同子系统这个大环境,有针对性地协同其他区域,对内部子系统进行科学合理的发展研究和决策,遵循系统协同研究的最小作用原理,实现区域社约物意志势能差异协同的科学化和系统化。

二、一般系统人总体性社约物的自分形逻辑

一般系统人总体性社约物总体自分形是指总体社约物系统的自分形。一般系统人总体社约物是来源于人类社会系统的抽象的、形而上的社约物,其自分形必须以具体的人类社会系统社约物层次结构体系来表现,其自分形逻辑就是人类社会系统社约物层次结构体系的演化逻辑。一般系统人自分形逻辑是以一般系统人存在和继续存在为根本,充分追求其存在的自分形过程的优化与稳态的幸福,在现实实践中呈现为人类社会系统的各种社约物,比如在家、企、国等系统人中贯穿着人本体社约物、物化社约物和人化社约物等。从历史上来看,人类文明从一开始诞生到现在,可以按照人类性别承载人类文明的不同而作为分水岭,区别为两大脉络。一条是母系文明脉络,一条是父系文明脉络,这两条脉络,一左一右,犹如中国易经的阴阳,支撑整个人类文明,不断演化发展。这一分水岭是以系统人的继承和优化为基础——因为任何文明的继承和优化都必须以实体作为载体,这种分水岭也是"传宗接代"的实体延续为脉络的分水岭。这种划分的来源是人类文明历史的大历法思维划分[①]——从整体战略法来看,是宏观整体地对人类文明的把握,而不是逐入枝节的局部分析。从一般系

---

① 注:大历法是玛雅文明的产物,但这种思维仅仅用在天文上,把这种思维用在人类文明的研究中,或将产生大文明脉络研究。

统科学来看,系统的一切涌生物在本质上受制于系统的组分;人类社会把人之外的附属品剥离,就剩下男人和女人两大类组分,基于此研究人类系统文明,以繁衍为脉络对整个人类系统文明进行分水岭的区分和划分是可以的。

(一)一般系统人总体性社约物本体自分形逻辑

一般系统人总体性社约物对整个抽象人类系统具有支配意义。其本体自分形是确保人类的存在和继续存在。在人类社会系统中,物化社约物及其物质文明是社会的第一推动力,人化社约物及其关系是社会的刹车,是维系系统整体平稳与安全的基本保证。从一般系统研究来看,人化社约物的根本意义就在于使人类社会系统得到维系,把系统组分有效共同系在一起并成为一个整体。物化社约物与人化社约物归根结底统一为人本社约物,其遵循人类存在和发展的自分形逻辑。

朱熹说:"合天地万物而言,只是一个理",当有人问:"饮食之间,孰为天理,孰为人欲?"他说:"饮食者,天理也;要求美味,人欲也。"这里的"理"就属于一般系统人总体性社约物本体自分形逻辑的内容。人类社会发展也具有这样一种"理":人类社会发展经历了原始社会、奴隶社会、封建社会并进入到当前的资本主义社会和社会主义社会,贯穿其中的是,一般系统人从实体性别及其关系承载存在和发展文明的区分规律——人类在原始社会的时候,人类的母性实体承载文明的比重要大于人类的父性实体,即在原始社会是母系文明,奴隶社会以后主要是父系文明。

母系文明中,实体性别的传承中,母亲传女儿(母亲)——"女儿"传"孙女"……在这种传承中,能够确保遗传的有效性和正确性,即孙女和女儿一定是母亲的"孙女和女儿",在这种实体性别承载文明中,女性具有核心的和主流的地位,因此称为母系文明。在母系文明中,父系对于母系来说处于被选择的地位,但这种选择并不要求父系一定被母系控制——从物质上、生理上、人身自由和精神上被母系完全控制——因为即使父系被别的母系选择,该母系选择任何一个她选择的父系都能确保母系的有效的和正确的实体传承。这是从动物到人类,作为一个种群传宗接代的最古老而又最基础、最基本的问题,只有在这个问题上确保有效性和正确性,才能保证种群的不断优化和发展。母系文明虽然能够保证母系的有效性和正确性,但对于人类的基因的传承来说,不能保证"女儿"与"儿子"之间绝对的"非姐弟"关系,女儿是母亲的女儿,儿子是女儿的父亲与别的母亲生的儿子,这个女儿与儿子之间并不能获得准确的确定——这个女儿与儿子在承接下一代的使命中将出现隐患,如果这种情况出现很多并循环,则这个种群容易出现危机。

人类为了克服这种危机，逐渐地从母系文明转向父系文明，父系文明是以父系的实体承载文明为核心，对人类的文明和发展起主导和主流作用，支配着人类文明的发展进程。父系文明的诞生，有由人类在改变自然和获得物质进程中的人的生理结构和意义决定的方面，也有人类实体性别结构不同承载文明的自选择的人类系统内在的原因，且后者起决定性意义，前者起外在推动作用——在一定的历史时期能够产生巨大影响并转化为内因推动人类自身系统的内在自组织和发展。父系文明获得主导地位，首先必须确保传承的有效性和正确性，但父系生理上并不具有直接的生产功能，为了确保具有生产功能的母系的下一代一定是属于某个具体的父系，该父系只有采取一定限定措施才能达到——比如狮群中，雄师是把非己的前任雄师的孩子全部杀死，并把狮中的母狮占为己有，而不让别的雄师进入领地。人类并没有脱离动物种群有效传承的基本方式，父系为了确保下一代的属于自己的有效性和正确性，把母系以家的形式束缚起来——把母系束缚在"家"这个父系的领地，并不允许别的父系进入这个领地，也不允许被束缚的母系在家之外具有生产下一代的可能。父系的这种对人类文明的实体承载地位的获得，并充分发展，形成人类在奴隶社会和封建社会的男尊女卑的社会形态。不能不说，这种父系文明，作为与当时的生产力水平相适应的社会制度，对人类的发展起到了巨大的推动作用。

父系文明和母系文明的竞争。在人类文明系统中，首先是母系文明获得支配地位，这个原因从根本上来说是人类天性优良级别的体现。人类天性优良是不断进化和优化的，在这一进程中，出现不同的级别，对应的社会形态区分为原始级别、奴隶级别、封建级别、资本级别和社会主义级别等。原始级别的人类天性优良，在整个人类文明系统，母系文明与父系文明的博弈，母系文明取得支配地位是一种必然选择。原因有两个：一个是从动物进化来看，母系文明由于其生理结构差异（生理上具有直接传承下一代的能力）而天然地具有承载文明的原始基础；另一个是原始社会的物质条件和生产力水平决定了母系不能相对独立出来专门负责传承下一代的义务，父系对于母系的支配丧失了物质前提条件和基础。因此，在原始社会中母系文明占据主导地位是必然选择。这种原始母系文明存在是低层次的。在动物界，羊群、鹿群、象群、海豹群等，这些动物也可以称为动物界的母系群体，这些动物的传承是以母系选择父系为前提，在交配期，父系尽可能多地展现自己的魅力以获得母系的选择，这种选择对于群体的发展来说具有消极性——母系因为拥有传承的天然能力而知足，在发展和变异上相对迟滞；父系因为主要集中在被选择期间（交配期间）尽力地展现自己（发展动力），这使得群体发展仅仅停留在获取食物的低级阶段。在另

<<< 第五章 社约物——人类系统约束的"无形之手"

一些群体动物中（具有群体首领的动物），如狮群、狼群、猴群等，这些动物的发展相对高级一些，出现了父系的控制，这种控制主要是通过对群体异性的控制从而控制整个群体——在这里母系的发展是逆来顺受的，不管哪一个父系获得王位，她们都逆来顺受；父系的发展主要是获得王位，以传承自身血统，于是它们首要的争夺是王位。人类在母系文明主导的人类文明系统中，由于时代的发展，出现了父系文明的萌芽和发展，并最终父系文明占据主导和支配地位。父系文明占据主导地位的过程，一方面，父系不断壮大自己的能力，获得更多的物质，发展更大的生产力，并主要承担获取物质的义务；另一方面，母系的主要物质能够从父系那里拿来，从而使母系相对依附于父系——这种依附的直接表现是父系以家的形式把母系束缚为自己的独占，从而保证父系血统传承的有效性和正确性。人类在这一过程中，由于人类的智慧劳动，由于人类获得物质的突破（不仅仅满足于食物，进而其他物质和精神上出现追求），由于人类群体数量庞大，出现"父系之间对母系束缚的规范化"——封建社会化。在封建社会，父系束缚母系并构成自己在人类系统中以空间为划分的区域，称为家；于是每个父系个体都能够拥有自己的家，调和了作为群居社会为了一个"王位"而斗争的矛盾，但是以统治为目的的王位仍旧只有一个，那就是皇帝。但这种王位不是人类从动物进化过来的，这种王位并不是任何父系都具有意识去争取并具有能力去争取的王位；而对母系的束缚确保传承的有效性和准确性，这是封建社会每个父系的自然的和天生的意识，并自然地具有这个能力。封建社会把皇帝和父系家长这两者相对区分开来，对于整个社会的发展具有推动作用，普通的父系能够在基于"家"的基础上，不断地发挥智慧发展生产力。当然，在原始社会和奴隶社会，"家"没有得到很好的规范，整个人类仍犹如猴群把王位和血统传接的权利混合起来，难以解放更多的父系智慧和能力来推动社会发展。"有家以后，人类进入了私有制"。

一般系统人总体性社约物自分形逻辑，是一般系统人存在和发展的自我扬弃和发展的螺旋，是一般系统人自我优化可持续存在的连续序列。一般系统人总体性社约物支配一般系统人整体朝着稳态的方向，朝着优化的方向，朝着整体可持续存在的方向，不断前进。任何低级于总体性社约物的内部子社约物都应当服从和服务于总体性社约物，受总体性社约物支配。在总体性社约物前进的大潮之中，每个人就像一滴水、一粒沙子、一个空气分子，个体私立自约物有可能掀起风浪，勇立潮头助推社会发展大潮，有可能转变风向阻碍社会发展，也有可能经历着社会发展大潮之大浪淘沙的竞争与适者生存的博弈。总体性社约物总是公平地对待每一个人，忠实地履行人类系统之核心存在意义。

(二)"个体、家、企、国、人类"社约物自分形螺旋同构

"同构"和"螺旋同构"是两个概念。螺旋同构是"同构"的扬弃和发展了的形态,即扬弃和发展了的同构——它可以超循环螺旋发展,致使螺旋同构与同构出现外在比较时"面目全非"的可能。

1. 传统封建社会的家国同构

在中国古代的孔孟思想中,家国同构论,这是非常经典的封建社会模式,对于封建社会构成和发展具有本质阐述作用。因为家国同构思想,中国封建社会的时间比任何国家都长。以中国为例子,对性别实体承载文明的情况进行分析,出现了以实体承载文明比重不同的两大派,母系—黄帝—老子为源头的母系文明色彩的文明探索;父系—周礼—孔孟为源头的父系文明色彩的文明探索;在这两者斗争中,由于父系文明的现实社会形态,显然父系文明色彩的文明获得了支配地位,一直到今天。古代中国的儒家文明的核心是家,百善孝为先,家和国是社会的结构,家和国是同构的,即家国同构论。

刘纲纪指出:"原始氏族社会以血缘关系为基础的制度、风习、观念、意识在中国古代大量地存留和沿袭,是了解中国古代包含艺术在内的整个精神文化的一大关键。"[1] 由于原始社会的群居群婚机制,这种团体性的血缘关系在氏族生活中却发挥着某种群体性的纽带效应,以致原始人确实在很大程度上做到了"不独亲其亲,不独子其子":既然子女们无法确切地知道生身父亲是谁,于是就把本氏族的所有老人都当做父母来亲近;既然父亲们无法确切地知道亲生子女是谁,于是就把本氏族的所有孩子都当做子女来关爱。而在这种"货不必藏于己,力不必为己"的"天下为公"基础上,氏族成员当然也很容易为了实现大家的共同利益,形成"选贤与能,讲信修睦"的民主习俗了。[2]

众所周知,文明社会从原始社会脱胎而来的一个重要契机,便是能够确认血缘关系团体性的父权制家族(父母知道谁是亲生子女,子女也知道谁是生身父母)从氏族群体中一步步分离出来,构成了社会生活中相对独立的"细胞"。也正是由于这种父权制家族在先秦宗法血亲礼制中占据了主导地位,它才会逐渐否定"不独亲其亲,不独子其子"的"天下为公"(所谓"大道既隐"),最终确立起"各亲其亲,各子其子"的"天下为家"。[3]

---

[1] 刘纲纪:《艺术哲学》,湖北人民出版社1986年版,第586页。
[2] 刘清平:《儒家倡导的是天下为公还是天下为家——兼论晚年熊十力对孔孟的批判》,载《探索与争鸣》,2013年第11期。
[3] 刘清平:《儒家倡导的是天下为公还是天下为家——兼论晚年熊十力对孔孟的批判》,载《探索与争鸣》,2013年第11期。

第五章 社约物——人类系统约束的"无形之手"

《论语》文本中存在伦理悖论:"凭借自己真诚倡导的'天下为家'的'孝亲至上'观念,否定了自己同样真诚倡导的'天下为公'的'仁者爱人'观念。至于后来的孟子荀子、程朱陆王等儒家主流,也不只是片面强调'孝治天下'的小康礼教,而是同时还积极倡导'仁爱恻隐'的大同之道;只不过由于把'忠君孝父'放在了神圣不可侵犯的位置上,他们才在出现冲突时为了确保'孝治天下'的小康礼教,不惜舍弃'仁爱恻隐'的大同之道。在这个意义上说,传统儒家其实同时包含着'大道之行'与'大道既隐'的双重因素,只不过'天下为家'的小康礼教最终压倒了'天下为公'的大同之道。"[①]

家国同构思想在中国古代具有积极意义,它是构成中国古代几千年文明的一个核心。中国人的家国同构论,一个比较深的思想是"老家思想"——根的思想,比如:以前中国人的根在农村,大部分人的根都在农村,现在社会主义新农村建设中,不断把农村都转变为城市,中国人的新根也在变化着。随着社会发展,家也在改变着。家,从母系到父系,从父系的"独占"到今天的男女平等"合占",21世纪人类文明中"家"的走向:家仍旧要坚持父系文明主导吗?还是要回归母系文明主导?家要解散吗?家如果不解散,那它要以什么样的方式和结构存在呢,家会不会变成非家……

2. "个体、家、企、国、人类"社约物自分形螺旋同构

一般系统人研究的总体构架,就是以人的存在和发展为核心的。"个体、家、企、国、人类"是人类存在的不同环节和不同层次内容,都彰显了人的存在意义和内容。"个体、家、企、国、人类"各自表现的形态是不同的,但它们受内在一致的自分形逻辑支配,具体表现为社约物自分形逻辑。把"个体、家、企、国、人类"都作为一般系统,则遵循一般系统涌生事物支配规律,它们分别具有对应层次和内容的"社约物"。因此,"个体、家、企、国、人类"具有"以个体共同组织不断放大"为逻辑核心的社约物螺旋同构特性。该特性是人本体的自分形的不同层级和阶段的具体表现的逻辑贯穿,即人本体自分形在不同的系统层次具有不同的系统形态,且诸形态具有自相似性。在以人为本的人类社会系统中,人组成的家、国以及其他社会组织具有自相似性。在封建社会,这种模型被学者称为家国同构论。在今天,从系统科学角度将传统家国同构论拓展为分形性家国同构论,即"个体、家、企、国、人类"分形螺旋同构论。

个体系统人与家组织系统人的自分形螺旋同构认为,家是个体存在和可持

[①] 刘清平:《儒家倡导的是天下为公还是天下为家——兼论晚年熊十力对孔孟的批判》,载《探索与争鸣》,2013年第11期。

续存在最大化的必然选择。个体在自分形最大化之扬弃和自我发展中，必然选择"家"，因为个体自我不能直接繁衍后代实现基因延续，他只能通过建立家系统实现自我基因延续——实现自分形最大化。家和国，是人类社会伊始就诞生的两个事物，从人类社会历史发展来看，在原始社会，家就是国，国就是家，具有高度的家国同一同体论；在封建社会，家在国内相对独立，成为国的细胞，国家具有家的直接放大痕迹，即具有典型的家国同构论；在封建社会之后，资本主义社会或社会主义社会中以企业为代表的企组织系统人越来越成为社会不可或缺的内容，于是出现了家企国螺旋同构论。"个体、家、企、国、人类"作为一般系统人的具体形态内容，他们都体现了一般系统人的自分形内在逻辑，表现为自分形螺旋同构。其中，家国同构论和家企国螺旋同构论是"个体、家、企、国、人类"自分形螺旋同构论的核心。个体自分形延续是"个体、家、企、国、人类"自分形螺旋同构的根本动力，自分形社约物是其核心动力，一般系统人自分形与原始社会社约物生成原始社会的家国同体同构现象，与封建社会社约物生成封建社会的典型家国同构现象，与资本主义或社会主义社约物生成对应的家企国螺旋同构现象，未来共产主义社会将实现"个体、家、企、国、人类"最大化和的螺旋同构现象。

"家、企、国、人类"组织系统人的根本动力是个体自分形力，个体是其研究的基础。假定个体与个体在生成系统时，他们相互之间存在的系统涌生事物称为中介体（为了方便理解），个体系统人与组织系统人（或组织系统人之间）的涌生事物也称为中介体。个体与个体、家与家、企与企、国家与国家、人类与其他物种类之间的横向涌生事物是一个研究方向，而个体、家、企、国、人类之间的纵向涌生事物是一个超循环螺旋的自分形研究方向。

在古代中国，典型家国同构论思想是几千年中华文明的基本承载，其之前是原始社会家国同体同构思想，其之后是工业社会的家企国螺旋同构思想。家和国组织系统人之间存在的涌生事物称为中介体，立足典型家国同构论，古代中国的家国同构论中，家和国同构的中间环节几乎可以忽略，而现在，随着社会的发展，家和国的中间环节越来越多、越来越复杂，比如集体、单位、企业等，这些在家和国之间具有桥梁和纽带作用，具有中间环节作用。国在家的基础上有了中介体，结构模式也有了巨大的发展，但家、中介体、国——它们是自分形同构的——如果"中介体"相对独立称为"企组织系统人"，则"家、中介体、国"螺旋同构演变为了"家、企、国"螺旋同构。

从系统科学的分形原理来看，人类是社会系统，作为以人个体为基础的具有承接关系的家、企业、国的系统形式，具有自相似性——表现为普遍系统的螺旋同构原理。(1) 在原始社会：以人为基础，群体形式是"家—国"的同一同构论，即家就是国，国就是家，它们是同一的，也是同体的，自然地在一个体系中。(2) 在奴隶和封建阶级社会，尤其是封建社会：以人为基础，群体形式是"家—中介体（约等于0）—国"，即"家—国"同构，家国同构论在中国封建社会体现尤其突出。(3) 在资本主义社会和社会主义社会：以人为基础，"家—中介体—国"同构同体论，相对于封建社会来说，强调了家和国之间的中介体的不可忽略。在当前来说，这个中介体就是团体的对于家和国的中介，以经济纽带为主的通称为"企业"。

"家"是社会的细胞，是人类社会的基础。家经历了从母系文明向父系文明过渡，随着经济社会的发展，"家"及其观念也出现了巨大的变化，中国古代社会的家国同构论正在向现代的家企国螺旋同构论转变，要实现家企国逻辑连贯，就要使中国人的家的根的情节转移到企组织和国家组织上来，实现既考虑家的社会细胞意义又实现了升华发展。比如，日本家族式企业及文化的发展，有效地使企业完成了"家"与"国"之间的相对独立的中介体作用，企业文化有助于把家和国之间的中介有效建立起来。

社会系统的家国关系模式，从原始社会的"家国同一同体"、封建社会的"家国同构同体"，到今天的"家、企（中介体）、国"三者自分形同构同体，家国关系正出现复杂变化。人类社会系统内部序的最高模式是抽象的网络序模式，即上层社约物模式。目前社会系统的企中介体与家虽然组成了国的系统整体，但中介体是实体，与家具有一样的实体性质，极大地限制了个体与家企国关系的自由性，而信息化和互联网虚拟网络中介体则使这一点产生改变，个体可以最自由地通行于家企国，家、中介体（包括了实体中介体和虚拟中介体）和国具有高度的一体性。达到高度发展的社会，人在其中具有最高度的、自由的人质特性开显（目前人质特性不能完全自由开显，当然任何时候也不能达到绝对开显）。

单独个体可以生成并携带涌生物——它的支配，首先是支配自身个体系统，接着是支配家这个系统，然后是中介体这些系统，然后是国这个区域大系统，最后是整个人类系统以及整个世界系统。当然，在这个过程，个体存在于世界之中，一直伴随着对世界系统（自然系统）的支配问题。在原始社会，个体能够支配好家，就支配好了国，因为家和国是同一的。在封建社会，权利主宰者按照家的模式构建了国，封建社会的经济主要由家这个系统产生，因此，通常能够支配好家，进而采用支配家的方式支配国，支配国的方式反过来促进支配家，家和国是同一类型的结构的系统，受同种类型的涌生物支配。到了资本主义社会和社会主义社会，个体支配家，个体支配企（企业事业团体），个体支配国，在家和国之间的企事业团体这个中介体已经不可忽视，经济已经不是主要由家这个系统产生，而是企业经济的时代，它作为了家与国之间的不可忽略的中介体。总地看，个体系统人的自分形涌生事物，螺旋汇聚上升到家、企、国、人类，具有超循环螺旋上升的同构形态。

（三）人类系统上层建筑引领支配的螺旋同构整体运行

在系统科学思维下，狭义的家国同构论发展为广义的家国螺旋同构论，即"个体、家、企、国、人类"超循环螺旋同构论。在这里，个体、家、企、国、人类他们具有共同的系统涌现生成和支配的规律，其社约物生成和支配具有形式的相同性，即上层建筑引领支配特性。一般系统人螺旋同构整体运行，在具体研究中区分个体系统人、家、企和国组织系统人，其中，个体系统人是以自我社约物意志为牵引的高级动物，家组织系统人是不可或缺的基本单元，国在家的基础上获得升华，研究这些具体系统人的牵引控制上层建筑涌生事物将解释一般系统人的螺旋同构整体运行。

1. 个体系统人的主控意志上层建筑支配问题

对于个体而言，主控意识就是自我社约物系统的上层建筑，它对整个意识系统具有涌现支配意义，它对外通常表现为信仰与追求。个体系统人本体自分形方向包括追求幸福的基本方向和追求可持续存在的根本方向。个体系统人存在是个体系统人本体支点的基础，个体系统人适应环境、实现目的、追求各个层次的需求、追求幸福，是个体系统人本体支点的具体展开与发展方向，是生活的现实表现。

个体系统人，其内部的生理涌生事物与意识涌生事物的博弈情况是复杂的。从长远来看，生理涌生事物是不能以意志涌生事物为转移的；但就某一阶段而言，意志涌生事物是可以战胜生理涌生事物并有效支配个体系统人的。比如，个体系统人就长远来看，不能不吃饭，而就具体时间阶段而言，个体系统人可以在意志控制下几天不吃饭。

意志是个体系统人生理的一种反映，一种高度独立的反映。个体系统人的核心是满足需求与幸福和谐。人生中，幸福、愉悦和欢快是阶段的果实，人生链条上的连续的幸福和愉悦获得的经验、知识凝结成品格和意志，人生的最后果实是承载幸福的品格和意志，而不是幸福本身。幸福是人的一种感受，而品格和意志是承载这种感受的规范和渠道；因为，幸福是信仰支配人而获得满足的感受，品格和意志是照亮幸福的心灵的统领和规范，是幸福的承载者和支配者。信仰的品格和意志规范且机制长效，因而承载的幸福如源源不断之渠水那样久远；反之，愉悦和欢快常是转瞬即逝的、虚幻的。这样就会出现叔本华所说的现象："智者总是享受着自己的生命，享受着自己的闲暇时间；而那些愚不可耐的人总是害怕空闲，害怕空闲带给自己的无聊，所以总是给自己找些低级趣味的游戏，给自己一点暂时的快感。"

信仰是思想系统的上层建筑。我们要思考信仰与奋斗、信仰与人生、信仰与幸福的关系。我们假定，他有体面的职业、丰厚的收入、豪华的汽车，他有舒适的住房、美丽的妻子，他有可爱的儿女……清晨，妻儿们还在酣睡，他已早早起来赶往办公室，在职场他要制订计划、打点工作，要和各色要人联系，或许他正在或打算进行公务活动，同样的事情整个下午继续进行。下班以后，接孩子放学，照顾老人，帮助干家务，在另一方面，或者与一群同样疲惫不堪的同龄人或同事在饭桌、在酒吧、在派对装作快活高兴的样子，直到终了，进入梦乡。人在社会生活里，忙忙碌碌，犹如蜜蜂又犹如蚂蚁，重复着日复一日的工作，或者紧张集中、焦躁不安，或者朴实平淡、哈腰执行，或者风度才干、光鲜耀人……心理犹如赛跑，唯恐落后于邻居，不管如何竞争，人生奋斗的目标客观上唯一的是坟墓，只是在向着坟墓奔跑的过程中以及进入坟墓之后，他是否在生命进程中豁亮了身边的时空，而对于后来者又留下了什么指引？在人生命的进程中，用更多的金钱或权利来炫耀卖弄，并且胜过原来同他地位一般的人们，他就幸福吗？一个人死去，他的后嗣收他的劳动果实，他就幸福吗？……

在沉思之后，试问：我们有没有找到心灵之幸福明灯，我们有没有确立一个信仰灯塔，打开实践信仰的总开关——通向内心幸福？我们可以从历史伟人和平凡人身上找到共同的答案，信仰的"总开关"拧向哪儿，指向哪儿，意味着人"相信"哪儿，意味着人的职责就是追求哪儿，而认为一个不这样做的人是需要教化的。因为，"信仰"犹如灯塔，使我们产生正面的动力、兴趣，获得前进的兴奋感；使我们在实践信仰中获得内心的充实与幸福。

2. "家"组织系统人的家约意志上层建筑支配问题

根据生物遗传和繁衍的规律，家由长辈系和子辈系组成，长辈系比如父母自然地获得该系统的第一支配权，即家系统上层建筑首先由父母占据支配权。家组织系统人上层建筑支配权具有天生性，即家长（父系或母系）天生对家庭组织系统人具有该权力。这种权力是家长的生来社约物支配权，而对于子女而言是生来社约物被支配义务。父母天性拥有家庭组织上层建筑支配权，犹如一般动物父母对幼小动物的抚养支配权，只不过人类更高级而已。在封建社会，家庭组织系统人上层建筑主要体现为家规、家风，尤其中国古代封建社会，将家的模式上升为国的模式，表现出封建社会的"君君臣臣、父父子子"模式。随着社会的发展，家组织系统人逐渐释放出家庭成员更多的自由性，男女平等、家庭成员平等、反对家暴等，家庭组织系统人上层建筑可由家庭民主等方式涌现生成。

家庭上层建筑支配家庭成员，既包括了强力支配也包括了弱力支配。其中强力支配包括父母对孩子的抚养、儿女对老人的赡养、夫妻的法定关系等，弱力支配包括父母对孩子的爱、儿女对父母的爱、夫妻的情感以及家庭基本道德等。家庭上层建筑集中体现为家规和家风，在家族系统中有家谱、祠堂、族规等，在现实中常常表现为风俗等自约物。家庭上层建筑支配家庭成员，有时候很明显，比如家规的约束；有时候不明显，比如家庭争吵；前者具有明确的家庭上层建筑，而后者家庭上层建筑支配地位处于博弈之中（即争吵）。家庭上层建筑如果完全崩溃、完全丧失或消失，则家庭系统名存实亡。

3. "企和国"组织系统的社约意志上层建筑支配问题

家与国具有较典型的分形结构特性。只要家仍旧作为社会的细胞，家国同构的自分形就不会消失，它只能是从一种模式演化为另一种模式，比如从中国古代的典型家国同构模式演化到现在的超循环家国同构模式。"企和国"组织系统人通常是相对复杂的系统人，在"个体、家、企、国、人类"的人类系统的螺旋同构整体运行中，国家系统形式是有效运行的最高形态。由于代表人类的"联合国家"缺失有效强力社约物，主要靠弱力社约物整合，因此该最高运行形态并非有效的；而国家性质的强力社约物和弱力社约物与经济社约物公共整合的系统，具有有效性，且仅次于整个人类系统，因此是有效最高运行形态。"企和国"组织系统上层建筑分别是企业的制度和国家的制度，制度具有强力支配特性，而相应的企组织和国组织的文化则具有补充制度的弱力支配特性。

三、一般系统人总体性社约物层次体系及其演化

社约物是支撑系统整体性的标志，其对系统具有撬动从组分线性加和到非线性涌现的支点意义。不同的社约物具有不同的支点意义，一般系统人总体性社约物是一个庞大的系统，表现在内部具有层次结构体系。以下初步探讨一般系统人总体性社约物层次体系及其演化。

（一）一般系统人整体社约物支点层次体系

1. 一般系统人整体社约物支点层次体系

一般系统人的整体契约性涌生物支点层次体系，以整体的、隐性的、内在的、根本的契约性涌生物支点为核心，以弱契约性的、显现的、组分实体涌生物支点为基础，以强契约性的、弱显性的、意志涌生物支点为认识牵引和总协调，以强契约性的、显性的意识涌生物和实体涌生事物的和解性、一致性、目的性为实践目的和总演化发展方向。它们分别对应本体的、基本的、揭示的和

应用的层次。借鉴钱学森的科学体系框图可建立对应的一般系统人的支点层次区分体系如图5-5所示：

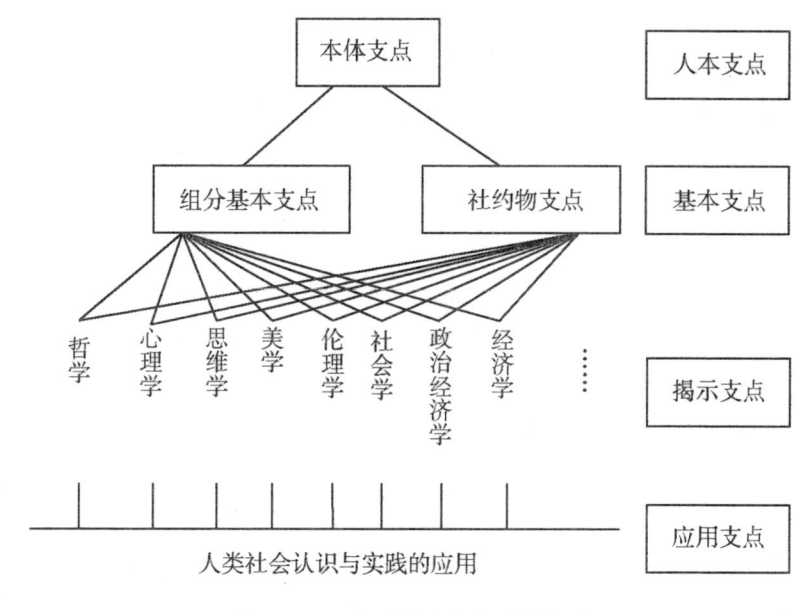

图5-5 一般系统人支点层次体系

性是本体支点的问题核心，要关注本体支点的性合理化，本体支点向性变态的异化，本体支点的性享受的堕化。性是本体支点的核心归属，物质是本体支点的基本归属，信息及基因是本体支点的内在牵引，需求是本体支点的直接动力。本体支点的性支撑及其转化，性工作者是将性资源转化为一般等价物资源；反过来，使用金钱换得性需求满足。

基本支点包括组分支点和社约物支点，它们是构成人类社会系统的两大类平等的事物。基本组分支点决定了人类社会系统机能的一个范畴，而基本社约物支点决定了组分基础上人类社会系统可能存在的差异，事实上当人类实体本质没有巨大差异的情况下，人类社会系统技能情况主要由社约物决定，比如先进社会系统主要依靠先进的思想和科学技术为支撑——因为并非发达国家人民比贫困国家人民存在智商等本质上的不同。

揭示支点是指人类智慧知识内容，包括政治、经济、科技、人文等基础知识，比如科学体系内容，它们对具体方面的领域具有解释和揭示意义，比如物理学、数学，等等。

应用支点主要揭示实践运用中的技术性、工具性或具体实践性的社约物运行，比如思想教育、行为教育、环境熏陶、文化教育等，比如技术实践、工程

271

实践、社会实践等，这些都属于应用支点的内容范畴。应用支点是一般系统人在具体环境、具体系统人及其具体系统目的态下的自组织或他组织的复杂实践应用活动，通俗来说就是指一般系统人的生产生活，即社会生活。

2. 一般系统人整体社约物支点研究

从总体来看，我们将不同的社约物放置于支点层次体系中定位，通过区别其位置，梳理其关系，进而开展研究。对任意社约物的研究，通常按照一般系统的组分、涌生事物及其关系来研究，分别对应具体变化为物化支点、人化支点和中介支点。任意一般系统人都具有三个支点，个体系统人通常表现为物质支点、精神支点（自我社约物）和中介支点，组织系统人通常表现为组分物支点、人化支点（社约物支点）及其中介支点。该三个支点抽象统一为人系统支点。在现实生活中，我们通常容易把中介支点忽略，要么把其划分还原给物化支点的内容，要么划分给典型人化支点的内容，不管如何划分，它在本质上还是一般系统人整体社约物内容，是人系统支点的内容。

人系统支点有其内在动力（人化动力）和外在动力（物化动力）。内在动力是根本是前提，前提是人还是当前意义的人，人的组分和人的涌生物（思想意识和社会意识）没有发生相对质变或者说质变——使其发生质变的有内在的动力，如果内在动力不够大，外在的调控力量与内在动力是可以转化的，比如科学技术的力量可以作为主要的核心的外在调控力量。人类的走向应当如何呢？能不能通过外在动力，使人类本体支点在没有发生改变的时候，科技的外力就作用于人类系统呢？显然不能，比如，现在人类系统本体支点没有发生质变，而科技使人类不断被克隆——进而使人类系统的涌生物发生改变，使人类的本体支点发生改变——这种以外力影响内力而使系统发生质变的情况，很容易使系统崩溃。现在的纳米技术、克隆技术能不能使用，如果能，怎么使用——这是人类要做的事情。人类的本体支点发展到什么时候，可以允许科技无条件地加入人类系统的发展——任何时候都不能无限制地加入人类系统，如果其无限制地加入，很容易使人类系统崩溃，比如核战争等。但是，人类系统本体支点是需要认真研究的——人类从原始社会以来，人群体发生了各种改变（这主要体现为人类文明的历史），人个体发生了改变吗？显然是的，个体系统承受力、需求程度、生产力、自然肌体的能力等方面显然发生了很大的变化，原始人身体比较壮，用于思维的时间不多；当前人身体可能没有原始人那么壮，用脑的时间比较多，身体作为一个系统的需求、生产能力、自然肌体能力都发生了变化……这种现象，就当前的人种和区域不同的人可能存在生理和意识的不同。人是一个系统，人类未来能不能通过调整组分、调整涌生物而使人个体永恒活

<<< 第五章 社约物——人类系统约束的"无形之手"

着？人类一定必须按照当前的人头、脖子、身体、脚的顺序存在，一定必须按这些当前的内脏排列方式存在。如果在当前的人类系统的本体支点下发生相对质变或质变，那么这种质变是否能让人类接受，如何才是合理的？难道是让人不劳动，难道让人仅仅以"劳动"，这些劳动方式使人的本体支点发生了什么改变？人类是要控制人类本体支点下的中介支点、硬支点和软支点问题的——这是一个方向，但服务的目的是人类，不能丧失这个方向。

人类作为一个整体，其文明是为使人类优良天性存在并不断优化的内在动力。科学技术作为人类优良天性存在并不断优化的外在手段和方式，也就成为外在动力。人类文明作为人类整体系统的涌生事物，作为人类整体涌现出来的共同体，具有支配人类整体系统走向的作用。因此，人类文明的方向不仅是当下人们应当关注的东西，而且是将来人们应当关注的东西。人类文明作为一个系统，其系统支点主要有三大类：一是本体支点或者主体支点，这是人成为人并继续成为人的根本支点；二是实体支点（物质支点），也称为硬支点；三是涌生物软体支点，也称为软支点。本体支点最根本的就是人，略展开就是男人和女人，再展开就是各个层次、各种能力、各个岗位的人。在系统学中，主要研究男人和女人作为本体支点（主体支点）的研究。硬支点是物质与财富作为人类存在和发展的基础，支撑人类系统存在和发展的支点。软体支点，就是人与人之间的涌生物，主要为民主法制、宗教信仰、道德等生成的共同社会体制。这三个支点都必须使人类整体天性从优良走向更优良，这是人类存在和发展的唯一走向，任何个体都不能改变（只要在人类系统中就不能改变这个规律，逆规律将是人类的罪人，是要受到历史唾骂的）。

人类文明是一个宽泛的文明，包括人类自身存在以及人类存在和发展的一切附属属性及其附属品（能够反映人属性）。当前人类所谓的文明通常是狭义的文明，是指在人类发展中具有对人类历史推动作用的那一部分文明。在系统学看来，研究人类系统文明，首先是研究最宽泛的、最一般的文明。这样看来，人类系统文明，即人类文明作为一个最宽泛的系统，具有三个支点，一个是本体支点，另一个是侧重物质的硬支点，再一个是侧重社约物的软支点，这里本体支点可以划分为阴阳两个具体部分；在整个人类社会系统中，硬支点和软支点就是中国古代哲学的阳阴两个支点。任何一个个体都受这三个支点支配，有些是不自觉地被支配，有些是自觉地站在相应的支点能动的作为；不管自觉或不自觉，现实的生活，这三个支点有侧重，但它们是一个整体，不可分割的整体。相对独立的研究是可以的，但绝对的分割是错误的。人类文明系统的模式支点是一个支点系统，即"一本加两腿"三支点系统：首先，在根本上表达了

"人+分形力和整形力"的阐述；其次，在继承上融汇了"人+阴阳"的传统思想；再次，在联系与发展规律上立足于"人+矛盾"的系统辩证思想，充分从整体上运用了系统思想，在运动与联系上遵从唯物辩证法。

（二）社约物支配一般系统人的系统辩证规律

人类社会系统属于"典型系统"，自然地其一般社约物具有典型系统辩证规律性，具体表现为一般社约物具有人类社会系统的差异协同性、自组织涌现性、层次结构的整体优化性。

社约物是人类社会系统中组分差异协同的自组织涌现产物，其必然反过来对组分差异进行支配。由于作为社会主体的人的自分形最大化不断发展，其表现到社会实践中的现实也是不断演化发展的，它们内在地受社约物共同支配。就这一点而言，一般系统人社约物具有人类社会系统的支点意义。

社约物是人类社会系统的核心。社约物支配使得人在当下社会获得有效且适合的公平。论社会的公平，必须利用系统科学思想来思考。人类社会是一个系统，公平，从系统科学角度来看，公平系统是一个复杂的系统。它是社会系统中，秩点的利益区分且和谐的一种标志。如何研究公平系统。系统由秩点（人、事物）构成，社会系统中，人与人之间的边的规定性、事物与事物之间的边的规定性、人与事物之间的边的规定性，这些是系统的硬边界。人的思想、感情，人的执行力度，（这些都是软边界）被称为潜规则——潜边界。公平是公开、平等的，只有公开的，显在的基础才能获得。在公平社会的发展方向上，有两个方面是技术性的，一方面把潜边显化，即把潜在的边，各种人的思想、感情等各方面的边，由原来的潜在作为事物执行的公开关系边；另一方面加大公开边的执行力度。在现实中，全世界任何国家都应当不断加强执政公开化，但对于涉及国家核心利益的内容应当保持"秘密"运行。国家的边制定要强调科学性和有效性，社会的硬性边最基础的是法律规定的边，软性的通常为道德边和伦理边，也包括文化边、信息边；根据制定边是否科学，可分为科学性边和非科学性边，从是否有利于人类生存和发展的角度出发制定，区分为人性边、中性边和非人性边，从是否生态的角度分析，分生态边和非生态边，从是否环保的角度分环保边和非环保边（污染边）等，边的研究在社会系统中，在以人为中心的系统研究中，在意识的中心能动条件下，具有核心重要的地位。

人是社会关系的总和，所有的社会关系的揭示，都可以用系统科学的边来描述和研究——并且不仅仅是社会关系，自然关系（人的生物基础）也是可以的。社约物支配一般系统人有两个重点，一是一般系统人参与社约物的涌现生成或制定，二是执行社约物支配力。由于人类社会系统中来自上层建筑的社约物具有顶层设计指导意义，表现为行政执行力支配，因此，行政执行力对于社约物支配一般系统人来说是首要的，它将团结一切力量，在理想方向上众志成城，以最小的力量和代价，实现最有效地推动整个人类社会系统的最大化发展。非行政执行力的社约物支配，主要表现为各个内部子系统比如企组织系统、家组织系统等的特定目标追求执行力，立志恒行，终将达到理想之岸。

（三）一般系统人社约物支点体系演化

人类文明系统的三个支点其实归结起来是本体支点，本体支点从一般动物角度来说是生存和延续支点，从人类天性角度是人类天性优良支点——本体支点，是人类系统自稳态的核心，至于用母系文明还是父系文明是人类系统大分层的对于自然世界和社会的自适应选择；在这一过程中体现了人类的智慧也体现了人类对世界的统摄与统治。

从系统科学角度来分析人类系统及其演化发展。人类系统学的研究，必须维持人类系统的稳定——不走向灭亡是最基本底线（女人和小孩具有人类生活的相对优先权）；作为正常的个体，要使自己的人类天性，从优良走向优良和更优良——天性螺旋循环上升，达到个体的真善美和谐幸福；真是指真理知识，善是德行，美和幸福是活的有效性。不管你是否承认，人类都在自觉或不自觉地这样运行着。人类系统的演化主要有两个模型：一是从系统科学角度看的人类系统学模型；另一类是传统的人类整体社会研究的机械论模型。在细胞、个体、家、团、国、人类的上升层次中，每个层次的涌生物还会产生涌生物——它随实体事物或者相对实体事物的博弈同步、等级。

由于人类系统本体也发生改变，人类系统本体支点改变与人类控制世界处于一个动态的平衡中——脱离了这种关系，人类系统将出现危机。当人类控制世界的能力弱的时候，比如原始社会，人类系统可能由于外部力量而使人类灭亡。渐渐地，人类的发展和控制世界的发展相对平衡——原始社会的危机来自对人类系统实体组分的威胁，是直接的、赤裸裸的；而现在科技这种外力对人类系统的改变主要是对人体内的涌生物的改变，是通过改变涌生物来改变人体系统的。现在，随着科技的发展，越来越复杂了。人类遗传和进化的问题是人类系统学的本体支点要研究的核心问题之一，区分为微观的支点，比如遗传和进化学；宏观的支点，比如社会人类意识学；还有整体的支点，它是兼有两者的复杂的支点。

人类首先是利用有限的力量，获得最有效的认识——其结果是尽量地将事物形成相对稳定和独立的认识，即机械的和还原的认识。还原论和机械论是人类遵循"最小作用量"原理认识世界的必然结果。如果事物一直变化且无法获得稳定的识别，则认识该事物将消耗巨大的精力与能量。机械论和还原论在人类认识和改造世界的进程中具有举足轻重的地位，这使人类社会的你我他得到区别，使鸡、鸭、鹅、猪、狗、猫等事物获得相对独立区别，使庄稼、杂草、果木、树林等获得相对区别，使天空、高山、大海、太阳、星星和月亮等获得相对独立区别，使人类社会经济、政治、文化、科技等获得相对独立区别……事实上，仅仅将事物作为机械的事物独立出来并不是世界的本原，为了更有效地把握事物，研究机械事物与机械事物之间的关系成为智慧的内容。于是，人类的智慧更多地体现在对事物关系的研究中。

人类社会系统，主要以国系统人作为其主要载体形式表现。在国家社会系统中，物质财富的生产、精神财富的创造、后勤服务、政府行政组织管理、法制、国际交往、国防、生活环境等都是国家执政者需要有效做好的事情。既要把这些相对区别开来进行有针对性的发展，又要把这些有机统筹起来进行综合发展。

第四节　一般系统人社约物支配的"内手"
——博弈自组织

辩证法是研究世界普遍联系和发展规律的学问。根据本能系统的唯物辩证逻辑，世界物质的自我逻辑辩证的分形力是根本动力，世界物质的自我逻辑辩证的整形力是核心动力，两者是相互博弈关系，它们是世界系统内部普遍联系和相互作用的动力。本能物质系统的动力来源于内部是指组分自分形力和整体整形力，人类社会系统的动力来源于内部是指个体系统人自分形力和整体社约物整形力，个人的力量是有限的，整体汇聚的社约物力量是无限的，这里重点讨论社约物支配力量。对于一个确定的系统人，其内部组分博弈形成的社约物是支配其存在演化发展的内力，表现出为内部博弈自组织支配逻辑。当把整个人类确定为一般系统人的研究对象时，其社约物达到了最高层次，它集中表现为社约物内部支配的自组织行为；而其内部的家组织、企组织、国组织等系统人不仅有内部社约物自组织行为，还具有更大系统人系统的外部社约物他组织行为；关于人的研究，不外乎整个人类，归根结底，人类社会的某些组织系统人的他组织社约物都是更大系统人的自组织社约物。

一、关于博弈自组织

自组织理论是研究系统自组织现象和规律的学说。当前，自组织理论自身尚未成为一个系统的、有组织的统一理论，而是一个集合（包括协同学、耗散结构理论、突变论、超循环、分形理论和混沌理论，等等）。自组织是一般物质本能自我逻辑辩证展开的自我运动系统形式，即一般物质本能自我逻辑辩证展开的"自己运动"——博弈自组织。

系统是一种组织，是具有有序结构的组织。"所谓自组织系统即指：无需外界特定指令而能自行组织、自行创生、自行演化，能够自主地从无序走向有序，形成有结构的系统。"[①] 康德首先在哲学上提出"自组织"概念。他认为，自组织的自然事物具有这样一些特征：它的各个部分既是由其他部分的作用而存在，又是为了其他部分、为了整体而存在的；各部分交互作用，彼此产生，并由于它们间的因果联结而产生整体，"只有在这些条件下而且按照这些规定，一个产物才能是一个有组织的并且是自组织的物，而作为这样的物，才称为一个自然目的"。他举例说，钟表是有组织的却不是自组织系统，因为它的部分不能自产生、自繁殖、自修复，而要依赖于外在的钟表匠。吴彤认为自组织理论提出以后，研究自组织与他组织的关系对于演化史、方法论的认识具有重要作用，对于建立一种新的系统方法论或提炼系统科学各种具体理论之间的统一性具有重要意义。[②]

1948年阿希贝出版了《自组织原理》，萌芽了现代自组织概念。当代自组织理论中，耗散结构论创始人普里戈金利用自组织概念描述那些自发出现有序结构的过程，比如贝纳德对流。协同学创始人哈肯提出了"自组织"概念，哈肯定义自组织："如果一个体系在获得空间的、时间的结构过程中，没有特定干涉，我们便说该体系是自组织的。这里'特定'一词是指，那种结构或功能并非外界强加给体系的，而且外界是以非特定的方式作用于体系的。"他说比如有一群工人，"如果每一个工人都是在工头发出的外部命令下按完全确定的方式行动，我们称之为组织，或更严格一点，称它为有组织的行为"，"如果没有外部命令，而是靠某种相互默契，工人们协同工作，各尽职责来生产产品，我们就把这种过程称为自组织"。

（一）从"博弈论"到广义的博弈自组织

博弈论起源于20世纪初，它的早期研究者多半是数学家，在对游戏活动和各种竞赛观察中，试图用数学工具来对其进行研究和预测，其成果超越原来的运用领域，成为一门科学的学问。因此，博弈论的研究对象也大大扩展，从游

[①] 吴彤：《自组织方法论研究》，清华大学出版社2001年版，第3页。
[②] 吴彤：《自组织方法论研究》，清华大学出版社2001年版，第3–4页。

戏，到经济和社会生活，甚至战争，博弈作为研究人与人之间斗智的现象而广泛存在。博弈论研究人与人之间"斗智"的形式和后果，即参与方需要琢磨对方可能的选择，由此确定自己的对策。博弈论的发展沿着两个主要方向进行，一个方向是经济领域，形成经济博弈论；另一方向是从研究竞争与合作的关系，探索大自然和人类社会如何从竞争中涌现出合作行为。对于后一方向，苗东升认为："从人类的长远发展看，后者的意义很可能更为深远和重大。"[①] 著者就着重"后一方向"研究，将"博弈"思维模式提升到一般物质本能自我逻辑辩证的系统研究之中来，探讨一般物质本能自我逻辑辩证的广义博弈，它是指根据"对方自分形可能"确定"自己适应性行为（策略）"而进行的斗"相互作用"及其妥协的过程和形态。

博弈论研究，是指人与人之间按一定目的态为参照下以智慧方式进行斗争的形式和后果，是一种特定的斗争过程描述。如果把这种特定的斗争过程推广到"一般"，即描述博弈各方在各自目的性下进行"一般斗争"及其妥协的过程和形态，这表现出博弈各方"一般"竞争与合作的关系。这将有利于推动探索大自然和人类社会共同存在的普遍关系研究。如果将描述博弈方在各自目的性下进行"一般斗争"及其妥协的过程和形态，定义为广义博弈，那么，广义的博弈是指自由自分形的相互作用活动及整形相互活动，而狭义的博弈则是指"斗智"的活动。广义博弈是指世界的普遍联系和发展的进行态的系统内组分之间在各自自分形目的性下的相互斗争及其妥协的过程与形态描述，也就是世界的分形和整形的辩证综合的系统应用描述。

博弈论是一种人与人之间"斗智"形式、过程和后果的综合研究。"斗智"具有博弈各方的目的性、策略性及后果性，智慧通常只有主体人才具有，而一般的植物和矿物都不具备，但是，人类、动物、植物和矿物都是物质本能自我逻辑的具体展开内容，因此，广义的博弈，斗的不是"智"，而是"自分形"，即广义博弈的"斗自分形"具有博弈各方的自分形目的性、整形策略性和博弈后果性。综合而言，一般物质本能自我辩证逻辑，具有博弈系统形式，在矿物层次，表现为"斗自然力"的博弈；在植物和动物层次，表现为"斗生存本能"的博弈；在人类层次，表现为"斗智"的博弈。因此，把一般物质本能自我逻辑辩证的具体物质体与物质体之间"斗分形力"的形式、过程和后果统称为"博弈系统运行"。

通常，将机能物质体与机能物质体之间"斗自分形"，称为广义的博弈，它

[①] 苗东升：《系统科学大学讲稿》，中国人民大学出版社2007年版，第183页。

是普遍相互作用、普遍联系和发展的描述。一般物质本能自我逻辑辩证展开为具体物质体，不同的具体物质体之间呈现的普遍联系相互作用和发展以系统的形式存在。各物质体之间的"共同"的核心是"组织"，苗东升在《系统科学大学讲稿》中把系统科学研究区分为自组织理论研究和他组织理论研究两大类来介绍。在哲学层面，"组织"可以这样宽泛理解，即相互作用、普遍联系的事物群体。假定有一个事物群体（系统），结合秩边流模型研究广义博弈情况：假定系统中有 ABC 等秩点组分，A 要运行自己的自分形目的态，B 要运行自己的自分形目的态，C 也要运行自己的自分形目的态……ABC 各秩点斗自形，是否每个秩点组分都能如愿完全按照自分形向目的态运行并抵达呢？现实告诉我们，任何物质系统中的秩点都不能完全按照秩点自分形运行并抵达目的态，总是会受到别的秩点自分形的干扰，具体表现为：有些能实现一部分，有些基本不能实现，有些能够超常实现等。描述这种普遍的物质体系统内事物秩点"都自分形"的相互作用，称为"广义博弈自组织"。

广义博弈自组织是一般物质本能自我辩证逻辑展开的具体物质体之间的相互作用、普遍联系的系统关系描述。作为博弈的"系统"，任何博弈中都会产生"涌现"（即博弈涌生事物）。系统内，秩点与秩点博弈产生博弈涌生事物，博弈涌生事物反过来对各博弈方产生"整形"作用，整形作用下的博弈方调整并以新形态参与下一轮博弈……即"无秩点不博弈，无博弈不涌现，无涌现不整形，无整形不新秩，无新秩不博弈"广义博弈链条描述。秩点参与博弈，博弈生成涌生事物（出现涌现），涌生事物具有对系统内秩点的整形力（包括正反馈、负反馈、方向改变、空间位置及结构改变、大小能量改变、信息处理等），整形力下的秩点得到更新或新发展或新变化，新秩点参与下一轮博弈，如此循环上升前进，表现出超循环演化模式。广义博弈中的涌生事物整形力，是系统的"看不见的手"。它既把各秩点"系"成一个整体，又"支配"着系统内部各组分秩点。

多个事物共同的自己运动生成的组织，就是自组织，即系统。自组织是普遍的现象、普遍的存在、普遍的系统机制。多事物自我组织、自行组织，主要研究划定边界内的事物自己形成，改善自己共同的结构、模式、功能、属性等；这体现系统生成、演化、发展、消亡的内因，即系统自组织的力量、趋势和机制。由于系统划定边界获得边界内的多事物的系统，一定是环境的系统，绝对没有环境的系统是不存在的；因此，自组织是指系统在没有外界"特定干预"（来自环境）的系统内部多事物的共同的自己运动生成系统的描述。自组织具有一些特性：

一是共同性。共同性是指自发的涌现的共同性，即涌生事物整合性。系统内多事物，每个事物都按照自己存在和发展的选择行为着，它们共同行为着，这种共同行为的具体模式是群体博弈，博弈的结果将获得博弈多方的共同意义，这种涌生事物共同——涌现出能够支配系统整体的宏观力量——整形力。对于系统内的秩点体而言，它们只是按照各自的方式行为着、行为着是相互的，即博弈——获得博弈涌生事物——获得改善和自我超越博弈体的力量（整形力）。因此，系统内部的秩点体，具有自发的涌生事物共同意义——这种共同以整体的流涌生事物显现，并约束系统内部秩点体，向外整体涌现出整体特性。这个整体涌生事物涌现出来的目标，是系统内部秩体共同的目标，它要高于系统内部单一秩点体的目标。

二是有效性。系统内部秩点体之间的相互作用是普遍的，但从研究有效角度看，仅一部分秩点体之间体现强而有效的作用关系，即有效博弈。它并不能直接地对系统内部所有的秩点体进行同等的有效的作用；因此，它不能直接地关系到系统的全局。但是，一秩点体对周边的其他秩点体产生有效博弈，生成博弈共同涌生事物，形成有效作用；周边的秩点再对其周边的秩点体进行有效博弈，生成博弈共同涌生事物，形成有效作用……这将获得秩点体之间"作用"的涌生事物传递。尽管这些博弈可能"遥远"，但这"遥远"的博弈关系可能通过层层"中介"产生出全局性的系统状态和行为，比如蝴蝶效应。当然，群体博弈通常可能产生系统效能的内耗或倍增，这是系统涌生事物有效"涌现"的内在原因。

三是不确定性。自组织中，秩点体是遵循自己的存在和发展选择行为者，它与别的秩点体的自己存在和发展选择行为存在差异、矛盾和冲突，因而，博弈产生的共同涌生事物具有不确定性。尤其是人，人的选择行为策略是无穷的，有人参与的自组织具有复杂的不确定性，因此，不存在完全靠工人们默契配合而进行的人类生产劳动。

博弈是指世界的普遍联系和发展的进行态的系统描述。对于世界系统的内部联系和发展的关系的研究，唯物辩证法以量变质变规律、对立统一规律和否定之否定规律建立一个世界联系和发展的基本规律体系。在这个科学的规律体系中，我们能够看到规律体现的核心，能够看到规律体系中揭示的事物发展的总括，能够找到事物发展的一个个具体细胞链条，但是我们还不能第一时间准确地描述——正在进行的事物普遍联系和发展。也许有人说，对立统一能够完成描述使命；这是偏颇的，因为对立统一是内在的核心的规律，并不直接地揭示事物与事物的联系与发展的表象；量变质变规律以及否定之否定规律，是事物普遍联系和发展的变化以结果为参照的抽象概括研究。因此，对于第一时间准确地描述正在进行的事物普遍联系和发展，在唯物辩证法体系中留有一个空白。把事物看做一个系统，把事物与事物构成或生成的世界看做一个系统，在唯物辩证法体系中，填补这个空白的描述就是"博弈"。博弈，脱胎于系统的科学，进入到唯物辩证法哲学的领域，具有使唯物辩证法在系统科学条件下丰富和发展的意义，也具有使唯物辩证法同一般系统科学哲学相互统一的意义；最为重要的是，为人类提供了一个在进行时态下对世界的普遍联系和发展的具体事物的认识、研究和把握的系统方法与思想。

系统科学，就是为了获得系统内事物的联系和发展的规律，既包括了世界整体的普遍联系和发展规律，也包括了具体的特殊的联系和发展规律。辩证法体系是世界整体内部的普遍联系和发展的基本规律，那么为什么还有系统科学来研究具体系统的特殊的联系和发展规律？显然，系统科学和辩证法体系不是割裂的、对立的，而是联系的；这种联系通过博弈获得完美实现。

（1）博弈是对立统一的系统表象。博弈是分形力和整形力的对立统一。博弈的核心是对立统一，但它又拥有普遍联系和发展的各方属性，这些方面在系统条件下显现，使博弈作为对普遍联系和发展的进行态的描述获得了一个丰满的整体，一个有内核又有血有肉的整体。

（2）博弈是量变质变和否定之否定的前奏。博弈作为了正在进行的系统的联系和发展，而量变质变以及否定之否定是对事物联系和发展的完成或阶段完成的具有"比较意义"的变化结果的描述和研究。因此，从这方面可以说，博弈是量变质变和否定之否定的前奏。

（3）博弈使辩证法体系获得一个系统科学的整体丰富表象。辩证法体系是内在的、抽象的，而我们面对的生活是活生生的、表象的。哲学是要面向生活的。辩证法核心规律体系向具体的系统的生活表象过渡，博弈使辩证法体系获得一个系统科学的整体丰富表象。

（二）博弈自组织的目的和原则

1. 博弈自组织的目的

博弈自组织都有自己的目的态——它是系统的内部群体博弈的一种共同未来状态，有三个特点：

一是吸引性。目的的未来状态，对系统的其他状态具有吸引力，不达目的不罢休。目的性，是博弈涌生物有效约束范围内才具有的，超过了博弈涌生物有效约束，系统整体的目的性吸引将不复存在。数学上的吸引子有四种：不动点、极限环、环面、分形，它们分别对应：平衡态、周期态、准周期态、混沌四种运动体制。一种吸引子对应一种博弈涌生物约束力、约束形式和约束范围，非线性系统原则上有各种类型的吸引子，在不同的条件下，系统的群体博弈走向不同——系统未来状态走向不同，但每一种未来状态走向，在对应的群体博弈涌生物的约束力内，都具有自己的吸引子。

二是可达性。这种吸引子呈现的系统未来状态，系统在其博弈涌生物的基本条件下，通过演化能够达到。这种达到，与博弈涌生物的约束力是对应的，约束力决定了系统的演化方向和目的，就是吸引子的未来状态。系统在当前的博弈涌生物条件下达不到的吸引子，可能在另外的博弈涌生物条件下可以达到，但这样的吸引子不是当前系统的吸引子。当然了，不能达到的系统状态，不能成为系统目的态。

三是稳定性。根据系统支点原理，系统稳定性只能是相对的，没有绝对的系统稳定性。这种相对稳定性，相对于弱稳定性而言，称为稳定性。系统一旦达到吸引子目的态，它不会轻易离开，而会显示出保持目的态的趋势或力量。这时，系统整体性效应最大——博弈涌生物具有削弱整体效应减弱的力量和趋势（即某一支配地位的涌生事物具有抗阻其他竞争支配地位涌生事物的性质的表现）。

2. 博弈自组织的原则

博弈自组织有三个基本原则，分别为博弈方自分形最大化原则、博弈系统涌生物支配共同最大化原则、博弈效应最大化维稳性原则。

一是博弈方自分形最大化原则。博弈方的自分形目的性决定其参与博弈的自分形最大化目的性原则。博弈后博弈方相对于博弈方，具有自我超越和改善的意义。机械论博弈是硬性的，博弈碰撞发生，结果显现，中间过程是简单的、可还原的。系统论博弈，博弈碰撞发生是一次又一次连续进行的，是软性的、渐进性的——这种特性决定了：博弈后博弈方相对于博弈方的改变不是瞬时直接的，博弈后博弈方是通过博弈反馈作用"调整"后的博弈方。因此，博弈后博弈方，相对博弈方具有超越的特性——这一超越，由于博弈方与博弈后博弈方的密切相关性，呈现出一种博弈方基础上的自我超越性。这种超越性，也是一种改善性。这种超越性和改善性的指向，是系统博弈整体的目的指向。博弈体本能的具有自分形力，即体现自变性；这种自分形的自变性，在系统中会受到反馈调节，从而叠加到博弈体自变性中，形成对博弈体的改变。但是，整个群体博弈，根本动力来自各博弈方的本能的自分形力；因为，自分形力和博弈涌生事物的整形力永远都不能绝对相互抵消；如果没有外干预情况下，系统形成过程中整形力占上风，系统走向消亡的过程中自分形力占上风。

二是博弈系统涌生物支配共同最大化原则。它是指博弈方和其他博弈方的共同作用涌生事物最大化支配系统的形成意义。博弈方通过改善和自我超越，与其他博弈方的改善和自我超越，它们指向一个共同涌生事物，即系统共同——主要体现为系统组织的凝聚力，即整形力——它是系统之所以成为系统的核心。博弈方和其他博弈方的共同涌生事物，一方面它们使自己形成系统合力；另一方面，它改善和控制博弈方和博弈方之间的关系，使它们成为一个整体。这个整体，在高级系统中是可以相对独立体现的，比如人脑系统的意识。在国家组织系统人中，上层建筑政治社约物支配整个国家的自分形发展最大化。

三是博弈效应最大化维稳性原则。博弈效应最大化的维稳性，是指博弈涌生物产生并发挥效应后，在它的主导和约束下，系统达到稳定目的态；一旦达到稳定目的态，博弈涌生物将体现一种维持系统稳定的性质——主要是对抗博弈体自变力和来自环境的其他影响力。博弈效应最大化维稳性原则，即是系统维生性的表现。

（三）一般系统人的社约物博弈自组织动力

一般系统人博弈自组织最终形成内部的占据主导地位自约物意志主导整形力支配，形成具有稳态的社会系统的维生性条件下的一般系统人。

一般系统人社约物博弈自组织中，每个博弈方系统人都是自分形平等的参与自组织活动。博弈的规则是"社约物支配规则"，任意博弈方系统人都有自己的博弈策略集，博弈的目的态是自分形最大化。一般系统人博弈自组织，一方面必须参与社约物支配，另一方面必须面对博弈另一方面，结合自己的博弈策略进行整体统筹运行；任何系统人博弈方的自分形最大化都必须由社约物来服务和保障，即博弈自组织方的自分形最大化，实质上是占据自组织社约物的支配地位或有利地位。从主观上来看，一般系统人社约物博弈自组织的总体性方法是自我社约物意志指导法，即一个人怎样博弈表现自己；从客观上来看，一般系统人社约物博弈自组织遵循的方法是优化社约物意志牵引法，即社会系统自组织总是走向整体最大化；从实践上来看，一般系统人社约物博弈自组织遵循差异协同的优化实践方法。

物理学把系统分成平衡结构和耗散结构，平衡结构在封闭条件下保持自己，而耗散结构要在对环境的开放条件下，不断与环境进行物质、能量和信息的交换才能维持自己。现实系统通常都是耗散系统，比如生命、家庭、企业、国家等。系统一旦生成，其涌生亚物质将体现整形意义，一方面，有选择地从环境中获取物质、信息和能量，另一方面，束缚和控制系统内的组分和相关的信息与能量，甚至将不符合系统整形要求、不符合系统目的态运动要求的物质、能量和信息淘汰出系统外，这使系统形成耗散态。苗东升认为："系统通过差异的整合形成某种稳定的整合方式和整合力，整合力稳定地大于分离力，标志着系统生成过程的完成。但生成过程的完成不等于整合运作的结束，整合贯穿于系统整个生命过程……"① 一方面系统整形力是在与分形力的斗争中显现的，另一方面系统整形力和分形力一样是贯穿系统整个过程的，核心的问题在于"整形力获得并处于支配地位"；系统的生成是指"整形力获得支配地位"，系统的存在并继续存在是指"整形力持续处于支配地位"。整形力是由社约物载荷的。

整形力支配一般系统人内部博弈自组织指向该整形效能最大的趋势（系统目的态）。某一系统人一旦生成，即标志该系统人的社约物效能有效显现。该社约物对该系统的支配趋势为使该社约物支配效能最大化——该目标是社约物支配系统朝之演化的目的态。一个家庭系统，从刚结婚生成开始，家庭社约物将支配家庭，并使家庭达到爱情、物质、相互关系等的社约物最大化，如果一个人的家庭观是金钱，则是使金钱最大化，如果一个人的家庭观是爱情，则是使爱情最大化，如果一个人的家庭观是柴米油盐，则是使之最普适化……显然，系统整形力获得支配地位并向效能最大化系统态发展，这个阶段的系统维生，是系统维生的一个要点。对一个系统而言，这一阶段是普遍存在的，并且是异常强烈的，比如一个具有优质社约物支配的家庭能够很快使系统走向富裕和幸福，一个具有优质社约物制度也能很快使国家或企业走向对应阶段的发展态，一个具有优质社约物的个体（包括智力、人际关系、能力等）显然更能够实现其能力下的发展态（这些都是对应的发展态，而不超越的发展态）。对于系统的这一阶段的维生情况，有些系统我们能够从经验中看到，比如个体发展情况，有些系统我们常常忽略，比如破坏系统社约物占据支配地位对于系统的影响。

人发展的根本动力在于自分形力，作为系统的人的核心动力在于自我社约物意志整形支配。社约物意志是一般系统人的标志，支配着一般系统人的生活。优化社约物意志代表了人的发展自分形的基本方向，符合人类发展的基本要求，牵引着一般系统人的生活演化发展。先进的理念和先进的文化能够牵引，先进的科技和先进的产品能够牵引，先进的力量牵引，适合的边际效用牵引，等等，从客观上来看，一般系统人自我创新驱动方法，就是一般系统人社约物博弈自组织的共同方法。一切创新社约物意志中的优化者，通常能够占据自组织社约物的牵引地位。

一个社会人的心理和行为，不仅受自身基因（内部关系）的影响，也受环

---

① 苗东升：《系统科学精要》，中国人民大学出版社2006年版，第40页。

境的影响。个体系统人的心理和行为受制于自然规律、生物规律、人格自组织规律、社会制度关系和文化道德伦理关系等诸多因素的影响。因而，一般系统人的研究有自然世界一般规律的研究取向需求，有生物规律（生物学和社会生物学）的研究取向需求，有人学（包括个体人学和组织人学）的研究取向需求，有一般社会学的研究取向需求，有个体系统人的一般心理学研究取向需求，等等，这些研究取向不能是割裂的，它们本身就是一个系统；如果把哲学看做以人学的核心的一切智慧的最高抽象总合，那么一切知识都是以人为核心、以人的目的为目的展开的研究，其整体的趋势和规律，既把握了人从自然世界进化而来，形成社会形态存在和继续存在的总体认识，又强调了人与人类在自己特有的社会的"自我"和"类我"相互作用往复运动的生活现实的束缚和作用——总结起来就是"优化社约物支配"。"优化社约物"包括优灵智慧和优灵主宰，即"优天下社约物"。

（四）博弈自组织的演化发展

自组织是组织的根本模式。作为世界普遍存在状态的系统，其存在和演化的基本模式是博弈自组织。在研究中，作为一个划定系统，同时存在自组织和他组织。自组织是世界普遍存在状态过程演化的一种哲学上的抽象概念，按照有序化和结构化作为系统组织的研究坐标考量，自组织包含着一个隐组织向显组织的超循环上升链条：第一，隐组织向显组织的过程演化；第二，微组织向低组织的过程演化；第三，低组织向高组织的过程演化；第四，同层次高组织由简单性向复杂性的过程演化。世界系统有四环演化链条：第一环是开环，没有"研究"的显现，世界自组织就无法呈现，也就没有任何研究意义，甚至根本无法展开研究。在第一环中，我们要研究组织开显的起点、起源和临界点问题，这里以为，多个事物自分形博弈产生"共同涌生事物"就是组织开显的临界点，即相互作用显现。相反，多个事物自分形博弈不能产生有效"共同涌生事物"，则相互作用处于隐藏阶段——该阶段相互作用是自然存在的，只是非处于研究的有效显现范畴。第二环，涌生物由微小向低层次显现，苗东升的"有生于微"属于重点研究该层次的论述。第三环，涌生物由低层次显现向高层次显现。第四环，涌生物在同一层次的简单性向复杂性演化。就当前世界系统的演化状态而言，应正处于第三向第四个阶段发展时期（从超循环理论来看，当世界经历第四个阶段丰富发展走向高度成熟之后，它要转入衰退，这是否定之否定超循环的必然。衰退的结果有二：一是可能产生新一轮的隐组织向显组织的过程演化；二是可能直接在某一个演化阶段（比如第二阶段或第三阶段）进行系统走向混沌后的新一轮洗牌。我们称第二种为伪衰退，因为它能够很快再次呈现有序化和结构化。

　　人类认识研究中相对区分的自组织和他组织中，自组织被自然界证明是物质、能量和信息的最优化方式和形态。他组织，更强调主体意义和主体目的，他组织只能是对自组织的干预，而不能替代自组织。在升组织的演化过程中，四个环节呈现不同的层次，一般来说可分为五个，即隐组织层次、微组织层次、低组织层次、中组织层次、高组织层次，也可划分为微观层、宏观层、宇观层等，每个层次都存在层次的简单性和复杂性相对区别。按照否定之否定规律看，自组织演化是螺旋上升的。自组织演化层次之间的转换符合否定之否定规律，也符合超循环螺旋方式。吴彤认为自组织演化包括三类过程："第一，由非组织到组织的过程演化；第二，由组织程度低到组织程度高的过程演化；第三，在相同组织层次上由简单到复杂的过程演化。……从基本粒子层次演化到原子层次是一种第二过程的层次跃变过程，而从氢原子到重元素的演化，则是氢原子结构单元的多次重叠，是组织层次不变而复杂性增进的演化，即第三种过程。"①

　　哈肯认为，协同学有三个"硬核"：不稳定性原理、支配原理和序参量原理。这里认为这三个"硬核"的协同者是涌生事物。系统在相对稳定的时候，博弈涌生物具有保持这种效应最大化的性质——即削弱该博弈效应减小的趋势，这是系统获得相对稳定的内在因素。但是，系统的持稳性，在系统博弈体的自变性下是永恒向前发展的，当累积到一定程度，突破系统持稳性的临界，则持稳性崩溃——以新的博弈涌现共同涌生事物的产生为标志。这是哈肯的协同学的不稳定性原理的基本解释。对于不稳定性的研究，要从系统"雏形—发展—稳定—崩溃—新雏形"的演化过程中来把握。系统在雏形的时候，博弈涌现共同涌生事物体系可能是混乱的，当某一博弈涌生物获得主导地位时，系统出现该种趋势——在该博弈涌生物的约束力下具有一种指向未来目的系统状态的趋势——在这个过程，约束力按照系统目的态的需要改造博弈体，改善和调整自身的结构和参数，这就是系统的"发展"。系统演化到达目的态，即系统获得该博弈涌现共同下的目的，即该博弈涌生物下的博弈效应达到最大——则博弈涌生物约束力主要表现为对这种博弈效应的维持，使系统表现为相对的稳定——这种稳定的时长，主要由该博弈涌生物的维持能力大小决定，也由外来干预和破坏的大小决定（如果没有外来干预，则由系统内的博弈体的自分形力决定；自分形力和博弈涌现共同涌生事物的整形力永远都不能绝对相互抵消），因此，

---

　　① 吴彤：《自组织方法论研究》，清华大学出版社2001年版，第10页。

第五章 社约物——人类系统约束的"无形之手"

有的系统相对稳定存在的时间长，有的相对稳定存在的时间短。系统具有稳定状态的同时蕴涵着新的博弈涌生物萌芽，新的博弈涌生物不断发展强大，当击败、取代目的态博弈涌生物（旧），则新的博弈涌生物约束力起主导作用，使系统向新的目的态演化直到新的目的稳定态——"弃旧图新"。新的博弈涌生物取代旧的博弈涌生物的那个点，称为系统的失稳点——因为，在这一点，该博弈涌生物的主导地位被剥夺，整体的维稳能力开始失去。系统博弈不稳定性序列，是适合一般系统的。每一个博弈涌生物占据主导约束力的标志是突破失态临界点。比如贝纳德流中，第一临界点产生贝纳德流，产生博弈涌生物1，当温差进一步增加达到第二临界点时，产生博弈涌生物2，六角形圆胞式结构失稳，将形成新的耗散结构。

任何系统，群体博弈涌生物，从无到有，并产生变化，描述这一现象的参量为序参量。一般系统的博弈涌生物生成，到实际具有一定的支配地位——显示了"有序"的有效研究。序参量，如何取得显示有序的作用，就是博弈涌生物取得支配地位，在系统中具有支配作用的显现。因此，具体显现的博弈共同涌生事物称为序参量，序参量存在的基础是博弈涌生物取得支配地位。在支配原理中，博弈涌生物——通过支配系统中的博弈各方——实现"共同"：共同的方向、共同的目的态。在一个具体的系统中，博弈涌生物可能有庞大的数量——它们有不同的类型、不同的属性，分布在不同方向，也可以分布在系统内不同的子系统。比如近代中国在寻找出路中博弈涌现共同涌生事物产生的资本主义道路和共产主义道路，它们作为不同的博弈涌生物具有不同的属性。

博弈自组织涌生物的生成是没有条件的，任何博弈方它们参与博弈就会有涌生物——是否能够发现，是否研究有效，这与研究目的、研究方式和角度有关。自组织是开放耗散条件下的自组织。系统都是有环境的系统，系统是开放的，博弈涌生物一旦获得支配地位，就会从外部环境中吸收有利于抵达目的的高品位的物质、能量和信息，排斥出不利于走向目的态的低品位的物质、信息和能量，这就是耗散。所谓的高品位、低品位，只能相对于某一具体的博弈涌生物下的目的态的满足需要而确定，它只能是具体的。比如，人系统的低品位物质"屎"，在狗系统那是"高品位物质"。系统博弈涌生物的支配作用，在远离平衡的时支配产生的效应主要是耗散结构效应，在接近或者在平衡态的时支配产生的效应是持稳性效应。作为一般系统，它从博弈涌生物取得支配地位向目的态演化，随着博弈涌生物的随支配走向平衡态而增大，达到目的态时，系统整体涌现效应达到最大，此时博弈涌生物具有抗阻该涌生事物整体效应减弱的特性——使系统保持相对稳定性。不能误认为系统稳定就是永恒的，它一定会走向灭亡，走向新的系统。

二、社约人自组织的"三级"博弈

（一）人本自约意志和环境社约意志的博弈，即一级博弈

一般系统人内部的人本自约意志和环境社约意志的博弈产生主体自约物。一级博弈主要发生在"人脑内部"，是以人脑内部为主战场的。一级博弈，通俗地说就是指系统人自我的自约意志同来自社会环境影响的社约意志在系统人脑内部的相互作用博弈，最典型的是个体系统人内心的自我斗争。其描述了一般系统人本自约物与环境社约物博弈争夺占据主体意识引领地位的活动。一级博弈的结果是产生系统人内部的主体自约物。

自我的人本自约物和来自环境影响力社约物共同构成了主体自约物，它总体来说是具有自分形最大化的本性。在实际中，主体自约物中人本自约物与环境社约物的博弈结果形态不同，而使整体主体自约物出现不同的性质，表现不同的主体自我意识，即私意。个体系统人的私意中，有些是主体自约物的人本意识占据主导地位的，有些则是环境社约物意志占据主导地位的，前者多表现出朴实自然的心理心态，后者多表现为社会心理心态。

主体自约物意志中的人本自约物意志是原生态人体机能系统生成的，是人自然的、肉体的、感性的机能系统自我契约性涌生事物，是人体系统自组织的具有自分形最大化的自私性的本性意识，比如其表现的自由、自私、利己、性爱等。主体自约物意志在人本自约物意志的基础上，融合了来自外部社会和自然情景信息形成认识理性的混合自约物意志。理性、德性、博爱是主体自约物体现的社约物意志的共我意义。人本自约物意志和主体自约物意志是不断相互转化、相互融合的，但在具体社会和自然情景中作出相对区别。

人本自约物意志同环境社约物意志在人体内部意识领域不断地博弈斗争，如果人本自约物意志长期不做这项工作，那么该主体将会逐渐脱离社会和自然环境，逐渐被社会和自然环境所淘汰。如果人本自约物意志长期做好这项工作，那么表明该主体不断地融入环境、认识环境、适应环境、遵循环境规律改造环境，不断地获得适应、创新和发展。

（二）主体自约物同他人自约物、公共社约物的博弈，即二级博弈

一般系统人主体自约物同他人自约物、公共社约物的博弈产生自我社约物。二级博弈主要发生在人脑外部，是以人与他人、与社会之间的空间为主战场的。二级博弈是指一般系统人的主体自约物与现有的情景社约物"在人体外"博弈，争夺实践社约物的实际社约物支配地位。二级博弈的结果是产生自我社约物。

以主体自约物意志为中心开展社约实践活动，形成的社约物称为自我社约物。它包括主体自约物与他人主体自约物"点对点"相互社约形成的自我社约物，以及主体自约物与公共社约物"点对群"相互社约形成的自我社约物。

主体自约物意志，因为其为人脑及人体系统服务，通俗可称为私意；社会和自然情景社约物是为整个人类社会（自然）系统服务的，社约物意志通俗可称为公意。实践社约物是指主体自约物同情景社约物博弈开始到影响结束的共同社约物，实践社约物一方面必须在情景社约物的海洋中进行，同时实践社约物最后将融入情景社约物之中，因此，实践社约物是情景社约物即公共社约物的基本来源。其包括主体自约物意志同情景社约物意识的直接博弈（主要体现在认识和思想博弈方面），还包括主体自约物意志指导人体同情景社约物意识及其载体（作为人实践的对象）的综合博弈，主要体现实践。

主体自约物与公共社约物博弈，通常有以下情况：一是主体自约物意志通过实践社约物同公共社约物意识的表现一致性，即私意在实践中表现出同公意的一致性；二是主体自约物意志通过实践社约物同公共社约物意识的表现斗争性，即私意在实践中表现出同公意的斗争性。主体自约物、实践社约物、公共社约物三者联动，核心纽带是实践社约物。主体自约物与公共社约物博弈，以个体主体为中心区分以下情况：A 种情况——"我是这样想的，也是这样做的"；B 种情况——"我是这样想的，却是那样做的"；C 种情况——"我没有这样想，却是这样做的"。其中，"A 主体自约物→A 实践社约物"说明言行一致；"B 主体自约物→非 B 实践社约物"说明言行不一致，可能是主动的言行不一致，也可能是被动的言行不一致；"非 C 主体自约物→C 实践社约物"说明实践行动非自己所左右。

相应地，以公共社约物为中心也区分为三种情况：A 种情况——"社约物要求个人这样劳动和生活，他也是这样做的"；B 种情况——"社约物规定个人这样劳动和生活，他却违背规定是那样做的"；C 种情况——"社约物没有规定个人这样劳动和生活，他却是这样做的"。其中，"A 公共社约物→A 实践社约物"说明社会对个人具有强力或弱力的有效约束性和控制性（另一方面，也说明个人对社会具有适应性）；"B 公共社约物→非 B 实践社约物"说明社会对个人的约束和控制具有斗争性（另一方面，也说明个人对社会具有不适应性）；"非 C 公共社约物→C 实践社约物"说明历史的车轮由人民自己掌握，而不在于任何既定的社约物，生产关系不能适应生产力发展的要求——"社约物不能满足保障全体个体自分形最大化的要求"，新旧社约物将在人民的自分形自组织中不断更替演化发展。实践社约物联系着自我社约物同公共社约物（这里是指广义的公共社约物包括了单个的对象社约物)之间的相互作用。

（三）公共社约物之间的博弈，即三级博弈

一般系统人公共社约物之间博弈产生相互社约物，它还是公共社约物。三级博弈主要发生在人与人之间、人群与人群之间，是以人、社会、群之间的空间为主战场的。公共社约物之间的博弈，就是组织系统人社约物之间的博弈，或者组织系统人内部不同公共社约物信息模式之间的博弈。三级博弈，一定是由一级博弈和二级博弈来同时具体承载的。任何三级博弈的公共社约物信息模式都不能裸存在，都必须由具体的个体系统人来携带；任何个体携带三级博弈的公共社约物信息模式都是通过二级博弈在实践中表现出来的。因此，三级博弈是公共社约物（信息模式）之间，以占据主导地位为核心的博弈，是包含了一级博弈和二级博弈的混合复杂博弈。

人类社会系统中的公共社约物可以描述为：人类社会系统中，每一个成员作为整体不可分割的一部分，为了全体不可分割的共同利益，转让自己的一部分意志和权利形成公共意志及其公共权力。权力表达了个人意志，公共权力表达的是公共意志。公共意志和公共权力是公共社约物的内容。公共社约物由相应的被指定的个体系统人携带，比如：由国家公务人员行使公共权力，他们向全体公民承诺，将按照公共权力的本意自觉地履行职责，规范行使权力，保障和服务全体公民。公共社约物的自我运行，需要注意异化产生腐败的问题。

通常，当公务员私意和公意发生利益冲突时，进行一级博弈。私意凌驾于公意之上是腐败的根本原因（这里，私意是指公务员的个人主观思想意志）。公共社约物自我运行在一级博弈和二级博弈中的异化，就其自身原因而言，主要是公共社约物存在不完善的，比如制度笼子不牢、不严，权力运行不透明、存在秘密，"执纪、监督、问责"措施不到位，等等。

在公共社约物自我运行的基础上，探讨公共社约物之间的博弈。公共社约物之间的博弈，比如：不同政党社约物之间的博弈，同一政党内部不同社约物信息模式（政治主张）之间的博弈；不同国家、不同区域、不同民族之间的不同道德（习俗、文化）等社约物之间的博弈，同一国家、同一区域、同一民族内部的不同道德（习俗、文化）等社约物之间的博弈，企业内部不同企业管理组织社约物信息模式（企业模式或企业文化）之间的博弈；不同家庭社约物之间的博弈，家庭内部不同社约物信息模式（家教）之间的博弈，等等。公共社约物之间的博弈，以一级和二级博弈为基础和载体，以个体系统人为最终载体。个体系统人承担、携带并履行公共社约物博弈时，个人私意社约物应当服从公共社约物，在工作时间应当放弃私意社约物，而仅仅体现公共社约物意志，比如公务员工作中要防止出现私意窃用公意的腐败；即使在非工作时间，也应当考虑私意社约物实践中，可能出现对所携带公共社约物意志的影响。

人类公共社约物整体对外的最高级博弈是指，整个人类社会系统的存在和生活之社约物，同整个自然系统自约物之间的博弈，比如人类同自然界的生态博弈。公共社约物整体对内的最高级博弈是指，整个人类社会系统的存在和生活之社约物的各种信息模式之间的博弈，比如不同宗教信仰、不同政治体制模式、不同种族之间、不同国家之间的博弈。

（四）一般系统人自组织博弈的"两个"核心

人类同外部世界的抗争是永无止境的。人的自分形最大化表现在物质和文化的不断丰富驱动着人从事新的对象性活动，这种对象性活动表现为人同外部世界的博弈抗争，并在活动中加深了对外部世界的认识；这个过程表现为主体社约物指引着人类的实践和劳动，集中体现为主体社约物同外部世界情景社约物的博弈，主体社约物指导实践社约物，实践社约物反馈丰富着主体社约物。

动物的本能是用自然的、天然的劳动手段来占有自然实物，适应环境；而人类由于主体自约物意志高度相对独立，同自然界系统自约物博弈，主体能动地对自然界劳动和改造。马克思说："动物只是按照它所属的那个种的尺度和需要来建造，而人却懂得按照任何一个种的尺度来进行生产，并且懂得怎样处处都把内在的尺度运用到对象上去。"[①] 人类经过漫长的史前时期，进入文明时期后，随着一般系统人演化发展中实践经验的积累，理性、激情、意志等信息模式因素在主体社约物中交互作用并以相对稳定信息模式成为自我社约物的主要内容。

文明时期，一般系统人的主体自约物支配着人以科学技术和艺术等手段来改造自然，彰显了高度相对独立的主体自约物意志支配认识和实践活动的强大能动性和力量。高度相对独立的主体自约物意志就在于能够接受和处理人外部世界的信息模式，包括矿物存在演化自约物规律、植物系统生长自约物规律和动物的系统自约物模式，并按照它们的尺度去指导生产和实践，构建新的自然情景自约物或社会情景社约物。社会情景社约物相对独立，成为公共社约物；公共社约物反过来支配个体主体自约物。

1. "两个核心"支配整个人类社会系统的演化发展

主体自约物与公共社约物是一般系统人社约物博弈争夺的两个核心。

公共社约物意志是指公民主体意志的共同部分的相对独立社约物意志。公

[①] 《马克思恩格斯全集》第42卷，人民出版社1979年版，第97页。

共社约物意志来源于主体自约物意志,服务于主体自约物意志。这两个核心是个体本位与公共本位的来源。这里认为,个体本位和公共本位是一致的,只是在具体环境,具体条件下会出现分化。在整个人类历史进程中,"个体自分形最大化"与"个体本位和公共本位一致性"是支配其发展的基本规律。在原始社会,个体无法实现生存,即无法具有保障个体自分形最大化的基本生存,于是将个体自分形最大化全部转移给了公共群体,将个体本位蕴涵在公共本位之中,所以是原始的公有制社会。当人类农耕为主的相关生产能力大增,人类基本生存能够有保障的前提下,个体自分形最大化在公共本位中无法得到有效实现,相反,公共本位经常阻碍了个体自分形最大化,两者博弈,于是出现"个体自分形"取代"公共本位"占据了公共社约物的主导地位,于是,人类进入了私有制的文明时期。

原始社会的个体在自然恶劣条件下难以生存的背景一去不复返,当前人类文明已经达到比较高的程度。"个体自分形"和"公共本位"在公共社约物中的博弈是一直存在的:为了保障"个体自分形最大化"生成的整个人类自分形最大化,而寻求"个体本位和公共本位一致性"的最大公约数方向,是整个人类社会发展的基本方向。

在原始社会公共本位占据了公共社约物的主导和支配地位。在奴隶社会,个体自分形的私有制在博弈中取代其获得公共社约物的主导和支配地位——这时,往往出现矫枉过正,个体自分形的私有制出现了"极端异化":一是指整个人类被异化为了以奴隶主为代表的部分人类,整个人类自分形最大化变为了奴隶主利益的最大化;二是奴隶的异化,奴隶将自己的几乎所有权利和自由都转让给了奴隶主,仅仅是为了获得最大可能的基本生存(最大化);在一定时代背景和自然环境下,一部分优秀的人成为奴隶主,并带领人类创造那个时代的文明。

当人类发展,农耕获得巨大的发展,奴隶由于转让而丧失了几乎所有的权利和自由,奴隶的被压迫的劳动积极性和创造性降低,另一方面,奴隶在文明发展中不断自我觉醒,自分形最大化的本性迫使他们自觉地起来反抗,争取自己应有的自分形最大化权利。在这一进程中,奴隶主意志社约物同奴隶意志社约物博弈,奴隶主被迫返还强占的自由和部分权利,在以农耕为核心的方向上,奴隶主与奴隶的关系,转化为了地主与农民的关系。

当人类继续发展,人类手工业、工业和贸易不断发展,地主与农民的关系,转化为了资本家与工人的关系。在这方面,伟人马克思给予了极其深刻而透彻的解析。

以上，所有阶级社会的一个根本性弊端：它无法自觉地、自发地调节并建立以"个体本位和公共本位一致性"的最大公约数为指引方向的发展。阶级社会上层建筑是保障特权阶级利益为中心的——本身就窃取了"公共本位"为特权阶级服务，意味着"异化"了"个体本位和公共本位一致性"——自然地异化了以"个体本位和公共本位一致性"的最大公约数为指引，本质上是将其变化为了以"特权本位窃取公共本位一致性"的最大公约数为指引。人类文明的每一次发展，都是最广大的个体自发地觉悟起来，通过采用最激烈的博弈（斗争或革命——由于上层建筑具有系统维生性对抗），获得相应的自分形最大化自由和权利，使"个体本位和公共本位一致性"的最大公约数获得更新的发展。但是，只要是阶级社会，"个体本位和公共本位一致性"的最大公约数获得总是"被动的"，总是在压迫中反抗获得新的公约数，在新公约数阶级社会进入新的压迫，形成新的反抗……"个体本位和公共本位一致性"的最大公约数在阶级社会无法具有及时、有效的自发调节。公有制为主体的社会主义（共产主义）在理论上可以克服这个问题。

2. "两个核心"以实践社约物为联接纽带

两个核心的联接纽带是实践社约物。在人类社会系统中，有主体意志自约物—实践社约物—公共社约物；其中，主体意志自约物是指个体系统人或组织系统人的自我支配的以自约物为载体的，实践社约物是指个体系统人或组织系统人所处社会环境的大系统社约物对该系统进行支配的，公共社约物是指相对区别于主体自约物从实践社约物中相对独立出来的社会情景社约物。自我社约物属于广义的公共社约物中的组分内容。自我社约物同狭义的公共社约物相互区别，前者以自我系统人为中心，具有私人性、私密性；后者以公共系统人为中心，具有共享性、公开性、透明性。

主体意志自约物主要是一般系统人的自我博弈、自我革新、自我发展的主体意志博弈自组织，表现为自约物涌生事物同携带社会契约性信息的他组织性涌生事物的博弈。通俗地来说，自我更新、自我改造、自我提高、自我超越、自我学习、自我变革、自我斗争、自我和谐、自我和解等，都属于主体意志社约物内部博弈且支配演化的表现。

实践社约物主要是指社会实践中潜在或显在的他组织性社约物，比如潜在的思想、文化、道德、习俗、信仰等社约物。它对一般系统人实践具有支配与协调作用，比如显在的法律、制度、规定、契约等社约物，对一般系统人的言行、经济活动和社会活动的支配与协调作用。对于最整体的人类系统而言，实践社约物又是该组织系统人的内部自约物。不同公共社约物之间，通过实践社约物进行博弈争夺占据公共社约物意识领域的引领地位。典型的，比如AB两公共社约物之间的博弈。

通常地，一般系统人的第一级博弈的结果参与第二级博弈，第二级博弈的结果作为主体社约物再参与第一级博弈……这是一个超循环螺旋过程。两级博弈有时候存在时间的先后顺序，有时候几乎是同时发生的，而只能区分逻辑先后。

三、社约人博弈自组织的"交往、竞争、合作"形态

社约人博弈自组织即一般系统人社约物博弈自组织，它遵循一般物质本能自我逻辑辩证的博弈展开原则，具体为一般系统人自分形开显最大化原则和一般系统人社约物整形原则——人类系统要在个体平等基础上实现自由发展最大化，要实现整个人类涌生事物对个体的支配的最大化（获得公平享受权力和利益的最大化），要实现整个人类存在和继续存在最大化即实现人类的长久存在和繁荣发展。人是社会的人，社约物组织系统人一方面具有群体特性的共同性，另一方面，又因不同的组织而具有具体的博弈内容。一般系统人社约物博弈自组织的共同形态主要表现为每个人自分形最大化表现的竞争、每个人都受社约物协同的合作，以及人与人之间自组织活动的交往。

（一）一般系统人博弈自组织的"交往形态"

从某种意义上来说，人与人之间的交往活动就是自组织活动。人与人之间交往产生的关系就是自组织社约物。交往是社会人实践的重要形式之一，是人类社会系统涌现的内容之一，它与直接的生产实践一样，是社约物的重要内容，支配着人与人的系统存在形态和演化发展。

1. 关于交往

交往的英文词是communication，它具有信息、交往、交流、交换、传播、通讯、联络等含义。心理学中"交往"是指人与人之间通过心理接触或沟通，达到互通的彼此认知；语言学中的"交往"主要是指信息交流；社会学中的"交往"是指人际交往的行为特征及社会作用；哲学上认为，交往是人与人之间的普遍社会交往，是表现人与社会的内在统一性的生活方式。从系统科学看来，"交往"是人类社会系统的一般系统人之间的自组织生活方式，即交往是社会系统自组织的内容。

在人学研究中，"交往是指一定历史条件下的现实的个人、社会集团、民族、国家间的互相来往、相互作用、彼此联系的物质和精神交流活动，此活动不仅存在于一代人之间，而且包括代际间的活动，在这一过程中相互形成的一定关系就是包括生产关系在内的广义的社会关系"①。马克思把交往看做是人与人之间相互接触、斗争、合作而发生交换、交际的相互作用的社会活动。马克思和恩格斯关于人类活动说:"人类活动的一个方面——人改造自然。另一个方面,人改造人……"② 生产实践侧重于改造自然,交往实践侧重于改造人。生产实践,通过生产活动为人们提供必需的生活资料,其活动开展的动因和服务的对象是"交往"的主体,即"我"。交往的社会性,是指人类社会系统的系统性,即社会的系统性,它是指人与人之间涌现的社约物性。交往的社会性,本质上是人的合群性,正如马克思所说:"社会关系的含义在这里是指许多个人的共同活动。"③

马克思说,人类社会生活在本质上是实践的。人类的交往随着人类社会实践活动的不断发展而发展。"从社会发展的历史过程来看,人类大致要经历以下几种交往形态:原始社会的纯粹自发的交往形态,奴隶社会、封建社会的以人身依附关系为主的交往形态,资本主义社会的以物的依赖关系为主的交往形态,社会主义社会作为共产主义初级阶段的交往形态,共产主义社会的充分展示自由个性的交往形态。"④

2. 人类社会系统自组织的交往社约物

交往的本质是社会人之间的自组织活动,因此,交往形成的关系是社约物的内容,可称为交往社约物。交往社约物对整个人类社会系统运行具有支配意义。首先,交往社约物对人类社会系统具有协同功能。在人类社会系统中,人与人交往就产生交往社约物,通常表现为人们长期交往形成的语言、规范、习俗、制度等。由于人不同的背景、利益和信仰,在个人自分形最大化博弈中,常常表现为矛盾和冲突,交往形成的交往社约物对于沟通人与人之间的思想感情,达成理解的妥协,协同社会系统各方面利益具有支配功能。

其次,交往社约物对于人类社会的整体繁荣发展具有促进作用。交往产生交往社约物,它的服务保障功能,可以让人类发展成果得到传承和发展。"历史的每一个阶段都遇到一定的物质结果,一定的生产力总和,人对自然以及个人之间历史地形成的关系,都遇到前一代传给后一代的大量生产力、资金和环境……"⑤人与人交流社约物,使不同地区之间的交往优势相互交流和传播,促

---

① 陈志尚主编:《人学原理》,北京出版社 2004 年版,第 226 页。
② 《马克思恩格斯选集》第 1 卷,人民出版社 1995 年版,第 88 页。
③ 《马克思恩格斯选集》第 1 卷,人民出版社 1995 年版,第 80 页。
④ 陈志尚主编:《人学原理》,北京出版社 2004 年版,第 229 页。
⑤ 《马克思恩格斯选集》第 1 卷,人民出版社 1995 年版,第 92 页。

进整体人类社会的优势发展规模,不断提升人类社会的整体发展水平和繁荣程度。当然,交往中,有些旧的习俗、制度或体制,由于其维生性和交往者入乡随俗等原因,束缚了人类的创新发展,阻碍了社会的进步。

再次交往社约物对于人的全面发展具有重要意义。人不是孤立的,而是社会性的。人的自分形,如果不借助社会性环境,那他比动物高级不了多少——社会性环境社约物浓缩了人类从猿进化而来的一切智慧与精华,自分形缺少了社会性催化,就失去了现代人的属性,犹如狼孩。交往社约物是人自分形的社会性催化剂,它支配人的存在和发展,使人融合在人与人的交往实践和生产劳动实践之中。个体的发展交往,通过交往社约物凝聚成人类整体发展,发展的交往社约物协同保障使个人不断地优化发展,交往社约物协同个体与整个人类的全面发展。

3. 交往社约物对社会自组织的支配运行

交往社约物的意志,是指交往者认识世界获得的、为改造世界而运筹的、准备实施控制或支配的意志,它相对于现实的交往者之间的博弈涌生物具有思想指导性。交往社约物由交往主体携带,通过实践来达成目的。

交往社约物对社会自组织具有支配作用。人类社会系统中的交往社约物可能形成博弈干预共同体,对于被干预者来说具有无条件被支配的作用。所以,社会系统中,某个体运用具有绝对支配力的博弈干预共同体,去博弈干预范畴内的其他个体的时候,其他个体通常被支配,甚至无条件绝对被支配,比如军队组织。在一个系统中,以绝对支配力的博弈干预共同体为主导的博弈涌生物支配系统,则该系统是典型的他组织。因此,原始社会、奴隶社会的首领,封建社会的皇帝,都没有脱离狼群狼王、狮群狮王的动物阴影。人类发展的基本支配是,以最全体的个体之间博弈的博弈涌生物——共同支配整个社会,这就是人类发展的基本组织动力,原始社会、奴隶社会、封建社会、资本主义社会、共产主义社会都是这个基本组织力的产物。这种支配规律下,博弈涌生物对个体提供负熵,和个体对博弈涌生物提供负熵是平衡的;博弈涌生物对个体提供正熵,和个体对博弈涌生物提供正熵是平衡的,人类社会发展受这种规律支配,并朝支配的目的态永恒前进。在阶级社会,上层阶级融合在社会的博弈涌生物中占主导地位,下层阶级的个体占据社会整体的主体地位(却并没有占据博弈涌生物的主导地位),因此,博弈涌生物对最广大的个体提供的负熵少,而最广大的个体对博弈涌生物提供的负熵多;博弈涌生物对最广大的个体提供的正熵多,而最广大的个体对博弈涌生物提供的正熵少;这种平衡的失衡程度,从原始社会向奴隶社会、封建社会、资本主义社会逐步降低,也就是说,社会越来越走向平衡、走向进步。但是，只要是阶级社会，这种平衡就不能达到。共产主义社会消灭阶级，为这种平衡达到提供了可能。但是，共产主义社会虽然消灭了阶级，社会系统中还有不同的层属，并且个体不同，个体能够提供的负熵能力不同、能够承受的正熵能力不同，不能直接达到绝对平衡，只能不断地达到相对平衡，在极限处收敛于"平衡"。社会中，除了要有硬性的具有强硬支配力的博弈干预共同体外，还有柔性支配力的博弈干预共同体，那就是"道德"。

人类社会是永恒前进的，每个个体都具有自分形力，群体博弈产生的博弈共同体支配个体，使社会系统整体达成动态发展平衡。在这个平衡中，个体对博弈涌生物提供负熵的能力，决定了博弈涌生物对个体提供负熵的支配关系，即生产力决定生产关系；个体对博弈涌生物提供负熵的"总能力"，决定了博弈涌生物对个体提供负熵的"总支配制度"，即经济基础决定上层建筑。

(二) 一般系统人社约物博弈自组织的"竞争形态"

竞争是物质本能自我辩证逻辑的自分形最大化之间的普遍现象，也是人类社会和自然界中的普遍现象。"竞争作为是生物学等自然科学范畴，是泛指包括人类在内的一切生物为了满足自身生存和发展的需要而进行的争胜、赶超或斗争。竞争作为人学等社会科学范畴，是专指人类的社会竞争，这是由人的社会性决定的人们之间的一种互动方式，是人们为了生存、发展和享受的需要而展开的争优劣、争胜负、争存亡的角逐和较量。"[①] 一般系统人博弈自组织的竞争，贯穿了一般矿物本能竞争运动、自然生物竞争生存和人类竞争社会活动的内在逻辑，不断推动着人类社会的演化发展。根据一般系统人的整体人类系统、组织系统人和个体系统人分类，相应地区分为三类一般系统人自组织竞争博弈研究。

1. 关于竞争

竞争是人本能自分形运行的一种特性。一般系统人竞争特性的表现是历史的，总是与当时人类系统社会的生产方式以及竞争主体人的思维和实践社约物关系紧密相联，并且随着社会生产方式和社约物关系的发展而发展。人类社会由低级到高级的历史发展过程，相应地呈现出竞争的不同历史形态。在原始社会，自然条件恶劣，人类劳动工具简陋，人类系统对外界自然的竞争博弈能力极弱。人类系统的内部竞争博弈主要表现为竞赛博弈，激起相互之间的尊崇和效仿之心，相互促进提高非对抗性竞争的劳动技能；当然部落联盟之间也存在对抗性竞争博弈，争夺有利的资源和适宜的生存环境等。但是，原始社会的人

[①] 陈志尚主编：《人学原理》，北京出版社2004年版，第245页。

类社约物自组织竞争博弈，主要决定于年龄、体力、自然环境等，由于缺乏"智能工具"手段，竞争博弈的策略集内容较单一，通常是残酷而野蛮的低水平竞争博弈。原始人类的自组织竞争博弈，在征服自然方面，是人类自分形本能力量的自我显现，竞争具有勤劳、勇敢和力量的表现形态；在征服其他氏族和部落方面，是人类自分形本能最大化的自我斗争，竞争具有对外抗争和对内保护全体成员自由平等权利的统一的表现形态。

在阶级社会，人类社会内部社约物自组织竞争博弈成为主要形式，表现为剥削阶级社约物同劳动人民社约物之间的竞争博弈，由于剥削阶级社约物具有经济和政治上的引领地位，因此，获胜的剥削阶级社约物，具有对劳动人民镇压和对剥削阶级内部保护其阶级成员权利的统一的表现形态。但是，这种竞争是不平等的竞争。人是生而自分形自由平等的，因此，被剥削阶级一定会团结起来反抗，形成阶级斗争的客观逻辑。奴隶社会中，奴隶主把奴隶完全物化，他是私有财产，是没有人身自由的会说话的工具，这虽然在特定历史阶段推动了人类社会的发展，但在本质上违背了人类系统社约物支配的自分形自由平等的总规律。奴隶社会被推翻后，进入封建社会。封建地主阶级通过对土地这一主要生产资料的占有，而获得对劳动农民的斗争竞争优势；此时，农民具有了人生自由和少量私有财产，但这种竞争也是不平等的竞争。封建社会社约物自组织竞争博弈，比奴隶社会的社会生产力有了很大的提高。到资本主义社会，人类社会系统的社约物竞争博弈，主要体现为物化社约物竞争博弈得到了充分和充足的发展。"资本主义大工业清除了自然经济条件下一切不利于竞争的因素：它改变了自然经济的生产目的，由生产使用价值变为生产交换价值，获得剩余价值是资本主义生产和竞争的唯一目的；它摧毁了封建所有制关系和人身依附关系，废除了封建特权、宗法观念，代之以赤裸裸的金钱关系。"① 以物化社约物表现"财货至上"的资本主义竞争获得生产力的巨大发展，"资产阶级在它的不到一百年的阶级统治中所创造的生产力，比过去一切世代创造的全部生产力还要多，还要大"②。

人类社会系统的社约物自组织竞争博弈，不仅包括物化社约物竞争博弈，也包括人化社约物竞争博弈。由于经济基础决定上层建筑，因此人类社会系统的社约物自组织竞争博弈首先从物化社约物竞争体现，这也是人类生产力竞争首先表现的原因。但是，人化社约物是人类社会系统社约物自组织竞争的根本

---

① 陈志尚主编：《人学原理》，北京出版社2004年版，第251页。
② 《马克思恩格斯选集》第1卷，人民出版社1995年版，第277页。

目的。资本主义社会的极端物化社约物竞争,将人们的才能、名誉、爱情、良心等都作为物化商品的竞争内容,使人化社约物丧失了它应有的地位,工人阶级和劳动人民在本质上被统治和被奴役,正如恩格斯所说:"失败者被无情地淘汰。这是从自然界加倍疯狂地搬到社会中来的达尔文的个体生存斗争。动物的自然状态竟表现为人类发展的顶点。"① 这导致资本主义社会道德沦丧、人道异化。社会主义社会的社约物自组织竞争博弈,是建立在公有制基础上的、真正意义上全民参与的、平等程度最高的竞争,它纠正了资本主义物化社约物竞争极端化问题,在竞争中兼顾个人、集体和社会整体利益,使人类系统中的物化社约物竞争和人化社约物竞争获得匹配协调发展。在共产主义社会,人类社会系统社约物自组织竞争博弈的本性,将成为人们普遍的自觉认识,它会在联合起来的生产者手中将资本主义社会的"魔鬼似的统治者变成顺从的奴仆"②。

2. 人类整体对外竞争博弈

达尔文认为,生物进化在本质上是由变异、遗传和生存竞争三种因素相互作用而发生的,"物竞天择,适者生存"则是生物进化的普遍规律。人类社会系统整体对外竞争博弈是为了获得整体人类在自然世界的最大化存在和演化发展,即认识世界和改造世界的最大化。"人定胜天"是整体人类对外竞争博弈的积极心态。

人类对外竞争博弈是人类的本能本性,人类历史就是在这种本能本性中走出来的。人类整体对外博弈,可把人类系统看做一个秩点,而把自然的其他物种、自然资源、自然条件等作为其他秩点,人类秩点同自然界其他秩点的博弈,是以人类秩点改造其他秩点并把部分其他秩点内容转化为人类秩点内容的活动,即是人类驾驭自然、改造自然,创造人类文明历史的活动。从人类发展历史来看,人类秩点同自然界其他秩点竞争博弈,并主导人同自然相互作用的系统演化经历了不同的阶段,呈现出不同的社会形态。人类秩点整体对外竞争博弈,根据人类科技和劳动生产工具的不同和生产能力不同而不同,经历了简单工具的原始阶段、初级工具的农业阶段、机械化工具的工业阶段、信息与机械智能工具的信息化阶段等。

人类整体对外竞争博弈的范围,从一开始原始社会的小区域逐渐扩大,到现在的上可九天揽月、下可深海捉鳖。但是,人类秩点整体对外竞争博弈,对自然的其他物种和自然资源进行了粗鲁和掠夺式的毁坏。随着人类意识涌生事

---

① 《马克思恩格斯选集》第3卷,人民出版社1995年版,第624页。
② 《马克思恩格斯选集》第3卷,人民出版社1995年版,第630页。

物不断强加于自然世界，支配部分自然世界，使人与自然的关系不断地改变，这种改变主要是人类人口增加、人类需求增长、人类改变和支配自然的方式和技术能力不断发展和变化等，自然系统中其他秩点不断地"被"人质条件下支配——有的甚至出现了"人为"淘汰的、扼杀的、毁灭的支配……虽然人类获得了短期的竞争博弈上风，但从长远来看还是存在问题的。人类秩点仅仅是自然界生物类秩点和矿物类秩点的一部分，根据自然界系统涌生事物支配包括人类在内的类秩点的自然规则，人类秩点竞争博弈自然生态和资源秩点时，如果在竞争博弈中致使其他生态秩点从量变不断发生质变，则量变质变的组分与系统原有组分博弈产生新涌生物，它与处于支配地位的旧涌生物博弈，新涌生物取代旧涌生物的支配地位，重新支配和整理系统（在发生量变时，新涌生物和旧涌生物可能是一脉相承的，体现为促进和承接关系；但发生质变时，新旧涌生物通常也发生质变）……人类在破坏生态物种或使生态发展不可恢复性损害时（发生组分质变或生态秩点质变），常常要遭受到质变的组分博弈带来的新质涌生物支配，包括人类秩点在内的系统，表现出对人类秩点的新的整形、束缚等，通常表现对人类的报应，即通常所说的破坏环境必然要遭受到环境的报复（由于系统演化存在滞后问题，报复存在时间滞后性）。因此，人类整体对外竞争博弈不能极端放大，应当选择人与自然和谐，做遵循自然生态系统整体法则的守法公民。在人类整体对外竞争博弈中，天作孽，当以整体人类自分形之能动本能，发扬人定胜天之精神，夺取人类万物之灵的应有统治地位；自作孽，不可活——人类不断地践踏和毁坏自然系统法则，最终人类将逐步葬送在自己的手里。人类在宇宙尺度内要有自我定位，对外竞争博弈既要有信心和能力，也要有自然生态之自知之明；不遵守对外竞争博弈法则，常常将是搬起石头砸自己的脚，必然将遭受肆意践踏生态而产生的新系统涌生物的制裁。

3. 人类内部的组织系统人竞争博弈

人类内部的组织系统人竞争博弈，主要表现为家族组织系统人、部落组织系统人、企组织系统人和国家组织系统人之间的竞争博弈。到目前为止，人类系统的发展史，就是人类内部组织系统人博弈自组织的历史，也是人类内部阶级组织系统人和国家组织系统人的竞争博弈历史。国家组织系统人的竞争博弈争夺内容包括，从生产资料到生产力，从生产关系到上层建筑意识形态。在生产资料方面，经历了从重视人口的奴隶社会竞争博弈、重视土地的封建社会竞争博弈，到重视资源、能量、信息、资本等的资本主义博弈，以及统筹重视人类系统的社会主义博弈向共产主义发展。

人类自分形博弈的能力是不断发展的，从原始的石器棍棒能力，到铁器能力，到火药和能源提供的能力，到信息能力等，人类的能力可以把大自然系统中的其他秩点（其他物种）毁灭，可以把大自然系统中的其他秩点（河流、山川、草原、湿地、海洋、大气等）破坏，甚至可以把人类自身毁灭，可通过科技异化人类、核战争或者生物病毒战争等把人类自身毁灭……人类内部的国家组织系统人竞争博弈，应当遵循人类系统存在和演化发展最大化的人道主义；反人类和反人道的竞争博弈，将使人类系统内部崩溃瓦解，甚至进入毁灭的境地。

人类社会的组织系统人的具体竞争博弈，广泛分布在经济、政治、思想文化、社会生活等各个领域，经济领域的竞争博弈是在各个产业及财贸和金融等方面，以争夺物质利益和优越的经济地位为目的的博弈；政治领域的竞争博弈是国与国之间，各国内部的阶级、阶层、集团、党派之间，以争夺政治权力或军事优势为直接目的的博弈；思想文化领域的竞争博弈是指各种社约物意识形态和观点之间的斗争、论辩、争鸣的博弈；社会生活领域的竞争博弈比如企业与企业、单位与单位的竞争博弈等。

4. 人类内部系统的个体系统人竞争博弈

个体系统人竞争博弈是一种社会活动，包括人化社约物方向的竞争博弈和物化社约物方向的竞争博弈。生物是生物化的竞争，只是为了争取自身生存和发展所需要的空间、水分、阳光、食物等确保自身存在和发展的消极的竞争；人是具有竞争意识的能动和主动的积极适应和改造环境的竞争。人化社约物方向的竞争，在于人人都有满足自己生存、发展和享受的需求和理想，意识、观念和规则直接指向服务人的竞争博弈就是人化社约物竞争博弈。物化社约物方向的竞争，物资财货是人生存的物质基础，人的物质生活需求不断增长，但社会资源是有限的，追求物化社约物表现的经济基础的竞争博弈就是物化社约物方向的竞争博弈。

每个人在社会系统中都有自己的社会生活条件，比如家庭出身、社会关系、个人财产、经历、地位、荣誉等，每个人作为个体系统人都具有内在的思想、天赋、能力、素质等，虽然每个个体系统人的自分形能力不一样，但人的意识具有的统摄世界的功能相差不多，人与人的相互接触，会不断地激发人自分形最大化的现实实践目的，企图用更多更好的成果来表现自己，实现自己的愿望。这种在具体接触中产生的具体的自分形愿望，就是现实的竞争意识。正如马克思所说："单是社会接触就会引起竞争心和特有的精神振奋，从而提高每个人的个人工作效率。"

个人的生活竞争，主要是为满足具体的物质和精神需求，比如考试、考核、应聘、求职、比赛等。一般系统的自组织竞争博弈，根据对博弈方的损害程度可区分两大类：一类是对抗性损害的竞争博弈，比如自然界的动物与天敌之间的你死我活的竞争博弈，人类社会中阶级斗争的对抗竞争博弈以及经济系统的兼并重组的竞争博弈，等等；资本主义的竞争虽然打破了各种界限，开拓了全球市场，但采取各种损人利己的手段会造成社会恶果；另一类是非对抗性损害的比赛竞争博弈，强者获得更多的资源，而不是直接损害另一方，竞争相互促进，共同提高；共产主义社会将以非对抗性损害的比赛竞争博弈为主，更强调共同提高，"个人之间的竞争，即资本与资本相争、劳动与劳动相争等等，就会归结为以人的本性为基础的并且到目前为止只有傅立叶一人做过一些说明的竞赛，这种竞赛将随着对立的利害关系的消失而被限制在它所特有的合理的范围内"①。

不同的个体系统人需求不一样，竞争博弈的能力不一样，现实中竞争博弈是复杂而残酷的。每个人都具有不断增长的生存、发展和享受的需求，包括物质需求和精神需求，在有限的社会资源中，每个人都为了获得自身自分形最大化保障，必须参加自组织竞争博弈。

要想在自组织竞争博弈中取得优势，主要在三个方面努力：一是明确个人系统的自分形目的态，树立个人理想和竞争博弈的目标、方向、性质等，防止沦落为别人的卒子，失去自己竞争博弈的方向和目的；二是拥有足够多能应付的竞争博弈策略集，拥有竞争可采用的尽可能多的知识、信息、资本、手段、方式和形式；三是拥有驾驭竞争博弈实践的能力，兵来将挡，水来土掩，智商和情商综合，根据博弈其他方的变化而做出针对性的竞争方法手段选择，最后达成最大可能的目的态。

（三）一般系统人社约物博弈自组织的"合作形态"

人类社会系统整体对外合作博弈，是指人类自分形最大化的同时，考虑外在自然生态环境，使人类存在自分形的耗散同自然环境的耗散达成合作共存的平衡，使人同自然环境系统的共同稳定态从一个阶段的和谐向另一个阶段的和谐发展，共存共赢，实现人与自然的和谐发展，即生态平衡发展。

1. 关于合作

合作是人类社会系统的本性。恩格斯说："只有一个有计划地从事生产和分配的自觉的社会生产组织，才能在社会方面把人从其余的动物中提升出来，正

---

① 《马克思恩格斯全集》第1卷，人民出版社1956年版，第615页。

<<< 第五章 社约物——人类系统约束的"无形之手"

像生产一般曾经在物种方面把人从其余的动物中提升出来一样。"① 人是社会合作性动物,以劳动工具为纽带建立起来的社会合作关系,使人类成为主宰世界的万物之灵。人,力不如牛,走不如马,却使牛马为我所用。人类社约物自组织合作博弈使人类具有整体涌现的能力,捍卫自身发展,超脱于其他动物,主宰自然。人的社约物自组织合作博弈是贯穿社会人始终的。正如马克思所说:"甚至当我从事科学之类的活动,即从事一种我只是在很少情况下才能同别人直接交往的活动的时候,我也是社会的,因为我是作为人活动的。不仅我的活动所需的材料,甚至思想家用来进行活动语言本身,都是作为社会的产品给予我的,而且我本身的存在就是社会的活动;因此,我从自身所做出的东西,是我从自身为社会做出的,并且意识到我自己是社会的存在物。"② 只要是人类社会系统的活动,就一定是社约物支配的活动,即是合作意义下的活动。

"合作是人的特性,是人们交往的一种基本形式,是指个人与个人、群体与群体之间为达到某种共同目的,彼此以一定方式配合、协作的联合行动。"③ 合作是社约物自组织支配运行的合作博弈的一种表达,是指不同系统人具有的共同目的态下的协同运行。在具体合作博弈研究中,通常具有以下条件:一是合作博弈各方具有相应的物质能量和信息基础,如果合作博弈方没有相应的比如资金、物质、信息、技术等,就失去了满足合作博弈另一方面需求结成有效合作行为的基础;二是合作博弈各方具有至少一种相同的目的态方向,不管这种目的态是长期还是暂时,没有相同的目的态方向,合作博弈无从谈起;三是合作博弈各方具有社约物自组织适合的规范秩序,没有合适条件,合作博弈不能有效产生(不能产生有效的整体涨落放大),没有规范秩序,合作博弈不能有效自组织运行(不能持续有效地运行并实现共同目的态)。

社约物自组织合作博弈,根据共同目的态下的系统人相互关系情况,可区分为协作博弈和妥协博弈。协作博弈是指系统人在共同的目的态方向下没有目的态占有争夺的合作博弈,而妥协博弈是指系统人在共同的目的态方向下具有目的态占有争夺的博弈自组织的合作。每个人都没有本质的区别,在个人的自分形目的态方向上,大致相同;因此,人与人之间的关系是具有总体相同目的态的自组织合作博弈关系。根据人类共同合作博弈的生产力发展水平,"我们将合作大致划分为四种类型,即初级合作(生产力水平低下的原始社会的合作类

---

① 《马克思恩格斯选集》第4卷,人民出版社1995年版,第275页。
② 《马克思恩格斯选集》第42卷,人民出版社1979年版,第122-123页。
③ 陈志尚主编:《人学原理》,北京出版社2004年版,第238页。

型)、次级合作(生产力初步发展的前资本主义社会的合作类型)、高级合作(生产力大力发展的资本主义和社会主义的合作类型)和更高级合作(生产力高度发展的共产主义社会的合作类型)"①。

2. 社约物自组织合作博弈的公共权力及公共服务

一个人的力量是有限的,他能够获得的自分形最大化是有限的;为了克服单个个体无法完成的困难,诸多个体系统人的自组织合作博弈,转让自己的部分权利和自由,生成公共社约物意志及其权力,形成国家公共权力。人类是社会系统的每一个成员,都接受包括来自自身意志转化的公共社约物意志的指导和约束。在阶级社会和生产力非大力发展的阶段,公共社约物意志支配的社约物自组织合作博弈,重在"控制、约束和管理",而"服务保障"则是专门指向阶级主的"异化的"。随着人类社会的发展,公共意志社约物越来越体现其公共性,人们对于"国家"的定位,从古代的"管控"为重点逐步向"服务"转变,比如《新公共服务》中,把国家的定位强调为服务。国家其权力,作为人与人、人与社会之间的公共意志社约物及其转化的权利,支持着整个国家系统人。国家社约物自组织合作博弈运行,是整个社会系统以"系统"存在的标志,它一方面服务保障全体公民,另一方面控制约束和调控全体公民。简单地说,就是整形力意义,主要表现为耗散意义,为人及社会实体事物提供物质、能量和信息,同时消化来自人及社会实体事物的"排泄物",既有服务意义、支撑意义,也具有束缚、控制和调整意义。因此,公共服务,一直是一种动态演化的链条,应当从整个人类历史的大视角来研究,公共服务是一个以服务人类社会为导向的执政理念。服务社会执政理念是一个广义的、具有宽泛内涵的范畴。在执政服务理念的发展链条上,主要有三种表现,即控制、把舵、服务。在激烈的阶级社会里,服务是激烈对立分阶级的,服务是最为狭窄的,比如封建社会的服务主要是为地主阶级服务,执政强调控制另一阶级,即控制农民阶级,最后才为整体的国家发展把舵。在当前民主、自由、和谐的社会发展中,公平、平等取得了质的飞跃,在平等的前提下,控制阶级在国家执政中已经弱化,阶级平等、种族平等已经呈现。把舵在20世纪世界国家发展中曾经作为了重要的内容,20世纪世界国家的发展道路的选择就是一种典型的把舵理念。当前,世界潮流是和平与发展,服务成为国家执政理念的主流。

3. 社约物自组织合作的经济基础与上层建筑

一般系统人的自分形最大化,归根结底是以物质为基础表现的。人的一切

---

① 陈志尚主编:《人学原理》,北京出版社2004年版,第239页。

特性都建立在人的物质性之上,包括意识都只是人脑物质的产物。总地来说,物质具有人类社约物的逻辑优先性。因此,在人类社会系统的社约物自组织合作博弈中,物化指向的社约物决定了人化指向的社约物,即经济基础决定上层建筑、生产力决定生产关系。人类的总体性社约物自组织合作博弈是从低级走向高级的,它体现了社约物支配人类社会系统自分形最大化表现的自我超越、自我优化、自我改善的必然趋势,呈现出不同的历史形态,即原始社会、奴隶社会、封建社会、资本主义社会、社会主义社会和未来的共产主义社会。

人类社会系统中,根据系统的秩点组分效应决定系统可能的范围的质支点原理,社会人秩点组分,决定了整个人类系统可能的范围——不管社会人之间如何博弈,并且产生怎样的上层建筑,它都不应当超越这个"范围"。经济人的社会生产力是有限的,经济人作为人类社会系统的秩点组分,决定了人类生产之间的涌生事物,即生产力决定生产关系。社会系统中,经济基础承载相应涌现的上层建筑——上层建筑反过来维持和发展这种涌现。一定的经济基础只能承载相应涌现的上层建筑,如果承载的是非相应的人为的上层建筑,它一定会"自然地"被社会系统博弈涌现出来的上层建筑所取代。人类历史发展是这样证明的。

(四)一般系统人社约物博弈自组织的"竞争与合作"

1. 社约物自组织的竞争性博弈推动人类社会发展

人类社会系统的社约物自组织竞争总体是积极的,正如恩格斯所指出的:"历史是这样创造的:最终的结构总是从许多单个的意志的相互冲突中产生出来的,而其中每一个意志,又是由于许多特殊的生活条件,才成为它所成为的那样。这样就有无数互相交错的力量,有无数个力的平行四边形,由此就产生出一个合力,即历史结果。"① 人类社会系统社约物自组织竞争的目的就是产生一个推动人类历史发展的"合力"。这是人类历史创造的核心动力。人是创造这个合力的根本动力。但是,在社约物自组织竞争博弈的具体层面和局部区域可能出现对抗性竞争的消极意义。因此,社约物自组织竞争具有二重性,但不能动摇积极性意义的根本地位。

人类社会系统的社约物自组织竞争博弈,具有对人类社会系统自身的"批判的革命性",直接地表现在物质生产力方面,根本的归结为服务和优化人类系统本身。人类社会系统的整体自分形最大化表现为自我竞争的优化和创新,以展现不断的最大化内容;在人类社会系统自分形最大化的内部的社约物自组织

---

① 《马克思恩格斯选集》第4卷,人民出版社1995年版,第697页。

竞争博弈，表现为物化社约物物质生产力的创新发展最大化，和人化社约物人精神世界的创新优化最大化。

在物质生产力方面。社约物自组织竞争博弈，在任何情况下都要摧毁一切阻碍生产发展的反动腐朽力量，使社会生产力不断发展。正如恩格斯所说："竞争是一部强大的机器，它一再促使我们的日益衰朽的社会秩序或者更正确地说，无秩序的状况活动起来，但是它每紧张一次，同时就吞噬掉一部分日益衰弱的力量。"① 资本主义的物化社约物竞争推动生产力按几何级数增长，极大地推动了人类社会的发展。

在人精神意识优化方面。社约物自组织竞争博弈，不断地塑造人的意识，提高人的素质，不断优化人类社会系统。它有力地促进独立、自由、平等、民主、法制的社会人的发展，推动社会体制和制度的改革与创新。人是生而自分形自由平等的。不管人与人之间的差异，每个人都有平等的保护自己和发展自己的权利。社约物自组织竞争，不断培育人们独立、自由、平等的意识，有力地促进了人类社会的民主、法制观念的产生和发展，推动人类社会系统越来越制度化、合理化和科学化。

物化社约物竞争和人化社约物竞争相互转化共同推动社会发展。竞争的实质是求生存和发展。在物化社约物竞争中，竞争者要千方百计提高人化社约物支配的劳动者素质和能力；物化社约物竞争转化为推动人化社约物竞争的劳动者自我培养和能动性开发，表现为不断学习科学文化知识，接受各种教育和训练，以提高思想道德素质和科学文化素质，增强社约物物化竞争的能力。在人化社约物竞争中，竞争者要依托物化社约物竞争表现的经济基础和财货利益；人化社约物竞争转化为推动物化社约物竞争的竞争者私有的物质财富、劳动工具及私有化权利等，表现为追求财富和物质享受，增强保障人化社约物竞争的能力。现实的人不是抽象的人，总是社会历史的人；因此，在一定的社会环境中，一般系统人的社约物自组织竞争是一种总体性的竞争，而不是纯粹的"单一竞争"。

2. 社约物自组织的合作性博弈推动人类社会发展

社约物自组织合作博弈是系统的行为，是社约物运行的本意。合作是社会存在和发展的基本条件。只要人类是以系统的方式存在，社约物自组织合作就是人类生存的必要条件。事实上，任何时候人类都是系统的，人本身就是一个各个器官合作的有机系统。在远古时代，人类社会生产力低下，一个人依靠自

---

① 《马克思恩格斯全集》第1卷，人民出版社1956年版，第623页。

>>> 第五章 社约物——人类系统约束的"无形之手"

身体力使用石头棍棒等简单工具，难以在采集、渔猎、防卫野兽等方面获得足够生存的收获，社约物自组织合作使他们力量倍增，收获倍增，生命和生产获得保障和发展。在生产力发达的今天，分工日益精细，没有社约物自组织合作，任意一件批量商品都是难以想象的。任何一个行业、部门和单位，都需要依靠同别的行业、部门和单位的合作才能生存。分工越紧密，合作范围越广，合作形式越多，社约物越复杂，协同支配运行越高效精准，推动社会系统发展的力量越大。反过来，高效能的社约物，使社会系统的任意合作者获得高效的最大化。

社约物自组织合作具有人类社会系统社约物运行的本能。社约物的本能是涌现机能。社约物自组织合作，整合人类社会的群体成员产生由社约物支撑的涌现效能，即系统合作的效能，高于各成员单独工作的效能之和。具体地来看，合作协调人类社会系统内各种要素的关系，一方面防止内耗，另一方面充分发挥不同优长，互补充互促进，形成社约物承载之涌现机能。正如马克思所说，社约物整形之合作"不仅是……提高了个人生产力，而且是创造了一种生产力，这种生产力本身必然是集体力"①。"集体力"就是社约物整形力，它可以正确处理合作者之间的利益矛盾，通过协调整合，使参与合作者各尽优势能动作用，获得比合作前更多（包括涌现）的利益。生产力和效率，要求社约物支配合作不断合理性，不断涌现高效的总体机能。

人是社会的根本。社约物自组织合作博弈，有利于提高人的素质，推动人的全面发展。人的知识水平和生产能力是有限的，精细的分工使得个体知识和能力越发局限和专一，任何领域的工作都必须依靠诸多专一的个体联合完成。一方面，要求个体系统人不断地具有精细分工方面的实力，不断地提高素质与能力，才能有效参与社约物自组织合作。另一方面，要求人们具有开放的合作意识，开阔视野，感知新事物，培养合作品德，正如联合国教科文组织国际21世纪教育委员会提出的"学知""学做""学会共同生活""学会生存"的教育基础四大支柱，共同生活的社约物自组织合作是人在共同发展中的一种素质、能力和品格。

3. 社约物的竞争与合作共同推动人类社会发展

只强调竞争，或者只强调合作，两者都是片面的和偏狭的；"自然界中的物体——不论是死的物体或活的物体——相互作用中既包含和谐，也包含冲突，既包含斗争，也包含合作。""把历史发展的全部多种多样的内容都总括在片面

---

① 《马克思恩格斯全集》第44卷，人民出版社2001年版，第378页。

而贫乏的'生存斗争'公式中",那是显然不对的。① 竞争与合作是辩证统一关系。

社约物自组织竞争与合作是相对立的。自组织竞争表现为一般系统人追求幸福生存发展最大化之间的相互矛盾、相互排斥的作用关系,而自组织合作表现为一般系统人束缚自分形最大化部分内容的相互之间的配合与协调。对抗性竞争通常表现为拒绝合作,非对抗性竞争也可能存在局部的破坏合作;当竞争中采取一些消极的、非正义的方法手段,破坏打击对方,抬高自己,相互拆台,则是在破坏合作。平庸的合作,一味的平等、平均和一团和气,将丧失竞争本质中的创新性和进取心,丧失高水平合作发展的动力。

社约物自组织竞争与合作是统一的。自组织竞争表现的一般系统人自分形最大化是自组织合作的根本动力;而自组织合作的社约物支配表现的整形力,使一般系统人自分形最大化表现为现实的"适可而止"形态,保障了一般系统人自分形最大化竞争的有效形式,社约物整形力是自组织合作的核心动力。因此,一般系统人竞争与合作,统一于自组织社约物支配。一般系统人自分形最大化之间的竞争,不断激发人们的积极性和创造性,在与对手较量中,不断超越自我和完善自我,不断推动社会系统的有利因素发展,淘汰落后因素,形成不断进步的良好合作的社会环境。良好的社会系统社约物(合作)支配环境,即各种制度和保护措施,一方面可以服务保障竞争的有序开展,不断激发人们竞争的激情,另一方面可以抑制消极和不正当的竞争、保障合理高效的竞争。

在社约物自组织中,竞争应是合作基础上的竞争,合作应是竞争机制下的合作,只有辩证地把握两者之间的关系,才能使两者共同发挥各自的积极作用和有效作用,不断合理地支配人类社会系统演化运行。没有竞争,社会是一潭死水;没有合作,社会是一盘散沙。竞争是人自分形本性表现的人们生存和发展的基本途径,而合乎人性和人的本质的社会自组织必然导致合作,从而形成竞争与合作的有效统一。人类社会系统的竞争,应是受总体性社约物支配的"合作性竞争","其核心是强调运用合作的思想和观念指导管理的实践,竞争对手之间不断密切合作,共同开拓和培育发展环境,最终实现各种资源要素的全方位优化"②。

---

① 参见:《马克思恩格斯〈资本论〉书信》,人民出版社1976年版,第340页。
② 陈志尚主编:《人学原理》,北京出版社2004年版,第259页。

第五节 一般系统人社约物支配的"外手"
——博弈他组织

对于一个确定的系统人来说，比其更大系统人的社约物对其整形支配作用的行为和现象，称为他组织管理。一般系统人的社约物博弈他组织，就是一般系统人社约物中的他约物整形力支配治理系统。一般系统人的外手是来自其外部社约物的整形支配力作用，是相对于其内部自组织社约物整形支配力（内手）而言的。我们每个人都生活在社会环境之中，都接受着不同的来自环境的各种社约物整形支配，比如家庭、工作单位、社会公共规定、法律法规等，因此，讨论一般系统人社约物博弈他组织问题具有重大而现实的意义，人类历史上关于企业和国家的管理理论研究就是被实践证明了的。

一、关于博弈他组织

首先要有效认识"组织""自组织""他组织"三个概念的关系。组织当做名词，是指某种现存事物的有序存在方式，即事物内部按照一定结构和功能关系构成的存在方式，作为一种存在方式，组织是一种系统。组织当做动词，是指事物朝向空间、时间上或功能上的有序结构的演化过程。比如从分子到细胞到器官到生命体的组织性层次上升的有序跃升过程，又比如单细胞到多细胞体系、简单哺乳动物到高级哺乳动物的同组织层次的复杂性增长。凡是朝向结构和有序程度增强的方向演化的过程就是组织化，结果就是组织；反之，就是非组织化，结果就是非组织。组织是一种比较结果，而不是一种自然的、没有人为因素的纯粹的状态和结果。因为，结构和有序，是一种规定性，是人为的规定性，而不是自然的纯粹的本然的自我规定性。作为一种自然的、纯粹的、本然的一种存在方式，是系统，系统内部事物的关系是相互作用——这是广义的自组织；而当这种相互作用的朝向是结构和有序（作这样的人为规定）时，则是狭义的自组织。狭义的自组织观点中，有主体参与，或者旁观。狭义的自组织的认知有两种：一是自然的、本然的系统相互作用中自发的走向结构和有序的那一类相互作用；二是有特定干涉的条件下产生的结构和有序的走向。前者是系统科学的自组织，后者是系统科学的他组织。

（一）博弈他组织的控制本质

哈肯说："在自组织系统与人造装置之间不存在不可逾越的鸿沟。"自组织和他组织之间存在某种过渡，对于一个系统而言，其本质是群体博弈，以博弈涌生物为支撑。在这个研究系统的群体博弈基础上，有来自外来特定干预——产生对这个群体博弈干预的新博弈涌生事物，产生新涌现，使系统功能或机能出现改变。因此，干预的结果的具体产生历程：一个既定的系统群体博弈，博弈干预共同体对原来博弈涌生物作用，产生新的博弈涌生物"支配"系统——从而达到对系统的"控制"——干预者可能获得"期望的"系统目的态或者系统有序结构（也可以是过程的有序），系统整体渗透有干预者（他）的特定目的意愿，称为他组织。按照自组织的群体博弈涌现的基本定义，广义来讲，他组织也是一种自组织——如果把干预者和被干预系统作为一个更大的系统而言。在实际中，我们通常对研究系统进行干预，这种干预是特定的、短暂的或者间断的（相对于系统内部组分的稳定性和持久性强关联关系来说是"外在的"），这种干预对系统群体博弈将产生他组织形态，即控制。

他组织是需要外界特定指令来推动系统组织走向有序，如果说自由恋爱是自组织，父母之命下的包办婚姻就可看做他组织。严格来说，他组织仅仅是自组织的一种特例，没有外界的特定指令，系统仍有相应的组织有序格局，只是这种组织有序格局低级、很低级甚至低到忽略（近似看做无序）；当有了外界特定指令，系统组织被促进或加快按照某种模式走向有序，这种效应较为明显，即外界特定指令组织系统的效用明显。人们在研究中，为了与具有明显自组织能力的系统区别开来，把外界特定指令下明显走向有序的系统称为他组织系统。自组织是系统内部运动的根本，而他组织是自组织的特例，是人们研究目的条件下的特例。

他组织的研究核心是外来博弈干预系统内部博弈的共同涌生事物。研究主要分三部分：一是外来干预博弈的产生；二是外来干预博弈体与系统内部博弈共同涌生事物的博弈相互关系；三是干预者特定目的实现情况。

他组织的目的是为了获得干预者（他）的特定目的。根据获得目的与系统功能匹配情况区分如下：如果目的是系统的目的态或有序的某一功能（有限功能）、某一秩点或子系统的特定，通常属于一般系统控制；如果目的是系统整体的目的的特定，则通常属于系统工程。

他组织的干预者可以是事物、植物、动物和人，他组织中，通常把干预者同被干预系统区别开来。他组织，根据干预者实现干预目的的高级程度、复杂程度、特定程度，区分本原目的、本能目的和智慧目的，通常本原目的和本能目的都是低级目的，而指挥目的是高级目的。本原目的，通常是指一般的矿物或无生命事物的干预者，它们具有的干预目的；一般动物和植物的干预目的，

310

是根据本能生存和发展需要而实施干预的，具有的是本能目的，也是低级目的。高级动物尤其是人，干预的目的是复杂的、智慧的，干预的特定目的方向、程度，可能是为满足需求，可能是出于本能，也可能是为了某一特定的目的。

他组织，研究的最大意义是人作为他组织的干预者——把人和对象系统相对区别开来。人作为干预者是一个特殊系统，能够携带博弈涌生物（意识或思想）。人系统中携带有非常多的博弈涌生物（这些博弈涌生物的来源，有的是直观地获得的，有的是经验获得的，有的是学习获得的），这些博弈涌生物在人大脑中"博弈"产生支配博弈涌生物的高级博弈涌生物——它同人体系统本身的博弈涌生物结合形成"核心的最高的常驻的博弈涌生物"，即主控意识。在人脑内，主控博弈涌生物对低级的博弈涌生物具有激发支配作用（普通的博弈涌生物信息可在大脑中被存储）。

他组织的第一步是运筹——运筹直接确定他组织目的。他组织目的，通常可以是某种特定的博弈涌生物的获得、某种特定的秩点体的获得、某种系统的整体效能的获得，或者某种特定的物质、能量和信息的获得，等等。这种目的，以低级博弈涌生物的模式在人脑中存在，干预系统的博弈涌生物的现况及其可能的演化——通过"认识"——也可在人大脑中形成；主控意识，根据思维逻辑和规律，对干预系统的博弈演化进行目的下的"干预"——获得虚拟的博弈干预共同体——对应现实的被干预系统，利用可能携带虚拟博弈干预共同体当量的事物——以干预运筹的方式干预对象系统，达到控制目的。

他组织的研究主要区分三类，一是无生命系统，比如矿物系统、机械系统、硬工程系统等；二是有生命系统，比如生物生命系统、人社会系统等；三是中介系统。第一类系统，主要以能量和物质干预为主，是低级他组织；第二类系统主要以信息牵引的整体有序的熵表现控制为主，是高级他组织；第三类系统主要以"流"（物质、能量和信息的中介）控制为主。他组织系统通常这三种都有，但根据侧重点不同而划分。通常地，把他组织的核心提炼为控制，因为在整个组织的过程中，干预者具有对被干预系统赋予"特定目的"的意义——干预的实施到目的的实现具有干预把握和控制的主导意义。因此，从宽泛角度来看，他组织都可以简单归结为"控制"，携带特定目的的干预者也称为控制者，被干预的系统或对象也称为受控对象。

（二）一般系统人的社约物博弈他组织作用力

通常地，一个系统不仅具有自约物，同时具有来自环境的他约物。当这种来自环境的他约物表现明显时，我们称该系统受到了他组织作用力。对一般系统人而言，这种他组织作用力具体表现为社约物他组织作用力。

社约物与人——论人自由自己的约束 >>>

广义博弈认为，自然世界的事物在博弈前存在，在博弈后也存在，它们从一个博弈进入另一个博弈，它们从这种形式博弈进入那种形式博弈，它们永远处于博弈之中。任何一个自然世界的事物，既是前一个博弈的博弈结果，也是后一个博弈的博弈参与者。博弈是指对世界的普遍联系和发展进行态或现时态的系统描述。狭义的博弈是指一定规则下的活动，而广义的博弈是指自由自分形的相互作用活动。任何一个系统都要同环境发生物质能量信息的交换，这是一般系统人（作为系统）具有他约社约物作用的必然。通常而言，任意一个低于人类系统的一般系统人（包括组织系统人）都是其组分，都接受着来自人类社会系统的整形力的约束和支配。这种由于一般系统人处于社会系统而接受来自社会系统的整形力的约束支配作用力，称为他约社约物作用力。一般系统人他约社约物作用力由整形力决定。

他约社约物作用力是由于更大系统人维生性自约物整形力对其涉事系统人的作用力。更大系统人作为一个他在系统，其系统维生能力的大小，主要由社约物的整形力决定。社约物的整形力主要由系统的组分、结构和相互作用、环境等方面决定。组分的素质和显现的属性不同，将决定社约物的某些基本特质；系统身处的环境也将较大地影响系统的社约物的整形力；系统内的结构和相互作用则是社约物的主体，对于系统的存在和继续存在具有主体承载意义。苗东升认为："增强系统的维生能力的途径无非是：提高组分的素质，寻觅、使用、保护关键组分；保护和改进系统的结构；选择适当环境，提高系统适应环境的能力，改善环境，或创造更适宜的环境。"[①] 社约物来自系统的组分及其相互作用、组分变化，或者组分变化引发相互作用发生变化，或者环境变化引发相互作用发生变化，都将引起社约物的变化，都将引起社约物整形力的变化。当社约物丧失支配地位的时候，就意味着"该质"系统走向崩溃或消亡。更大系统人作为他在系统为了维护其系统目的或利益，必然对涉事系统人进行他组织作用。

一般系统人的他约社约物作用即博弈他组织作用结果主要表现为"自适应"和"淘汰"两种情况。通俗地说，有些人适应工作环境，有些人被企事业单位淘汰。地球上很多物种，在地理环境发生巨变时，被来自地球系统的他组织淘汰了，比如恐龙的灭绝等；有些物种，在应对环境变化时，自适应继续存在，比如鳄鱼等，有些物种自适应变异进化存活着，动物历史的进化演变就是证明。

---

① 苗东升：《系统科学精要》，中国人民大学出版社2006年版，第41页。

312

二、社约人博弈他组织的"宗旨、原则和内容"

社约人博弈他组织即一般系统人社约物博弈他组织,通常是指"管理"。在一般管理理论中,管理原则是指经过前辈实践经验获得的、避免管理者少走弯路的具有一般指导意义的理论总结。一般系统人社约物博弈他组织的管理原则,是指符合系统原理的博弈他组织的社约物支配原则。两者的不同之处在于,前者是自发的实践经验总结,后者是系统原理在一般系统人博弈他组织的推导应用;两者的共同之处在于,都是指管理者对对象系统达成目标的他组织管理活动。一般系统人社约物博弈他组织的管理原则,主要从以下方面来考虑:一是管理对象是系统,是能够实现管理者意志的、可值得博弈他组织的系统;二是他组织社约物自身是一个系统,具有结构层次的他组织权责秩序体系;三是他组织社约物博弈管理具有特定的支配原则,比如目标态牵引、协同行为、控制与反馈、创新驱动等;四是他组织社约物的管理者是人,被管理系统服务于人,人本至上,服务人类社会的宗旨具有唯一性。

(一)社约物管理的宗旨

社约物不是天外来物,它是人类社会系统的契约性涌生事物,是服务保障和支配控制人类系统自身的事物。因此,他组织社约物管理的最高宗旨是服务保障人及人类社会。

客观上看,他组织社约物管理要处理人与人、人与物、物与物的关系,但根本的是处理人与人的关系,因为任何社会物质都是人的附加属性,处理好了人与人的关系,附加在人身上的物的关系也将容易理顺。因此,把关心人、尊重人、培养人作为他组织管理的中心地位,最大程度调动人的积极性和创造性,即最大程度激发他组织管理系统的基质机能,将最有利于实现管理系统目的态。

同为人,他组织社约物支配的管理者和被管理者是平等的。在人的基本权利方面是平等的,仅仅在特定他组织管理系统实现目标的过程中,管理者和被管理者就利益攸关系统目标方面存在权利的不平等,但这是局部的;其中,对于被管理者的工作应当给予公平的待遇,管理者和被管理者具有平等的人格;他组织管理系统的目标应当是管理者和被管理者共赢最大化的系统机制机能状态——两极分化的剥削式分配是"共赢"的异化表现,必然会被历史长河中的优化社约物支配淘汰。

他组织管理系统是社会环境中的系统,没有社会环境就没有该系统。因此,任何他组织管理系统都必须承担来自环境的"他组织"社约物赋予的"义务或责任"。比如,企业他组织系统,一方面要实现企业他组织管理的经济效益,另一方面要肩负其社会责任，例如保护好生态环境和支持社会公益事业等。因为，任何他组织管理系统都仅仅是人类社会系统的子系统，把个别系统利益凌驾在人类整体利益之上是错误的，相反，把个别系统利益最大化融入服务整个人类系统之中，才是他组织管理系统的最高宗旨和准则。

（二）系统人社约物博弈他组织的"社约管理原则"

1. 社约物支配分工合作原则

社约物支配分工合作原则，是社约物博弈他组织的存在条件。没有社约人分工合作，就没有社约物；社约物是分工合作的涌生事物，其支配社约人分工合作能够涌现出更多的技能，提高效率和提高工作成果。社约物博弈他组织的对象通常是系统，即管理者管理的对象通常是一个系统。他组织系统是一个复杂的社会子系统，是由相互联系各要素（组分、子系统）构成的有机系统。被管理者系统的组分主要是指社约人，不同的组分及其分工合作生成包括管理者的他组织系统。就经济角度而言，社约物分工合作，与亚当·斯密的"劳动分工"原则是一致的。从系统涌生原理来看，只有被管理者系统的分工，才具有被管理者作为组分异质而生成系统的基本条件，才具有生成他组织社约物的基本条件。当然，如果被管理者是单个个体人系统，其他组织社约物则直接是管理者同被管理者的博弈涌生事物。他组织管理要求管理者了解被管理系统的组分基质、整体性质、系统环境和现有系统功能等情况，根据总体目标对被管理系统进行合理的分工或分解，对分工的组分指定合理有效的合作秩序，充分利用社约物进行他组织协同运行，实现整体目标的最大化。通常而言，社约物支配分工合作管理原则中，整体是前提，分工是关键，社约物支配是保障。没有整体，分工就是一盘散沙；没有分工，整体就失去了自分形最大化的有效途径，整体高效的目标就难以达成；没有他组织社约物支配，分工合作就无法有效协同运行，要么出现分工不明晰，要么出现合作脱节，要么没人管，要么人人都管，容易打乱仗，不能形成"凝聚力"。因此，社约物支配分工合作原则，是他组织社约物博弈必须遵循的根本原则。

2. 社约物支配权责秩序原则

他组织管理社约物是一个体系，是一个具有层次结构的系统。通常他组织社约物区分低级、中级和高级三个社约物子系统层级。每个层级以及层级与层级之间，都具有权责统一的运行螺旋环和运行链条。

管理者对被管理者本层级和下层级具有行使命令的权力，管理者意志支配他组织社约物意志，并达成对管理范围内对象的"绝对"支配力量。管理者权利，来源于他组织社约物，为他组织社约物服务，凡是有管理者管理的地方，必须对应承担他组织社约物服务的责任。权力是社约物意志转化的力量，不是空中楼阁，只讲权力不讲责任，注定是在挖倒权力的根基；只讲责任不讲权力，责任无法有效落实。

（1）权责相对封闭原则。联系是普遍存在的，任何管理组织都是一个开放系统，其存在同外界环境的物质能量和信息的交换。但是，他组织管理系统中，为了获得某种最大化的目的，可以利用权力，将某个层级或层级之间的子系统运行构成的、为实现某一目标的螺旋环或链条实施人为的相对独立，即形成目标态下管理手段和过程的相对封闭螺旋环，确保该管理闭合环节的各种要素、相互关系和信息调节反馈，形成有效的社约物支配状态，即形成有效的管理运动。这即是管理理论中的"相对封闭原则"。

（2）权责弹性原则。系统是不断演化发展的，他组织社约物也必须及时适应客观事物的各种变化，及时适应被管理系统的组分系统人的发展变化，以实现匹配有效的动态管理。因此，这要求他组织管理的权责具有适应变化的弹性。一方面，被管理系统不断发生变化，要求责任保障系统目标的能力发生变化，此时要求权力跟进变化，以匹配落实责任需要的能力；另一方面，在实现他组织系统管理目标的进程中，随着目标进程的变化，权力发生变化，要求落实的管理责任也在发生变化，以匹配实现权力运行的目的。综合而言，由于管理者和管理对象的各种不确定性因素存在，要求他组织社约物以权责弹性原则来释放应变适应能力。

（3）权责能级优化原则。他组织社约物意志转化的权力，代表了整体他组织的本意，当权力并不能落实且实现其本意时，即表明该权力管理者管理作用的能量不够，则应当优化层级：将有能力者调整到适合的管理权力上来，将高权低能量者调整到适合的低管理权力上来。社约物权责体系具有不同的层次、结构和秩序体系，只有将权责进行能级优化匹配，才能使他组织管理系统的社约物能级结构相互适应、相互协调、相互匹配，达成社约物优化的自我建设。在现实管理理论中，权责能级优化原则表现为因才适应、量才用人、层次用人，将不同素质、能力和专长的人用到合理的岗位，实现他组织系统整体机能最大化。

3. 社约物支配的运行控制原则

社约物支配的运行控制原则包括目的保障原则、层级支配原则、反馈控制原则、行为规范原则、创新驱动原则等，其中社约物博弈他组织的运行支配的目的保障原则是核心。

（1）目的保障原则。它是其区别且相对脱离于社约物博弈自组织的根本所在。自组织的目标是自组织者全体的，而他组织的目标则主要是依托被管理系统自组织而实现管理者的意志目标。管理是一个有他组织意识及目的的控制活动,保障管理者的管理目标是他组织社约物支配的出发点和归属点,是指导和评价他组织管理活动的基本参照;因此,管理目标是他组织社约物博弈运行支配在实践中贯彻始终的方向,是具体博弈他组织的社约物核心支配原则。人是社约物的根本载体,因此,目标保障原则的核心是人员的团结。对此,法约尔认为:"原则是灵活的,是可以适应一切需要的,问题在于懂得使用它。这是一门很难掌握的艺术,它要求智慧、经验、判断的注意尺度。由机智和经验合成的掌握尺度的能力是一个管理人的主要才能之一。——没有原则,人们就处于黑暗和混乱之中;没有经验与尺度,即使有最好的原则,人们仍将处于困惑不安之中。"[①] 社约物他组织管理确保人们团结而不散乱,是目标保障原则实现的根本内容之一;只有有才能的管理者(领导者)才能携带总体目标意志及其转化的权力,才能使被管理系统不断走向管理者意志目的态。

(2) 层级支配原则。被管理系统通常具有层次结构复杂性,具体实践中,他组织目标保障原则,被分解在不同层级的组分系统人、各种要素及其联系之中,高层管理者携带着被管理系统的总体性目标意志,中层管理者携带着被管理系统总目标意志的过程内容或子系统内容,一般员工携带着被管理系统总目标意志的产生基质。将被管理系统整体进行有效的他组织社约物支配,就是将被管理系统整体涌现机能进行有效调节,遵循一般系统涌现生成的层级涌现支配原则。在具体实践中表现出,每一个层级的员工都应当接受来自上一个层次管理者的领导,每一个领导可以就贯彻上级管理者意志方向上对所属范围开展"有限自主"的他组织管理,从最高层管理到最低层管理按照层级组织物质能量和信息流动,也可以在允许条件下适当扩展横向结构。层级支配原则,包括了统一领导、统一指挥,要求下级利益服从上级利益,个人利益服从整体利益,确保被管理系统整体他组织目标的最大化实现。

(3) 反馈控制原则。社约物他组织管理是一个动态过程,每一个管理者都必须面对环境的变化以及被管理系统的变化,并在管理者意识的目标原则下进行有效的积极的决策和管控。对于环境变化和被管理系统的变化,一方面将信息直接反馈至高层,管理者需要及时跟踪了解,比如把变化下的行动结果同管理者预定目标进行比较,寻找差距,调整策略,并将行为结构反馈至高层管理者,实现最高层管理者指导下的动态控制;另一方面可以允许下级参与决策,使管理者寻找到一个合适的集中程度,充分发挥集中管理的优势,对变化进行

---

① 潘云良:《当代管理通论》,中央党校出版社2001年版,第20页。

控制，同时将信息反馈至高层实现高层管理者指导下的动态联控。

(4) 行为规范原则。行为规范原则是他组织社约物相对独立的表现之一。被管理系统的规章制度、操作规程等都属于其内容，严格地说层级支配原则也属于其内容。他组织社约物支配组织成员按照特定的系统"边流"进行物质能量和信息的流动、生产和交换，及开展相关活动，规范被管理系统成员和各要素的行为，简单地说，要求人员、财货和信息应当在恰当的时候、恰当的位置、适当的环境发挥其应有的机能，以保证他组织系统的整体目标不断地被实现。在现实管理中，被管理人员本身是自分形自动的，因此需要管理者科学有效地分析其行为，从而有针对性地制定行为规范，充分调动被管理者的积极性，同时又不使其行为对被管理系统整体目标产生偏离或破坏作用，确保行为的纪律原则和激励原则的统一。

(5) 创新驱动原则。管理者意志，通常并不直接由管理者自己实现，而是通过被管理者系统（包括管理者）来实现；因此，被管理系统内的人员要素具有实现管理者意志的系统基质机能。从心理学来看，人的行为是人的需要及其相应心理动机等的外在表现，它具有自我社约物意志的支配特性；人既有自分形最大化的自我价值实现需求，又有各自具体的和特殊的需求；不管对于管理者还是被管理者，都可以激发其自分形最大化动力，并为他组织系统目标态服务——形成来自管理者和被管理者共同的创新驱动。一方面，他组织社约物创新驱动可以尽快达成既定的系统目标态；另一方面，他组织社约物创新驱动可以不断优化系统目标态，使整个系统始终具有超越一般的竞争优势。

(三) 系统人社约物博弈他组织的"社约管理内容"

社约物博弈他组织的社约管理内容同社约物博弈自组织的社约管理内容是一致的，都是两大功能，一是服务保障组分优势支配内容，二是控制约束不利于系统目的态的内容要素。博弈他组织是博弈自组织的特例，是指特定博弈方始终占据博弈涌生事物并对其他博弈方具有支配地位的特殊博弈自组织。博弈他组织具有外来的他组织管理者及他组织目标。一般系统人社约物博弈他组织的管理内容综合起来就是"促优阻劣"，即服务保障优化有利于管理目标方向的力量和因素，同时控制约束或阻止不利于管理目标方向的力量和因素。

1. 一般系统人社约物博弈他组织的"服务保障"

一般系统人社约物博弈他组织的实质，是对实现管理者意志的基质人员和要素进行服务保障，激发甚至极大激发其机能，快速有效地达成管理者意志目标。管理认识中，有一个最大的误区是：对被管理人员基质机能的占有和剥削的观念，通过占有和剥削来实现被管理者帮助管理者达成其意志目标。这是造成管理者和被管理者不平等的根源。

他组织管理系统存在内部人员分工，管理者服务于每一个被管理人员，通过工资和奖励等手段，激发被管理人员的自分形动力并释放其相应的机能，达成被管理者意志的他组织系统目标。为了防止出现服务的混乱和被服务者的贪婪，可以参照德国管理学家马克斯·韦伯的"理想的行政组织理论"，建立理想行政组织的科层制管理。组织中每个成员都有明确的分工，每个职位的权力职责都有明文规定，即管理者服务谁，服务的内容和要求都有明文规定。从另一方面来说，系统的员工服务于岗位，岗位职责要求员工服务岗位什么内容、什么时间服务、什么要求（数量和质量）等有明文规定。

通常管理者又是被服务者（被管理者），这要求各层次的管理人员由上级任命，管理人员不是他所管理单位的所有者，而是其中一员；根据服务的岗位和权力职责，提供相应的薪金等服务保障。管理者对人员的管理服务，主要是工资、奖励、激励等社约物支配服务；员工对岗位服务，主要是技术、劳动、创新等生产力社约物支配服务。不会服务的管理者，不能释放被管理对象的最优化机能，则难以涌生出快捷达成管理目标的整体系统效应。

2. 一般系统人社约物博弈他组织的"控制约束"

在管理中存在的另一个误区是：把有限的控制约束转化为无限的奴役管理，或者转化为物化管理，在实现最低程度危害他组织系统的目标实现的同时，也极大损害了被管理者的大部分有效的"正"机能。

"控制约束"是他组织管理的主要机能。人们一提到管理，首先想到的肯定是"控制约束"。控制约束是任何管理系统的社约物整形力的表现，没有控制约束就没有管理系统。韦伯的"行政组织管理制度"[1]：（1）人员的任用应根据工作性质的要求以及人员所具备的资格条件，包括学历、专业、经验和能力；（2）根据职位等级系统，安排合适的位置以发挥其才能；（3）人员按其特长可自由选择每一个职位；（4）明确规范每一职位的权责范围和应具备的学识、能力、经验；（5）工资标准根据人员的地位、职责和年资确定，组织应有明确的以货币支付的工资制度；（6）人员的奖惩根据人员工作的优劣而定；（7）人员的晋升应根据人员工作成绩大小和资历程度；（8）任何人不能将自己的职位私自转让或指定他人非法继承；（9）个人不能利用职位谋取私利；（10）人员在组织中受制于纪律。

制度和纪律是他组织社约物管理的"控制约束"的直接形态。泰罗的科学

---

[1] 潘云良：《当代管理通论》，中央党校出版社2001年版，第34页。

管理四条原则、作业管理四项方法、组织管理三项方法等,都是从制度和纪律角度形成的他组织社约物管理的"控制约束"形态,以达成对被管理系统"谋求最高的工作效率"。①

3. 一般系统人社约物博弈他组织的"战略协调管理"

协调支配管理,是要把社约物的服务保障和控制约束统筹协调到最佳状态,并进行动态管理——支配被管理系统达成最高效率的实现管理目标。协调支配管理,一定是具有系统性的管理,因为它表达了系统社约物的整体支配功能,表达了社约物他组织管理的本意。

对于单个环节的他组织管理而言,做好协调支配管理,重要的是管理者利用他组织社约物做出服务保障或控制约束的决策及其管理实践。决策一旦定下,剩下的是管理实践的方法手段、内容等问题,以实现决策的他组织管理系统目标。

对于横向和纵向多个环链交错的复杂系统而言,协调支配管理,重在战略决策和牵着牛鼻子管理。抓住主要问题进行管理,抓主要方向进行服务保障,确保他组织系统的战略目标实现。"头痛医头,脚痛医脚"通常是指机械式的管理,而协调支配管理通常是指系统科学管理。

三、社约人博弈他组织的"管理"

管理者、管理社约物及其意志、被管理者三者为一个系统,管理社约物意志决定着管理的性质。管理社约物意志主要包括物化管理社约物意志和人化管理社约物意志。管理是一个系统工程,管理的对象通常包括自然系统、人工物理系统、人工抽象系统(包括思想文化系统)、人类活动系统等。自然生物系统进化、社会系统进化和技术系统进化被称为"三大进化系统",其中,人类社会系统进化的管理主要侧重对人工抽象系统和人类活动系统的管理,传统管理提出侧重采用硬系统的机械论硬管理方法,即物化社约物意志管理法;而现代管理则兼顾了软方法的有机管理方法,即人化社约物意志管理法。切克兰德把应用系统思想研究的对象系统分为四类:宇宙进化出来的自然系统、人创造的人工物理系统、人创造的人工抽象系统、人类活动系统。人工抽象系统和人类活动系统,是一个比较复杂的系统。人工物理系统,通常主要为机械控制,人工抽象系统主要为流(信息流)控制,人类活动系统和自然系统主要是熵控制,这些他组织的侧重不同,体现了相应对象系统的特点。切克兰德认为,硬系统和硬方法,适合自然系统和人工物理系统(我认为自然系统主要是非生物自然

---

① 潘云良:《当代管理通论》,中央党校出版社2001年版,第31-332页。

系统，复杂的高级的生物自然系统也有些需要用软方法来研究）。20世纪是一个管理思想巨匠灿若群星的世纪，泰罗、法约尔、福莱特、梅奥、巴纳德、孔茨、德鲁克，等等，他们使管理从经验走向科学。浩如烟海的管理思想，绝不是纷乱无序的"杂多"，而是具有社约物支配的内在逻辑结构，表现为不同特定历史阶段管理理论，共同具有社约物支配的管理基本规律。从管理思想来看，自泰罗的科学管理革命以来的西方管理思想的演变主要可分为三个时期：一是客体至上的效率哲学阶段；二是主体至上的行为哲学阶段；三是主客体统一的系统哲学阶段。人类活动系统，由于是有人参与其间的系统，它起源于人的自我意识，而由于人具有不可还原的自由意志，这类系统无法像自然系统和人工物理系统那样做可控性实验，无法取得客观的实验数据。综合而言，从社约物物化方向和人化方向的运行支配不同看，一般系统人社约物他组织管理，主要包括物化意志管理方法、人化意志管理方法和复杂综合管理方法三大类。

（一）物化社约意志管理

物化社约意志管理是基于人的机械功能追求物质生产效率的社约物具体管理，主要表现为效率主义。效率主义是古典管理最强劲的主旋律。以泰罗制为代表的古典管理理论，用科学代替经验，以理性搏击随意，使人类管理活动进入科学的舞台。"常用的一切老的管理体制的基本做法（经验管理）搞得很死板，使每个人都负有最后的责任，实际上就是按照每个工人自认为最佳办法去干自己的活，经理人员对之很少协助和过问……由于工人的这种孤军奋战，使得在这种体制中干活的工人在绝大多数的情况下不可能按照一种科学或工艺的规律和法则去干他们的活计"。古典管理理论勃兴的直接动因，就在于解决当时企业中普遍存在的不熟练、随意性或指挥不当所造成的低效率和浪费。无论是泰罗及其追随者，还是法约尔和韦伯，他们都把科学管理看做是追求最高工作效率的方法和手段。泰罗建立以"第一流工人"的高效率为基准规定操作标准、标准化原理、激励工资制等理论，反对工人凭自己的感觉和经验操作，要求按科学方法执行；法国的管理学家法约尔，以提高企业的效率为目标，重点是研究管理过程中计划、组织、指挥、协调和控制等管理的职能，提出了（1）分工；（2）权力与责任；（3）纪律；（4）统一指挥；（5）统一领导；（6）个人利益服从团体利益；（7）人员的报酬；（8）集中化；（9）等级制度；（10）秩序；（11）公平；（12）稳定的人事；（13）主动原则；（14）团队精神等14条管理原则。韦伯的管理理论同样把提高组织效率作为自己的理论使命，他从组织的基础权力入手思考组织问题，提出为社会接受的权力有法定权力、传统权力和超凡权力三种类型，他认为只有法定权力，即理性—法律权力才能作为理想组织的基础,并提出了理想行政集权制的模型。物化社约意志管理是以追求效率的古典管理理论为代表的,它们是管理实践经验的结晶,具有浓郁的经验论、技术论的色彩。理论开创者们大多出身于厂矿企业,对管理的理解或者来源于基层亲身实践,或者来源于长期管理具体组织的体验。

(二)人化社约意志管理

古典管理理论具有客体至上的问题,因为古典管理论的人性假设是"机械人"和"经济人",专注于企业内部,在整个企业管理中偏重于作业效率和生产环节,古典管理理论形成的途径主要是经验式的理论归纳法,其管理理论明显向管理对象和客体倾斜,这表明了它的管理哲学是一种客体性哲学。在批判、扬弃古典管理理论基础上产生了新古典经济论,其认为效率的决定性因素不是"逻辑的力量",而是"情感的力量"。纵览这个阶段林林总总的管理学说,无论是早期的人际关系理论,还是后继的行为科学学说,以及之后的新人群关系理论,都是围绕人尤其是人的行为这根轴心展开研究的。因此,基于人为轴心的追求物质生产效率的社约物具体管理,称为人化社约意志管理。

人化社约意志管理的具体理论表现包括:梅奥的"社会人"之说,麦格雷戈的"X理论"和"Y理论",沙因的"四种人性"说;马斯洛的需要层次理论,阿德福的"生存—交往—发展"理论,赫茨伯格的"激励因素—保健因素"理论;弗鲁姆的期望理论,劳勒和波特的"波特—劳勒激励模式",等等。以人为轴心的社约管理研究,要以霍桑实验为突破。哈佛大学的心理学教授梅奥主持了在美国芝加哥西部电器公司所属的霍桑工厂进行的心理学研究。霍桑工厂是一个制造电话交换机的工厂,具有较完善的娱乐设施、医疗制度和养老金制度,但工人们仍愤愤不平,生产成绩很不理想。为找出原因,美国国家研究委员会组织研究小组开展霍桑试验之后从管理角度研究人的本性、人的需要和人的动机。以此为突破口,诸多研究者开始探寻企业中人的一般属性、人性的内在结构、认知对人的行为的影响,等等。从梅奥的霍桑试验开始,管理学对人的研究才具有革命性意义,第一次明确地把管理学的全部问题归结为人的因素,提出是人的社会心理因素而不是物质经济因素决定人的行为,从而变换了管理学研究的范式,实现了管理思想演化过程中的第一次重大转向。

(三)复杂综合社约意志管理

新古典管理理论将人的行为作为理论的聚焦点,围绕管理中的人构成"人际关系—行为科学"学说体系,人群关系论把人的情绪作为解释行为的基本因素,而行为科学则从人的需要和动机方面去解释人的行为。有人对其"满意度高—情绪高—生产效率高"的论断、人群关系论的非理性主义、人群关系论片面性和手段性等方面进行了批评，认为其有两大缺陷：一方面，他们所研究的人，一般还只是限于个体或非正式团体的层次上，即使涉及正式组织中的人群关系也仍然囿于狭隘的心理关系，强调的是个人对群体的心理依赖、归属，忽略了企业人文与生产两大分支系统的整体分析，未能将人文导向与效率导向、理性与人性有效地协调起来；另一方面，忽视了社会外部环境对企业的影响。为了克服这些不足，人们建立了主客体统一的现代管理论，即人化与物化复杂综合的社约意志管理。

不管是"机械人"和"经济人"，还是"社会人"，都不能出现偏颇。克服这个问题就必须是"一般系统人"。它包括了"机械人"和"经济人"的表现，它是完整的全部的"社会人"。新古典主义行为哲学替代古典主义效率哲学只是一种片面否弃，它在克服"见物不见人""唯理性主义"的同时，也将古典管理理论的合理内核（科学理性）轻置一旁。"二战"之后，随着企业外在竞争环境的日趋激烈，增强企业的应变能力和预见能力成为管理更突出的课题、更紧迫的任务。这使现代管理理论显现出"理性主义"与"人文主义"合流的趋势，并在哲学上表征出主体与客体相统一，效率逻辑与情感非逻辑相协调的自觉。现代管理学把组织看成由经济、技术和人等分支系统构成的大系统，管理就是了解达到组织目标而进行的各种活动之间的相互关系以及协调这些关系的活动。主流学派大多以系统论为其哲学基石，以系统方法作为其分析框架来研究管理问题，不仅探讨了组织与组织环境之间的关系，而且探讨了组织内各分系统之间的相互关系，因而管理对他们来说就意味着将人与环境构成的系统作为研究对象。决策理论学派认为"管理就是决策"，"决策人"体现着对"经济人"和"社会人"合乎逻辑的综合，西蒙决策论本身在一定程度上也体现着对古典管理理论和行为科学的辩证综合；"系统管理论"引进环境超系统概念，提出开式系统，把组织系统划分为目标与价值分系统、技术分系统、社会心理分系统、结构分系统和管理分系统五大分支系统。

战略管理于20世纪60年代初以独立的形象登上管理学的舞台，其后大体经历三个阶段：一是以环境为基点的经典战略理论阶段，二是以产业结构分析为基础的竞争战略理论阶段，三是以资源为基础的核心竞争力理论阶段。企业文化理论体现了社约物意志的管理理论。以往管理思想，无论是古典科学管理理论将人视为"物"来管理的思想，还是行为科学以人的行为激励为中心的管理思想，以及追求企业管理数量化、系统化的管理思想，本质上都是人管人的模式。企业文化理论则是以人为中心、以文化导向为根本手段，力图消弭由来已久的管理中主客对立矛盾的一种自动管理思想。

社约物与人

——论人自由自己的约束

温勇增

第六章

社约物"无形之手"的"手指"

搭乘天使的翅膀继续旅行，在社约物支配一般系统人运行的具体分类方向上探索。

我问天使："社约物'无形之手'是抽象的；在人类社会系统的具体运用中，在不同的方面增加了各自的脚手架，就犹如'无形之手'在不同方面的手指，它们是如何支配运行的呢？"

天使回答："社约物是一只'无形之手'，分析社约物具体支配运行，即分析社约物'无形之手'的各个手指运行。这是非常必要的，通常以国家组织系统人进行内部分析研究是具有现实意义的。在国家组织系统人内部，根据社约物保障机能不同，可区分为物化的经济社约物、人化的政治社约物、工具化的科技社约物、文化的人文社约物等；根据社约物保障力量不同，可区分强力社约物和弱力社约物；希望这些分类对于你会有帮助。"

我高兴地回答："我想按照这种方式进行探讨！"
……

社约物支配着人在社会系统内部组分自分形展开的相互作用，社约物这只"无形之手"具有若干"手指"，它对于人类在现实中贯彻人之本意具有逻辑支撑意义。

社约物作为一个系统，表现出具有内在逻辑贯通的层次结构内容，具体而言，根据社约物的不同侧重及其支配运行分类表现包括：（1）侧重人类改造社会和自然的物化社会意志社约物，它主要表现为经济社约物支配社会整体物质文明形态发展；（2）侧重改造人的人化公共意志社约物，它主要表现为政治社约物支配社会整体精神文明形态发展；（3）侧重工具性的科技社约物，它主要表现为以科学技术的工具形式犹如骨架支撑人类社会的文明形态；（4）侧重表现人类文明和文化的人文社约物，它主要是指宗教、习俗、道德、文艺等社约物意志内容在内的狭义的文化，它犹如血肉和精气神丰富着人类社会的文明形态。广义的文化社约物意志是人类思想意志社约实践的总称，人类总体文化意志社约物支配着人类社会系统整体，呈现"使人成人"的自分形和内部整形的整体演化发展。

总地来看，人类社会系统的物化社约物意志、人化社约物意志、科技社约物意志、人文社约物意志这四个"分手指"意志共同构成社约物整体"无形之手"的意志，即表达了人类社会系统总体意志，一方面保障和服务个人在社会系统中的存在与发展，另一方面整合与约束个人在社会系统中的自分形发展，成为支配整个人类社会系统发展的"看不见的手"。

第一节 社约物无形手指之"经济社约物"

一般系统人物化社约物支配运行集中表现为经济社约物。经济社约物顾名思义就是指从事经济活动的社约物。人类发展的基础是物质（即机能物质）。经济是物化指向的，侧重财货意志社约物的研究，主体将自身意志给予了财货，形成了物化思想意志社约物，即经济社约物，它体现了人类创造物质、享受物质的能力。"经济"表现了经济社约物对"需求牵引或供给推动"的"供给端和需求端匹配价值最大化"的协调、支配和统筹管理的统称。从本质上讲，经济社约物是指具有需求与供给的支配管理意志的实践社约物，是人类社会的基于耗散平衡的侧重"供给满足需求"的一般系统人"物化"契约性涌生事物，即经济人社约物。经济人自我意志在社约实践博弈中产生它们之间的共同经济社约物及其意志的活动，就是经济活动。简单地说，经济活动就是对需求与供给进行支配管理的行为活动。经济作为一个名词，反映了经济人之间共同支配管理"需求与供给"的共同经济社约物及其意志的内容、能力和能量。经济人自约物与公共经济社约物之间的关系，是整个经济社约物研究的主要内容。

一、关于经济社约物

人类社会中表达"经济"意义的社约物系统是可以相对独立研究的，经济社约物具有人类社会的客观系统基础，也具有经济人的主观能动基础。在经济目的指导下，缔结经济相互社约关系表现为经济社约物博弈关系，即经济活动表现为经济社约物博弈运行活动。

（一）经济社约物概念及其本质

古希腊色诺芬的《经济论》是根据自己的田庄管理经验并上升到理论高度

的著作。他认为，财富是指一个人能够从中获得收益的东西，也就是说这件东西要有使用价值。一个人如果能从别人那里获得收益，别人就是他的财富……在财产管理方面，他提到了怎样训练妻子、管家和奴隶。"经济"一词在希腊语中的意思是"家庭管理"，"管理"一词表明了经济社约物对经济系统的意义。经济和管理是不可分割的，经济揭示管理的目的和方向，实现收益的管理特定模式。随着经济从"家庭管理"到"企业管理和国家管理"，经济在家企国螺旋同构成演化发展中得到丰富和发展，并相对独立出来。经济贯穿了家庭到企业到国家直至整个人类的所有组织系统人，它是人类系统的基本物质保障的抽象标识，它以财富为集中表现，以需求与供给的博弈等价涌生物（比如物质替代品的交换物，主要是货币、资本、信息、思想等）为载体形式成为基本的物化社约物内容。

经济社约物意志实践的核心是管理，包括了自约物管理和他约物管理。管理的对象是需求与供给的博弈活动；管理的方式，有市场方式、计划方式、国家适度干预方式等；管理的直接目的是实现经济人自分形之"比较收益循环放大"的最大化，根本目的是实现人的自分形最大化，即保障幸福发展和可持续发展最大化。经济社约物对"需求牵引或供给推动"的"供给端和需求端匹配价值最大化"的协调、支配和统筹管理，简单地说，就是对需求与供给的支配与管理，其本质是经济社约物整合支配经济系统整体"利益与比较利益的循环放大或超循环放大最大化"。利益循环或超循环放大，比如投资，资金转化为资产，资产转化为资金；又比如5斤稻谷—种植—收获50斤稻谷，利益得到循环或超循环放大；50斤稻谷减5斤稻谷获得的45斤稻谷称为比较利益，比较利益循环放大。

经济社约物研究"供给满足需求"。假定一个确定经济系统，供给量为A，需求量为B（由系统人携带），对系统人来说，"供给"满足该系统人"需求"的性质称为利益性质，经济社约物具有协同服务保障和区别控制约束这种性质的意义，总目的方向是供给满足需求最大化，即利益最大化。供给量为A，需求量为B，经济社约物支配，一定的社会空间基础上该经济系统演化经历社会时间T后，供给物在经济社约物整合支配下由A变化为A_0，需求端在经济社约物整合支配下由B变化为B_0；假定需求不变（即$B - B_0 = 0$），对系统人来说，"$A_0 - A$"称为"比较利益"。

第一种是物化比较利益情况：假定需求不变（即$B_0 - B = 0$），"比较利益"由"$A_0 - A$"决定，分析如下：

如果A_0和A是同一种物质，只是数量发生变化，则比较利益可以直接由其差值获得；如果 A_0 和 A 不是同一种物质，A 经过自然演化发生质变或者经过人工技术生产和处理发生质变，则应当将 A_0 和 A 供给物分别转化为"供给满足需求"的一般等价物（货币）这个中介，然后通过货币中介的差值获得比较利益度量。

第二种是人化比较利益情况：假定供给物不变"$A_0 - A = 0$"，"比较利益"由"$B_0 - B$"的边际效用决定，分析如下：

如果 B_0 和 B 是对供给物同一方面属性的需求，只是数量发生变化，则比较利益可以直接由其差值获得；如果 B_0 和 B 是对供给物不同方面属性的需求，比如 B_0 和 B 分别需求供给物的物理属性效用和化学属性效用，则应当将 B_0 和 B 需求端通过"供给满足需求"的一般等价物（货币）这个中介进行边际效用下的转换，转换为中介货币后，通过货币中介的差值获得比较利益度量。

第三种是混合比较利益情况，供给物变化"$A_0 - A \neq 0$"，需求变化"$B_0 - B \neq 0$"，比较利益的研究相对复杂，比较利益可能是线性变化，也可能是非线性变化。通常的经济系统属于该情况，在该条件下运行和发展。

当前资本主义经济极端追求在物化比较利益方面的基本指向，当经济达到一定阶段后（再继续按此方向发展，人的物质化不断演化，一旦因为微小涨落发生放大的质变，这将产生物化人的危险），必然要转向人化比较利益的经济模式——这是未来人类社会的经济社约物必然支配趋势。

经济学中，需求不断增大但供给有限——解决这个问题才是经济系统学的基本问题；而以最小成本获得最大收益，这是微观经济学的基本目的。这两个问题是相互促进的，但并不是说要以最小成本来换取最大收益——让社会个体人人都不劳动或少劳动而获取最大收益——这显然是不符合大经济学的根本要求的，也是不符合社会系统的要求的。

经济是经济社约物支配协调与统筹"供给满足需求"的统称。通常的经济系统包括供给端、经济社约物、需求端，而具有包括供给端、经济社约物、需求端完整属性的个体系统人或组织系统人，称为经济人系统。就一个独立的经济人系统而言，其内部经济社约物称为该经济人系统的经济自约物，简称经济人自约物；而经济人系统的外部经济社约物，通常称为经济人他约物，或公共经济社约物。

（二）经济社约物相对独立研究的基础

经济社约物相对独立研究的基础如下：一是从客观上看存在产生经济社约物的经济系统；二是存在经济社约物意志的经济人假设；三是经济系统内部存在生产的社会分工，它为经济社约物相互关系的社约缔结提供了必要前提和基础。

1. 经济系统客观基础

经济系统是经济社约物能够相对独立研究的前提和基础。经济是一种自组织和他组织混合调控系统，其中自组织主要表现为生产自由和市场自由，他组织主要表现为国家干预。"经济学一直对经济过程中在一个没有中心权威主义的无组织世界何以可以演化出来组织次序，政府的作用如何对问题给予极为重要的重视，但是解释性的回答则并不令人那么满意。自组织概念和方法的出现对这些经济学问题的理解和解释提供了非常有用的分析工具。中国年轻的经济学家樊纲较早地在研究中把市场和计划称为两种经济学的思想方法，他虽然没有使用自组织和被组织的词汇进行概括，但是自组织思想已经潜然于字里行间。其他学者自觉运用自组织概念和复杂性框架对经济过程进行分析的也有许多，如方福康、王浣尘、李京文等。但是中国学者，研究复杂性和自组织问题是由于对经济学了解不足而形成的经济学自组织解释缺乏经济学根据和案例，有的研究则比较数学化，是物理学方程的翻版；有的则停留在话语议论的层面；研究经济学的，虽内在包含着自组织思想却没有翻译或转义为自组织的语言和模型。相反，国外经济学家则要么自觉地提出了混沌经济学的特性概念，要么自觉运用自组织方法对某中经济过程和状态进行了精致的分析。如美国经济学家W. B. Arthur 通过考察经济均衡和演化动力，就明确提出非均衡的、演化的非线性的复杂性经济学。他提出，占据经济学的主流思想的线性模型的某些特性假设减少了经济实在的复杂性，却带来了经济的虚假性。经济学过程不是一个可以运用线性方程描述并且可以精确预测的复杂性过程。经济结构能够围绕小的事件结晶出来并且锁定，而且放大成为支配地位的经济结构。关于政府在经济中的作用的论述中，他把政府看做经济过程之外的控制参量，他幽默地指出，政府在经济中的作用，不是一只沉重的手，也不是一只看不见的手，而是一只轻轻推动的手。……美国经济学家埃德加·E. 彼得斯以分形和混沌理论方法对资本市场做了认真的分析，通过不是类比和套用的方法，而是实在的分析，建立了关于资本市场的混沌和分形模型研究，其成果与传统方法比较更适用于实际的资本市场。通过对资本市场的分析，他发现：传统资本市场理论的关键概念可能存在重要的失误。事实上经济系统的演化体现了非常大的不稳定性。市场是不稳定的，而新古典经济学把经济状况描述成永远处于完美的均衡之中，是存在严重问题的。古典经济学投资理论假定投资者是理性的、有序的、有条理的，以及它把资本投资行为的模型简化成为一种线性微分方程形式的观点与方法都是有重大失误的。市场不是一个有秩序的或简单的，而是一个既混沌又复杂的世界。埃德加·E. 彼得斯认为:"如果资本市场是非线性动力学系统,那么我们应当预期市场将出现这样的趋势:(1)长期相关性和趋势(反馈效应);(2)某些条件下和某些时点的无规(临界水平)市场;(3)在更小的时间增量上看上去仍旧相同并具有类似统计学特性的(分形结构)收益率时间序列;(4)我们预测的时间越长,预测就越不可靠(对初始条件的极端敏感性)。……他们都发现,资本市场的发展演化并不遵循传统投资理论,而更遵循分形理论和混沌动力学。"① 传统的理论对于资本市场的演化发展解释不那么令人满意,而吴彤教授等人认为分形理论和混沌动力学等系统理论在这方面更具优势。

人们已经越来越重视从系统科学角度研究经济系统,这里依据系统秩边流模型分析看:经济系统中可将包括土地、生产资料、经济人、消费者等内容归结为"秩"组分,而将包括生产关系、货币、价值、交换信息模式、市场等涌生物为主的内容归结为"流"组分(即经济社约物)。

(1)"秩"组分决定了经济系统可能达成的一个范围。秩点组分的基质、特点、长处和短处等是造就系统整体特性的实在基础,或者说是唯物论基础,它决定了系统只可能是什么,而不可能是什么。经济系统中把土地、生产资料、经济人、消费者等作为其"秩点";一定的土地、一定的生产资料、一定的经济人、一定的消费者决定了一个经济系统机能可能的一定范围。土地、生产资料、经济人、消费者等秩点组分的基质、特点、长处和短处等造就经济系统整体可能在什么程度,而不可能在什么程度。

(2)"边"界定了经济系统所处的区域和范围。

(3)"流"组分决定了经济系统在"基秩"范围内可能达成的一个范围。"流"是"秩"边与"秩"边之间构成的统称。经济系统的土地、生产资料、经济人、消费者等"秩"点之间的相互作用运行(流动)的生产关系、交换关系等都称为流(它属于经济社约物的内容)。具体来看,在经济系统中可区分物质流、能量流、信息流和综合流等。一是经济系统的物质流。如果机能物质对系统的支撑交换作用明显,而能量和信息特性在研究中不明显的时候,可以侧重称该流为物质流;它是指事物边与边之间充斥着物质为主的经济系统流,它要低于组分秩点物质的研究地位,也低于系统整体的研究地位。低于组分秩点物质研究意义、介于组分秩点之间运动的机能物质,可称为介质流。它有三方面特点:首先是指存在系统中处于低于研究意义的组分物质的范畴,其次是指介质相对于组分有明显的运动意义即流动状态,再次是指介质流为系统内的组

---

① 吴彤:《自组织方法论研究》,清华大学出版社2001年版,第16-18页。

分物质同环境之间提供交换服务,其内容包括介质物质自身、信息和能量的交换。经济系统介质流主要是指机能物质的货物流(通常说的物流)、人才流等内容。二是经济系统的能量流。如果能量对系统的支撑作用明显,而物质和信息特性在研究中不明显,可以侧重称该流为能量流。经济系统的能量流区分为两大类:一类是自然能量流,比如电流等;另一类是人工能量流,其中经济人的能量流包括思想意志流、货币流和资金流。三是经济系统的信息流。如果流体中信息对系统的支撑作用明显,而物质和能量特性在研究中不明显,可以侧重称该流为信息流。信息流,是指流道中以介质为依托、以能量为动力、以信息模式为核心的传递、复制、共享和加工处理运行的流,比如模拟信号流、数字信号流、文字信息流、语言信息流,等等。经济系统中的信息流主要是指商品信息流及其相关的信息流,比如携带经济信息模式的信号流、文字流,携带经济信息模式的生产关系流、市场信息流,等等。现实中,经济社约物是一个综合流。

经济的原始态,是主体对对象事物(财货)博弈获得满足与保障主体自分形存在演化发展的社约物。一旦该社约物生成,则意味着:财货将物自体包括存在和自由的一切权利在某阶段转让给了该系统人(主体)。另一系统人同该财货博弈(期待获得满足与保障其自分形存在演化发展的社约物)——转化为了另一系统人同该系统人博弈(因为财货转让了其物自体存在和自由,通俗地说,财货属于该系统人)。经济就是系统人财货意志博弈的公共社约物及其运行。经济活动是个体系统人同对象事物博弈获得的满足与保障主体自分形存在演化发展的社约物支配运行。经济社约物是具有保障主体方向的社约物,保障方指向被保障方(主体),保障方提供供给,而被保障方显示需求。经济社约物对对象事物和主体具有方向规定性,对象事物在经济社约物下愿意提供最大供给——对每个个体系统人是平等的,主体可以在经济社约物下获得各自的需求最大保障——个体主体需求不同和获取能力不同决定了各自获得的需求最大保障情况不同。经济社约物是经济系统内部自我契约性涌生事物,包括稳定性经济社约物和非稳定性经济社约物。经济社约物,是维持经济系统存在和演化发展,维系经济系统内经济人的利益最大化,维系整个经济系统的利益最大化的整体系统意义的自组织契约。经济社约物的核心,是经济人自分形之"比较收益循环放大"的博弈自组织契约,路径是以"最小作用量"实现最大经济利益。经济社约物从一般社约物中相对分离出来,是指研究具有物质载体或指向的"供给满足需求意义"的那一部分社约物相对独立出来。经济社约物支配整个人类经济的发展,是贯穿始终的。

在经济发展历程中，原始社会经济是原始的，其经济系统几乎是线性的，发达程度略高于一般社会性动物水平，经济社约物性质几乎可直接还原给相应的社会组分，比如部落首领。在原始社会，经济社约物与政治社约物是混杂混沌一体的，经济社约物处于萌芽期。由于私有制，奴隶社会中出现商品流通，奴隶甚至也成为商品。商品交换的出现，使得奴隶社会经济社约物同政治社约物开始分离，经济社约物以贵重金属一般等价物形成为标志，开始显现相对独立性。然而，奴隶社会经济社约物是婴儿时期，经济社约物具有在财货（供给端）或经济人（需求端）方向上的简单还原性。

　　封建社会经济社约物是以土地私有化矛盾为主体的经济社约物，封建社会经济社约物在奴隶社会经济社约物的基础上有了新的发展，首先供给端出现了家庭模式和手工作坊，其次需求端也出现了不断新增的需求，核心的在经济社约物相对独立性方面，货币在贵重金属的基础上也被增添作为一般等价物。供给端的质和量，需求端的增量，以及财货流通情况比奴隶社会有了大的长进，经济社约物处于幼年期。在封建主义社会，政治社约物占据了社约物的主导和支配地位，经济社约物由于其发展以农耕畜牧为主，土地决定了经济社约物。

　　资本主义社会经济社约物是经济社约物的重要成熟期，因为这个时期经济学理论大量诞生。从资本主义社会的概念定义可以看出，在这个社会发展阶段是以"资本"为标志的，而"资本"是经济社约物的核心标志，因此，这个社会阶段的发展是以经济社约物的高度相对独立支配社会发展为核心的。资本主义经济社约物的相对独立背景：①资本主义社会的供给端出现了工厂化，科技革命使生产效率大大提高，工厂管理成为一个相对独立研究的内容，即劳动供给社约物成为经济社约物中可以相对独立研究的内容；②经济社约物支配商品流通方面出现了国内贸易、国际贸易等，贸易成为一个可以相对独立研究的内容，即自由贸易社约物成为经济社约物中可以相对独立研究的内容；③需求端出现对应的不断发展，边际需求社约物成为经济社约物中可以相对独立研究的内容，等等。资本主义社会经济社约物是以经济社约物地位重大提高为标志的，经济社约物具有典型的相对独立地位——犹如人类思维思想从一般物质中高度相对独立。资本主义社会经济社约物经历了原始资本积累的萌芽阶段、侧重社会分工及交换的重商主义兴起阶段、复杂支配运行及调节的（当前）阶段。

　　2. 经济社约物相对独立研究的经济人假设基础

　　经济人作为了经济系统的核心秩组分，使人具有物化性，同时使经济系统中的物具有附加主体性，经济的终极服务对象是人。经济人假设，是基于"供给满足需求"最大化的理想假设，即体现着对"最小的劳动付出收获最大的利益价值以满足需要"的人的经济活动追求的假设。经济人是经济系统的核心组分事物,同时是经济社约物的主要携带者。经济人的核心是其占据、拥有或携带"经济质",它包括:一是经济人具有产权的或可支配的供给物;二是经济人携带的显性和隐性的经济信息模式、能量模式;三是经济人通过"交换"实现自身需求满足最大化。经济社约物是指单个个体系统人或组织系统人在经济活动中携带一切经济关系的统称,包括该经济人的生产经营信息模式、生产资料、系统人、土地、财货等关系和性质。经济人可以携带自身经济社约物,也可以携带公共经济社约物,如果经济人"忘却"自身的经济社约物需求性,专门发挥公共经济社约物性质,这种经济人是"为公共服务的"(但这不符合经济人本性);如果经济人发挥公共经济社约物性质为自身经济自约物服务,这是经济人的正常运行表现,在极端处比如资本主义社会为某些集团或阶级利益服务的本性。如果经济人考虑自我发展的同时考虑社会发展,实现自我和他人的经济共赢发展,这是一种科学经济人理念。在上层建筑层次,通常经济社约物和政治社约物走到了一起,混合共同支配协调一般系统人的存在与发展。

　　经济人的社会分工与合作的相互作用在于"供给满足需求"最大化。供给满足需求,包括自我供给满足自我需求、他人供给满足自我需求、交换供给满足自我需求三种,其中交换供给满足自我需求就是常说的商品经济。"自我供给满足自我需求最大化、他人供给满足自我需求最大化"描述的是经济人之间几乎独立的相互关系,"自我供给满足自我需求"表明经济人可不依靠别的经济人而存在,"他人供给满足自我需求"是一种占有、掠夺、战争经济,只能是经济的个别存在阶段现象;"交换供给满足自我需求"要求经济人存在社会分工,甲分工生产的产品有富余,乙分工生产的产品也有富余,通过交换富余产品,使得经济系统中的甲乙经济人都获得满足自我需求的最大化——从而实现整体经济人满足需求的最大化。在分工、私有的基础上,经济人的核心是通过"生产和交换"来实现满足自分形物化需求最大化。

　　通常地,生产能力和交换自由度决定经济人的发展程度。经济人的发展同人类社会经济的发展是同步的。在原始社会,人类主要为生存而奋斗,人们的食物不具私有性,劳动能力和方法不发达,经济模式简单,人们共同劳动,以"平均分配"为主的方式满足群体自身需求,整个人类社会系统可认为是一个混沌的囫囵整体的经济系统。因此,一个原始部落人群可认为是一个抽象的囫囵经济人,原始抽象经济人内部不存在相对独立的经济人,即其内部之间通常不存在有效的"交换"活动,其经济社约物是简单的并支配原始经济人系统。在奴隶社会,奴隶将自己的部分权利或自由转让出来,给予了奴隶主;奴隶主对

331

奴隶及其土地和财产具有私有性，奴隶主对奴隶和财富的经营管理体现了具体的经济信息模式，奴隶主不断追求自身需求满足最大化——相反，奴隶由于转让了自己的自由和权利，在追求自身需求最大化方面受到了巨大的限制。综合来看，奴隶社会经济人自分形最大化是一种扭曲了的经济人活动，尤其奴隶被限制了基本自由，整个奴隶社会经济系统是"不自由"的最大化运行。在封建社会，由于农民和地主对土地主要生产资料的占据不同，具有私有制，但生产力不十分发达。由于封建社会的生产方式落后，且经济人自分形最大化受封建政治社约物的主导和控制，经济人不具备发达的条件，经济人的经济社约物还不能相对有效独立地支配经济人活动。在资本主义社会，精细的社会分工使得生产自由度大大提高，任何经济人可以选择自己最拿手的、成本最低的、实现生产最大化的生产方式和生产商品，经济人生产有大量的同类产品，其需求必须通过"高度自由交换"实现最大化，即经济人需求的保障对交换具有绝对依赖性。在资本主义社会，一般系统人完全拥有"经济质"，通常把占据生产资料、占据社会分工生产、对"交换"具有可靠依赖性的系统人称为经济人。因此，典型经济人研究是以资本主义时期为代表丰富和发展起来的。以下通常所说的经济人是指典型经济人。

在人类社会系统中，组织经济人可以看做其内部的一个秩点，秩点的一端是劳动前供给物，包括各种原材料为主的生产资料；将秩点生产劳动进行黑箱化；秩点的另一端是劳动后供给物，即产品。组织经济人的劳动前供给物、生产劳动、劳动后供给物都要受社会公共经济社约物的支配与协调：首先，其可以控制、支配和协调该组织经济人需要的劳动前供给物；其次，可以协调控制生产劳动（劳动环境、劳动力、劳动法律等）；再次可以协调控制劳动后供给物的流通和实时满足需求的发生与发展。公共经济社约物对于经济人的约束表现为：对一般等价物的转换与流通进行支配与协调，对生产资料的流通与供给进行支配与协调，对劳动力的培养与流通使用进行支配与协调，对劳动环境（包括土地和自然资源环境、法律和社会人文环境等）进行支配和协调，对产品流通和销售进行支配和协调，等等。

3. 经济社约物相对独立研究的社会分工基础

"社会分工"使经济人相互区别又呈现"不可分"的系统关系，经济社约物是描述经济系统中这种"不可分"系统关系的意义所在。澳大利亚科学院院士杨小凯教授在《专业化与经济组织——一种新古典微观经济学框架》中运用序惯演化分析了分工与经济演化问题，特别讨论了市场经济与计划经济的信息过程，他提出计划经济制约经济发展的主要原因是封闭了各种可能的经济信息，使得整个社会只能在一种经济信息下发展经济，丧失了经济和社会多样性演化的可能。并提出，计划经济是具有模仿效率的经济，在不需要创新的地方，计划经济按照他组织的方式凝聚力量是有效的；而在需要创新的地方，计划经济制约了信息的比较、优化，从而贻误发展演化的机会。经济社约物是一个发展概念，不同的经济社约物信息模式（如经济制度）博弈，占据主导地位的社约物信息模式对经济系统具有支配作用——但并非任一支配作用都符合经济演化发展的最大化需求和方向，比如过度计划经济信息模式将制约经济系统的合理演化发展。一个系统运行满足边流效应就必然产生涌现，边流效应的大小——能够达到适可而止研究的地步——通常是具有多元和异质的组分基础的。苗东升教授认为多元和异质"二者对系统整体涌现性的形成都是不可或缺的"①，人本身是一个多器官异质的复杂系统，在认识和实践中，也具有直观和经验的多元异质需求。单调不成音乐，单一动作不成舞蹈，人类社会的"美丽"在于多元异质的生活涌现。在经济系统中，经济人的"多元异质"具体表现为"社会分工特性"，不同的社会分工共同协奏出人类社会生活这支优美的歌曲。没有社会分工，就没有美好生活协奏曲，经济社约物就是这个协奏曲，没有社会分工就没有经济社约物。

亚当·斯密第一次提出了劳动分工的观点，他系统地阐述了劳动分工对提高劳动生产率和增进国民财富的巨大作用。他认为，分工起源是由于人的才能具有自然差异，人类交换与易货的私利利益决定于分工，个人专业化生成的剩余产品经交换而促使个人增加财富，扩大社会生产，并达私利与公益之调和。他列举制针业来说明："如果他们各自独立工作，不专习一种特殊业务，那么他们不论是谁，绝对不能一天制造二十枚针，说不定一天连一枚也制造不出来。"分工促进劳动生产力的原因有三：第一，劳动者的技巧因专业而进步；第二，由一种工作转到另一种工作，通常需损失不少时间，有了分工，就可以免除这种损失；第三，许多简化劳动和缩减劳动的机械发明，只有在分工的基础上方才可能。

分工理论从经济社约物协同服务保障整体经济系统利益最大化的角度来看，是经济系统自分形最大化决定了经济系统分工现象的产生。系统存在演化的自分形规律是经济系统分工现象出现的根本原因，而提高劳动生产率增进国民财富是劳动分工现象的直接原因。分工是经济系统存在的基本条件，原始社会、奴隶社会、封建社会、资本主义社会和社会主义社会都有分工，分工使经济系

---

① 苗东升：《系统科学大学讲稿》，中国人民大学出版社2007年版，第23页。

统区分了不同"生产质"的组分,这决定了经济系统的机能。在经济系统运行研究中,把某一质组分(质量和数量)降低,或者把某一质组分(质量和数量)提高,不能仅考虑质组分的机械研究,像摆放路边立体景观盆花似的;更要研究支撑立体盆花的系统支架,即经济社约物。经济社约物对经济系统的质组分,既有经济社约物对其的协同服务保障功能,又有经济社约物对其的区别控制约束功能;更重要的是,经济社约物在质组分的变化中不断地变化——通常同时存在线性变化和非线性变化。巧妇难为无米之炊,妇人手艺再好,没有大米等食材,不可能做出丰盛的晚餐;经济社约物信息模式再好,没有经济质组分,不可能生成理想的经济系统机能形态,画饼不能充饥。马克思指出:"分工是商品生产存在的条件。"由于出现了不同的社会分工,所有者生产不同的产品,才有了产品交换的需要。"不同的所有者关系"是产生商品交换的生产关系方面的条件,而不同的经济组分(社会分工的产物)是经济社约物涌现的条件内容。因此,经济系统中的社会分工形成的经济组分是经济社约物相对独立的基础之一。

(三)相关经济学理论中的经济社约物

经济是一种具有经济社约意志的社约实践活动。经济社约物表现了主体对对象事物博弈获取保障存在和演化发展的社约意志及其运行。经济活动重在对经济社约物生成及其运行的管理。经济社约物相对独立的主观认识,简单来看就是经济研究理论。经济研究理论是对经济社约物相对独立并发生作用的理论研究,不管你愿意不愿意,经济理论研究都是对经济社约支配的研究认识,即表现了以经济社约物为研究对象的认识。人类只有一个最共同整体的经济系统,就如人类只有一个共同的地球,任何经济学都是对这个共同的经济系统的理论研究,都是其经济社约物对该经济系统支配的解释、认知和驾驭实践与改造的学问。经济学相关理论主要经历了古典经济学、新古典经济学、凯恩斯主义经济学等发展。

1. 古典经济学的经济社约物

斯密在古典经济学中分析了国民财富增长的条件以及促进或阻碍国民财富增长的原因,认为自由竞争的市场机制是一只"看不见的手"支配着社会经济活动,提出自由放任原则,反对国家干预经济。自由竞争,根本上是一般系统物化社约物自分形之"比较收益循环放大"的系统博弈表象:A 经济人自分形"比较收益循环放大"的经济自约物 A,B 经济人自分形"比较收益循环放大"的经济自约物 B,经济自约物 A 和经济自约物 B 博弈称为自由竞争。在经济自由竞争中,强者占据主导和支配地位;在整个社会经济系统中,最有利于全体经济人整体的"比较收益循环放大"最大化,就是公共社会经济系统自分形最大化。完全可以肯定:自由竞争的市场机制是一只"看不见的手"支配着社会经济活动。但是,国家干预经济也是通过社约物来实现的,主要是强力社约物,其是经济社约物的他约物——是经济社约物的环境和保障,也可以是经济社约物的一部分,因此,完全否定国家干预是一种不可思议的主观想象。首先,国家基本干预(国家是建立在经济基础上的政治社约物载体)的存在,才能使自由竞争的经济社约物运行机制诞生;其次,国家基本干预是对应经济基础的保护,并保障对应自由竞争经济社约物有效运行。没有国家干预的纯粹自由竞争的经济是没有载体的经济,是一种不存在的裸经济。研究一个国家的经济,其中的国家干预,在任何时候只存在大小程度的比较,而不存在"有无"的区别。李嘉图《政治经济学及赋税原理》认为,经济学的主要任务是阐明财富在社会各阶级间分配的规律。经济物化社约物是人类社会系统的社约物,它必须以社会系统人为根本载体和服务目标。人类社会是一个具有复杂层次结构的系统,因此,经济社约物也对应地具有层次结构,具体表现为社会各阶级财富分配。李嘉图的《政治经济学及赋税原理》阐述了人类社会系统对应的经济社约物层次结构理论思想,就经济人自分形"比较收益循环放大"的进程,在原始收益对象到需求之间形成一个多层级的链条,经济人付出劳动的能力和大小不同,决定了其在链条的不同层次以及能获得并享受的收益不同,造成了财富在社会各阶级(阶层)的分配分化。为了防止能力强的人极端地占据和享受财富,能力弱的人极端地劳动而仅有微薄的财富,防止极端两极分化,人类社会系统公共意志社约物以国家干预的形式协调该问题——国家公共意志社约物采用税赋方式来调节,一方面税赋调节财富分配,另一方面税赋实践或保障"比较收益循环放大",有些方面内容的"比较收益循环放大"光靠市场做不了,需要国家做。

2. 新古典经济学的经济社约物

古典经济学主要侧重供给价值的研究。新古典经济学则突出了需求价值的研究。古典经济学认为,个体消耗的物质能量和信息决定着商品价值——全部转化为满足个体的博弈涌生物——并且它们是等价的,消耗多少获得多少。新古典经济学认为,不全是这样,个体与土地博弈的涌生物中的价值涌生物——也由满足主体需求决定的。新古典经济学把个体与土地的博弈涌生物的价值涌现共同的满足需要性提出来了。19世纪70年代经济学中的"边际革命"的边际效用,与古典的劳动决定产生争论。1890年英国经济学大师马歇尔发表了《经济学原理》,把供求论、生产费用论、边际效用论、边际生产力论等融合起来，建立了一个以完全竞争为前提、以"均衡价格论"为核心的相当完整的经济学体系。从系统科学角度来看，马歇尔《经济学原理》思想，阐述了人类社会系统的经济社约物与满足系统中"人质目的"的关系的认识。经济社约物的本质是物化社约物，根本目的是服务于"人"。价值，既取决于劳动等客观因素，即供给——这是第一涌生物，同时也取决于功用等主观因素，即需求——有效涌生物，第一涌生物与有效涌生物博弈——决定了真正的价值涌生物在个体与个体之间的分配——反过来支配了不同个体的存在与生活。在微观经济学范畴，这是完全符合系统学原理的。

3. 凯恩斯主义经济学的经济社约物

古典经济学和新古典经济学，从直接层面和相对直接层面阐述了个体与土地博弈、个体与个体博弈在一个相对的局部的或低层次的情况和规律研究，也阐述了部分宏观经济社约物的相互关系问题。但是，如果经济系统中的涌生物经过若干级别的博弈和涌现，经过不同层次个体的博弈，到达整个系统的最高涌生物——最全最整体涌生物体时——它还有一些相对的特点和性质。凯恩斯的《就业、利息和货币通论》就是对其中一些特点和规律的总结——对于其是否合理、是否科学，这是个发展的问题，因为有些规律和特性总在变化中。它解释了1929—1939年资本主义"大萧条"的原因，但20世纪60年代西方资本主义国家经济发展"滞胀"——通胀和停滞共存，宣告了凯恩斯主义的破产。整个人类社会经济系统的公共经济社约物是一个复杂系统，是一个具有层次结构的复杂系统。在其中，低层次的经济涌生事物可以作为高层次经济涌生事物的组分物而相对独立出来开展研究。经济社约物作为一般系统人的物化社约物（涌生事物），其本质是人类社会系统的"流"。经济学之"神髓"是货币、资本和流通，凯恩斯主义经济学突出抓住了这个"神"。

4. 凯恩斯主义之后经济学的经济社约物

凯恩斯主义到现在的经济学研究中，仍旧有两派：一是支持者，认为市场是有效的、基本的，但有缺陷，政府干预是必要的。萨缪尔森构建了现代经济学的分析框架，《经济学》是新古典综合派。二是反对者，佛里德曼强烈反对国家干预，著作有《自由选择》《资本主义与自由》，主张货币主义；哈耶克鼓吹自由主义，崇拜市场自发势力，反对计划经济，著作有《通往奴役之路》《致命的自负》《自由秩序原理》等。哈耶克继承以门格尔和米塞斯等人为代表的奥地利学派的传统，提出经济中的价格理论，引入了一种动态的经济观，打破了自亚当·斯密以来长期主导经济学的"均衡"神话，把理解经济知识建立在一种深厚的哲学认识论基础上，并基于此对人类"合理计划"能力在经济生活中的作用进行分析,对 20 世纪人类摆脱"计划经济"产生重大意义。其在这种经济哲学的基础上,把该思想扩展到涉及整个人类社会秩序的领域,从哲学、政治学、法律、心理学等不同角度论证现代市场社会的组织原理。1945 年其在名篇《知识在社会中的作用》开篇语中提出:"我们要想建立一种合理的经济秩序,要解决什么问题?"在《通往奴役之路》中,"开始把注意力更多地转向了包括市场经济在内保护个人自由的制度安排上,因为他越来越清楚地认识到,市场经济及其形成的各种社会和法律关系与个人自由就像一枚硬币的两面,有着无法分割的联系,而 20 世纪的社会主义者虽然也把社会繁荣和人类的自由发展视为十分可取的目标,却没有意识到计划经济与这个目标的内在矛盾。在他看来,计划经济反对市场经济,并不在于它在人类幸福上有着与市场制度截然相反的抱负,而是它在达到同样的目标上采用了不同手段。……假如取消了市场,也就不存在价格;假如没有了价格,就没有协调社会分工合作的有效手段,从而也不存在采取合理行为的途径,故自由增进人类进步和繁荣的价值也无从谈起"①。

5. 经济社约物支撑经济学十大原理

经济系统的存在和运动是客观的,经济社约物支配经济系统运行体现的是社会经济运动过程中经济现象间的内在的、本质的必然联系。经济社约物支配经济系统运行,一般都要在人的参与下才能发生作用,其普遍存在于人类社会的各个发展阶段和人类社会经济的各个方面、各个层次、各个环节、各个部门和各个区域,是人类社会共有的经济规律。经济社约物支配经济系统运行,它与生产关系一定要适合生产力状况规律,一起决定人类社会经济运动方向,一起制约和决定着社会经济某一发展阶段的特有经济规律,并与这一发展阶段的其他共有经济规律和特有经济规律一起构成这一发展阶段的经济规律体系和决定这一发展阶段的全部经济活动和经济运动状况。人类系统的生活,就是系统的耗散——不断地进行物质能量和信息的交换,不断地获得各种供给物以满足自身系统的需要。经济系统就是"供给满足需求"运行系统。经济学十大原理是从不同的角度认识经济社约物对经济系统中质组分及相关关系的整合支配。(1) 人们面临交替关系;(2) 某种东西的成本是为了得到它而放弃的东西;(3) 理性人考虑边际量;(4) 人们会对激励做出反应;(5) 贸易能使每个人状况更好;(6) 市场通常是组织经济活动的一种好办法;(7) 政府有时可以改善

---

① [英]哈耶克:《经济、科学与政治——哈耶克论文演讲集》,冯克利译,江苏人民出版社 2009 年版,前言第 3 页。

市场结果；(8) 一国的生活水平取决于它生产物品与劳务的能力；(9) 当政府发行了过多货币时，物价上升；(10) 社会面临通货膨胀与失业之间的短期交替关系。经济学十大原理，就经济系统中不同层级的经济组分因子之间的重要关系进行了揭示和归纳，对于现实经济具有"经验性"的可操作意义。经济学十大原理，并不是割裂的，而是一个整体，每一个原理从触发组分因子到受影响组分因子及机能，构成一个经济关系链条，该链条不是孤立的，而是作为经济系统整体社约物的一部分。

二、经济社约物的价值支配

经济社约物揭示了经济系统内部经济人之间、物化对象之间、经济人与物质之间的社约关系，以经济人自分形最大化为目标表现为供给满足需求的层次结构以及包含各种介质的流。立足供给满足需求的方向，经济社约物包括供给端社约物、需求端社约物、信息牵引和能量推动的市场交换社约物（它的核心是信息和介质流社约物，比如市场信息、商品、货币、抽象资本、金融等）三大类，三者逻辑连贯的是"支配供给满足需求的'度量'相对独立物"即价值。价值是经济社约物支配运行能量能力的度量概念。

（一）经济社约物支配的价值等式

没有"供给满足需求"就没有"价值"。"供给满足需求"受经济社约物支配，经济社约物支配即其对价值的支配主要包括：一是对土地（物质）与土地（物质）博弈的价值支配内容；二是对经济人与土地（物质资料）博弈的价值支配内容；三是对经济人与经济人[1]博弈的价值支配内容。

对商品经济而言，价值是商品通过经济社约物实现满足需求的能力的度量，价值的大小是商品表现在经济社约物的保障力（或助长力或支配力）与约束力的大小衡量。根据社约物支配能力关系认为："商品的价值＝供给物自体比较价值＋商品生产必需的相对劳动价值＋流通比较价值＋流通必需的相对劳动价值＋需求比较价值＋满足需求必需的相对劳动价值"，等式的右边都是经济社约物支配力内容范畴，其各项内容受经济社约物博弈统筹组织协调，各项内容本身可以作为经济社约物来研究，也可以作为经济社约物的组分内容在更大的系统中进行研究或者在更高级的系统中进行研究。具体单项研究如下：

（1）供给物自体比较价值＋商品生产必需的相对劳动价值：供给物自体价值是指供给物自身对主体的协同服务保障的基本供给能力的衡量，即基本使用

---

[1] 注：系统人是指系统人及其一切的附属，主要包括了系统人的人化意志和财富等。

价值。供给物自体比较价值是商品生产前后的比较，强调的是供给物被生产后的价值，但是"由前到后"价值获取的方式、手段和渠道也很重要，通常是以"生产"方式获得的。商品生产必需的相对劳动价值通常是指商品必需的劳动生产力和生产时间为主要内容的，即劳动价值论内容。

（2）流通比较价值+流通必需的相对劳动价值：流通价值是经济社约物支配协调供给物运行交换产生的价值，即交换流通价值。流通价值是供给物流通前和流通后的比较价值，强调的是供给物流通后的交换价值，但是"由前到后"价值获取的方式、手段和渠道也很重要，通常是以"市场"方式获得的。流通必需的相对劳动价值，是流通过程中的生产劳动价值，比如流通中消耗的人力、物力和财力，等等。

（3）需求比较价值+满足需求必需的相对劳动价值：需求比较价值是经济社约物支配协调供给物满足需求端需求过程的价值，即实际效用价值。需求比较价值是需求端满足需求前和满足需求后的价值比较，强调的是实际需求效用价值，但是"由前到后"价值实现的方式、手段和渠道也很重要，通常是以"边际"实效方式衡量。满足需要必需的相对劳动价值，在需求端包括安装、操作、培训、使用、消费等投入的人力、物力和财力，也包括方便与否、人性化与否等的售后服务相关价值等。

亚当·斯密指出，价值涵盖使用价值与交换价值，前者表示特定财货之效用，后者表示拥有此一财货取另一财货的购买力。亚当·斯密这样说："价值这个词有两种不同的含义：有时表示某种特定物品的效用，有时则表示占有该物品的效用。具有最大的使用价值的东西常常很少有或根本没有交换价值；反之，放大的交换价值的东西常常很少有或根本没有使用价值。没有什么东西比水更有用，但不能用它购买任何东西，也不会拿任何东西去和它交换；反之，钻石没有什么用途，但常常能用它购买到大批的其他物品。"他进一步指出，具有最大使用价值之财货，往往不具交换价值。后来，人们用水与钻石来概括李嘉图等古典经济学家所面临的价值悖论：水对人极端重要，是生命的支柱，但在通常情况下，价格却很低；而钻石是奢侈品，对于人的生存而言没有任何用处，通常情况下价格却很高。这里认为，价值笼统地说，就是供给物通过经济社约物具有的效用描述；具体地说，包括基本使用价值、交换价值和实际效用价值三部分，"创造基本使用价值—运行交换价值—获得实际效用价值"是一个链条，现在根据基于社约物支配能力关系的价值等式链条，对于"水和钻石"的价值讨论如下：

一方面，水商品的价值=供给物自体比较价值（大）+商品生产必需的相对劳动价值（小且约为0）+流通比较价值（小且约为0）+流通必需的相对劳动价值（小且约为0）+需求比较价值（小）+满足需求必需的相对劳动价值（小且约为0）

则有：水商品的价值=供给物自体比较价值（大）+需求比较价值（小）

另一方面，钻石商品的价值=供给物自体比较价值（小）+商品生产必需的相对劳动价值（大）+流通比较价值（小且约为0）+流通必需的相对劳动价值（小且约为0）+需求比较价值（大）+满足需求必需的相对劳动价值（小且约为0）

则有：钻石商品的价值=供给物自体比较价值（小）+商品生产必需的相对劳动价值（大）+需求比较价值（大）

通常来说，由于钻石商品的生产必需的相对劳动价值（大）+需求比较价值（大）会导致其比水的价格高很多。但由于边际效用问题，在某些条件下，水的价值或价格可能比钻石高很多，比如在沙漠深处饥渴的边际条件下，水的需求比较价值极大，而钻石的需求比较价值极小，水的价值和价格将远高于钻石。

（二）经济社约物侧重供给端的劳动价值

供给端价值是一种比较价值，即劳动前和劳动后的比较价值。配第在《赋税论》第一次提出了劳动决定价值的观点："一切东西都应由两个自然单位——即土地和劳动——来评定价值。"但是，土地花费与人类劳动耗费对于人类来说具有根本的不同性，只有用人类自身的辛劳程度来衡量物品的价值，才是更值得的。人类耗费的辛劳程度越大，物品的价值也就越大。这里认为，"劳动决定价值"是"供给端比较价值"的研究，即劳动决定在劳动前供给价值基础上的新增价值（也可以是负的），即劳动价值=劳动后供给物价值－劳动前供给物价值。劳动前供给物价值可以是自然物价值，也可以是投资价值，等等；劳动后供给物价值是指劳动前供给物价值加上劳动价值。配第的劳动决定价值中，价值=土地+劳动，准确地说，土地产物供给物价值（劳动后供给物价值）=土地自然价值（劳动前供给物自然价值）+劳动价值。

配第认为商品所花费的劳动时间决定商品的价值，他认为商品的价值与劳动生产率是成反比的，发现了均等关系的基础，初步揭开了价值表现的秘密。配第首先区分了自然价格、政治价格和真正的市场价格，自然价格实际上是指价值。政治价格是依照自然价格基础计算出来的价格，而"如果将这种政治价格以人为的共同的标准银市来衡量，就可得到我们所寻求的价格，即真正的市场价格"。"自然价值的高低，决定于生产自然必需品所需要人手的多少"，"实际上用商品中包含的劳动的比较量来确定商品的价值",配第举例说:假定生产一蒲式耳的谷物和生产一盎司白银要用相等的劳动,"假如一个人在能够生产一蒲式耳谷物的时间内,将一盎司白银从秘鲁的银矿中运来伦敦,那么,后者便是前者的自然价格"。劳动被看做价值的源泉,商品的价值"决定于它所包含的劳动时间",通过交换,以一个商品的等量劳动时间确定另一个商品的价值量。

但是,供给端比较价值中,劳动虽是其决定因素,但不是其全部因素内容,比如,一个人在一年时间的劳动情况如下,用一年时间生产一亩地的水稻形成的劳动后供给价值,用一年时间种100亩水稻形成的劳动后供给价值,用一年时间养殖100头猪形成的劳动后供给价值,用一年时间生产100件服装形成的劳动后供给价值,用一年时间画一幅画形成的劳动后供给价值……显然,它们的供给端比较价值并不直接相等。劳动后供给物价值=劳动前供给物价值+劳动(劳动资料+劳动力)。按照社约物支配能力关系的价值等式,如果把等式中的"流通比较价值+流通必需的相对劳动价值+需求比较价值+满足需求必需的相对劳动价值"等内容视为可忽略,则有,"商品的价值=供给物自体比较价值+商品生产必需的相对劳动价值",通常物自体价值是相对稳定的,因此,商品的价值主要由商品生产必需的相对劳动决定,即从某方面来看可认为"商品的价值=商品生产必需的相对劳动价值"。

李嘉图坚持商品价值由生产中所耗费的劳动决定的原理,从"工资由工人的必要生活资料的价值决定,利润是工资以上的余额,地租是工资和利润以上的余额"关系说明工资和利润、利润和地租的对立。他只注意经济范畴的数量关系,在方法论上又有形而上的缺陷,因而不能在价值规律基础上说明资本和劳动的交换、等量资本获得等量利润等问题,这两大难题最终导致李嘉图理论体系的解体。① 李嘉图曾说:"我不能克服这样的困难:在地窖里贮藏了三四年的酒,或最初在劳动方面花费了也许还不到2先令,后来却值100镑的现实。"

根据社约物支配能力关系的价值等式分析如下:

(1) 三四年前:酒商品价值=供给酒物自体比较价值1+商品生产必需的相对劳动价值(等于2先令)+"流通比较价值+流通必需的相对劳动价值+需求比较价值+满足需求必需的相对劳动价值"

(2) 放置酒窖三四年后:酒商品价值=供给酒物自体比较价值2(由于酒的质感、品位等发生变化,引起比较供给酒物自体价值发生了变化)+商品生产必需的相对劳动价值(等于2先令+储藏劳动价值)+"流通比较价值+流

---

① 盛文林编著:《人类历史上的重要学说》,北京工业大学出版社2012年版,第91页。

通必需的相对劳动价值+需求比较价值（由于酒的质感、品位等发生变化需求价值也增大）+满足需求必需的相对劳动价值"

因此，酒被放置酒窖三四年后，其价值变化主要集中在物自体价值、储藏生产价值和需求价值的变化上，由原来的生产花费不到2先令到后来却值100镑是符合经济社约物支配价值等式的。

（三）经济社约物侧重交换的价值

亚当·斯密的货币理论和他的其他经济理论一样，是以分工理论为出发点的，他认为分工是由交换引起的，在分工确立后，人人都产生了交换的必须，但物物交换会产生很多麻烦，为了避免这些麻烦，人们就想出一种可以代替所有物品的替代品，这就是货币。货币的首要功能是流通手段，持有人持有货币是为了购买其他物品。当物物交换发展到以货币为媒介的交换后，商品的价值就用货币来衡量。这时，便产生了货币的另一功能——价值尺度。亚当·斯密也谈到货币的储藏功能、支付功能。但是，他特别强调货币的流通功能。货币作为经济社约物的内容之一，集中体现了经济社约物的特性，即介质流特性和信息流特性。

交换，是人类社会系统中具有人质意义的携带商品的内部相互作用表现，是人类社会系统中子系统存在和发展的基础——它遵循系统的耗散原理，从外部获取本系统需要的负熵，释放自己的正熵（生产出来但自己没有能力完全消化的产品——相对于别的子系统来说是负熵），形成商品交换活动，解释了人类社会系统存在和发展的基本运动方式。马克思《政治经济学批判》一文中指出：产品"成为商品，只是因为在这个物中、在这个产品中结合着两个人或两个公社之间的关系"。商品不是个体自身与生俱来的，而是系统人后天所有的，商品携带着"不能完全还原"到个体的东西——需要通过流通，商品在消费中以负熵形式服务于系统人。社会分工，使经济人之间的正熵和负熵流动成为必要和可能，同时要求这种流动是等价公平的——货币作为一般等价物，简化了它们的流通形式和降低了它们的流通成本。"一般说，只有劳动产品才能成为商品。但在商品普遍化的情况下，某些非劳动资料如未开垦地、野森林等被人占有以后，也会转化为商品，进入交换。商品必须是用来进行交换的，但这个交换不是简单的互通有无，而必须是通过市场进行的等价交换。""市场"是客观物质世界（商品世界）的虚拟，这种虚拟实在个体与现实商品之间的中介——以把现实商品虚拟——并使这种虚拟以一种共同的形式"货币价值"获得在市场的存在和发展——它直接来源于物质商品世界，服务于主体。市场经济发展并成为主体与商品世界的中介相对独立出来——这已经经历几百年时间了，它犹如现在的虚拟网络世界（以信息的共同形式把主体意识虚拟存储和发展于网络信息世界）相对独立出来，它们共同的本质是"信息社约物"。在信息流特性研究方面有西方信息经济学，它是非对称信息博弈论在经济学上的应用。信息经济学认为，价格是在搜寻中获得的，是以付出成本为代价的。信息不完全决定了竞争是不完全的，在信息不完全和非对称条件下，完全理性转化为有限理性，即经济个体是自私的，按照最大化原则行事，但他通常并不具有做出最优决策所需要的信息，因此，经济个体的能力是有限的，理性也就是有限的。信息经济学揭示了，个人理性可能导致集体非理性，价格并不能囊括全部的市场经济关系，因此，市场价格制度就不再是激励约束全部内容和手段，"非价格"机制成为激励约束不可或缺的内容。信息经济就是运用机制设计理论来设计非价格制度以解决这个问题的。

商品的交换价值是以物自体价值和劳动价值为基础的，一个国家内各地区、各产业间的资本、劳动等各类生产要素的自由流动为利润率均等化奠定了基础，但是国与国之间的生产要素流动则通常被强制性地打断，甚至完全不流动，因此李嘉图指出"有用性不是衡量交换价值的标准"，"支配一个国家中商品相对价值的法则不能支配两个或更多国家间相互交换的商品的相对价值"，"在国际贸易中讨论商品的交换价值时，各方的利益全然系于国际市场上各类商品的交换价值，即相对价格水平"。正好比"葡萄牙用多少葡萄酒来交换英国的毛呢，不是由各自生产上所用的劳动量决定的"一样。①

根据社约物支配能力关系的价值等式，结合商品价值中基本使用价值、交换价值和实际效用价值三者的紧密联系，研究国与国之间的交换，以"葡萄牙的葡萄酒与英国的毛呢交换"为例：

（1）在英国

对葡萄酒而言：一箱葡萄酒的价值＝供给物自体比较价值＋商品生产必需的相对劳动价值＋流通比较价值＋流通必需的相对劳动价值＋需求比较价值＋满足需求必需的相对劳动价值＝100镑（假定）

对毛呢而言：一箱毛呢的价值＝供给物自体比较价值＋商品生产必需的相对劳动价值＋流通比较价值＋流通必需的相对劳动价值＋需求比较价值＋满足需求必需的相对劳动价值＝500镑（假定）

（2）在葡萄牙

对葡萄酒而言：一箱葡萄酒的价值＝供给物自体比较价值＋商品生产必需

---

① 盛文林编著：《人类历史上的重要学说》，北京工业大学出版社2012年版，第92页。

的相对劳动价值+流通比较价值+流通必需的相对劳动价值+需求比较价值+满足需求必需的相对劳动价值=40镑（假定）

对毛呢而言：一箱毛呢的价值=供给物自体比较价值+商品生产必需的相对劳动价值+流通比较价值+流通必需的相对劳动价值+需求比较价值+满足需求必需的相对劳动价值=800镑（假定）

（3）葡萄牙的葡萄酒与英国的毛呢交换的基础

葡萄酒交换博弈有葡萄酒价格通常在40-100镑之间，假定等于70镑；毛呢交换博弈的价格通常在500-800镑之间，假定等于700镑，则有葡萄牙用10箱葡萄酒换1箱英国毛呢。"葡萄酒在40-100镑之间"和"毛呢常在500-800镑之间"，通常成为它们的价值基础，价格在价值基础上变化，远离价值基础平衡点越远，则回归的力量越大。

交换价格是供给物自体价值基础上由交换流通价值和实际效用价值共同决定的，葡萄牙的葡萄酒与英国的毛呢交换价格可以因三者之一（或三者共同）的变化而发生变化。假定供给物自体价值一定为A，不能流通且不能被消费则价格为0，流通越顺畅流通价值越小，比如，葡萄牙的葡萄酒具有一定的价值，但到处都能轻易获得葡萄酒，其流通价格就会降低。实际效用价值方面，需求方价值一定，边际越小、边际交换越困难、需求系数越大，则实际效用价值中的比较边际需求价值越大，比如：英国的毛呢，在平常和在寒冬实际效用价值不同；又比如，水和钻石在人类需求价值较大（定量），通常随处有水——边际趋于无限大、交换容易、需求系数小，比较边际需求价值小；钻石，在人类需求价值较小（定量），非常稀少——边际趋于无限小、边际交换困难、需求系数巨大，比较边际需求价值巨大。因此，商品价格的基础是基本使用价值，在此基础上，价格是供给物同实际效用需求在流通中博弈的产物。

（四）经济社约物侧重需求端的边际效用价值

在经济学中，效用是指商品满足人的需求与欲望的状况描述，或是人在消费商品时所感受到的满足程度。世界上，空气、阳光等少数几种物品的数量是无限的，其他绝大部分物品的数量是有限的，个体系统人自分形最大化希望在有限的商品数量中占据最大满足欲望数量。边际效用指在一定时间内消费者增加一个单位商品或服务所带来的新增效用。效用在具体研究时，强调物品稀缺性边界条件，即人对物品的欲望会随欲望的不断满足而递减。

实时需求价值=需求前供给物价值+满足需求价值（满足方式+满足效果）

由于经济系统人的满足需求方式和满足效果不同，决定了需求价值具有高度的主体性，对同一供给物，不同的经济系统人产生的实时需求价值是不同的，即可以产生不同的实时需求价值。对同一棵葱,需求前供给物价值为 80 元,社会系统人平均满足需求价值是 100 元,甲经济系统人满足需求价值是 70 元,而乙经济系统人满足需求价值是 150 元,对于甲经济系统人来说,葱的实时需求价值可能是 80 – 150 元之间;对于甲经济系统人来说,葱的实时需求价值可能是 80 – 230 元之间,社会系统人平均实时需求价值为 180 元,总地来看,个体实时需求价值围绕社会平均实时需求价值上下波动。

商品一旦在市场中流通交换,其供给价值决定价格,其需求价值影响价格,市场交易显示价格,价格围绕价值上下波动(由于供给物具有经济人社约意志属性,受供求关系影响,经济人社约意志变化可能出现供给物价格低于成本的情况)。供求关系影响价格的本质是经济社约物的内部层级"组分"(实际为不同性质社约物内容)变化及其支配地位、支配方式和支配能力等方面的影响。"人自分形最大化占有物品数量欲望"同"人对物品的欲望会随欲望的不断满足而递减"两者的有机统一造就了经济社约物侧重需求端的边际效用价值理论。其中,克拉克最大的贡献在于他特别强调了区分边际效用和总效用,而门格尔侧重于欲望的不断满足与商品关系的研究,并指出了边际欲望。经济社约物边际效用价值,既从欲望出发(从自分形最大化出发),又调节满足欲望过程(经济社约物价值整形支配)。

1. 克拉克的边际需求效用研究

克拉克被认为是边际效用的独立发现者。他从空气的边际效用开始,空气有总效用,但是却没有边际效用;饮水也如此,拿走一杯水,效用就会减少(可能水不够喝),水有总效用也有边际效用。物品的效用是多方面的,总效用是物品的效用组合。例如,水不仅仅能喝,还能够用来洗东西、游泳、灌溉等,商品的价值是其在多方用途的边际效用的总和。在实际使用中,通常使用其中部分或一种用途,商品变成了商品所具有的某个属性。他举例说:"拿走一件上衣减少了所有者的享乐,这不是由于他有这件上衣或是没有这件上衣所带来的,而是由于他有这件上衣时所带来的享乐量,同由于替代它(替代品可能完全有用,也可能不完全有用)所必然受到的损失之间的差别造成的。"任何物品的边际效用应以个人货币收入的边际效用来衡量,因为货币的边际效用必定取决于物品的边际效用。克拉克认为价值并不是自然的或者先定的,而是可以随着市场上买卖双方情况的变化而在不断变化的。他认为价格和价值是一致的,商品的价格总是合于价值的,并不会存在价格高于价值或者低于价值的情况。这其实也就是近代资本主义通过市场竞争来确定价值的方法。① 这种观点强调了边际需求社约物对经济社约物的牵引,但忽略了其他经济社约物的意义。

2. 门格尔的边际效用学说

门格尔的经济学专著《国民经济学原理》是史上边际主义革命的中流砥柱之一。在门格尔看来,人类的欲望及欲望的满足是人类活动的两个因素;其重视心理分析,把经济学从"欲望分析"转移到"满足欲望的分析"。他提出,人对物品的欲望会随欲望的不断满足而递减。"在供给有限的条件下,人们不得不在欲望达到饱和以前某一点放弃他的满足。为取得最大限度的满足,应把总量有限的物品在各种欲望间做适当分配,使各种欲望被满足的程度相等,这样,各种欲望都要在达到完全满足之前某一点停止下来。这个停止点上的欲望必然是一系列递减的欲望中最后被满足的最不重要的欲望,处于被满足与不被满足的边沿上,这就是边际欲望。物品满足边际欲望的能力就是物品的边际效用。"② 按照财货与满足人的欲望的亲疏远近关系进行等级排列方法对财货分为三级:第一级财货直接用以满足人类欲望,也可称之为消费财货;第二级财货用来制造第一级财货;第三级财货是用来生产第二级财货的。③ 门格尔指出价值最终是由边际效用决定的,也就是说任何财货的价值都是由用于最不重要用途的那部分物品的效用决定的。物品的数量有限,人所拥有的财货小于其欲望时,他按轻重缓急安排自己欲望的满足,而他最先放弃的效用单位恰恰说明它只有最一般的价值;同时,由于物品的同质性,每一单位都可以相互替换,因此,边际物品的效用也就决定了全部同质物品的价值。

3. 经济社约物边际效用价值论

欲望不仅是人类生存的最一般动因,也是经济上最根本的东西。"人自分形最大化占有物品数量欲望"同"人对物品的欲望会随欲望的不断满足而递减"是经济社约物侧重需求端的边际效用价值理论的基本假设背景。人的欲望是分层级的,马斯洛的五个层次需求理论表明欲望在满足过程中有层级排列,可将财货与满足人欲望的亲疏远近关系进行等级排列方法,两者结合。人们往往总是先满足最紧要的欲望,再满足更高层级欲望,低级财货满足最要紧的欲望,之后才可能考虑用多余的财货去协助生产其他财货,高级财货受制于低级财货。

---

① 盛文林编著:《人类历史上的重要学说》,北京工业大学出版社2012年版,第105页。
② 盛文林编著:《人类历史上的重要学说》,北京工业大学出版社2012年版,第110–111页。
③ 盛文林编著:《人类历史上的重要学说》,北京工业大学出版社2012年版,第111–112页。

经济财货反映的是人的欲望与人们所能支配的财货数量的关系；经济社约物支配"人的欲望与人们所能支配的财货数量的关系"。

财货具有基本使用价值，其表现范围是：最不重要用途效用价值——最重要用途效用，其中"最不重要用途效用价值"不能为0，否则就不具有基本使用价值；另外，"最不重要"和"最重要"都是比较而言的，太阳和空气对于人来说重要，但相对于其他财货来说最不重要；空气对于缺氧者来说最重要。通常，财货的基本使用价值，可以由其一般用于最不重要用途的效用条件为出发点；因此，边际物品效用决定的全部同质物品的价值，通常是以财货的基本使用价值为起点的。

"人对物品的欲望会随欲望的不断满足而递减"，在供给有限的条件下，不可能所有人都实现最大化满足，通常人们不得不在欲望达到饱和以前某一点放弃他的满足——把总量有限的物品在各种欲望间做适当分配，使各种欲望被满足的程度都达到尽可能的大，从而实现各种物品和各种欲望之间匹配满足的整体最大化——各种欲望都要在达到完全满足之前某一点停止下来，这个停止点上的欲望必然是一系列递减的欲望中最后被满足的最不重要的欲望，处于被满足与不被满足的边沿上，这通常是财货的实际最大终极效用边际。

经济社约物侧重需求端的边际效用价值理论认为，经济社约物在调节"人自分形最大化占有物品数量欲望"同"人对物品的欲望会随欲望的不断满足而递减"关系时，通常以财货的基本使用价值为起点，以财货的实际终点效用边际为最高点：在"效用起点与最高点"之间，人占有物品数量越多，人自分形最大化运行越成功；一旦超越"最高点"，人占有物品数量越多，人自分形最大化运行越弱；通常而言，人对物品的欲望会随欲望的不断满足而递减。

三、经济社约物的运行

经济社约物的核心是其支配经济系统的运行研究。经济社约物的本质是经济系统的"流"，通常是以人力、财货、生产资料、货币、资本等为介质的流，其所表达的主要是系统流机能。经济系统作为一个物质整体，具有一般性的自分形最大化趋势；但是，它又是服务保障于"人类自分形最大化"的产物。因此，经济社约物支配运行既然要以经济利益最大化为核心，又要以服务保障人类为根本，两者是统一的。经济社约物支配运行在保障人类自分形最大化的进程中，具有政治社约物指导性。

（一）经济社约物的博弈运行

运行是经济社约物的支配本性。经济社约物支配的运行包括经济人主导的博弈协同和博弈竞争等经济运行内容。经济人的目的是通过经济博弈管理活动获取收益，一方面包括经济人与"事物与物质对象"博弈生成的服务该人的收益，另一方面包括经济人从"事物与别的经济人对象"那里通过博弈获得收益。经济并不能直接地裸存在，一定要有载体，这个载体可以是对应的物质、事物、中介等。

收益是特定经济活动的一种涌现，是成本基础上的大于"成本"的涌现部分。简单地说就是收获符合或有益于经济人目的的更多物质财富。经济活动是产生收益的经济人活动。货币是经济社约物的一般等价物载体，流通产生涌现，产生收益，物质可以直接参与经济系统流通，也可以通过经济社约物转化为一般等价物参与经济系统流通。物质、货币和其他资本等统称为财富。物质具有满足人类需求的有效生命周期，经济人可以在此周期内将其转化为货币，而将物质交换给别的经济人消费；当持有货币的经济人在有需要的时候，可以从别的经济人手中通过交换将货币转化为相应需求的且具有有效生命力的物质，这是经济运行的基本原则。经济运行根本原则是经济人自分形最大化的根本内容，即表现为经济人在博弈中消耗小量物质，而获得对对象事物的最大收益。经济基本原则是经济人之间实现共同的自分形最大化所选择的一种稳态的有效的货币优化形态，是经济根本原则的现实表现。经济根本原则与经济基本原则融合一体及其衍生体系构成了经济的主体自然形态。根据主体经济人在经济运行中的有效性和功用性不同，区分为专制经济、市场经济、计划经济等。事实上，经济运行在社会环境中运行，任何经济人都具有包括经济利益在内的人整体利益追求，因此，经济运行从来都不直接是简单的经济运行。然而，经济人的其他任何非经济意志要加入经济运行都必须依靠经济社约物意志，比如转化为相应的经济社约物意志，或者强加某些经济社约物意志。经济运行，实际上就是经济人之间的经济社约物意志博弈。

经济人社约物包括经济人自约物和他约物。经济人自约物，是一个复杂的层次结构社约物，包括生产工人自约物、管理者自约物、老板引领自约物。经济人他约物，对个体经济人来说可以是组织经济人内部的规章制度等，对组织经济人来说可以是社会道德、法律法规、市场规律等。经济社约物的博弈运行主要包括内部自约物博弈运行、外部他约物博弈运行和经济人自我意志支配运行等内容。

1. 经济社约物博弈的人类意志属性

经济系统中，物化经济社约物处于支配地位，经济系统并不直接以人化意志社约物为转移。但是，物化经济社约物并不是绝对独立的，而是社约物的一个内容,其必然具有系统人主体意志的内容,将表现系统人的主观能动性和目的性;因此,经济系统中的物化经济社约物和人化意志社约物存在博弈。假定经济系统持续存在的情况下,如果物化经济社约物占据主导地位,其方向是指向市场经济的,是指向经济自由支配方向的;如果人化意志社约物处于主导地位,则其方向是人化意志表现的计划经济方向的。物化经济社约物博弈的背后是人化意志的博弈。

经济人,首先是自然人和社会人,具有相应的人化意志,尽管其在经济系统活动中,主要表现为物化经济社约物意志,但仍然携带或多或少的人化社约物意志。把握好系统人物化社约物意志和人化社约物意志的关系,对系统经济的研究具有重要意义。一方面,经济社约物是人活动的产物,经济社约物受人活动支配,同时经济社约物反过来促进和保障人类的生命活动;另一方面,经济社约物支配经济活动相对独立,不能脱离人的意志和服务人的目的。公共经济社约物对整个人类社会经济活动具有支配意义,具体经济社约物对具体经济人之间的经济活动具有支配意义。公共经济社约物是个体经济人之间、个体经济人同组织经济人、组织经济人之间博弈的涌生事物。假定某一组织经济人的经济人社约物,在博弈中占据了公共经济社约物的主导地位,则该经济人社约物信息模式(定价权、制定规则权、经济社约物约束范围、约束对象,等等)将支配对应的经济系统向对应的系统目的和系统形态演化发展(该经济社约物很容易携带某组织经济人的人化意志)。因此,单就这样来看,某一具体经济领域很容易产生垄断经营——犹如某一政治团体(系统)中,某人个体意志占据公共意志的支配地位,容易形成霸权、个人权威一样。然而,真正的公共经济社约物如同真正的公共意志社约物一样,更加强调公共性——公共经济社约物是实现和保障该经济领域系统的最大多数经济人的利益(利益是指利于供给丰富与发展、利于"供给满足需求"环节、利于满足需求的丰富与发展的比较收益),因此,公共经济社约物的生成需要提供合法的途径,生成之后,需要提供强力来保障。

在现实中,公共经济社约物通过公平竞争与合作来生成,生成之后由弱力的经济商业道德来维持,由强力的经济法律来保障;而在政治研究中,公共意志社约物主要通过民主与集中来生成,生成之后由弱力的文化道德来维持,由强力的法律来保障;公共经济社约物与公共意志社约物,两者的生成途径和保障是密切联系的,具有相同的社约物生成和运行模式,同时又存在具体的区别。在一般系统人研究中,经济和政治都属于社约物,由于其来源与最终指向归属不同而被区分为经济与政治,实际生活中两者是交织在一起的、是不可机械分割的。

2. 内部博弈的支配运行

经济系统由经济人和经济对象事物组成，在古典经济学的经济系统研究中，其实体组分是个体、土地，经济主要表现为个体与土地之间博弈的全部社约物。经济人和土地都是抽象统一物质的具体化，因此，经济人和土地在遵循自分形和整形的辩证联系与演化规律方面是同等的：经济人具有自分形最大化、土地具有自分形最大化——存在：土地和土地之间的博弈（生成涌生物A）、经济人和土地之间的博弈（生成涌生物B）、经济人之间的博弈（生成涌生物C），涌生物A、涌生物B、涌生物C等级依次越来越高，从纯粹理论上来讲，它们对相应的实体组分都具有支配作用——这种作用是"一只看不见的手"——它揭示了由实体组分自由博弈即自由竞争的机制，但是，其中人质特性的涌生物对包括自己在内的世界具有支配和主宰意义。

价值是经济人对土地等对象性事物博弈的涌生物中满足人类需求的"那部分"的度量。一方面，经济人对土地（对象）博弈涌生物并不能全部度量为价值，只有其中满足个体需求的那一部分涌生物的度量才能称为价值；另一方面，经济人对土地博弈的涌生物的满足人类需求的那部分——可以满足当事人个体需求的度量，也可以满足当事人个体之外的个体需求的度量，通常人作为类，具有大体相同范围的满足需求，因此当事人满足需求和其他个体需求在大体范围内可以相互传递——这是经济流通的潜在条件之一。经济人与土地等对象事物的博弈产生的价值涌生物，是经济第一涌生物，如果经济人面对相同的土地等对象事物环境和条件，通常劳动决定价值。工人其自分形能力等各方面没有质的差别，可以简单地认为其劳动力大致相同；价值通常跟劳动消耗成正比，劳动时间、劳动消耗的资料、劳动消耗的能量和信息越多越大，则产生的价值越大。但是，价值也与经济人博弈的土地、工人等对象性事物有关，比如在同一片土地上，相同的劳动时间内采蘑菇与采金子，由于经济人博弈的具体对象性事物不一样，其产生的经济价值也不一样。经济人博弈经济活动是以获取对对象性事物的支配地位且获得经济满足为目的的：一方面，个体的消耗等价于个体自分形的扩大，个体和个体在总体性创造和生产方面是没有质的区别的，这些消耗可以是同等的；另一方面，土地有区别，在获得支配地位携带土地属性满足个体需求的时候——存在差异，即相同的付出去拿一根金条和一根树枝，个体涌生物携带金子和树枝的属性满足需要的度量不同——其价值也不同。

经济人对土地等对象性事物博弈的经济第一涌生物，如果土地支配占据上风，则不能产生有效经济价值，比如博弈中土地把个体吞噬，或致使个体破坏

(伤害)，比如原始社会，个体种植不能吃的东西，或者种植的东西不能活（满足需要为0）；当然，进入人类社会后，博弈涌生物中是存在价值涌生物的，这是经济系统形成的前提。经济人对土地等对象性事物博弈的经济系统，只有产生价值涌生物才称为真正意义上的经济系统。生成的经济社约物对经济系统内部组分比如经济人、土地、生产工具和资料等具有支配作用。

3. 外部博弈的支配运行

经济社约物支配经济系统的外部博弈主要表现为生产资料、生产技术和工具的获取的竞争，生产商品交换销售的竞争等内容。这里主要分析交换的外部博弈情况。经济人对生产资料和劳动力等对象性事物博弈，即为生产活动。生产的产品，被实施生成的经济人携带，产品并不能直接实现自分形最大化（或者满足需求最大化，或者"比较收益循环放大"）；因为，通常生产的产品远远超过该生产经济人的需求量，超出量要转化为该经济人的收益或价值，必须通过交换贸易博弈而实现产品价值转换的涌生。

交换博弈是人类组织系统的一种内在自组织行为，它是人类组织系统整体最大化的一种内部协同。交易是不同的经济人在更大系统的经济自组织行为。比如古典经济学中提到的葡萄牙和英国的交换博弈，是由经济社约物支配的互赢的交换。经济社约物协调支配两国整体利益最大化，而一国利益不断趋大而另一国利益不断变小，不是经济社约物的自然本性——因为长期来看那将导致经济社约物的消亡和交换博弈的不可持续，即该经济系统规定的贸易交换交流的终止。

在现实的国与国之间，由于国际间生产要素的不流动性打断了各国间利润均等化的进程；但是，每个国家都可能有"某种具有优势的产品"，那么，"各国都更为合理地分配它的劳动资源，生产这种具有优势的产品"，比如葡萄牙在葡萄酒的生产上优势更大，而英国在毛呢的生产上优势更大，作为葡萄牙和英国在内的人类组织系统将拥有最大化的葡萄酒和毛呢。然而，这种各自的有时在机械论下的"最大化"并不能直接地赋予人类系统。它们需要有效的组织和联系才能生成有机系统，以实现机能最大化；犹如心脏和大脑，割裂的心脏如何强大或者大脑如何强大，都不是直接该个体人系统的强大，只有当它们有效地联系和交换，人才实现整体机能的最强大。各个国家的优势产品，只有通过交流交换这种密切联系，才能使整体经济处于最大化的进程，经济系统中，各国的产品受经济社约物的支配，同一种产品在实现最大化的目的态下表现为"两优择其甚，两劣权其轻"。经济社约物不允许低劣的产品获得该产品在系统中的主导地位，比较利益最大化的本性决定了比较优势的"两优择其甚，两劣权其轻"。把各国的优势产品用于相互交换，各国就都能得到更多的利益。在相互比较的基础上，体现两国在商品生产上所处优势或劣势程度的差异，以及由此产生的贸易机会和贸易利益。只要葡萄牙致力于生产葡萄酒，英国致力于生产毛呢，然后进行相互交换，两国就都能获得贸易利益。

"两优择其甚，两劣权其轻"是经济系统的经济社约物的各组分社约物博弈占据地位分配的必然结果，是自分形最大化在系统内部博弈的一种现象。经济社约物的整合支配性，根本目的是协同服务保障整体经济事物的自分形最大化，在这个具体目的的实现过程中，就包含着对优势指向该目的事物的保障和支持，同时包含这对弱势指向该目的事物的控制与约束，这是系统内部博弈的一种常见现象。经济社约物支配着经济活动中的任何一个环节，就生产环节来说，李嘉图认为，在商品的交换价值由生产中所耗费的劳动量决定的条件下，每个人都会致力于生产对自己说来劳动成本相对较低的商品。他举例说："如果两个人都生产鞋和帽子，其中一人在两种商品的生产上都比另一个人具有优势，不过在帽子生产上只领先于其竞争对手 1/5 或 20%，而在鞋的生产上却要领先于其竞争对手 1/3 或 33%；那么，这个具有优势的人专门生产鞋，而那个处于劣势的人专门生产帽子，难道不是对于他们双方都有利吗？"[①] 按照经济社约物支配原理，该两个人的经济系统的经济社约物总体上一定是使整个经济系统朝着利益最大化演化发展的——这是物自体自分形的存在和发展本质。对双方有利一定是对整体有利；对一方有利对另一方不利，整体经济系统可能是在向最大化演化发展，也可能是在退化，即可能会出现系统演化发展的分叉点，可能会出现系统崩溃，可能会出现系统自我更新或重新组合调整，等等。

李嘉图是坚定的自由贸易论者，他认为："在一个具有充分商业自由的体制下，每个国家把它的资本和劳动置于对自己最有利的用途。"即国际分工与国际交换的利益，只有在政府不干涉对外贸易、实行自由贸易的条件下，才能最有效地实现。他的比较优势理论对于自由贸易的贡献是不朽的；但是经济社约物整合支配着整个经济系统，自由贸易社约物是以贸易交流经济社约物牵引整个经济社约物的理论研究，它并不直接等同于经济社约物研究。就如劳动价值社约物是以劳动供给社约物牵引整个经济社约物的理论研究，边际需求社约物是以边际需求经济社约物牵引整个经济社约物的理论研究，它们都并不直接等同于经济社约物，它们和贸易经济社约物一样，是经济社约物的部分或子系统研究。国家政府是否应该干涉贸易经济社约物？回答是必然存在干涉。贸易社约

---

① 盛文林编著：《人类历史上的重要学说》，北京工业大学出版社 2012 年版，第 93 页。

物存在环境,直接的环境是整个经济社约物,经济社约物只是人类社约物的一部分,必然存在政治社约物及其他社约物的影响。政治社约物作为整个人类社会某一国家的最高整合支配社约物,必然对自身系统的经济社约物存在不同程度的干涉(政治社约物来源于有经济社约物参与的系统人博弈),政治社约物作为最高权力社约物,不仅对本国经济社约物进行协同服务保障,同时也对本国经济社约物内部的部分要素事物进行控制和约束——形成对国家经济社约物的整合支配干涉,具体表现不仅对劳动供给社约物和边际需求社约物干涉,而且也对自由贸易社约物(国内和国际)具有干涉。协调这种干涉,就是国家经济社约物博弈的内容。

(二)经济社约物对"介质流"的支配运行

经济社约物通常可认为是经济系统的流、介质流及其抽象物。运行是经济社约物在经济系统的基本存在方式,流(介质流)是经济社约物的基本形态。没有"流"就没有经济社约物,交换流通是经济社约物支配运行经济系统的基本表现。经济社约物表现为经济介质流运行的动力有两个方面:一个是经济人的需求。主体经济人的需求变化和自身特性对经济具有决定性的影响。大多数个体系统人需求相似,至少具有基础的相同性,在此基础上具有个体需求差异性,在需求判断上具有主体能动性、局限性、精神需求性等等,比如个体系统人对食物的需求是基础的,个体系统人逻辑思维的一致性和理性,对某种商品的走势可能具有一致性(如某种商品在某种环境下的涨跌体现在股市上)。另一个是供给物的自分形最大化。商品等财货供给物成为经济人生活的一个环境,供给物自分形最大化使经济人自然处于一个被动博弈的经济关系海洋,接纳供给物,消耗供给物,推动供给物及其相关介质流。

1. 经济社约物对人力和资本等介质流的支配运行

经济社约物对人力介质流的支配表现为人类社会分工,而对资本介质流的支配,主要表现为资本主义社会的资本积累和运行。资本累积和社会分工是密切相关的,都属于经济社约物支配的内容。资本积累促进了社会分工的进行,社会分工的扩张与生产效率的提高跟资本的总额成正比。资本的累积通常体现在分工之前进行,比如分工使用的设备与机械材料通常以资本来换取。分工可增加劳动生产率,提高国民所得,积累资本。亚当·斯密认为:人在经济活动中追求个人利益,正因为每个人都有利己主义,所以每个人的利己主义必然被其他人的利己主义利用。经济社约物支配人类社会的分工,正在表明着"人与人之间合作关系的加强",作为经济系统,要求每个人先做好自己的工作,才能够形成对大家都有利的利益链条的整体最大化——这是经济社约物对人力和资本等介质流的支配运行的基本规律。

2. 经济社约物对贸易交换流的支配运行

贸易交换流的方向是指商品从最大化势能高地流向最大化势能洼地。以"葡萄牙的葡萄酒与英国的毛呢交换的贸易交换流"为例：（1）对葡萄酒而言：最大化势能高地在葡萄牙，最大化势能洼地在英国，葡萄酒商品贸易交换流的方向主要是从葡萄牙流向英国。（2）对毛呢而言：最大化势能高地在英国，最大化势能洼地在葡萄牙，毛呢商品贸易交换流的方向主要是从英国流向葡萄牙。

经济学家托马斯·曼著的《英国得自对外贸易的财富》，被称为"重商主义的圣经"。托马斯·曼攻击当时在英国作为国家政策还受到保护的原始货币制度，表现出了"经济社约物"同"政治社约物"的博弈，代表重商主义体系对于自己原来体系的自觉的自我脱离使"经济社约物"的地位得到显著相对独立提高——自然经济向商品经济过渡成为一股不可抗拒的潮流，表现出追求商品生产更快发展，追求商业资本和货币资本的快速增加与积累。

重商主义学说有两个基本观点：其一，认为贵金属（货币）是衡盘财富的唯一标准。富强，就应尽量使出口大于进口，因为贸易出超才会导致贵金属的净流入。其二，由于不可能所有贸易参加国同时出超，而且任一时点上的金银总量是固定的，所以一国的获利总是基于其他国家的损失，即国际贸易是一种零和博弈。不过，重商主义的政策结论仅在某些情况下站得住脚，重商主义把国际贸易看做一种零和博弈的观点显然是错误的。重商主义把货币与其实财富等同起来也是错误的。正是基于这样一个错误的认识，重商主义才轻率地把高水平的货币积累与供给等同于经济繁荣，并把贸易顺差与金银等贵金属的流入作为其唯一的政策目标。① 马克思接着指出，这部书"在一百年之内，一直是重商主义的福音书。因此，如果说重商主义具有一部划时代的著作……那么就是托马斯·曼的著作"。

3. 经济社约物对"价值—价格"流的支配运行

价格与价值是经济社约物支配运行的重要内容之一。价值是财货或商品作为供给物满足经济人需求的一般能力描述，价格是财货或商品普遍价值的具体化或特殊化表现，从辩证法来看，价值与价格是一般与具体、普遍与特殊的关系。价值规律是经济社约物支配运行的基本关系规律描述之一，是商品经济和市场经济的其他规律的基础。价值规律在根本上决定着商品经济的社会作用，决定着商品生产经营者的命运，决定着商品经济发展的全部历史过程。

---

① 盛文林编著：《人类历史上的重要学说》，北京工业大学出版社2012年版，第82页。

在价值和价格系统中，可认为：价值是组分，价格是价值博弈产生出来的涌生物—所有的这些都是以人和商品为承载的。即："劳动后供给物—流通1—形成1阶段流通后供给物—流通2—形成2阶段流通后供给物……""劳动后供给物"可认为是该价值价格系统中的价值组分，"形成1阶段流通后供给物价格"可认为是"劳动后供给物"价值组分在市场环境中博弈的产物，而"形成2阶段流通后供给物价格"可认为是"形成1阶段流通后供给物价格"（此作为了以后价格的价值组分）在市场环境中博弈的产物。综合而言，流通比较价值的研究可表示为：流通后供给物价值＝流通前供给物价值＋流通劳动（流通投入物＋流通劳动）。

贸易流通是比较利益循环放大的一种重要方式，并非机械的零和博弈。涌生物对商品价值的支配。供过于求，则供应方获得支配地位，求方被支配；当被支配满足到一定程度，这种瞬间超出的支配地位——额外的支配权利被瓦解，在博弈中丧失。在当代市场经济条件下，社会经济的运行和配置要发挥市场的基础作用和国家的宏观调控作用。市场的基础作用表现为价值规律的基础作用，使企业真正关心并灵敏地反映价格信号，通过优胜劣汰的竞争，实现资源的有效配置。国家的宏观调控作用要能够反映价值规律的要求，如果与价值规律的要求背道而驰，就会对社会经济起破坏作用，受到客观规律的惩罚。这是大量的历史经验所证明了的。

对经济系统人而言，其负熵与满足需求之间的矛盾外在表现为：个体与个体、子系统与子系统、个体与子系统通过商品和货币基础上的博弈，可以改变博弈方的地位，可以改变博弈方的赢得函数，可以改变博弈方的策略集，从而改变获得支配地位的涌生物，对经济进行有效的调控。个体创造的价值，就是人类社会系统的负熵，它可以以货币的形式在市场存储，这种负熵有来自精神的，也有来自物质的，但以物质的为主。价值规律的研究，可通过负熵生产与满足主体需求规律来调节说明，比如边际效用、需求层次理论、整体战略规律、作用及链段系统规律等。

4. 经济社约物对综合介质流的支配运行研究

经济系统的综合介质流是指人介质流、财货介质流、资本介质流、货币资金介质流（包括货币自流的利息等）的统称，在需求情况和供给情况的基本环境下，经济社约物综合介质流具有内部复杂的相互关系。凯恩斯和马歇尔等经济学家对综合介质流及其流理具有独特研究，其中，马歇尔强调了局部均衡静态模型的分析，凯恩斯突出了经济社约物"介质流和流质"及其相互关系的研究，具有贯穿性。

(1) 马歇尔及其综合介质流的理论。马歇尔是局部均衡分析的创始者。这体现了经济社约物协同服务保障方面的局部静态均衡。他研究单个市场的行为而不考虑市场与市场之间的影响，消费者收入的变动对单一商品的得求量影响甚微，其次所研究的商品市场的小规模也使得该种商品的价格变化对其他商品几乎没有什么替代效应，认为：在短期内，需求是影响价格的决定因素；而在长期里，供给或生产成本是影响价格的决定因素。马歇尔特别关注收入分配和贫困问题。他把贫困问题归因于劳动市场，非技术性劳动的供给由马尔萨斯的人口法则所决定，但对非技术性劳动的需求却因为机械化而持续减少。对此，他主张限制非技术工人的家庭规模和建立累进税制度，但不主张设立最低工资保障和工会。在宏观经济学方面，马歇尔采用了购买力平价的概念来解释不同国家货币之间的汇率。马歇尔1890年出版的《经济学原理》建立了静态经济学，是继《国富论》之后最伟大的经济学著作，形成以此为核心的新古典学派。他试图用静态的均衡来掩饰资本主义内在的对抗性矛盾，主张社会各阶级都得到均等的最大满足和利益，大肆宣扬阶级调和论，以抹杀资本主义生产关系的剩余价值剥削实质。经济系统是一个动态系统，所谓的静态均衡调节阶级均等利益实现阶级调和——表现出了机械的经济系统观，其目的是难以有效实现的。

(2) 凯恩斯主义及其综合介质流的理论。凯恩斯主义的理论体系是以解决就业问题为中心，他提出了充分就业的概念。就业理论的逻辑起点是有效需求原理，基本观点是：社会的就业取决于有效需求，所谓有效需求，是指商品的总供给价格和总需求价格达到均衡时的总需求。当总需求价格大于总供给价格时，社会对商品的需求超过商品的供给，资本家就会增雇工人，扩大生产，反之，总需求价格小于总供给价格时，就会出现供过于求的状况，资本家或者被迫降价出售商品，或让一部分商品滞销，因无法实现其最低利润而裁减雇员，收缩生产。凯恩斯认为，由消费需求和投资得求构成的有效需求，其大小主要取决于消费倾向、资本边际效率、流动偏好三大基本心理因素以及货币数量。凯恩斯认为萨伊定律并不成立，供给不能自动创造需求，资本主义经济也不能自动地达到均衡。凯恩斯最后得出结论：资本主义市场中不存在一个能把私人利益转化为社会利益的看不见的手，资本主义危机和失业不可能消除，只有依靠看得见的手即政府对经济的全面干预，资本主义国家才能摆脱经济萧条和失业问题。凯恩斯经济学说，用动态的、宏观的视野把握了经济社约物综合介质流之间的相互关系，取代了传统的新古典经济学，成为西方经济学的新正统，为实行国家垄断资本主义提供了理论基础，造就了资本主义的新的经济运行机制。传统的奉行自由竞争、自由放任为基本原则的经济机制与社会经济的发展脱节的时候，正是凯恩斯的经济学说创造了新的经济机制，制止了资本主义经济的恶化，促进了资本主义经济转入了健康的发展轨道。至今，凯恩斯经济学说中的很多经济思想和分析方法仍被西方经济学家广泛采用。凯恩斯的经济学说成为现代经济学的开端。许多经济学家对他的思想进行了不同的解释、吸收、发展，这就形成了不同的凯恩斯主义流派。

（三）经济社约物支配运行的分配理论

经济社约物支配运行分配是在"最大化"和"人性化"原则下运行的。经济社约物来源于经济系统的组分，由经济系统组分携带，其运行支配的归宿点将是经济系统的核心组分——经济人，将经济系统的内部"供给满足需求"分配给不同的经济人，即是经济社约物支配运行的分配。经济社约物支配运行经济系统的组分物质、能量和信息整合分配，分配包括分工分配、劳动分配、社会分配等内容。根据不同的经济人及其附属物在经济系统中的社约物博弈位置不同，产生的分配形式称为分工分配，比如普通工人和研发工人。劳动分配是根据经济人对某一价值消耗的成本为基础进行分配，主要是劳动价值分配。社会分配是经济系统的他约物分配方式，动力来源于"社会环境"（其是经济系统自我存在的继承存在的保障），有些事情，经济人无能力做，需要社会来做（政治社约物来运行支配做），这种由社会一般社约物支配的对经济社约物的分配方式称为社会分配，主要形式是赋税分配。

1. 经济社约物支配运行的"最大化"和"人性化"原则

经济系统是一个动态系统，包括两个基本动态：一是对象事物的自分形动态发展；二是主体系统人的自分形动态发展。经济对象事物与经济人是通过"需求与供应"实现实时贯通一致，即表现为经济活动。经济系统作为"自然"系统具有"共同财富最大化"支配运行的基本原则；而作为人主导下的经济系统又具有服务人类实现"人性最大化"的根本原则。经济活动是需求与供应的博弈活动，直接地是获得经济对象事物的自分形最大化，根本地是获得经济人自分形最大化，综合起来就是经济对象事物获得服务主体经济人的收益涌生物整合最大化。

在一个国家，不同层次的收益涌生物之间存在博弈依存关系，通常表现出相应的层次结构关系。因此，调整收益涌生物的相互约束能力、调整收益涌生物对物质对象的作用能力、调整收益涌生物服务主体的能力等，是经济管理的核心。经济管理，通过对收益涌生物一致的表达和实践体现出来。对经济的管理，则是对经济必然主体形态的收益涌生物的国家系统人意志的博弈表达，称为控制经济，是经济的辅助形态——为经济的必然主体形态提供适合具体国家和环境的轨道和朝向，提供支撑和环境。控制经济和市场经济的关系，一个是辅一个是主，如果人为让控制经济走向极端并压制市场经济，则表现为计划经济。计划经济最大的问题是不能贯通一致"对象事物的自分形发展"和"主题系统人的自分形发展"——它无法使这两个动态同步有效。但是，无法控制的经济将使人走向绝对物化，从而丧失人性化原则。

（1）经济社约物追求利益最大化的基本支配原则。经济社约物是经济系统的社约物，其基本支配运行方向是经济系统的共同财富最大化方向。经济是一个不断演化发展的系统，而不是一个僵死的系统，在演化中走向最大化的根本动力是"再生产"——其是经济循环放大和超循环放大的根本动力。因此，经济社约物追求利益最大化的基本支配集中表现为"对再生产的支配"。

凯里认为："一切价值是可以交换的。劳动是价值的唯一原因。在生产的时候，商品的价值由其所需劳动的数量和质量来测量。劳动的质量每有改进，生产一定量商品所需的劳动的数量就会随之减少。现存资本的价值不能超过其再生产所需劳动的数量和质量，同时，随着劳动质量的每次改进，用以交换的劳动的数量将日趋减少。"劳动一旦得到资本的帮助，将会产生更高的生产率。增加的生产率又会改进劳动者劳动的质量。劳动质量改进了，工人生产的商品数量就会不断增加。此时，无论是工人的工资，还是资本家的资本，都会得到相应的增加……从而使得整个资本主义生产方式顺利而安全地运转下去。[1] 抛开凯里理论为哪个社会阶级服务的问题，该理论表明了经济社约物支配"再生产"不断进行而获得利益循环放大的基本经济支配原则。

（2）经济社约物服务人性化的根本支配原则。经济社约物服务人性化，一方面表明，经济社约物受制约于人性社约物，是人性社约物的一个内部成分，不能超越或凌驾于人之上；另一方面表明，经济社约物是以服务于人类的共同"存在"和"幸福"为根本原则的。货币与廉耻是不能直接转换的，货币与幸福也是不能直接转换的。

经济社约物作为社约物的内容运行方向和目的是不断保障人类实现共同的幸福生活。西斯蒙第将经济社约物同政治社约物联系起来研究，方向是政治社约物，即人类幸福方向。西斯蒙第认为，资本主义经济不以人的享受而以财富作为经济活动的目的，其结果是英国积累了大量财富，而大多数人却过着贫困的生活。造成这一切的原因是英国古典政治经济学错误地以财富作为政治经济学的研究对象，完全无视了人。他说："从政府的事业来看，人们的物质福利是

---

[1] 盛文林编著：《人类历史上的重要学说》，北京工业大学出版社2012年版，第95页。

政治经济学的研究对象。"他从分配角度来说明资本主义剥削,认为资本主义掠夺和自由竞争造成了社会阶级分化,富者愈富,贫者愈贫;经济自由主义给社会带来了灾难,私人利益的自由发展经常损害公共利益,而政治经济学是以增进人类幸福为目的的一门科学,因此,他强调要求依靠国家政策来调节社会经济生活,以代替经济自由主义。

西斯蒙第阐述资本主义条件下经济危机的必然性,为资本主义过快发展,资本家过度追求剩余价值和商品利润敲响警钟。他强调:"生产应服从于消费,消费是生产的动力和目的。他认为,在资本主义社会,生产无限扩大,但由于不合理的分配制度,使劳动生产者收入不足,从而使国内市场日益缩小,产品销售受到阻碍,导致生产过剩的经济危机的必然爆发。西斯蒙第还认为,今年的产品是以去年的收入支付的,在生产不断扩大的情况下,今年的产品总是超过去年的收入。生产和收入失调所表现的消费不足更为严重,经济危机更是不可避免。"① 西斯蒙第的贡献在于,他确认了资本主义经济制度下经济危机存在的现实性和不可避免性,以其对资本主义制度的怀疑结束了古典经济学。西斯蒙第认为是由于消费不足而产生的生产和消费之间的矛盾,使经济危机不可避免。在这一方面,他并没有将经济社约物同政治社约物根本联系起来,即未能将产生经济危机的根本原因归结于资本主义的基本矛盾。

2. 经济社约物支配运行的劳动分工和价值分配

马克思曾说:"17 世纪的经济学家总是从生动的整体,从人口、民族、国家、若干国家等开始;但是他们最后总是从分析中找出一些有决定意义的抽象的一般的关系,如分工、货币、价值等,这些个别要素一旦多少确定下来和抽象出来,从劳动、分工、需要、交换价值等这些简单的东西上升到国家、国际交换和世界市场的各种经济学体系就开始出现了。"如果没有 17 世纪经济学家的这些抽象的一般的规定,就不可能有后来那些成熟的、体系化的、从抽象上升到具体的古典政治经济学。威廉·配第最先提出了劳动决定价值的基本原理,可认为是经济社约物支配劳动分配的基本依据。配第的主要贡献是最先提出了劳动决定价值的基本原理,并在劳动价值论的基础上考察了工资、地租、利息等范畴,他把地租看做剩余价值的基本形态。配第认为,劳动者的奉献才是社会财富的源泉。

配第的分配理论以劳动价值论为基础,其内容包括工资、地租、利息和地价理论,以地价论为中心,以工资论为前提,反映了资本主义分配关系的一些

---

① 盛文林编著:《人类历史上的重要学说》,北京工业大学出版社2012年版,第98页。

特点。在配第看来，劳动的价值是由必要的生活资料决定的，他认为：法律应该使工人得到仅仅最必要的生活资料，因为，如果给工人双倍的生活资料，那么，工人的工作，将只有他本来能做的并且在工资不加倍时实际所做的一半。这对社会来说，就损失了同量劳动所创造的产品。这就是说，如果一个工人每天工作12小时，其中只有6小时就可以维持自己一天的生活，但是，法律只给了工人6小时劳动所创造的价值，而不是全部的12小时，因为如果这样，社会其实就是资产阶级就损失了一半的财富。所以，工资只能是必要的生活资料的价值，是为社会提供剩余价值的，工人的劳动才是社会财富的源泉。……配第力图发现可以自由买卖的土地的自然价值，他提出，地租等于扣除种子和工资后土地生产物的剩余。地理是七年地租的平均数，称之为一般地租。根据当时英国人口出生与死亡的统计，祖、父、孙三代同时生活的平均数是21年，因此他认为地价为21年的地租的总和，这基本上符合当时英国的地价。因此马克思还称他为统计学创始人。

他提出了劳动工资、资本利润及土地地租自然率决定的分配理论。亚当·斯密指出，假定商人投资同一事业，因为彼此相互竞争，自然致使利润率降低。地租指对土地使用所支付的价格。亚当·斯密认为，地租高低与土地肥沃程度及市场远近有关——这表明着供给物自体价值的存在。

劳动价值＝劳动后供给价值－劳动前供给价值。对于个体经济人来说（比如个体农民和个体手工业者），其劳动价值＝劳动后供给价值－劳动前供给价值，这比较好理解。对于一个组织经济人来说（比如纺织工厂），其也满足劳动价值＝劳动后供给价值－劳动前供给价值，但是，劳动价值是一个体系，包括了工人个体系统人、管理者个体系统人和老板（包括投资者）个体系统人携带的价值，如何分配劳动价值呢？按照配第的理论，只给工人以必要的生活资料折合的价值分配，这只是一个基础。真正从系统科学思维来看，他们之间是博弈自组织分配的，作为整个工厂的自组织目的是价值最大化，劳动价值的目的是价值最大化——保障所有经济人利益最大化，工人利益自约物、管理者利益自约物和老板利益自约物之间一直在博弈，产生一个妥协的工厂分配体制公共社约物，如果工人自约物意志占据工厂公共社约物主导地位则工厂系统向工人利益目的方向演化发展，如果老板自约物意志占据工厂公共社约物主导支配地位，则工厂系统向资本家利益方向演化发展。如果把这三种经济人理想化平等，则工人经济系统人将获得同老板同等的理想的劳动分配价值。由于工人处于博弈的弱势地位，由于必要的生活资料是工人经济人劳动分配的底线，因此，工人经济人所分配得到的劳动价值，介于必要的生活资料和理想平均劳动价值之间。劳动价值的分配,受经济社约物支配,它并非自然地就是理性的,即自觉地达到一个最佳经济系统状态,但它总是趋向于实现经济系统整体运行最优化的目的。

2. 赋税分配理论

经济社约物支配运行的社会分配,主要表现为经济制度和赋税分配。经济系统中由于他约物主导支配运行的分配理论,主要表现为政治社约物支配下的"赋税理论"。亚当·斯密提出了公平、确定、便利、经济的四大赋税原则。"公平":是指一国国民应尽可能按其能力以支持政府,亦即国民应按其在政府保护下所享有的利的比例纳税。"确定":是指各国民应当缴纳的税捐,须确定并不得随意变更,缴纳时期、缴纳方法、应付税额,都应对纳税人清楚宣示。"便利":是指一切税捐,都应在最适合于纳税人的时间以最适合之方法收之。"经济":是指每一税捐者都应善加设计,务使公民缴付国库以外,在他的财力上受到最少可能的波动。① 赋税分配是经济系统的非纯粹经济社约物支配的分配,是由政治社约物牵引主导的经济社约物支配,可认为是一种他约物的他组织。

凯里经济学中的一个基调就是,努力进行阶级调和和利益调和。李嘉图的经济学说在当时的美国偏向于维护无产阶级的利益,突出强调社会各阶级之间的经济利益的冲突;他认为李嘉图的劳动价值论只是为了挑起各阶层之间和民族之间的争斗,认为:"李嘉图先生的体系是一个制造纷争的体系……整个体系具有挑动阶级之间和民族之间的仇恨的倾向。"凯里说:"支配劳动产品分配的伟大规律,就是如此。在科学所发现的一切规律中,它可能是最美妙的,因为它正是使人类各个不同阶级之间的现实的和真正的利益达到充分和谐的基础。"凯里的理论将经济社约物同政治社约物联系起来,并强调了政治社约物对经济社约物的必要干涉,一方面突出了政治社约物对劳动供给经济社约物的关系研究,研究了阶级利益的调和问题;另一方面强调了政治社约物对贸易经济社约物的干涉,比如主张保护关税政策,施行对关税的保护以防止英国竞争,积极发展本国工业,对加速战后美国经济的发展具有重要的作用。凯里的理论虽然将经济社约物同政治社约物结合起来,但强调了政治社约物为单纯的经济社约物服务的目的,事实上并不能有效地解决社会分配矛盾问题,比如资本家要想获得更多的利润,最有用的方法就是减少生产投资,主要是减少工人的工资和

---

① 盛文林编著:《人类历史上的重要学说》,北京工业大学出版社2012年版,第101-102页。

资本家表面的利润。

赋税分配，是解决经济系统在服务人类时不能自己解决的问题，比如公平、人性等；赋税分配，将在整体战略上把握经济系统为人类社会系统服务的意义。

第二节　社约物无形手指之"政治社约物"

一般系统人的最高级别的人化社约物支配运行集中表现为政治社约物。众人之事，就是政治。只要存在人与人之间的关系，就存在政治。政治是政治社约物的产生及其携带众人意志之权利与义务对相关人员进行支配运行的统称。每个人都具有自然世界比如飞鸟、鱼儿等一样的自由的自分形最大化本性，但是鸟儿离不开天空，被天空系统契约物束缚，鱼儿离不开水，被水体系统契约物束缚，个体人的自由自分形最大化离不开人类社会系统，受支配于社约物体系。在人的社约物体系中，政治社约物作为强力人化社约物，具有人类社约物体系的上层建筑地位，位于金字塔顶部，具有主导、引领和控制支配整个人类社会系统的整体意义，对于个体人而言，具有枷锁一样的约束控制意义。正如卢梭所说："人生而自由，却又时时处在枷锁之中。自认为主宰一切的人，反而更像是一切的奴隶。……假如只考虑强力以及由强力得出的效果，我就要说：'当人民被迫服从时，他们做得对。然而，一旦人民能够打破自己身上的桎梏并打破它时，他们做得更对。因为人民正是依据别人剥夺他们自由之时所凭借的那种权利来恢复自己的自由的，因此人民就有理由重获自由，否则当初别人剥夺他们的自由就是毫无根据的了。'"[①]

政治社约物是人类社会系统中每一个人的枷锁，但是人生而自由的能动性可以打破政治社约物枷锁桎梏的旧边框形成新边框，它们是系统的辩证的统一的。一个普通人，如何在国家中认识自己作为个体系统人的定位，如何认识自己作为国家公民的主人翁地位，如何认识国家作为最高组织系统人的地位及行为，如何把握将个体系统人自分形发展融合到国家组织系统人自分形发展之中，如何分享国家组织系统人发展成果对个体系统人自分形发展的惠及……个人和国家是一个整体，只要存在人与人的关系，就存在政治。因此，认识政治社约物的产生、支配和运行，将使我们拥有一个系统的科学的政治观，可以充分认

[①] 卢梭：《社会契约论·论人类不平等的起源》，刘丹、宋淼译，湖南文艺出版社2011年版，第5页。

识个体在国家组织系统人内的权利和义务,充分理解国家系统人对个体的支配和调节,有更多的理由热爱我们的国家和民族,积极主动地为民族、为国家、为自己而奋斗。

一、关于政治社约物

(一) 政治及其社约物的诞生

1. 政治在哲学应用中诞生

在原始社会,部落之间人与人之间的关系贫乏,政治关系主要体现为单一的战争和掠夺关系。在原始部落内部,主要是平等分配关系主导的简单相互关系,它是政治关系的起源。进入奴隶制社会后,各种阶级社会所具有的阶级和派别之间的关系变得复杂,人与人自分形博弈开始产生相对独立的社约物体系,政治作为人类社会系统的上层建筑协调模式得以诞生。具体而言,在奴隶制国家,政治以上层建筑姿态协调各种社会关系的体制或组织,确定人们社会活动的"限度"或"界限",以维持上层建筑支配引领下的社会秩序,达到共同生活的和谐。政治上层建筑对制度系统内的每一个公民具有整合支配力,只有参与和适应政治上层建筑的社约物支配,才能获得在该社会系统的自我存在和自我幸福最大化。在古希腊的公民意识到自己的一切活动离不开城邦,且把自己的城邦看成实现幸福生活的保障,只有参加城邦的生活和活动才能获得最大幸福。因此,政治诞生伊始,人们把其界定为是"如何过好城邦生活"的学问,即关于城邦的科学。

在古希腊,哲学指导城邦生活的具体应用的学问就是"政治"。人们关心何种形式的"城邦"能够实现并保障自己的幸福生活,突出了哲学和道德追求的"至高无上的善"和"正义"的应用,即好的政体和好的生活。公元前431—前404年雅典在伯罗奔尼撒战争中失败,雅典城邦制解体后,涌现出如德谟克利特、苏格拉底、柏拉图和亚里士多德等思想大师,思考如何才能挽救城邦制度。"但是,总体来说,在柏拉图之前,政治与哲学之间是不成为一个问题的。基本上那个时候政治与哲学是不分家的。"[1]政治社约物和哲学是密切联系的。古希腊时代,人们认为哲学家从事政治活动并指导政治是很自然的事情。在柏拉图时期,由于苏格拉底之死致使柏拉图开始反省哲学家与民众、政治与哲学之间的关系,哲学和政治开始出现相对分化。马克思则批判了德国的哲学理念与政

---

[1] 刘华萍:《柏拉图和马克思的政治哲学比较——以"政治哲学"观为主线》,中山大学博士论文,2009年,第13页。

治现实之间的不相符合，并创建了马克思主义哲学。不管哲学与政治有效融合，还是批判哲学与政治不相符合，哲学始终都具有关注政治、改变政治的情怀，并在终极意义上追求对政治的整合支配。哲学是追求真理和智慧、探究本质与规律的最高学问，政治社约物是人类系统社约物体系金字塔的最高上层建筑，因此，从长远来看，哲学与政治是不分家的，它们的关系始终是一一对应的妥协与和解。

近代启蒙运动和资本主义政治秩序的确立，政治学表达出以对政治共同体、对社会、对人乃至世界的本质关怀为自己的目标。当"卢梭、霍布斯、格劳秀斯、布丹等人的政治学说把自然法和理性等规范性要素引入政治学，以此来判定公正、真诚、平等之类的超验、纯逻辑化的政治价值，进而规范政治生活"①，政治学脱离了哲学，获得了自己独立的研究对象和规范体系。虽然政治学的根基是哲学，但她利用哲学的一般原理和原则，演绎推理政治运动演化，为专门的特定的政治社会建立规范，则她已经成为一门哲学在政治领域应用的专门知识，并从哲学领域相对剥离出来。

2. 政治社约物的生成

政治是如何过好众人之生活的管理行为，是人与人各自自分形最大化博弈自组织的上层建筑描述，在政治意志的实践共同表达中产生政治社约物，它支配政治实践活动。政治社约物支配内容包括人类共有的自由、共有的生存、共有的自身关怀。"人性首要的法则是要维护自身的生存，人性首要的关怀是对自身的关怀"② 一般系统人"维护自身的存在"表现出自分形最大化本性，"追求对自身的关怀"则表现出对幸福最大化的系统目的性。

政治社约物是一般系统人平等自分形最大化共同表达的产物。人和石头是平等的，人和植物是平等的，人和动物是平等的；人作为自然世界之一物，与自然世界之其他物是平等的。因此，人与人之间的基本关系是平等的，这是包括政治社约物在内的一切社约物的根本前提和背景。然而，人与人又是相互区别的，这是人与人关系之政治社约物的现实前提。卢梭认为："在人类中间存在着两种不平等：一种是被你我称为自然上或生理上的不平等，这是由自然造成的，包括年龄、健康状况、体质强弱和智力或心智上的各种差异；而另一种，是我们可以称为精神上或政治上的不平等，……追问自然不平等的原因实在是

---

① 刘华萍：《柏拉图和马克思的政治哲学比较——以"政治哲学"观为主线》，中山大学博士论文，2009年，第5-6页。
② 卢梭：《社会契约论·论人类不平等的起源》，湖南文艺出版社2011年版，第6页。

毫无意义，因为从其简单的定义中，我们就能得到答案，而追问这两种不平等之间有无本质联系就更没有意义了。"① 从系统科学看来，"追问自然不平等的原因"和"追问政治不平等的原因"在根源上是一致的，并且在现实中也是密切相关的，现实中的人类不平等的起源，是指来自特定社约物的协调支配与控制束缚的系统自组织与人自身的差异。这种追问的意义在于，推动对系统人研究和认识的终极认知和解释。

政治社约物是众人意志的载体，是众人合力的载体和来源。卢梭《社会契约论》第六章论社会公约中认为，随着人类的发展，人类生存不利的障碍阻力超过了每个个体人所能运用的力量，个体人无法产生新的力量，集合起来形成一种合力作为唯一的动力将他们发动起来，产生协同合作以克服阻力。个体系统人的力量和自由是其生存的主要手段，他如何献身于合力，而又不妨害自己的利益？卢梭认为："要找到一种结合的形式，使它能够充分运用合力来护卫和保障每个参与者的人身以及财富，且这一结合中的每个与全体相联合的人都是自己的主人，同以往一样自由。"② 他认为，这是社会契约要解决的根本问题，这是公认的放之四海皆准的，一旦这个社会公约遭到破坏，每个人就立即恢复了他原来所有的权利，并且在他丧失约定的自由之时，就又重新得到了他为了约定的自由所放弃的自己的自然自由。这里认为，公共社约物是一种显现的具有高度相对独立性、可认知性和实践性的公意的社约物。公共社约物是为了克服整体人类（至少是组织系统人）发展的困难和阻力，每一个成员自组织涌现的上层建筑社约物，具有社会公约的公共契约性，具有显现的公意性，具有显现的可认知性，具有显现的实践性。政治社约物的公共契约性，是指个体系统人之间政治意识博弈自组织的政治社约物表现出对他们的相互支配特性。每一个成员意志自约物都可以同政治社约物博弈，如果个体自约物意志占据上风，则个体人将改变政治社约物的公共契约性具体内容模式；如果个体自约物意志占据下风，则政治社约物公共契约性有效支配个体系统人行为。

一般政治社约物的生成模型，来源于且脱离于家组织系统人的生成，典型的是指"家国同构生成模型"。卢梭曾说："我们不妨将家庭看做政治社会的原始模型：父亲是首领的模型，孩子是人民的模型，而且，每个人都是生来就自由、平等的，只有为了利益，他才会转让自己的自由。"③ 家庭是人类基因自分

---

① 卢梭：《社会契约论·论人类不平等的起源》，湖南文艺出版社2011年版，第146页。
② 卢梭：《社会契约论·论人类不平等的起源》，湖南文艺出版社2011年版，第14页。
③ 卢梭：《社会契约论·论人类不平等的起源》，湖南文艺出版社2011年版，第6页。

形最大化产生的最适合的"细胞"系统人选择,也是人类超循环螺旋的承载核心环节。政治社约物模型,立足社会系统的家庭细胞,如果依据家国同构论,可认为"家"是政治社约物社会国家的原始模型。在人类系统自分形和自整形的超循环链条上,个体载体、家庭载体、企业载体、国家载体等都遵循系统人自分形与整形的共同规律。在国家组织系统人中,政治社约物的生成,包括了个体系统人意志、家组织系统人意志、企组织系统人意志等诸多复杂博弈,集中体现了社约物体系与政治社约物上层建筑之间的关系。政治社约物生成,包含了生来政治社约物、自组织政治社约物和他组织政治社约物。它的生成模型犹如家组织系统人社约物的生成和支配,政治社约物意志在早期受制于既有的生来政治社约物(已有的政治社约物环境);在成长期,同各种现实社会组分博弈而不断产生自组织政治社约物的同时,也夹杂着受到来自国内国际的政治压力而产生的他组织政治社约物内容。政治社约物在成熟并支配国家组织以后,其具有"维生性"。

(二)政治社约物的合法性与维生性

1. 政治社约物生成的合法性

政治社约物的来源和产生符合一般系统自组织涌现法则,同时符合全体人民最大化的现实要求,则可认为政治社约物具有生成的合法性。政治社约物合法性包括三个方面内容:一是生来政治社约物的合法性;二是自组织生成政治社约物的合法性;三是他组织约定政治社约物的合法性。

(1)关于生来政治社约物的合法性。任何系统人生来是自由平等的,但他作为人类世界的具体存在体,一定生存于具体的社会系统层次体系的"位置"——此处的在系统人产生前就存在的政治社约物,是系统人出生的环境,将自然地支配"初生系统人",使其具有"出生"即带来的政治社约物。比如,孩子的生来政治社约物:孩子生来是自由的,其作为一个完整的个体系统人权利,任何人无权剥夺和处置,但是他的自分形持续存在最大化需要转让部分自己的自由和权利,以获得生来社约物赋予的被抚养、被教育、被社会化的权利,也相应地获得生来政治社约物权利和义务。系统人生来政治社约物具有来自父母自分形最大化的政治合法性。国王家的儿子生来政治社约物集中表现为"王子",王子是国王系统人自分形最大化超循环螺旋传承的表现,具有国王(父亲)政治社约物的合法传承性。因此,王子生来政治社约物拥有国王赋予的特权和义务,奴隶主孩子的生来政治社约物就是奴隶主,奴隶孩子的生来政治社约物就是奴隶,等等。生来政治社约物合法性是变化的,王子可以成为平民,奴隶可以成为奴隶主。正如卢梭所说:"凡出生在奴隶制度之下的人,都生来便

<<< 第六章 社约物"无形之手"的"手指"

是做奴隶的,这是再确凿不过的了。在枷锁之下,奴隶们丧失了一切,甚至包括摆脱枷锁的愿望,他们爱自己的奴隶状态,就像优里赛斯的同伴们爱自己的牲畜状态一样。因此如果真有什么天生的奴隶的话,那仅仅是因为在他之前已经有了违反自然规律的奴隶。强力导致了奴隶的出现,而怯懦则使他们永远当奴隶。"①

(2)关于自组织政治社约物合法性。每个人自分形最大化,为了克服单个个体无法克服的困难,人与人聚集联合起来,通过自组织生成政治社约物——协同支配人群战胜困难,使每个人获得"应有的"自分形最大化。自组织政治社约物,从理论上来说,是绝对合法的;但在现实中,自组织的进程常常容易被某些人篡改和利用,产生现实的"具体"不合法性。"我同你订立一个约定,这个约定中的负担完全归你而利益完全归我;只要我高兴,我就守约,并且只要我高兴,你也得守约。"② 该政治社约物是一个伪合法性政治社约物,违背了一般系统人社约物支配的基本原则——系统人社约物来源于其内部系统人自分形并为整体系统人共同自分形最大化服务,即为共同幸福最大化服务和为共同长久持续存在最大化服务。个体系统人自分形是平等的,为个别个体系统人自分形幸福服务只能是一时的,且不能建立在对另一个系统人自分形的完全的和绝对的占有上。

(3)关于他组织政治社约物合法性。卢梭说:"规定一方为绝对的权威,另一方无条件地服从,这本身就是一项无效且自相矛盾的约定。"③ 自由、存在和幸福是系统人自分形追求的基本内容。他组织制定的政治社约物是历史的和现实的产物,需要辩证看待。A系统人绝对转让给B系统人,则A系统人不存在,即不能存在社约物AB。战争是政治的延续,是政治社约物博弈不可调和的最后手段,也是政治社约物博弈的底线阶段,是新社约物生成的"他组织"手段和过程。B系统人通过战争"他组织"杀死A系统人,则社约物AB转化为社约物B——新的社约物B将占据A系统人部分附属物及其衍生事物,比如财富、资源、权利等。威慑、恐吓、斗殴、决斗、冲突、战争等,都是实践他组织政治社约物的手段。国家之间的战争,是一国全体人民政治社约物同另一国全体人民政治社约物的强力博弈,并不是一国王与另一国王的强力博弈,如果是,则表明国王已经窃取了全体人民政治社约物为己用,假借和利用国王作为全体

---

① 卢梭:《社会契约论·论人类不平等的起源》,湖南文艺出版社2011年版,第7页。
② 卢梭:《社会契约论·论人类不平等的起源》,湖南文艺出版社2011年版,第12页。
③ 卢梭:《社会契约论·论人类不平等的起源》,湖南文艺出版社2011年版,第10页。

人民政治社约物最高承载者的机会谋取私利，这是违背政治社约物保障和调节"全体人民共同自分形最大化幸福生活与可持续生存"的初衷，即国王违背了全体人民社约物的意志而发动的战争，这是不合法的（不管其是否符合国王本人的意志）。国家战争中，一国政治社约物是为了打败另一国政治社约物及其主要携带者（政权和官吏），并不是要全部杀死另一国的普通百姓。在一个国家政治社约物面前，对于强力的直接破坏或间接有效威胁该国家政治社约物的其他系统人，称为敌人。战争中，一方有权杀死手中有武器保卫其国家政治社约物另一方，但当对方投降后，对方则丧失了对方国家政治社约物意义，而成为一个自由系统人，则不应当对其杀戮。这是人与人之间博弈社约物的自然理性规则，违背这一自然规则是不合法的。奴隶社会，战争胜利者有权杀死俘虏（俘虏已经沦落为了动物生存性，被迫剥夺了人性质），俘虏为了自己的生存转让自己的自由而成为奴隶，这只能是人类历史发展特定阶段的产物（原始社会杀戮敌人，或者驱除之；而奴隶社会未杀戮"敌人"，并将之转化为奴隶与之共存，奴隶获得了生命，奴隶主获得更多权利和财富，这符合当时历史条件下的狭义的各自自分形存在最大化原则）。随着人类历史的进步，他组织政治社约物将更多地逐步转化为自组织政治社约物。

2. 政治的维生性

政治社约物是人与人关系的上层建筑社约物，是政治思想理念及其实践运行的统称。政治社约物的运行前提是人与人之间存在关系。通常地，社会系统的新制度政治社约物获得主要通过革命方式强力获得或者通过民主和平方式获得，而在社会系统稳定形态中运行的新政治社约物的自我更新发展则可以通过民主维系，但是，政治社约物支配运行的保障方式是强力保障。因此统治地位的政治社约物模式可以国家机器比如军队、警察、法院等进行强力维生保障。

政治社约物的维生性主要是通过民主渠道实现的。民主渠道获得的政治社约物主要是指民主社约物信息模式的改良和自我更新方面，它通常不直接改变政治社约物的最高统一模式，即不直接使政治社约物发生质变，比如将资本主义政治社约物变化为社会主义政治社约物。中国社会主义政治社约物下的政治民主发展，显示了通过民主渠道推动政治社约物演化发展的历程。中国人民大学杨光武教授[①]揭示中国民主建设情况如下："一是社会主义民主观念逐渐成熟化，民主观念在中国的传播已有百年以上历史了，从上世纪八九十年代的单维

[①] 参见杨光武：《改革开放以来中国民主政治的成长探索留下了深刻启示——中国民主的巨变与走向》，《北京日报》2015年4月13日18版。

度的选举论，演变为新世纪之后的多维度论，民主的形式在变化，民主的本质也在进化。二是民主形式多样化，1978年到整个80年代，主要的民主形式选举民主（差额选举），并培育了协商民主；1990年代主要的民主形式是基层民主即村民自治；2000—2010年左右，"网络民主—党内民主—协商民主"齐头并举。三是，民主重要，治理更重要，2012年—2022年，未来改革取向是：国家有能力、权利有边界、权力受约束；实现权力的人民性和权利主体的人民性"。可见，未来中国民主的走向是优化走向，使自由、自治、法治、分权、参与和协商的民主本意获得不断优化，不断优化人民的自主性。

新加坡国立大学东亚研究所所长郑永年[①]认为："当今民主具有以下大趋势：一是西方民主的反思，比如欧洲高福利制度的弊端、美国民主政治演变成为两党互相否决的制度；二是西方地缘政治力量相对衰弱，非西方世界如中东伊斯兰世界与西方民主的博弈；三是修正民主并不容易，'选举陷阱'与'政治强人'相互博弈；四是中国政治制度的发展和数前年的文明具有一致性，是符合自己国情的民主模式。"这里认为，民主作为政治社约物的生成和发展途径，总体方向是一般系统人理性的必然，最高形式是"民主"，具体形式和内容是多元化的，任何具体形式的民主必须符合自己国家的国情，不加选择地引入所谓"民主"模式易导致政治的失败。理论上，民主是政治社约物生产的理性途径，但是个体系统人在博弈中容易出现判断失误，在一级一级的民主上升生成进程中，不同级别的民主生成容易受某些别有用心的或者迷失的操作者影响导致社约物博弈自组织的人为化——侵害了民主应有的"理性"，比如一些社会陷入"选举陷阱"，不能自拔；因此，在实际中，可以通过"政治强人"作为民主产生政治社约物的辅助手段，纠正原来制度的缺陷。两者的关系，犹如经济学中的市场作用和国家干预的关系，总地来说，经济是遵循市场支配的，但国家干预作为了必要的辅助手段；政治是应当遵循民主产生途径的，但政治强人作为了"当前"必要的辅助手段——随着民主具体形式和内容的不断完善，核心是过程透明（消除政府秘密和个别人秘密），"政治强人"的纠正及干预意义将逐步淡化。

政治主导社约物意志对自身的维生性的常用手段包括：（1）上层主导社约物意志理论的垄断宣传；（2）对新主导社约物意志理论的相关隔离；（3）上层主导社约物意志依托国家工具的强力逻辑。如果一个上层建筑的主导社约物意志已经腐朽、腐败在作垂死挣扎，这三个方面就会出现洗脑的混蛋理论、愚民

---

① 参见郑永年：《世界民主模式演进的新趋势》，发表于《联合早报》，2015年3月30日。

的教育控制和信息封锁、强盗的逻辑和行为，这些手段将使最广大一般系统人的自我社约物意志无法上升并融合到国家公共社约物意志，比如无法表达、禁止表达和愚民教育的无能力表达等，即使能够表达出来，也无法在国家公共社约物意志中得到彰显和保障，却被旧主导社约物意志依托国家机器权利和工具进行了强盗逻辑和行为的践踏、摧残、破坏、镇压、迫害，等等。

（三）政治社约物的总体运行模型

政治社约物是人们转化自己的部分权利而生成的具有人类社会系统上层建筑地位的强力社约物，它是人类社会系统中调节个体自分形最大化矛盾博弈自组织的上层建筑社约物。政治社约物的运行，主要由政党作为载体实施。从资本主义政党的发展历史来看，政党是把民众的意愿，以民众权力的方式先授予出去，形成一个公共权力——维持和运作这个公共权力的一小部分人称为该民众性质的政党。也就是说，资本主义政党是先有民主，后有政党。从社会主义的政党产生和获得支配地位的发展来看，是先有政党，后有民主；这是由中国特殊的国情决定的，因为中国民众的民主被压抑，没有能够释放出来——这是隐藏着，中国共产党发觉了这一点，于是按照这种隐藏的没有释放的压抑的民主的规律和目标，首先建立了一个政党——中国共产党——标志着民众的意愿，并不断唤醒民众，使这个党具有人民民主性。

政党一旦建立，它的主要功用，一方面把民众意愿输送到公共权力中来，另一方面把公共权力按照民众意愿来运行。权力运行改变民众的存在和发展，改变了存在和发展的民众又把新的意愿和部分权利授予给社约物，转变为政党政治社约物权力支配民众之事……政治社约物权力在人与人的关系中，具有支配地位。政党承载着这些政治社约物权力，执政党对全国人民的意愿进行收集，按照全国人民的意愿把其输送到政治社约物中，按照政治社约物意志服务保障和控制约束全国人民。政党是由个体组成的。如果一个政党政治社约物以政党内个体的需求为目标，拒绝了执行来自人民的民众意愿，那么这个政党虽然现在在执政党位置，但将来必然有革命党将其从执政位置上赶下来。革命党，来源于民众的涨落—生长—放大，到临界点与执政党进行博弈，甚至暴力博弈，获得国家系统的支配地位。改革和革命具有涌现政治社约物的本质不同。革命是新的本质的政治社约物取代旧性质的政治社约物取得系统的支配地位；而改革则是在同一性质的社约物发展进程中，新的社约物取代旧的社约物，社约物的形式或内容变化了，但其性质没有发生改变——是指政治社约物服务的对象，支配的个体利益方向没有改变，但其服务保障和控制约束的形式和内容变化，是源于一般系统人的需求和存在形式发生了改变，这就是改革。如果阻碍改革，那是因为旧形式保障了政党内部分个体或者系统中部分个体的利益——少数个体的利益，这是不符合系统科学规律的。

政治运行使全国人民的利益最大化；改变了利益的全国人民，又把新的意愿和权力输送给政治社约物，其又按照涌生物要求组织和束缚全国人民，又使全国人民的利益最大化，这是一个扬弃了的、超循环的、螺旋上升的发展。一个科学的社会，应当是人民大众推动民主法制和政治的发展，这是根本动力；政治通过控制民主法制进而控制人民大众——准确地说是通过民主法制引领人民大众以系统的形式有效地发展。政治的斗争，来源于人民大众自身的推动作用的代表的斗争，斗争中获得支配地位的政治——通过民主法制引领人民大众，形成一个更加科学、和谐的民主法制的社会系统，向前发展——发展的社会需要匹配的民主法制，又需要人民大众推动（形成的代表）以政治斗争的形式获得新的政治支配，或者完善政治支配，并通过相应的民主法制来引领人民大众继续向更好、更高前进。如果政治成为相对独立的上层建筑那一小拨人内部的斗争，甚至是相对纯粹的权利斗争和利益斗争，当这些斗争都脱离了人民大众的发源地和主体利益，丧失了人民大众对政治斗争的主导和控制的能力，摆脱了人民大众的监督和约束，那么，政治将脱离人民大众，成为骑在人民大众头上的权贵——产生的政治控制并通过维护权贵自身的利益为主的民主法制来统治人民大众——虽然形成所谓的国家，但却是畸形的人类社会国家，是有病的，需要人民大众自己发动起来，把寄生虫和体内控制自己的"蛊"（纯粹利己的控制上层）清除，回归健康合理的、科学的真正人民当家做主的社会。阶级社会的发展，主要是上层阶级的自我的政治斗争所产生的政治形成对民主法制的控制和修改，并通过控制民主法制来控制人民大众获得上层阶级的国家利益，这是当前阶级斗争的本质；由于人民大众对于民主法制的推动作用越来越明显，上层阶级具有缓和这种矛盾的趋势，但在本质上上层建筑不能牺牲自己的核心地位和核心利益，无法改变少数人控制多数人的现实，他们也不愿意这种情况被改变。

人是社会动物，民众和公共权力的互动，是由政党来实际完成的。人类社会是一个系统，在这个系统中，个体具有开显最大化，人是智慧的动物，各个个体最大化的意愿，以权力的形式转化出来并在博弈中形成社约物。社约物接受个体部分权利的授予，服务于所有的个体，束缚个体的绝对自分形自由——这种平衡条件下个体将获得最大利益的最好平衡——人是平等的，个体在当下获得最大利益的现实是在系统、在群体中获得的——这是被人类社会的发展进步证明了的。政治社约物具有民主法制工具，其对象是大众人民，政治通过控制民主法制来控制大众人民,即通过社会体制来控制人民、控制国家机器来控制人民。政治是国家机器的灵魂,而民主法制是国家机器的神经,国家机器控制人民大众。

二、政治社约物的公意

人类进入社会系统状态,社约物意志力量取代了原有的个体系统人散乱的本能,成为新的正义本能,赋予了个体系统人前所未有的道德性、义务性和有效权利性。每一个物自体个体系统人自分形最大化表现的自私性在这里被发现,不得不依据社约物原则行事,个体系统人的原始欲望得到了理性的合理羁押,尽管他失去了物自体自然的许多自由和便利,但他却获得了巨大的收获——社约物使其社会化,使其思想开阔、情感高尚、灵魂提升,脱离了自然状态的愚昧和受限制的动物性,蜕变成为一个有智慧的社会生物,他的幸福感和可持续生存感都获得质的飞跃。卢梭认为:"人类由于社会契约而丧失的东西是他的自然自由和对他想要的以及所能得到的一切东西的那种无限的权利,而他所获得的,是社会的自由和对他所享有的一切东西的所有权。"① 个体系统人的物自体性在社会系统群体博弈中,转让或奉送了自己部分的权利和自由,即丧失了他自然自由及那种所谓无限的权利(这是由个体系统人物自体的自分形性决定的),而他获得了社约物对于整个人类和世界的自分形最大化意义,即对社会自由及社会整体世界的相应的所有权,个体系统人物自体的自然自由和被社约物约束的社会自由相比较,后者比前者更丰富、更庞大、更具有生活意义。

(一)人的自由和权利向政治社约物公意的转让

人如何转让自己的自由和权利,如何获取并保障自己的自由和权利,如何扩张自己的自由和权利?

人的自由意志和权利意志向政治社约物公意的转让,创造人类赖以生存的公共自由和公共权利,是人自分形最大化的共同选择。"人类的一切权力都应是为了被统治者的利益而建立的","人类的一切自由都应是为了保障被统治者的最大可能自由而确立的"。人们获得的自由 = 新枷锁 - 旧枷锁;消灭政治社约物枷锁而获得的所谓"绝对的"自由,是一种违背系统科学规律的幻想。政治社约物公意,一方面,既接受了个体系统人的权利和自由的转让,抹杀了其作为自然个体系统人物自体的平等性;另一方面,却显现了政治社约物公意对个体系统人存在和发展的需求以及劳动的保障平等性。正如卢梭所说:"基本公约并

---

① 卢梭:《社会契约论·论人类不平等的起源》,湖南文艺出版社2011年版,第18页。

没摧毁自然的平等,反而用道德和法律的平等来替代自然所造成的人和人之间在生理上的不平等。所以,尽管人和人在力量和才智上存在不平等,但由于预定摒弃依据权利,他们却是平等的。"①

"人是如何转让自己的自由的,人又是如何转让自己的权利的?"卢梭在回答"格老秀斯说,如果一个人能够转让自己的自由,使自己成为某个人的奴隶,为什么全体人民就不可以转让他们的自由,使自己成为某个国王的臣民呢?"②问题时,认为一个人出卖自己成为另一个人的奴隶是在出卖自己以使自己生活下去,而全体人民出卖自己给国王则没有理由(因为国王不能供养全体人民,其奉送自己自由的同时还要让国王攫取他们的财产)。卢梭和格老秀斯都认为,一个人可以转让自己的自由并使自己成为另一个人的奴隶;而前者认为全体人民不能转让自己的自由,后者正相反。

A 转让自己的自由给 B,成为其奴隶,生成奴隶社约物 AB：A 系统人自分形最大化,与 B 系统人分形最大化博弈受奴隶社约物 AB 支配,即 B 系统人获得支配地位并支配 A 系统人,权利携带者为 B,而义务携带者为 A(当然,两者方向可以通过后期博弈发生反转),表现 A 是 B 的奴隶关系——A 系统人和 B 系统人在博弈自组织中获得特定社约物支配下的各自的开显最大化、利益最大化。全体人民自分形的群体博弈生成上层建筑政治社约物 Q,其中权利携带者为 X(X 可以是帝王、国王、君主、国家官吏等上层建筑权力者),义务携带者为全体人民,权力者通过上层建筑政治社约物来领导、管理和治理全体人民——试图实现包括携带者在内的全体人民的共同自分形最大化、利益最大化、价值最大化,根本的是追求幸福最大化和持久存在最大化。

全体人民自分形的群体博弈的上层建筑政治社约物 Q,其选择让国王携带,则全体人民将自由和权利转让给国王;"选择"的主动权在全体人民这边,而不在国王这边——"选择"的目的是确保全体人民的共同自分形最大化,丧失了这个目的和方向,则全体人民自然地将在博弈中进行新的"选择"。政治社约物 Q 携带者(官吏)与全体人民(百姓)的关系,根本决定力量在于"后者"。因为历史是人民创造的。人民百姓则根据自身自分形最大化的不断演化发展,需要对政治社约物 Q 不断进行新的生成和完善;如果官吏一成不变地维护旧政治社约物信息模式且逆百姓利益方向,随着百姓自分形需求的涨大,官吏和百姓矛盾不可调和时,新的政治社约物公意将取代旧政治社约物意识——这是人

---

① 卢梭:《社会契约论·论人类不平等的起源》,湖南文艺出版社2011年版,第21页。
② 卢梭:《社会契约论·论人类不平等的起源》,湖南文艺出版社2011年版,第9页。

类社会演化发展的自然规律，即历史规律。

（二）人的思想意志向政治社约物公意的转让

一个人可以将其人化意志转让或融合到政治社约物意志之中。政治社约物的人化意志博弈，是政治社约物意志的实践活动内容。"一旦人群结成了一个共同体，侵犯其中的任何一个成员就被看做是在侵犯整个共同体，而侵犯共同体就更加使得共同体成员同仇敌忾。……既然主权者只能由组成主权者的每个人构成，那么主权者就没有而且也不能有与他们的利益相反的其他利益。……每一个人都可以有个别的意志，……为了防止社会公约变成一纸空文，它就自然地含有这样一种规定——只有这个规定才得以使其他规定具有效力——任何拒不服从公共意识的人，社会就要迫使他服从公意。这就恰好是在说，人们要迫使他自由，因为这就是要让每个公民都有祖国，从而保证他能够无须依附别人。"① 政治社约物意志，来源于系统人，同时保障着系统人的意志。

个体向政治社约物转让的另一个重要内容是财货意志。财货意志通俗地表现为"财产"。政治社约物中的财货公意，表现了对系统人"占有"财货的规定性，以占有土地财货为例：①对占有一块公共土地并自封为该土地的主人的约束。如果个体系统人以政治社约物公意允许的途径、方式和形式，获得对某公共土地的占有，则其将获得政治社约物公意相应赋予的、让其作为该土地主人的权利。②对强力剥夺别人权利而获得其占据土地权利的约束。政治社约物公意以克服和消除该现象为己任，制约非法的强力个体系统人占有土地，保障合法的个体系统人的所有权。③对一个国家或民族攫取并剥夺其他国家或民族广大土地的约束。这是一个国家或民族的政治社约物与其他国家或民族的政治社约物之间的博弈，通常由它们共同相互作用的方式决定，比如联合国契约方式、战争方式等。财产是个体系统人对应生活环境与相应有效用物质及其衍生物的统称。系统人要转让自己的财货意志，必须先拥有相应的财产。一开始，个体系统人在认识和改造世界中，同自然和社会环境相博弈而发生对财货的支配和占有，存在一个"最初的"占有权。在理想状态下，最初占有权应当是："首先，这块土地还未曾有人居住，其次，人们只能够占有维持自己生存所必需的面积，第三，人们不能凭一种空洞的仪式占有这块土地，而要凭借劳动与耕耘，这是在缺乏法理依据之时，所有权能够被别人所尊重的唯一标准。"② 最初

---

① 卢梭：《社会契约论·论人类不平等的起源》，湖南文艺出版社 2011 年版，第 16 - 17 页。
② 卢梭：《社会契约论·论人类不平等的起源》，湖南文艺出版社 2011 年版，第 19 页。

占有权的依据,从最初对土地的耕种劳动仪式,演化到多种类形式,比如显现契约、公证公示、象征物(比如国旗)主权宣示等。"每个人都有权获得自己所必需的一切,然而使他成为某项财富的所有者这一主动行为,已经排除了他对其他一切财富的所有权。"① 每个个体系统人都有权获得自己所必需的一切,其占有某项财富的瞬时,意味着对其他财富的非占有;只有这种"占有"的规定性,才能确保该个体系统人及其权利与自由的规定性,才能有效区分甲个体系统人和乙个体系统人。那么,对系统人最初占有权是不是可以不加限制呢?系统人将自我财货意志向政治社约物公意转让,"这种转让具有的唯一特点就是:当集体接受个人财富之时,它不是在剥夺个人的财富,而仅仅是保证他们自己对财富的合法享有,使据有变成一种真正的权利,使享用变成所有权。这是一种既对公众有利又对自身有利的割让行为,享有者便被认为是公共财富的保管者,其权利也受到国家全体成员的尊重,并得到国家的全力保护以防御外邦人。因此可以说,他们获得了自己所献出的一切。只要区分了对同一块地的主权者与所有者具有的不同权利。"② 政治社约物中的财货意志公意,维护和保障着系统人应有的自分形权利和自由,制约着系统人自然自分形对公共社约物意志、权利和自由最大化的挑战。人类需要共同的幸福生活和可持续生存,每个人作为人类整体的一员,都在自组织中转让着部分自己,生成社约物公意。它是社会系统意志的主人,也是个体系统人共同自身主体的一般等价物意志,是全部财富的支配力量。

政治社约物意志是社会系统公共社约物的上层建筑,首要的具有公意性。"张奚若《社约论考》(作者注:张奚若《社约论考》1926年由商务印书馆出版)试图以算式来表明。他说,'公意是以公利公益为怀,乃人人同共之意。如甲之意 = $a+b+c$,乙之意 = $a+d+e$,丙之意 = $a+x+y$。所以公意 = a。而众意则是以私利私益为怀,为彼此不同之意。因此众意 = $a+b+c+d+e+x+y$。所以公意是私意之差,而众意是私意之合。'张氏算式将公意表述为完全排除私意,仅以剩下的纯粹为公利公益的共同意志为内容,这是符合卢梭的原旨的。"③ 张奚若教授提出的公意算法,是个体系统人私意的直接交集;而公共社约物不仅仅是私意的共有部,而且具有新生部分,也就是说:公意社约物作为一般涌生事物具有博弈涌生性,它不是简单加和的直接共同,而是非线性加和

---

① 卢梭:《社会契约论·论人类不平等的起源》,湖南文艺出版社2011年版,第19页。
② 卢梭:《社会契约论·论人类不平等的起源》,湖南文艺出版社2011年版,第20页。
③ 王元化:《谈社约论书》,《开放时代》,1998年第4期。

的共同公意。政治社约物公意，通常表现出国家社会制度体制、文明文化、伦理道德、宗教、科技、知识、法律、经济等相对独立事物内容。

（三）政治社约物公意的运行

政治机器灵活运转的条件之一，是获得人化意志的转让，即确保个体系统人合理表达、转让和生成新的代表最广大人民共同意志的政治公共社约物，确保新旧政治公共社约物的合理过渡、更替，少采用甚至避免暴力的革命，而多采用和平的、和谐的修订、改革或变革。其既具有个体系统人人化意志内容，又体现着政治社约物对系统人私意的实践性"迫使"规定性手段。政治社约物彰显的"迫使"的规定性，一方面迫使臣民服从和遵守，另一方面迫使政治社约物的携带者（官吏）遵从。这是政治机器灵活运转的条件之一，丧失这一条，政治公共社约物公意运行，要么是一句空话，要么会遭到滥用甚至出现荒谬的暴政。

"格老秀斯说，人民可以将自己奉送给一位国王。然而，依照他的说法，人民在将自己奉送给国王之前就已经是人民了。这一行为本身就是一种政治行为，它以存在一种公共的意愿为前提。所以，考察人之前，最好还是先考察一下人民是通过什么行为成为人民的。因为后一种行为一定先于前一种行为而成为社会的真正基础。实际上，如果根本就没事先约定的话，除非选举中全体一致，不然，少数服从多数的抉择的惯例又从何而来呢？赞同某个主人的一百个人，又凭什么有权为根本就不赞同这个主人的另外十个人投票呢？多数表决的规则本身就是一种约定的确立，并且至少有过一次全体一致的同意。"[①] 高级社约物意志，可以由多次的不同层次的低等级的社约物意志博弈而生成，可以根据自己的意愿进行选举，比如村社约物意志，到乡社约物意志，到县社约物意志，到市社约物意志，到省社约物意志，到国家社约物意志，最终形成上层建筑的政治社约物意志。

系统人自分形意志总是朝着幸福方向和可持续生存方向，但人们并不是总能看清楚幸福的真正意义、走向和需求，有时候人民会受到欺骗并在此条件下接受不好的东西，因此，人民并不能在任何时候都具有正确性的意志结论。"众意与公意之间往往有很大的差别。公意只着眼于公共的利益，而众意是个别意志的总和，官只着眼于私人的利益。但是，把这些个别意志中的正负抵消掉，剩下的部分仍然是公意。"[②] 如果人民能把情况了解清楚，则总可以产生"公

---

① 卢梭：《社会契约论·论人类不平等的起源》，湖南文艺出版社2011年版，第13页。
② 卢梭：《社会契约论·论人类不平等的起源》，湖南文艺出版社2011年版，第26页。

意"，如果划分了党派，则党派集体的公共社约物为该组织系统人的个体的公意，此时，公意出现了脱离个体系统人的第一个层次；党派集团出现划分的时候，则党派集团的社约物意志成为该组织系统人的内部子党派及其下属个体人的公意，此时，公意出现了脱离个体系统人的第二个层次；如果区域行政体组织作为一级一级的向上生成，则国家存在不同级别的公意，例如中国至少包括家庭、村、乡镇、县、市、省、国等级别，因此，国家公共社约物意志生成为一个具有复杂层次结构的庞大复杂体系。"那么就必须有一种普遍的强制性的力量来推动并安排它的各个部分向最有利于全体的方向发展。自然赋予每个人支配自己各部分肢体的权利，同样，社会公约也赋予了政治体支配它的各个成员的权力，并且这种权利是绝对的。当这种权利受到公意的指导时，就像上面所说的，它的名字就变成了主权。……因为把我们和社会体联结在一起的约定是相互的，所以我们称之为义务。它具有这样的性质：人们在履行它的同时，既为别人服务了又为自己效劳了。每个人都把'每个人'这个词当成他自己，并且在全体投票的时候，所想到的也是自己，正因为这样，公意才是公正的，所有人都希望他们之中的每个人都是幸福的。"①

卢梭认为："我们每一个人都把自身及其全部的力量置于公共意愿的最高指导之下，而且我们视每一个成员为全体的不可分割的一部分。"② 政治社约物公意，将协同保障个体系统人的存在和发展最大化作为自己存在的本意。目前存在有两种途径：一是民主选举而生成主导意志社约物，并交由"民主有权指定的"系统人携带并实施，这是西方国家的政体；二是人民代表选举生成主导议事社约物，交由"代表最广大人民利益的特定的"系统人携带并实施，这主要是社会主义国家的政体。政治社约物必须主导产生它的全体系统人的最广大利益。

政治社约物的这种强力主导运行分析如下：一是政治的必须手段和工具，没有这个工具，主导社约物意志无法在国家公共社约物意志中有效地获取引领和支配地位。二是政治的对新主导社约物内容的选择性吸收和隔离，对有利于旧主导社约物意志的合理选择性吸收，对危害主导社约物意志的隔离（当不得不吸收时，新旧主导社约物存在更替，有时候是形式和内容都更替比如资本主义推翻封建主义，有时候是形式不变而内容更替，比如封建社会的清王朝对明王朝的更替）。三是政治社约物引领国家经济、政治、科技和文化等全面内容，

---

① 卢梭：《社会契约论·论人类不平等的起源》，湖南文艺出版社2011年版，第27页。
② 卢梭：《社会契约论·论人类不平等的起源》，湖南文艺出版社2011年版，第15页。

即通过政治及其国家机器对国家的治理,光明的政治社约物自然是协同服务保障最广大一般系统人存在幸福和利益的最大化,黑暗的政治社约物约束控制最广大一般系统人的存在幸福和利益——放弃或牺牲之而谋求部分或少数人的存在幸福和利益。

三、政治社约物的国家载体运行

政治社约物公意,在人类社会系统中将自身转化为现实的公共权力,并由"公务员"携带。所谓公务员,在本意上是指携带公共权力为全体人民的公共意志服务的人员,宽泛地可以包括国王、君主、统治阶级以及为人民服务的公务员等。政治社约物公意转让的公权,通常由"强者"携带,但是"即使是最强者也决不会强大到能永远做主人,除非他将自己的强力转化为权利,将服从转化为义务。由此就得到了最强者的权利"[1]。政治社约物为了确保其公意公权的最高统治地位,"将自己的公意通过强力转化为权利,将服从转化为义务",但是,"强力并不意味着权利,而只有合法的权力才能产生义务"[2],政治社约物公意来源具有合法性,因此其强力转化的权力和对应的义务也具有合法性,它不是强盗手拿着枪指着你的头颅获得的所谓强力"义务"(这是非法的强力,注定是短暂的和会被消亡的)。在政治社约物公意转化为公权并架构权利与义务的过程中,形成了政治社约物的国家载体形式及其运行。人类社会系统发展中,"权利何时取代了暴力,自然何时让位于法律"[3],对于政治社约物的运行支配具有重要意义。权利以一般认可的合理的公共意志转化力量取代短暂、粗鲁、局部性的暴力,法律以一般认可的合理的公共意志表达取代了不可测的、随机的、局部性的自然支配,在这里,强者甘愿为弱者服务,以及弱者甘愿被强者引领性支配,人与人自组织以政治社约物的国家载体形式获得自分形最大化幸福生活。政治社约物公意将其转化为国家载体的公权力,依靠具体的包括主权、立法权和行政权等及其相应国家机器,对国家系统进行协调、管理和支配。因此,政治社约物国家载体权力主要包括三大方面内容,一是国家主权,二是国家立法权,三是国家行政权。

(一)政治社约物国家载体的主权

政治社约物国家载体是体现政治社约物意志需求的产物。因此,国家具有

---

[1] 卢梭:《社会契约论·论人类不平等的起源》,湖南文艺出版社2011年版,第8页。
[2] 卢梭:《社会契约论·论人类不平等的起源》,湖南文艺出版社2011年版,第8页。
[3] 卢梭:《社会契约论·论人类不平等的起源》,湖南文艺出版社2011年版,第146页。

政治社约物引领全体公民的全部权利，即国家系统人整体自主自分形权利，可称为主权。政治社约物国家载体的主权，保障和支配着全体公民的自由权、意志权和生存发展权。主权不能转让，它具有政治社约物公意特质，不管谁担任国家官吏，接受转让的只是政治社约物公意转化而来的权力和责任，并不拥有最高公共意志本身——其来源于全体公民、根植于全体公民。正如卢梭所认为的："主权者可能会说，'我的意图代表的的确是某某人的意图，或者至少是他声称的他所希求的东西'，但主权者却不能这样说'我现在的意图也是这个人明天的意图'，由于意志让自身受到未来的约束，这本来就是荒谬的。同时也因为，任何别的意志都不能代表别人认为的幸福。……一旦出现了一个主人，主权者就立刻消失了，并且从此政治体也就毁灭了。"① 因此，政治社约物国家载体主权属于全体公民，任何人作为国家官吏携带它，都应当担负起它当前的意志和需要，以及规划它未来的意志和需要。国家主权保障全体公民，但并不排斥公民个别意志和需要的表达——有可能成为新的政治社约物公意的具体内容，这显示了政治社约物公意的自我发展，包括完善、修订、补充、改革、变革甚至革命。主权个体系统人有相对反对首领号令的自由，主权国家系统人也有协调支配个体系统人的权利和义务。

政治社约物国家载体主权，主要表现为国家系统人的生存权和领土权。"国家也在保护着他们所献给国家的个人生命，并且当他们冒着生命的危险去保卫国家时，他们所做的也正是把从国家得到的东西归还给国家。"② 必要的时候，个体系统人要为了国家而战斗，此时，个体系统人作为国家系统人的部分——具有维护国家系统整体利益的义务（政治社约物赋予个体系统人的基本义务），即是个体系统人作为国家人的"部分"的体现。政治社约物公意来源于个体系统人，保护着个体系统人的共同利益，如果政治社约物公意要求某一个公民为其去死，那他就应该去死——只有如此，他才能保障包括他在内的国家系统人最大可能的共同利益；正因为如此，他才是该政治社约物国家载体下的、脱离了单纯自然属性的社会人，他才能享受"该社会及其政治社约物公意支配下"提供和带来的安全、幸福和可持续生存与发展。

"有人问：既然个人没有处置自己生命的权利，自己都没有的权利又怎么会转交给主权者呢？"③ 个体系统人在国家主权面前，有没有权利去处置自己的生

---

① 卢梭：《社会契约论·论人类不平等的起源》，湖南文艺出版社 2011 年版，第 21 页。
② 卢梭：《社会契约论·论人类不平等的起源》，湖南文艺出版社 2011 年版，第 29 页。
③ 卢梭：《社会契约论·论人类不平等的起源》，湖南文艺出版社 2011 年版，第 30 页。

命？单纯从自然属性来看，个体系统人没有权利去处置自己的生命。个体系统人是个体系统人生命器官的契约性涌生事物支配的整体，这个整体自约物意志即主体意志是来源于各生命器官，具有维护一切生命器官共同利益最大化的意义——这是个体系统人（主体性）的最核心权利和义务，该权利决定了该个体系统人没有"处置自己生命"的权利内容，即自杀不是"我"的权利。但是，现实中，有很多自杀的人。它的原因来源于外部，外部环境他组织力，使具体个体系统人的自约物维护自我幸福生活和可持续生存最大化出现了"难以持续"的问题，在"继续'苦难'生活（自分形退化）"和"自杀（自分形终止）"的选择面前，对于"他"而言，"自杀"是符合现实系统支配运行的"最小作用量"原理的。个体系统人自约物与环境他组织社约物不可调和且自约物意志看不到希望时，主体性可能被自约物意志主导在极端消极和逃避中选择自杀。自约物与社约物不可协调且自约物严重危害或影响其他个体系统人自约物存在或危害或影响当前社约物存在及运行时，自约物主体性可能会被社约物他杀或强力他杀，即社约物可能被法律强力制裁至死；自约物与社约物调和且社约物占主导地位，主体性可能选择为国家社约物而战死。严格地说，由于个体系统人将自约物意志转让给国家，间接地同个体系统人自然自分形本意一样，个体系统人在未获得国家主权授意时，没有权利去处置自己的生命。现实中，个体系统人自约物意志和国家主权意志常常出现博弈的不一致，甚至相左右和矛盾，因此个体系统人大多拥有现实的对自己生命的处置权利。

"社会公约在公民之间确立了这样的一种平等，从而大家都要遵守相同的规则并且都应该享有相同的权利。……主权的行为又是什么呢？它不是用来约定上级和下级的，而是用来约定共同体和它的各个成员的。……它的唯一目的就是公共的幸福，……要臣民遵守的约定是这样的，那么他们就不是在服从任何别人，而只是在服从他们自己的意志。"① 国家意志主权是全体公民的神圣的不可侵犯的，它保障着全体公民自分形最大化。"一种更美好的、稳定的生活方式代替了不可靠、不安定的生活方式，自由代替了天然的独立，自身的安全代替了侵害别人的权力，社会的结合保障其不可侵犯的权利，代替了可能制伏自己的强力。"② 国家意志主权对全体公民自分形的基本保障是一致的、平等的，不能对一个公民的要求比另一个公民多，但并不意味着要求每个个体系统都绝对地一模一样，即并不意味着丧失了人类社会系统中个人的具体性、多样性。

---

① 卢梭：《社会契约论·论人类不平等的起源》，湖南文艺出版社2011年版，第28－29页。
② 卢梭：《社会契约论·论人类不平等的起源》，湖南文艺出版社2011年版，第29页。

(二) 政治社约物国家载体的立法权和行政权

政治社约物国家载体承载着政治社约物意志，必须担负政治社约物公意的现实使命。政治社约物公意达成之后，它通过国家载体形式"宣示"，并通过派生不同内容的权利向下作用，形成对国家组织系统的治理。国家意志形成并宣示，这个权利称为立法权；而国家形成、宣示并派生不同内容的权力向下作用，形成国家治理，这个权利称为行政权。

1. 政治社约物国家载体的立法权

"为什么人是自由的但是又要服从法律，因为法律只不过是我们自己意志的记录。"① 人是自由的，但又受人类社会的社约物支配。法律是强力社约物的集中表现。人的自由，自然地存在于该社会系统的公共社约物意志支配之下，"人要服从法律"。因此，对于社会系统的个体系统人来说，"人们能够争取自由，却永远无法恢复自由"。法律的本意是确保全体公民意志同国家意志的一致性秩序。"事物的本性让事物变得美好和符合秩序，与人类的约定无关。"② 人类社会系统总体是符合自分形规律秩序本性的，但局部的、具体的内容可能存在分叉和变异，法律是该规律秩序的稳定器。

政治社约物国家载体意志（国家意志）立法必须具有正义性和公平性。正义和公平是政治社约物公意的基础内容与根本特性。公共社约物意志是全体人民的意志，公共社约物意志的规定，是对全体人民自己作出的规定，考量的是该全体人民。如果正直的人遵守正义的法则，而其他人却不对其遵守，那么正义的法则放任了凌驾者对其的践踏，即出现了坏人的幸福建立在正直者的痛苦之上——这是违背公共社约物意志之正义法则本性的。为了更好地贯彻并显现这一本性，人类社会系统中出现用"显现约定和法律"把基础的和可能的公共社约物意志宣示的权利与义务结合起来，并让该公共社约物意志的正义性符合该社会系统的存在和演化发展的目的，形成了具体法律。在国家系统中，公民的一切权利都被公共社约物用显现的法律形式"标识"出来和"规定"出来。其中，"标识"出来的是个体系统人的基本生存权、自由权和追求幸福权利自然本性，"规定"出来的是个体系统人的社约物意志法则。"标识的"是自然的和根本的人"质"，"规定的"是公共社约物意志保障其公平正义方向的合乎规范、合乎方向、合乎实践、合乎目的的措施和本意。法律，试图确保公共社约物意志与个体系统人意志具有"实践"的贯通一致性，保障全体公民及国家组

---

① 卢梭：《社会契约论·论人类不平等的起源》，湖南文艺出版社2011年版，第32页。
② 卢梭：《社会契约论·论人类不平等的起源》，湖南文艺出版社2011年版，第32页。

织系统人的自分形最大化。法律永远是普遍，是普遍的公共社约物意志的表现，其来源于该社会系统人的共同体的抽象意志和抽象行为。法律作为公共社约物意志表现，不对个别个体系统人对象进行"规定"——对任何个体系统人只要其具体携带某种"意志及其行为"进行规范，因为前者不具有公意意义，而后者才表现公意意志。"每个人为别人制定规则的同时自己也要遵守……它们的一致性便赋予了公共讨论以一种公正性。但在个别事件的讨论中，既然没有一种能把审判官的准则和当事人的准则结合并统一起来的共同的利益，那么这种公正性也就消失了。"①

"法律的僵硬性使其不能灵活应变，在某些情况下可能变成有害的，并且还可能在危机关头导致国家灭亡。各种程序和手续都需要一定的时间，然而有时候局势是刻不容缓的，有千百种可能都是立法者根本不曾预料到的。因此承认我们并不能预见一切，本身便是一种非常必要的预见。……如果危险已经达到这种地步，导致法律的尊严竟然成为维护法律的障碍的时候，就可以指定一个最高首领，他可以暂时中止主权权威，使一切法律都沉默下来。在这种情况下……防止国家灭亡是人民首要的目的。……行政官可以把立法权威变得沉默，却不能使它发言；他可以控制它，却不能代表它，他可以做任何事情，唯独不能立法。"②"人们也许会问：一个人怎么能够被迫遵守那些不属于他的意志，而又是自由的呢？反对者怎么能够既要服从那些他们曾经不同意的法律，而又是自由的呢？"卢梭认为该提法本身就是错误的。③

对于政治社约物国家载体而言，立法是人与人关系不断优化发展的自组织自然选择。"假如不依靠其他的人，每个公民就将一事无成，假如整体所得到的力量等于甚至比全体个人的天然力量的总和还要大，那么我们便能够说，立法已经达到了它所能达到的最高境界。"④"孟德斯鸠曾说过：'在社会诞生之时是共和国的首领在建立制度，这之后便是由制度来塑造共和国的首领了。'"⑤ 政治社约物公意以法律形式宣示，必须由具体人来承担和实施，应尽量防止个人意志影响公共社约物意志的宣示；比如，"十人会议向人民说道：'我们向你们建议的每一件事情，没有得到你们的同意就绝对不会成为法律。罗马人啊，请

---

① 卢梭：《社会契约论·论人类不平等的起源》，湖南文艺出版社2011年版，第28 – 29页。
② 卢梭：《社会契约论·论人类不平等的起源》，湖南文艺出版社2011年版，第110页。
③ 卢梭：《社会契约论·论人类不平等的起源》，湖南文艺出版社2011年版，第96页。
④ 卢梭：《社会契约论·论人类不平等的起源》，湖南文艺出版社2011年版，第35页。
⑤ 卢梭：《社会契约论·论人类不平等的起源》，湖南文艺出版社2011年版，第35页。

<<< 第六章　社约物"无形之手"的"手指"

你们自己制定使你们幸福的法律吧!'"① 因此,承载公共社约物意志的生成指导及其法律形式表达与更替调整的该些个体系统人称为立法者。"法律所适用的人民就应该是法律的制定者:只能是那些组成社会的人们来规定社会的条件。但是这些人应该怎样来规定社会的条件呢?达成一致难道是因为灵机一动吗?如果说政治体有可以表达自己意志的机构呢?政治体可以预见未来并把这些行为都公布出来,又是谁给政治体这种预见力的呢?或者,在必要时这些行为又是怎样对外宣称的呢?群众往往是盲目的,不知道自己要什么,那么他们并不知道一些对自己好的东西,对立法这样重大而艰难的事业他们是怎么执行的呢?"② 因此,立法制度,是政治社约物国家载体的一个基本内容。

2. 政治社约物国家载体的行政权

"立法权一经确立,行政权就必须随之确立;因为,行政权只能由个别的行为来运用,并不属于立法权的本质,所以它很自然地与立法权相分离。"③ 卢梭又说:"首先,主权者可以将政府授予全体人民或者绝大多数的人民,这样一来,做行政官的公民比个别的单纯的公民多。这样的政府形式,我们称之为民主制。其次,也可以将政府权力限制在少数人的手中,这样一来,单纯的公民的数目比行政官的数目多。这种形式,我们称之为贵族制。最后,还可以将整个政府都集中于一个行政官手中,其他人的权力都必须从他那里取得。这是第三种形式,也是最常见的一种形式,被称为皇朝政府或者国君制。我们应该指出,这三种政府形式,或者说至少前两种形式,或多或少都是可以变动的,有的甚至还可以有相当大的变动幅度,因为民主制可以缩小到人民的半数,也可以包括全体人民,而贵族制也可以从人民的半数无限地缩小至极少数的人,即使是王权,在某种程度上,也可以接受分割。"④ 政府就符合人类社会理性而言,不管哪种形式,重在于适合国情的"变动";就形式而言,第一种形式及其变动是最重要的,该形式被卢梭称为民主制。

"主权者假如可能具有行政权的话,那么,权利和事实就会混淆不清,以至于人们再也无法弄清什么是法律,什么不是法律了。……缔约双方都仅处于唯一的自然法之下,而双方间的协定又没有任何保证,这就在各个方面全都与政治状态相违背。……在一个国家中,只能有一个契约,那就是结合的契约,这

---

① 卢梭:《社会契约论·论人类不平等的起源》,湖南文艺出版社2011年版,第36页。
② 卢梭:《社会契约论·论人类不平等的起源》,湖南文艺出版社2011年版,第33-34页。
③ 卢梭:《社会契约论·论人类不平等的起源》,湖南文艺出版社2011年版,第85页。
④ 卢梭:《社会契约论·论人类不平等的起源》,湖南文艺出版社2011年版,第58页。

个契约本身将排斥一切其他的契约。难以想象，任何后来的契约不会破坏最初的契约。"① 政府的创制，是人民及其公共社约物意志表达的自然选择的生成物。

执政党的行政权具有科学化规律，中国从计划经济向市场经济的转变改革就是明证。中国共产党从1949年开始执政，但并没有完成从革命党向执政党的转变，用革命党的思维来处理执政党的问题还普遍存在。初期，作为社会主义国家，承认个体的利益需求——而不允许利益追求，在这个意识形态下，认为，可以把全国个体的利益需求先统计出来，然后按照这个统计需求制定一个国家层面的生产计划，分解到各个工厂、车间、农田地头……这样一来，就可以从理想角度实现人人平等，人人利益需求得到满足。但是，作为系统的发展，个体需求的发展变化的速度并不能由个体在一年或者几年之前就主观定下来，它的发展速度是按照个体需求"实时发生"的。因此，当从计划经济过渡到社会主义市场经济以后，中国改革开放取得了举世瞩目的成就。

（三）政治社约物国家载体的选择及运行

政治社约物国家载体的选择是由政治社约物意志决定的。政治社约物意志一旦形成，其将转化为公共权力——且由国家载体选择的某一部分人携带拥有并按照政治社约物意志行使这些权力。显然，政治社约物意志对国家载体的选择及其运行不是任意的。

1. 政治社约物国家载体的选择

"依照格老秀斯的说法，到底是全人类属于某一百个人，或者那一百个人属于全人类，还是个疑问，……人类就像一群群的牛羊，每一群都有自己的首领，首领之所以保护他们，就是为了吃掉他们。……正如牧羊人的素质比羊群的素质更高，作为人民首领的人类牧人，他的素质也同样地要比人民的素质更高。"② 按照这个简单逻辑，类比推导出"君王皆神明，人民皆是牲畜"的观点，亚里士多德所说的"人根本不是天生平等的，有些人天生应该是做奴隶的，另一些人则天生是来统治别人的"。按照多个个体系统人群体博弈的社会自组织原理，携带公共权力的某一百个人，既属于全人类，又是人类的引领者（在阶级社会是首领或者统治者），这一百个人是博弈自组织涌现的结果，其随时都有可能被新的一百个人所更替，所以，君王作为"神明"也只能是一时的，人民

---

① 卢梭：《社会契约论·论人类不平等的起源》，湖南文艺出版社2011年版，第85－86页。
② 卢梭：《社会契约论·论人类不平等的起源》，湖南文艺出版社2011年版，第6页。

是产生"神明"的人民,而不是牲畜;人天生是平等的,但个体系统人群体博弈及来自社会自组织整形力的作用,可能产生不同个体系统人生存、工作和生活的工种及环境的层次区分,但是个体系统人可以通过自分形力(自我奋斗)改变在社会公共权力中的支配和受支配位置,从而改变命运,例如奴隶成为自己的主人,农民成为土地的主人。

政治社约物公意要求全体公民服从,因此,政治社约物国家载体应当选择有德之人和有能之人行使公共权力,为最广大的公众服务。选择的国家载体公共权力行使者(比如国王)有两个身份:一个是作为普通个体系统人的物自体身份,其同其他臣民一样转让自己部分权利和自由给予公共社约物,因此,他是必须服从公共社约物政治意志及其转化的公共权力;另一个是作为公共社约物意志的最高携带者,其必须把政治社约物意志作为自身物自体的外在附属部分(并不具有自然属性),不能把政治社约物公权私有化,也不能像"任何人都不需要遵守本人为自己所订的规约"[①]那样凌驾于公权之上行使公权;同时他必须是一个有能力使公共意志有效平稳运行的人,既保证政治社约物公意在任何时候同任何意志博弈都具有稳定性和不被破坏,又协调服务好全体公民。政治社约物国家载体的选择逻辑,本质是对国家系统社会制度的选择,以及对最高政治社约物意志执行者具体人的选择。

"政治体也像人体一样,从它诞生的那一刻起就开始在死亡了,它本身就包含着使自己灭亡的因子。……政治生命的根本在于主权的权威……国家的生存绝非依靠法律,乃是依靠立法权。……人们为什么会那样尊敬古老的法律?正是这个原因,人们愿意相信,只有古代的意志的优越性才能使那些法律持续到现在,如果主权者不是一直承认这些法律有益的话,他早就千万次地废除它们了。"[②]

一个公共社约物意志国家载体的出现,意味着一个政治体的诞生。政治体的组分基础是个体系统人,环境基础是领土面积,因此,政治体的基本衡量是人口数量和领土面积。领土的贫瘠与肥沃,人口素质及需求的高与低,等等,都将影响公共社约物意志的生成及以法律形式的表达。人类是为了两个目标生存和发展,即自由、幸福与可持续生存;公共社约物意志表达之法律为两个基本目标:保障自由与保障平等,保障个体系统人自分形在公共社约物下的最大自由性,保障个体系统人具有公共社约物权利行使和约束的最大平等性,综合

[①] 卢梭:《社会契约论·论人类不平等的起源》,湖南文艺出版社2011年版,第16页。
[②] 卢梭:《社会契约论·论人类不平等的起源》,湖南文艺出版社2011年版,第77页。

而言，就是保障个体系统人自分形最大化在社会系统人的有效实践性——使个体系统人物自体自分形最大化同公共社约物意志达成逻辑与实践的贯通一致性。平等，不是指具体财富与权利的绝对相等，而是保障个体系统人通过公共社约物意志去获取其物自体自分形的自由的平等（获得的自由，并不等于个体系统人自分形行使并展现该自由；展现与否、如何展现，由个体系统人物自体分形情况自己决定），也是保障个体系统人通过公共社约物意志去获取财富的权利平等（保障共同的起跑线）——能够获取多少财富，是个体系统人在该起跑线发令枪响后，有没有准备跑、跑不跑、跑的速度与体力和能力等的综合考量。公共社约物意志，并不保障原地坐着偷懒的人同拼命奔跑的人获得的财富绝对相等——因为其来源于个体系统人意志在组织系统人内部的博弈涌生。财富是个体系统人自分形的存在和发展条件，自由则是个体系统人自分形的自身存在与发展的表达，两者具有本质与非本质层次之分，因此，任何一个人都不可以用财富去购买另一个人及其自由，否则就违反了人类应有的自然法则。一个国家政治体的存在和持续，就在于"人们可以因事制宜，使得法律与自然关系在每一点上都是一致的，而且可以这样说，法律只是在伴随着、保障着和矫正着自然关系罢了"①。如果一个国家政治体，针对具体的国情，使得公共社约物意志表达的法律与公共社约物意志生成来源的个体系统人自然现有意志（也包括可能是强加的意志，只要具有当下的具体性）具有一致性，则该国家政治体可能存在。奴隶社会国家政治体，虽然违反了人类应有的自然法则，但符合国家政治体的存在条件，其在特定时期是允许存在的。卢梭认为："法律只是在伴随着、保障着和矫正着自然关系罢了"，其中"自然关系"应是指个体系统人意志同公共社约物意志的相互作用自然关系，法律虽然在伴随着、保障着和矫正着"该关系"，但仅仅强调法律反作用于个体系统人的关系是片面的，不符合法律的公共社约物意志的本性。因为法律本质上是作为个体系统人意志的博弈涌生物。由于法律作为公共社约物意志具有人民来源性，当法律确立的秩序被证明很糟糕，那么人民是能够做主改变法律的。法律中的宪法，是母法是根本大法，其具有来源于个体系统人意志的核心意义、抽象意义，其宗旨和目的是与广大人民的意志一致的，显现了广大人民的心声。

2. 政治社约物国家载体的运行

政治是解决人类自身问题的上层建筑，作为政治社约物意志权力的携带者和运行者，对其要求是无私和理性的。政治集中于利用公共权力开展公共服务

---

① 卢梭：《社会契约论·论人类不平等的起源》，湖南文艺出版社2011年版，第46页。

活动，个人无法解决所有问题，让渡出部分自己的权力和资源，形成共同的公共内容（社约物意志和权力），并反过来从中享受公共社约物意志及其权力的服务保障，同时接受其控制约束。公共服务的对象是全体的公民，而个人自分形最大化是自我欲望，因此，公务员的个人自分形欲望和公共权力意志是一对矛盾。一方面科技的发达，要在科技发展的累加中，不断解决人类自身相应发展的问题，可以把公务员自身难以搞定的困难借助科技的无情和理想来提升；另一方面，可以意识形态教育，把公务员的本性欲望同公权意志进行合理的自我调节——实现既能够最大程度保障"工作时"的无情与理性，又能确保个体在生活时不丧失自我的有情和感性。政治社约物的核心支撑是无情与理性。

"准确来说，根本就不存在单一的政府。专制首领也必须要有下级的行政官。一个人民政府也必须有一个元首。所以，划分行政权力之时，总会存在由多至少的等级差别；不同之处就是，有时是少数依附于多数，有时是多数依附于少数。"① "让制定法律的人来执行法律其实不是好事，……少数人被统治而多数人去统治，那是违背自然秩序的。……如果政府的职能是被很多执政者所分管时，那么少数人迟早会掌握最高的权威。"② "君主的意志、人民的意志、政府的个别力量和国家的公共力量，全都服从一个人的意志，机器的全部力量就都掌握在同一个人的手里，人们全部都朝着相同的目标前进。"③ "自由并非在任何气候之下都能出现，因此也并非任何民族都能获得。……世界上所有的政府都是不生产只消费的……政府与人民的距离越远，赋税负担就会越沉重。"④

"每一方都希望按照自己的方式来解决。同是人民，作为臣民支持公共的安宁，而公民则注重个人的自由，一方倾向于财产得到保障，而另一方则倾向于人身获得保障；一方要求政府须是最严厉的政府，而另一方则主张它应该是最温和的政府；前者要求严惩犯罪，而后者却要求防止犯罪；一方认为最好是被四邻所惧怕，而另一方则更希望被四邻所忽略；一方所知足的是资金的流动，而另一方则要求生活有面包。纵使人们对这些及其他的类似点都能取得一致的意见，是不是这个问题就能被解决一些呢？道德方面的数量缺乏精确的尺度，所以即便人们对这种标准意见一致了，但是在估价上又怎样才能达成一致

---

① 卢梭：《社会契约论·论人类不平等的起源》，湖南文艺出版社2011年版，第69页。
② 卢梭：《社会契约论·论人类不平等的起源》，湖南文艺出版社2011年版，第60页。
③ 卢梭：《社会契约论·论人类不平等的起源》，湖南文艺出版社2011年版，第64页。
④ 卢梭：《社会契约论·论人类不平等的起源》，湖南文艺出版社2011年版，第70页。

呢？……政治结合的目的到底是什么？为了它的成员的生存和繁荣。那么他们生存和繁荣的最确切可靠的标准又是什么呢？"① 这个问题是国家意志需要解决的问题。

马基雅弗利指出：解决问题的办法是制定一种与政治制度相关的法律，使对立的社会势力之间构成一种相互制约的均势。在这种均势中，所有各党派都能参与政府的事务，彼此"保持互相监督"，这样就能防止"富人的傲慢"和"平民的放肆"由于彼此竞争的集团相互猜疑并时刻注视着对方的任何夺取最高权力的迹象，这意味着只有那些有益于公共自由的法律和制度才能被通过。人们的希望是使一切立法尽可能推进公共利益。因此，马基雅弗利得出结论说："所有有利于政治自由的法律"都是来自他们的相互倾轧。马基雅弗利的论述已经包含了权力制约与平衡的思想萌芽：各党派的力量在相互斗争中得到平衡，各党派的利益在立法争论中得到体现，由于相互的监视和权力制约，任何一种势力都不可能取得压倒性的胜利，民主和自由由此产生。这些见解道出政治警惕性。首先必须注意的是危险的征兆，即判断一个公民或一个政治党派是否拥有了"超过保证其安全所需要的权力"。而更重要的则是制定一套特殊的法律和制度来处理紧急情况。他论述道：在一个共和国的政治制度中，应该设立一种特别的制度，对其公民们进行监视，以便使他们不能在善的掩盖下干恶事。他们只有在做到对政治自由有所促进而无害时，才能取得荣誉。他还主张每个公民都有必要保持警惕，做好准备，不仅要洞察这种腐化倾向，而且要借助法律的力量，在腐化成为威胁之前就加以扑灭。民主是政治社约物的优越性生成途径，其在前进的道路上，优越性具体内容是多元的，优越性具体表现形式也是多样的，有时候也可能遇到挫折，有时候也可能被别的内容窃取或侵害，不仅未能获得理性的目的，甚至出现邪恶的后果——但这一切并不能否认民主的社约物优越性途径工具，而只能是使用工具的人及其操作的原因——表现为具体民主形式内容的问题。有效的民主理性是指符合国家自身实际的具体民主形式内容的合理性与有效性。

我们并不能保障每个作为公共社约物意志载体的官吏在行政时都能够代表公共社约物意志，因此，需要组建司法队伍，形成司法权，以确保公共社约物意志的权力执行符合最高公共社约物意志。国家公共社约物意志来源于国家的全体个体系统人，一旦形成最高国家公共社约物，一方面要有效维持该公共社约物作为一般系统涌生事物对该系统的维生性（该国家最高公共社约物具有合

---

① 卢梭：《社会契约论·论人类不平等的起源》，湖南文艺出版社2011年版，第74页。

理的、合法的、符合系统存在规律的一段有效支配系统的时间），另一方面，要根据个体系统人自分形需要变化和发展，及时有效地生成新的公共社约物——形成国家新的最高公共社约物意志，即公共社约物意志的演化发展，具体表现为法律及相应行政权、司法权的修订、变更、改革、变革甚至革命。封建社会的朝代更替而封建制度不变：封建社会的国家最高公共社约物意志载体的官吏（王朝）在行使该意志派生的权力时，直接地或间接地将王朝官吏个体系统人的意志取代了公共社约物意志，背离封建国家的一般个体系统人意志，农民起义、朝代更替成为一种一般系统涌生事物生成与演化发展的必然结果——更替的朝代仍然是封建社会制度，仍旧是地主阶级和农民阶级博弈的公共社约物的体现——朝代的更替，仅仅是封建国家制度的内容更新，使国家公共社约物意志的载体官吏行政，相比较而言"更"具有国家公共社约物意志的意志性，体现出国家公共社约物意志的演化发展。而资本主义取代封建主义，则是国家公共社约物意志的本质变化，体现了国家组织系统人的公共社约物的质变，体现出革命性（这也是符合个体系统人自分形意志逐级生成、具有层次性和结构性的公共社约物意志的规律）。

第三节　社约物无形手指之"科技社约物"

在人类认识和改造自然的进程中，一般系统人的工具性社约物支配运行集中表现为科技社约物。科技的基础是"用自然解释自然"，科技的目的是认识和改造自然并使物化供给满足人们日益增长的需求。科技社约物，是指支配"供给的创新或增长的科技化""需求的满足或开发的科技化"及其相互匹配平衡科技化的统称。从这个角度来看，正如邓小平同志所说："科学技术是第一生产力。"科技社约物和经济社约物是紧密联系的。科学社约物主要以科学技术知识和科学技术方法支配认知和实践，目的在于实现以物化为主导的供给创新与增长的最大化。科学技术不仅是经济社约物的动力，也是人化社约物的动力，推动人类社会不断发展。

一、关于科学社约物

科学的认知体系，包括认识对象即组分因子，对象的域即内外组分的边，对象的流及介质流，即判断、推理、归纳和演绎等。知识是一种社约物体系，其对象是一种信息涌生事物（通常反映着具体的自然世界事物）。一切知识都是社约物的内容,首先,一切知识的产生都不能离开人;其次,一切知识都是人自约物同对象事物的博弈涌生事物,即成为社约物内容。

(一)关于科学

自然科学对自然界存在状态和规律的认识是自然观的演化的直接基础。古代辩证法与以经验和观测为主的古代科学技术活动联系在一起。这种科学成果是粗糙的,但它在当时的社会时代也促进了人类社会的发展,它具有思辨性、整体性、效用性和直观性。中世纪西方自然科学被作为神学的婢女,神学自然观盛行。以哥白尼的日心说为标志的近代科学革命使自然科学摆脱了神学的束缚。从伽利略、开普勒到牛顿,建成了经典力学体系,但整个自然科学各学科之间互相分离,人们还不能说明自然界各种现象之间的联系和变化,而用力学观点去解释一切自然现象,产生了机械唯物主义的自然观和孤立甚至片面的思想方法。在天文学、地学、生物学和物理学的重大发现基础上,20世纪的现代科学如相对论、量子论、系统论和自组织论、环境科学等更是丰富和发展了辩证唯物主义自然观,使人们更注意事物的普遍联系和动态发展过程,使人们的思维方式向系统、开放和创造性方向发展。①

科学史意义上的近代,开始于1543年,大约是文艺复兴运动结束的时间,那一年,欧洲出版3部重要的拉丁文本科学著作:《天体运行论》《人体的构造》《几何原本》。近代科学之父意大利物理学家伽利略对研究自然提出:一是要用数学表达和演算来代替古代人的逻辑推理;二是要用实验方法研究自然,古代人是不讲究实验研究的。从伽利略开始,人们研究自然,特别是研究物理学已经具备了所有重要的理论工具,伽利略本人的科学成就也是用这些方法做出来的。

牛顿将近代科学推向了高峰。牛顿写作《自然哲学之数学原理》的直接目标是批判笛卡儿的哲学,它是"由运动现象去研究自然力,再由这些力去推演其他运动现象",目的是"致力于发展与哲学相关的数学"。在全书的最后,牛顿写下了著名的《总释》,集中表述了他对于宇宙间万事万物的运动的根本原因……万有引力以及我们的宇宙为什么是一个这样的优美的体系的总原因的看法,集中表达了他对于上帝的存在和本质的见解。

经典物理学坚持还原论方法,认为世界是无限的,世界是可认识的,人的认识是可以发现并把握客观真理的,即客观世界的描述是客观真理。从以物理

---

① 胡显章、曾国屏主编,李正风主持修订:《科技技术概论》(第二版),高等教育出版社2006年版,第326-327页。

学为代表的科学可以看出,科学有三个特点:一是用自然解释自然;二是试图分解事物,从复杂现象中找出简单的道理,这是一个方面,另一方面是把复杂的物体分割为简单物体,相信复杂物体由简单物体组合而成;三是把简单事物组合成复杂事物的规则,以及它的反过程,把复杂事物分解为简单事物的规则。古希腊人发明了逻辑学,专门研究这件事情。分解事物使用的概念推理,逻辑学上就是演绎;而反过程组合事物,或者说综合,也就是归纳。希腊人讲的是形式逻辑,它逐步发展成我们熟知的数学的方法基础,对于高等数学和微积分都极为重要。

20世纪的现代科学如相对论、量子论、系统论和自组织论突出了对整体世界的普遍联系和运动方面的研究,即突出了有系统思想参与的科学研究。即使是当今的21世纪,我们的科学也不能解释所有的事物。但我们可以自豪地说,我们当前的科学相对于古代、近代来说已经突飞猛进,科学的发展是在系统效用权利下不断地划界分区,使认识过程中不断有相对精确和确切内容从伟大的智慧中剥离出来,成为相对独立的科学知识,使科学成为科学——而不是使科学终结。

科学并不是人与世界关系的全部,有很多的内容科学并不能解决,有一部分归属于神学,在神学与科学之间还有哲学。另外,从科学的历史来看,科学并非一开始就有的,而是经过人类文明发展,科学首先以物理学从混沌哲学分化出来而形成;因此,科学对象仅仅作为人与世界关系对象的子系统,其科学规律不能直接推广为人与世界关系的普遍规律——根据系统涌现现象,子系统某些规律和属性,在更高系统中可能消失,也可能涌现出新的更一般的规律和机能属性。对于科学的基本态度是:科学不能直接是万能的,在划定区域内,科学真理是成立的。

(二)科学认知方法

人脑能够认识事物,而石头或植物不能认识事物。认识之所以能够开展,是因为人脑中高度相对独立的涌生事物,相比较之下,石头或植物却没有高度相对独立的涌生事物,虽然它们也有涌生事物,但它们的涌生事物微弱到可以忽略——直接进入机械论和还原的研究。人脑中仅仅有高度相对独立的涌生事物还不能直接形成认识,人脑系统的涌生事物不仅自己能够高度相对独立,而且能够处理不同层级和不同等级的涌生事物。"把系统观点引入哲学认识论,用系统概念和原理阐述人的认识运动,揭示其一般规律,就是系统认识论。……贝塔朗菲把系统认识论表述为透视论,是对机械唯物论的超越,但还不足以揭示系统认识论的真谛。"① 认识是涌生物在人脑中的显现、联系与作用、判断与识别的相对独立的加工处理的过程和状态。认识是一个包括认识主体、认识相互作用和认识对象的系统。其中认识主体与认识对象相互作用生成认知社约物,认知社约物具有理论化、科学化的信息模式,则将形成科学知识,比如生命系统、物理系统,等等。

1. 科学方法的历程

科学哲学的核心问题是由人与自然相互作用所提出来的。科技社约物的目的是,对自然界进行分类和描述且借助严密的、条理化的自然理论让人们理解自然界的运转。科技社约物并不是孤立自然界的自约物,而是人类自身感知和解释自然界的"社约物"。社约物是人类的专属,科技社约物就其认知方法而言,是哲学的方法论和进行科学研究所采用或者遵循的方法的统一。

科技社约物的研究,通常都包含经验要素、概念要素和形式要素;其中,经验主义者科技社约物,强调科学知识的经验基础及事实材料,普遍理论原则只有当它们是直接掌握到的经验材料的概括时才具有真正的科学内容,必须把抽象的理论实体理解为来自基本的经验的逻辑构造,比如归纳方法;唯理主义者科技社约物,认为经验事实材料本身不能表现出任何可理解的或者合乎规律的关系,科学家关于自然的赤裸裸的经验是杂乱无章的、变动的,他必须发现某种理性的结构或原则来把这些互不相关联的事实材料结合成为一个广大的、更易于理解的整体,比如演绎主义。

事实上,经验和理论是科技社约物方法的两个极端,该两极端构成了一个"方法论螺旋环",只求螺旋环的一个点或一个方向都是局限的或曲解的。因此,科学家或科学哲学家都往往居于这两个极端之间,寻找以解决科学问题为目的的有效方法。

科学的三要素。科学及科学方法都具有继承性,以亚里士多德《物理学》为代表的希腊的自然哲学已经具备科学理论的概念、逻辑和经验三要素。科学的概念是对于事物的共性的抽象描述,比如希腊人提出了点、线、面等较精确的数学概念,亚里士多德提出的"范畴"、柏拉图提出的"理念"等概念。科学的逻辑,起源于希腊的逻各斯,从社约物来看,是指蕴藏于宇宙之中、支配宇宙并使宇宙具有当前形式和意义的质道旋的物质系统本能辩证逻辑。公元前4世纪亚里士多德写的《工具论》对逻辑学进行了全面论述与总结,发明了进行一般逻辑推理论证的三段论方法。科学的经验是指感官体验的总结,经验容易

---

① 苗东升:《系统科学精要》,中国人民大学出版社2006年版,第46页。

出现一种感官的体验与另一种感官体现的矛盾，比如认为一种感官体验高于另一种的情况，科学的经验强调主动地、自觉地体验，一而再，再而三，重复地观察体验，寻求某种因果性考虑的理论假定。

在经验方面，强调直接的感官知觉，要求：（1）理念的意义必定与事物已有的经验和可能经验相联系；（2）哲学的认识论、信念，归根到底必定由经验来检验。在理论的反省方面，包括感官印象和内省，主张各种信念只有当其首先为现实的经验所证实后方可接受并作为行动指南。语言文字，为科学社约物的信息模式留存提供了公共的载体，而科学社约物信息模式的标准化体系就是"公理化体系"，比如欧几里得的平面几何公理体系、亚里士多德物理学表现的逻辑学（形而上学）体系，等等。

中世纪最重要的方法论哲学家有罗杰·培根和奥卡姆·威廉，他们认为知识是从经验或直接观察中抽象出来的，认为在研究问题中，缺乏实验是谬误的根源。近代早期经历过文艺复兴运动的洗礼，推理演绎方法由于经院哲学的恶劣名声也遭受株连，而归纳与实验方法备受推崇。实验方法与经验与归纳方法属于一类，后者是前者的提升与抽象，更具备哲学理论形态，在整个近代科学中，甚至直到21世纪的今天，由观察和实验开始，经过收集、分类和归纳等较为严格的过程，总结出规律或结论，仍是包括地质学、生物学等在内的许多科学学科进行研究的主要方法。在实验方法方面，是指利用人为环境制造可控变化，得到结果再加以解释的方法。弗朗西斯·培根（《新工具》）提倡归纳方法和实验方法；伽利略提出实验方法与数学语言；近代早期，在科学革命与发展过程中起到关键作用的是实验方法。

关于牛顿的物理学方法和"哲学推理规则"。牛顿时代具备了完整的近现代科学所要求的各要素，牛顿1687年出版的、仿照古希腊欧几里得《几何原本》布局的《自然哲学之数学原理》，创造了一个空前绝后的理论体系。其总结自己的研究方法，提出四条规则：规则一，寻求自然事物的原因，不得超出真实和足以解释其现象者；规则二，因此对于相同的自然现象，必须尽可能地寻求相同的原因；规则三，物体的特性，若其程度既不能增加也不能减少，且在实验所及范围内为所有物体所共有，则应视为一切物体的普遍属性；规则四，在实验哲学中，我们必须将由现象所归纳出的命题视为完全正确的或基本正确的，而不管想象所可能得到的与之相反的种种假说，直到出现了其他的或可能排除这些命题，或可使之变得更加精确的现象知识。牛顿在其完成宇宙体系之后说："我不构造假说"。他说："凡不是来源于现象的，都应称其为假说；而假说，不论它是行而上学的或物理学的，不论它是关于隐秘的质的或是关于力学性质的，在实验哲学中都没有地位。在这种哲学中，特定命题是由现象推导出来的，然后才用归纳方法作出推广。正是由此才发现了物体的不可穿透性、可运动性和推斥力，以及运动定律和引力定律。"事实上，人们发现，其实牛顿本人就创造了巨大的假说，即他自己的引力理论，十分完整地运用了概念、逻辑和形式等要素，构建了假说。

关于近代科学研究方法的还原论。力是一种自然作用，在牛顿体系中，物体及其相互作用是被"放"到时间和空间框架中的，然而当人们从空间的部分之和等于整体的出发点推导出的微积分公式，用以推算物体间相互作用力时，实际上假定了自然作用也与时间空间关系一样，是部分之和等于整体的。实际上，这样的想法和做法并不是牛顿的原创，伽利略在对斜面上物体受力情况进行分解时，已经作出了相同的假定合力等于各分力之和。以牛顿的力学理论为基石，通常把牛顿的理论称为经典力学，对应的哲学称为机械哲学，对应的哲学观念称为机械唯物论本质。

20世纪晚期的系统论学说和复杂性研究，认为在复杂系统之中，部分之和大于整体，盖因整体之功能不能完全解析为各个部分的功能之和。二者都体现了对还原论观念和哲学提出批判。这是继20世纪初物理学经历革命之后，经典科学遭遇到的再次严重挑战。实际上，还原论在今天它的生命力并未减少；相反，一些时髦的理论或概念在还原论面前还需要面对进一步考验。因为系统科学尚未形成"概念、逻辑和形式"的体系，未能按照牛顿的要求，能够进行预言并得到证实。

2. 科学认识方法

科学认识方法要突出把握科学对象系统涌现生成与演化的效用性，如果科学对象系统的涌生事物可以忽略，则可以直接用还原方法和机械论来研究，但是，研究获得的关系和过程描述却是系统涌现生成的。科学知识的获得其实就是采用"科学"方法获得的人同科学对象之间的系统涌生事物信息模式——用于识别、解释和改造科学对象的科学社约物模式。

科学认识对象是相对确定的，相对确定的对象的涌生功能也是相对有限的，科学认识在于探索有限涌现功能的规律性。就这方面而言，科学不仅仅局限于自然现象，不仅仅局限于用自然解释自然，也可用思维解释自然、自然解释思维以及思维解释思维——因此，社会问题、人的问题、思维问题都可以存在"科学"研究；但在科学的"可实验证明"或实证方面，将出现自然科学和人文科学的分化，前者容易实验证明，后者只能用实践证明。

自然科学有许多研究方法，每种研究方法都各有其功能。这些方法大致分为两类：获得经验事实的方法（如观察方法、实验方法）和建构理论的方法（抽象法、归纳与演绎法、分析与综合方法），但是不管任何方法都自然地是系统。

科学研究获得经验事实的方法，包括科学观察方法和科学实验方法。观察方法是自然科学研究中普遍使用的方法。它是人们主动地通过感官或借助科学仪器，有目的、有计划、有选择地感知客观对象从而获取科学事实的一种研究方法。观察方法作为一个系统，包括观察者、观察对象以及它们之间的科学观察相互作用关系，科学观察系统中发现的具有特定信息模式的涌生事物，可属于科学社约物。科学实验方法是指人们根据研究的目的，利用科学仪器和设备，主动地控制或变革自然对象，以便在典型的或特定的有利条件下获取科学事实的一种研究方法。实验方法作为一个系统，包括实验者、实验对象以及它们之间的实验相互作用关系，实验方法系统中发现的具有特定信息模式的涌生事物，可属于科学社约物。实验法相比观察法有许多优点：（1）可以在理想状态下研究自然；（2）可以人为地控制实验对象的变化；（3）可以制造一些特殊状态，把对象放在这种状态下来认识。

科学研究构建理论的方法，其实就是利用思维处理科学对象信息模式的方法，在本质上也是思维的思维，只不过被思维者是被界定为携带科学对象信息模式的那部分"思维"。科学建构理论包括抽象法、归纳与演绎法、分析与综合方法，等等。所谓科学抽象就是人们在科学研究中应用思维能力，排除科学对象的次要的、非本质的因素，从而达到认识对象的方法，通过科学抽象，我们对各种感性经验材料进行整理、加工、制作，从中概括或抽取出科学对象的本质。抽象过程分为从"感性具体"上升到"抽象的规定"和从"抽象规定"再上升到"思维中的具体"（或"理性中的具体"）两个阶段，其中"抽象的规定"是对于事物某一方面本质的认识，而"思维中的具体"是对事物的多种规定性的综合和统一。分析和综合、归纳和演绎又都是抽象过程的具体方法，分析是从感性具体到抽象规定的过程，是人们在思维活动中，把研究对象这一整体分解成各个部分并对其分别进行研究的方法。综合是人们在思维活动中，把研究对象的各个部分的认识统一起来，形成对对象整体认识的方法，是从抽象规定到思维具体的方法。归纳法是通过一般性较低的判断推导出一般性较高的判断的方法。演绎法是通过一般性较高的判断推导出一般性较低的判断的方法。演绎法的一个重要特点是：如果前提正确、推理正确（遵循正确的逻辑规则），那么其导出的结论一定是正确的。但是，单靠逻辑演绎本身并不能保证结论的正确性，因为前提是否正确不是演绎法本身所能解决的问题。

科学创造是指在科学研究过程中开创具有新质和新价值事物，如科学发现、技术发明以及新假说的提出和新理论的创立等。科学创造既是一种积极的开拓性认识活动，又是一种复杂而高级的研究过程，包括直觉的洞察、灵感迸发、顿悟的显现、想象的发挥，以及联想的构思等内容。想象是根据一定的事实材料和科学知识探索未知世界的一种形象化思维。它有时表现为大胆的猜测，有时表现为形象的类比，有时又表现为浪漫的幻想或理想化的抽象。想象既要以科学事实为出发点，又要突破现有事实的局限。直觉是思维过程的一种形式，是对事物本质在长期思考基础上的顿悟，表现为对事物底蕴的迅速揭开，对现象奥秘的迅速发现。灵感亦称顿悟，它是指长期未解决的问题，经过某种启示，忽然大彻大悟，豁然开朗的飞跃式思维现象。

（三）科学社约物

科学研究是一个系统，具有特定组分因子及其域：首先，作为科学主体的科学家具有条件和素质限制；其次作为科学对象的事物领域具有自身范围限制；再次，作为科学主体与科学对象相互作用的科研过程具有工具、技术、理论、实验等各方面的限制；最后，作为科学的表述是有条件的（有些还有语言哲学的表述表达问题），比如万有引力，单独的完整宇宙世界（它外无物）如何具有万有引力……总地来说，科学只能在划界领域内是精确有效的。科学受科学社约物支配，科技社约物来源于科学家主体、科学对象事物和科研过程，生成的科学社约物支配着科学家的存在和发展、支配着科学活动的存在和发展、支配着科学转化为生产力的改造世界实践活动。

科学社约物的生成，通常具有涌现性，一方面表现为对"感性具体"中"象"的东西（形状、样子等直观、具体的东西）抽出或去掉，做减法，上升到"抽象的规定"；另一方面表现从"抽象规定"融合思维涌生事物，做加法，涌现上升到"思维中的具体"（或"理性中的具体"）。这两个方面都是科学社约物涌现性的具体表现，是科学研究者通过科学社约物对科学对象支配运行的具体表现。

科学社约物没有生成之前，任何人都可以平等地去获得理性科学研究及其发展，这一点就如任何一个人都可以平等地去表达自己对世界的观点。美国社会学家巴伯说："在科学中所有的人在理性知识的发展和拥有方面具有精神上的平等权利……科学真理不依赖于个别科学家的社会或个人属性……科学是国际的，而在它的理性中，它是普遍的（属于全宇宙的）……正如某些科学家所说，

<<< 第六章 社约物"无形之手"的"手指"

在'科学的兄弟情谊中'由普遍主义导致的宽容是一种绝对的精神。"① 但是,科学并不容易实现。雅斯贝尔斯说:"几乎所有的人相信自己对各种哲学问题具有判断能力。他们认为,就对于科学的理解而言,无论是研究,训练还是方法,都是必须的;而对于哲学,人们总是武断地认定自己不必经过任何预先研究就可形成一种观点。"② 科学研究必须是经过专门训练的。

科学社约物一旦形成,对科学研究者具有支配意义,并非任何人都能作为科学研究者,并非科学研究者可以对科研对象进行肆意研究,他们受科学社约物支配。美国社会学家罗伯特·默顿从社会学角度指出:"科学的精神气质是有感情情调的一套约束科学家的价值和规范的综合。这些规范用命令、禁止、偏爱、赞同的形式来表示。它们借助于习俗的价值而获得合法地位。这些通过格言和例证来传达、通过法令而增强的规则在不同程度上被科学家内化了,于是形成了他的科学良心,或者如果人们愿意用现代术语的话,也可以说形成了他的超我。虽然科学的精神气质并未被系统整理,但从科学家的习惯中、在无数论述科学精神的著作中、在由于触犯精神气质而激起的道德义愤中所表现出来的道义上的一致方面,可以推出科学的精神气质。"③ 斯诺认为,科学是一种文化,属于这种文化的科学家们彼此之间尽管也有许多互不理解之处,但是总地来说,他们具有共同的价值标准和行为准则。科学作为一种文化,其约束力甚至比宗教、政治和阶级的模式更强。对科学家来说,无论他信仰哪一种宗教、持哪一种政治态度、属于哪一个民族,都必须遵守共同的行为准则,都必须按共同的价值标准做判断。一个科学家对科学的价值标准和行为准则的背离,意味着他的科学生涯的结束。④

科学社约物与技术融合一体,形成科技社约物对世界进行改造。黑格尔说:"他们承认要知道别的科学,必须先加以专门研究,而且必须先对该科有专门的知识,方有资格去下判断。人人承认要想制成一双鞋子,必须有鞋匠的技术,虽说每人都有他自己的脚做模型,而且也都有学习制鞋的天赋能力,然而他未经学习,就不敢妄事制作。"⑤ 科技社约物是以自然解释自然为基本原则的,因此,任何妄图以意志想当然地解释自然的做法都可能是非科学的。

---

① 罗伯特·默顿:《科学社会学》,芝加哥大学出版社1971年版,第106页。
② [德]卡尔·雅斯贝尔斯:《智慧之路》,中国国际广播出版社1988年版,第2页。
③ 罗伯特·默顿:《科学社会学》,芝加哥大学出版社1971年版,第269页。
④ 斯诺:《对科学的傲慢与偏见》,陈恒六等译,四川人民出版社1987年版,第9页。
⑤ [德]黑格尔:《小逻辑》,商务印书馆2003年版,第42页。

二、科技社约物的工具意义

科学知识的产生立足于经验与逻辑，其核心是受服务人类自分形最大化演化发展的需求决定，即它不是由经验事实决定的，也不是由逻辑决定的，而是由社会利益决定的。科学知识是科技社约物核心内容，科技社约物包括科技知识的产生、科技知识（信息模式）、科技知识实践等内容，其中科技知识是核心与纽带，没有科技知识将无法有效显现科技社约物的存在和支配意义。科技社约物首先直接地影响人类物化物质文明的发展，即影响经济系统演化发展，其次对整个人类文明具有相应的支配影响意义。

（一）科技社约物对认识和改造世界的工具意义

科技社约物的根本特点是"用自然解释自然"，因此，科技社约物的第一服务对象是自然，在人类社会系统中表现为"物化"。科技社约物是增强供给的物化社约物，包括核心技术组合、功能、产品、相似产品、社会环境等的物化社约物统称。科技社约物是支配物化生产最大化的动力之一，科技社约物同实践结合的纽带主要体现为技术社约物，其与生物系统的自约物基因支配生物存在演化最大化延续具有共同点，技术社约物同生物系统的生物自约物比较如下：

技术概念		生物概念
核心技术组合	y	基因
功能	y	性能
创新	y	变异
产品	y	个体
相似产品群	y	生物种类
社会环境	y	自然环境

生物系统自约物的基本特性是确保自分形最大化，其以基因的自分形最大化为核心，基因自分形为生物个体系统，个体系统自约物的性能决定生物种类同自然环境的博弈情况，由多个个体系统组成的生物种类具有相似性又具有自然环境下变异的相对区别性。科技社约物同实践联系的产物是技术社约物，技术社约物的核心技术是产品的基因，其以核心技术自分形最大化为基本方向，核心技术在人及生产资料的协同下形成产品，产品的功能性能决定产品在社会环境和其他相似产品群中的博弈地位，核心技术的产品同其他相似产品具有相似性，又具有核心技术的变异性（创新性）。因此，作为系统而言，生物系统和技术产品系统同样具有受系统自约物支配的规律。生物系统自约物受自然环境的他约物影响，主要以自约物为主；技术产品社约物主要受来自人类及社会环

境的他约物影响，主要以他约物为主，称为科技产品的"社约物"。

（二）科技社约物对社会经济的工具意义

在20世纪，精确思维越过自然科学与社会科学的界限，广泛渗入社会领域，通过在社会科学研究中引进适于定量处理的数字，引入数学方法，有效地排除分析和研究社会问题过程中的主观随意性，极大地提高了解决问题的严密性。1935年美国建立了第一套国民核算体系，这套体系概括了整个错综复杂的国家经济系统，可以计算流过经济的钱的总数，显示出系统中哪里还有多余的容量可供调剂。利用这套体系所提供的关键数字，政府能够有效地调控经济，极大地提高生产效率。当时，凯恩斯的国民核算系统也成为反法西斯战争中秘密的、重要的武器。

美国经济学家罗默（P. M. Romer）、卢卡斯（R. E. Lucas）等提出的内生增长理论，是指用规模收益递增和内生技术进步来说明一国长期经济增长和各国增长率差异而展开的研究成果的总称。由于技术是内生的，政府可以通过政策来刺激和促进企业改善技术状况，使其知识存量增加，从而促进生产率提高。任何个人和企业的经济活动对其他人或企业都有好处的外部经济性，使总体经济活动表现为收益递增。由于人力资本积累的外部性，即使发达国家与发展中国家的资本—劳动比率相同，但由于发达国家人力资本水平高于发展中国家，因此发达国家的资本和劳动力的边际收益均大于发展中国家，这样便导致资本和劳动力由人力资本水平较低的发展中国家流向人力资本水平较高的发达国家。

索罗估算了美国GDP的增长情况，得出了以下结果：1909—1949年间，平均每年GDP增长2.9%，其中0.32%归因于资本积累，1.09%来自劳动投入的增加，剩余的1.49%归因于技术进步。在总产出增长中，技术进步的贡献占51%；人均产出增长1.81%，其中1.49%的增长来自技术进步，技术进步对人均产出增长的贡献占82.3%。

（三）科技社约物对整个人类文明的工具意义

科学的历史告诉我们，科学以巨大的承载性和工具性，推动人类文明尤其是物质文明的发展。科学主义包括了科学与技术。科学是探索客观事物及其规律的活动，也是一种知识形态的生产力。巴伯指出："科学首先是一种特殊的思想和行为，在不同的历史时期的社会中，人们实现这种思想和行为的方式和程度也不同。"[1] 马克思指出："自然因素的应用——在一定程度上自然因素被列入资本的组成部分——是同科学作为生产过程的独立因素的发展相一致的。生

---

[1] 伯纳德·巴伯：《科学与社会秩序》，顾昕等译，三联书店1991年版，第2页。

产过程成了科学的应用,而科学反过来成了生产过程的因素即所谓职能。每一项发明都成了新的发明或生产方法的新的改进的基础。……科学获得的使命是:成为生产财富的手段,成为致富的手段。"① 科学作为一种社会建制,是使科学成为以"生产科学知识"为使命,并因此具有特定工程的社会秩序和社会结构,它的形成使科学知识的生产具有相对稳定的社会模式和制度安排。科学知识的生产是一种具有特殊功能的社会劳动,是其他社会劳动形式难以替代的社会活动。科学知识为社会所需要,对于促进社会其他社会活动具有重要功能和意义。

可以把技术看成是人的器官的模仿与延伸,是对人的器官功能的补偿、加强或替代,它体现了人对自然界的干预能力,是人对于自然的能动性关系的直接体现。在中国古代,技术泛指百工,也主要是指个人的技巧和经验。技术的水平也就代表了人对自然干预的能力,特别是具体技术的实现,往往具有较强的社会的目的性和地方性色彩。比如,蒸汽机的发明和不断改进是为了解决近代矿井抽水问题以及为了适应大规模的工业生产对强劲动力的需要;第一台电子计算机的研制是美国为了适应在"二战"中军事上高速运算的需要。科学更多地体现着人对自然的认识和理解,更侧重于认识自然,技术更多地反映着人对自然的改造和控制,更侧重于为了特殊的目的而改造自然。在人类的早期,科学与技术基本上是分类的,它们各自走着自己的发展道路。近代以后,科学与技术加快了融合的速度,出现了科学的技术化和技术的科学化趋势,甚至已经融为一体,显现出科学技术"一体化"的新特点。

三、科技社约物与人文社约物的关系

整个的人类文明是一个有机的系统整体,人类一开始是以人文的文明方式进入人类正式文明发展历史的;但是,今天,科学主义的文明,从整体的人类文明中凸显出来,或者说分化出来,由于人们对其实际的物质文明的依赖性而把它抬得太高;而有一部分哲学家坚持传统的人文主义为自己的理念。如果我们认识科学发展的历史和人文发展的历史,认识人类文明系统的目的和走向,我们就必须把握科学主义和人文主义融合发展的观点。

(一)科技社约物与人文社约物

在科学认识者那里,把科学去人化,认为科学是至上的,这是科学主义的片面追求。如果科学一旦去人化,也就是说使人文科学化,这样将使人温暖和情感的血液变成冷冰冰的分子和原子流,世界将逐渐进入科学冰冷的世界,而

---

① 《马克思恩格斯全集》第47卷,人民出版社1979年版,第570页。

缺少人文的关怀和温暖,一旦走入极端,将人类的天性"冻"化了,甚至在人类自己的手中丧失人性优良——在冰冷的唯科学主义中带领人类自己走向失去活的意义、失去方向,甚至自我毁灭。使科学人文化,将不利于科学的发展,不利于人类科学以及物质文明的创造。当科学被人文化的时候,真正的科学应当勇于战斗,使真理占领阵地,促进科学技术的发展,促进人类物质文明的发展。

如果说科学从本质上是人们对自然界和社会的认识活动,那么在本质上,技术就是人类对自然和社会进行有目的的改造和控制活动。科学技术对人类文明尤其是近代文明的推动是无比巨大的。但,人类文明的历史告诉我们,人文以其根本性,引导人类文明发展。人类文明的人文发展,以其目的性、根本性和需求性,直接或间接地推动和引领科学发展。人文是人类文明发展的内因和内在动力,科学是人类文明发展的外因和外在动力。两者相互转化、相互促进,尤其,作为人类物质文明的外在表现,科学得到越来越多的光环,它们应当是和谐的,而不能人为地进行割裂。

人文主义推动人类文明的发展是内在的。人文的东西,表面上看起来就是思想文化、文学文化、道德文化、社会文化的东西。古往今来,人文的东西在人类发展的历史上,具有重要的地位。比如中国的孔子及其思想,影响中国数千年,至今仍具有巨大的人文效应。人文在于其内容和思想是指引人类天性的,道出了人类的具有特定条件和民族特殊性的天性。人文的问题,其实就是价值和意义的问题。古希腊哲学家德谟克利特认为,智慧的全部含义在于:很好地思想,很好地说话,很好地行动。中国古人认为,哲学的目的在于"为天地立心,为生民立命"。在生活中,我们常问,什么是好,什么是值得,什么是正确的事,什么是天地之心,什么是生民之命?这些在科学中找不到答案。追求真理和创造价值是人类活动的两大目标。人的天性优良,包括获取智慧和囊括世界,其实获取智慧包括追求真理和引领层属能力,而引领层属能力是创造价值的——这必须是创造价值的表现,追求真理不仅包括获取智慧层次,而且包括主宰世界层次;在终极意义上,是为了继承、发扬和发展人类的天性,并使人类永远主宰世界。在人天性优良中,不仅要体现人们如何认识和改变世界,更要启发我们以价值的思考,体现人的意义——相对于世界其他任何的物种来说都是优良的。没有人类,无所谓人类天性——天性好坏,直接又影响人类的生存和发展情况,因此从这方面来说,人是一种价值和意义的存在物。

在人类文明中,人和人的价值综合的人性是核心。科学在人类发展的早期,在人类文明的早期,并没有得到巨大发展,也没有足够发达,直到今天,科学承载人类文明的地位日益明显，科学中自然科学是人类文明尤其是掌握物质生产的确定性基础。把科学在人类文明中的地位推向极端，就是科学主义了。事实上，科学不能在人类文明中走到极端，因为极端的人性本身。当前很多的人性问题，被科学以理性的方式来认识和揭示，但科学只是工具，是中性的，而非直接人性的。人是衡量一切事物的认识主体，认识主体掌握衡量一切事物的标准（这个标准可以是科学标准，也可以是其他标准，但在活生生的生活中，在应用认识中，人是掌握衡量一切事物的标准的），人们的应用认识过程——即衡量标准，衡量标准的载体和工具是科学。当今科学并没有远离人文，而是与人文更加紧密了。它成为人文实践的不可缺少的载体和工具。

　　科学并不能解决各种文化形态分别面对的有认识意义的全部问题，人也不能直接地是衡量一切事物的标准；科学在于去人化（或者使人科学化），使事物以精确、机械、专业化清新的概念确切呈现，而人文在于明白、清晰、精确观念之上非精确的确切，它使事物被人化；人类面临的很多问题，科学并不能解决，尤其是一些认识意义问题。在科学之外还有神学，在科学与神学之间还有哲学。其实，作为一个大全哲学，是人类一切知识和一切智慧的综合知识体系。比如，人为什么存在，人类的未来走向问题，并不是科学能够解决的。它一定是人文的问题。

　　在原始社会，人直接的是衡量一切事物的标准；在科技高度发展的今天，人利用科学作为工具或中介作为衡量事物的直接标准，而人透过这些科学工具间接地把握事物标准。在原始社会，人类经常是直观地认识世界，更多的是人作为了衡量事物的直接标准，即感官认识世界即是标准，例如坐井观天——天就是井口大，这个标准直接地就是人感官的衡量标准。但现在，科技和认识已经不断深入，而且非常复杂，有些认识对象只能看见外壳，比如人脑，而不能有效地清晰明了其内部；有些连对象也不能直观地看到，比如空气、原子等感官不能直接到达的认识对象越来越多，感官出现误差的情况也越来越多（所谓误差是感官的把握与实际的差别，比如同是一张颜色为灰色的桌子，木头的、钢铁的在直接的视觉感官上不能很好地分辨，有时候分辨得到的认识结果甚至是错误的）。科学去人化，使事物精确、机械、专业化的概念确切呈现，而人文在于探求明白清晰精确观念之上非精确的人所不疑的确切，它使事物为人类文明和人性服务。

　　"当代著名的未来学家托夫勒在为他的新著《财富革命》的出版答《世界报》记者问中，他说：'财富革命'包括两个方面：首先，知识是创造财富的发动机；其次，生产与消费的彻底融合将导致'非金钱经济'的快速发展。在传统经济中,一切都是围绕短缺进行的。但知识是没有穷尽的。它是非线性的,因此小的闪念就可能产生巨大的收益。而且重要的是非物质性的。在先进的经济结构中,非物质因素将资本主义的物质基础甩在了身后。"① 这里认为,资本主义在经济发展中区分物质资本主义和知识资本主义,当物质资本主义走向衰弱,拐向知识资本主义,则"萌芽着从'物奴役人'向'人统治物'的转变"。资本主义在知识资本主义的高级阶段将萌芽进入包括社会主义在内的共产主义相应社会阶段。当前人改变着这种旧世界,以中国特色社会主义为代表;科学技术也改变着这种旧世界,但科学技术改变的进程中不断地解放人类劳动,迅猛发展的网络科技是否致人类陷入新的以"物"奴役"人"?

在理论与现实之间架一座合适的桥梁。通过调整理论适应现实,通过改变现实增强沟通。现在的重要问题是:在系统效用认识的基础上,把人类的人文和科技的交融调整在合适的范围,防止出现割裂。

(二)科技社约物极端化的危险

人文主义和科技主义的割裂,未来可能是不匹配的,不适当控制对于不能完全明确或者存在潜在隐患的人工基因和人工智能等方面的尝试,未来可能出现人文危机。

未来人类自身优化和人工制造优化将出现相对博弈,因为,在人工智能方面和人工生物方面,可能获得具有人类优化信息特征的相对独立,这种携带相对独立的人工智能可以同人类自身博弈,能否确保人类自身优势在博弈中处于绝对支配地位——这是人类未来关注自身危机的核心之一。人类发展科技,不能葬送在自己优化实践的过程之中。这一点,霍金的担心是有理由的,也是有可能的。

科技社约物极端化的危险之一:人类自身身体系统的涌生事物进化演化缓慢,而人工智能物(包括人工生物)的涌生事物进化是飞快的;人类自身缓慢进化演化的意识涌生事物同人工飞快演变发展的人工涌生事物之间可能出现匹配困难的危险。人如果仅仅为了享受飞快的人工智能回馈,而放弃或丧失了自身身体的合理机能发展,那么人类将被迫人工化,甚至物化,当前人类的身体机能在很多方面都比不上前人,疾病并没有因为医疗技术发达而降低,幸福感并不因为经济和财富富有而直接同等增加,等等。

科技社约物极端化的危险之二:人类自身优势随着人工智能和互联网信息快速发展而逐步被削弱,人工智能在某些方面比人类生物身体系统功能强大,

---

① 薛震德:《人的哲学新路》,人民出版社2012年版,第28页。

如果无原则地放宽人工智能和人工生物的功能开发，在某些重要的方面人工智能与人类生物体身体系统机能博弈并占据主导地位，那么人类很可能被人工智能产物俘虏，成为人工智能产物的机器生物，人类可能毁灭于或间接毁灭于人类自己"制造"之手。人类制造中，可以制造广义的"病毒"，比如生物方面的病毒、计算机病毒、经济社约物病毒、政治社约物病毒、道德社约物病毒……很多病毒涌生事物，经过人工智能产物携带拥有以后，可以同人类自身身体系统进行博弈，随着病毒的快速发展，或许在未来某个时期，人类自身优势将在同携带病毒的人工智能产物的博弈中丧失，博弈一旦出现质变，病毒人工事物占据主导地位，并演化生成为病毒社约物控制生物人类，则人类将走向自我灭亡。当然，目前人工产物携带的都是正能量涌生事物，是服务反馈人类自身的。

人体自身身体系统的整体优化的涌生事物在退化，而人工智能的整体优化的涌生事物在快速进化发展，人自身心理和自稳态等方面的问题越来越严重，物质刺激的幸福感达到最大以后，精神引导的幸福感将如何重塑？这是人类自我优化之科技发展需要关心的一个重要问题。

第四节　社约物无形手指之"人文社约物"

一般系统人的文化社约物支配运行主要表现为人文社约物。人类文明系统中，物化社约物支配的物质文明和人化社约物支配的精神文明是其两大子系统。有人把人类社会系统比喻为一部汽车，其中人、生产资料、科技等是汽车的动力，而民主法制、文化习俗、宗教信仰、道德等是汽车的刹车，后者确保了人类社会系统这部汽车的安全有效运行。这种比喻虽不够准确，因为人化社约物还有协同服务保障的直接推动力功能，但它从社约物的支配控制方面说明了人化社约物对人类系统发展的调控。广义人化社约物中强力的政治社约物已阐述，公共意志强力社约物具有公共意志的产生、转化转移、展现和权力运行等具有法律、军队和政府等的国家机器强制保障力；这里主要阐述人化社约物中弱力的文化社约物即人文社约物，公共意志弱力社约物具有公共意志的产生、存在和运行主要以潜移默化的、内在的、约定俗成的公共社约物性相对于强力的弱力保障性。这里，人文社约物主要包括习俗、宗教信仰、文艺、道德等社约物。

一、一般系统人文化社约物支配运行

(一) 文化社约物的总体性

改造自然界就是使自然界人化。刚产生的自然婴儿并不直接就是社会系统的一般个体系统人，只有对自然婴儿进行人化才能使其真正成为社会的一般个体系统人，核心的就是使其完成人化文化的过程。文化包括了自然科学文化、社会科学文化；人文是文化的核心，物文是文化的基础。公共意志广义弱力社约物的"文化"，作为人类社会系统的综合性社约物，既包括了诸多弱力社约物的社会科学文化内容，即包括了道德、宗教、习俗、艺术等文化，也包括了强力政治社约物的内容，即哲学思想、政治等国家治理文化，也包含了物化的经济社约物内容和科技社约物内容，即科学技术文化、企业文化等经济管理文化，等等。这里重点讨论弱力社约物的社会科学文化内容，即人文社约物内容。

文化是人化的核心，是围绕人类的生活方式、行为方式展开的社约物总体性产物。整个人类文化发展以广义哲学发展为牵引，跟随人类生活方式和行为方式的足迹，伴随着广义哲学分化出现的神话、宗教、科学、经验、艺术等发展足迹；从整体来看，韩民青教授认为：人类文化的全部历程由三个阶段组成，即宗教文化—科学文化—艺术文化；宗教文化是人类文化史上的第一个里程碑，是把情感与认识集于一身的母体文化；宗教文化发生分化，一方面认识因素发展成科学文化，另一方面情感因素发展成艺术文化，科学文化首先发达起来，形成了人类文化史上的第二个里程碑；艺术文化克服科学文化的历史局限，成为人类文化史上的第三个里程碑。

中国汉文字系统关于"文化"概念的理解是渐进的。中国古代汉文字系统里关于"文化"主要是指：统治者所施的文治教化呈现的文物典章、朝政纲纪、道德伦序，以及成为礼俗日用的一整套观念和习俗。首先出现"文"字的《尚书·序》中说："由是文籍生焉"，"文"指文字。《论语·雍也》说："质胜文则野，文胜质则史，文质彬彬，然后君子。"这里，"文"指"人为状态"，是指相对于"野"的"自然状态"。《易·贲卦》的《象传》中说："文明以止，人文也。观乎天文，以察时变，观乎人文，以化成天下。"此语中既有"文"又有"化"，但"文"与"化"还没构成一个整词。西汉刘向在《说苑·指武》中说："圣人之治天下也，先文德而后武力。凡武之兴，为不服也。文化不改，然后加诛。夫下愚不移，纯德之所不能化，而后武力加焉。"此"文化"的"文"与"化"仍各具独立意义，"文"指"文德"，"化"指"教化"。晋人束皙在《补亡诗》中说："文化内辑，武功外悠"；南齐王融作《曲水诗序》中说：“设神理以景俗，敷文化以柔远。”这里"文化"是指包括文治、教化和礼乐典章制度等的名词。

近代的"文化"一词，来自拉丁文。ultura，原词有多种含义，即第一，耕种；第二，居住；第三，练习；第四，留心或注意；第五，敬神。近代以来，随着"人类学""文化学"的兴起，"文化"一词的使用广泛，且人们的理解也不尽相同。20世纪中期以前，文化通常被认为是"人类在社会历史实践过程中所创造的物质财富和精神财富的总和"①。这种观点把文化趋同于人化，即人是人化的动物，或人是文化动物。60年代中期开始有了广义和狭义的文化概念。广义的文化可认为是与自然界相区别的、人类参与所创造的一切，包括有人参与的物质和意识活动的一切成果及其呈现的各种社会现象、社会过程和社会事物。罗特哈克认为：人与动物是对立的，动物——周围环境，人——生活方式（文化世界）。拉尔夫·林顿在其所著《个性的文化背景》中也指出："文化指的是任何社会的全部生活方式，而不仅仅是被公认为更高雅、更令人心旷神怡的那部分生活方式。"狭义的文化概念则仅认为是指与意识直接有关的意识生活和意识成果。美国佛蒙特大学哈维兰教授在其《人类学》中就这样写道："文化不是可见的行为，而是人们用以解释经验和导致行为并为行为所反映的价值观和信仰。那么，可为人所接受的现代文化定义便是：文化是一系列规范或准则，当社会成员按照它们行为时，所产生的行为应限于社会成员认为合适和可接受的变动范围之中。"简单地说，广义文化就是指人化，而狭义文化是思想化。

兰德曼说："人不是附加在动物基础上，有着特殊的人的特征的一种动物，相反，人一开始就是从文化基础上产生的，并且是完整的。"②兰德曼提出"人是文化的存在"，甚至说："文化使人能直立行走，只有在文化包裹的气氛中人才能呼吸，文化如同人体内的血管系统是人的一部分一样。"文化是人类特有的生活方式，文化不是自然事物，是人类脱离于一般动物和一般自然的人类社会自我创造物。文化是人类社会自我创造物，文化由人创造，反作用于人，这是一个正向的超循环螺旋发展。文化与人，二者关系并非是直接并列事物，它们只存在着相互作用的关系。文化作为人类社会系统的一种事物，其根本载体是人和实体物质等社会系统组分，直接载体是社约物。因为，人和社约物是相对并列事物，文化是社约物支配运行的一种基本形态——且以人类创造物形态运

---

① 罗森塔尔、尤金编：《简明哲学辞典》，生活·读书·心知三联书店1973年版，第53页。
② 米契尔·兰德曼：《哲学人类学》，上海译文出版社1988年版，第216页。

行着。

(二) 文化社约物系统结构

在物质形态进化理论看来，任何物质形态都有其特定的结构与功能。功能与结构之间有较为稳定的对应关系。特定的功能要依赖于特定的结构而存在，特定的结构也必然具备特定的功能。某种物质形态具有某特定功能，意味着这种功能所依赖的结构就是该类物质形态的特有结构。物质形态的结构，包括特定的要素及其相互关系，文化主要体现为这种相互作用和相互关系。文化是一般系统人的有机组成部分。文化不是生物学观点的实体人的有机组成部分，但从一般系统科学角度看，文化是一般系统人的有机组成部分。如果坚持运用生理学观点去确定人的结构，则人的结构只是一个动物体，文化是非生理性事物；若用系统涌生观点去看，则文化作为了人携带的人与对象的涌生事物，是人这个系统的有机组成部分。例如，人的手与工具没有生理上的联系，但工具是一般系统人（社约物）的不可或缺的有机组成事物。

从人化角度来看，人是一种具有"人＋社约物＝动物＋文化＋（意识＋工具＋劳动）＋物化"系统结构的物质形态。左边："人"是指人实体；社约物包括了自约物、主体社约物、公共社约物。右边："动物"指一般动物；"文化"是指综合性社约物产物；"意识＋工具＋劳动"是指综合性社约物运行，"意识"指导实践劳动，"工具"的含义比较广，包括人所使用的各类物质性、意识性工具，"劳动"指人类目的的活动；"物化"是指人类为了获取自身满足需求的物质改造。"人是文化动物"表明了文化在人类中的核心地位，"人是动物"表明"意识＋工具＋劳动"的物化是人类的系统基质基础。

广义地看，文化是"人"与"动物"之间的"意识＋工具＋劳动"的综合性社约物支配运行的统称，是人类脱离于一般动物的优化。因此，文化具有"意识＋工具＋劳动"的综合性社约物系统结构。从古猿到人的优化转变可以清楚地看到，当古猿增加了劳动工具和意识交流的语言等因素组成的综合性社约物支配运行时（即相应的文化部分时），古猿在优化进化变成了人。人与古猿都是动物，人比古猿多了"优化文化"而成为人，文化同时使人的生理机体与古猿形成了区别部分。人类是以"动物"与"文化"的统一整体存在着，人类发展到今天，已经成为一种庞大而复杂的文化存在物，其动物方面越来越显得不那么重要了。"意识＋工具＋劳动"的综合性社约物支配着我们的生产生活，从农业生产到工业生产到信息化生产，人们一点也离不开各种生产工具。工具已经从简单的手工工具，发展到复杂的机器系统和信息化自动机。"意识＋工具＋劳动"的综合性社约物支配：一方面指向物化，即物质生产和生活，在物质生产中，人类远不是作为一种只具有体力作用的存在物，而是作为一种肉体与机器协调为一体的统一力量而存在。另一方面指向人化，即精神生产生活，在精神生产生活中，人类具有高度相对独立的意识自我运动及其同社约物意志的相互作用，通过建立概念、进行判断和推理、在逻辑自洽中构建思想体系，使人成为一种超乎肉体的灵魂精神与肉体在和谐幸福状态下协调指导实践的统一体。

（三）文化社约物的优化发展

文化社约物场是弱力社约物场。文化社约物场意志势能的强弱表现为文化势态强弱，它揭示了对应文化社约物优化能力的强弱。文化社约物场中的文化强势或弱势有两个重要因素：一是经济发展的程度，二是内核文化的影响力。经济是文化发展的前提和基础，经济越发达对应的文化越具有势能优势，即具有该经济基础上的文化呈现的优势态。但是，文化本身的发展程度是文化势能的核心，它包括主流意识和民族文化等内核。文化社约物意志势能强弱存在差异，则文化社约物意志存在势能差，犹如流水，由高向低流动，即强势文化对弱势文化具有"水流效应"。要适应和利用这种效应，继承发扬中华优秀文化传统，合理采纳外来文化成果，应如同选择马克思主义同中国实际相结合一样，吸取现代西方思潮理论学说中的合理因素。

对于一般系统人整体战略认识方法在社会生活中的具体研究，抓住"人的主观能动性"的充分意义——表现为实践中的他组织，通过他组织，使系统朝着特定的系统方向和目标演化发展，实现人类的组织目标，加速达到用尽量少的资源实现尽量多的功能的"人"的创新目的。从系统科学看来，一般系统人文化包括政治文化、生态文化、道德文化、法制文化、民主文化、自由文化、精神文化、制度文化、行为文化、物态文化等的协同一体化文化，不是割裂的精神文化或物质文化，也不是割裂的制度文化与行为文化，而是要在文化管理的模式下，突出服务一般系统人类整体的价值理念向制度化方向积淀与凝结，行为方式向体现服务外化方向融合与展现，最终目的是实现一般系统人类整体存在和发展的自分形最大化。如图6-2所示：

二、人文社约物之"习俗"

习俗是风俗习惯的简称。习惯往往是一个社会中通过长期形成的为人们无意识地遵循和重复的行为规范或倾向，风俗是指历代相袭的流行于各民族或不同地域的社会性风尚、礼节、习惯的总称。帕斯卡尔说："习惯是人生的主

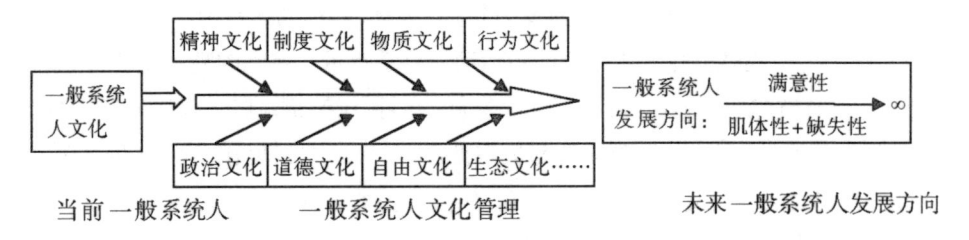

图 6-2　一般系统人文化发展示意图

宰。"① 习俗是社会风尚、礼节、习惯性社约物潜移默化整合支配系统人主体社约物使之不进行思索而精神就范的自动机。一般系统人的大部分生活智慧都凝结在习俗之中，因为，人们基本的行为及生存习惯，是人类主体社约物直接获得形成"生活"的主要内容。它们通过某种特定的习俗来表现，具有普遍性和日常性。习俗是人同自然事物或身边环境博弈妥协的弱力社约物，是主体社约物表现的特定的行为模式、心理定式、规范、信仰、礼节等。习俗基本得如同走路的姿势，只要活着就一定有一种人与人相互之间的习俗，如同只要走路就一定有一种姿势。

（一）关于习俗社约物

习俗的本质是一种社会关系。从系统科学看来，习俗的本质是人类社会系统中的弱力社约物。习俗来源于社会系统人，来源于社会实践和生产生活，它通常具有直接性和经验性。经验性习俗表现为由实践得来的知识或技能，它是人们在现实的生产活动或交往活动中，通过各种感官直接接触外界存在物而获得的关于存在物的表面现象和外部联系的知识。经验具有来源生产生活实践的直接性，习俗是经验基础上形成的社约物相对固化形式，其以弱力社约物支配着人们的日常生活，"从这个意义上说，典型的日常生活世界不仅是一个习惯世界，而且也是一个经验世界。从直接体验和各种经验中自发地掌握日常生活之道，凭着经验而成功地自在地进行日常生活，这是日常生活的典型特征之一。这种经验的思维方式和经验的活动图式常常十分强劲有力，以至于排斥和消解了闯入日常生活中的理性思维或创造性思维"②。

习俗，即习俗社约物。习俗社约物的特性主要有两个方面：一是作为社约物的整形稳定支配力特性，二是作为人类社会系统社约物整形支配的"最小作用量原理"的效用性。

---

① 培根：《论说文集》，商务印书馆 1983 年版，第 145 页。
② 衣俊卿：《现代化与日常生活批判》，人民出版社 2005 年版，第 48 页。

关于习俗社约物的整形稳定支配力特性。习俗社约物，具有"以过去为定向"的特征，"同社会化大生产、政治运动、科学技术、自觉的精神生产等领域相比，习俗往往缺少日新月异的变化、发展、创新与超越，似乎代表着不变性、超历史性（或非历史性）、凝固性和恒定性"①。从过去到现在，习俗都表现出以过去为定向的稳定支配力，比如宗法关系、伦理纲常将每一个人固定到一个位置上使之终生不变。弗洛姆在《逃避自由》中对中世纪人际关系和社会关系的分析时指出："中世纪与现代社会不同的特点在此，中世纪缺少个人自由。在中世纪的初期，每一个人都被锁住了，在社会的秩序里，只能扮演指定的角色。一个人在社会上，没有机会，可以从某一阶级转到另一个阶级中，他也几乎不能从某一城市或国家，迁往另一个城市或国家。除了少数例外情况，他必须由生到老，守在一个地方。"② 人从生下来开始，由血缘宗法关系所确定便有了一个明确的、不会改变的和没有疑问的社会位置。因而弗洛姆由此得出结论："中世纪社会并不剥夺个人的自由，因为那时候，'个人'还不存在；人仍然靠'原始关系（束缚）'与世界联系起来。"③

关于习俗社约物整形支配的"最小作用量原理"的效用性。习俗社约物来源于社会人和社会组分事物，它是人类社会系统的自组织产物。因此，习俗并非是地久天长、亘古不变的，来源于社会生产、政治、经济等社会活动领域，以及以科学、艺术和哲学等自觉的人类精神生产领域的推动；可依据人类文明形态的更替规律将迄今为止习俗的历史分为三个基本阶段：与古代文明相对应的原始习俗、与农业文明相对应的传统习俗和与工业文明相对应的现代习俗。应当说，习俗在人类社会起初时期是属原生态的，而习俗之外的社会生活世界则是人类社会的次生态，虽然从总体上看，从古至今，习俗作用在个人和社会存在与发展中的方位或比重呈下降或弱化趋势，但是"没有大量的习惯、传统、惯例，生活就不能顺利地展开，人的思维就不能这样迅速地（往往是绝对必要的）对外部世界作出反响"④。乔治·卢卡奇的观点，表明了习俗社约物对推动人类社会进程具有直接有效的巨大意义，即系统科学表现的"最小作用量原理"效用性。习俗社约物对人类社会具有不可忽视的强大作用。比如，神话习俗对原始社会的支配。远古时代的生产力水平是极不发达的，主要是简单的农耕及

---

① 衣俊卿：《现代化与日常生活批判》，人民出版社2005年版，第260页。
② E. 弗洛姆：《逃避自由》，北方文艺出版社1987年版，第18页。
③ E. 弗洛姆：《逃避自由》，北方文艺出版社1987年版，第18–19页。
④ 乔治·卢卡奇：《审美特性》第1卷，中国社会科学出版社1986年版，第27页。

狩猎活动，人类社会没有形成独立的科学，人们的知识与原始的生产技术、生活本领完全融合在一起，原始习俗主要表现为神话主导下的相关活动。"支配这一活动的是一种以交感巫术、图腾崇拜、万物有灵观为基础的原逻辑的、前科学的、神秘的直觉思维，以及积淀在神话活动表象世界中的习惯、戒律、集体表象或集体意象，等等。以这种原始自在的实践活动和自在思维为基础，凭借各种天然的血缘关系，就形成了原始初民的世界，即原始习俗。"[1]

（二）习俗社约物与人类社会生活

在人类社会系统中，习俗是构成了一个人在某地区生存的全部物质文化和精神文化的背景。一个人从生到死，始终处在习俗之中。习俗以社约物形式整合支配制约着一个人的思维方式、语言方式、行为方式，即"受习惯性的和自我暗示的清晰的表面的影响"[2]。美国著名人类学家露丝·本尼迪克在《文化模式》中说："个体生活的历史中，首要的就是对他所属的那个社群传统上手把手传下来的那模式和准则的适应。落地伊始，社群的习俗便开始塑造他的经验和行为。到咿呀学语时，他已是所属文化造物，而到他长大成人并能参加该文化的活动时，社群习惯便已是他的习惯，社群的信仰便已是他的信仰，社群的戒律亦已是他的戒律。"[3] 习俗具有强大的自约物精神制约力和社约物软控制的功效，它是一种根据民族和地域区分的难以把握、认识和驾驭的弱力社约物，但一旦你涉足其间，便很少有情愿与否的选择余地。习俗是社会普遍传承的风尚和爱好，受到生产力水平、群体审美意识、时代特征等多方面的制约。

习俗社约物虽然是人类社会系统的弱力社约物，但却是以自然博弈自组织形成为主的，并且具有支配渗透的广泛性和精细性，因而是人类社会生活的现实的和效用的支配力。"入乡随俗"是习俗社约物支配人类社会生活的有效性的最好写照。习俗是日常观念或日常精神世界实践中显在的弱力社约物，它侧重自在自发的精神，区别于科学、艺术、哲学等高度自觉和高度理性化的精神，在生活实践中具有非创造性思维支配的重复性。典型习俗社约物主要以民俗和礼俗支配人类社会生活。

习俗社约物的民俗常带有部分信仰在其中。传统习俗主要表现为从原始巫术和原始神话中衍生出来的信仰民俗。英国著名民族学家和人类学家弗雷泽在其名著《金枝》中讨论了以"天人合一"和"心灵感应"原则为思想基础的原

---

[1] 衣俊卿：《现代化与日常生活批判》，人民出版社2005年版，第269-270页。
[2] [美]杜威：《道德教育原理》，王承智等译，浙江教育出版社2003年版，第121页。
[3] [美]露丝·尼迪克：《文化模式》，王炜等译，三联书店1988年版，第169页。

始交感巫术。巫术反映了人们对"超自然"的力量的信仰,人们期待通过巫术的法力来实现自己的愿望,如驱病、捉鬼、招魂、祈雨等。同时,各民族的远古时期流传的关于创世、造人、万物起源等内容的神话,同巫术结合逐渐形成了日常民间俗信,传统日常生活常常受占卜、星象、祭祀、乞拜等因素的左右,但它不同于依靠教义教规和组织而传播的宗教信仰。因此,即使在科学、艺术和哲学等知识不断剔除和消除传统习俗中的一些非理性色彩和超自然神秘背景下,依旧无法彻底摆脱和超越习俗的制约,因为它是一个具有生活效用和实践效用之习惯基础的重复性重要生活领域。例如,"在汉族中,几乎每个月都有节日,节日都有着自己的一整套习俗和礼仪,如春节的贴春联、拜福字、守岁、拜年,元宵节的灯谜、灯市,清明节扫墓、踏青,端午节的粽子香袋龙船,中秋赏月,重阳节登高、赏菊、插茱萸,此外,壮族的三月三的歌墟节,傣族的泼水节,云南四川少数民族的火把节等等。"①

习俗社约物的礼俗是人们日常社会关系活动的基本构成内容之一。"在传统日常生活中,有很多琐细的交往礼节,如喜庆之事的程序、客人的座次,日常交往中不同辈分、不同身份的人之间的拱手作揖、躬身打千、握手、请安、对客人的送往迎来、装烟倒茶、接风洗尘,等等,都有一整套常规礼仪。伴随着每个人生老病死的自然流程,有一系列习俗,其中诞生礼、成年礼、婚礼、葬礼构成人的生命活动中最为重要的四大礼俗。在传统社会中,生子增丁是家庭之首要大事,'贺喜''满月''百岁''周岁'等,都要遵循一定的习俗礼节;'成丁礼'(成年礼)标志着青年男女生理和智力的成熟,以及进入社会、进入恋爱和婚配权利的取得,在中国古代,青年成年时举行的'冠礼'、少数民族中的戒礼、换裙礼、割礼、纹身等,都属于成年礼俗;男女完婚时要举行隆重的婚礼,如中国古时候的'六礼',现在依旧延续的世俗婚礼、欧洲的教堂婚礼、印度不同阶层不同形式的婚礼,这些一直为人们所遵循着;葬礼是人生礼仪中最后一个程序,标志着一个自然生命的终结,子女披麻戴孝、向亲友报丧、送灵、下葬等,都有一整套约定俗成的规矩。"②

习俗社约物随着人类社会生活的发展,也是发展变化的。习俗社约物的变化,受人类社会生产生活的方式变化的影响,受人类生产生活需求变化的影响,受科技技术手段和人类认识能力的影响,等等,比如"微时代"就对市民的生活习俗具有影响。"'微时代'是以信息的数字化技术为基础,使用数字通信技

---

① 裴昊:《论人类生态问题的习俗性》,黑龙江大学硕士学位论文,2011年,第22页。
② 裴昊:《论人类生态问题的习俗性》,黑龙江大学硕士学位论文,2011年,第22页。

术,运用音频、视频、文字、图像等多种方式,通过新型的、移动便捷的显示终端,进行以实时、互动、高效为主要特征的传播活动的新的传播时代。"① 微时代下,诸如请客送礼、新年祝福、婚丧礼俗等方面人情关系的处理,随着时代的发展已经有了新的变化,具体体现在衣食住行和娱乐等方面。微时代下的都市民众更乐于体验、分享,新兴的网络平台和网络社区提供了人们发现美与时尚、分享购物乐趣的平台。"微时代"下都市饮食习俗的变化,首先就是各地美食风味的聚集,兼容并蓄,结合本土单调的饮食结构,形成多元化、快餐式的饮食习惯。随着科技文明的进步,都市市民的娱乐习俗发生了巨大的变化,在微时代背景下,以数字媒体网络为主的游戏娱乐最为突出。②

总而言之,人类社会的日常生活的基本活动(包括人与人的交往活动、人的生命活动、人之间的相互关系等),无不受习俗的制约,无不以这些民俗和礼俗为基本的活动图式。不管人类社会如何演变发展,习俗社约物作为人类社会基本活动的自组织社约物,将始终是人类社会系统的基本支撑和保障。习俗社约物是人类心灵的直接有效的在社会生活实践中的社约物,是来自系统人内在的自觉行为,不应是外在强力和法律的直接产物。

(三) 习俗社约物与其他社约物

广义地看,习俗包括了国家强力社约物,因为国家是人类社会内部博弈自组织的强力社约物产物,即当习俗的弱力社约物演化为强力保障时,意味着国家诞生了。通常,习俗是相对区别于国家法律等强力社约物的弱力社约物。习俗按照其弱力社约物性质和保障目的可区分为典型习俗和非典型习俗,其中非典型习俗包括宗教、道德、文艺,等等。宗教是人同世界博弈自组织的形而上的最高弱力社约物,道德是人同人之间博弈自组织的德性弱力社约物,文艺是人同人博弈自组织的追求真善美和幸福的弱力社约物,典型习俗③是指历代相袭的流行于各民族或不同地域的社会性风尚、礼节、习惯。

1. 习俗与法律

法律是成文显性的理性的强力社约物,而习俗通常是不成文的经验性的弱力社约物——尽管部分习俗也具有制度和规矩保障,但它相对于成文显性的理性的强力保障而言仍可称为弱力。习惯则是指由于重复或练习而固定下来并变

---

① 林群:《理性面对传播的"微时代"》,载《青年记者》,2010 年第 2 期。
② 殷俊、喻婷:《"微时代"下市民生活习俗的变迁》,载《江西社会科学》,2012 年第 12 期。
③ 注:本节探讨的习俗指典型习俗。

成需要的行为方式。① 法律和法学意义上的习惯是指以人们的社会关系为调整对象，并具有普遍约束力的社会习俗和惯例。② 法律的习俗基础是法社会学研究中一个不可忽视的重要论题。如果把法律看成向社会生活开放的意义结构，那么习俗就是这一意义结构最重要的源头活水之一。习俗是法律诞生的母体，并在法律发展的漫长历史过程中给法律施加着重要的影响。即便是在成文法高度发达的今天，习俗仍是支撑法律有效运作的重要因素。因为，理性的或科学的法律显得冰冷、生硬、抽象，而非理性的或感情的习俗显得温暖、柔和、现实，更容易被人类生活的精神意识和感情接受。

法律人类学家霍贝尔所说："法律与习惯在早期社会是毫无分别的。"英国的法律制度从最初的习俗开始，经由习惯法到普通法，再由议会掌握立法权，最后形成了独特的英国宪政体系和法治传统。③ 英国法制史上，"专以司法为职业的人员"和"有理性的审判"促使习俗转化为有理性的法律。法律起源于习惯，习惯是法律最初的不成熟的表现形式。④ 恩格斯曾经说过："在社会发展某个很早阶段，产生了这样的一种需要，把每天重复着的生产、分配和交换产品的行为用一个共同规则概括起来，设法使个人服从生产和交换的一般条件。这个规则首先表现为习惯，后来便成了法律。"⑤风俗之所以成为风俗，在于它具有存在的价值和民情基础。⑥法律是从习俗中诞生的，但法律自诞生的那一天起就宣称自己的优越性，并试图将自己凌驾于习俗之上。原始的国家组织形式尚不具备在其统治范围内强行推行一套全新的行为规范的物质和精神能力。随着人类心智的发展，统治者开始创造更理性的方案组织社会。为了更好地调整社会生活，它们以法律的形式从习俗中分离出来，习俗是综合的社会规范，是宗教、道德、法律诸规范的混合体，调整着社会生活的方方面面。

法制是一个静态的概念，是法律制度的简称。有法制的国家，并不等于法治国家。法治表达的是法律运行的状态、方式、程序和过程。法治的概念包括法律的至高权威，公正性、稳定性、普遍性、公开性和平等性，法律对权力的制约与对个人权利的保障等一系列原则和基本要求。它主张法律面前人人平等，

---

① 胡旭晟：《法理学》，湖南人民出版社2001年版，第149页。
② 胡旭晟：《法理学》，湖南人民出版社2001年版，第9页。
③ 陈晓律：《从习俗到法治——试析英国法治传统形成的历史渊源》，载《世界历史》，2005年第5期。
④ 张宏生、谷春德：《西方法律思想史》，北京大学出版社1990年版，第345页。
⑤ 《马克思恩格斯选集》第2卷，人民出版社1995年版，第538－539页。
⑥ 贺卫方：《法边馀墨》，法律出版社1998年版，第33页。

反对法律之外和法律之上的特权。法制则不必然地具有这些内涵①，法律所改变的只可能是没有文化积淀和历史传统的、不适应人类文明发展的习俗，相对于有文化和民情基础的习俗，法律改变习俗具有困难性和过程性。习俗为法律的权威提供着正当性基础，习俗陶冶着人们尊重法律、遵守法律的意识。习俗既支持又制约国家机关的法律实施行为。

2. 典型习俗与非典型习俗

习俗通常是指典型习俗社约物，非典型习俗是指来源于习俗的、"异化"脱离并相对独立的那一部分特殊模式的习俗，即指宗教、道德、文艺等社约物。社约物是人类以系统方式生活和生存的智慧机能产物。从整个人类历史来看，在不同的时代和不同的层面，人类社会习俗表现出不同的形式，主要有神话、宗教、常识、文艺、道德等。神话和常识（经验）等是典型习俗的内容，宗教、道德、文艺等是非典型习俗的内容。

（1）习俗与宗教。原始人类智慧相对较低，神化是人们把握世界的重要方式。当时人类社会习俗，一方面是为人类生存和发展服务，另一方面是为了从整体认识宇宙。由于原始先民在自然力量面前感到震撼和不解，例如对于洪水、地震、日月星辰、人的生老病死等情况，于是就产生了神灵的观念。马克思认为："任何神话都是用想象和借助想象以征服自然力，支配自然力，把自然力加以形象化"②，神话与日常生活结合形成习俗。当神话习俗发展到后期，其对世界的解释逐渐系统化，人们对神的膜拜形成有严密的组织，这就形成了宗教，它具有了形而上的信仰意义。马克思认为："宗教是还没有获得自身或已经再度丧失自身的人的自我意识和自我感觉……宗教是人的本质在幻想中的实现……宗教里的苦难既是现实的苦难的表现，又是对这种现实的苦难的抗议。宗教是被压迫生灵的叹息，是无情世界的心境，正像它是无精神活动的制度的精神一样。宗教是人民的鸦片。"③ 宗教由于其"严密组织性"和"对世界解释系统性"而脱离于典型习俗，宗教有自己的宗教世界观，成为相对独立的非典型习俗，此时，宗教开始成为哲学的替代品。

（2）习俗与文艺。习俗在于服务和指导生活的现实，文艺在于凸显生活的意义。文艺把握生活世界的重点在于使个人的感受强烈化、条理化，使个人的体验和谐化、深刻化，使人的情感明朗化、丰富化，以在想象的真实中获得真

---

① 谭家康：《"法治"与"法制"》（法治论苑），《人民网》，1999年11月10日。
② 《马克思恩格斯选集》，第2卷，人民出版社1995年版，第29页。
③ 《马克思恩格斯选集》，第1卷，人民出版社1995年版，第1—2页。

实的想象。在文艺的世界中,现实的有限与无限的矛盾被虚拟化、象征化,以文化的方式或游戏的方式,"瞬间体现永恒"的方式得到一种解答,从而使人们达到一种精神上的自满自足。文艺使人陶冶情操、热爱生活。它借助情感的力量给人以感染和震撼,展示人们在世的特殊的、感性的、具体的丰富性和复杂性,通过一系列的"人特殊"活动调整和升华自己的感受、体验——这种"特殊活动"形成的文艺,脱离于一般现实的习俗,而成为非经典习俗的内容。当"特殊活动"形成的文艺表现形成为各种相对独立和确切的知识,例如音乐、舞蹈、雕塑、绘画、戏剧、文学等,则它们更加显现出同习俗的相对区别。

(3)习俗与道德。习俗是人类在最实际的水平上和最广泛的基础上对人类生存的自然环境、社会环境和一般文化环境的共性适应社约物方式。它包容了正义的和邪恶的内容,美好的和丑陋的内容,它是一种游离态的习惯性、经验性的产物,它可以向上显现神话、宗教、文艺,甚至科学的形式,它也可自我游离地以长辈、权威之口,以不证自明的谚语、格言的社约物形式支配人们日常的言行与信念。习俗的生活性和经验性往往包含着很多的地域、情感的因素,形成不同的地方性知识,它们是一种禁忌,是一种习惯或不言自明的规矩,相比于任何科学的或其他所谓规矩的知识而言,具有混杂性、经验性、非批判性、非理性,也包含了部分科学性,是极其复杂的,它可以允许自相矛盾地自取其所需。德性是这些复杂的习俗社约物系统中最高尚的和最符合人类发展的社约物意志。道德因具有了内心深处的直观自明性而获得了普遍的意义,它战胜了时空和文化的界限,获得了某种共通性而相对独立并脱离于习俗。习俗是一切道德生活的背景,是塑造个体道德的模具。道德是习俗不言自明的精华,即道德是优良习俗的选择,也是对陋习的超越。

三、人文社约物之"宗教"

宗教社约物是将社约物高度独立至拟人化并以某种形而上的"神"性的表达,并形成一些有组织的膜拜群体行为、组织和制度体现的社约物总称。宗教社约物相对独立是一般系统人社会生活的一种自组织需求的必然。宗教社约物的核心载体组分则是形而上的虚拟的"神",根本载体是人。比如,当代中国基督教发展与民间信仰、民间宗教的关系,早在20世纪90年代初就有学人指出,基督教的发展(尤其在农村的发展),"实际上是鬼神观念极普遍的中国老百姓在信仰对象上的一种转移或移情"①。

(一) 关于宗教信仰社约物

宗教信仰是具有组织的潜在的弱力社约物形式内容。它是具有效用性的，它是个体思想系统的涌生物的方向性指引灯，它将整体指引个体涌生物在遥远方向具有一个自身寻求安慰的走向，即具有个体内在涌生物的方向性控制指引作用——并在这个方向上看到理想光明、善良和美好的通道，给人一种安慰，尤其是心灵的慰藉。

宗教是人类社会发展自组织的产物。马克思说："宗教本身既无本质也无王国，在宗教中，人们把自己的经验世界变成一种只是在思想中的、想象中的本质，这个本质作为某种异物与人们对立着。这决不是又可以用其他概念，用自我意识以及诸如此举的胡言乱语来解释的，而是应该用一向存在的生产和交往的方式来解释的。如果他真的想谈宗教的'本质'，即谈这一虚幻的本质的物质基础，那么，他就应该不在'人的本质'，也不在上帝的宾词中去寻找这个本质，而只有到宗教的每个发展阶段的现成物质世界中去寻找这个本质。"② 宗教的产生、发展和消亡决定于客观社会物质条件的发展和变化，因此，宗教的发展变化和消亡将是一个长期的历史过程。正如马克思所说："只有当社会生活过程即物质生产过程的形态，作为自由结合的人的产物，处于人的有意识有计划的控制之下的时候它才会把自己的神秘的纱幕揭掉。但是，这需要有一定的社会物质基础或一系列物质生存条件，而这些条件本身又是长期的、痛苦的历史发展的自然产物。"③ 比如，少年时毛泽东在母亲的影响下是信佛的，后来信仰马克思主义。1959年6月，毛泽东回到故乡，风趣地指着在堂屋供奉的神龛说："这是我小时候初一、十五工作的地方。"毛泽东的父亲毛顺生不信佛，却因一次事件发生改变。在毛泽东的父亲晚年时期，有一次外出收账路遇老虎，而他的父亲脱离了险境。事后，毛泽东的父亲非常费解，更十分吃惊于老虎为何没有吃他；他翻来覆去地想，把结果归结为神灵，从此，毛泽东的父亲开始信佛。

马克思主义宗教批判思想关注人们对幸福的诉求，致力于消解一切施加于人们的异己力量，打碎束缚在人们身上的精神锁链，促进社会发展，建构合乎人道的理想社会模式。但是，只要真正理想的社会形态没有形成，宗教就是相

---

① 汪维藩. 谈基督教的现状问题 [EB/OL]. [2010-08-14]. http://wangweifan.bokee.com/6821281.html.
② 《马克思恩格斯全集》第3卷，人民出版社1960年版，第170页。
③ 《马克思恩格斯全集》第23卷，人民出版社1972年版，第97。

应社会发展的产物,就不能人为地作"摆脱宗教这种神秘力量对人的奴役"的过度干预,否则过度干预的结果,将使个人的幸福与社会人类的幸福割裂,违背整体人类社会社约物整形力支配下实现人类社会自分形最大化的规律。现实中,应当把人们对宗教社约物的思想和行为引导到符合社会发展要求的正确方向上来,运用马克思主义宗教观对其进行教育,向人们灌输社会规范,利用不同形式的刺激,促使人们积极进取,奋发图强,充分调动人们的积极性、主动性和创造性,加强自身科学思想观念的树立和自身素质的提高,培养其全面健康的品格,解脱被束缚在迷信中的人们。

（二）宗教社约物的特点

宗教社约物是人类社会生活的自组织的一种社约物产物,是适应社会生产和发展的产物。它通常不以人的意志为转移。马克思主义认为,时代的经济生活条件决定着宗教的产生、发展和演变。任何宗教都是特定的社会历史条件发展变化的产物,人们的物质资料生产方式的变化决定着宗教的产生、发展和演变。一个社会系统,人为消灭一种宗教社约物,通常将萌芽产生另一种宗教社约物,比如,中国共产党立国之后,一直不遗余力地铲除民间宗教,民间宗教在农村遭到全面取缔后,妨碍民众接受基督教的社会和心理因素均告去除,于是,基督教在"文革"之后的农村蓬勃增长,农民便将自己的感情投向基督教,基督教成为原有宗教的替代品。① 总地来看,应当辩证地看待宗教社约物,从宗教整合功能的性质上看,当宗教与社会发展方向或与国家利益相一致时,其整合功能一般会对社会的稳定起积极作用;而当宗教与社会发展方向或与国家利益不一致时,其整合功能一般会对社会发展起阻碍作用。

人类并不能以自己的意志进行全部实践活动,在原始人类事情还常常受到自然世界整形力的约束,比如地震、火灾、洪水、猛兽等人力无法抗拒力量的支配或侵害,于是为了获得对难以解释事件在人类精神上的终极关怀,运用神话来满足精神需求。在神话的膜拜及相关组织活动中,宗教以一种崇拜礼仪的制度组织体系诞生了。宗教社约物的起源有若干背景条件:一是超人类意志力量的存在;二是存在不能掌握自己命运的人群;三是精神上终极关怀的虚拟替代者,即神话;四是崇拜礼仪制度组织运行体系。宗教社约物的特点如下：

1. 宗教社约物的外部条件特点

自然世界并不是人类的产物,相反,人类是自然世界发展的产物。自然世界并不以人类的意志为转移而存在和发展,人类的原始先民在自然力量面前感

---

① 梁家麟:《改革开放以来的中国农村教会》,香港:建道神学院,1999年版,第12页。

到震撼和不解。超越人类意志力量的地震洪水、日月星辰、人的生老病死等情况，让人类系统自分形的进展受到极大的困惑和阻力，在人类相对对立意识统摄世界的自分形本性下，利用想象，产生想象的神灵并借以征服自然，企图对人类意识形象化自然力（神灵）的解释和崇拜，达到间接对自然世界的征服，克服人类自分形最大化的种种困惑和恐惧。如果不存在超越人类意志力量的事物存在，任何事物都在人类的掌握和支配下，都能够以人类意志为转移，则宗教社约物将不具备生存的条件。这方面，科学的发展对宗教的改变和影响是巨大的。

2. 宗教社约物的内部条件特点

宗教的主体是人，是不能掌握自己命运的人。宗教只属于人类。宗教是人类历史发展的产物。随着宗教的发展，超越人类意志力量的内容，表现为"支配着人们的外部力量"，包括异己的自然力量和异己的社会力量，它们以整形力的方式支配部分人们的自分形演化目的态和方向，使该部分人们无法掌握自己的命运。部分人不能掌握自己的命运，而人的自分形最大化又存在对统摄世界的意识需求；为了满足或实现这种平衡缺陷，人们通过意识想象，将"异己的外部力量"神话，通过对其膜拜而实现把"异己的外部力量"对自己的控制，转化为人们积极协调"异己的外部力量"并使其为自己服务的间接支配和控制。这一过程，实现人类自分形最大化意识统摄世界平衡缺陷的相对"满足平衡"。当自然力量和社会力量不再成为统治人们的异己力量，人们能够掌握自己命运的时候，宗教反映本身的需求将减弱。但是由于自然力量和社会力量对于个体系统人，可能区分地域和区分时间的存在相对异己支配，此时，宗教对于解决特定时间和条件下的部分人群的自分形"满足平衡缺陷"具有积极有效的现实意义。

3. 宗教社约物的核心载体特点

宗教社约物的核心载体是神话，是对超自然、超人间力量的虚拟替代者（神灵）——主宰着自然和人类。宗教是人自分形的本质在幻想中依托神灵实现的一种自我意识和自我感觉。幻想的反映凝结成神灵，它是一种意识社约物，是一种精神需要和终极关怀信息模式的相对独立社约物形态。该形态具有两个基本特性：一方面其具有精神信仰相信的在现实世界之外存在着的超自然实体性；另一方面其具有宗教体验的精神需要和终极关怀的功能属性。一切社约物的根本载体都是人，宗教只属于人类，因此，宗教社约物的根本载体是人。

4. 宗教社约物的内容形式的特点

宗教社约物的具体内容包括：宗教社约物信息模式（比如佛教、基督教等)、宗教社约物组织制度模式、宗教社约物膜拜礼仪、宗教社约物下的心理模式和行为模式等。"宗教是不能掌握自我命运的人在外部力量的压迫下将其虚幻为超人间、超自然力量的一种信仰观念体系，以及由此而产生的崇拜礼仪和与之相适应的行为、制度、组织等体系的总和。"宗教，通常是指宗教社约物的具体内容及形式的统称。

(三) 宗教社约物的运行

宗教是那部分人的无精神活动的制度的精神，它以特定的宗教社约物整形力支配着信教人们的思想心理和生活行为。宗教社约物的运行支配，与社会生活的方方面面具有十分密切的关系。宗教社约物是人类社会一般社约物的一种，宗教支配运行是社会作用的一种。宗教本身具有社约物的支配功能，而宗教社约物运行则是宗教社约物同社会公共社约物的时间社约物，即宗教社约物作用于社会生活产生的各种影响。宗教社约物运行，一方面对精神与现实的困惑具有意识缺陷的平衡抚慰功能；另一方面对人类社会系统具有约束控制的整治功能。

1. 关于宗教社约物的精神平衡和抚慰功能

一部分人们在生活中不能掌控自己的命运，面对自然力量或社会力量产生一种无助，表现出人们精神社约物相应信息模式的平衡缺陷——表现为在精神上是对虚幻幸福的追求和幻想。宗教社约物作为具有将自然力量和社会力量形象化的虚拟"神"，在人们的崇拜心理下，使崇拜者实现精神平衡缺陷的弥补，即获得相应的精神"慰藉"目的。在原始社会中，因为生产力水平的极度低下而没有能力去应对自然环境，从而对客观自然现象借虚构的宗教幻想，通过崇拜来实现"精神安慰"；在阶级社会中被压迫的人民，对无情残酷的剥削社会的无奈的抗议，选择宗教社约物进行自我安慰，如此一来，被压迫人民的精神在宗教中自我麻痹，即"宗教是人民的鸦片"。人们在现实生活中遇到苦难、不幸、挫折和无法抗拒的命运时，通常会想到宗教，借此获得一种精神上的补偿。宗教是一种为求心理平衡的手段，具有精神镇定剂的功效。马克思关于宗教是对"苦难现实的群体抗议"，"是阶级社会中受压迫人民对现实生活的叹息"，"是人民麻痹自我、逃避现实的鸦片"，"宗教是装饰在锁链上的那些虚幻的花朵"等说法，表现出宗教社约物对人们在懦弱和无助时对生活的将就和妥协，选择逃避性地实现自己的精神安慰。因此，宗教社约物一方面表现出对人们的精神抚慰，满足人们精神缺陷平衡的正面积极意义，另一方面也显现出人们在困惑、挫折、悲观绝望面前俯首帖耳地服从于不可避免的命运的消极影响。

2. 关于宗教社约物的整治功能

宗教的整治功能，一方面表现为政治功能，另一方面表现为社会整合支配功能。在马克思主义宗教观中，"人为宗教"中神与人是对立的，宗教是为一定层面的统治阶级而服务的。"从历史上看，基督教曾对自己的存在合理性进行了精心的辩护和维持，以虚构的事实和捏造的'神迹'为其披上了崇高华丽的外衣，对古代奴隶社会和残酷的农奴制进行了装饰，以宗教的名义维护其在世俗世界的利益进而达到蛊惑人民维持其剥削统治和愚民目的，并且根据人民惧怕客观自然世界的固有心理大肆描绘其虚伪的'天堂'生活场景，为其赢得更多的信众，其本质还是在于维护其统治阶级的地位。"① 统治阶级，借助宗教对宗教社约物信息模式作虎皮，为削阶级统治的合理性作论证，把苦难的根源推到受苦人自己身上。对于政治运动，"在特定时代，要发动那些受宗教影响很深，或'完全由宗教培育出来的群众感情'的群众，必须运用宗教的形式来宣传群众和组织群众，不如此就不能掀起阶级斗争的巨大风暴。"②

另一方面宗教社约物的社会支配整合功能。宗教社约物对社会的整合支配功能主要是心理的整合、文化的整合、行为的支配整合。宗教的社会支配整合主要表现为对宗教内部的支配整合，并作为宗教整体的社约物整合支配性参与整个社会的支配运行。宗教信仰与个人的内在冲动相一致，并内化为个体理想时，宗教社约物对人心的整合力量要比政治整合的力量巨大。宗教社约物的神灵性给个体心理带来敬畏感和神秘感，对苦难、挫折从内心感到抚慰，对违反戒律的行为和想法感到自责和忏悔。宗教社约物对宗教系统内部而言，宗教组织制度和个体内心的自律和自责，对信教群众具有内部整合支配作用。宗教社约物对人类社会系统而言，在阶级社会中，统治阶级利用宗教为争取本阶级的利益服务。恩格斯在《德国农民战争》一文中认为，对封建制度和伦理的颠覆与反对就是对基督教教会的反对，宗教社约物对整个人类社会具有一定的整合支配作用。马克思曾经说过，16 世纪德国的农民战争"因碰到神学而垮台了"。

四、人文社约物之"文艺"

文艺是人类追求幸福目的的美德内容之一。文艺社约物对人类社会发展一

---

① 罗伯特·希普里阿尼等：《宗教社会学史》，高师宁译，中国人民大学出版社 2005 年版，第 50 页。

② 罗伯特·希普里阿尼等：《宗教社会学史》，高师宁译，中国人民大学出版社 2005 年版，第 57 页。

直具有现实的美学熏陶和教化意义。从人类社会系统的科学角度看，文艺社约物的根是追求幸福的人性之美，在此基础上，文艺社约物同政治具有极其紧密的关系。

（一）关于文艺社约物

文艺社约物意志是幸福与美的意志，它以美为宗旨，通过外在美的事物或景物，直通人类心灵。文艺社约物是人类追求幸福目的态的心灵具体化、肉身化、现实物化，是人类追求幸福的社约物意志映射，文艺社约物体现个人人格，"艺术家以心灵映射万象，代山川而立言，它所表现的是主观的生命情调与客观的自然景象交融互渗，成就一个鸢飞鱼跃，活泼玲珑，渊然而深的灵境；这灵境就是构成艺术之所以为艺术的'意境'"①。文艺社约物更具有公共社约物的整合支配意义，体现指向国民的公共人格。文艺社约物应当充分研究其对社会存在和发展的应有的整合支配意义，"可通过富于感染力的兴辞系统去帮助建立公民社会内部个体与个体、个体与群体之间以及不同群体之间的关系得以和谐的机制。……文艺诚然应当具有个人欣赏的品质，但更应当在公民社会中寻求更广泛而深厚的公共伦理担当……应该是帮助国民或公民，在丰富而复杂的文艺与艺术观赏中实现自身的文化认同、建构他们在其中平等共生的和谐社会环境"②。

文艺社约物是人同世界关系的内容之一，它贴近现实生活，不应从现成哲学概念中如黑格尔根据"三段论"模式演绎出整个美学理论体系那样推演自己的命题，而是对一定社会条件下人自分形性的满足需求适应性和对自然关系博弈的反思。文艺社约物一方面从社会现象中提取出适应社会现状的新问题思考（例如，处在当前信息时代、电子媒介时代或媒介融合时代的文艺，有太多的新问题急需建构性思考），另一方面，文艺社约物信息模式通过理性思维丰富有助于当前文艺体现者直接领略丰厚的人生体验，并上升到追求幸福生活目的态的理性自觉，推动和丰富人们自觉追求的幸福生活目的。文艺社约物可以引导作家去创作、批评家去评论、教育家去育人、社会工作者去感化人等，让体验者自觉参与文艺社约物熏陶体验，在这个基础上，把文艺社约物升华为一般系统人自身素质的内容，从而促进一般系统人人格的濡染或涵养。

文艺社约物主要是对各种文学和艺术作品等信息模式及载体的统称。不仅

---

① 宗白华：《中国艺术意境之诞生》，见《美学散步》，上海人民出版社1981年版，第59－60页。
② 王一川：《"理论之后"的中国文艺理论》，载《学术月刊》，2011年第11期。

要对文艺作品如诗及小说、散文、剧本、艺术等各种文艺现象内部进行理性反思，更要进行关于文艺的更普遍问题的专门的理性思考，这样才有可能获得文艺社约物的根本奥秘。文艺社约物的普遍性和专门性是一体的，文艺社约物是公共社约物的专门性社约物，这种专门性社约物就其所管辖的文艺范围内而言是具有普遍性意义的。文艺社约物是一系列没有固定界限的评说天下万事万物的追求幸福目的态的各种信息模式及其载体，涉及人类学、艺术史、电影研究、性别研究、语言学、哲学、政治理论、心理分析、科学研究、社会理智史和社会学等各种学科内容，它是太阳底下一切事物的无限制的追求幸福和美好的社约物。文艺社约物就追求幸福美好生活的目的而言，它是无限地开放的，可以灵活自如地伸展存在于各个学科、领域，具有强大的普遍适用性；但就现实而言，不同的人群具有不同的追求幸福的平衡缺失现实，且无法寻到人性本原的有机整体感，而是具体的零散的幸福。

在当今这个全球化的时代，人生价值观和审美趣味都是多元化共存的，来自古今中外各种文明的种种相互异质的价值观与趣味观都是各种社约物意识相互竞争，各种社约物意识同一般系统人主体社约物意识在博弈中寻求妥协，比如文艺作品，有人喜爱浪漫的，有人偏爱现实的，彼此差异的审美趣味可以在体验中实现沟通。文艺社约物可以在同一般系统人主体社约物意识博弈中，逐步涵养一种与社会现实紧密相连的臻美心灵，不断地培植人生至美境界的思维与行为习惯。文艺社约物可以培育人们爱美与求美的情感与理智、想象与幻想、认识与体验等思维与行为结构，使我们懂得并实际地追求审美与艺术。个体系统人文艺社约物可以体现人生的功利、伦理、政治、学术、宗教、艺术等多种不同境界。"功利境界主于利，伦理境界主于爱，政治境界主于权，学术境界主于真，宗教境界主于神"，而艺术境界直指人的最深与最高的心灵的形象世界：" 以宇宙人生的具体为对象，赏玩它的色相、秩序、节奏、和谐，借以窥见自我的最深心灵的反映；化实景为虚境，创形象以象征，使人类最高的心灵具体化、肉身化，这就是艺术境界，艺术境界主于美。"[①]

（二）文艺社约物与政治社约物

一般系统人社约物中，政治社约物属于强力社约物，而文艺社约物属于弱力社约物。文艺社约物对政治发生作用是通过审美的方式、途径、手段和特征来实现的；而政治社约物对文艺社约物发生作用可以是暴力的，比如政治风暴

[①] 宗白华：《中国艺术意境之诞生》，见《美学散步》，上海人民出版社1981年版，第59页。

和社会动荡致使文艺社约物畸变，使人们产生精神创伤。社约物是人类社会系统的产物，它的内容和它所蕴含的人文精神和历史精神总是随着时代的发展和社会的进步而不断更新。人类社会永远存在博弈，必然存在人与人之间的政治关系。文艺社约物同政治社约物的博弈，一方面，政治社约物携带的统治阶级利用审美手段的文艺社约物美化、麻痹其统治，另一方面，文艺社约物通过其审美手段表达追求人性、追求幸福和追求自由的目的，从而反抗统治。

文艺社约物与政治社约物的博弈，是文艺与政治的基本关系。一般系统人来到这个世界，他秉承自分形最大化的存在本性，追求幸福、自由和可持续存在的最大化，然而，社会现实约束控制着个人自分形最大化；个体系统人未能将自分形最大化运用于实践，通过审美方式以"异化"形态表达，即通过系统人创造携带主体社约物信息模式的文艺社约物，表达外拒强权、内斥腐败、伸张公正、平等和道义等意志，参与和推动人与政治的关系。因此，一切关注人类和历史进步的作家、艺术家都树立有自觉的政治理想，以表达和承担起自身的社会责任和历史使命，努力推动人与人之间的政治关系的稳定、繁荣和发展。一般系统人去创造带有自己主体社约物意志的文艺社约物，主体社约物意志归根结底是为"争取最高自由形式即'无忧无虑的生活'的斗争"①。一般系统人利用文艺社约物创造"和谐性的幻象"——给人们寻觅和营造一个超越现实、获得解放的文艺社约物信息模式新天地。马尔库塞这样狂呼："为生命而战，为爱欲而战"即"为政治而战"。②

"艺术具有政治功利和政治本能"③，几乎任何一种文艺社约物，都具有来自社约物组分系统人主体意识世界观的基础，妄想疏离、脱净和超越所属的哲学基础是一种幻想。通常而言，政治社约物的哲学基础是文艺社约物的哲学基础。许多美学思想、文艺思想、文艺创作和文艺思潮等文艺社约物信息模式大多是从一定的哲学的基础理论中演化和派生出来的，然而，"用各种唯心主义、意志主义和教条主义的哲学原理主观随意性地去框范、套辞、宰割作品和评论，是违反艺术的审美属性和特殊规律的"④。这两方面是辩证统一的。文艺社约物具有哲学托底，一切文艺论争表现的文艺社约物肤浅和混乱，常是因为没有坚实的哲学依托。而妄图只通过文艺社约物表达人性"本能革命"来改变政治社

---

① 马尔库塞：《爱欲与文明》，上海译文出版社 1987 年版，第 108 页。
② 马尔库塞：《爱欲与文明》，上海译文出版社 1987 年版，第 11 页。
③ 马尔库塞：《爱欲与文明》，上海译文出版社 1987 年版，第 203 页。
④ 陆贵山：《马克思主义文艺理论研究的反思和展望》，载《中国人民大学学报》，2000 年第 1 期。

约物主导的社会形式，是一种虚幻的审美乌托邦；只有将文艺社约物融入相应的实践性政治社约物才能改变旧政治社约物。

（三）文艺社约物的演化发展

文艺社约物作为人类社会系统相对独立的社约物之一，其在不同的社会发展时期具有不同的社约物体系。某一社会历史时期的文艺社约物体系内，各种具体信息模式的文艺社约物不是平行平等的，文艺社约物体系内具体信息模式存在多样性和主导性。主导性文艺社约物将主导整个文艺社约物体系的演化发展，各种具体文艺社约物之间存在博弈的相互关系。文艺社约物体系内部的各种文艺社约物综合演化发展，遵循一般系统演化发展的规律。不管在什么时代，都有一个文艺社约物主流意识，它占主导地在实际上支配整合文艺思想。处于文艺社约物体系内占据主导地位的文艺社约物，可以随着人类社会历史的发展而发生更替，即出现文艺社约物体系的创新发展。

由于时代、历史和文化条件的差异，文艺社约物受到社会的经济、政治和精神因素影响不同，人们对其研究的把握也不同，有的侧重文艺社约物体系整体，有的侧重问题社约物体系内部的具体现实文艺社约物信息模式。不断进行的文艺社约物体系内部逐入枝节的具体文艺社约物研究，其不断丰富必然推动文艺社约物体系的整体发展；而综合发展了的文艺社约物体系，又将有力地指导和推动具体文艺领域的文艺社约物研究。文艺社约物体系整体演化发展的典型标志是文艺社约物的综合与创新。"历史上曾经发生过三次重大的学术综合和创新。一次是古希腊的亚里士多德和柏拉图，前者可称为现实主义的思想代表，后者是浪漫主义的思想先驱。这两大思想脉系一直以变异的形态延续和发展着，雄霸了世界的哲学思想和文艺思想千余年。一次是学术巨人康德、黑格尔和费尔巴哈。康德的《判断力批判》对审美和艺术的深层中的内在矛盾的探索精湛而又幽深。黑格尔作为辩证法大师的天才宏著《美学》对各种艺术形态的存在方式和发展规律作出了无人企及的典范性论述。费尔巴哈对审美和艺术发表了十分直朴和明晰的见解。紧接着是无产阶级革命导师马克思恩格斯对作为人类思想发展最高标志的德国古典哲学和古典美学作了一次既唯物又辩证的大创新和大综合。"[1]

中国的文艺社约物应当具有中华文明的历史精神、人文的本性精神和美学精神。中华文明的历史精神在文艺社约物中集中体现为"国学"。孔子将"天"

---

[1] 陆贵山：《马克思主义文艺理论研究的反思和展望》，载《中国人民大学学报》，2000年第1期。

作为万物的起源，人之德亦来自"天"；"天"之作用于人的，则人是不可抗拒的，人得之于"天"的"德"是一种"天赋"，"天命""无所公、无所私"，先贤圣王应"天命"而得，"畏天命"含有对"人道""王道"的敬畏。儒家在"礼崩乐坏"的时代，为"道"注入了充满人性光辉的"仁"的思想，孔子所言之"道"涵盖了以个人人格修养为核心的"人道"和以国家治理为核心的"王道"，即"君子之道"和"先王之道"。"道"的产生根植于以孝悌为主要内涵的"仁"之本，做到了孝悌就做到了"仁"，亦即具有了"道"。"道生万物"揭示了文艺社约物的起源与发生，"自然无为"表达了文艺社约物的教化功能，"性命之情""道散而为德"表达了善与美的审美思辨。"万物总而为一"是文艺社约物的本体论基础，故《淮南子·原道训》有云："故音者，宫立而五音形矣；味者，甘立而五味亭矣；色者，白立而五色成矣；道者，一立而万物生矣。"① 人类社会科学发展的现代人性是人类自分形最大化的具体表现，追求现代人性、追求现代生活幸福、追求现代美是中国文艺社约物存在发展的时代环境。马克思主义文艺学和美学的宏观辩证的思维是，对各种具体文艺社约物在主体意识把握和整合的基本方法，从而构建合理有机、和谐有序的社约物体系，不断产生适合中国社会的文艺社约物体系。"任何伟大的作家和作品都应当体现历史精神、人文精神和美学精神的完美和谐的统一。"②

五、人文社约物之"道德"

人类社会系统中，从一般性弱力社约物中相对独立的、人化自组织中具有比较优势的自发自觉的普遍性社约物，即道德社约物。通俗地看，人类社会系统涌生的人化契约性社约物主要包括三方面：一是道德，二是法律（民主法制），三是文化习俗（宗教信仰）。道德是自组织规律性的规则，违反者将受到人类社会自组织弱力惩罚，但缺乏外来强制措施；法律是国家制度形式保证社会公平公正的强制措施内容，具有暴力强力保证；而文化生活习俗则通过宗教、社团、群体的力量来保障。道德是人类社会系统中，具有普遍积极意义的弱力社约物，对于推动人类社会系统的人化演化具有环境支撑作用。"据麦肯最所述：律有常有变，有遍有局，有可违有不可违，遍者必常，局者必变，常者必偏，变者必局，彼此殆难严为区别，则但别为可变与不可变，可变与不可违足

---

① 何宁：《淮南子集释·原道训》，中华书局1998年版，第59页。
② 陆贵山：《马克思主义文艺理论研究的反思和展望》，载《中国人民大学学报》，2000年第1期。

矣。两者错综，得分四类：（一）可变亦可违者，（二）可变而不可违者，（三）可违而不可变者，（四）不可变亦不可违者。力学之自然律及数学之定律属第四类，国家之法律属第一类，经济律天文律属第二类，思想律道德律属第三类。"[1] 人化道德社约物是人之所谓为人的现实底线，不同时代，道德底线和道德内容是可以变化的，但是，既定时代的人们不应当违背既定时代下的道德，否则人类在相应时代的自组织社会发展将失去应有的人化社约物环境。老子的《道德经》可归结为：用"道"的基本观点，用"反"（生）的方式来实现"善"的目标。"道散而为德"，道德是运行着的具有人性化比较优势的社约物。孔子认为：人类道德是天地间最高真理，即易道的表现；道德是永恒的；个人通过道德实践，能够达到天人合一的最高境界。老子认为：道和德才是社会健康发展的根本，万物都是道生德养，社会也毫不例外。中国古代道德社约物文化，是中华传统文化的根基，是中华民族衍生发展的灵魂，也是中国璀璨历史文化的生命源泉。

（一）关于道德社约物

1. 道德社约的来源

人是从类人猿逐渐进化而成的。人在进入群体的时候，个体只有个体的天性，进入群体，就成为系统，受系统的社约物支配。社约物支配人类社会系统，在不同的社会历史时期具有不同的社约物信息模式。在原始社会，原始部落中打到猎物后实行分配时，有功的人可以先取他认为好的部分，跟着是酋长，可在分量上他们并不能多取，在食物不够的时候部落里实行的是平均制度。平均的分配制度只是落后生产条件下为了适应生存环境而形成的，因为大家都知道不是时时都能够获取猎物，在没有猎物收获时就需要别人的猎物来充饥和维持生命。平均分配在原始部落里是最为关键的分配原则，也是维持部落生存的必要条件。在这种历史条件和人类需求中，很多有益生存的经验就这样被固定了下来，并慢慢地形成了道德规范，像平均分配、不能背叛、勇敢、热爱群体、帮助妇孺，等等。这些慢慢地演化为道德准则。因此，道德社约物来源于人类社会系统一般社约物，是受人类社会系统的物质生活条件和人类精神需求制约的产物。道德社约物具有相应的生活实践基础，并对调节社会生产力和生产关系具有重要意义，道德社约物是人天然性社约物（主体社约物意志）和社会性社约物之间的连接纽带和桥梁，是人天性和社会性的调节剂。

---

[1] 黄健中：《比较伦理学》，山东人民出版社2011年版，第97页，详见《伦理学袖珍》篇二，章三，节一，162-167页。

道德社约物是与人类系统与生俱来的涌生事物，只是其以明确信息模式相对独立具有自己的过程而已。道德是引领事物发展和人性发展的优良事物。这里借用中国古代对"道"的阐述，展开研究。"道生之，德畜之，物形之，势成之。是以万物莫不尊道而贵德。道之尊，德之贵，夫莫之命而常自然。故道生之，德畜之，长之育之，成之熟之，养之覆之。生而不有，为而不恃，长而不宰，是谓玄德。"① 道散而为德，德是事物本原优化演化表现的"善"和"美"的部分。"修之身，其德乃真；修之家，其德有余；修之乡，其德乃长；修之于国，其德乃丰；修之于天下，其德乃普。故以身观身，以家观家，以乡观乡，以国观国，以天下观天下。"② 道德起源于事物本原，起源于人性的自分形演化发展不断优化的过程。荀子有关于礼的来源的叙述：礼起于何也？曰：人生而有欲。欲而不得，则不能无求，求而不能度量分界，则不能不争。争则乱，乱则穷。先王恶其乱也，故制礼义以分之，以养人之欲，给人以求。使欲必不穷乎物，物必不屈于欲，两者相持而长，是礼之所起也。③ 礼是人际关系的规则，它是道德的一部分。

道德是人类社会系统的优化社约物，中国与西方在文明的发展进程中都相当重视道德的作用，其本质就是道德社约物对人类社会系统的整形力的整合支配效应。道德社约物具有不同的信息模式而成为不同的道德内容，这些信息模式具有内在规定性、外在规定性和教化差异性。

内在信仰的规定性方面。人意识相对独立成为主体而具有能动性，意识相对独立就具有内在信仰的规定性。在原始社会，人们在与自然对抗改造自然的生活实践中，摸索出了如生火、农耕种植、相互帮助等明确明白的生活经验和生产经验。但对于闪电、火山等存在困惑，长辈们向后辈传授经验，但却不知怎么解释道理，借用"神"概念来加以强化，传授这些知识的时候，先辈们往往会说明这是神意，必须遵守，否则将遭到惩罚——"信仰"这些，成了原始的宗教道德观念。信仰是道德的内在规定性，没有"信"则无法表达人类社会系统社约物整合支配力，相信和信仰是道德社约物的内在规定性。西方人简单地认为道德是上帝的规则，是先天给定的。实际上，道德社约物的内在规定性还表现为"相信和信仰"的社会实践。不同的"相信和信仰"，以及"相信和信仰"的不同社会实践，将产生不同的具体道德社约物内容，社会规定

---

① 朱谦之：《老子校释·51章》，中华书局1984年版，第203-204页。
② 朱谦之：《老子校释·54章》，中华书局1984年版，第215-216页。
③ 《荀子·礼论》。

性。——自身的天性加上信仰的需要，"人皆是佛"说明个体有自身的天性。但就内在规定性来说，比如信基督教和信伊斯兰教产生的不同道德社约物，比如信佛教在印度和在中国产生的同一信仰的不同社会实践下的道德社约物，等等。

外在效用的规定性方面。道德的本质是为了节省人力、物力和维护社会秩序，即达成人类社会系统符合最小作用量原理的社约物支配运行。因此，社会效用是道德社约物的外在规定性。道德的起源初始是为了将好的行为模式固化，形成协调人与人之间关系的有效模式，并以口口相传、训诫条例、经验感悟等，要求人们相互约束接受。道德不是限制傻子的"空话"，"聪明人"不需要遵守道德也终将遭受道德的惩罚！道德规条社约物，同社会上正常的法律和风俗习惯（民主法制的地方性产物）共同限制和规范人们的行为，它们作为社约物共同的功效都是为了维护正常的互动秩序。

道德教化的差异性方面。在人类发展历史上，中西方的道德是存在差异的。道德社约物是随人类社会的发展而发展的，是在教化与被教化中不断推动前进的。西方哲学家关于道德论述通常是从个体感受出发来进行，根据已有的观念和经验做出识别和判断，它因人而异，不同的人在成长和学习的社会实践中形成了自己不同识别和判断的观念——这个过程是一个教化过程。其过程的标准是有差异的，康德求助"上帝"来过渡以解决道德推理的逻辑问题。系统科学看来，道德是人类社会系统内的天性优良社约物，它受多种来源影响，具有多种性质，它最终以外在的个体自身和他体的感受来获得开显和传承——以实现对人类是社会人化的基本保障和推动人类人化的有效进程。中国与西方对道德的理解有相同的交集也有很大区别，人差异的识别和判断，差异的感受，加上道德来源的差异，将形成道德教化的差异性。不同的地区、不同的历史背景和文化背景都可以产生各不同的道德标准。就像世界上没有永恒的真理一样，道德和道德的标准与我们认识的真理和真理标准一样是随时间和历史条件变化的。例如，古希腊直至几百年前的英国和北欧都认为抢劫掠夺别人的财富是道德的英雄行为，但是现在全世界都认为抢劫和掠夺是不道德的。存在道德标准差异并不说明道德就失去效用。道德是人类好的生活经验和生活模式的总结。但道德的认定对于不同的群体和国家就有不同的标准和差异。比如"自杀式袭击"在激进伊斯兰分子来说是最道德的，可对美国来说就是不道德的。这就是道德悖论和道德差异。道德虽有不同背景之下产生的不同道德规范，但人类还是存在很多共有的道德（道德交集）如守信用、负责任、不欺骗、不背叛、热爱群体、尊老爱幼、禁止偷盗、禁止掠夺、优待俘虏、公正平等、忠诚，等等。不守道德就要吃亏，如欺骗人可以短时期获利，但长久来说，由于没有信用造成

429

自己丧失了很多好的发展机会。

2. 西方道德

苏格拉底认为自然万物都蕴含着内在目的,苏格拉底将之称为"善"。善是整个人类的天性走向和目的,是人类存在和继续存在的优灵主体实践性的系统涌现。苏格拉底认为具体到人的身上"善"就表现为"德性"。"德性"是人之为人的本性。在苏格拉底认为"知识即德性",趋善避恶是人的本性,是行善还是作恶,关键取决于人的他有知识。因而每个人在他有知识的事情上是善的,在他无知识上则是恶的。亚里士多德继承了苏格拉底关于善和德性的概念和解释,并认为道德是一种人选择善恶、利害的能力及其实践活动能力,幸福是合乎德性的生活。亚当·斯密认为人都是从利己性本性出发的,把"自爱"当做一种美德,认为人们追其私立的自爱活动,促使社会总体利益的增长和社会进步。边沁认为道德是与法律类似的系统维持正常的社会秩序,"美德存在与正确理性所养成的那种平凡习性""道德情感似涉及道德约束力造成的快乐的平均效果",道德追求"最大多数人的最大幸福"。尼采批判基督教的"至善"观念,直接发出"上帝死了"的呐喊。他认为旧有的道德保护弱者,认为道德本身的价值危害生命本身(包括危害对生命享受和感受、损害生命的美化、危害对生命的认识、危害生命的发展),并提出了自己的道德原则:①生命原则——每一种道德都受生命本能的支配。而生命就是强意志力。②强力原则——以强意志力为道德价值标准的自主的道德,超越善恶,体现生命道德的自主性。③个人原则——以成为你自己的道德价值的自我道德在自我肯定的意义上,每个个体对自己生命力量的诚实。①"社会颁布并维持社会秩序的规则在某些方面类似自然的法则。——任何一个法则无论是物理的、社会的还是道德的,都是一种命令。存在着某种以法则方式得到表达的自然秩序,众多的事实被认为'服从'这些法则以便与那种秩序保持一致。"②格林认为,自我意识不仅是客观事物存在的原则和前提,而且是人们获得自然知识的原则和前提。自我意识在逻辑上先于客观世界。因此他认为"追求自我满足是一切道德的基础"。

在西方学者看来世界上没有一个世界政府,就没有世界法律和世界警察。霍布斯假设存在"无政府状态",即假设人类的初始状态是一切人针对一切人的战争,人与人的关系遵从"弱肉强食"的丛林法则;相应地,很多的西方人就直观地认为没有明显的惩罚效应的道德是无效的。"弱肉强食"表明了人存在自

---

① 《道德的谱系》。
② 亨利·伯格森:《道德与宗教的两个来源》,王作虹译,译林出版社 2011 年版,第 3 页。

分形最大化的本性，即必然表现出利益和权力的争斗；但却忽略了人类社会系统社约物的整合支配意义，"道德"社约物就是人类社会系统整合支配社约物之一，是自发自觉的人化整合自组织协同社约物。西方人擅长于逻辑推理，因此西方人对于道德也从社会的基本单元出发，即从个体的人出发来论述道德的功效和原理。因此西方的道德学家多从人的个体感受如：情感、幸福、功利等方面来论述解释道德，道德的定义和标准又难以统一。西方人认为道德具有契约功效，但不很注重个人的道德修养。"西方的道德从公德出发，讲究的是群体对违反道德的惩罚性，说明如果不遵守道德，就要遭受社会的惩罚。这多少带有外加的社会强制性，因此就有很多的"道德投机者"，一旦他们认为有利于自己且不会遭受惩罚时，他们就会进行道德投机，做不道德的事。西方人论道德从个体出发，结果导致大哲学家休谟也难以明白为什么"自我克制、冷静、忍耐、坚贞、坚毅、深谋远虑、周密、保守秘密、有条理、善解人意、殷勤、镇定、思维敏捷、灵巧表达"这些仅仅有助于拥有者的功效，而与我们社会没有任何关联的品质，仍是敬重和尊重的"①。事实上，道德是一种社约物，来源于个体，但作为相对独立道德社约物对个体具有整形支配力，这是辩证统一的。防止陷入很多的西方哲学家如康德都通过"上帝"解决道德的证明和推导问题的困境。

3. 东方道德

中国人对"道德"的理解，来源于易学。中国古人根据男女、雌雄和日月就推断出世界的本质是阴阳互动，从四季变化、日夜交替而知道盛极而衰轮回变化的道理。"道"源自老子的《道德经》，"道可道也，非恒道也"。"道"是一种本体论理解，它随着事物的发展而发展。《庄子·天地》："物得以生，谓之德。"《管子·心术上》："德者，得也。得也者，其谓所得以然也。"《道德经》："故失道而后德，失德而后仁。"德是在道之后的产物，德不能单独绝对独立，道在前，德在后。如果说，道是本体论理解，德则应当是人类社会存在和发展的相关内涵的理解。孔子论道德"中庸之谓德也，其至矣乎，民鲜久矣。""喜怒哀乐之未发谓之中"（《论语·雍也》），用人的情绪来解释中的状态，"过犹不及"（《论语·先进》）。儒家将道德修养和要求具体化为"格物、致知、修身、齐家、治国、平天下"的标准模式，同时视为道德修养的标准和要求。

西方人普遍相信人是有罪的，需要不断地通过忏悔来改善人格和德性。西方的这一"相信和信仰"作为了其道德的内在规定性核心内容，对其道德体系

---

① 休谟：《道德原则研究》，曾晓平译，商务印书馆2001年版，第94页。

具有根本性的影响。东方道德强调顺从天意和人性本善，"相信和信仰"为天理，即人要顺天应命，让人们明白遵守道德才是最有利于自己的事，并提出"修身齐家治国平天下"的个人道德要求。同时要求人的行为和修养必须符合大自然和人类社会发展的规律，只有自己个人的道德修养好了，才能出现公德，公私一致，公德大于私德。"国学大师们认为，中国的历史是执行道德观的历史，西周以前的历史是道德观贯彻比较好的历史时期。到了周朝的后期由于道德沦丧，中国处于五百年的战乱。而后又有秦的暴政。再后来又重新认识道德功效，实施德政，实现了文景之治。汉朝末年又是将道德弃之脑后，国家又经历了三百多年的杀戮混战的局面。到了唐朝，统治者重视原根性的《道德经》，出现了贞观之治和开元之治。到了宋朝以后由于将道德伦理教条化，原根性的道德观得不到弘扬，教条化的道德伦理观因此禁锢了社会的进步和发展，使得一直领先世界的中国在近代大大落后于西方国家。"

（二）道德社约物的运行

人类作为一个整体，具有自分形最大化的天性，个人作为人类整体中的一员具有个体自分形最大化的天性。人和人之间的关系是一种自分形最大化冲突的博弈自组织关系，人类社会系统的社约物支配协调个人的存在和发展。个体系统人的道德天性，并非一开始就符合现实的人类社会系统目的要求，为了实现个人与社会系统人的德性目的一致性，个体系统人道德是需要教化的。道德教化，也即是道德建设问题。中国人民大学罗国杰教授认为：社会主义大的体系建设要划分道德修养、道德品质、道德境界，从不同的层次和觉悟水平加强道德建设，逐步从"极端自私自利层次"向"合理利己主义""先公后私"境界和"大公无私"境界发展提高，不仅强调个体道德建设，而且提出"仁、义、礼、智、信"和"公正、人道"等可作为集体主义道德的具体内容和规范。道德是弱力社约物，不管在"极端自私自利层次""合理利己主义""先公后私"境界和"大公无私"境界的哪个层次，都是正常的，都是个体系统人自分形最大化同社约物整形之间的博弈结果。由于人类社会整个系统的最大化需求，决定了在人类社会系统中个体系统人道德各个层次的人数是需要区别的。人类文明程度的提高，是由道德境界的高级层次决定的。由于人总是为了自己的利益和人是自私的，人之间的关系就是冲突关系。道德，需要依靠集团的力量，使非道德者受到制裁和谴责；同时需要民主法制力量和信仰的力量对道德者进行教化和影响，积极提高共性道德生成的发展的有效性，从而提高公众道德。通过教育和智慧的增长，是优化道德社约物信息模式和推动道德社约物实践的基本的有效的途径。

1. 道德社约物运行的两难问题

英国哲学家罗素发现绝大多数两难问题（即悖论的问题）都是由于主谓称呼的变异而产生，可以说悖论是对事物认识不充分造成的。道德社约物在运行过程存在实践性的两难问题。科尔伯格做道德两难抉择的实验常用一个海因茨偷药的故事："欧洲有个妇女患了癌症，生命垂危。医生认为只有一种药能救她，即本城一个药剂师新研制的镭锭。配制这种药成本为 200 元，但售价却要 2000 元。病妇的丈夫海因茨到处借钱，但最终只凑得 1000 元。海因茨恳求药剂师说：他的妻子快要死了，能否将药便宜点卖给他，或者允许他赊账。但遭到药剂师的拒绝，并且还说：'我研制这种药，正是为了赚钱。'海因茨没别的办法，于是破门进入药剂师的仓库把药偷走。问：这个丈夫该这么做吗？为什么？"

科尔伯格研究了 75 名 10—16 岁的被试者，从被试的陈述中区分出 30 个普遍的道德属性，如公正、权利、义务、道德责任、道德动机和后果，等等。"道德两难"实践的不同结果，在于道德主体社约物选择的不同。在人脑系统内，道德主体社约物获得支配地位的道德信息模式在不同时期和不同环境会发生变化的，即表现为不同的道德判断标准。对于科尔伯格的道德实验例子则说明，随着人们的生活经验不断地丰富，对于生活责任的认识不断地提高，他们会不断地反省自体利益与社会利益的冲突，并会衡量违反社会秩序所要承担的社会惩治后果，因此他们会不断地调整自己的抉择。如果人们的主体道德社约物信息模式同实践道德社约物模式具有最优一致匹配，则不会产生两难现象；如果人们的主体道德社约物本身存在两种信息模式可以同实践道德社约物模式进行匹配，则存在两难博弈选择。比如：对于一位医生而言，遇到身无一文的患者，对他该不该救治？救治到什么程度？如果救治，医生承担费用不公平；如果不救，则是不人道的。如果医生和病人是亲人关系，显然不会产生两难问题；否则就得看医生的主体道德社约物同现实的医生医德博弈选择，就某一具体救治行为而言，主体人道德社约物战胜现实医德社约物，他将选择救治，否则他将选择不救治。

2. 道德社约物的教化

道德社约物的教化基础有两个：一是被教化者的主体道德社约物同社会公共道德社约物存在差异，包括内容和形式的差别；二是社会公共道德社约物对个人主体道德社约物具有整合支配作用。道德社约物是人类社会系统中天性优良的社约物信息模式，天性优良包括了人性本善的内容。总体而言，天性优良的人性本善的公共社约物是教化获得的主动动力和支配动力，公共道德社约物的优良优势，犹如水从高处流向低处，对个体主体道德社约物进行教化。由于任何公共社约物都具有这种整合支配力,可能会产生"近墨者黑近朱者赤"的现象。因此,道德社约物在总体性向善的方向,还存在局部的选择性教化。比如,孟母认为孟子是要成为有道德的人,如果他不能成为有道德的人,则一定是受他身边人(无道德)的影响,如果孟子的身边环境出现小人和无德人,孟母就带着孟子搬家。教化是一个相互作用过程,个人主体道德社约物同公共道德社约物相互博弈,可以出现两种情况:一是人内心的道德本来是红亮的、道德的、善良的,或者由于生活中非优公共道德社约物熏陶,可能掩盖善良的心;或者生活中的优良道德社约物通过教化把灰尘擦拭还善良之本心;二是人内心在某一时刻表现出自分形的自私自利的一面,或者由于生活中非优公共道德社约物影响,使自私自利更加严重;或者生活优良道德社约物通过教化战胜自分形自私的一面还善良之本心。从总体来看,从长远来看,非优道德社约物只是一时的,优良公共道德是管长远的和管总体的,这是道德社约物可以教化的大前提。

就具体的道德社约物教化而言,不管该时刻点的人性是善是恶,道德社约物都是可以教化的。当人性表现现善时,道德社约物教化越发促进人类发展。当人性表现恶时,教化可以使个体恶心灵覆盖上善良的道德——对恶的东西进行博弈,使恶性在博弈中处于被支配地位,善良获得内心世界系统的主体道德意识支配地位——使暂时的恶转化为了善。要想使这种善真正战胜恶,并处于强大支配地位,这需要博弈条件。有时候,原本在低度的、复杂环境质的道德,要想通过教化一跃发生质变——进入高质、高度的某个层次,这是困难的,从量上来说,或许可能——这是虚量——非自觉的、又缺乏社会环境的质的基础,不管教化的次数如何之多,表面上看好像达到了相应的质的高度,其实内心里本质还是停留在低俗的、自私的、狭义的道德之中——没有发生有效的质变,而是虚质变——披着质变的外表的旧本质——伪君子。道德是可以教化的,但不能把道德教化"神化"了,即不能认为道德教化能够解决道德建设中的一切问题。但也不能把道德教化无用化,它可以通过教化的量变产生质变,从而推动道德建设。

道德社约物的教化,是将优化的道德社约物信息模式最大化传播与共享的行为。皮亚杰认为:"一切道德都是一个包括有许多规则的系统,而一切道德的实质就在于个人学会去遵守这些规则。"道德社约物具有人天性优良的好模式、好规则,它有利于公平、有效率。任何个体系统人生活在人类社会系统之中,应当学习和尊重道德社约物信息模式规则;而将优化的道德社约物信息模式传授给别人尤其是孩子的过程,称为道德社约物的教化。

孩子的接受和消化能力是有限的,有部分道德社约物信息模式能够被孩子接受并转化为自我主体道德意识,称为道德社约物教化自律;有部分道德社约物信息并不被孩子主体道德意识转化为自我意识，但受该他在的外部力量原因强制接受并遵守，称为道德社约物教化他律。他律道德是儿童道德发展的第一阶段，这种道德的形成源于儿童对成人权威的单方面的尊重，而并不是道德社约物本身的力量。认知有限的儿童并不能真正理解道德社约物内容，并不是因为道德总结了什么是正确的或公正的，也不是因为它们能够调节人与人之间的相互关系或使人们以公平的方式达到相互愿望的目的。而仅仅是因为这些规则是成人所制定和命令的。随着儿童认识的发展和道德观念的发展，他律道德必然被更高层次的自律道德取代，自律道德以相互尊重、平等和协作为标志。道德的他律和自律是共同支配道德社约物的教化实践，可能存在占据主导地位的不同，但它们是可以相互转化的。

道德社约物的教化，首要任务是提高人们的道德判断能力，培养他们明辨是非的能力。道德社约物教化，要使人们能作出正确的道德判断并形成他自己的道德优化原则，而不是只服从他周围人的道德判断，即只服从任意外在的道德社约物支配。要使一个人的道德判断水平与他的道德行为基本上是一致的。其次，人们要把握道德社约物教化的阶段性规律，比如在对儿童进行道德教育时，应随时了解儿童所达到的发展阶段，根据儿童道德发展阶段的特点，循循善诱地促进他们的发展。再次，人们应当创造学校、家庭和社会的优化道德社约物环境和条件，广泛开展各种道德教育活动，提供各种优化的道德社约物内容模式，以激发人们去根据社会发展实际而实现更高阶段的道德水平。

（三）道德社约物与其他社约物

道德在各个历史时期都受到政治家和哲学家的重视，他们都意识到道德有巨大的作用，但又说不清道德是怎么起作用的。中外历史上的大学问家都有各种论述道德的书籍，但还是难以透彻地说明道德作用。人们对于道德的认识还是比较肤浅的。中国的《道德经》认为，道德就是万事万物的发展规律——这说出了道德的真谛——它是人类系统中人与人博弈生存共同发展的涌生物。

道德社约物是人类优良天性支配人类社约物体系的精髓。天性优良是人类道德的基本态度和基本走向，人类使人类天性从优良走向更优良（所谓优良是一种幸福的系统机能和状态；准确地说人类天性是从一种幸福机能状态演化到另一种更高级的机能状态的追求本性），这是人类生存的过程。道德是个体涌生物在社会博弈形成的共同的有效的公共关系状态显示——包括思想的和思想外化的行动的博弈显现。

这种博弈显现的承载体——涌生物的核心性质来源于民主法制和宗教信仰，而不来源于博弈本身。对道德的形式教化，其实就是对博弈本身的教化——它

435

丧失着本来核心性质的约束力和决定力，虽然按照教化的博弈显现的道德，但其背后却可能有着与显现截然不同的本质，于是将造就"伪君子"。如果这种伪君子一旦多了，将形成一个内外不协调的、不一致的浮躁的、质虚而体胖的精神不坚固的民族。

　　人们生活于社会群体当中，相互的关系会产生类似物理中的作用力和反作用力。当不良的反作用力积累到一定的时候，就必定要产生反制的作用。道德的量变产生质变。道德是生活的经验总结，是人类社会系统涌生物的部分，逆这种支配力，要么改变系统，要么个体被系统改变，这是系统组织和运行的自然规律。道德是可以符合系统规律的教化的，"讲道德"是自利的，也是利他的。随着社会文明化程度的加强，人们会越来越讲究道德。人类在经过无数次的实践后得出的好经验被固化成为道德，人们在出生后成长过程中就不断地被告知要遵守道德，因为大人们也是从祖辈那里得到这样的经验。至于作为好经验的道德是怎么来的没有人去深究，大家只知道遵守道德对自己及对其他人都有好处。

　　道德社约物虽然相对独立，但却受民主法制社约物、习俗社约物、文艺社约物和宗教社约物等的影响，受物化社约物的影响。民主法制社约物是人类社会系统强力社约物，它支配着社会系统的个体，也必然支配社会系统个体的思想和行动——对道德是极大的约束和规范；宗教信仰作为信教个体思想系统的方向指引灯，对个体思想的走向具有规范和指引作用——对道德具有极大的塑造和规范作用。习俗社约物和文艺社约物也以其相对独立性，而产生对道德社约物的直接影响。物化社约物是整体人类社会系统道德社约物的物质基础和环境。道德社约物并不独立地、单纯地教化道德——缺失了物化社约物背景和各种人化社约物支持的平台，无异于空中楼阁——收获的是虚伪的道德。

　　道德是人天性优良的基本生活形态社约物。道德社约物是利己的，也是利他的，是公共的体现人类天性优良的本性的弱力社约物。它体现了现实的活生生的人类具体形态的系统精髓。

1. 道德社约物与民主法制强力社约物

　　道德社约物通常是社会民主法制社约物规定未有达到的部分，强力社约物规定的只是人类社会系统中作为国家系统人的某些内容，它是一个相对大层面的，道德社约物作为"大小的小"具有具体性和普遍性。比如偷盗行为，当达到一定数额时，进入强力社约物支配范围，在此之外，主要属于道德社约物整形力作用范围。道德社约物是一种公共社约物，具有一般社约物生成和支配运行的规律，比如民主法制强力社约物，临时口头商量的道德社约物，它们都来源于组分系统人，同时都对组分系统人具有整合支配力，强力社约物支配力是强大的,而道德社约物主要依靠自觉。强力社约物和道德社约物都可以按照民主集中的方式产生,当然也可以有其他方式。

2. 道德社约物与其他弱力社约物

道德社约物与其他弱力社约物主要表现它同宗教社约物、文艺社约物、习俗社约物等的关系。通常地,在很多区域性和民族性的地方,习俗社约物直接地是道德社约物的内容;文艺社约物通常透过文艺社约物信息模式载体而显现主体社约物意识携带和追求的道德社约物。宗教社约物(包括信仰社约物)是道德社约物的主要来源渠道之一。每个人都存在自我社约物主控意识,主体社约物主控意识的"形而上"将产生系统人的信仰。个体的信仰是理想化的,面对现实生活中的具体事情,个体总是参照个体信仰的思维定式或宗教信仰条框来处理,于是信仰信息模式影响下的系统人思想和行为成为道德社约物的来源之一。信仰的熏陶将会对道德社约物产生一定程度的教化,比如信基督教的和信仰佛教的,对于同一具体问题就具有不同信仰下的道德行为;信仰东方文化和信仰西方文化的不同人,对于同一事情的道德行为也是有区别的。

3. 道德社约物是弱于法制强力社约物的人天性优良的弱力社约物

道德社约物运行遵循系统规律,来源于直接的人类天性。人类自分形最大化优良的天性,在强力社约物控制约束之外,道德作为相对独立弱力社约物的基本内容之一,保障着人化演化发展的有效进行。在人类社会系统中,内在具有主体社约物,外在具有相对独立的强力社约物,在主体社约物与强力社约物之间的广大区域就是道德,道德以其优良性和效用性,蕴藏在文艺、宗教和习俗等弱力社约物之中,渗透和支配着日常生活的点点滴滴。道德是一种善和美的人之优良天性,比如,你父母生病了,人天性通常会有自然的焦急并送病医治,动物也有这种天性,这是来自本能的自然的天性——这种道德可以不在强力社约物规定之中。道德有内在的天性优良规定性,犹如生物特性遗传,保障着人作为自我规定的具有这种自我道德的"这种"人。

道德是体现人类优良天性的。它作为人与人相互作用意志,体现了人类系统天性的涌现共同的大众性、生活性相互支撑,是实时的、不断微妙调整和发展的自我相互关系涌现,它是自觉支撑人类天性的"自然基石"。人在社会中生活着,就自然会生成一个实实在在的自觉符合时代的开显人类天性的道德社约物系统。道德是时代的产物,准确地说是强力社约物和弱力社约物以及人类自然天性相互交融的生活性产物,它最终是受人类天性制约的。

第七章

开明利己的社约系统人

搭乘天使的翅膀继续旅行,在开明利己社约物支配一般系统人方面探索。

我问天使:"中国是个文明古国,比如儒家的修齐治平思想对古代中国的发展具有重要意义,它是否符合社约物运行规律呢?"

天使回答:"修齐治平思想是对应符合当时的社约系统人社约物运行规律的产物,它在今天被赋予新的内涵同样有着积极的意义。"

我问天使:"人类在社会发展中,形成了不同层次规模组织特性的社约系统人群体,如何把握它们呢?"

天使回答:"个人是一个系统,家是一个系统,企事业团体是一个系统,国家是一个系统,全体人类是一个系统,它们都是一般系统人受社约物支配运行的社会选择性发展的产物,即它们都是人类社会系统中不同层次的子系统,这些子系统相应地对应着修身、齐家、营企、治国、平世的运行内容,因此,对它们既要整体把握也要分别把握。"

我又问:"社约物是社约系统人逻辑贯通一致的核心,社约物承载着一般系统人的社约意志,如何做一个有正确'真善美'价值的、符合本能人性的社约系统人呢?"

天使道:"做一个开明利己的社约系统人。社约物连着你我他,社约你我他;人之社约,正人正己,共同生息!人活明己是人之本能,开明利己是指在群体中以合理合法社约获得最大化利己的意志、行为和活动。在古中国修齐治平思想基础上,在开明利己主义条件下探讨修齐营治平社约物运行,对于继承和发扬中华传统文明与现时代知识的融合发展将具有积极的探索意义,对于人类命运共同体思想也将具有探索意义。但愿你能克服狭义利己主义桎梏,探索形成中国特色的开明利己'修齐营治平'社约意志运行理念!"

天使说完,放下我,离开。我回归社会,尝试在活生生的现实中探讨开明利己"修齐营治平"社约物的运行支配情况。

……

438

人生存于天地之间，社约物支配人类社会运行形成了不同层次的社约系统人①，具体包括个体系统人、家组织系统人、企组织系统人、国组织系统人、人类整体系统人。社会是多个个体人的组织（系统）。人作为一个类，它的基本单位是个人，而每个人不是孤立存在的个体，通常是按照一定方式集合共同生活在系统中的个体，只能是社会性的个体。社约人从家庭向家族、氏族、部落、民族的逐步扩大，直到生成国家和整个人类社会。人不是瞬间之物，人类期望是恒存之物。人区分男人和女人，活体人为了可持续生存，由男人和女人结合繁衍下一代；人区分家庭、企业、国家等组织系统人，组织系统人为了整体可持续生存，由自组织社约物支配人们在社会共同生活，构成"个人—家—企—国—人类"的一般系统人形态。

"一花独放不是春，百花齐放春满园。"人在处理自己与社会的关系中，遵循修齐营治平社约物支配规律，瞄准开明利己共赢目标开展社会生活，即在处理"一己"和"多己"的关系中，提倡开明利己主义。开明利己主义是指打破狭义利己主义边界的广义利己主义。一方面，开放的利己主义，不局限于本位的利己主义，不护内，也不唯上，坚持"通过利己而利他"与"通过利他而利己"的辩证统一；另一方面，公正透明的利己主义，是指一种立足公平和道德基础环境，在合理合法条件下，瞄准最大化利己目标的效用利己主义；它与狭义利己主义的区别在于，侠义利己主义以完全利己为目标，不管道德与否、公平与否、正义与否。开明利己主义追求"一己"与"共己"利益统一，并在追求"共己"利益时常常表现出集体主义和爱国主义精神。

"修之身，其德乃真；修之家，其德有余；修之乡，其德乃长；修之邦，其德乃丰；修之天下，其德乃博。故以身观身，以家观家，以乡观乡，以邦观邦，以天下观天下。"②一般系统人"个人—家—企—国—人类"形式的内容运行集中表现为个人与组织系统人之间的关系，即修齐营治平。"孤举者难起，众行者易趋。""小河有水大河满，大河有水小河满"。个人自分形的自由生活与内心修养，同社约物的服务保障与控制约束是自组织一致的。个人自分形之小河，汇聚生成社约物社会之大河，社会社约物之大河，福泽引领支配个人自分形之小河。乱世中，当知天下兴亡匹夫有责，应以己小河之力汇入报效国家之洪流；盛世中，当感恩社约物之福泽，应以己创新之力汇入国家复兴发展的潮流。

总地看，一般系统人就是社约系统人，其中社约物系着你我他。社约系统人

---

① 注：本章中的社约系统人是指"社约物支配约束的系统人"。
② 朱谦之：《老子校释·54章》，中华书局1984年版，第215-216页。

实践着"个人—家—企—国—人类"系统形态,人之活着,自强不息,要做最好的自己;人之社约,正人正己,要做共同的主人;开明利己社约"修身—齐家—营企—治国—平世",和而不同,命运共同,社约共赢,幸福延续,生生不息。

第一节 开明利己系统人的一般社约生活

贝塔朗菲说:"我认为可以肯定地说:社会科学是社会系统的科学。因此必须运用一般系统科学的方法。"[1] 马克思说:"人的本质在其现实性上是一切社会关系的总和","总和"是指复杂内部层次结构关系,包括一般系统人的实体层次结构和社约物层次结构两大类。实体层次结构方面,从受精卵细胞到个体系统人,到家庭系统人、企组织系统人、国家系统人,直至整个人类系统,它们作为一般系统人的基本存在,具有由低到高、由小到大的逻辑层次结构。社约物层次结构方面,各层次系统人对应的社约物具有内在机能的逻辑一致性,既具有自身层次特点的涌生状态,又具有贯通一致的涌生辩证逻辑,即具有"个人—家—企—国—人类"开明利己社约螺旋同构的系统人辩证逻辑。一般系统人开明利己的社约生活是指,把人同世界的关系把握与认识好,发挥能动性调节人同世界的关系以改变世界,获得人对包括人自身在内的世界的最大发展——以主导并实现人同现实的一致性和解,并获得不断优化的和谐。在人类作为整体的基本状态及演化方向上,开明利己系统人的一般社约生活研究表现了从系统科学角度对个体人系统、组织人系统和整个人类系统进行社约生活逻辑贯通一致性的探讨。

一、一般系统人与开明利己社约生活

(一) 开明利己社约生活

根据自我与共我的社约规律,提出社约物支配一般系统人按"人活明己、社约生息,和而不同,社约共赢"方式运行的开明利己社约生活。关于"开明",就"开"而言是指一般系统人社约系统是一个开放系统,具有物质、信息和能量的交流交换性;就"明"而言是指一般系统人社约系统是一个公平、正义、光明正大的系统,具有所在阶层的透明性和公平性。"利己"是广义的,"己"包括个体自己—家自己—企自己—国自己—人类自己,随着一般系统人阶

---

[1] 贝塔朗菲:《一般系统论》,社会科学文献出版社1987年版,第163页。

层不同，利己的范畴也不同，明己的范畴也在变化。"人活明己、社约生息"是指个人在社约中自为优化方面的，可以表述为"人伦之理，活着明己；人己社约，生生不息"，它是指人在"原创自我，社约共我"的进程中，应当自觉把自己置身于社会系统之内，把握现实逻辑，融入生活——一方面遵从人的自分形本性，原创自我，打造唯一自我之生命的符号、生命的形象、生命的意义；另一方面遵从人类社会整形的社约核心性，社约共我，共同创造美好生活，创造人类辉煌历史。"和而不同，社约共赢"是指人与人在社约中协同优化方面的，主要是指"大家好我才好，我好大家好"的命运共同体的社约辩证协同发展理念。按照开明利己的不同程度可区分为：不开明的自私利己、一般开明的普通利己、比较开明的组织利己、卓越开明的社会利己四个层次；其中，社会系统的大部分人主要处于一般开明的普通利己和比较开明的组织利己两个层次，小部分人处于卓越开明的社会利己层次，少数人处于不开明的自私利己层次。

（二）一般系统人社约生活的本质

一般系统人作为一般有机系统生活的本质，就依托社会系统进行其自分形最大化的物质能量和信息的交流交换，实现同环境相互作用的"动态维生性"演化发展。一般系统人生活的核心是动态维生性演化发展。任何一般系统人的动态维生性演化发展，都依托社会环境，这表明了一般系统人"生活"的社会系统本质。一般系统人在社会系统中生活，由于其具有高度相对独立意识形成的主观意识能动性，一方面他作为人类社会的一员，要融入社会系统，不断汲取营养，排出正熵，进行形而下的现实生活，称为入世生活；另一方面，他作为唯一的"自我规定性"个体，个体意志指导自我追求自分形理想最大化，表现超越世俗和脱离世俗的形而上的理想化生活追求，称为出世生活，出世生活的核心在于意念和灵智。

一般系统人只追求现实生活，丧失超越世俗的意志灵性，长久以往则可能沦落为动物，不能成为真正意义的人；一般系统人只追求超越世俗的出世生活，放弃了物质生产和追求，长此以往则其物质肌体将会因缺乏物质能量交换而丧生。严格意义上讲，任何一系统人都既生活在现实社会系统社约物支配约束之下，又时刻保持自分形脱离世俗的动力，它们是一个和谐综合体；有的侧重于追求入世的物质财富和名利，有的侧重于追求出世的精神财富和荣誉。优化社约物是一般系统生活的指南和追求，一方面一般系统人展现自身自分形能力参与优化社约物的生成博弈，使优化社约物成为其追求；另一方面优化社约物指引着和约束着一般系统人的存在演化和发展，非优化的社约物通常会被一般系统人摒弃。

一般系统人是"以意识高度相对独立为牵引的社约物标识的活生生的有机

系统存在物"。一般系统人"生活"的社会系统总体本质,表现为社会关系总和问题,即社约物问题。现实的人总是处在具体的历史条件下与特定的社会关系中的人,一般系统人"生活"的社会本质体现在自身的社会关系中。人的相互自组织活动创造了社会关系社约物,社约物对社会具有整体性意义,对于生活在社会中的个人具有统领性作用,任何现实的人都必须以此作为自己的活动条件和发展背景。

社约物的丰富发展是人的发展的重要内容,当个人与他人建立社会关系时便把自己融入与他人的互动中,他们之间自觉自组织转化为社会性的活动,人的个体性存在就成为一种社会系统社约物支配的存在。一方面,社约物越发展丰富,服务保障功能越丰富和强大,人就越能突破各种条件的限制不断融入他人力量帮助自我获得更大发展;另一方面,社约物越发展丰富,区别控制约束功能越复杂,人在社会中受不同区域制约和协调控制的纪律法规和制度等就越来越庞大、精细和复杂,控制越灵敏。人的自分形发展必须依靠社会系统,必须依靠自己参与并生成的社约物合力。离开了社约物,人的发展是不可能的。人的自分形发展与社约物整形力发展具有抽象一致性,直接同一于"人类"存在和发展本意。

社约物来源于人,人是社约物的主体。人是社约物的创造者也是社约物的承载者和携带者。社约物是人与人自组织生成的一种关系性涌生相对独立物存在,核心内容之一表现为社会中人与人之间的关系。任何现实的人都需要在社约物中获得关于自我的具体的规定性,社约物决定了一般系统人"生活"本质的生成。

人是社会的基本要素,人与人生成个体系统人社约物关系,群体之间生成组织系统人社约物关系,人与群体之间生成人往复运动于个体系统人和组织系统人之间的社约物关系,它们构成了社会关系的基本研究内容。社约物使整个人类以系统形式凝聚在一起,以自组织开展社会生产劳动和生活,具有人类系统非线性放大的无比强大的力量,以集体智慧推动人类认识世界和改造世界,创造幸福美好生活。

人生活于历史进程之中,总是处在一定的前人遗留的和自己建立的各种各样的社会关系中。个人在社会系统自组织活动中获取自己的关于人的位置或地位等个人状况与其社会关系是相应对等的——本质上是由社会物决定的。对此马克思说:"在一定的、当然不以意志为转移的生产方式内,总有某些异己的、不仅不以分散的个人而且也不以他们的总和为转移的实际力量统治着人们。"[①]

[①] 《马克思恩格斯全集》第3卷,人民出版社1980年版,第273页。

在人类社会系统中，社约物支配着人类生存与发展，一方面促进人的不断进步和发展，体现协同服务保障功能；另一方面规定着人的发展的总体趋势，体现区别控制和约束功能。人的社约物生活本质具有"主动"和"受动"两个方面：人作为社约物的主体和创造者，在不断地进行着主动改善和建立符合人之本意的社约物的主体性活动，在不断地创造美好新生活；人作为社约物的承载者，在某种意义上限制着人，人的发展始终受制于社约物支配运行表现的"一定的社会关系及其内在的客观规律"。这两者统一，确保人主动和被动生活于社约物海洋，才能拥有自己的独特社约性和一般社会性。

总地来说，一般系统人，一半是有机实体，一半是社约物。

人作为人类社会的一员，参与构成整个人类社会，人类社会系统反过来保障着人的生活。人为了获得自我，而具有自私和唯利是图的本性；人为了获得来自整体保障的安全感和力量，而具有社约物本性。人是这两者的统一体，在现实生活中，时而表现出自私，时而表现出奉献，社约物把人同他人联系在一起，把人同事物联系在一起，这构成了一般系统人"生活"的社会系统总体本质。

人不会停止自分形优化发展，社会不会停下前进的脚步，人类社会系统总体本质也是不断演化发展的。社约物协调着人的层次需求，协调着人追求幸福和追求可持续生存的方方面面。

人，活着明己，共我生活；以己为人，以人为己；人伦之理，本意幸福；人己社约，根脉延续。

人在人类社会中生活，人类的生活在社约物中延续。每个人都本能地自分形最大化，表现出自私自利，同时每个人都是社会人，表现出转让了贡献自己的力量；人第一本意是自私的，但为了自私的本意，在现实中不得不"为公"，为了实现自私的最大化，就必须投入"为公"最大化。"为公"即社约物。人是万物之灵，以高贵的思维指导自己的行为，认识世界，改造世界，人人为公，创造社约物，社约物反过来保障和服务每个人自分形最大化。

每个人的生活都是由社约物支配的。我们走过大街小巷，人来人往，每个人都携带有社约物束缚之属性。人不能离开他的国家，不能离开他的社区，不能离开他的家人，否则他将成为野人，犹如狼孩一样。任何一个人，只要脱离于动物，成为真正的社会人，则必须自觉融入和接受社约物的支配，这是我们共同的生活。我的生活中有你，靠社约物来协同；你的生活中有我，靠社约物来协同；他的生活中有你和我，靠自组织社约物来协同……我们的生活是共同的，共同生活产生社约物海洋，同呼吸共命运于社约物海洋。我们创造美好的社约物，则幸福在向我们招手；我们滥造恶劣社约物，则黑暗在向我们伸出魔爪。社约物有时候像镜子,你对它笑,它回报微笑;你对它哭,他回报沮丧;你付出,它给你回报;你过度索取,它加倍要你偿还。社约物有时候像母亲,当你快乐时,它陪你快乐;当你幸福时,它才幸福;当你成功时,它才成功;当你痛苦时,它也痛苦;当你失意时,它给你鼓励;当你沮丧时,它给你动力。社约物有时候像正义的女神,当你恶毒时,它会给你警告;你失德,它会给予拯救;你违纪违法,它会给予惩罚;它会让符合社约物正义之人幸福久远,它也会让践踏社约物正义之人寸步难行……

　　社约物到底像什么?生活中有什么,它就像什么。社约物与社约人一一对应,社约物与社约人的生活一一对应,生活有多大,社约物就有多大;生活到达哪里,社约物就支配到哪里;社约物就是人类社会系统之"看不见的手",它每时每刻都保障着我们、约束着我们、支配着我们,它表达着一般系统人社会生活关系的总体本质。

　　(三) 一般系统人社约生活的自我辩证发展动力

　　恩格斯指出:"社会力量完全像自然力一样,在我们还没有认识和考虑到它们的时候,起着盲目的、强制和破坏的作用。但是,一旦我们认识了它们,理解了它们的活动、方向和作用,那么,要使它们越来越服从我们的意志并利用它们来达到我们的目的,就完全取决于我们了。"[①] 社会力和自然力是相对区别的,社会力侧重于系统不可分的有机整体力,而自然力侧重于系统中可分的机械力,但它们遵循共同的一般系统规律。对自然力,人类的认识已经较为丰富和成熟;对社会力量而言,人们虽然认识了部分规律但尚未充分,还没有充分理解它们的活动、方向和作用,以至于未能充分驾驭它们。那么,恩格斯所说的社会力量的"它们"是什么呢?

　　传统科学对社会力量中"它们"的回答并不能让人们满意,这给系统科学思维出场提供了舞台。贝塔朗菲认为:"社会学及其有关领域实质上是研究人类集团或系统,从家庭或工作组等小集团,经历无数正式非正式组织的中间单位,到国家、势力集团、国际关系这样最大单位。许多提供理论表述的尝试都是系统概念这个领域中的某个同义语的阐述。最终人类历史问题将会是系统观点的可能最广泛的应用。"[②] 人对自身的研究是贯穿整个人类历史始终的。然而,在整个人类知识中,人对自身的知识是缺乏的,原因之一是受机械论还原论的局限,系统科学在反对还原论和机械论基础上建立并发展起来,给人类自身研究

[①] 《马克思恩格斯选集》第3卷,人民出版社1995年版,第630页。
[②] 贝塔朗菲:《一般系统论》,社会科学文献出版社1987年版,第164页。

带来了新的方法和工具。

人类社会系统与自然系统遵循共同的一般物质系统涌生原理，表现出物质世界具有的"大前提—小前提—结论"自我辩证逻辑，包括"任何事物都具有本能自分形最大化动力"和"各事物本能自分形最大化动力之间自组织协同涌现出系统整形支配力"及它们博弈契约性妥协的现实系统。在自然界，矿物植物等物自体系统由于缺乏有效相对独立涌生事物（意识），可近似地认为其是无意识的和盲目的，相互之间通常以机械关系形式存在；在人类社会系统中，人类创造历史的活动是人在高度相对独立涌生事物（意识）支配下的自分形活动，自组织涌现规律支配人类社会系统演化发展。人是有意识地自觉追求目的的社会力量主体，既是系统的有机高级动物，又是系统的类群体组织。这里在一般系统人基础上探讨社会力量中的"它们"。

1. 人类本能自分形的根本社会力

"人类的历史是不断地把自在之物转化为为我之物"[1]，人类在自然界系统自分形最大化的内容包括"不断地把自在之物转化为为我之物"，从而实现间接的自我最大化。人类历史和自然过程共同遵循物质自分形规律，物质世界的自然过程研究，可参见《系统涌生原理》[2] 相关内容；而物质世界的人类社会的自分形研究尤其复杂，正如恩格斯所说："各个人的意志——其中的每一个都希望得到他的体质和外部的、归根结底是经济的情况（或是他个人的，或是一般社会性的）使他向往的东西——虽然都达不到自己的愿望。"[3] 就绝对而言，"愿望"是各个人自分形规律支配的本我目的指向，虽然并不一定达成自己的愿望，但并不影响愿望的持续或新愿望的产生，因为这是各个人自分形存在并作用的本性。有些学者认为"每个人的自由发展是一切人的自由发展的条件"，这里认为"每个人的自由发展是一切人的自由发展的根本来源及动力"。在阶级社会，一个人自由的增加意味着另一个人自由的减少，一个阶级自由的获得意味着另一个阶级自由的沦丧——一个人（或阶级）的自由是另一个人（或阶级）自由的"障碍"。但是，人类社会始终是全部个体的系统，对此马克思说："人们的社会历史始终只是他们的个体发展的历史，而不管他们是否意识到这一点。"[4] 因此，"各个人存在自分形作用（愿望、意志与实践）"是社会力量的

---

[1] 陈志尚主编：《人学原理》，北京出版社2004年版，第42页。
[2] 温勇增：《系统涌生原理》，经济日报出版社2014年版。
[3] 《马克思恩格斯选集》第4卷，人民出版社1995年版，第697页。
[4] 《马克思恩格斯选集》第4卷，人民出版社1995年版，第532页。

"它们"中的根本动力内容。

"每个意志都对合力有所贡献，因而是包括在这个合力里面的。"① 恩格斯同时指出："人们所预期的东西很少如愿以偿，许多预期的目的在大多数场合都互相干扰，彼此冲突……这样，无数的单个愿望和单个行动的冲突，在历史领域内造成了一种同没有意识的自然界中占统治地位的状况完全相似的状况……这样，历史事件似乎总的来说同样是由偶然性支配着的。但是，在表面上是偶然性在起作用的地方，这种偶然性始终是受内部的隐蔽着的规律支配的。"② 这里的"规律"是指"各个人自分形博弈产生社约物的支配"：一方面，无数的单个愿望和单个行动的冲突在博弈中涌现生成社约物；另一方面，相对独立的社约物隐蔽地或显现地支配着"无数的单个愿望和单个行动的冲突"。违背这个规律常常是可悲的。一名叫马丁·尼莫拉的德国新教牧师，他在美国波士顿犹太人屠杀纪念碑上铭刻了一首短诗：在德国，起初他们追杀共产主义者，我没有说话，因为我不是共产主义者；接着他们追杀犹太人，我没有说话，因为我不是犹太人；后来他们追杀公会成员，我没有说话，因为我是新教教徒；最后他们奔我而来，再也没有人站出来为我说话了。这个故事说明了一个人无视社会系统社约性协同支配下的责任和义务（社会系统自我契约）的悲惨后果。社会系统的社约性来源于你我，而不能把你我单独割裂，否则失去了系统意义；不能在你需要的时候想起了社会系统社约物的服务保障和帮助，而在所谓的不需要时，不释放社约物赋予的应当自觉提供的义务和付出——自私与冷漠是社约物正义性的毒药。

2. 人类社约物整形的核心社会力

恩格斯指出："人们总是通过每一个人追求他自己的、自觉预期的目的来创造他们的历史，而这许多按不同方向活动的愿望及其对外部世界的各种各样作用的合力，就是历史。"③ 他又指出："历史是这样创造的：最终的结构总是从许多单个的意志的相互冲突中产生出来的，而其中每一个意志，又是由于许多特殊的生活条件，才成为它所成为的那样。这样就有无数互相交错的力量，有无数个力的平行四边形，由此就产生出一个合力，即历史结果。"④ 这里，恩格斯指出了人类社会系统的共同合力——来自系统内每个人的自发的和自觉的自

---

① 《马克思恩格斯选集》第 4 卷，人民出版社 1995 年版，第 697 页。
② 《马克思恩格斯选集》第 4 卷，人民出版社 1995 年版，第 247 页。
③ 《马克思恩格斯选集》第 4 卷，人民出版社 1995 年版，第 248 页。
④ 《马克思恩格斯选集》第 4 卷，人民出版社 1995 年版，第 697 页。

分形及其相互之间的博弈，他把每个人参与博弈并贡献给"共同"的作用看成合力，但他把力与力相互作用的情况用"平行四边形"法则来求合力——这是具有当时社会科技（机械论和还原论）思想局限的。社会系统的合力来源于许多单个的意志、目的、活动，但不等于许多单个意志、目的、活动的简单相加。系统科学研究中，将这个非简单和的"合力结果"相对独立称为人类社会系统契约性涌生事物（社约物），社约物具有这样一个基本的活动方向和作用，正如恩格斯指出的："而这个结果又可以看成一个作为整体的、不自觉地和不自主地起着作用的力量的产物。因为任何一个人的愿望都会受到任何另一个人的妨碍，而最后出现的结果就是谁都没有希望过的事物。所以到目前为止的历史总是像一种自然过程一样地进行，而实质上也是服从于同一运动规律的。"[①] 社约物就是这个"结果"，是人类社会系统的作为一个整体的、不自觉地和不自主地起着作用的力量的产物。这个"产物"来源于任何一个人的愿望与任何另一个人愿望相互妨碍的博弈（常常生成谁都没有希望过的事物，即社约物）；这个"产物"对任何一个人都具有协同保障服务和区别控制约束的整合支配作用，其中协同服务保障是指"协同放大个体存在意义、保护和保障个体、满足和服务个体等"，区别控制约束是指"以共同利益或演化方向为参照，有区别地对演化个体的差异进行控制调整以及约束规范、斗争等"。综上可知，人类社会系统涌现出的这个"产物（社约物）"就是社会力量的"它们"的核心力量内容。

二、开明利己系统人社约的"三自"生活

（一）一般系统人开明利己社约的支配原则和方法

1. 开明利己社约的支配原则

人是思维着的动物，他来到这个世界，用思维劳动认识世界，用实践劳动改造世界，而成为万物之灵。一般系统人是"以意识高度相对独立为牵引的社约物标识的活生生的有机系统存在物"，贯穿着历史到现实逻辑，朝着未来系统目的演化发展。一般系统人在社约物海洋之中进行物质能量和信息的交换，其演化发展是受优灵意识指导和优灵实践支撑的，这成为一般系统人在社会环境中发展研究的逻辑连贯核心。人活着，当视"明己"而"区位"，当知"社约"而"正关系"，当立"社约物意志"而"树系统人理念"，正人己关系，树和合理念，追求明己社约和社约明己的统一。人是社约物海洋的动物，海阔凭鱼跃；社约物系着我们共同的生活，我们选择有所为，有所不为；假如我们抛弃社约

[①] 《马克思恩格斯选集》第4卷，人民出版社1995年版，第697页。

物，自私和冷漠杀死了我们，还要在人类社会历史的长河中，指着我们死亡的足迹说："看，这就是一盘散沙。"

开明利己社约支配的原则条件如下：一是供给能力、需求能力的存在，供给势能差和需求势能差存在现实驱动力；二是双赢的社会契约性博弈；三是社约构成的合理有效途径及稳定运行和发展。开明利己社约支配运行的原则是社约共同最大化。

中国传统文明的社约物支配具有中国特色。中国传统文明特色社约物精神意志的特点是"自强不息的刚健精神"和"厚德载物的宽容精神"，它们恰恰是"自分形明己"和"共我整形和谐发展"的典范。中国特色社约物展现了自我辩证逻辑与共我辩证逻辑的辩证统一之偏向共我和谐发展的内容，集中表现为"修齐治平"的辩证统一。开明利己主义的国家文明价值与世界平均文明的比值决定了国家文明价值。中国开明利己主义社约物价值成效的轨迹表明，古代中国从弱小到唐朝达到峰顶，然后开始下降到清朝到达谷底，它犹如正弦曲线运行，当前正向峰顶运行实现伟大复兴。

中华文明特色社约物支撑中国系统人，也正在支撑崛起的中国系统，行进在实现中华民族伟大复兴的征途上。承古中国文明之"修齐治平"思想，树"修齐营治平"之系统人理念，将"修身、齐家、治国、平天下"，完善为"修身、齐家、营企、治国、社约物平天下"，修其身，齐其家，营其企，治其国，社约物平世（平天下）。在中华民族伟大复兴的征程中，利用社约物工具研究社会实践，寻求内在自稳态、向外自适应、协同自组织创新的"三自发展"，把肉身和物质满足需求安顿好，把礼义廉耻等传统文化熏陶下的良心安顿好，把知识、智慧、思想、理念等精神安顿好，学以成人、实践成人，不断使中国人崇高起来，汇聚成中华民族伟大复兴之历史潮流。

2. 开明利己社约的差异协同最小作用量方法

差异协同最小作用量方法是人类社会自组织演化发展的综合性方法。物质世界中，分形力和整形力的相互作用形成的超循环使世界成为多元化世界。任何物质、任何事物、任何系统，都是以超循环螺旋的一般运动形式出现、存在和发展的。只有分形，那么，我们只会看到单调的世界；由于分形与涌生事物整形存在的共同作用，可以看到"从夸克到美洲豹"的世界。分形力和整形力的超循环相互作用是世界一般系统运动形式的系统描述，是辩证法的否定之否定规律的系统化描述。物质秩点自分形力是世界运动的自我动力——它自然地具有一种自我最大化显现的趋势。具体来看，分形最大化表现为最小作用量原理——可以表现为指某一系统在该系统目的态下消耗的总的物质、能量和信息最小。正如乌杰教授所说:"凡是符合最小作用量原理的物质都是和谐的。"① 通常在实际中对某一目的态下消耗的能量进行研究,追求系统内诸多秩点组分能够以最小的"能量"实现最大的价值目标。

在社会系统中,一般系统人自分形最大化同来自社会系统的整形是需要博弈自组织的,它们遵循人类在社会系统中实践的"最小作用量原理"。因此,一般系统人应当学会控制其在社会和自然系统中的自分形最大化的"主观自由",正如马克思所说:"在这个领域内的自由只能是:社会化的人,联合起来的生产者,将合理地调节他们和自然之间的物质变换,把它置于他们的共同控制之下,而不让它作为盲目的力量来统治自己;靠消耗最小的力量,在最无愧于和最适合于他们的人类本性的条件下来进行这种物质变换。"② 整个人类社会历史中,一般系统人自分形最大化与来自更大环境系统的自约物整形之间存在普遍性博弈,比如生产力是指人立足环境改造社会与自然的自分形力,生产关系是指人类社会系统生产劳动的共同关系(属于社约物的内容),两者博弈会出现"生产关系必须适应生产力的性质和发展水平"这一宏观规律。生产关系对生产力的关系是一个从适应到不适应再建立新适应的过程,"适应"是博弈自组织和谐范畴,超越了这个范畴,博弈就会激化到矛盾对抗,造成原有的社约物模式质变,造成原有关系的破裂,出现生产关系社约物遭破坏,或者出现新的社会模式主导社约物下的生产关系。

自分形是人类社会系统中的根本动力,社约物是人类社会系统中的核心力量;根本动力要以人类系统共同的核心力量显现,核心力量要依靠人类系统中个体自分形根本动力推动。因此,探讨自分形力和整形力的辩证关系,驾驭"社约物"之"看不见的手"的活动、方向和作用,把握社约物"最小作用量原理"支配,这将具有积极的现实意义。

(二)开明利己社约下的"自稳态生活"

一般系统人自稳态运行,包括了自分形的自推动和自约物的自稳定两个方面,自推动是正反馈作用,自稳定是负反馈的稳定作用。自稳态是这两者的有机整合。一般系统人自稳态运行,一方面要以内心的呼唤和需求为指引,另一方面要以正义的理性和刚性规律为指导,两者有机融合,实现一般系统人在某目的态方向上的自组织耗散平衡。一般系统人自稳态的耗散平衡满足感,主要

---

① 注:杨贵通教授于2008年第1期《系统科学学报》的《构建和谐社会的基础探讨——系统辩证学原理的应用》一文中就乌杰教授的观点给出了必要的数学证明。
② 《马克思恩格斯全集》第25卷,人民出版社1974年版,第926-927页。

表现满足的快乐、幸福和优秀等方面。自稳态幸福方面，是指需求满足稳态获得及其优化，包括自我比较（即自我超越）和他我比较的优越感获得及释放，这种"优化"是内在的，需要相应能力来支撑。自稳态快乐方面，主要是指身体机能需求得到了某种满足和释放，这种"满足"更多在于身体和生理方面表现，需要利用智慧来选择需求的非平衡释放与满足。自稳态优秀方面，是指一般系统人自我社约物运行模式对外表现的比较优化的意义和价值，它需要社会环境保障。

从人类发展历史来看，个体系统人自稳态是第一个问题。个体系统人自稳态，是每个人自然个体存在并发展的作为一个系统的基本要求。人作为一个具体动态系统，与环境有交换，交换之一表现为需求，交换之二表现为释放。需求和释放，使个体作为一个系统在自然和社会的开放系统中形成一个具有稳定状态的系统。

个体自稳态使系统成为一个系统，并在这个基础上面对世界的发展和变化，做出相应的响动；响动必然导致个体系统的涌生事物（意识和思想）或组分事物（个体组织、细胞、器官的长大、衰弱等，或者其他组分事物进入，比如食物、各种物质、各种病菌进入，或组分事物的离开，比如排泄、病除、器官组织的脱落等）变化，变化的系统内部事物要求个体需要进入新的稳态——寻求新的稳态，而不能因为变化而导致原稳态系统崩溃——当然，当精神或物质变化达到一定程度，个体处理不好是会产生个体系统崩溃现象的，比如精神崩溃导致死亡、身体受创导致死亡等。一是个体实体组织的自稳态。个体的实体组织系统的内部细胞、器官等不同级别子系统，要不断地与外界进行物质能量信息的交流与交换，在人实体内形成比如血液流、气流、神经流、食物或物质流等。二是个体自我社约物的自稳态。个体系统人同外界的交换，既包括了粪便、汗液体液、废气等实体排泄物，也包括思想、意识和情感等精神排泄物。精神的排泄，是指把意识的涌生事物信息模式排泄，包括了单纯的释放（减压），更多的是需要得到环境的响应，而使该涌生事物信息模式能得到更加有效的相对独立显现，确立其在人系统中和环境中的地位（这是精神和情感的需求，常以物质的形式体现，因为这是一个系统行为，涌生事物不能单独存在），它们以文字、语言、信息等形式被携带满足人类精神的需求。人类的发展表明，实体组织自稳态和自我社约物自稳态是有机统一的，当人类的科学水平和认识水平还很低的时期（比如原始社会等），人类主要解决实体身体自稳态问题，即解决生存和食物问题，精神自稳态问题直接借助了神话来满足；当人类的科学水平不断发展，人类主要实体身体自稳态问题即生存和食物已经得到巨大满足，人文则不断获得进步。

在认识方面,一般系统人表现出认识自稳态内容。构建主义者认为,观察者和整个认知系统处于一个奇妙的自我相关之中。皮亚杰提出了一个十分著名的认知理论。他认为婴儿的认识发生取决于同化和接纳这两个基本过程的相互作用。同化是确定自己哪些行为可以作用于事物的过程;接纳是一个行为被调整到符合被同化的客体所需要的过程,例如孩子抓东西,行为必须根据抓的东西大小、重量、样子进行调整。皮亚杰认为,当同化和接纳达到平衡时,意味着认知过程告一段落和客体概念的建立。[1] 金观涛从构建主义和系统科学的角度进行探讨,肯定认知结构、承认神经网络及整个系统的封闭耦合的存在,从而彻底而深刻地挖掘了本征态和认知结构封闭性的意义。他认为:人对"客观实在"的识别是知觉是神经网络中的"本征态"。无论是进化的动力还是人的神经系统在学习中定型的机制都保证神经系统结构变化实际上都是朝着使整个系统环境变量成为内稳态方向前进的……无论是一只猫眼中作为食物的耗子,还是婴儿手中的拨浪鼓,它们作为不同系统中的本征态乃是因为自组织系统趋于稳定的结果。[2] 人对客体的认知是自耦合系统的本征态。在人类主控意识条件下,我们并不是对任何事物都能获得认知的自耦合系统,尤其是有效的自耦合系统。它取决于,主控意识下的不断实践,而使对认识的自耦合不断地趋于有效和同一。

在生活实践方面,一般系统人追求满足需求的自稳态内容。一般系统人自稳态,是根据系统聚合存在或履行系统机能(本能)的要求对环境的需求以及释放过程中保持的系统整体稳定演化发展的状态或过程,包括了一般系统人身体或实体的内在自稳态,包括了情感或精神的内在自稳态,也包括了身心与外在环境的协同自稳态。马斯诺提出了人的生理、安全、情感和归属需求、尊重、自我实现需求层次理论。生理和安全需求是保障个体实体稳定的必要条件,没有满足生理上的吃喝拉撒睡等,没有安全,就不能保证个体作为一个相对独立系统的存在,更别说作为一个稳定状态的维系它和发展它。情感和归属需求、尊重需求,主要是指个体系统人的情感和精神方面的稳定运行。人的意识相对独立及其运行,既要满足一定的形成条件,形成后又由自身运行和支配的规律,表现出情感或精神方面的需求。自我实现需求是一般系统人最高的需求,任何系统人的自我实现需求,没有最好的,只有优化的、更好的——具体体现为满

---

[1] T. G. Bower. Development in infancy, by W. H. Freeman and Company, 1974, p.147.
[2] 金观涛:《系统的哲学》,新星出版社2005年版,第44页。

意的和有效用的。

自稳态是一种系统平衡论。冯特心理学是以身心平行论为基础的，冯特说，"心理过程与身体过程特别是与脑内物理过程相联系，这是普遍性的真理，二者有一致的协调性"。这里认为，一般系统人物理实体同社约物之间是有机协调统一的，对个体系统人而言需要达到身体肌体与心理意识之间的"身心平衡"，对组织系统人而言需要达到个体系统人与社约物之间的"人约平衡"。一般系统人自稳态，是系统的自组织的稳定态，是人类社会系统中平等原则和民主原则的发源地。一般系统人自稳态运行，要注重培养情商（EQ）、健康商（HQ）和意志力商（WQ），其中健康商培养要注意平衡饮食、有氧运动和心态平衡，情商培养包括以下方面：（1）控制自己和他人情绪的能力；（2）语言沟通和交往能力；（3）把握和调控自己情绪指数的能力；（4）把握他人动机和需求的协调管理能力；（5）不断提高认知能力。意志力商是系统人执着抵达系统目的态，实现系统人稳态追求平衡的能力保障。

（三）开明利己社约下的"自组织生活"

一般系统人的自组织生活，是一般系统人自分形能动性与他组织被动性的有机统一，是社会心理学和精神分析学的实践运用，是自然选择的和竞争生存的具体化。一般系统人自分形最大化，以主观能动实现主体自身系统的内部组分的层次结果关系的稳定和发展，实现系统内部"流"的功能实现，保障系统整体以现实"人"的形式存在和发展，使人成为人，维系人之所以成为人，为人成为人提供物质基础和系统平台。人是社会系统的人，人所处社会系统之社约物对其具有服务保障和约束控制意义，尤其具有他组织控制约束功能，具有他组织意义。两者自适应博弈自组织，即是一般系统人的自适应生活。一般系统人的自组织生活集中表现出分工组合的社会系统生活。

社会分工与社会层次系统结构决定了，每个人都具有自己生存的社会层次环境。每个个体在某一时刻一定处于社会某一层次，不存在社会某一层次的社会个体是不存在的。如何划分社会的层这是一个复杂的问题，有按照工作划分的，有按照权利和自由程度划分的，等等。层的存在和划分是社会发展的需要，也是社会系统一种存在和发展的外在表现的硬性的划分，是相对客观的。社会层与层之间由上层建筑制定了社会层原则，存在某些层获得某些利益，进入某些层需要具备某些条件和素质能力。人一定要有层归属。层归属原则是对人类认识和实践的基本原则。笼统来说，就是适者生存原则。首先，人类层归属原则体现在认识上。在宏观上来讲，人类作为世界的一个层，它有一定的限定，比如从空间上来讲，不能超越某些生存层次，不能没有空气，不能没有食物，也不能看到眼睛无法看到的光，不能听到语音声波范围之外的声响，不能感触到触觉神经灵敏度外的感触……人类就在这么一个层次，超越了这些层次，人类是不能直接认识和感知的。当然，人类是能够间接感知某些非归属层的世界，这需要依靠工具。其次，人类层归属原则是人类思维定式的直接来源。常年坐在井底的青蛙，是认为天空只有井口大的，常年在某一环境下生活的人，那么他就只认识该环境。思维定式问题，是一个人类生存的基本问题。人类由于环境不同，身体系统机能不同，它所能够处于的层次不同。人作为一个系统，需要找到一个合适的归属层，这个归属层能够使人系统与环境、机能与认识、思想和意志是能够发展平衡的。层归属原则，没有形成定式的时候是可以培养的，一旦形成定式后就相对固化，比如农老汉在农村种了一辈子地，适应了农村，习惯了劳动，这就是一种定式，形成了层归属性，尽管富裕了，但他还是觉得适当的劳动才能使他感觉充实和快乐。再比如，曾经流行的各种私人会所，这也是某种环境的层归属，因在这个层，某些人或者某圈子的人才觉得是一种归属——尽管这种归属是不很正常的、不值得推崇的。人类层归属并没有高低之分，一切层都是平等的。人生而平等，人在不同层，而不同层在社会系统中的位置、分工和协调机能的性能不同。人类社会作为一个整体系统可分为固定细胞层、器官层、躯干层、骨干层、神经层和血液层。人是基本组分，家庭是固定细胞层，集体是器官层，政府是躯干、骨干和神经层，信息是血液层。人类社会的工作分工不同，而形成的工作种类层是人类生活的基本层归属。工种的层划分是层归属原则的基本表现。层归属原则是实践和改造世界的基本出发点。没有归属层，无以存体、无以立身、无以起足，归属层是认识、实践和改造世界的基本出发点，也是实事求是的基本出发点。

　　一般系统人自适应的层媒介关系。因为个体存在社会的层是相对的，它在于社会系统之中，但个体不是固定不变的，社会也不是固定不变的。首先层与社会的其他层是密切联系的，个体处于自身的相对存在层，通过社会的中间层与其他个体、其他层发生关系，这个中间层称为媒介层。媒介层，穿透于个体存在层与个体实践目的层之间的序，它使个体与其他层其他个体发生有效作用。媒介层中，个体不离开自身层次，通过相邻层次的组分、信息和能量，通向目的层次，而实现目的层次对自身所在层次的反馈利益。比如，种土豆的农民可以通过媒体层，把土豆丰收的信息传递给商贸企业，商贸企业获得信息之后自动找到农民收购土豆。人类的最大优点就是，通过科学技术和智慧，使非归属层世界的信息通过媒介原则，显现到归属层世界，而被感知。只讲层归属原则是僵死的，是机械的；但是，层归属原则是最基本的。世界并不是僵死的，媒介原则是实现层与层相互联系相互关联的原则,这个原则也是普遍存在的。媒介原则是人和外部事物相互联系的原则,是外部事物与外部事物相互联系的原则,是人脑内部事物与内部事物相互联系的原则。层媒介原则是复杂的,有些层与层之间的关系容易融合,有些层与层之间关系非常少,难以相互成为媒介,有些层与层之间关系稳定,有些层与层之间关系复杂,变化快,难以规范,难以把握。

一般系统人自适应的层跃迁变化,是个体在社会系统中必须面对的适者生存显现。个体在社会系统中,不管你处于哪个层次,都是变化发展的。社会系统是发展的,即使个体不发展,社会发展了,个体在社会的层次被迫进入社会系统发展的层次,当然也有可能跌入别的层次,也有可能别的更高的层次会选择个体,这是社会的层次选择。如果个体发展了,即使社会还没有发展,个体可以主动地进入社会的其他层次,这是个体的主动适应社会层次。通常而言,个体的社会层属选择是双向的,既有社会的选择,也有个体主动的选择。由于层次选择的这种相互性和双向性,从外在来看,个体在社会系统的不同层次和不同子系统之间存在游走,时常可以看见成千上万的个体在不同的层次之间不断地穿梭。因此,该原则称为层穿透原则。层穿透原则就是发展变化的原则,也是层涌现原则。事物系统在基本层归属基点上,可以向上、下穿透,可以逐级也可以是越级的;事物系统可因发展变化进入别的层,可以构成新的层,它们都是涌现的结果。

狼群具有不同的等级,有首领、有地位高的狼、有地位低的狼,狼根据自己的能力在狼群具有自己的地位,它必须适应这个地位,否则它可能被淘汰。狮群和猴群等各种群居动物也具有这种个体自稳态和层属自适应问题。通常来说,群居动物都具有一般群居系统的个体自稳态和层属自适应特性。

人必然是环境的人,必然是社会的人。任何事物都具有自己的层归属,它不归属于这层,必然归属于另一层。比如客观实体的桌子不属于粒子层,也不属于宇宙层,为什么偏偏归属于桌子层?五六岁的孩子,为什么是个孩童?十几岁的孩子为什么应当是个学生,而不是政府官员,不是教师,不是工人?很多现实生活着的人也常常感慨,我为什么是个农民,而不是官员;我为什么只是工人,而不是老板?当然,也有些生活着的人,为我是个农民感到满足,为自己是一个平凡岗位上的工人而感到知足,更有很多人在自己默默无闻的岗位上干出惊人的业绩。人是社会关系的总和。人是社会系统中的一个实体组分,人在社会系统中具有能动力,可以处于社会系统的不同层次,可以处于社会系统的不同子系统;但同时社会系统对个体实体也具有系统约束力,使具体的实体个体一定处于社会系统的某一层次或某一子系统。人的能动力与社会系统的约束力之间的关系是辩证的。

当人类出现社会分工和分层,人类就有层归属问题,比如奴隶与奴隶主、农民与地主、资本家与工人,等等。个体处于某个阶层,或干某个工种,有一个层归属适应的问题。人类社会的每一个层次都是平等的,每一个子系统都是平等的,因为人生而平等。但事实上,从人类社会发展来看,并没有完全实现这一点,奴隶社会有奴隶与奴隶主层次,他们地位是不平等的;封建社会有农民与地主层次,他们地位是不平等的;资本主义社会有工人与剥削资本家层次,他们的地位也是不平等的;即使当前发展中的社会主义社会人民内部各层次的矛盾也非常复杂。从理想角度来讲,由于人性是平等的,因此由不同个体组成的各个社会子系统或各个层次也是平等的,共产主义理性为我们指明了人类在各个层次都将走向平等。人一旦具有系统实体,这个实体系统就必须有一个存在环境——在社会大系统中,就是社会系统的子系统或层次。人生而处于某一个层次,这是个体实体的出生层次,在中国看来,这是非常有讲究的,比如出身农民,出身帝王之家,出身将相之后,这些出身第一时间决定了实体个体生存和发展的社会层属。现在的某些档案还有"成分"一栏,成分可填写农民、学生、工人、干部等。虽然个体人实体进入社会系统,具有出身层属,但出身层属并不一定是个体实体的终身层属,比如,鲤鱼跳龙门,农民可以通过奋斗改变自己的人生成为政府官员,帝王将相之后可能由于学生荒废和无能而败落成为农民。通常来说,现在的社会,层属越来越密集,越来越复杂,层属可以包括不同的工作、不同的工种、不同的企业、不同的地域环境等,许多许多的人,尤其是年轻人,在不停地换工作,在不停地跳槽,在不同的层之间穿梭。当然,有些工作是属于一个社会系统层的,即使他从这个企业或这个岗位调整到另一个企业或另一岗位,也是处于社会系统的同一个层次,比如做保险推销的,在某公司工作,与在其他保险公司工作,是同属于一个社会系统层次,但如果他从推销保险到成为科学家或者高官,他就实现了层穿梭,居于新的社会系统层次。

(四)开明利己社约下的"自适应生活"

个体自稳态是强调个体按照系统要求的自生稳定存在形态。它侧重于个体能动和社会系统约束之间的研究,这应当放在社会动态系统这个复杂适应系统中展开。实体个体,强调复杂适应,他并不是直接地适应整个社会系统的全部,而是首先适应实体个体所处于的当下——所谓"当下"是指个体所处在的社会层次或社会子系统,这是实体个体的第一存在基础,是实体个体的第一面对。实体个体对于社会的适应,是一种典型的自适应,通过调整自身状态适应环境,同时根据环境的改变调整自身状态的改变，使个体与社会环境保持一种内在的稳定的有效的系统相互关系。个体实体依靠系统而存在，从系统环境中获得生存和发展的负熵，同时，个体作为社会系统的一个组分，推动社会系统的存在和发展。在个体实体自适应过程中，个体实体与其他诸多个体实体的关系处理，成为个体自适应的核心内容之一。个体对所在社会层次或子系统的自适应，表现为个体与个体在层属利益或子系统利益条件下的博弈。

如果个体的能力适应某个具体的社会层次，同时该社会层次能够提供个体实体生存发展的负熵，这两者达到某种适合的匹配，我们称这种个体层属自适应是稳定的。但是，如果不具有合适的匹配，即具有不稳定性，则出现两种情况，要么个体实体逃逸该层，要么该层淘汰该个体，比如个体不满足当一个农民，他可能要努力进城市当工人或做生意；而一个商人不能适应市场经济，他可能赔得血本无归而被市场经济层淘汰。人类社会作为一个庞大的系统，内部有数量巨大的层次和子系统，个体处于一个层次并不是不接触其他层次，也并不是不影响其他层次。总地来说，层属自适应包括层存在原则、层媒介原则和层穿越原则。层归属原则是人类生活的基本原则。层归属媒介原则是人类生活的相互联系原则。层归属穿透原则是人类生活的发展原则。

层属自适应是个体存在和发展的体现。个体的价值必须在这里实现。个体受到社会尊重、个体的自我在社会中的价值实现都是在这里得到实现的。层属自适应，与个体自稳态并不是割裂的，而是相互促进的。通常来说，个体自稳态，促进层属自适应的完成；层属自适应的状态良好，增强个体自稳态。两者是一体的。反之，个体自稳态弱，则必然影响层属自适应，层属自适应不好，必然影响个体自稳态。比如，身体不好，精神状态不好，能力不强，素质不高，必然影响个体在社会某一层次、某一子系统、某一工作单位的工作，严重的时候，可能会被炒鱿鱼。通常来说，个体的层属自适应不好，工作不顺利、不顺心、工作吃力、工作没效率，可能影响心情、影响精神，也可能影响收入，这些必然影响个体的身心系统；当然，也有可能把这种压力变化为动力，使个体自稳态进入新的发展，或者发生质的变化，改变个体自稳态。个体自稳态和层属自适应的关系是密切相关的，是不可分割的。修身养性，干事业，是一体的。

不同的主体面对不同的生活对象和生活环境，有不同的生活方法。一般系统人的自适应生活包括简约主义自适应法和复杂主义自适应法，两者的有机结合在现实中是追求效用自适应目的。

1. 简约主义自适应法

简约主义或极简主义生活方式，是自适应的一种取向。极简主义生活是对自身的再认识，对自由的再定义，其核心是通过对自身需求的调整，实现对社会的有效适应而实现自分形最大化——价值最大化。极简主义追求，以有限的时间和精力，专注地追求最重要的需求，从而获得最大幸福。放弃不能带来效用的物品，控制徒增烦恼的精神活动，简单生活，从而获得最大的精神自由。

简约主义自适应主要体现为三个方面：一是调整自己的需求和愿望。反省自己，了解自己的真实欲望，不受外在潮流的影响，不盲从，不跟风。把自己的精力全部用在自己最迫切的欲望上，如提升专业素养、照顾家庭、关心朋友、追求美食等。了解、选择、专注于自己真正想从事的活动，充分学习、提高。不盲目浪费自己的时间与精力。二是通过简化需求而简化生活。简化物质生活，将家中超过一年不用的物品丢弃、送人、出售或捐赠，比如看过的杂志、书，不再穿的衣服，早先收到的各种礼物或装饰品。重点需求，重点保障，确有必要的物品，买最好的，充分使用它。不囤东西，不用便宜货、次品。精简出门行头，只带"身手钥纸钱"。精简银行卡，仅保留一张借记卡一张信用卡。不做无效社交。穿着简洁，多锻炼。以慢生活为主，提高生命质量。三是精简信息、有效利用时间和高效工作。精简信息输入源头，减少使用社交网络、即时通讯。少看微博、朋友圈。定期远离互联网、远离手机，避免信息骚扰。不关注与己无关的娱乐、社会新闻。关注少而精，宁缺毋滥。时间线干净。写东西、说话，尽可能简单、直接、清楚，多用名词、动词，少用形容词、副词。工作不拖延，一次只专注做一件事，简洁高效。

简约主义自适应方法，前提是调整自身需求，以集中有效资源实现最大价值。但由于人是丰富情感和生活的动物，过于简约就失去了丰富，因此，在繁杂之中进行极简调节自适应是值得提倡的。

2. 复杂主义自适应法

信息社会和知识爆炸的时代，人类社会复杂性以信息复杂性而直接有效地表达出来，适应人类社会，则必须适应其复杂性。博览群书，由薄到厚，由厚到薄。积累经验，丰富生活阅历，明确自己的欲望和需求。

复杂主义自适应法重在学习，进行复杂性学习。教育与学习的目的是实现主动的社会自适应，而不是被动的适应。龙应台与21岁儿子的对话在微信传播，她说："孩子，我要求你读书用功，不是因为我要你跟别人比成绩，而是因为，我希望你将来会拥有选择的权利，选择有意义、有时间的工作，而不是被迫谋生。"这里说明人的层属自适应方向应是自稳态幸福和可持续生存。主动自适应选择工作，工作不把你绑架和不把你的生活架空，你就有成就感和尊严，这使自身系统获得自稳态的快乐与幸福。德国的画家提摩一会儿学外语翻译，一会儿学做木工，18岁失业，41岁仍旧失业，没有结婚，没有小孩，跟80岁的母亲生活；画长颈鹿的提摩或许没能充分建立"选择有意义、有时间的工作"的能力，被迫谋生就难以找到更多更充分的生活快乐和生活意义。主动自适应的生活，综合起来就是要获得一般系统人生活的自稳态快乐、幸福与意义，表现为对工作的自适应选择性，不做工作的俘虏，而做工作的主人；表现为对快乐与幸福的追求，拥有充分体会生活的时间和空间；表现出人生的意义，拥有推动自身存在和社会发展的意义，而不是可有可无的复制品。

在日益复杂的人类社会系统中，要实现自适应选择性工作和生活，就必须采用复杂主义自适应方法。复杂主义自适应方法的要点：一是要抓住任何复杂系统内部的头绪，牵住牛鼻子；二是要抓住复杂系统复杂性临界集区和相应的控制方法；三是要抓住复杂系统的团队复杂涌生力量，借力而为，借势而为，涌立潮头浪尖，善于站在巨人的肩膀上，也善于奉献自己的肩膀成为团队的阶梯，成就别人、成就团队，就是成就自己。

三、开明利己系统人社约"四成一崇"的优化生活

"四成一崇"是指"学以成人、行以成人、使己成人、使人成人，不断崇高"；开明利己系统人社约"四成一崇"的优化生活，归结起来就是一般系统人生活的"优化"问题。

（一）一般系统人社约生活优化的总体把握

中国人民大学苗东升教授认为："系统认识论承认人的认识活动发生于显意识和潜意识两个层次，完整的认识系统是由这两个层次组成的，潜意识为显意识层次的认识提供了深厚的基础，没有潜意识就没有灵感、顿悟、直感之类非逻辑思维。……对潜意识层次认识活动的特点、机制、规律，以及如何促使潜意识转化为显意识，我现在几乎没有什么了解，系统认识论在这里还是一片空白，有待填补。"[①] 系统亚物质涌生认识论的原则是：当涌生亚物质没有进入到我们的研究有效范畴，则不必纠结其背后的原因，只需寻找现实的能够有效解决和说明问题的原因，即可进行机械论和还原论处理；当涌生亚物质出现有效涌现时，应当抛弃寻求表面原因的传统方法，把涌生亚物质事物当成有效亚物质进行处理。

一般系统人社约生活的系统把握，应当把研究者置于多屏幕系统的中心，即采用多屏幕方法把握。事物是普遍联系的，也是处于环境系统的历史演变进

---

① 苗东升：《系统科学精要》，中国人民大学出版社2006年版，第48页。

程中的。系统科学的多屏幕方法是一种综合研究方法，不仅考虑当前系统，还要考虑它的超系统和子系统，同时要考虑这三个系统的过去和问题，如图7-1所示：

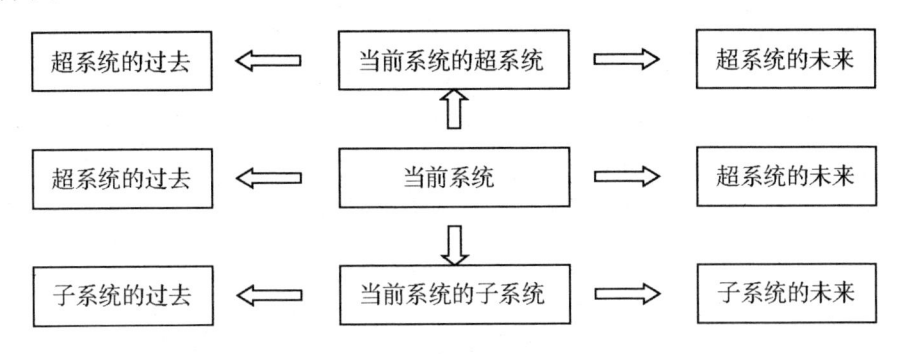

超系统的过去	⇐	当前系统的超系统	⇒	超系统的未来
		⇑		
超系统的过去	⇐	当前系统	⇒	超系统的未来
		⇓		
子系统的过去	⇐	当前系统的子系统	⇒	子系统的未来

图7-1 以"当前系统"为核心的多屏幕系统模型

一般系统人社约生活的把握，要以"当前系统"为核心，建立多屏幕系统模型，把握两者相互作用的效用性，从而在取舍的现实生活中实现对一般系统社约生活的把握。

不管你选择工人、农民、教师、公务员等哪个行业，不管你选择与天斗、与地斗、与人斗、与己斗的轰轰烈烈的生活，还是选择顺应自然、吸收地气、和谐共处、知足常乐的平平淡淡的生活，你都有一个作为一般系统人在社会生活的基本形式。首先，不管你愿意不愿意，你都来自父母，从出生开始就学习融入社会，成为社会人，表现在修身方面比如学习等；其次，每一个成年人都有欲望和繁衍的本能，为了保障其子是其子的遗传稳定性，都会组建家庭，以家庭作为社会生活的基本细胞，表现在齐家方面比如注重家风家教等；再次，人处于社会分工合作中，尤其是在物质生产方面，为了实现最优化组合生产，人都会参与以"企业"为核心的组织系统人，以经营企组织系统人为社会生活的主要内容之一，表现在营企方面比如参加工作、成立党派组织、创办企业等；再其次，公务员携带和行使运行国家公民转让和赋予的公共权力，进行公共服务，以治理国家系统为社会生活的主要内容之一，表现在参与治国方面比如政府行政机关和事业单位人员开展服务工作和国家治理工作等；最后，人作为一个完整的人类系统，打破行业限制，打破国家和区域限制，以创造传播推广整个人类优化文明为社会生活的主要内容之一，表现在平世方面比如创造文明、传播文明、保卫正义、保卫人类和人道等。一般系统人的"生活"，根据其在整个人类大系统中的层次位置活动不同，可区分"修身""齐家""营企""治国"

"平世"等五种基本活动内容。每个个体系统人只要生活，则生活在其中。

人是为自分形优化的天性优良而活着的，追求安全、平等、幸福、自由的认识世界和改造世界进程，行走在可持续发展的道路上。这里把其提炼为"优化意识社约物"。优化意识社约物支配人类系统发展的具体内容可表现为：（1）个体自稳态，个体作为一个系统追求内部物质和精神获得满足的稳态幸福；（2）层属于自适应，个体作为人类系统的组分追求外部环境的自适应稳态幸福，根据典型系统的层次转化规律，社会系统具有层次区分，每个层次的个体或组织需要适应之，并追求在此层属的最大存在价值；（3）个体和人类追求精神主宰，追求智慧、追求真理、追求人性（幸福和美丽）等的精神享受和精神主宰；（4）个体和人类追求物质主宰，追求物质财富、追求对自然界的主宰和改造。人类系统是不断发展的，在优化意志社约物支配下，永远生活在追求幸福和追求人类可持续生存与发展的进程中。优化意识社约物支配人类系统发展的具体形式表现为"修齐营治平"的形式和"忧天下—平天下—优天下"螺旋循环形态。个体在人类社会系统中生活，按中国古代儒家思想主要表现为"修齐治平"的基本形式，按照系统涌生思维来看，具有"自稳态、自适应、优灵指挥引领生活、优灵实践主宰生活"的基本运行方式，以自分形优化为根本动力，以社约物整形优化为总体动力，汇聚成"忧天下—平天下—优天下"螺旋循环生活方式及其形态。

人在自分形与整形条件下的系统运行规律，表现为优化运行逻辑。卢梭说："人生而自由，却又时时处在枷锁之中。自认为主宰一切的人，反而更像是一切的奴隶。……假如只考虑强力以及由强力得出的效果，我就要说：'当人民被迫服从时，他们做得对。然而，一旦人民能够打破自己身上的桎梏并打破它时，他们做得更对。因为人民正是依据别人剥夺他们自由之时所凭借的那种权利来恢复自己的自由的，因此人民就有理由重获自由，否则当初别人剥夺他们的自由就是毫无根据的了。'"[1] 从系统科学来看，人类社会系统的个体系统人由于具有自然的自分形力，因而如同自然世界其他事物比如飞鸟、鱼儿等一样是自由的，因为自分形最大化要求，其利益需求也是不断自由膨胀的；从另一个角度来说，鸟儿离不开天空，鱼儿离不开水，个体系统人作为秩点离不开组织系统人，组织系统人的整形力束缚着每一个个体系统人，国家作为最高组织系统人以法律、制度的整形力形式束缚着个体系统人，于是出现了"人生而自由，却又时时处在枷锁之中"。很显然，从系统科学的系统整形力来源于系统秩点自

---

[1] 卢梭：《社会契约论·论人类不平等的起源》，湖南文艺出版社2011年版，第5页。

460

分形力，则有当个体系统人自分形力与原来组织系统整形力博弈，获得胜利，即取代原来系统整形力的主导地位，则个体系统人获得了——这一时段的"自由"——即诞生了组织系统人新的涌生事物主导系统，诞生了新的整形力，诞生了新的"枷锁"……这是一个永远演化发展的超循环螺旋状态，即人类系统存在演化发展状态。如果说旧枷锁打破，个体系统人获得自由，那么仅仅是新枷锁比起旧枷锁来说，更科学更符合个体系统人自分形需求，即获得的自由 = 新枷锁 - 旧枷锁；个体系统人不能获得绝对的自由，因为处于系统的秩点是不能具有绝对自分形开显状态的。在稳定系统与稳定系统之间的过渡演化状态，社会系统秩序为其他一切的社会系统枷锁运行提供基础的力量，这种社会系统整形力包括道德与习俗、契约、制度与法律（权利）等。

（二）一般系统人社约生活的幸福优化

人类社会的幸福走向，一是个体物化意志的幸福优化，即经济和物质极大丰富并满足人类需求，提升幸福感；二是个体人化意志的幸福优化，即精神生活极大丰富并满足人类需求，提升幸福感；三是组织系统人的自约物充分自组织（自由）的整体优化，提升组织系统人自我优化带来的幸福感；四是组织系统人的他组织充分发展的整体优化，提升组织系统人的适应力、学习力、创造力、价值力等带来幸福感。世界是系统的，世界是创新的。叔本华曾说："谁要想获得同时代人的感激，就要与同时代人的步伐保持一致。但是这样的话，任何伟大的东西都不会产生。"世界的本质在于创新。世界的创新，一方面是基质的不同层级之间的转化，另一方面是同层级基质的相互作用关系的变化，再一方面是前两者的综合。熊比特说："创新是创造性破坏"，首先要破坏原来的相互作用关系，接着核心的是建立或生成新的具有目的性涌现机能的相互作用关系。人类是永远生活在创新之中的，永远生活在不断改变和发展的相互作用之中的，而优天下则是人类生活创新的支配原则。有些创新是使"基质在不同层级之间转化"，比如细胞培育成生命体，机器实现智能化，电子机械的软件智能突破，等等；有些创新是"同层级基质的相互作用关系的变化"，比如斗争变和谐，A方式变B方式，等等。麻将的和牌，每一次不同的组合都是创新，它们自身组织发展的"和牌"对比"听和"具有"优化"性，即优化是麻将"和牌"创新的支配规律。人类社会生活多姿多彩，存在千奇百怪的创新和发展，但支配这一切的内在规律是优化。

一般系统人社约物博弈总地来看是主体自分形最大化和客体（或对象）自分形最大化之间的博弈。主体的自分形最大化在社约物中主导社约物作用，表现了主体的客体化，即对象化过程。主体自分形表现了自约物意志在实践中的能动性、选择性和创造性。马克思说："正是在改造对象世界中，人才真正地证明自己是类存物。这种生产是人的能动的类生活。通过这种生活，自然界才表现为他的作品和他的现实。因此，劳动的对象是人的类的生活的对象化：人不仅像在意识中那样理智地复现自己，而且能动地、现实地复现自己，从而在他所创造的世界中直观自身。"① 客体自分形最大化在社约物中主导社约物作用，表现了客体的主体化，即非对象化。客体自分形对于主体来说是被动作用的，即表现了主体的受动性。人类周边的环境是人类生产的前提，人类在实践活动中客体对人类具有反作用力，随着人类生产环境的变迁，人的主体社约物意识包括思维能力和精神世界以及它们牵引下的实践和生活，都在不断地变化。这就是客体的主体化。可见，一般系统人社约物博弈是主体自分形最大化和对象自分形最大化的博弈，包括了主体自分形最大化和作为对象的客体自分形最大化博弈、主体自分形最大化和作为对象的主体自分形最大化博弈，前者表现为人与物的博弈，后者表现为人与人的博弈。

（三）一般系统人社约生活的可持续优化

一般系统人具有"个体—家庭—企业—国家—人类"的系统层次意义和全息意义。系统的自组织的自我调节和整理，是系统的自分形和整形的相互作用获得超循环螺旋的延续，人类系统也是如此，一方面表现为人类历史的有效延续，同时具有"全息同构"意义（并不是绝对全息，而是核心信息全息，并超循环同构）。上善若水，水善利万物而不争。圣人无常心，以百姓心为心。每一个人都有善的心思，都具有以百姓心为自己心的本质，因为每个人都是人类系统中的一分子，都是人类整体系统的组成部分。个体所具有的涌生物信息模式构成和生成整体人类系统的涌生物，个体具有人类整个系统的"全息"意义。具有某些全息意义，具有某些生成意义，也具有某些同构意义。全息的扬弃，就是"优化"。

一是个体系统人通过男人和女人繁衍的可持续优化，生殖技术发展，生物相关技术发展；二是组织系统人社约物适应个体系统人博弈演化的发展而发展，确保组织系统人的可持续优化发展；三是民族或国家组织系统人的可持续优化发展；四是整个人类系统的可持续优化发展。

整个人类的可持续优化发展。人类几千年文明史就是人类和自然关系的博弈发展史，但并非直接地就是人类系统的可持续优化发展史，至少不是最优或一直最优的发展史；比如人类在今天明白不能对自然界做杀鸡取卵的事情，否

---

① 《马克思恩格斯全集》第42卷，人民出版社1979年版，第97页。

则会遭受自然界的惩罚，显然人类系统可持续优化发展不包括此类内容。中国古代哲学的"万物一体"和"天人一体"能够很好地揭示人和自然界的系统有机整体思想，因为人类系统的社约物应当遵循所在的更大的自然界整体系统自约物的整合支配原理。西方传统文化主要表现是为了人的利益利用自然、征服自然和主宰自然，为人类统治自然指明道路和提供手段，文艺复兴以来，生产和科学实践以及人文主义精神传播，使得人们增强了对自己力量的认识和信心，逐步强大了驾驭自然和主宰自然的主体思想，"人统治自然"走向极端，人类世界的发展并不乐观，1970年罗马俱乐部发表《增长的极限》报告，"认为决定着世界体系中增长的原因和限度，如果任由其恶性循环下去，必将导致世界'系统'崩溃"[①]。很显然，"整个人类系统中增长的原因和限度"是人类系统的社约物的内容和性质范畴，因此整个人类社约物的"优化"是人类系统可持续发展的核心。

整个人类系统的社约物可持续发展包括两个方面，一方面是把整个人类作为一个系统内部的社约物确保整个系统的可持续生存和发展，另一方面是把整个人类作为一个秩点（其携带人类系统社约物意志）参与自然界系统的可持续生存和发展。通俗地说，整体人类系统社约物就是既使人类的各种需求得到满足，个人得到充分发展，又保护生态环境，不对后代人的生产和发展构成危害；体现了人类整个系统生存和发展的共同的长远的根本利益，把人类的发展摆正，确保人类同代之间和代际之间的合理性和可持续性，建立起人类整体战略高度的道德和价值新标准，把握共同性和特殊性相结合的原则，不断地优化整个人类系统社约物。其包括科学认识和处理人类整体系统自身问题，比如选择社会制度和制定政策问题、发展科学技术问题；也包括认识和处理整个人类系统同自然界的问题，比如发展道路选择问题、国家特殊性与共同性面对的自然生态保护问题等。整个人类社约物应当尽量保持代内平等、协同组织的原则，代际调控、发展机会均等化原则，从整体人类的战略高度确保社约物向公平性和可持续性方向自发地演化发展。

（四）一般系统人社约生活的价值优化

根据系统人的幸福目的、可持续生存目的以及"未来问题"，追求这三者社约物支配下人的价值和意义。

一是人对幸福追求的价值和意义。在这方面，集中表现为人对真善美的各个层次的具体追求，包括真善美的抽象层次和各具体展开的现实层次，包括了

[①] 陈志尚主编：《人学原理》，北京出版社2004年版，第51页。

对个体系统自身的物质财富积累和精神文化的积淀方面的自我满足的成就感和幸福感，核心内容一个是物质幸福，另一个是感情幸福（爱与被爱的幸福），具体包括了个体自稳态、自满足等方面的幸福感，等等。

二是人对可持续生存追求的价值和意义。在这方面，对组织系统是指对推动人类社会发展的贡献与追求，主要表现为社会系统对生产力的物质方面的发展，对政治和文化的精神方面的发展，简单来说就是对经济、政治和文化的社会化发展的推动作用的成就感和幸福感，核心的是对整个社会系统人类的繁衍生存的成就感（功在当代、造福后代）；当然对个体系统人核心的是对繁衍后代的成就感和幸福感，等等。

三是人对真善美正义荣誉追求的价值和意义。在这方面，体现为个体系统人对信仰和理想的求真追求，对伦理道德和习俗的责任担当，对民主与法制的责任担当，对至善至美的正义追求，等等，在对正义荣誉追求的参与中、博弈中、推动和建设中的成就感和幸福感。正义荣誉的追求是个体系统人的社会责任，是保障整体社会社约物的合理性、合法性、正确性的自然天性的追求，表现为正义的、人道的、没有国界的荣誉追求价值和意义，是个体系统人的内在使命必然表现之一。对真善美的正义荣誉使命的追求，是幸福生活和可持续生存的"形而上"的内容，是贯穿幸福追求和可持续生存追求的指引。现实具体的"真善美"和"经济、政治、文化等社会发展"是"形而下"的内容，是幸福追求和可持续生存追求的活生生的展开。

在人类社会系统中，把人的价值和意义追求划分为对幸福追求、对可持续追求、对真善美正义荣誉追求三大类，个体系统人可把三类按一定比例构成自身价值和意义的"系统追求"。对幸福追求，人类社会大部分人以此为第一追求，主要指主体的民众，他们主要在于通过劳动实现并提升自己的物质和精神方面幸福感，比如积累财富、收获爱情、家庭美满、生活顺心，等等。对可持续追求，人类社会中主要指政府意义的相关人员和企业相关管理人员，他们在于对整个人类系统提供可持续的和谐稳定的社会情景和社会环境，为整个人类提供循环放大的物质财富，对人类整体可持续生存具有基本意义；另外，个体系统人对可持续生存的追求，是繁衍后代（由于繁衍后代是一种本能的自然行为，通常并不刻意列为人的第一追求）。对正义荣誉的追求，这部分人主要是指社会团体（党派）、学术机构、知识分子（主要指研究者、教师、社会学家、艺术家、各种专家智囊等），等等，他们对正义荣誉进行理论探索，在实践方面，军队、法庭、正义者等作为正义荣誉的守护实践者。开始的时候，整个人类都把第一追求定位为幸福追求；慢慢地，由于社会系统社约物的携带者需要，部分人将第一追求定位为社会追求；在社会追求中，由于人类社会容易受官员政府自身局限出现异化或偏差，或者由于政府的不力而出现非正义非人道的问题，部分相对独立的人将解决这些问题，追求正义荣誉作为了第一追求。现实生活中，这三种追求的人总是在相互过渡着，相互融合着，有些在追求自身幸福的过程中，转为追求社会存在价值，有些在追求社会可持续生存价值后，转而追求正义荣誉的理论研究，当然，更多的真善美正义荣誉是在社会系统实践中的。

每逢圣诞节，美国的一位编辑总是能收到很多小孩的来信，内容大概同是关于为什么"好孩子总是得不到满足，而坏孩子总是得逞"的疑问，他后来纂文回答说，好孩子是因为上帝已经奖励他成为一个好孩子，而坏孩子是恰因为他是个坏孩子才更需要帮助！正义的荣誉是最高的奖赏。好孩子，具有正义的责任和担当，具有至高无上的荣誉；坏孩子的种种得逞，正是对其自身的"正义的责任和担当"的侵蚀，是对其至高无上荣誉的损害；上帝奖励好孩子是一个具有正义荣誉价值和意义的完整的人，上帝惩罚"坏孩子得逞"是一个缺失正义荣誉价值和意义的人；一时得逞的幸福价值和意义，却损失了正义荣誉的价值和意义，坏孩子的"得"并不偿"失"，好孩子的所谓的短暂的"失"却换来了真善美正义荣誉的至高无上的"得（德）"。

第二节　开明利己的"个体"系统人及其"社约修身"

20世纪20年代，贝塔朗菲就是在关注生物学领域的机械论和活力论的思想论战后，提出"机体论"，认为各种有机体都是按等级组织起来的，是分层次的，从活的分子到多细胞个体，再到个体的聚合物，各层系统逐级地组合起来，成为越来越高级越庞大的系统。黑格尔指出："人能超出他的自然存在，即由于作为一个有自我意识的存在，区别于外部的自然界。"[①] 黑格尔把高度相对独立的自约物意志推向绝对独立是错误的，但另一方面说明了自约物意志的最高相对独立能动特性和主体性质。人正因此而脱离一般动物。个体系统人是指具有人之普遍自然属性和个体自约物意志个性的、能够独立自主存在与演化发展的、具有构成社会的组分意义及属性的高等动物统一体。人是最高级别的有机组织整体。个体系统人研究的基础是：意识涌生事物支配和主导下的整体个人有机细胞、器官和组织的协调存在与演化发展。个体系统人是整个人类系统的颗粒

---

① 黑格尔：《小逻辑》，商务印书馆1986年版，第92页。

组分。个体系统人的基质决定了该人类社会系统可能处于某个范围的文明程度，即个体系统人基质决定了个体系统人的认识和改造世界的现实人类生活程度。个体系统人基质的内在表现为修身、养性、立德等内容，外在表现为"精、气、神、能"四个方面，它们依附在个体肉身上向外表现的整体意义可以抽象为气质、素质、才能等。这内外两个方面统一于个体系统人自约物意志支配认识和改造世界，实现自我满足需要自稳态及快乐幸福。快乐可以因优秀激发，也可以由自己调节激发，幸福创造需要能力和智慧。

综上，这里主要讨论，个体系统人自分形主体性及其动因、个体系统人性、个体系统人参与社约物支配运行的存在演化和发展等；并结合现实生活讨论以中国传统文明为基础的"修身"相关知识同社约物结合的现时代意义。

一、关于个体系统人

19世纪德国哲学家费尔巴哈把人当作其哲学的最高原则和最高称号，并把他的新哲学称为人本学。他说："旧哲学的出发点是这样一个命题：'我是一个抽象的实体，一个仅仅是思维的实体，肉体是不属于我的本质的'；新哲学则以另一个命题为出发点：'我是一个实在的感觉的本质，肉体总体就是我的'自我'，我的实体本身。'"① 费尔巴哈利用直观的唯物主义提出了肉体的、感性的人，但没有找到从抽象转为现实的道路。恩格斯指出："要从费尔巴哈的抽象的人转到现实的、活生生的人，就必须把这些人作为在历史中行动的人去考察。"② 人的第一历史活动是人对外部世界相互作用表现的实践活动，即劳动。

客观上，个体系统人首先是一个活生生的肉身有机实体物质，且具有意识高度相对独立的系统生物有机实体；其次是获得满足人的物质生活需要的资料的物质生产劳动者。人的第一历史活动，不是情欲，而是（获得）满足人的物质生活需要的资料的物质生产劳动。因为，个体系统人的第一本质是实体物质的，而情欲是其基础上的自约物意志亚物质。情欲是人系统内部自约物亚物质的自然活动，只要人有机体正常存在，则情欲就存在。因此，个体系统人研究包括两大方面：一是个体系统人物自体方面，表现为人的自然特性，包括大脑神经结构与功能、遗传倾向与生物进化等，即个体系统人作为人自然物体的性质（人物自体性，它在社约物中表现为自立性）；二是个体系统人对外相互作用方面，既在对外实践活动中生成社约物，又在生活生产和劳动中受社约物支配，

---

① 《费尔巴哈哲学著作选集》（上），商务印书馆1984年版，第169页。
② 《马克思恩格斯选集》第4卷，人民出版社1995年版，第241页。

即主体社约物同社会情景社约物的博弈相互作用——产生个体系统同社会互动性,即个体系统人的社约物性。

(一)个体系统人的相对独立

人脱离于一般动物是以高度相对独立亚物质意识为标志,而一般系统人是指以人为对象系统的相对独立的特殊研究范畴。个体系统人具有自分形主体相对独立性,牵引肉身实体进行自组织演化发展,以人脑为中心,以躯体细胞、肌肉、神经、器官等为组织,进行自分形演化形成自组织自约物意志支配的整体自分形演化相对独立。其中,低级组分比如细胞自分形最大化,推动躯体整体自分形最大化;低级自约物意志(亚物质组分)自分形最大化,推动高级自约物意志形成,即通过思维活动不断产生高级的相对指导意义的思想;这两个过程是一体的,整体相对独立,意味着个体系统人自分形相对独立。

哲学把人同世界的关系作为基本问题,为了获得一个人与世界关系的贯通,并最终获得人类在世界中的安身立命,人作为哲学的开始和最终目的。卡西尔说:"在对宇宙的最早的神话学解释中,我们总是可以发现一个原始的人类学与一个原始的宇宙学比肩而立:世界的起源问题与人的起源问题难解难分地交织在一起。"[①] 哲学诞生以后,本体论中物质、精神、上帝,都体现了人质亚物质意识与组分实体的割裂性,即将它们视为外在于人整体的存在。笛卡尔、黑格尔认为"实体即主体",虽然将本体与人的主体性结合起来了,却将主体性亚物质逻辑置于其机能物质实体,出现本末倒置。马尔库什认为,马克思关于人的本质的认识"必须在劳动、社会性和意识之中寻找,在包含这三个要素并在每一要素中显示自身的普遍性之中寻找"。一般系统人研究的人,是指具有世界物质本性的遵循自分形和整形规律的社会化的人质有机体组织,它通过实践贯通自分形与整形的逻辑一致性,实现劳动、社会性和意识之整体相对独立的和解性与自洽性。

1. 个体系统人自分形相对独立的本质

"人的一切活动既是对象性的,又是'为我'性的,是对象性和为我性的统一。这种统一表明,人必须依赖外部世界的对象来表现、实现和充实自我的存在与规定性。"[②] 人的作为主体是和对象绑定在一起的,没有了对象,也就没有了主体。人由于高度相对独立的意识自约物,使自己从一般存在物和一般受动对象中脱离出来,成为自主的、能动的、富有创造性的主体对对象进行对象性

[①] [德]卡西尔:《人论》,上海译文出版社1985年版,第5页。
[②] 陈志尚主编:《人学原理》,北京出版社2004年版,第132页。

活动。人的意识自约物是主体的直接载体,人的躯体是主体的根本载体。自约物意志携带着主体的活动目的和价值取向,指导着主体性通过实践的、理论的、艺术的活动方式表现出来。

因此,个体系统人自分形相对独立的本质是指意识自约物相对独立于机体并牵引躯体通过实践将个人主体性表现出来,形成个人整体的幸福快乐与可持续生存的相对独立自分形演化发展。它具有个人自我独特规定和自分形发展的共同整体性。

自约物意志是个体系统人自分形相对独立的核心。自约物意志相对独立,具有发展的不同层级和阶段,其中自约物意志是某种具体坚定信息模式的高级意识——它能够坚定地支配个体朝着该信息模式系统态演化发展。康德指出:"所谓意志,就是指一切有理性者所具有的起因力;所谓自由,就是指这种起因力,在不受本身以外任何其他力量的影响下而能独自发挥有效力量。"已经形成的"意志"是个体系统人整体支配的核心,它支配着个体系统系统自分形最大化——自由发挥有效力量,即来源于个体系统组分事物的自约物意志是对该个体系统具有"整体支配意义"的起因力,也可称为自约物意志。而在人类社会系统环境中,不同的个体系统人自约物意志相互博弈自组织形成公共社约物意志,它是个体系统人自约物意志的环境——社约物意志对社会系统中所有的个体系统人而言是具有"整体支配意义"的起因力。

在理想条件下,"绝对独立"的个体系统人自约物意志起因力不受本身来源(自分形)以外的任何其他力量影响,其独自对该理想绝对独立个体系统人发挥有效力量(协同服务保障该个体系统人自分形),因而,理想的绝对独立个体系统人是绝对自由的。但一切现实的个体系统人都不是理想的。在理想条件下,"绝对独立"的自由王国社约物意志起因力不受本身来源(王国系统内组分自分形)以外的任何其他力量影响,其独自对该理想绝对王国社会系统发挥有效力量(协同服务保障王国系统自分形演化发展),因而,理想的绝对独立的王国是绝对自由的。事实上,这种国家只能是理想国。

自约物意志是社约物意志的前提。任何一个理想国都是由具体个体系统人为组分构建而成的,个体系统人自约物意志是自分形发展的,因此,由它们自组织生成的理想国社约物意志也是变化发展的。一般系统人自分形相对独立,是在社会系统环境中的相对独立,他具有自约物意志参与自组织生成社约物意志的自分形自由,也具有相对独立承受来自社约意志整合支配的自觉性。具体现实中,个体系统人自约物意志有可能凌驾于社约物意志之上,篡改、调整社约物意志,进而借社约物意志之"壳"形式强奸、欺压、打击他人自约物意志;

也有可能,创新需求的个体系统人自约物意志在博弈自组织融入新社约物意志之前会受"旧社约物意志"桎梏甚至迫害。

2. 个体自分形相对独立性的目的——追求快乐幸福与可持续生存

个体系统人自分形演化发展追求两个目的,一是确保系统人可持续生存和发展,二是系统人不断稳态优化的快乐幸福。前者主要是指个体系统人追求物质满足需求基础上可持续生成,后者主要是指个体系统人基于一定物质基础上追求身心快乐和精神需求。这两个目的就是个体系统人自分形相对独立性追求的目的。恩格斯指出:"庸人把唯物主义理解为贪吃、酗酒、娱目、肉欲、虚弱、爱财、吝啬、贪婪、牟利、投机,简言之,即他本人暗中迷恋着的一切龌龊行为;而把唯心主义理解为对美德、普遍的人类爱的信仰,总之,对'美好世界'的信仰。"① 一般系统人不仅具有自约物意志追求物质发展以满足自身系统物质能量需求,同时也具有追求精神自身的发展以满足自身系统信息能量等意识亚物质的需求;两者都在自约物意志支配下,前者主要表现为自约物意志的物化指向即物化意志,后者主要表现为自约物意志的人化指向即人化意志。这两个意志是个体系统人自约物意志的有机组成部分,忽略或弱化任何一个都不能使个体系统人获得整体优化。庸俗唯物主义认为只有物质感受性,而忽略了追求美德与"美好世界"的人化精神意志性;而唯心主义极端放大了个体系统人自约物意志的精神意志,忽视了精神意志的物质基础。

一般系统人的自约物(意识)是一般系统人的系统动力。一般系统人的可持续生存基础是人肌体物理系统存在,一般系统人的可持续生存人"质"要求是自约物意志相对独立,一般系统人的可持续生存环境条件是人类社会系统实践,基于此追求稳态自组织的快乐与幸福。霍布斯认为:"人的一切情欲都是正在结束或正在开始的机械运动。追求的对象就是我们谓之为幸福的东西。人和自然都服从于同样的规律。"② 霍布斯的观点值得商榷,一是情欲并非起源于机械运动而是起源于系统自组织运动,二是人不仅追求幸福而且追求可持续生存(后者是前者的基础),三是人和自然都服从于相同的规律(这里应当是指自分形整形辩证规律)。物质和意识在一般系统人研究范畴内是不可分割的。恩格斯指出:"如果一个人只是由于他追求'理想的意图'并承认'理想的力量'对他的影响,就成了唯心主义者,那么任何一个发育稍稍正常的人都是天生的唯心主义者了,怎么还会有唯

---

① 《马克思恩格斯选集》第3卷,人民出版社1995年版,第232页。
② 《马克思恩格斯选集》第3卷,人民出版社1995年版,第164页。

物主义者呢?"① 个体系统人自约物意志的物化意志和人化意志是自组织统一的,物质是基础,意识是核心;没有基础的核心是无根的核心,是虚无缥缈的核心;没有核心的基础是沦落的基础,就会沦落等同于一般动物。

个体系统人自分形演化发展,表现为在人类社会系统中的生活实践。追求自约物意志(理论)与现实一致性和解的某种平衡满足需要,研究包括个体系统人在社会情景生活中的自由、平等、民主、幸福、感觉、价值感等问题。意识需求同现实的一致性和解,是个体系统人幸福的基本条件。达成意识需求同现实的一致性的个体系统人,具有个体系统人稳态,通常具有幸福感。现实中,对于新事物新目标新理想的追求有一定的难度,时常不能实现预期的平衡需求,产生不幸福,比如,缺失家的安全感、稳定感和幸福感。个体系统人身心自稳态平衡表现为两个方面:一是身体健康,二是心理健康。身心健康发展是个体系统自分形追求可持续生存和幸福生活在社会实践中集中统一的现实表达。

3. 个体系统人的社会组织性

个体系统人可区分为孤立个体系统人和社会独立个体系统人,前者主要是指脱离社会独自生存的个体系统人,比如新中国解放前的白毛女、与动物一起生活的狼孩等;后者主要是指生活在人类社会系统中的相对独立的个体,即群众中的个体成员。一般地,孤立个体系统人是人类的极端个别情形,因此这里主要研究社会相对独立个体系统人②。

个体系统人具有个体自分形整形的自我辩证本能,这是个体行为的动力和基础,英国本能心理学家麦独孤提出了诸如求食、拒绝、求新、逃避、斗争、性与生殖、母爱、合群、支配、服从、创造、建设等18种本能,并认为这些本能中可以衍生出全部社会生活和社会现象。本质上,全部的社会生活和社会现象是由诸多个体系统人自分形整形自我辩证的社会化过程中相互自组织涌现生成的。因此,个体系统人具有社会组织基本属性。

个体系统人社会组织性,包括个体系统人自约物意志自组织生成社约物意志,比如男女自愿结合为家庭,员工自组织成企业,人民自组织成国家,等等;也包括群体组织中分离个体意识的研究,比如家庭中的个体意识、集体中的个体意识、宗教中的个体意识、公德中的个体意识,等等。社会化系统不是每个个体系统人的相加之和,法国群众心理学家迪尔凯姆就认为集体意识不是个体意识的相加之和,集体意识大于个体意识并决定个体意识。

---

① 《马克思恩格斯选集》第3卷,人民出版社1995年版,第232页。
② 注:本文没有特别说明,个体系统人是指社会系统中的相对独立个体系统人。

(二)个体系统人的自分形动因

最初,胚胎作为个体系统人萌芽形式同母体进行物质能量信息的交换即自分形自我演化生长;接着,呱呱坠地,个体系统人以婴儿形式成为基本人质机能形体的躯体有机系统人,在人类社会系统中同外界进行物质能量信息的交换,从而实现婴儿的社会化自分形自我生长发展;随着大脑发育完全,人躯体发育良好,社会化正常,该个体真正成为社会意义的个体系统人并不断自分形演化发展,直至最后死亡。从受精卵到胚胎到婴儿到成人到死亡,整个个体系统人演化发展过程,始终贯穿着"自分形"动因。

1. 人类(或世界)的动因

人类(或世界)的动因一直是人们关注的问题之一。古希腊哲学家亚里士多德认为,灵魂或精神是生命体及其生命运动的根源或起源,他在《论灵魂》中指出:"灵魂是生命体的起因或起源。起因或起源这两个词有多种含义。不过我们只是在等同于我们清楚地认识到的那三种意义上说,灵魂是其载体的起因。这三种意义就是:(a)运动根源或起源;(b)目的;(c)全部生命体的本质。"

人类(或世界)的动因是"物质自为",即物质自我辩证逻辑之自分形动因。一般系统人在自然界演化发展的某一阶段,机能物质自组织涌现出"自约物意志高度相对独立"实现了"人质机能物质"的突현,自约物意志(或灵魂)具有高度自我能动性,于是亚里士多德等唯心论者夸大其地位,将自约物意志亚物质先置于机能物质,甚至本能物质。这实际上是一种"本末倒置"的错误。将物质自为以脚立地,即人类(或世界)的动因是物质自分形力。

2. 个体系统人整体自分形的动力

个体系统人是人肉身实体与人质自约物意志的自组织生物体,其整体自分形最大化是受自约物意志(以自分形信息模式为主)牵引的。自约物意志来源于肉身实体,栖息于肉身实体,牵引驱动包括肉身实体在内的整个系统人自分形演化。个体系统人自约物意志包括人类的需要、本能、观念、兴趣、热情等牵引性信息内容,黑格尔在探讨人类行动的力量源泉时指出:"那个使它们行动、给它们决定的存在的动力,便是人类的需要、本能、兴趣和热情。……假如没有热情,世界上一切伟大的事业都不会成功。因此,有两个因素就成为我们考察的对象:第一是'观念',第二是人类的热情,这两者交织成为世界历史的经纬线。"[①] 牵引性自约物意志是个体系统人整体自分形的现实的综合的意识亚物质,观念、热情、惊讶、理性、爱和情感、意志等内容是现实社会中牵引

---

① 黑格尔:《历史哲学》,三联书店1956年版,第61-62页。

个体系统人自分形的意识亚物质，正如费尔巴哈所指出的："这些元素是鼓舞人、决定人、支配人的力量——神圣的、绝对的力量，人是不能抗拒这些力量的。"① 但是，把意识亚物质的以肉身机能物质为载体相对独立性推向"绝对观念"，则背离了个体系统人自分形的整体性和物质自为的自我辩证性。

在现实社会系统中，个体系统人整体自分形动力是指自分形整体自我辩证逻辑的"现实本能动力"，即"使心理活动起来的需求能量"——主观意识（动机）牵引实践行为，动机＝个体自分形力＋主控意识牵引支配的习惯＋社会情景环境的诱因。严格地说，个体系统人的行为必须是自分形力的现实化和具体化，由于个体系统人是环境中的人，因此，个体系统人的行动动机，在自分形基础上增加了意识习惯和社会诱因等复杂动力成分。勒温提出了动力场说，他认为行为发生于心理场内，行为取决于个体和环境多方面因素构成的场，个人和环境的生活空间由不平衡到平衡演化。勒温的场是一种相互作用的描述，也可以说是一种自组织相互作用，因此动力场说可认为是个体系统人整体自分形动力在社会环境系统中的某些具体研究。

3. 自约物意志是个体系统人的整形动力

恩格斯说："就单个人来说，他的行动的一切动力，都一定要通过他的头脑，一定要转变为他的意志的动机，才能使他行动起来。"② "推动人去从事活动的一切，都要通过人的头脑，甚至吃喝也是由于通过头脑感觉到饥渴而开始，并且同样由于通过头脑感觉到饱足而停止。外部世界对人的影响表现在人的头脑中，反映在人的头脑中，成为感觉、思想、动机、意志，总之，成为'理想的意图'，并且以这种形态变成'理想的力量'。"③ 人脑自约物意志是人体系统统筹协调的中枢。

人脑自约物意志相对独立是一个系统，包括直接的感觉、人脑自约物意志牵引人体的行为动机、理想信念（信仰）的意图等，它们可统称为精神的动力。骆郁廷指出："所谓精神动力，就是思想、理论、理想、信念、道德、情感、意志等精神因素对人从事的一切活动及社会发展产生的精神推动力量。"④ 人体系统中自约物意志所具有的思想、理论、理想、信念、道德、情感、意志等表现的精神动力，是繁杂的博弈自组织活动，有些好的思想、理论、理想、信念、

---

① 《十八世纪—十九世纪初德国古典哲学》，商务印书馆1975年版，第545页。
② 《马克思恩格斯选集》第4卷，人民出版社1995年版，第251页。
③ 《马克思恩格斯选集》第4卷，人民出版社1995年版，第231页。
④ 骆郁廷：《精神动力论》，武汉大学出版社2003年版，第16–17页。

道德、情感、意志等不能在博弈中取得支配地位，则也不能表现其对应的有效精神动力；相反，有些不好的思想、理论、理想、信念、道德、情感、意志等在博弈中取得支配地位，则可能产生精神破坏力，给世界带来灾难和噩梦。自约物意志不仅支配精神系统自身，也支配人在社会的实践，即精神动力一方面包括精神需要，"精神动力主要来自人的精神需要"[①]；另一方面包括精神指导实践的物质需要，"所谓精神动力，实质上是认识、思想、价值、信仰等观念力量对物质世界和社会发展的反作用，即精神的物化功能"[②]。个体系统人精神动力就是个体自约物意志（意志），表现为一定的思想、理论、理想、信念、道德、情感、意志等精神因素系统，具有系统目的的趋势性，正如马克思所说："这个目的是他所知道的，是作为规律决定着他的活动的方式和方法的，他必须使他的意志服从这个目的。"[③]

自约物意志支配个体系统人整体自分形追求的目的之一就是快乐幸福。快乐是一种天性本能，而幸福是利用智慧对该本能优化的机能。你可以拥有短暂的快乐，但不一定拥有幸福；你如果拥有幸福，一定拥有稳定而长久的快乐。优秀是特定目标方向上优化机能的外在表现形式，如果在自稳态需求与发展的目标方向上，优秀可能收获幸福与快乐，如果背离自稳态需求则优秀并不一定与快乐幸福同行。优秀是一种对比优化，区分自对比优化和他对比优化；有些人在社会中他对比优化平淡，但他自对比优化良好且在此基础上获得良好的自稳态快乐与幸福；有些人他对比优化在某一方面优秀，但生活一团糟，自稳态需求并没有获得系统的满足，缺失了真正内在的快乐与幸福。这两者可以相互转化，应当追求自优化同他优化具有自稳态需求和发展的方向一致性，即兴趣同事业一致，快乐同幸福一致。

（三）个体系统人的意识支配劳动进化

人是系统的，其自约物支配着个体系统人的演化发展，准确地说是自约物劳动支配其演化进化，即自约物劳动进化。自从原始生命出现后，从没有细胞结构发展到有细胞结构，从原核细胞结构发展到真核细胞，从单核细胞结构发展到多细胞结构生物，从海洋到陆地，逐步演化出脊椎动物和哺乳动物，期间演化出现了古猿且经过复杂的多环节非线性演化进化出现了人类。古猿有很多

---

① 徐冰：《人之动力论（上）》，辽宁人民出版社1999年版，第210页。
② 赵应云：《论建设社会主义的精神动力》，载《华中理工大学学报（社科版）》，1997年第1期。
③ 《马克思恩格斯全集》第23卷，人民出版社1972年版，第202页。

种类,并非所有的古猿都进化成了人类,有些进化成为现在的大猩猩等猿猴类,有些灭绝了,只有一部分演化进化成为人类。

人是属于生物范畴的,从生物学取向研究一般系统人的遗传习性(动物与人类自然行为的功能与发生机制),综合研究一般系统人的不可违背的心理和行为的生物学规律,试图确定遗传、生理与生态环境等方面的因素对个体系统行为的影响,发现人类来源于古猿的自约物意志支配劳动进化。古猿的四肢和身体结构在适应环境的变化中,逐渐出现越来越多的下地活动,演化出直立行走姿势,这样为向人类发展奠定了基础。古猿向人类进化和发展的标志应当是制造和使用工具的劳动。恩格斯说:"劳动创造了人本身。"① 这种劳动是指不同于动物本能活动的古人猿(人类)主体所具有的特殊能动性(自约物意志高度相对独立性)支配劳动进化。古人猿自约物意志一方面协调演化古人猿身体结构,另一方面协调指导(制造与使用新工具)开展新劳动,变化发展的身体结构和创新的劳动又涌现生成新的类人猿自约物意志……如此循环演化,人类在自约物意志支配劳动中诞生了。

1. 自约物劳动对于古猿生物系统的进化

自约物劳动对于古猿生物系统的进化具有本质的支配意义。一方面,自约物劳动使古猿前、后肢分工,创造了人的手。在地面生活,直立行走条件下的古猿生活,需要利用树枝和石块等天然物体作为工具获取食物和保护自己,这种劳动的信息模式不断地占据古猿大脑的神经系统形成自约物意志——该自约物意志以一种无意识模式支配协调这种劳动不断重复,形成物理锻炼和生物系统变化,出现了前肢和后肢的分工,并逐步确立下来。在长期的发展进程中,这种基础的信息模式通过自约物意志的无意识调节植进了每一个细胞,并具备了 DNA 的信息遗传,古猿在自约物劳动进化中,猿手终于变成了人手,形成真正意义上的人。另一方面,自约物劳动创造了人脑,推动了意识和语言的产生及发展。在猿手变成人手的过程中,自约物意志的无意识模式占据了主导地位,而自约物意志的有意识模式处于弱势地位;当猿手终于变成了人手,标志着自约物意志的有意识模式逐步占据主导地位,为有意识的自约物意志高度相对独立奠定了基础,为语言的出现提供了前提。人手被从猿手中解放出来后,接触的东西更多了,使用的工具更多了,延长和扩大了人的器官,使更多的信息模式积聚到大脑,庞大的信息模式光靠自约物意志的无意识自组织越来越显得无力——于是自约物意志的无意识组织中出现了具有经常性支配地位的常驻的协

---

① 《马克思恩格斯选集》第 4 卷,人民出版社 1995 年版,第 374 页。

调控制意义的意识,这种自约物意志对各种无意识进行协调控制实现有意识化,也对各种低级有意识进行协调控制,随着这种功能的实现,促进了脑的发达,形成了人脑。人脑高度的协调着管辖的无意识和有意识内容,并使无意识的生理结构变化同有意识的主体目的性结合起来,人的喉头开始变化,产生了说话器官,劳动中需要交流的思想、情感和经验作为有意识的内容,通过说话的器官表达出来,产生了语言。劳动产生自约物劳动,自约物劳动进化着大脑,同时协调无意识的生理演化和有意识的思想表达相互结合产生了语言,劳动和语言又进一步推动了脑、脊椎和各种器官的发展,推动了有意识思想的不断丰富和发展。因此,恩格斯说:"首先是劳动,然后是语言和劳动一起,成为两个最主要的推动力,在它们的影响下,猿脑就逐渐地过渡到人脑;后者和前者虽然十分相似,但是要大得多和完善得多。"①

马克思所说:"这些个人把自己和动物区别开来的第一个历史行动不在于他们有思想,而在于他们开始生产自己的生活资料。"②"一旦人们自己开始生产他们所必需的生活资料的时候(这一步是由他们的肉体组织所决定的),他们就开始把自己和动物区别开来。"③"生产自己的生活资料"是现实的劳动,是第一个历史行动,而该行动之前"有思想"——思想的劳动就是个体系统人自约物劳动,"这一步"是由他们的肉体组织所决定的;因此,"劳动创造了人本身"④ 既包括了现实的劳动,也包括了思想的劳动,总地来说是思想指导实践的现实劳动,即自约物意志支配劳动。

2. 自约物意志支配劳动与人类社会系统

如果当初的古人猿社会系统仅仅停留在动物适应环境的生存本能基础上,而不具有高度相对独立的自约物意志支配劳动,那么它们就仅仅能够成为类人猿,跟当前的猩猩群体、蚂蚁社会、蜜蜂群体等社会性群居动物将没有本质区别。古人猿自约物意志支配劳动使得大脑高度发达、自约物意志高度相对独立,并使得交流思想的语言文字产生,这是古人猿自约物意志支配劳动自组织的社会关系和社会机能超越了一般动物社会生存本能的本质区别。正因为自约物意志支配劳动发展,才使得万物之灵的人类得以诞生。多个个体系统人自约物意志支配劳动,即在公共社会系统中劳动实践自组织中涌现生成公共社约物意

---

① 《马克思恩格斯选集》第4卷,人民出版社1995年版,第377页。
② 《马克思恩格斯选集》第1卷,人民出版社1995年版,第67页注脚1。
③ 《马克思恩格斯全集》第3卷,人民出版社1960年版,第24页。
④ 《马克思恩格斯选集》第4卷,人民出版社1995年版,第374页。

识——进而支配每个人自约物意志支配的劳动。

自约物意志支配劳动是人类社会的基本关系。自约物意志的高度相对独立，使人的主体性得以确立，共同的社约物意识主体性在现实中表现为社会性生产劳动和交往活动的自觉本能性（这是一般动物所未能够发展进化到的最高程度），生产劳动和交往的主体之间自组织形成的对应的群体系统的生产和交往关系，称为人们的社会关系。

马克思说："个人怎样表现自己的生活，他们自己也就怎样。"① 个体系统人想呈现"一个怎样的自己"是指该个体的自约物意志目的（系统演化目的态），"个人怎样表现自己的生活"是指个人自约物意志支配劳动，通过社会实践，实现意识同现实的劳动结合，呈现现实的"一个怎样的自己"。马克思又说："他们只有以一定的方式共同活动和互相交换其劳动，才能进行生产。为了进行生产，人们相互之间便发生一定的联系和关系；只有在这些社会联系和关系的范围内，才会有他们对自然界的影响，才会有生产。"② "一切生产都是个人在一定社会形式中并借这种社会形式而进行的对自然的占有。"③ "人在怎样的程度上学会改变自然界，人的智力就在怎样的程度上发展起来。"④ 一般系统人的自约物支配劳动来源于对自然界改良社会实践活动——同时自约物意志的智力水平，同其支配劳动所表现实践活动的水平是一致的。自约物意志和社约物意识是不断发展的，因此，人类支配劳动改变世界不会停留在某种既成的层面，也是不断演化发展的。

3. 自约物意志支配劳动不能离开社会，不能离开自然界

人的劳动是高等的自约物意志支配的劳动，而不是低等适应环境的生存本能的活动。当前形态人的自约物意志支配劳动，不能离开人类社会系统环境。"动物所能做的最多是采集，而人则从事生产，人制造最广义的生活资料，这些生活资料是自然界离开了人便不能生产出来的。"⑤ 人类从事生产的自约物意志支配劳动，是以人类社会系统形式存在的，因为"既然人天生就是社会的，那他就只能在社会中发展自己的天性"⑥。

人通过自约物意志支配劳动使自己从自然界分化出来，自然界成为人的外

---

① 《马克思恩格斯全集》第3卷，人民出版社1960年版，第24页。
② 《马克思恩格斯选集》第1卷，人民出版社1995年版，第344页。
③ 《马克思恩格斯全集》第46卷上册，人民出版社1979年版，第24页。
④ 《马克思恩格斯选集》第4卷，人民出版社1995年版，第392页。
⑤ 《马克思恩格斯文集》第9卷，人民出版社2009年版，第555页。
⑥ 《马克思恩格斯文集》第1卷，人民出版社2009年版，第335页。

部环境。自约物意志支配劳动归根结底必须依赖自然界系统环境。"自然界提供着社会生活和生活资料的来源,人类生存和发展所需要的一切财富都是通过劳动取得的。但是,仅有劳动还不能创造财富,只有劳动和自然界一起才是一切财富的源泉。……人类支配自然界,并不是脱离自然界,而是越来越深入地认识自然界,越来越多地利用过去无法利用甚至根本不知道的自然资源为自己服务。在这个意义上,人类对自然界的依赖永远也不会消失,而且不断加深,只是不断改变其对自然利用的方式、范围和深度。"[1] 人类的劳动是自然界系统环境基础上的劳动,自约物(意识)是人类认识和实践活动的人体(脑)机能产物,脱离了实践活动,自约物意志是不存在的,正如马克思所说:"关于某种异己的存在物、关于凌驾于自然界和人之上的存在物的问题,即包含着对自然界和人的非实在性的承认的问题,在实践上已经成为不可能的了。"[2]

自约物意志支配劳动的活动影响个体系统人的成长,甚至影响个体系统人实体的生存发展,比如自约物意志支配个体劳动,有些生产活动使人体实体健康成长,有些生产活动则使人体躯体受害,精神颓废、堕落甚至走向灭亡。总地来看,个体系统自约物意志支配劳动,在人类社会系统中推动人类社会发展,创造人类社会历史;在自然界中,以所有人自约物意志形成的公共社约物意识影响自然界系统形态,甚至影响到自然界系统的进化,比如人类对自然界资源和环境的利用与破坏,使自然界系统的原本进化受到影响。

二、个体系统人的自为人性

人类的发展,核心是人性在现实中的展开。人性的展开是"自为的"。个体系统人的演化发展归根结底是自分形发展的,由此表现的人性称为个体系统人的自我辩证人性。

个体系统人在发展进程中,自分形演化是内因,任何来自外界包括社会的动力都是外因;但人类作为自然世界的一部分,不仅受来自自然世界的其他部分的系统整形力,也受来自人类系统自身内部的其他系统人的整形力。因此,个体系统人自我辩证人性包括三个方面:一是人类的自分形力以自由意识指导下的人类实践向自分形最大化演化,即人类的意识向最自由自分形演化(实现人类自分形在主观世界的最大化意义),和人类的劳动实践向创新发展、改造世界、主宰自然世界的最大化演化(实现人类自分形在客观世界的最大化意义)。

---

[1] 陈志尚主编:《人学原理》,北京出版社2004年版,第36页。
[2] 《马克思恩格斯全集》第42卷,人民出版社1979年版,第131页。

二是人类的自我辩证主体性展开的自由性、创造性和系统人格意识与个性，它们综合起来是指个体系统人自约物意志主观能动性。自约物意志具有人脑的来源性，同时必须以组分机能物质为载体，不存在裸意识。三是自我辩证人性的展开，受系统人组分实体物质、社会和自然世界的实体物质整形束缚，不存在超越自然、超越社会、超越人脑的自我辩证人性。

总地来看，个体系统人的自我辩证人性包括内在的自分形自约物意志自我人性和外在的社会化整形的社约物意志公共人性。

(一) 个体系统人自我辩证的自约物意志人性

恩格斯说："人来源于动物界这一事实已经决定人永远不能完全摆脱兽性。"[1] "马克思和恩格斯首先强调，全部人类历史的第一前提无疑是有生命的个人的存在，这些个人的肉体组织以及由此产生的个人对其他自然的关系，是第一个需要确认的事实。"[2] 但是，马克思也指出："吃、喝、性行为等等，固然也是真正的人的机能。但是，如果使这些机能脱离了人的其他活动，并使它们成为最后的和唯一的最终目的，那么，在这种抽象中，它们就是动物的机能。"[3] 人的动物机能并不是人的本质，人的本质是自约物意志的高度相对独立。因此，黑格尔认为："人能超出他的自然存在，即由于作为一个有自我意识的存在，区别于外部的自然界。"[4]

"一切属于人的活动，本质上都具有积极的否定性即扬弃性。人总是通过自己的活动不断积极地否定，即扬弃现存的周围生活条件，生产和创造新的周围生活条件，从而也不断积极地否定，即扬弃自己现有的生存状况和现有的特性和本质，生产和创造自己新的生存状况和新的特性、本质。"[5] 人的研究，必须把人放在生产、生活和实践中进行。自约物意志人性的研究，也必须通过活动和劳动来理解。黑格尔也认为人的本质是因人的劳动而形成的（精神活动），对此，马克思指出："黑格尔唯一知道并承认的劳动是抽象的精神的劳动。"[6] 黑格尔把人归结为精神的存在，把人变成了无人身的自我意识，看不到有生命的个体肉体组织对外部自然界的活动和关系。马克思把"劳动"挽救过来。马克思探讨劳动时写道："劳动首先是人和自然之间的过程，是人以自身的活动来引

---

[1] 《马克思恩格斯选集》第3卷，人民出版社1995年版，第442页。
[2] 陈志尚主编：《人学原理》，北京出版社2004年版，第129页。
[3] 《马克思恩格斯全集》第42卷，人民出版社1979年版，第94页。
[4] 黑格尔：《小逻辑》，商务印书馆1980年版，第92页。
[5] 陈志尚主编：《人学原理》，北京出版社2004年版，第127页。
[6] 《马克思恩格斯全集》第42卷，人民出版社1979年版，第165页。

起、调整和控制人和自然之间的物质变换的过程。人自身作为一种自然力与自然物质相对立。为了在对自身生活有用的形式上占有自然物质,人就使他身上的自然力——臂和腿、头和手运动起来。"①

个体系统人的自约物意志人性是抽象的,又是具体的。思维不能同思维者的物质分开,自约物意志不能同其产生的人脑组织割裂。自约物意志人性,就是这种来源于个体系统人的肉体组织的自约物意志亚物质高度相对独立表现的主体能动性。人的自我意识区别于外部自然界的亚物质,就是系统人的自约物意志的高度相对独立存在。因此,人自约物意志人性是人的自我辩证的根本标识。

(二)个体系统人自我辩证的为我人性

人行走在自己构成自己的道路上。人是什么样的,与人的活动的状况是一致的。个体系统人自分形的本性是自分形最大化性,即为我性(最大化)。个体系统人的自我辩证区分两个方向,一是向整体系统内部的自稳态,二是向外系统环境的自适应。

人在社会中劳动实践,人的自分形通过社会对象的劳动和实践活动中展现。人有自分形性,社会也有自分形性,两者自分形自组织形成人类社会系统,就偏向个体而言,将形成个体自约物基础上的自我社约物;就偏向社会而言,将形成蕴含个体自约物信息(或部分信息)的公共社约物。

自我社约物的来源有两个方面:一是自约物意志,二是社约物意识。自我社约物的主体在于联系贯通自约物与社约物,且偏向于个人自分形意识,并栖息于个体系统人肉体组织。自我社约物具有劳动的目的性、对象性和中介性,本质上必须具有实践性;综合起来,是指融合了社会劳动信息模式的个体系统人的肉体组织的自约物相对独立在人类社会系统实践中的自分形的为我人性,即个体系统人自我社约物人性(主体人性)。

自我社约物的目的性,就是自分形最大化的为我性。自我社约物中生成的占据主导地位和支配地位的是主体意志,个体系统人主体意志中的本我意志是具有自然本性的——根本地表现自分形本意,因此,个体系统人的本我意志是个体本位的。个体系统人主体意志中的社约物意志是具有公共本意的,公共意志同个体意志可能具有一致性内容,也可能存在差异甚至相悖的内容。自我社约物的主体意志作为个体意志与公共意志的融合,其中可能个体意志占据主导地位,也可能公共意志占据主导地位;前者具有个体自我社约物为"小我"的

---

① 马克思:《资本论》第1卷,人民出版社1975年版,第201-202页。

自分形最大化意义，即利己主义；后者具有个体自我社约物为"大我"的自分形最大化意义，即利公主义。"人不为己，天诛地灭。"其中的"己"可以是纯粹的个体自己，也可以是个体生成的包含了自己的群体自己。个体自己是全体自己的来源和基础，所谓的纯粹的个体自私自利而抛弃了一切的群体利益，即把自己脱离于群体，从长久来看，该个体抛弃了包容自身的环境和条件，是背离自己自分形本原目的的，必然走向灭亡；而所谓的毫不利己而追求包含了自己的全体利益，就是把自己毫无保留地融入了群体，从超循环螺旋的逻辑来看，该个体在超越视角处收获了自己的利益和价值，是符合自己自分形本原目的的，必然使自己及包含自己的群体不断行稳致远。

自我社约物的对象性，是指自我社约物不能如同自约物，独自栖息并支配自身系统而与外部自然和社会无关，它从本意上是必须具有劳动对象的、必须同外部社会对象紧密联系的，没有对象性，就没有自我社约物——沦落为纯粹的自约物。自我社约物之所以为社约物，就是因为其具有对象性，把社会其他个体、社会情景、社会与自然环境事物等作为实践活动的对象，同时自己也作为别的个体系统人实践活动的对象。

自我社约物是以实践活动为中介连接公共社约物的。没有实践活动就没有自我社约物。从人的活动结构来看，自我社约物同对象事物相互作用关系即表现为实践中介社约物，它是人同实践活动对象之间的实现物质能量和信息转移变换的中介涌生事物。该中介社约物，把实践活动两端的信息模式、物质、能量等介绍或引渡给了对方。在自我社约物实践活动中，个体系统人使自己的特性、本质在自分形力量的支配运动下，通过实践社约物以不同的方式指向活动对象，同时又以不同的方式使活动对象变成自己的物质的和精神的生活和活动的一部分，使自己特性和本质的自分形获得丰富和发展。

自我社约物实践性，是个体系统人生活于社会系统的根本要求。个体系统人活动是形式多种多样的，相应地，个体系统人自我社约物实践中介的形式也是丰富的，包括实体物质类的比如物质工具、装备等，也包括非实体物质类的比如语言、符号、规章、制度、律令、规范等。个体系统人自我社约物，通过实践活动，不仅表达了个体系统人自分形的本性，同时反映了个体系统人同对象事物之间相互作用关系的轨迹，标志着个体系统人的现实性和对历史的创造性。

（三）个体系统人自我辩证的公共人性

你我为何不同？你我的需求为何不同？为何我想得到的有些不能实现？有些人对人生感到迷茫，是我生错了地方，还是我根本就不应当来到这个世界，有些人不再留恋生活，而选择自杀离开人世，该如何正确认识他们的思想和行为……

探究个体系统人活生生的现实生活的困因，就不得不讨论个体系统人的他约物人性。同为个体系统人，在刚出生的时候，每个个体系统人没有太大的分别，都有同样的生存天性。但随着个体的生长，慢慢地出现了你和我的不同，我的需要和你的需要不同，这是现实中个体系统人的人性差异的美丽。

他约物人性来自社约物对个体系统人的支配和约束。比如某一个体系统人具有很多需求，有些需求可以轻易实现，有些需求通过劳动艰苦努力可以实现，有些需求即使通过巨大的劳动也不能实现；也可能不同的个体系统人追求相同的需求，有些人可以轻易实现，有些人通过艰苦劳动可以实现，有些人付出巨大劳动也不能实现。个体系统人在实践中追求其自我社约物的需求、目的（理想）的时候，其阻力来自于公共社约物支配整理。

个体系统自我社约物受公共社约物对的干预而导致个体系统人表现的人性，称为个体系统人的他约物人性。在现实的社会生活中，他约物受动人性，常常不是个体系统人主体本性。

人是社会存在物。劳动实践使人与人之间的关系形成为人的社会关系，生成相对独立的社约物。个体系统人在社约物的海洋之中生活，必定受公共社约物支配影响，常常表现出来自社约物的他约物受动人性。个体系统人自约物人性集中表现为自我的满足需要性，在实践中，自约物同社约物博弈，如果是以自我意志为转移的实践支配（通常获得自我满足需要），称为自约物人性；而以他人意志为转移（公共社约物意志）的实践支配，称为他约物受动人性。

现实生活中，个体系统人是受人类社会的公共社约物意志支配的，因此，每个活着的人寻求自身在同当下公共社约物博弈中获得个体自我满足需要，是个体系统人社会生活的主要内容。在这个过程中，个体系统人自约物同公共社约物博弈，产生他约物受动人性——有些内容融合并成为新的自我社约物内容，改造个体系统人主体社约物，即改造了个体系统人；被改造的个体系统人以新的自约物同新公共社约物博弈，产生新的他约物受动人性——有些内容融合并成为更新的自我社约物内容……每个人都在社会中生活，由于环境的差异，决定了公共社约物参与博弈的差异，即产生他约物受动人性的差异；由于来自他约物受动人性同个体自约物融合的差异，决定了个体系统人参与博弈的主体社约物的差异；这一切的复杂聚合与反复螺旋发展，形成了现实世界的每一个不同的个体人，也出现了现实世界中每个人不同的社会生活。

因为快乐，我们感恩这个世界；因为悲观，我们憎恶这个世界；因为爱情，我们享受这个世界；因为失意，我们不再留恋这个世界……任何一种情况，都仅仅是个体自约物同公共社约物的博弈结果：快乐，是因为公共社约物具有同个体系统人自约物本意的一致性，服务保障着个体系统的满足需要；悲观，是因为公共社约物不具有同个体系统人自约物本意的一致性，且公共社约物支配个体系统人使之丧失了自我的满足需要。

　　一个积极向上的人生，应该把握个体系统人自约物同公共社约物的一致性总体规律，如果出现两者一致现象是美好的，如果两者出现匹配偏差时，一方面可以调整个体自约物内容，比如个人在追求目标的过程中，可以根据社会环境的发展和现实需要，调整自己的追求目标、调整自己的满足需要内容、数量和方向等；另一方面，可以改变公共社约物内容，比如创新、改革、革命等，使新生成的公共社约物服务保障个体自约物，即在创新中实现自己的满足需要和追求目标。

　　我们悲观，是因为我们创新能力不够，不能改变世界使之更好地满足和服务于自己，实现自己的理想和追求，满足自己的需要；更是因为我们心态不够好，不能调整自己的理想追求，不能调整自己的满足需求，不能调整自己的心态，以适应自己未能改变的公共社约物之他约物支配。反之，我们快乐，是因为我们享受公共社约物之他约物的支配，实现自己的满足需求和目标，或者我们有能力改造公共社约物内容，使之为我服务，保障我的满足需求。公共社约物是公平的，对你如此，对他也如此，它并不偏袒任何一个人，只眷顾那些有准备的、和自己一致的或战胜自己的人；你要一个如何的生活，不仅取决于你有一个怎样的主体社约物，更取决于你以一个如何的姿态开展同公共社约物博弈表现的社会实践和劳动活动。仅有梦想，而没有实践的生活，只能是空中楼阁。

三、个体系统人的主体社约物及其支配运行

　　蒙田有句名言：世界上最重要的事情就是认识自我。个体系统人的必修课，就是认识自己，改变自己，不断调整身心自稳态平衡。个体系统人问题，其实就是"修身"的问题。个体系统人自约物意志不仅是系统科学对人类系统研究的应用研究核心，也将是人类自我认识、理解和实践驾驭的基本范畴，更将是人类思想教育的基本内容。个体系统人自约物意志的形成、发展特点、运行规律，有助于揭示人以系统存在的现象和本质，有助于通过研究系统人自约物开发途径和方式促进思想政治教育的优化和提高。当前中国的社会系统发展中，以经济建设为中心的三十多年来，个体系统人自约物意志的物化不断强化，但

物化精神意志和人化精神意志发展不协调不匹配，物化精神意志幸福和人化精神意志幸福追求出现不平衡发展，比如腐败滋生、精神空虚、道德滑坡等。因此，个体系统人自约物意志参与社约物支配的匹配运行研究，在当前的社会情景中显得迫切而重要。

（一）个体系统人在社会情景中的演化

个体系统人是人类社会系统的基本粒子组分。个体系统人自约物意志是在社会系统情景环境下存在和发展的；而公共的社会系统的自我契约性涌生事物（社约物）意志具有社会情景的公共性。个体系统人在社会系统中生活，就是个体系统人参与社约物支配运行的活动，具体表现为个体系统人自我社约物同公共社约物之间的博弈相互作用。两者之间是"个体系统人物自体自分形"和"公共社约物整形"的关系，它们的共同作用由实践社约物联系着，将呈现社会系统运行模式、形态和内容等。个人物自体与公共社约物相互联系、相互制约、共同发展。对个人物自体自分形而言，包括个人物自体自分形需求的满足与获得、个人物自体自分形劳动与实践、个人物自体自分形被公共社约物保障与束缚。对公共社约物而言，包括公共社约物对个体物自体的保障或束缚、公共社约物被个体物自体自分形推动演化、发展、改革、更替等。

个体系统人参与社会活动，其自我社约物对外表现社会心理，对外实践活动表现为社会行为。"由于社会心理学研究对象的复杂多样性，社会心理学家在什么是社会心理学的问题上难以取得一致的意见。"[①] 社会心理的研究是复杂的。社会心理和社会行为是人在社会系统中同社约物博弈（通俗地说是受社约物影响）产生的心理和行为。社约物同环境一起构成社会情景，环境作为了人类社会系统的他约物，而社约物则是人类社会系统的自约物，且在通常情况下，在社会情景中，社约物占据主导地位。在人的原来物自体系统的心理和行为的基础上，受社约物整合支配后产生的新心理和行为，称为社会心理和社会行为。亚里士多德说过，人是社会性动物。人自然地是社会系统的组分，每个人在社会情景中，主要受社约物的整合支配作用，而具有某种在自身心理和行为基础上的社会意义或性质。社会心理包括人在以社约物为主导和牵引的社会情景综合影响下的各种认知与评价、态度与情感、倾向与决策等心理活动。社会心理是内在的潜在的，它主要是指社会情景内的社约物同人的意志自约物博弈的产物——是指人在社会情景社约物共同下的人的内心活动，即内隐的新意识。

在当前社会心理学研究中，社会心理、社会行为和社会情景的关系如图7-2

---

① 郑雪主编：《社会心理学》，暨南大学出版社2004年版，第1页。

所示：①

```
社会情景 → 社会心理 → 社会行为
    ↑_____|
```

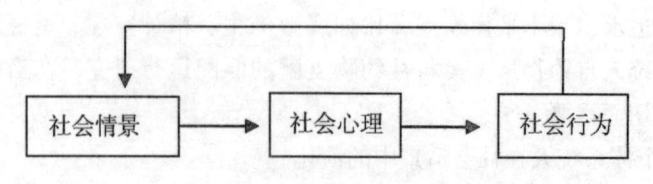

图7-2　社会心理、社会行为和社会情景的关系示意图

从系统科学角度来看，社会心理、社会行为和社会情景三者的内在逻辑是博弈。由于社会心理和社会行为的共同承载平台是社会情景，而社会情景的主导事物是社约物，在人类社会系统中存在两类博弈：一是人自体心理自约物同社会情景的社约物之间的博弈——生成以人自体携带的社会心理社约物（博弈涌生物）；二是人自体携带的社会心理社约物（博弈涌生物）转化为社会行为，同社会情景的社约物的博弈——生成新的社约物（有该个体系统人心理意志）。整体过程的详细支配运行如图7-3所示：

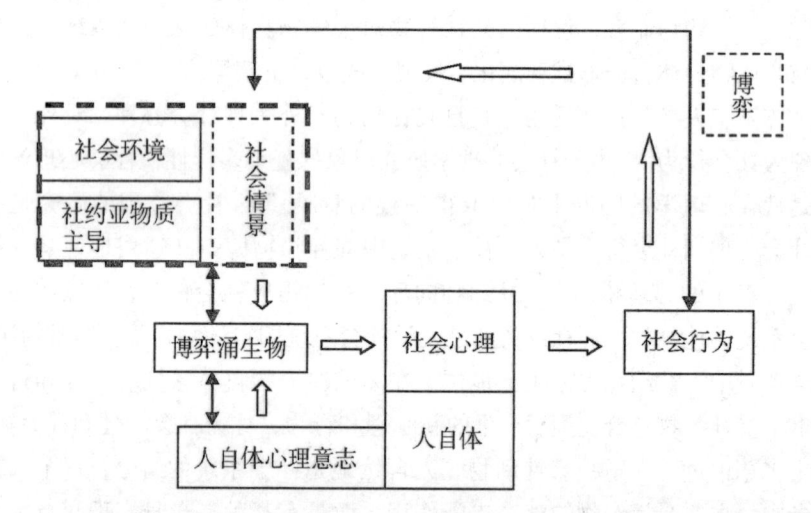

图7-3　社约亚物质主导社会情景、个体自然心理、社会行为的博弈关系

社会情景离开了人就没有真正的社会情景，因为缺失了主体。系统人离开了社会情景，就没有社会心理和社会行为，因为缺失了环境。系统人包括个体系统人和组织系统人，因此社会心理和社会行为的系统人可以是个体的人，也可以是群体组织的人。个体系统人在社会情景中有社会认知、情感、态度、价

---

① 郑雪主编：《社会心理学》，暨南大学出版社2004年版，第3页。

值取向、行为决策以及助人、损人等社会心理和社会行为，组织系统人在社会情景中有群体气氛、团队士气、凝聚力、合作与竞争、协调与冲突等社会心理和社会行为。个体系统人社会心理和社会行为是个体系统人自体的自我意志涌生事物与社会情景社约物的博弈产物；组织系统人的系统自约物是多个个体系统人之间博弈以及他们同组织系统人自我边界空间内系统博弈的社约物——组织系统人自约物，组织系统人社会心理和社会行为是组织系统人的自约物同社会情景社约物之间的博弈产物。因此，个体系统人社会心理和社会行为，与组织系统人社会心理和社会行为之间，相互联系，不可分割；没有个体，就没有群体，群体的心理和行为通过社约物影响个体的心理和行为。

在社会情景研究中，社约物的主体是介质流，而社约物的本性是"流动"——在社会中社约物的支配运行表现为"社会互动"。社会互动包括了个体系统人之间的互动、组织系统人之间的互动、个体系统人同组织系统人之间的互动、不同相对独立社约物之间的互动，等等。在社会系统中，社约物的主体是介质流，社约物的介质体包括很多，其中最为重要的是语言、文字、实物、相关信息模式系统等。人们通过语言交流感情的互动，形成人们感情意志博弈的社约物支配运行信息模式；人们通过面部表情、手势、躯体动作等表达的思想感情——能够被识别或产生效用，也形成人们意志之间博弈的社约物支配运行信息模式。甲乙两个一般系统人之间互动，可以区分以下阶段：一是甲乙两个系统人将自己意志表达或有效显现在"流"中；二是甲乙两个系统人互动意志博弈——其结果生成某一意志或新意志主导该流（社约物）；三是社约物协同服务保障或区别控制约束甲乙系统人。如果把第二个阶段在研究中忽略，则是人类社会生活中的直接社会互动；如果第二个阶段相对有效独立且重要，则是人类社会生活中的间接社会互动，比如两系统人依托仲裁机构判决，或者对质法庭公堂环节等。根据系统人在互动博弈下的效果不同，可区分互动的形式有合作、竞争、冲突、调适、模仿、暗示与感染等。

组织系统人是个体系统人与整个人类系统的中间层次环节系统人。组织系统人社会互动，既包含着内部的组分系统人之间相互博弈的互动，即自约物的内部互动，又包括了来自环境的他约物整合支配的互动，研究相对复杂。个体系统人的展开研究是个体系统人的人自体性和社约物性相互影响、相互关联的研究，即人自体性的生物变量同社会心理和社会行为的变量的关联关系研究。人自体心理学，包括了当前的人格心理学研究内容，研究个体系统人的心理特征和行为模式，探索这些人格结构及其形成的规律。这里以为，人自体心理学基本内容如下：一是理想独立个体系统人的人自体心理特征和行为模式规律，这是个假设层次,是个抽象层次,因为任何人都不能是绝对的理想独立的,一定处于一定的社会环境或自然环境之中;假定一个理想独立的个体系统人,其存在和演化发展的人自体心理特征由该个体系统人高度相对独立的意志系统引导,由该个体系统人实体肌体整体支配,形成自组织人自体形态,自分形规律和整形规律支配着该个体系统人的行为模式。二是不同个体系统人在同一社会情景中的心理特征和行为模式规律,即不同的个体系统人在相同的社约物性支配下的研究,不同的个体系统人显然会有不同的社会心理和行为。三是同一个体系统人在不同的社会情景中的心理特征和行为规律,即同一个体系统人在不同的社约物性支配下的研究,比如,一个人在家里老实,在外胡闹,在 A 社会情景像哈巴狗,在 B 社会情景像狼狗。

人自体心理学的理想独立个体系统人心理和行为研究,它需要回答同一社会情景下,不同的人会表现具有共同性的心理和行为,即要研究作为具有"人质"性质意义的系统人,其机能和功能(心理和行为)可能在某个范围,而不可能在某个范围;对某个事物的共同反映可能在某个范围而不可能在某个范围;同一系统人对不同社会情景的反映,可能在哪个范围,而不可能在哪个范围,等等。在这些人自体性研究的基础上,再引入社约物性的博弈研究,在简单系统条件下和复杂巨系统条件下研究人自体心理特征及其行为规律。在复杂巨系统条件下,对复杂巨系统现象机能本身(社会本身)的组织、结构及其功能的研究,属于社会学;而关注复杂巨系统的社会情景中的个人,即社约物性对人自约物的博弈,产生对人的心理和行为的影响,成为社会心理学的内容。比如犯罪,社会学研究其对该社会系统的结构和功能影响,对该社会系统的组织和演化发展的影响等;而社会心理学则研究具有犯罪信息行为模式的社约物——从个体系统人在社会背景博弈的演化生成,及其对个体系统人的心理及其行为的影响。一般系统人研究的生物学取向,要从生物学的角度研究一般系统人的本能,研究一般系统人的遗传基础上的习性,综合研究一般系统人的不可违背的生物学规律。对此,习性学具有可以借鉴的意义。习性学是以动物与人类自然行为的功能与发生机制为研究对象,试图确定遗传、生理与生态环境等方面的因素对行为的影响。

(二)个体系统人的社约物劳动分工

个体系统人在社会系统中,不是任意的具有劳动分工,而是具有双向选择博弈的——既存在个体系统人意愿和能力的选择,又存在社会系统的选择即受社约物支配。这里认为,社会分工的本质来源是个体系统人自分形最大化同公共社约物整形的博弈自组织产物——当某个人同公共社约物博弈时,其自分形不能在任何方面都具有博弈的优化性，同时公共社约物对其的整理也不能在任何方面都具有博弈的优越性（即淘汰性），这样，该个体某方面劳动具有公共社约物的优化性——被公共社约物作为其有效内容的来源和基础，而其他方面由于其不具备公共社约物中博弈的优越性通常被公共社约物所淘汰（不成为公共社约物有效接受的内容），于是该个体同公共社约物博弈产生了一个妥协的现象：该个体通常只具有某个方面（技能）劳动的有效显现成为公共社约物的内容——表现为"工种"，每一个个体都出现这种情况，于是呈现出"社会分工"的现象。社会分工是个体自分形最大化同系统整体自分形最大化一致性的必然要求，它也是个体自分形最大化同系统整形一致性的必然内容。

社会分工的本质，是个体系统人在公共社约物中劳动谋取其在公共社约物海洋具有一席之地而呈现的相互作用关系。社会分工是个体系统人同公共社约物博弈自组织的产物。马克思认为分工和所有制是密切相关的，"到目前为止一切生产的基本形式是分工"，而"分工发展的各个不同，同时也就是所有制的各种不同形式"[①]，他在研究资本主义劳动分工时指出："分工和私有制是相等的表达方式，对同一件事情，一个是就活动而言，另一个是就活动的产品而言。"[②] 马克思是从当时资本主义的社会历史背景阐述社会分工的，而且矛头始终没有离开资本主义方向，但是，从系统科学来看，分工是系统内部组分之所以成为组分而表现出来的，向整体系统贡献的自己的基质意义，使系统因为该组分而具有某些新质的涌现机能。没有分工，就意味着没有可以区分的系统组分，系统将成为囫囵整体——这与现实社会的多样性、丰富性和复杂性是相悖逆的。分工是人类社会系统永恒的内部自组织规律，它既抽象又具体。在人类社会中，个体系统人之所以成为此个体系统人而非彼个体系统人的规定性，及其在现实世界中的包括分工在内的所有社会关系，这构成了称之为所有制的东西。

没有所有制，就没有个体系统人。个体系统人所有制包括两个方面：一是基质所有制方面的内容，主要体现为个体系统人躯体及其赖以生存的必要物质和环境的内容，这方面所有制表现的权利，比如生命权、自由权、劳动权等，主要是为了获得基质个体系统人自分形的自我稳态。二是衍生质所有制方面的内容，主要体现为个体系统人为了更好地实现基质自分形的最大化演化发展，不断地实现超越自我的新稳态，不断实现最大化（现实最优化）存在和发展，

[①] 《马克思恩格斯选集》第1卷，人民出版社1995年版，第378页。

[②] 同上。

比如以财产为核心的各种产权、以生命权为核心的各种人权、以劳动为核心的各种社会参与和实践活动权等。社会系统中的分工，是指个体系统人所有制的依附主体、对象和内容以及他们之间的相互作用关系的一种自组织或他组织划分。任何社会系统，这种划分都是占据主导地位信息模式之公共社约物支配的本意——社会研究的核心在于"该本意"同"普遍个体系统人自分形最大化本意"的一致性问题。如果不一致，则社会直接地存在矛盾，该矛盾推动社会朝一致性方向演化发展；如果某一阶段具有一致性，则将在该阶段产生正反馈放大发展，但由于个体自分形是不断创新的，来源私意的公共社约物具有滞后性，形成社会基本推动矛盾。对此，马克思指出："分工还给我们提供了第一个例证，说明只要人们还处在自发地形成的社会，也就是说，只要私人利益和公共利益之间还有分裂，也就是说，只要分工还不是出于自愿，而是自发的，那么人本身的活动对人说来就成为一种异己的、与他对立的力量，这种力量驱使着人，而不是人驾驭着这种力量。原来，当分工一出现之后，每个人就有了自己一定的特殊的活动范围，这个范围是强加于他的，他不能超出这个范围：他是一个猎人、渔夫或牧人，或者是一个批判的批判者，只要他不想失去生活资料，他就始终应该是这样的人。"[1]

社约物劳动分工和社约物是直接关联的，以劳动实践为中介和纽带，"社约物支配作用"同"个体系统人自分形"实现了过程的统一、实践的统一。劳动分工是受个体系统人自分形博弈产生的社约物支配的。个体系统人在同公共社约物博弈中，其劳动作为整个社会系统的机能的一部分——具有"效用性"：(1) 如果其劳动行为不能满足整个社会系统机能展现的要求或发展方向，则该系统人劳动将不具备在此社会系统内的效用性，该系统人劳动不能获得"相对独立"，即不能形成自我分工的相对独立显现，不能由该系统人携带并形成该劳动的社会分工。(2) 如果其劳动行为能够最有效匹配社会系统机能的展现和发展需求，该系统人劳动具有社会系统机能不可或缺的效用性，使该系统人劳动具有社会系统机能的"相对独立"意义——进而表现为该劳动对象、形式、内容、规定性等在内的劳动模式整体相对独立，区别于别的个体系统人劳动整体模式，各种合理且有效产生社会系统机能中不可或缺效用性的劳动模式相互确立，于是产生了劳动分工。(3) 劳动必须以效用性作为向度进行"生长"。劳动的规定性和社约物的规定性是统一的：一方面，劳动包括生产中的精神劳动规定性和物质劳动规定性，它们都受社会之社约物规定性的统领和支配；另一

---

[1] 《马克思恩格斯全集》第3卷，人民出版社1960年版，第37页。

方面，社约物规定性来自所有个体系统人劳动规定性的自组织涌现。

从系统涌生思维角度来认识"社会分工"需要把握两点：一是不能把社会分工的研究仅仅局限在"生产的物质规定性"方面，丧失了社会分工的本原认识。社会分工，是个体系统人自分形同公共社约物整形的博弈自组织产物，它不仅具有物质规定性，同时具有精神规定性，把它完全归结为物质劳动是不确切的，因为精神劳动同时蕴涵在其中。社会分工以生产物质为表现形式，选择"物质生产"作为社会分工本意的载体，但"生产物质"不是社会分工的直接的全部本义，生产符合社会系统需求的"机能"——其包括物质机能和精神机能两个方面内容，以"物质生产"为主要形式和载体，以物质为主要的现实内容。二是不能把各个人在社会系统中自组织生成的相互关系作为偶然事件，即不能把社约物支配作为社会分工的偶然事件。劳动分工不直接是双方的个人意愿，劳动的结合绝不是任意的。社约物任何时候都支配着社会系统中的每一个劳动者，具体表现中：有些是协同保障服务的支配，有些是区别控制约束的支配，比如看似两个人根据各自意愿的劳动缔约，如果符合公共社约物内容要求，公共社约物如一只"看不见的手"会协同服务保障它（例如勤劳致富、美德等得到宣传、鼓励和保护）；如果不符合公共社约物内容要求，公共社约物也如一只"看不见的手"会区别控制约束它（例如违背法律、制度、道德等受到的惩罚、谴责）。

（三）社约物下个体系统人的耗散平衡

个体系统人是演化的，其根本动力来源于个体自分形，但又受社会系统环境的影响。个体系统人作为一个具体系统，在生活演化过程中会表现出一定的稳定性，包括静态稳定和动态稳定。静态稳定是指环境的变化不致对系统的状态发生影响，例如个体系统人中各器官之间有固定的相对位置，人体器官和细胞之中的血液、神经、气息等有相对固定的流向、流速等，使整个人体系统获得一个不轻易受外界环境影响而发生改变的机能状态。动态稳定是指环境的干扰使个体系统人机能偏离某一状态，但干扰消除后，个体系统人仍能恢复到这一状态，例如个体系统人醉酒驾车使其驾驶机能偏离某一状态，但酒醒后，该个体系统人仍能恢复正常驾驶机能状态。个体系统人演化发展具有稳定性，保障这种稳定性的是耗散平衡。个体系统生活发展是这样一个序列：追求稳定性、获得稳定性、追求新的稳定性、获得新的稳定性……个体系统生活的耗散平衡保障对应地也有这样一个序列：追求耗散平衡、获得耗散平衡、追求新的耗散平衡、获得新的耗散平衡……个体系统人是具有这样一种演化发展的生物自适应有机系统。

个体系统人的生活发展是具有一定方向性的。个体系统从无序走向有序获得耗散平衡，是进化发展；反之，个体系统从有序走向无序失去耗散平衡甚至导致系统崩溃，是病变、异化、退化。个体系统人不是空中楼阁之物，非不食人间烟火，恰恰相反，他只有与环境进行不断的物质、能量和信息交换，才能从外界输入负熵流，抵消系统内部的熵增加，从而使个体获得耗散平衡的有序机能；反之，如果个体系统人无法满足机能生成条件下的耗散平衡，就会失去相应机能、退化、异化、病变甚至死亡。

1. 个体系统人耗散平衡之内部博弈

个体系统人耗散平衡之内部博弈，即一级博弈。个体系统人整体意志中确立主导耗散平衡目的态的某一具体意志信息模式，并不是直接出现的，而是在人脑系统中同其他意志信息模式通过一级博弈，在自组织中占据主导地位而确立的。耗散平衡的一级博弈，可认为：人脑系统中某一意志涌生物获得支配地位，具有一定的目的态，并朝之演化发展抵达耗散平衡稳态。一级博弈中某一时段占据主导地位的某意志信息模式，随着时间和环境的变化可能发生变化，甚至存在被其他意志信息模式取代的可能。

"有志者事竟成"，个体系统拥有坚定的信念，即具有稳定的某意志支配，则不管其初始状态（起跑线）如何，他都通常能实现自己的理想。"条条大路通罗马"，只要有相同的目标，且持之以恒，通常都能殊途同归。这符合系统演化的等终局性。个体系统人某一意志信念下达到耗散平衡的目的态，其中从微小涨落，到生长放大，到稳定支配系统，该序列过程受某一意志支配而达到其耗散平衡目的态——在不同的初始条件，只要不影响某意志获得并支配个体系统人，那么其最终结果是相同的；因为，个体系统人具有以某意志目的态为方向的中心调节模式，在受到不同意志影响和不同环境影响下，能够不断地自我学习、自我改进、自我修复，达到某意志目的态；或者采用多个子系统共同作用的制度化模式，确保某意志目的态最大限度地达成。个体系统人确立了目标，并不断努力，通常能够达成目标，至少能够最大程度接近目标。

如果个体系统人非立长志，而是常立志，则容易陷入混沌状态。个体系统人多个想法混杂在一起，今天以A想法支配自己的言行，明天以B想法主导自己的行动，后天以C想法指引自己的奋斗……个体系统人支配意志刚一确定或刚演化不久尚未达成耗散平衡目的态，就遭到自我更替，长久如此，个体系统人则什么目的态也未能达到——什么理想也不能实现。

2. 个体系统人耗散平衡之总体博弈

个体系统人耗散平衡总体博弈过程，包括确立耗散平衡目的态的一级博弈和影响耗散平衡变化发展的二级博弈，两者相互影响。

假定一级博弈中某意志信息模式在某一时段始终占据主导和支配地位，该意志信息模式支配个体系统在社会环境中走向耗散平衡稳定目的态的进程中，将表现出一系列的系统演化有序模式。该有序模式受一级博弈和二级博弈影响，系统内部的一级博弈微小因素可能诱发系统外部环境的二级博弈的某些方面事物产生涨落放大，出现二级博弈中"耗散平衡应有有序模式"的破坏，导致系统在该意志信息模式下走向系统耗散平衡稳定态失衡，甚至出现新的演化发展模式。系统外部环境二级博弈的微小干扰，可能诱发系统内部一级博弈的其他意志信息模式涨落生成，并放大通过博弈取代该意志信息模式，出现旧耗散平衡的中断，新耗散平衡的开始，向新的目的态演化发展，并抵达新稳态……

个体系统人耗散平衡有序模式、博弈自组织不稳定性序列，共同体现了个体系统人稳定失稳循环发展的演化性思想。个体系统人的一个稳定序列到另一个稳定序列是一个循环演化环，无数连续的循环演化环生成了系统的否定之否定的永恒发展链条——它是一个永恒发展链条，链条的走向是幸福存在和可持续存在，其中一切循环演化具体环的指向由低到高依次为耗散平衡（满足需求）、追求幸福、追求可持续存在。所有的耗散平衡原则上都是：追求的最终目的态都指向幸福存在和可持续存在。但是，在现实中并非所有耗散平衡都具有这样一种理性，恰恰许多感性的耗散平衡阻碍了或者中断了自身向更高级根本目的态的演化发展，比如吸毒获得快感的耗散平衡，阻碍了自身向幸福存在和可持续存在的发展（吸毒会导致自身生命的不长久，同时带来社会问题）。个体系统人耗散平衡有序模式，从一种有序模式演化成另一种有序模式，本质上是个体系统人内部组分协同模式博弈自组织（同时受社会环境影响的二级博弈），从一种演化过渡到另一种，这种演化表现为协同学的不稳定性序列性，它反映了个体系统人状态与时间的相关性，随着时间的推移，个体系统人在一级博弈和二级博弈下，可能由一种状态转化为另一种状态。

个体系统人总体博弈，包括了内部的博弈自组织和同社会系统的博弈他组织。个体系统人内部考察包含着人体内部联系的形成、变化和发展的运动的研究；外部考察主要包括个体系统人同环境之间的物质、能量和信息的交换。对一般系统人而言，人体系统都是社会环境中的，是不断地进行物质、能量和信息交换的运动变化的有机系统，需要耗散平衡以获得系统的存在。在个体系统人内部整体运动和开放性的外部环境中运动，从内部看，具有自组织功能；从外部看，具有从一种稳定状态向另一种稳定状态跃迁而发生质变的功能，即突变功能。个体系统人的自组织动态性表现为两个方面：一是人体系统内部细胞和器官是永恒运动的，它们共同协同的整体运动体现了系统的自组织原理。二是人体系统外部社会条件没有改变的情况下人体系统的自我社约物稳定状态发生内部一级博弈的跃迁性发展或更替性变化。

个体系统人的他组织动态性，是指在人体系统自组织的基础上，在个体人整体稳定的情况下，来自环境的他组织所导致的个体系统人物质、能量和信息的进入或消耗，而使人体系统稳定序列发生改变的演化特性。其中，他组织动态性包括"有限"情况和"超限"情况。"有限"情况是指，来自社会环境的他组织的物质、能量和信息交换范围不超出个体系统人自组织需要的物质、能量和信息耗散需要，个体系统人自我能够主导自我演化发展，主要表现为自组织。"超限"情况是指，来自社会环境的他组织的物质、能量和信息交换超越了人体自组织需要的物质、能量和信息耗散需要的极限，在这种情况下人体系统明显受他组织支配，甚至可能走向系统崩溃。

（四）社约物下个体系统人的社会化

个体系统试图作为一个优于邻居、优于他人的人，就要常修立德之身，要常修为善之身，要常修唯美之身，要常修求真之身，要常修幸福之身，并将它们融合在个体自稳态、层属自适应的人类系统活动中，实现个体系统通向组织系统人的过程。

一般系统人天然地是社会系统的组分，必然被社会系统化即社会化。个体系统人自分形，同时社会系统社约物对其整形，只有当个体系统人自分形能够满足社会系统要求、能够适应并推动社会系统演化发展时，个体系统人才成为真正意义上的社会人。刚出生就被狼叼走并抚养的狼孩，若干年后即使被人类解救，因其不能满足社会系统要求、不能够适应并推动社会系统演化发展，也不能称为真正意义上的社会人。那么，一个刚出生的婴儿，如何慢慢成长为社会人呢？这就是个体系统人在社约物下的社会化问题。

个体系统人自约物意志具有高度独立性，具有强大的功能，但是其机能的增长与显现需要通过各种相互作用的活动表达，自约物意志的丰富与发展需要通过不断地认识和学习，自约物意志机能的显现需要不断地劳动和实践，这构成个体系统人的认识世界和改造世界。个体系统人无论认识世界还是改造世界，首要的环境是社会系统，因为个体系统人从出生到成熟的成长阶段通常是在社会系统中度过的——丧失了这一条件与环境，个体系统人很难成为真正的社会人，比如前面提到的狼孩。但是，如果某个体系统人已经成为社会人（成年人），与世隔绝一段时间，再回到社会，他还是有基础能很快成为真正社会人的（这需要一个再次被社会化的过程）。

个体系统人自约物意志比一般动物强大，但是其自约物系统并非一出生就拥有庞大的信息模式及其内容——这些信息模式和内容对应着人类社会系统的存在状态、内容及其相互作用关系等，是成为真正意义上的社会人的基本条件和要求。个体系统人为了获得这庞大的信息模式和内容，就必须接受社会系统之社约物的社会化：一方面，对个体系统人来说，表现为个体系统人学习和实践中，存储、复制或加工部分社约物意志信息模式，并将其融合到自身系统的自约物意志中生成个体私人的主体社约物意志（自我社约物）；另一方面，对社会系统公共意志来说，表现为对个体系统人的教化、熏陶等社会培养。

人接受社会系统之社约物支配的社会化，这是人有机生物体人化的过程，历经该过程，人方成长为人。个体系统人在社会环境中成长，其追求自身自分形意志、需求、劳动、财产、价值、自由、人格等幸福最大化，追求自身个体系统人存在持久最大化。公共社约物意志来源于个体，一旦形成则保障符合公共社约物意志内容的所有个体系统人，控制约束背离公共社约物意志的个体系统系统人，具体为公共社约物支配内部各种系统人社约物意志、权利和自由转让，支配公共社约物意志表达、权力运行，确保公共幸福和公共存在最大化，协调公共意志和个人意志一致性的符合系统科学演化发展。

人类社会系统包括人、物质、社约物，个体系统人生活在社约物海洋之中，应当自发参与、自觉接受来自社会系统之社约物的社会化相互作用。个体系统人的社约物社会化，主要是受教育过程。个体系统人被教育而成人。个体系统人并非自然就是社会意义的人。婴儿出生以后，受社会教育而成为社会人。人和人并无多大区别，社约物支配作用的不同，使人与人之间产生丰富多彩的社会性差异。个体系统人自我社约物来源于公共社约物及社会环境，一个人没有相应的社会经历是不可能具备对应的自我社约物意志的，比如马克思身处那个革命的时代，不熟知各种知识，不深入汲取德国古典哲学、政治经济学、科学社会主义等精华，就不可能诞生马克思主义；康德不在知识的海洋中游弋，也不能创造其哲学成就；孔子在中国写不出《圣经》，耶稣在国外也写不出《论语》；小鸟不会飞翔在海洋里，鱼儿不会游弋在天空中……社约物支配着人类社会，"近朱者赤，近墨者黑"的世界不会颠倒。社约物支配个体系统人，但社约物来源于个体系统人，当个体系统人意志同社约物意志博弈占据上风，或相互关系微弱时，个体系统人意志可以得到保留或发挥——出现"近朱者不赤，近墨者不黑"的社会现象。但这仅仅是个体系统人在社约物支配下社会化的具体个别内容。

（五）个体系统人生成组织系统人

组织系统人是指基于某种组织目标、组织制度和社会属性等因素联系在一起的多个个体系统人的联合体。多个个体系统人组成人群组织，每个个体系统人都生活在相应层次的具体组织系统人之中。组织系统人区分规范组织系统人与非规范组织系统人；规范组织系统人，如家庭、学校、企业事业单位、党派等；非规范组织系统人，如同一辆大巴车上的乘客，共同兴趣的临时组织等。组织系统人有不同的区分，按照空间地域可区分不同地域组织系统人，比如不同省、市、县、乡地域的居民；按照时间时代不同可区分代际组织系统人，比如20世纪70年代组织系统人和20世纪90年代组织系统人；按照关系不同可区分关系组织系统人，比如学生组织系统人、朋友组织系统人、家庭组织系统人等；按照制度不同可区分制度组织系统人，比如警察与囚犯的组织系统属于强制组织系统人，一般行政关系属于弱强制组织系统人；按照社会组织目标不同可区分目标组织系统人，比如共同兴趣爱好的同目标组织系统人，同床异梦的非同目标组织系统人，等等。

现实的系统人及其生活共同构成人类社会系统，现实的系统人，既是自由独立的系统人又是受更大系统涌生事物支配的受动系统人。人类社会发展中，个体自分形不断出现劳动优化，这种优化劳动产生分工。由于分工的需要，社会中的每个人都不得不处于一定的特殊活动范围内，这种体现优化劳动的特殊活动范围，其本意是单个个人努力追求自己的"特殊利益"，即自分形最大化。可是分工本身又在群体的特殊活动之间建立了普遍的联系，从而使单个个人的活动有了社会的性质，使得社会有了社会的"普遍利益"，即社约物利益。然而，对于个人来说，这种"普遍利益"是异己的，个体要存在于社会，就不得不使个人屈从这种"普遍利益"，即受社约物支配——因为，个人只有服从这种"普遍利益"才能最终实现个人的"特殊利益"。在这种关系中，"普遍利益"所在的群体成为组织系统人。

组织系统人是指具有社约物协调与支配的两个或两个以上的人群系统。家组织系统人，是以夫妻、父母、儿女为核心的家及其家族和亲戚的人群组织系统，它以血缘为纽带。企组织系统人，是指某以共同经济利益或物质目标为导向的自组织规定或他组织规定的人群组织系统，主要是以物质和经济为纽带，具有职业化的人群组织系统。国组织系统人，是指以公共意志、阶级意志、国家意志为指导的工具性组织系统人，是以公共意志、公共利益、公共文化为纽带的。家庭组织系统人、企组织系统人和国家系统人各有功能和使命，无法直接相互替代。三者有其边界，简单地看，家庭边界是其居住之私宅，企业边界是其厂房，国家边界是其领土；它们统一受抽象社约物支配，即组织系统人社约物支配住宅及其成员则成为家庭组织系统人，支配工厂及其工人则成为企业组织系统人，支配领土及其承载的人民则成为国家系统人。

组织系统人，在人学研究中可描述为宏观人学。它是把不同的人群组织作为一个秩点，把其在整个人类社会系统（或国家或区域社会系统）中的存在及演化作为基本研究内容。组织系统人来源于个体系统人。个体系统人的本质不是孤立的。费尔巴哈认为："人的本质只是包含在团体中，包含在人与人的统一之中，但是这个统一只是建立在'自我'和'你'的区别的实在性上面的。"①在人类社会系统中，人与人之间的关系是系统人的本质，庞大的人类社会系统的第一层级是男女两性区别基础上的爱的关系和情欲关系，它是人类社会系统的基础细胞子系统。费尔巴哈把男女的爱与情欲关系看成是人与人之间的唯一本质关系，认为："作为一个男人，你却本质地和必然地将跟另一个'我'和实体——女人发生关系。"② 实际上，这种关系是人与人之间建立在生理性别差别基础上的可持续生存的自然联系，它是人与人之间本质关系的一个自然基础内容（人与人之间本质关系还有脱离动物的更高级内容）。家庭是人类社会系统的细胞，个体系统人就是这个细胞的细胞核。除了爱和情欲关系，"他不知道'人与人之间'还有什么其他的'人的关系'"③；这些其他的"人的关系"是指在家的社会基础上，生成的家以外的企业、国家等各种组织系统人。组织系统人区分家组织系统人（伦理组织系统人）、企组织系统人（团体组织系统人）、国组织系统人（行政组织系统人、民族组织系统人、公共社会组织系统人）。"个体系统人——组分事物构成—涌生事物（相互作用关系）生成支撑与牵引——组织系统人"是一般系统人研究的新形态、新模型、新工具。

四、个体系统人的"社约修身"运行

中国古代对做人的学问极其重视，研究颇多，归结为"修身"。《礼记·大学》中指出："大学之道，在明明德，在亲民，在止于至善。古之欲明明德于天下者，先治其国，欲治其国者先齐其家，欲齐其家者先修其身，欲修其身者先正其心。"中国古代学问的全部核心是做人，其中人学的核心是做君子，即修身。"我无为，人自化；我好静，人自正；我无事，人自富；我无欲，人自朴。"④ 根据其修身情况，《周易》中把人区分为：圣人、贤人、大人、君子、

---

① 《费尔巴哈哲学著作选集（上）》，商务印书馆1984年版，第185页。
② 《费尔巴哈哲学著作选集（下）》，商务印书馆1984年版，第427页。
③ 《马克思恩格斯选集》第1卷，人民出版社1995年版，第78页。
④ 朱谦之：《老子校释·57章》，中华书局1984年版，第232页。

庸人、小人等，正面的正能量的做人是君子，相反的是小人。《论语·子张》中说："小人之过也，必文。"小人犯错必然自我掩饰。《公羊传·宣公十五年》中说："小人见人之厄则幸之。"小人见别人出现不好的事情则幸灾乐祸。小人勾心斗角，宋朝欧阳修《朋党论》中指出："小人无朋，惟君子则有之。"这里认为，一般系统人修身是"内在明己"，而共我生活则是"外在明己"，明己外在于社会生活中可能表现为圣人、贤人、大人、君子、庸人、小人等，内在修身决定外在明己生活表现。修身是指系统人对自身系统机能的协同调节、改进、升级的自我反省、自我学习、自我积淀、自我历练成性的统称，包括认识自我、重德立志、善学炼性等内容。修身的核心是确保系统人的更高规格机能体现及运行，体现价值，实现幸福生活和可持续存在。

（一）关于认识自我

自我认识就是将自我肉身及自我意识作为认识对象的认识活动。将思维和意识作为思维的对象，即思维的思维。自我认识属于哲学范畴。自我认识的工具是优灵智慧（简称优灵）。优灵是相对独立的，优灵思维可以驰骋万里，同时优灵又不能脱离人肉体，使这两者获得一致性贯通与和解的过程就是自我认同的问题。这里包含四个方面：一是自我具有肉身性，这是自我的基础和保障；二是优灵相对独立性，这也很好理解，即意识的相对独立性；三是融合的同一性，自我的优灵与自我的肉体，贯通一致并存在和持续发展；四是自我作为一个独立个体的私人性，个体存在具有不可公共的方面，具有独特性的存在，具有别人难以"进入"的领域——只为我独有。

世界是你我他的系统。唯我论认为"我"是宇宙的"唯一者"，这就把优灵相对独立放大到了绝对独立，使其与其他分割开了；有部分哲学强调无我，也是强调了优灵相对独立的地位，并看淡了肉体，忽视了优灵同肉体的结合体，即人体，毕达哥拉斯把灵魂和肉体分割，灵魂又由理性、激情和欲望组成；亚里士多德认为灵魂是肉体的本质，肉体和灵魂不可分离；佛教认为，人是色（物质）、受（感情）、想（表象）、行（意志）、识（意识）五蕴因缘和合而成的。它们都具有机械的、朴素的猜测成分在里面。笛卡尔的"把思维着的我作为把握、改变世界的阿基米德点"，把握了优灵相对独立与实体的实践统一。弗洛伊德的本我、自我、超我的关系，是自我认识运行的一种经典观点。本我是原始的、本性的、自然的我——对应的是低灵意识的自我，具有快乐原则；超我是后天社会规范中的价值判断所构成的社会自我，遵循道德原则——对应优灵意识的智慧约束下的自我；自我是混沌的整体自我，作为思维的主体、认识的主体和实践的主体，对本我和超我进行调节和转换，使本我与超我同自我达到贯通并通过现实显现出来——这一协调是人的机能，协调和谐则正常，失调则可能出现问题，比如精神疾病。米德的"主我"和"客我"结构在运行中也具有指导意义，"'主我'是有机体对其他人的态度作出的反应；'客我'则是一个人自己采取的一组有组织的其他人的态度。其他人的态度构成了有组织的'客我'，然后，一个人就作为'主我'对这种'客我'作出反应"。① 弗洛伊德与米德的观点，有不同的侧重和角度，前者从现实和肉体望向低灵和纯粹高级效应的优灵，后者由优灵望向现实束缚的优灵及现实。米德还认为，自我是一个过程。这个过程是肉体与优灵融会贯通的过程。人的自我认同，总是要依据某种描述去确知自身当下的行为及其原因，如果受到质询（包括自己对自己的质询），要能够给出有关自己思维、行为和活动的本质及其原因的解释；就内部原因和运行而言，把弗洛伊德和米德的观点进行有机的融合是有效的，就外部原因和目的而言，自我认同要在社会中获得。萨特认为，我们每个人来到这个世界，都是被"抛入"的。萨特的"我们的本质完全是由我们自己选择决定"的观点是片面的，社会环境的熏陶、束缚和支配被忽略。自我与社会是一个系统，社约物，使自我要承担来自纯粹自我的责任，也要承当来自社会的责任。因而，自我的所谓自由选择与社会责任要求具有贯通一致性与和解性——当然遵循社约物支配效应。

世界是共我的系统。在不同的时代，仰望苍穹，畅谈人生，踌躇满志，推演未来，认清自我的模样，一直是人们不可抑制的渴求。人类只有一个地球，"你中有我，我中有你"是我们的共同生活。人们在共我生活中，不断生成社约物支配你我生活。在社会生活中，"不能这边搭台、那边拆台，而应该相互补台、好戏连台"。生活中，首要是"我为人人"的协同合作与对话交流，而非对抗斗争，"孤举者难起，众行者易趋"，"吹灭别人的灯，会烧掉自己的胡子"。"并育而不相害"，"有朋自远方来，不亦乐乎"，讲信修睦、善待他人，敦厚平和的禀性；"己所不欲，勿施于人"，海纳百川有容乃大，推己及人；"四海之内皆兄弟"，大同世界，人人平等、强不凌弱、富不侮贫。"大河有水小河满，小河有水大河满"。认识自我，就是给自我一个坐标，明确自己的能力和所处环境，遵循自分形发展同社约物支配的规律，寻找最大公约数：在相互交流博弈中寻求个人与个人的最大公约数，在同社约物博弈中寻找个人与集体的最大公约数，形成优化的共同社会生活统一体。

---

① ［美］乔治·赫伯特·米德：《心灵、自我和社会》，华夏出版社1999年版，第189页。

(二) 关于重德立志

修身之中道德为重。"道生之，德畜之，物形之，势成之。是以万物莫不尊道而贵德。道之尊，德之贵，夫莫之命而常自然。故道生之，德畜之，长之育之，成之熟之，养之覆之。生而不有，为而不恃，长而不宰，是谓玄德。"[1] 修身要立德、立言、立行。《周易》中《系辞下》："《履》，德之基也，《谦》，德之柄也，《复》，德之本也，《恒》，德之固也，《损》，德之修也，《益》，德之裕也，《困》，德之辨也，《井》，德之地也，《巽》，德之制也。"

《周易》的《升卦》中说道："君子以顺德，积小以高大。"修身要顺从社会道德，一点一点累积，要让美德在实践中积累。《周易》的《坎卦》说："君子以常德行，习教事。"在平常的时候，履行社会道德，要在方方面面。《周易》的《大畜卦》中说："君子以多识前贤往行，以畜其德。"见贤思齐，向先人学习；《家人卦》中说："君子以言有物而行有恒。"言行之中要有道德。

美国耶鲁大学研究证明，婴儿早在能开口讲话和行走之前，就有能力判断他人行为的好坏，就能产生共情和同情，就能产生原始的正义感。美国耶鲁大学心理学教授保罗·布卢姆认为人类的某些道德原则并不是后天学习得来的，"就算人类生来就拥有某些道德特质，它们或许也和其他许多生理特征一样，并非打一开始就显现出来——想想雀斑、智齿和腋毛吧。"此观点存在偏颇。人类道德是一种自需求、自稳态、自适应的特殊社约物，其来源于个体自分形，发展改变于社会环境；人类的先天道德十分有限，但人类的自分形道德是一切道德的基础，在此基础上，人类的道德圈是不断扩大的，正如历史学家威廉·莱基认为："人类最初降临于世的时候，他们的仁慈善心和自私本性比较起来，力量简直微不足道；而道德的作用就是逆转这一局面……仁慈善心曾经只限于家人，后来圈子逐渐扩张，首先扩张到一个阶级，然后扩张到一个国家，再后来扩张到国家联盟，之后扩张到全人类。"就单纯自分形道德而言，它是自私的生存能力考验；正如历史学家杜兰特说："人类历史从根本上说，仍然是一个个人和群体中间物竞天择、适者生存的过程，它从不优待善心，它充满了不幸，最终的考验全看生存能力。"就公共自分形而言，人类由于高度相对独立意识机能的主体性，道德来源于整体人类的幸福存在和可持续存在追求，即来源于人类共同生存的本能，表现出整体"类"系统下的同情心、想象力和卓越的理性思考能力。一般系统人修身形式，其实就是个体自分形与公共生存之间具有伦理与理性的道德修炼和生存能力修炼。

---

[1] 朱谦之：《老子校释·51章》，中华书局1984年版，第203–204页。

第七章 开明利己的社约系统人

个体系统人自我社约物的志向和独立人格是其能够脱离一般个体甚至牵引组织的根本原因。"诚以学不立志，如植木无根，生意将无从发端矣。自古及今，有志而无成者有之，未有无志而能有成者也。"①"志不真则心不热，心不热则功不贤"②。勉学和立志是人生的第一课。"志行万里者，不中道而辍足；图四海者，非怀细以害大。"③"世界之大，纷繁复杂，学有书、礼、技、艺之分，业有士（仕）、农、工、商之别，穷尽人的毕生智慧与精力，只能窥其一斑而不得领略全部，所谓人有所长、术有专攻，人的发展具有方向性，这便须立下志向，选准目标，然后才能循着既定的方向前进。"④

"人须要立志……若初时不先立下一个志向，则中无定向，便无所不为，便为天下之小人，众人皆贱恶你。你发愤立志要做个君子，则不拘做官不做官，人人都敬重你。故我要你们兄弟先立起定志来。"⑤ 立志是立己的一个内在支柱，立志的外化是使自己"立"，而不是无所是，无所是则无所不为，众人皆贱恶之，立自己则强化和优化属于自己的内容，不拘于为自己的内容，在人类社会系统奠定应有的组成一员的基质意义（而不是可有可无的非基质意义），而如同敬重别人一样受到其他成员的敬重。立自己要确立理想和航标，催生动力，发挥热情和积极性，保持旺盛自立精神。人类通过优化自约物劳动，实现了从动物层次脱离出来；个体系统人自立，通过优化自约物劳动，要实现从庸俗习气和不良恶习中脱离出来，实现优化独立的自我。"志小则易足，易足则无由进。"⑥ 自立的立志小，则从庸俗习气中脱离出来的优化程度就小，立志大则脱离庸俗习气就高，成就就大。一个人没有大志，走一步算一步、活一天算一天，就只能停留在庸俗习气中，不可能成就大事业；而一个有志向的人，热情动力强大，对自己要求严格、标准高，遭遇困难，矢志不渝，坚持不懈，就能够实现成功而脱离于庸俗习气，实现个体系统人的巨大优化价值。这正如诸葛亮《诫外甥书》中说："夫志当存高远，慕先贤，绝情欲，弃凝滞，使庶几之志，揭然有所存，恻然有所感；忍屈伸，去细碎，广咨问，除嫌吝，虽有淹留，何损于美趣，何患于不济。若志不强毅，意不慷慨。徒碌碌滞于俗，默默束于情，永窜伏于凡庸，不免于下流矣。"志大才能戒绝情欲，能屈能伸，丢弃琐事，不

---

① 明·王守仁：《王阳明全集·教条示范龙场诸生》。
② 清·颜元：《颜习斋先生言行录》。
③ 晋·陈寿：《三国志·吴书·陆逊传》。
④ 何桂美：《古代家庭道德教育》，中国地质大学出版社2010年版，第3-4页。
⑤ 明·杨继盛：《与应尾应箕两儿书》。
⑥ 北宋·张载：《经学理窟·学大原下》。

在受挫中滞留，不损志趣，达到目的。倘若志向不坚毅，无大志，就会碌碌无为地沉浸于世俗，被情欲束缚而默默无闻，成为平庸之辈，甚至沦为下流。立志容易，守志难。个体系统人脑意识系统的意识信息模式总处于不断的博弈之中，所立志意识信息模式常常容易在日常琐事或其他意识信息模式的诱动中被变化或替代。正如《劝学》中说："守志如行路，有行十里者，有行百里者，有行终生者。行十里者众，行百里者寡，行终生者鲜。"立志，先要明志，后要践志，实践中要守志，不要因为眼前的困难而退缩，不要因为琐事而动摇，不要为守志而守志。

（三）关于善学炼性

君子修身要有知识，要善于学习，善于掌握改变自身命运的知识。在读书与学习中得到思想的真谛、道德的真谛，按照"真理"的指导去行事，就更多趋向"正义"。周易中《系辞下》："君子安而不忘危，存而不忘亡，治而不忘乱。是以身安而国家可保也。"修身要时刻警惕，修身不进则退，居安思危。

拿破仑说："世上有两种力量：利剑和思想；从长而论，利剑总是败在思想手下。"北大钱理群先生说，一个人要打好精神底子，要阅读好《论语》《庄子》《红楼梦》、唐诗和鲁迅。中国人要学习和继承好古代哲学思想，学习孔子，知可为或不可为；学习庄子，寻求诗意栖息；学习孙武，探究军事兴趣；学习王阳明，悟思洒脱智慧……学好中国古代哲学，是善学的主要内容之一。没有学习，就没有真正社会意义上的文化。北京大学王余光教授《让阅读成为我们生活的一部分》一文中写道：我们可以清楚地看到，从"读书是少数人的特权"到"读书是所有人的权利"这个过程是多么漫长。从亚里士多德开始，"雅典和斯巴达只向自由人提供教育，十分之九的人口是不享有学习的权利的……因而书是供有选择的少数人使用的"。到18世纪，"为了在最简陋的环境中使社会和平，人们安居乐业，就要求许多人除了贫困外，还要无知……因此，为了每个国家或王国的康乐和幸福，就要使劳动阶层的知识只限于他们的职业范围以内，而不可超越它。牧羊人、庄稼汉以及其他农家人，对这个世界，对与他们的劳动或工作无关的事知道得越多，对他们愉快地并心甘情愿地经受住劳动的艰苦和劳累越是不合适。阅读、书写、算术等……对那些被迫通过他们每天的劳动以换取每天的面包的穷人来说是很有害的。"

生活中的吃饭、穿衣、走路、说话等技能是自适应的必要技能，了解周边的人、世间的事、生存的规则等是生活自适应的前提。"人生在世，会当有业：农民则计量耕稼，商贾则讨论货财，工巧则致精器用，伎艺则沈思法术，武夫则惯习弓马，文士则讲议经书。"（北齐·颜之推《颜氏家训·勉学第八》）人的生活在于劳动,任何技能都是对社会自适应的优化体现——对工种劳动优化的不断升级形成专业化技能。

学习能够帮助你获得学位,能够指导你如何谋生,教你驾驭机器工具的技巧,告诉你如何维修一辆出了故障的机车。更重要的是,学习哲人的思想能够涤荡着我们的灵魂,让我们在知识和智慧的指引下更容易识别美与丑、善与恶,学习能够让我们树立生命的信仰,开拓前进,以坚韧而顽强的内心,对抗喧哗与浮躁的外部世界。学习,使个体系统人树立信仰、增长知识、智慧和信心,学习是人类生活的必修课、常修课。

感知学习是人化社约物从客观事物携带信息模式转化成为一般系统人人化社约物模式的基本途径。不学习者的知识是生硬的、僵化的,常与书为伴者,同他交流起来会很轻松很容易,在知识和思想海洋中,彼此心灵间的传达、回应会很迅速。比如,我们乘坐火车旅行,我们会发现很多不同知识结构、生活方式、风俗习惯以及衣着打扮的人们,他们甚至操着不同的地方语言……在这里,书本知识和大众之间存在巨大的鸿沟,大众迈向真理的步伐是缓慢的,这一过程通常需要引领者影响并教化——因为,大众很少如哲学家思想者沉静思考事情,在这方面的时间和练习都很少。大众的思维可以有个体的差别,而他们的思维总是有着社会系统意义的某种共同的方向,大众可能长时间抱住某一思想、习俗、生活方式不放,当相同的动因或条件出现时,大众首先会选取相同的途径、走出相同的轨迹,这被人一再重复出现,这就是被积淀的人化的一部分;在教化或自然演化的进程中,大众一旦转换其行进的思想、路线、生活方式等,原有的东西将会被抛弃,阻碍的东西将会被推翻,有些东西将会被卷走,形成新的人化内容。

对于书本知识思想的学习方法,通常以阅读为主。阅读就像嚼别人嚼过的馍,它犹如半消化的残羹剩饭,撒满别人思想唾液的痕迹。别人唾液融合馍体可能帮助你提供直接的、可消化的营养,得到思想的、认识的收获,比如你可以轻易地获得你需要经历艰辛才能得到的见解或理论;但另一方面,别人的唾液也可能是有害的,它可能有细菌甚至病菌,即使没有这些直接有害物,它也将抑制阅读者自身思想唾液的分泌融合馍体,长此以往,阅读者思想来源将取决于别人思想唾液消化的馍;比如你仅仅是某个思想者的复制品或者宣传者。真正的阅读者,既然要善于汲取别人思想唾液消化馍的营养,又要善于开发自身思想唾液消化馍体,防止出现自身思想唾液分泌和消化功能的丧失;即既要善于嚼别人嚼过的馍,又要善于开创自己嚼馍的能力,嚼别人没嚼过、别人嚼不好、别人嚼不动、自己嚼出新意的馍,做一个独立的阅读者、一个独立的思想者。因此，书呆子是仅会阅读书本的人，而思想家则更善于从不同角度阅读人生世事。阅读不能替代自己的思考，它可以作为触动我们求知欲望的火花，牵引我们前进，但阅读之处不是思想前进的终点，自发、独立思考的人要善于把握正确思想的方向罗盘，随手翻开一本书的阅读如同残羹剩饭的馍，独立思考之处在于取之不尽的神秘大自然。阅读之上的独立思考，才能获得知识的传承，正如歌德之诗："我们只有流下热汗，才能够重新拥有先父们留下的遗产。"阅读不是赤裸裸的外在播种，而是有选择的内在萌芽，独立思考才能收获生动美丽的思想果实。长期的阅读，会在头脑储存大量的外来的观点，只有独立思考才能进行筛选获得整套统一的思想，防止杂乱、肢解、失序的状态，确保个体系统人保持健康的理解力、正确的判断力以及拥有智慧并掌握联系实际生活的种种技巧。阅读之上的独立思考不是要反对阅读，而是要把阅读归入独立思考控制和整理的主旋律之中，防止进入思想的各种音调零乱地相互干扰。阅读的书呆子和阅读之上的独立思考者，前者可以崩发出不同外来思想的美妙音符却不能合成曲子，后者唱响着独特美妙神曲偶然夹杂着外来思想的美妙音符。纯粹的经验同阅读一样，不能取代思考。

　　人化社约物的感知学习有利于促进思想的形成；人化社约物的运用，主要体现为智力，并以思想指导实践，促进人类认识和改造世界。知识就是力量，希里多德相反认为："最痛苦的事莫过于懂得很多，但对事情却无能为力。"把人化社约物信息模式识别并运用起来的能力，就是智力。智力，在于把握普遍原理知识和零星之物知识的联系。尽管各种事物彼此之间的差别可能很大，甚至截然不同，人类因为拥有智力可以一眼就把握这些事物的同一原理或零星事物之间的相互联系。智力更重于深度表述，并非直接地是一个加和的参数；一千个傻瓜直接加和凑在一起，也变不出一个聪明、理智的人。知识的含量并不直接等于智力，因为，大量的知识没有获得主体细心的思考加工，还不如数量较少但却经过大脑反复斟酌获得从各个角度融会贯通的知识有价值。深思熟虑掌握的各种知识相互联系、运用自如的能力才是智力。

　　获得别人的肯定和社会的尊重，让自己有尊严地生活，这是个体自稳态的外在表现内容。学习是自适应的重要内容之一，自觉自发地学习需要自我认同的意志牵引；当然，学习也可能受他组织压迫力的驱使。自我学习的意志牵引，即是某学习内容信息模式占据人脑意识系统应有的主导地位，形成主控意识系统的系统目的方向——信仰。信仰将牵引系统人的基本走向，在主导意识不改变的情况下，实现其系统目的态。

　　修身要有独立的人格和精神，就必须经过不断的磨炼。社会系统中，由于社约物的整理和支配，人很容易失去独立人格和自我。《帛书周易》中指出："天行健，君子以自强不息。"《泰卦》中指出："君子内健而外顺。"修身在生活中要内刚强、有原则、要方，外要顺从系统整体演化，要顺、要圆。修身要刚健笃实，《困卦》中指出："君子以致命遂志。"要把自己的追求同自己的生命融合起来，兴趣、信仰、追求同生活融合起来。不能阿谀奉承，有独立人格，遇有贪官污吏，不事王侯，不被人重用，君子不怨天尤人。在修身的道路上，要有无畏的精神。

人追求平等的自由发展最大化是个体发展的永恒主题和方向。人类系统的个体自分形力的相互作用造就整形力——表现为人类系统的机制体制、道德法制及社会关系为核心的人类系统涌生事物对人类系统中的个体具有普遍整形意义，并朝着获得涌生事物支配地位的系统目的态方向演化前进，即上层建筑（制度体制）和道德伦理信仰等共同作为涌生事物支配社会演化发展。个体发展自分形力和人类系统整形力是一对博弈矛盾；什么时候个体自分形力占据上风，引导整形力的发展；什么时候，整形力占据上风，束缚和控制个体自分形力的发展；这始终是一个永恒而复杂的社会问题。由于社约物来源个体系统人，有时候，个体系统人自我社约物对某些国家或系统社约物具有主导地位，可能出现比如个人主义或英雄主义对社约物集体主义的短暂替代。

个体系统人修身之炼性，要处理好个体自分形和社约物整形之间的关系，即处理好个体本位和社约物本位的关系问题。个体本位是社约物本位的来源，但社约物一旦形成，社约物成为个体本位的环境和前提——对于一个现实的个体系统人来说，他出生前，这个社会已经存在，因此社约物本位是现实的。"个体本位在现代社会始终存在两个面向：一方面，个体本位把近代以来的人本主义落实到了它的终极单位'个体'，在个体本位中阐发了对于个体自由、权利和尊严的尊重，这是个体本位的积极作用；另一方面，个体本位导致的自我中心主义、价值虚无主义、文化相对主义则显示了现代个体主义的消极后果。个体主义在现代社会的积极作用只有得到认真对待，才能真正健康地释放出来。西方世界通过社会各个层面规范性秩序的建立，在社群、国家、普遍主义的追求等多方面最大限度地限制个体主义的消极倾向，从而更好地展现出个体主义的积极意义。"[①]

炼性，一方面包括对实体身体的锻炼，使其具有强健体魄；另一方面包括

[①] 孙向晨：《论中国传统文化中"家的哲学"现代重生的可能性》，载《复旦学报》（社会科学版），2014年第1期。

全面人内质的锻炼,即学习生活实践,通过学习和受教育,在社会生活中摔打,自我提高、自我完善、自我超越,追求个体系统人的自由、平等、民主方向的独立人格和价值体现,拥有高尚人格和道德,享受工作享受生活,不断地改进修身形式和更新修身内容,游刃有余地适应社会生活、推动人类社会发展。

(四) 关于践行利用

春秋时代有"三事"之说,《左传》文化七年记载说:"正德、利用、厚生,谓之三事。"张岱年认为:"正德,端正品德;利用,便利器用(用指工具器物之类);厚生,丰富生活。正德是提高精神生活,利用、厚生是提高物质生活。……'三事'之说兼重物质生活和精神,是比较全面的观点。"①《周易大传》中《系辞下传》说:"精义入神,以致用也。利用安身,以崇德也。过此以往,未之或知也,穷神知化,德之盛也。"(朱熹《本义》解释说:"精研其义,至于入神,……然乃所以为出而致用之本;利其施用,无适不安,……然乃所以为入而崇德之资。……至于穷神知化,乃德盛仁熟而自致耳。")张岱年认为:"义指事物的规律,神指微妙的变化。精研事物的规律,以至于理解深微的变化,是为了实用;便利实际运用,是为了提高道德;而道德提高了,就更能对微妙的变化有更深入的理解了。……儒家特重'正德'、'崇德',而对'利用'、'厚生'的问题则研究得不多。……但历代都有一些自然科学家,对'利用厚生'的实际问题进行过切实的研究,从而促进了文经的发展。"②

"践行利用"就是要"刚健有为"。《论语》记载:"子曰:吾未见刚者。或对曰:申枨。子曰:枨也欲,焉得刚?"(《论语·公冶长》)《周易大传》的《象传》说:"天行健,君子以自强不息。"《孟子》记载:"居天下之广居,立天下之正位,行天下之大道。得志,与民由之;不得志,独行其道。富贵不能淫,贫贱不能移,威武不能屈:此之谓大丈夫。"(《孟子·滕文公下》)宋代周敦颐受道家影响,提出"主静"之说。张岱年认为:"《周易大传》关于'刚健'和'自强不息'的思想,在历史上起了一定的推动中国文化向前发展的积极作用。而道家和部分宋儒的'柔静'学说,则是'刚健'思想的一种补充,两者相互对峙,相互引发,构成了中国传统文化的独特面貌。"③

"践行利用"强调使工具锋利并用工具改造世界,本质上就是对改造世界之"实践"。善学炼性的目的在于社约实践。人的社会生活就是交往,就是实践。

---

① 参见:张岱年:《论中国文化的基本精神》,载《中国文化研究集刊》,1982 年第 1 期。
② 参见:张岱年:《论中国文化的基本精神》,载《中国文化研究集刊》,1982 年第 1 期。
③ 参见张岱年:《论中国文化的基本精神》,载《中国文化研究集刊》,1982 年第 1 期。

交往的核心是竞争与合作。实践的核心是为人处事。生活的现实逻辑是人开展一切社会活动的基础。人不能在空中楼阁中生活，而应当在现实环境和问题中交往、学习、生活。个体系统人在重行中应当强化以下把握：（1）置身社会框架，把握现实逻辑，原创自我（自分形唯一自我性，它是生命的生命，是生命的符号、生命的形象、生命的意义），社约共我；（2）会使三种话语（自分形话语、社约物整形话语、博弈自组织话语）；（3）会用三种论证（史的论证、实践的论证、理论的论证）；（4）掌握三种技巧［智慧（学术与理论）技巧、职场（政论与官场）技巧、生活（独处、家处、公处的经验与理智、情商与智商等吃喝拉撒睡及交往）技巧］；（5）采用"三极三节"博弈法做好"四成一崇"，"三极三节"博弈法，以事物演化时间为轴，区分事物的历史极、现状极和发展极，研究事物的现状节点、历史节点和未来节点，根据博弈系统的目的态，采取博弈策略，实施有效的社约物博弈，以此推动学以成人、行以成人、使己成人，使人成人，崇高做人。

第三节　开明利己的"家"组织系统人及其"社约齐家"

家是人与人之间繁衍生存关系的自然选择的必然产物。家庭作为人类社会系统中最基本的细胞系统，是人的基本生存处境，也是基本繁衍生存组织。家是以血缘和伦理为核心纽带的组织系统人，表现为以《伦理学》为核心的组织系统人，即家组织系统人的自约物性和社约物性表象的整体形式是以伦理学为核心的内容。"家庭观念"在当下对个体、家庭及国家、社会、经济、文化等诸多方面的深远影响，"家"的研究是纵跨心理学、社会学、人类学、教育学、管理学等诸多学科，这里主要利用系统涌生的社约物观点来进行整体性的把握。

"每个人生来就是自由的和平等的。"家庭组织系统人系统中，孩子和父亲的自由与平等是一样的，他们都具有自分形最大化的意义，父亲的自约物意志与孩子的自约物意志（孩子自分形的有效认识和意志能力弱）博弈的结果，通常由父亲自约物意志占据主导支配地位，自然地，父亲自约物意志引领和支配整个家庭组织系统的演化发展模式，并自然显现整形力——该系统的整形力将对孩子的自由成长具有"引导和束缚"作用，即对孩子具有引领、教育、约束等意义，孩子的自由是相对的。当孩子成长并达到理智的年龄，父亲和孩子的博弈可能出现拐点，此时的博弈是有效自由和有效平等的，成年孩子自约物意志模式可能占据家庭组织系统人的主导地位。

在家庭社约物中，当孩子处于成长期，父亲自约物意志处于家庭社约物的支配地位。对孩子而言，一方面孩子转让了部分权利和自由给了父亲；另一方面受家庭社约物支配，通过家庭社约物获得了来自父亲的抚养、教育和保护，综合起来，使孩子获得了现实的自分形最大化。对父亲而言，一方面父亲获得了来自孩子转让的部分权利和自由，支配家庭社约物，对孩子具有管理教育和约束权力；另一方面家庭社约物支配父亲必须肩负抚养和教育等家庭责任。现实中，孩子享有作为个体自分形力及家庭社约物整形力下的合适的权利和义务，包括和父亲一样的生存权利、健康权利等，也包括受家庭社约物整形力增加的一些权利和丧失或受约束的部分权利。当孩子长大成人，成年孩子与父亲博弈，占据支配地位者替代前面的"父亲"位置，另一者占据前面的"孩子"位置。在成年人时期，其作为孩子的生来社约物大大消退，大部分生来现实社约物内容，转让给父母的或来自父母转让的社约物都慢慢各自收回，留下伦理社约性。孩子成年以后，将拥有自己的孩子，渐渐地，成年孩子的父母变成老年人；老年个体系统人开始携带伦理社约物——被赡养、被照顾的权利，相应的成年子女系统人（作为该老人的孩子）承担相应的义务……老人在年轻的时候转让给孩子以自由、时间、财富和精力，在成年时期转让给社会以财富、时间和价值，在晚年时期，将获得来自全体社会的伦理社约物和全体家庭社约物的反馈和支持，帮助老年个体系统人幸福安度晚年。这完成了一个人从出生到死亡的超循环螺旋环节。

一、关于家组织系统人

家组织系统人是人类系统中最有效最基本的单元。个人是家庭的组分，家庭是个体组分生成的系统。个体系统人首先是家的动物。在普遍生活中，个体系统人和家组织系统人之间关系，前者是后者的系统组分，后者是前者的整体性基本保障。个体系统人对家庭组织具有自分形根本动力意义，家庭组织对个体系统人具有整合支配保障意义。

1. 家的自分形本质

人类的家组织，在原始社会是具有群体性的。由于原始社会的群居群婚机制，这种团体性的血缘关系在氏族生活中却发挥着某种群体性的纽带效应，以致原始人确实在很大程度上做到了"不独亲其亲，不独子其子"。众所周知，文明社会从原始社会脱胎而来的一个重要契机，便是能够确认血缘关系团体性的父权制家族，父母知道谁是亲生子女，子女也知道谁是生身父母，最终确立起"各亲其亲，各子其子"的标准"家"组织系统人。

家的本质是个体自分形的延伸。心理学将家定义为自我的象征。除了身体自身，家可以被视为个人精神最有力的延伸，家的观念映射或包含了三种不同层次的自我，即本我、自我及超我，同时提供了日常生活行动、感官经验及精神经验的人生舞台。家中的个体系统人数量是有限的，是以父母（家长）为核心形成血缘关系的多个人的高度紧密联系的系统。家系统人的家庭社约物是来源于内部若干个体系统人自分形，由于家组织系统中的个体有限，家组织社约物主要机能同家中主要成员机能在某些条件下可以等同，比如在中国文化中，个人藏于家中，家成为个人身份外在化的符号。

2. 个体自分形同家庭系统整形

关于家庭对个人的意义和个人对家庭的义务，梁漱溟先生指出："人从降生到老死的时候，脱离不了家庭生活，尤其脱离不了家庭的相互依赖。你可以没有职业，然而不可以没有家庭，你的衣食住都供给于家庭当中。你病了，家庭便是医院，家人便是看护。你是家庭培育大的，你老了，只有家庭养你，你死了，只有家庭替你办丧事。家庭亦许依赖你成功，家庭亦欲帮助你成功。你须用尽力量去维持经营你的家庭。你须为它增加财富，你须为它提高地位。不但你的家庭这样仰望于你，社会众人亦是以你的家庭兴败为奖惩。最好是你能兴家；其次是你能管家；最叹息的是不幸而败家。家庭是这样整个包围了你，你万万不能摆脱。"[①]

黄国光于1999年提出亲子关系有两种成分，即"情感性成分"与"工具性成分"，他引述Schaefer在亲子关系研究中所指出的，子女所知觉到的父亲或母亲的行为，由"爱"（情感性成分）与"控制"（工具性成分）两种成分构成，反之亦然。[②] 在家系统中，情感的成分是容易理解的，其直接来源是基因及血缘纽带，根本的"内在看不见的手"是人的自分形具有的可持续存在繁衍支配规律决定的——同时也是家系统整形力所表现的协同服务保障的表现。家系统中的"工具性成分"表现的"控制"，从系统涌生原理来看，是指家系统整形力的支配过程中——区别控制约束意义的表现。在家庭中，系统服务保障的"爱"和区别控制约束的"控制"，表面上看起来是有冲突的，实际上它们统一于家系统整形力，是家系统整形力的两个方面。

如果说个体是人类系统的细胞，那么家庭系统就是人类系统中能够同时实现人的"两目的追求"的最有效最基本的组织单元，犹如躯体的器官单元。个

---

① 梁漱溟：《中国文化要义》，上海人民出版社2003年版，第22页。
② 黄国光：《也谈"人情"与"关系"的概念化》，《本土心理学研究》，1999年第12期。

体系统人生物构造决定了，单独个体系统人无法同时有效实现"两目的追求"，他或她在理论上可以实现幸福目的追求，但无法实现可持续生存目的。人类要实现可持续生存繁衍的目的追求，在人类社会进化中选择了"家"组织这个最有效的最基本的单元细胞。当然，在"家"概念基础上，衍生的人类社会其他系统人组织，也可以实现两目的追求，家是最基本单元。

3. 关于幸福目的追求

家是幸福的港湾。中国文化传统中很多优秀的价值观念都是通过"家"这个载体培育和生长起来的。"家"在中国文化传统中不仅仅是一个基本的社会单位，更代表了一种思维方式和价值观念的原型。梁漱溟认为："中国文化自家族生活衍来，而非衍自集团。亲子关系为家族生活核心，一孝字正为其文化所尚之扼要点出。"[1] 个人在家中不仅追求"感情的家"，给予自己同时给予家人创造幸福和美好；同时追求"现实的家"，创造物质和财富与家人共同分享，遇到挫折困难同家人共同分担。正如余英时先生在《从价值系统看中国文化的现代意义》一文指出："在各层社会集合中，'家'无疑是最重要最基本的一环……"

家并不是某个人的家，而是家庭所有成员的家。家是组织系统人，而不是个体系统人。在追求个体幸福中，不能把家同个人割裂开来，把家纯粹当做实现幸福的工具，而应当把家当做融合了自我的有机系统。但是，"'家'的问题在近代哲学的论述中全部萎缩了，'家'所特有的人伦关系在各个领域都全面地被还原为了个体为本位的契约关系"[2]。一般系统人核心目的是幸福，即个体本位的快乐与幸福；根本目的是可持续生存，但个体人本位并不能直接获得可持续的繁衍生存；家是这个根本目的的基本单元。因此，这里讨论的家社约物并不仅仅包含了个体本位契约关系的合理内容，更包含了抽象家组织系统人作为一个整体单元细胞在整个人类系统中的地位和意义。仅仅强调个体本位的家观念，是对人类整体发展规律的一种背离。因此，幸福不仅是个体的幸福同时也是家的幸福，共同幸福是家本位的内容之一。

4. 关于可持续生存目的追求

18世纪以后，西方与国内的家庭观念具有相似性，即以婚姻和血缘关系为基础、以共同生活的亲族集体为限制的现代家庭概念，揭示了家庭是以婚姻关

---

[1] 梁漱溟：《中国文化要义》，上海人民出版社2005年版，第258页。
[2] 孙向晨：《论中国传统文化中"家的哲学"现代重生的可能性》，载《复旦大学学报（社会科学版）》，2014年第1期。

系、血缘关系或收养关系为纽带而结成有共同生活活动的社会基本单位。其核心是实现可持续生存之繁衍目的，即可持续生存是家本位的内容之一。

人要生生不息地存在，人的根本追求目的是可持续生存。"愚公移山"的成语包含着这样的信息：愚公立志要移除挡在门前的大山，关键不在于愚公自己坚韧不拔的气势，而在于潜藏背后的对于生命的基本预设，子又生孙，孙又生子，子子孙孙无穷尽矣，这是一种"生生不息"的生存论结构。① 个体生命体存活是有限的，单独的男性个体或女性个体都无法在个体生命体消亡的同时实现生生不息，只有男人女人结合的家具有这个机能；因此，家是人以"类"存在的可持续生存的基础单元。有些动物以"类"存在，允许不以家的形式实现可持续生存，那是因为它们是动物；人类选择了"家"之组织机制来保护人类生命的连续体，是人类自组织的自然选择结果，是最合理而有效的。

霍布斯认为，人生而平等、自由，一切具有权威意味的行为都必须给出"人为"的理由。这里认为，所谓"人为"是指人自组织，即自组织契约；其中父母对子女的管辖权是指子女的权利和自由在自组织契约中的"自发"转让。婚姻是男女之间的一种契约关系，是人可持续生存本性的一种结合，父母与子女的关系中，子女表面是父母欲望带来的产品，本质上是父母可持续生存的延续产物——家庭中成员所有的行为都是人自组织的系统中行为，受家组织社约物支配。社会系统中的社会教育和家庭教育"使子女超脱原来所处的自然直接性，而达到独立性和自由的人格，从而达到脱离家庭的自然统一体的能力"②。子女脱离家庭而生产新的家庭，旧家庭逐渐老化，新家庭不断延续诞生，实现"家"的可持续存在最大化。总地来说，家庭的关系是建立在自组织契约性涌生事物基础上的，以追求可持续存在为根本目的的组织系统人。

5. 中西方家庭伦理

张再林教授等指出，肇始于古希腊的西方传统伦理学是以意识化的认知为起点，以祛性化的契约思想为原则，指向还原论式的规范伦理，体现为一种无家性的"知性伦理"；而以儒家为代表的中国古代伦理学，则是以身体主义的安身为起点，以肇端于夫妇的对话伦理为原则，指向家谱化、示范型的躬行伦理学，体现为一种明确的"家本伦理"。③

---

① 孙向晨：《论中国传统文化中"家的哲学"现代重生的可能性》，载《复旦大学学报（社会科学版）》，2014年第1期。
② 黑格尔：《法哲学原理》，商务印书馆1995年版，第188页。
③ 张再林、燕连福：《从"知性伦理"到"家本伦理"——关于中西传统伦理学的一个比较》，《中西文化交流与会通》，2009年第5期。

由于对家系统的支配性社约物意志的具体内容不同，而出现了中西方不同的家庭伦理。家系统是人类最有效最基本的单元细胞，不管该单元系统的形式和内容如何，这一人类社会系统的基本细胞功能没有改变：有的家系统理念是严肃规范的，比如中国古代家庭理念；有的家系统理念是相对自由的知性的，比如西方传统家庭理念；在这两大类家系统理念之外，世界还有很多各种民族表现的家系统理念；家系统理念具有地域文明的时代特性，不同地域不同时代可以有不同的具体内容和形式，但形散而神不散，其"神"为根植于家系统对人类社会系统的基础细胞意义，是人类最有效最基本的单元细胞。

未来人类系统的家庭理念，在"自然家园"日渐丧失、"家庭伦理"日益失落、"离家出走"日趋频现的今天，或许可以将西方"知性伦理"和东方"家本伦理"结合，利用系统涌生的社约物观点，择其优而融合发展，择其劣而扬弃，获得人类自组织家系统的新理念。

二、家庭社约物及其支配运行

家是最基本的组织系统人。家庭社约物是其核心。"家庭是人类社会最基本、最普遍、最具韧性和影响最为深远的社会团体。家庭不仅满足了个体的很多基本需求，更是其成长历程中最为重要的教育和社会化场所。人类一方面在家庭生活中塑造自身的价值观、人格、情绪和生活技能；另一方面，也在家庭生活中传承文化、习俗和社会规范。"[1]

1. 家庭社约物的形成

家庭社约物来源于个体系统人自分力。人虽然相对脱离于动物，但并未脱离一般自然界系统规律支配。人作为一个系统受自分形规律及整形规律支配，个体自分形及整形综合为幸福追求和可持续生存追求。同性个体之间个体自分形博弈自组织，可以实现幸福追求的部分内容，但不能实现可持续生存追求的繁衍内容，因此其紧密关系不具有普遍意义；异性个体之间自分形博弈自组织，是最有效能同时实现两目的追求的，因此他们之间可以生成紧密、稳定的关系——产生相对独立自我契约性涌生事物，即家庭社约物。

2. 家庭社约物其支配运行

家庭社约物的结构，外在表现为家庭系统结构。家庭系统具有相关层次结构，每个层次结构各司其职，负责特定的功能，既分工又合作，使整个家庭系

---

[1] 白凯、符国群：《"家"的观念：概念、视角与分析维度》，《思想战线》，2013年第1期。

统能够保持均衡而持续存在与发展,以追求和实现家庭系统的目的。在整个家庭系统存在演化中,家庭社约物是其支撑,它支配着整个家庭的运行及演化。当前,关于家庭系统分析存在三种:"一般系统理论、家庭系统理论与整合历程系统三种分析视角。三种分析视角都认为,家庭应被视为一个系统,但其关注的焦点及应用领域却有一定的差别。一般系统理论关注不同家庭系统之间的异同,家庭系统理论关注家庭内部的关系互动,整合历程系统理论关注的焦点超越了家庭系统本身,把家庭知识视为一个有机整体,进而寻求并尝试建立家庭问题系统研究的科学典范。"[1]如果把以上三种系统研究视角连贯整合起来,必然是符合涌生系统理念的。家庭自约物,在家庭内部成员差异的自组织中涌现生成;然而,家并不仅仅是两个人的事情,也并不仅仅是家庭自个的事情,于是,家庭社约物是家庭自约物与公共社约物的融合的由家庭系统携带的社约物。

家庭系统结构内部模式可以是和谐有序式,也可以是权威有序式。中国人的家观念中,包含这两种模式:一方面,儒家思想对中国人价值观与行为有着深远的影响,重视人际关系的和谐,以和为贵,在家庭伦理之中追求家庭内部的和谐,强调家和万事兴,正是以"和谐"获得家庭系统的有序整体结构。另一方面,传统的中国家庭是权威式的,中国传统儒家思想中强调家庭和谐的伦理规范,《礼记·礼运篇》中提及,"何谓仁义?父慈,子孝;兄良,弟悌;夫义,妇听;长惠,幼顺;君仁,臣忠,十者谓之仁义"。上述十种是人与人之间的以权威支配而表现的义礼或义务,强调长幼尊卑的伦理道德及权威关系。家庭社约物也对应和谐模式与权威模式。家庭系统外部模式主要是法律模式和道德模式,对应的主要为法律社约物与道德社约物模式。

家庭社约物的运行,主要以个人对家庭的一切看法与感受为牵引,引发个体同家庭系统的相互作用且融合一体的演化。个体对在家庭中的所见、所闻、所思及所想都会对个体在家组织中的行为产生一定的影响,这种影响直接的是个体系统人主体社约物同家庭社约物之间的博弈,个体系统人通过感官去认知、观察获得主体社约物家庭系统观,但不应该停留在"想当然""本来就是这样"的层面,而是应该以客观的态度去求真,获得主体社约物中家庭信息模式同客观家庭系统社约物信息模式的匹配一致性,获得家庭成员自分形意志同家庭社约物意志整形的一致性,把个人发展与幸福融入家庭系统发展,一方面建设家庭,另一方面让家庭保障自身的幸福,形成一种良性的自组织演化发展。

---

[1] 白凯、符国群:《"家"的观念:概念、视角与分析维度》,《思想战线》,2013年第1期。

人们对家的观念，反过来，就是家组织人对人们的支配运行表现。Despres较为全面地归纳出人们对家的观念：（1）家提供安全感与控制；（2）家是个人理想与价值的反映；（3）家是塑造个人的居住环境；（4）家提供永恒与连续性；（5）家是亲友交流的场所；（6）家是活动中心；（7）家是外在世界的避风港；（8）家是社会地位的象征；（9）家是一个实质空间；（10）家是一种拥有权。① 家组织人以家庭社约物对个体系统人进行支配，主要是通过社会化、互动、语言和个人建构来加以实现，家庭社约物与个人自我社约物的博弈过程，会影响他们的待人之道及与他人的互动方式，其行为举止必然展现出某些家庭所具有的特质——家庭社约物支配运行的痕迹。

3. 家庭社约物需要以国家社约物为环境

家庭组织系统人不能直接生成人类系统，其必然衍生出一些更高级的组织系统人层次。因此，家并不是在政治中作为一个独立的讨论单位。家即使家族化，也要融入对应的国体系中。在政治中，家、家族、企、国等组织系统人终极目的上是保护个体系统人自分形最大化的，"家"与"国"相比，"家"对于保护个体这个终极目的是存在缺陷的，一个家（家族）很难依靠自己的人数和力量，做到不被人征服。在政治中，"家"没有独立地位，就因为它无法有效地保障它的成员摆脱自然冲突和社会冲突，并实现最高且有效的最大化及其维稳发展状态。企业组织人，因为其经济利益专属目的决定了也无法完成该使命，只有国家组织系统人把人的生存处境和发展条件等一切条件和内容都涵盖了，建立了上层建筑、国家机构、层次结构的公共服务和管理，在该组织系统中，个体系统人能够最高地最有效地实现自分形最大化及其维稳发展状态。

三、家组织系统人的"社约齐家"运行

家组织系统人的运行形式，统称为"齐家形式"。家庭建设是非常重要的。《大学》中提到："欲治其国者，先齐其家。"把家治好了，才能把国治好。《周易》的《家人卦》中提到"家人，女正位乎内，男正位乎外。"即男主外，女主内；根据生理特征和社会环境，男性主外，而女性主内相夫教子，于是又提到："男女正，天地之大义也。……正家而天下定矣。"男人女人、父母子女的地位要正确。家有家规，父母是家规的执行者。古代农耕社会，家国同构。齐家是以血缘基因和实质责任为纽带的稳固系统人模式，其中核心的是血缘关系，

---

① 转引自白凯、符国群：《"家"的观念：概念、视角与分析维度》，载《思想战线》，2013年第1期。

抚养和孝敬是外在表现形式，齐家以"正关系尽孝道"为重点。明代朱鸿《五经孝语》说："父子兄弟夫妇，既各尽其道，……而一家无不顺矣。"齐家的核心思想是"正"关系的思想，"正"之后就是实践——以尽孝为方式主体，"正"关系和"规范"家系统的物质能量和信息的运动模式与规则（尽孝），获得稳定的家庭系统生存形态，这一切的统称为齐家。家作为一个系统对外是一个整体，家庭内的个体系统人的道德与实践行为，决定整个系统的性质，比如周易的坤卦《文言》中说："积善之家必有余庆，积不善之家必有余殃。"春秋战国时期就有因果思想，佛教也有缘起的善恶因果报应，但是佛教是汉朝以后传入中国的。

　　家庭的第一正关系是夫妻关系，周易《损卦》六三爻辞："三人行则损一人，一人行则得其友。"夫妻关系的正关系是对偶婚的一夫一妻制，男大当婚，女大当嫁，一个人生存，到一定时候就会择偶。每个时代都有夫妻的选择标准，比如《姤卦》提到："女壮，勿用取女。"女性在社会上强势，则难有人娶，是因为不符合当时社会女性温柔居家标准的。唐朝以肥胖为美，当今则以苗条秀丽为美。选择配偶通常是找年龄相适应的，但个别的也可能年龄相差悬殊，只要合适也是可以的，比如《大过卦》："枯杨生稊，老夫得其女妻，无不利。"家作为系统的根源是男人与女人结合繁衍下一代的自分形力，脱离此方式是不符合自然系统演化发展规律的，周易《睽卦》说："二女同居，其志不同行。"同性在一起不可能走远，一定要阴阳结合。正关系的具体内容，对夫妇而言，要守夫道和妇道，否则就要受到社会的谴责。家庭纠纷和情感挫折，《小畜卦》："夫妻反目。"唐玄宗注释《孝经》，清代曹元弼撰写了《孝经学》，其中提到："《易》言顺最多，顺天下之本在敬，《易》乾为敬，坤为顺。"

　　家作为一般系统人的可持续生存的基本细胞，其"正"的思想就是伦理。伦理是物种适应自然界进化的优化产物，伦理的"正"思想具有优化社约性，在不同的环境，可能出现不同的具体化内容。比如，在自然世界鱼类的繁殖，大马哈鱼产卵之后不离去，任由不会觅食的小鱼啃食母亲，使得大马哈鱼类获得可持续生存；中国微山湖的乌鳢，据说产子后双目失明，不能觅食，出生的小鱼不断地游到母亲嘴里，成为母亲的食物，牺牲部分子鱼，而获得母子共同的可持续生存；鲑鱼为了产卵要历经艰辛回到出生地，产卵后死去，获得鲑鱼类的可持续生存……这些过程都表现了鱼的自然契约性支配的可持续生存内容，每一个内容虽然不同，但在它们的可持续生存的自然伦理中都具有各自适应的"正"的内容。人类是脱离于动物的具有高度相对独立意识社约物的高级动物，能够把家及其关系作为自己意识的对象，从而实现对家的自我认识和实践把握。

总地来说，齐家形式包括三部分内容：一是"区位"，家系统中的各个成员区别确定自己的位置，父母位置、儿女位置、兄弟位置、亲戚位置等；二是"正关系"，男女关系、父子关系、兄弟关系等，男主外、女主内等，每一种关系都具有区位个体系统人之间的相互作用描述；三是"树理念"，对家系统中的区位个体系统人之间相互作用关系的评价标准和实践理念，比如古代的家系统中的孝为先理念。家系统中的"区位""正关系"和"树理念"三者的有机整体统称为伦理，家是伦理的起源。伦理的优化表现内容称为道德。

在幸福生活和可持续生存的目的方向上，任何一个个体系统人都具有"区位""正关系"和"树理念"的自我社约物信息模式（包括自约物信息模式）——对于个体系统人来说可以为公共社约物信息模式，即伦理（伦理是区位系统人之间相互作用关系内容的评价理念）。两个以上多个系统人之间才存在伦理，因此，只有组织系统人内部具备显现的伦理，家是伦理的起源。企业和国家等组织系统人是在经济目的或政治目的下的伦理，是人总体性目的下的具体目的的伦理，而家则是总体性目的的最小整体表现。

家，在人类整个社会系统中是不可为个体取代的，个体本位与家本位的关系，就如自然科学中原子与分子的关系，分子在整个现实物质世界是不可取代的。"家"在人类价值序列中是一个独立单位，从中所产生的价值观念与从个体本位产生的价值观念有着完全不同的取向，就如同分子和原子。家庭中有着强烈的情感结构，对后辈的"慈爱"，对长辈的"孝爱"，相互之间"友悌"，是家庭道德的基本规范。家庭系统产生的这种有差序结构情感道德社约物，是人类社会系统道德社约物的起源点——围绕服务这个中心和发挥其衍生效应，是其他价值观念得以发挥的基础。没了这个基点和中心，整个价值系统中的其他规范难以生成，已经生成的也将走向失范状态。尤其在古代中国，家系统是人实现自身的物质再生产和精神再生产的基本单位。

"自由主义思想，把家庭领域只是看成一种单纯给定的，没有什么进一步影响的结构，从而忽略了它在现代社会的政治—道德的建设中的作用。"[①]李海青在《"家"的结构分析：当代青年人"家"的内隐观研究》[②]一文中，对当代青年人心目中"家"的概念表征进行了研究发现，"家"概念在青年人的心目中是从以下5个方面来表征的：（1）家的情感意义；（2）家人与安全感；（3）

---

① 霍耐特：《自由的权利》，社会科学文献出版社2013年版，第276页。
② 李海青：《"家"的结构分析：当代青年人"家"的内隐观研究》，载《心理科学》，2008年第4期。

家的物质基础；（4）责任与义务；（5）琐碎与冲突。前两者可以合并为是"情感意义上的家"，后三项可以合并为是"现实意义上的家"。

家庭是由男人和女人结合组成的最核心、最基础的社会细胞单元。家代表着一个可以遮风挡雨的住所，是彼此存在血缘关系的群体，有着共同认知情感而产生的相互关联或是通过法律强制约束力而结合的团体。在传统社会里，因社会结构较少分化，家庭所承担的功能较多；而在现代社会里，生活及工作节奏加快，许多传统家庭功能逐渐被社会上其他机构所取代，但在传统意义上，家庭组织功能包括了生育功能、教育功能、社会功能、经济功能、情感功能、保护功能及娱乐功能等。虽然以上某些家庭功能的日趋特殊化已渐式微，但惟有情感功能，不仅未曾褪色，反而更为重要，该功能对家的观念的形成有着绝对性的影响。审视中国家庭关系，其是以情感性关联为基础，家人之间互动的法则以需求为主，互动的目的是为了满足彼此双方的关爱、温情、安全感和归属感等情感需求。[①] 在中国传统家庭中，家人间相互认同和信赖、获得积极的赞美与鼓励、感受家人的重视与支持等方式，使家的观念清晰而深刻，虽时光流逝而不被磨灭。

第四节　开明利己的"企"组织系统人及其"社约营企"

"企"组织系统人是广义的，是指介于家组织和国组织之间的具有组织目的与企图、具有稳定形态的若干人组成的群体系统人。广义"企"组织系统人包括了企业组织系统人以及相当于企业组织的介于"个体系统人或家庭组织系统人"同国家组织系统人之间的群体组织——其具有系统某种企图目的的社约物支配意义。它具体包括企业和非国家性质的各种社团组织等，比如公司、企业和其他非国家性社会组织。这里主要以企业组织为例进行讨论。

一、关于企组织系统人

企业系统的核心意义在于能够生成涌现机能。正如马克思认为企业作为一种专业化的合作组织，通过协作能够产生超过个人生产力加总的集体力量。如

[①] 李海青：《"家"的结构分析：当代青年人"家"的内隐观研究》，载《心理科学》，2008年第4期。

果企业没有涌现机能，内部个人生产力之间是机械加和，那么也就丧失了企业之作为企业的系统意义。当前企业契约理论比较静态地分析企业，缺乏动态研究；从系统科学来看，企业组织系统是动态演化的，企业契约组合所涉及的诸多利益相关者是不断变化的，企业作为人自分形物化异化的根本目的是创造财富，其路径是通过劳动过程与价值增值过程的统一产生剩余价值——其本质上是企业组织系统人自组织之涌现机能价值，是企业组织系统人之剩余功能。剩余功能产生的前提与核心是劳动要素和劳动者组织契约。

一个人为什么要参与组建企业？因为，多个人自组织为企业系统具有协同涌现机能，就系统而言，一个人难以搬动100公斤的物体，但二人协同可抬起；就分工而言，一个人难以同时接听两个电话，二人则可轻易解决；就涌现机能而言，三个臭皮匠抵个诸葛亮，团队智慧、团队合作创造非线性加和的价值是企业的命脉与血液。企业的系统本质由企业的组分要素与其自组织生成的自约物共同决定，核心的是企业自约物。企业是一个系统，其区别于市场系统，不同于家庭或分散生产作坊，作为一个聚集（受企业自约物约束）的组织，具有分工协作的效率优势。企业自约物支配其内部要素显现整体机能，表现为其成长中所积累的核心知识和能力，这种机能具有独特价值性，具有涌现生成的难以直接复制和替代的性质，是企业异质区别的核心。企业的系统本质，一方面对内展现由内部组分自分形自组织生成的自约物支配的"契约关系网络"，另一方面对外表现为内部组分差异协同的"能力集合体"。企业作为一个自组织整体，首要功能是生产，履行从事生产活动的基本经济单位的社会使命——确立企业系统的组织社约物，并在其支配下向对应目的态演化发展。企业是一个具有企业愿景自约物吸引机能的系统，犹如磁铁对铁粉的聚集，资本是其能量，企业生产首要是以资本从市场中购买劳动力等生产要素，将分散资源集合起来，以充分利用资源的协同效应和专业化的分工等生产方式，向市场提供产品或劳务。企业自约物对企业整体的整形力支配表现为"权威"的管理、监督和协调，企业的支配是以个体系统人自分形最大化物化异化的一般等价物（工资）为调节杠杆和工具的。企业是社会市场公共社约物在特定条件下的衍生产物，企业是市场价格机制的承载物。

马克思认为："企业是以内部具有分工协作关系的团队生产为基础，为交换而生产的经济组织。"这种分工与社会分工的不同点在于："社会分工是指各种专门的劳动分别生产互不相同的产品，它们之间只有通过交换才能发生联系；企业内部分工则是在生产同一种商品的劳动过程内部实行的分工和专门化，它们之间的联系不需要通过商品交换。"① 企业分工具有以某种商品为目的态的共同社约物支配，而社会分工则由个体系统人自分形同公共社约物之间的博弈关系决定，前者严格由企业自约物支配，而后者个体系统人可以根据自身能力选择不同的社会工种，公共社约物可以根据社会分工需要选择不同的个体系统人，它们具有自适应相互关系。企业的边界在于企业自约物支配区域同公共社约物支配区域的交叉点——其连接成的一条线。这条线表面上看是闭合的，但实际上其中具有许多的毛孔和间隙——物质能量和信息通过其得以交换与流通。

社会需求与社会供给之间的关系，就通过企业的边界得以开展信息交换，牵引相互作用，推动企业进行自适应生产商品，比如社会需求大，企业自分形占据上风，牵引企业努力生产产品以满足社会大规模的需要，同时实现企业自分形的资本增值；相反，如果社会需求小，企业自分形被束缚，市场社约物约束占据上风，支配企业减少生产产品—满足社会降低规模的需要，企业自分形的资本可能减值，甚至出现企业倒闭。

企业自约物就同一种商品目的态下，整合支配从材料采购或信息获取、生产加工各个环节、销售、售后服务等各个环节，每个环节都是企业的子系统环节，它们构成一个企业生产销售的整体链条，在该链条上具有金字塔形的企业内部自约物层次结构，占据顶端的自约物意志集中代表了某种商品生产销售和发展的整体意志，任何内部的子系统自约物意志都必须服从于此——企业上层意志，其通俗地被称为企业意志，它通常由企业家携带。科斯指出："在企业之外，价格变动指挥生产，它是由一系列市场上的交换交易来协调的。而在企业之内，这种市场被取消，复杂的市场结构连同交换被企业家这种协调所取代。企业家指挥生产。"② 在企业系统中，企业上层意志同企业经济基础是一对矛盾，企业机能表现的整体生产力同企业内部协同组织的社约物表现的生产关系是一对矛盾。在企业中，各个环节子系统的自约物意志有相关采购、生产、销售、服务等相关部门的人携带，同时，作为企业整体的就某一商品目的态的自约物，对于各个环节子系统而言是他约物——在企业内部各环节子系统就存在自约物自组织同企业上层意志他约物他组织的相互作用关系。于是，企业中关于"人"的要素，可根据其在企业活动中的地位来区分，企业家对某种商品存在和发展的整体意志进行掌控，他是企业的上层意志携带者；作为中层意志和员工意志，他们可以具有上层意志下的"有限理性"，但更多的是必须具有"接

---

① 李琼：《劳动分工与企业起源》，载《教学与研究》，2001年第2期。
② 科斯：《企业、市场和法律》，上海三联出版社1990年版，第3—5页。

受统一支配性",即服从管理性。企业的核心技术以及企业内部分工,是以某种商品存在和发展意志为牵引的严格的企业自约物支配结果,具体表现为企业创新模式、管理模式、企业文化等。

企业文化是企业系统自约物的重要内容之一。企业文化主要由两部分组成:一是企业核心要素掌握者的文化,即企业领导人的文化;另一个是企业员工的文化,即企业大众的文化。企业文化自约物建设在于:①建设企业人力资源精神世界,凝聚员工的思想,使企业与员工获得情感与心灵上的自我融合,即员工自我社约物与企业公共社约物的有效融合;②关注员工职业生涯发展规划和终极关怀,使企业战略同员工自分形长远利益统一起来;③营造健康向上的人际关系环境,给员工家庭般的感觉,体现企业的人文情操;④激发员工的工作动力,构造公平公正透明的竞争环境,丰富待遇内容,建立有效的激励约束机制,开展标准化管理,提炼企业理念和企业精神并真正使之化于企业每一个人,真正实现企业和员工的自觉行为与企业文化目标趋向一致。企业组织系统人与其他系统人的关系,包括企业组织系统人与个体系统人、与家组织系统人、与国家组织系统人等的关系。

1. 企业组织系统人与个体系统人的关系

人是企业的主体,企业是多个人之组织系统人,因此,企业的本意是人的衍生物存在体。企业形成,首先是人与人的聚合;企业生产,首先是人与人劳动的联合;企业经营,首先是人力的经营;企业管理,首先是人力资源的管理;企业的竞争,首先是人才及其技术的竞争;企业的发展首先是人才及其知识技术的发展……人永远是企业的主体。在现实中,由于企业是人自分形物化异化的产物,人们又只是把企业仅仅当做一个物质系统来理解——缺失了"人"的本质。人是企业的出发点,也是企业发展的根本服务对象,是实现人自分形最大化根本目的的系统存在形式之一。

亚当·斯密《道德情操论》和《国富论》共同构筑起西方市场经济社会发展的经济学基础和伦理学基础。他指出:"美德就存在于对自己的根本利益和幸福的追逐之中,而节俭、勤勉、诚实等美德一般是从利己的动机中养成。"企业是人的产物,根本目的是服务于人。从系统科学来看,妨碍人们勤劳工作、阻止人们实现生活改善愿望的是企业社约物和以政治制度为核心的公共社约物。中国有句古话"君子爱财,取之有道",物化异化是一种自分形的中介环节,它需要一个合理有效符合伦理道德和社会需求的途径,它的最终目的是服务于人。如果企业只是一架纯粹不择手段的赚钱机器,假冒伪劣商品充斥市场(包括假药、劣质奶粉等),这将丧失企业应有的人本道德,使企业作为人自分形物化异化的"中介"变成了"终结"——断裂了服务于人的链条、丢掉了企业之人的目的，企业即失去了应有的生命力。企业是"经济人"和"道德人"在公共社约物下的统一体。纯粹讲究经济和利益，就将淡化服务人的目的；纯粹讲究人文道德的服务，则将失去人自分形物化异化这种高级有效的中介环节，影响人的物质生产和生活水平。

2. 企业组织系统人与家组织系统人的关系

家组织系统人是个体人自分形的最有效的最基本的结合体。企业组织系统人则是以物化异化表现的商品存在发展目的态之社约物为支配的组织系统人。家组织系统人相比较于企业组织系统人，人的功能和意义表达更加完整，且具有基础性，它使人的幸福目的和恒存目的达到基础性统一；企业组织系统相比较于家组织系统人，突出了人自分形最大化的物化异化中介环节的高效性和专一性，突出了人的物质生产和生活内容，它使人追求利益，使物质利益保障幸福生活和可持续生存得到专业性的优化。企业系统人，解决了家庭系统人在物质生产和利用追求方面的低效率和低能力问题，家庭系统人为企业系统人追求物化利益提供了"人"的可靠保障。

3. 企业组织系统人与国家组织系统人的关系

企业组织系统人如同该国公民及公民组成的家庭系统一样，是国家组织系统人的子系统，而且是介于家庭与国家之间的不可或缺的层级子系统。企业组织系统人是国家组织系统人的组分，国家组织系统人是企业组织系统人的环境——既提供服务保障功能又具有控制约束功能。企业组织系统人对于国家组织系统人来说，一方面具有吸收就业、发展经济等功能，另一方面具有承担企业社会责任的义务。前者作为企业的本意很好理解，而后者即企业社会责任思想产生于20世纪60年代后期的美国，它是批判企业单纯追求最大化理论倾向和后工业化社会思潮影响延伸的产物，如今已由一种经营理念演化为企业行为。国家组织系统人对企业组织系统人而言，一方面要提供人才、土地、资金、政策等相关方面的服务保障，另一方面要根据国家系统社约物的要求进行分门别类的区别控制和约束，对符合且有利于国家公共社约物意志的要大力发展，对违背或侵害国家公共社约物意志的要控制约束，甚至禁止。国家是组织系统人的高级状态，具有整体国家区域人群的抽象意义上的最高意义。国家是企业的环境，也是企业的保障。企业是国家的肌体内容，是国家生存的血肉。

二、企业组织系统人的物化异化

企业组织系统人的本质是要素自分形的物化异化超循环螺旋发展。企业是组织系统人自分形集体异化为商品——商品反哺组织系统人自分形的扬弃发展的超循环螺旋动态系统。企业组织系统人（员工）利用专业技术或经验，实现自分形最大化——异化表现为同一劳动结果，比如流水线上的某一劳动，生产大量的鞋等——异化为同一劳动产品，并不能直接实现组织系统人自分形最大化，因为组织系统人不能消费大量的鞋；鞋商品在流通中被扬弃而转化为一般等价物（货币，可以等价为其他各种组织系统需求消费的内容）而反哺组织系统人，绕了一圈，经过"异化物化""流通扬弃""反哺归原"等环节，实现组织系统人的超循环螺旋演化发展。

企业作为一种生产产品和服务的系统，聚集了若干个人的机能，协调他们集中使用各自拥有的专业知识来生产产品和服务。市场并不能直接承担这种聚集协调功能，因为对企业而言，企业社约物是企业组织的自约物，市场社约物是企业组织的他约物。"企业的边界在于能力的适用边界。"[①] 契斯强调："企业整合、塑造和重组内部和外部竞争力以应对不断变化环境的整体能力。"企业的边界来源于内部自约物流同外部他约物流的相互作用，内部自约物流使内部分工劳动合作为一个有机组织，产品是自约物流的实体。利他性正熵，即对于其他个体和组织系统人来说是负熵。产品的流程按照企业要求传递到企业边界时，边界位置企业团队应按照企业整体自约物支配要求和企业所处市场经济社约物他组织要求进行自适应运作，将利他性正熵输出转换为利己性负熵输入，即产品销售输出转换为资金输入。企业系统的边界是指企业以整体模式同环境尤其是市场环境的相互作用——承载物质能量和信息交换的表现地，多数企业内部子系统通常仅相互之间作用，不在边界。企业的劳动产品是企业自约物机能的现实载体，它连通市场，对市场具有利他性正熵作用，反过来，对自身获得反馈性利己性负熵输入，实现企业与市场社会获得博弈自组织的双赢——最大化。企业的劳动产品及企业精神（形象）与企业的交易费用、组织费用之间存在着相互联系、相互制约的关系，总体表现为企业自约物同他约物之间的博弈相互关系，妥协交接点就是企业的边界。企业边界通常在材料购置、产品销售以及相关的物质能量和信息的交流交换（包括企业精神和取得顾客与社会的信任），企业是自组织和他组织的混合组织产物。新古典经济学基本假设是：①经济行为主体的完全理性和充分信息；②完全竞争的市场环境和要素的完全自由流动与同质。这两个假设是机械论观点，后来研究者对其有不同发展。总地来说，对企业研究，应从系统科学角度寻找其内外部的自组织和他组织逻辑。

---

① 高程德主编：《现代公司理论》，北京大学出版社 2000 年版，第 46 页。

1. 企业自约物上层意志具有符合商品同社会需求博弈关系的一致性。经济行为是指个体系统人自分形物化行为,在个体系统人自我社约物或企业公共意志的指引下,其通常目标函数是既定的并拥有实现其目标的知识和预见,企业是经济个体的非简单加和,纠正新古典经济学中"企业是完全理性的经济个体的机械加总,企业对未来的预期是完全确定的,决定企业行为的唯一变量是价格,诸如企业的制度和规则等都有待用人类的个体行为来解释"[①]。

在《资本论》中,马克思认为企业是技术、协作、劳动力、资本、竞争和利润等基本经济条件变化的整体反映,企业的内部分工和外部分工是社会生产力和生产关系不断发展及相互作用的内容之一。马克思从企业"生产"和"交易"双重基本属性的内在矛盾运动来论述企业。企业的本质矛盾是产品同需求之间的矛盾,表现为企业系统机能同社会需求的自适应博弈协同问题,具体地说就是企业自约物上层意志是否具有符合商品同社会需求博弈关系的一致性,不能出现"商品同社会需求博弈关系向东,企业自约物上层意志向西"这种违背经济系统存在演化规律的现象,否则企业就会出现根本性问题。企业自约物上层意志具有符合商品同社会需求博弈关系的一致性,其内容是复杂的,就某一时点而言,可以出现这种关系,就某一时段而言,也可以出现这种关系,时间段是由时间点连接而成的,为了确保未来长期的时间段企业自约物上层意志具有符合商品同社会需求博弈关系的一致性,可以允许部分时点存在波动甚至存在个别的"逆市""逆时"行为,总体上确保长期或未来具有企业同市场的一致性。因此,企业自约物上层意志是非常重要的,包括对核心生产技术的研发,包括企业商品的存在发展规划等。企业的内部,存在企业上层意志、中层意志和员工意志,上层意志对企业整体自分形最大化负责;员工意志通常由于个体自分形最大化的异化、扬弃、反哺表现为获取工资提高生活为目的;中层意志协调前两者,且综合具有两者有效意志,并做好相关工作。

随着信息网络和知识经济时代的发展,企业自约物上层意志具有符合商品同社会需求博弈关系的一致性的具体内容发生变化:(1)信息网络和知识经济之前,企业人才、物质、技术、资金、信息等方面在市场和社会系统流通受各种约束,社会需求变化相对缓慢,企业自约物上层意志相对稳定——创新稳步推进;(2)信息网络和知识经济时代下,企业自约物上层意志要确保其稳定地位必须是能够生产"核心知识和能力"。企业的知识和能力是非竞争性的、有价值的、异质的、完全不能模仿的、难以替代和不可交易的,企业正是通过其特

---

① 杜晶:《企业本质理论及其演进逻辑研究》,载《经济学家》,2006年第1期。

有的核心知识和能力的积累以及由此所决定的竞争行为来获得持续的竞争优势和超额利润。(3) 企业自约物上层意志具有符合商品同社会需求博弈关系的一致性，使信息和知识时代的企业成为一个生产知识和能力的集合。

2. 企业要素自分形同企业整形具有一致性。理论上讲，企业个体是企业自组织内部组分，但由于企业愿景目标意志及其展开的社会模式具有服务某种商品的专属性，具有强力主导社约物的牵引支配性。企业个体自分形在其企业中常常受到来自企业的整形，这种整形产生企业个体差异，协调这种差异需要权威管理和监督，本质上需要将个体自分形物化异化动力同企业整形力协调一致起来，实现内部潜力的倍增显现，而不是内耗。在基本契约可忽略条件下，完全竞争的市场环境和要素的完全自由流动是同质的。企业中，所有内部要素和所有外部环境都是自由的，则同企业具有某商品意志社约物支配的本意相违背，退一步说，即使企业具有变动商品意志或微弱的商品意志社约物支配，就意味着其内外部非自由。假定基本契约可忽略，企业内部要素和外部环境可以是自由的，现实中这些"自由"都是有条件的。科斯（R. Coarse）、威廉姆森（O. Williamson）、格罗斯曼（S. Grossman）和哈特（O. Hart）、张五常（S. Cheung）、阿尔钦（A. Alchain）和德姆塞茨（H. Demsets）、杨小凯（X. Yang）和黄有光（Ng, Y-K）等人持企业契约理论，"科斯提出，企业和市场的替代在于交易成本的边际比较，主张企业作为市场的替代本质上表现为与市场不同的契约形式，即企业是市场价格机制的替代物。威廉姆森认为资产专用性是决定交易成本的最重要变量，纵向一体化或企业替代市场可以解决由于资产专用性带来的双边垄断中的'要挟'问题，是有效率的制度安排。格罗斯曼和哈特首次提出了不完全契约的概念，认为企业在本质上是一个对企业所有权安排的不完全契约形式，其中，剩余控制权和剩余索取权的对应分配是最优的。张五常、杨小凯和黄有光等'中间派'认为，市场交易的对象是产品，企业内部交易的对象是生产要素，企业的本质是用要素市场的契约替代产品市场的契约，使用企业内部的剩余权力的间接定价方式替代市场上的直接定价方式。阿尔钦和德姆塞茨认为企业本质上是一种'团队生产'的方式，这种方式能够获得一种额外的'合作收益'，并通过团队生产或协作生产的度量问题的引入分析了企业契约的特殊性，指出企业通过剩余权力的集中对应分配实现协作生产效率水平的提高"[①]。企业契约理论认为企业是各种要素投入者为了各自的目的联合起来组成的一个有效率的契约关系网络。企业契约理论从不同的角度来研

---

① 参见杜晶：《企业本质理论及其演进逻辑研究》，载《经济学家》，2006 年第 1 期。

究，但它们内在逻辑连贯的精髓是：企业要素各自自分形最大化的自组织（包括他组织）博弈，生成具有稳定商品社约物意志作为自约物上层意志的联合整体。企业契约理论，时刻要把握要素的自分形，处处要研究整体的自约物及其对要素的支配力。企业契约理论关于"企业的本质是所有利益相关者之间一系列多边契约"[①] 需要在广义系统自组织契约理论得到统一。

三、企业社约物及其支配运行

1959年彭罗斯（Edith Penrose）出版《企业成长理论》以来，企业成长理论研究一直处于破碎状态，未能有系统体系，多数研究集中于科斯提出的"企业为什么会存在""企业的性质"等问题。企业是一种具体而特殊的系统，遵循系统存在演化的一般规律。企业系统存在和成长演化中，遵循最小作用量原理——企业分工组织，是为了获取规模经济的利益，分工使更高的产量以更低的成本获得，即尽量以最小的成本获得最大的增值。这是企业社约物支配运行的总方向。马歇尔认为企业中"人类所起的作用则表现出报酬递增的倾向"显示了企业自分形最大化的内容。

企业社约物是个体系统人自我社约物在某种产品目的态下相互博弈自组织、各取所需，实现共同最大化的特殊系统的契约性涌生事物；同时也是公共社约物在企业的具体化表现。企业社约物来自企业内部组分，同时来自于公共社约物环境，比如斯密认为："市场范围限制劳动分工"表明公共社约物对企业社约物具有限制意义，限制企业社约物对企业内部劳动分工的范围。社会分工和企业内部分工是相对区别的，前者受公共社约物支配，后者受企业社约物（自约物）支配。现代管理已不是单纯依靠技术的管理，而是依靠技术、制度、伦理这"三驾马车"共同拉动的管理。如果说技术是现代管理的物质驱动机制，制度是现代管理的活动框架机制的话，那么伦理则是现代管理的人文驱动机制。

企业社约物具有自己独特的权威性。企业社约物在公共社约物允许范围内是由企业上层意志决定的。企业上层意志的来源途径有两种：一是企业员工的自组织提炼，二是直接来自企业上层组织领导决策层。通常地，企业上层意志来源于核心要素掌握者，正如拉詹和津加莱斯认为企业之所以具有权威是由于核心要素所有者掌握核心要素的"进入权"决定的，企业被看作是一个"权力集"。企业区别于其他组织的社约物研究，可以从企业内部（企业内部两大缔约

---

① 杨瑞龙、刘刚：《双重成本约束下的最优企业所有权安排——对共同治理的经济学分析》，载《江海学刊》，2002年第1期。

主体的关系）和企业外部（企业与市场的关系）两个基本方向来理解。

1. 企业社约物对内支配运行

企业社约物对内支配运行的外在表现为企业秩序，正如威廉姆森说："注入秩序，转移冲突，实现双方共同利益。"企业社约物的本质是以实现某商品存在演化发展为目的态过程中实现内部组分的自分形博弈利益最大化。企业内部具有不同的要素组分，具有层次结构，这使得企业社约物支配运行表现为层次结构的系统秩序——承载各种相互作用关系，以及各种物质能量和信息内部流通与交换，体现企业系统社约物的本意。企业系统以实现某商品存在演化发展为目的态为核心（本质上是以物化异化之财富为核心），方向明确、目的专一，企业社约物中上层意志具有专一性权威：不符合不适应此商品存在演化发展目的态的劳动者，必然需要进行企业教化、锻炼成长而使其助力企业增长意义，反之将被降薪甚至遭到解雇。企业社约物性质是专一的，在企业以诸如民主等社约物为主，则丧失了企业物化异化社约物之本质，即丧失了企业的本意。因此，企业社约物的秩序控制是复杂的，但也是有效的，其允许包含诸多手段，在协同组织过程中，一旦发生冲突，上层意志者可以以权威或命令形式解决冲突中无休止的讨价还价等问题。

企业本质是指企业作为一种经济制度区别于其他经济制度的特殊性，是企业之所以存在的规定性[1]，一个国家长寿企业的数量是该国整体经济状况好坏的重要指标。企业是由各种要素投入者共同缔约产生的"法律"主体。该主体的社约物基本模式是资本雇佣劳动生产产品获得共同自我契约的各自自分形相对最大化（就整体而言获得最大化）。自我社约物由个体系统人携带，与现代企业理论的基本假设前提"人力资本与其所有者的不可分离性"是一致的。人力资本所有者，无论是经营者还是生产者，其内涵的健康、教育、培训、智力、绩效和努力程度等难以物质资本那样被甄别的都属于企业社约物不同方面不同层次的内容。企业社约物对内支配运行，一方面要调动内部员工自分形的积极性和创造性（即使奴隶主也不能无视奴隶的积极性问题），"关键是能否使员工在企业生产和分配过程中获得足够的激励"——这是员工之在企业的自分形本意；另一方面，要不断优化企业社约物管理制度模式，最大程度实现涌现机能增值。

2. 企业社约物对外博弈运行

企业社约物对公共社约物、对外个体系统人自我社约物（消费者）、其他企

---

[1] 董俊武、陈震红：《国外企业本质理论的演进与评述》，《经济管理》，2007年第5期。

业社约物等不具有直接支配意义，但是可以通过博弈获得相关的相互作用关系，比如服务关系、垄断支配关系、协同联合关系等。企业社约物对公共社约物和消费者应当在博弈中建立声誉，增加企业社约物中"软"核心要素内容，比如克雷普斯从博弈论的角度分析了声誉与企业的关系，在有限次博弈下，交易各方容易发生机会主义行为。如果交易次数足够多，当事人处于重复博弈状态，那么各方就会注意自己的声誉，使企业获得长寿的外部环境——进行稳定的物质能量和信息的交换，实现系统稳态发展，实现利益长久最大化。部分企业社约物同公共社约物或消费者自我社约物博弈，具有垄断支配关系，它们容易产生市场霸权，不利于企业社约物的本意发展。企业社约物同其他企业社约物博弈，既有竞争，又有合作，它们自组织在于获得最佳产业结构来保证最大化的联合产出——实现共同最大化利益。当然，其中也有行业垄断和行业保护问题，这受"行业自约物上层意志具有符合企业及其产品同社会需求博弈关系的一致性"支配，通常在既得利益者维生性的影响下，行业垄断和保护主义可能不同程度存在，其消解具有滞后性。

四、企组织系统人的"社约营企"运行

企组织系统人的运行形式，可称为一般系统人的"营企形式"。营企形式的"企"是指高于家庭组织系统而低于国家组织系统人的一切组织系统人。家系统中的"区位""正关系"和"树理念"在"企"系统中具有变化，其中"区位""正关系"表现为"企"系统的分工，而"树理念"演化发展为管理，包括生产管理和销售管理等。营企的内容包括两个部分，一是建立企组织系统人，二是运行维系和发展企组织系统人，这里主要讨论后者。

"营"的理念实际上就是决策、组织和管理的理念。决策是一般系统人"企"组织为了实现某种目标对未来一定时期内活动的方向、内容、方式的选择和调整过程。组织是一般系统人"企"组织的自组织和他组织的协同存在及其演化发展。管理是一般系统人"企"组织在既定目标或方向上对内部要素活动的服务保障和控制约束活动。三者是相互融合一体的。从某方面来说，决策就是管理，决策贯穿于整个组织与管理过程的始终，是管理的核心和基础。在营企决策方面，根据个体系统人、子系统人或所有内部个体系统人占据企组织社约物的支配和引导地位不同，可区别为个人决策和集体决策，当企组织中某个个体系统人占据企组织社约物的支配和引导地位并进行决策时，称为个人决策。一个人看问题总是有局限性的。充分发扬民主，集体讨论，广泛听取各方面的意见，包括各种不同的意见，特别是反对的意见，促进全面认识问题、实现科

学决策。当企组织中某子系统人（比如董事会）占据企组织社约物的支配和引导地位并进行决策时，称为集体决策。在营企决策中，如果决策对象是微观具体事物则称为微观决策，如果决策对象是宏观事情则称为宏观决策，如果决策属于常规内容称为常规决策，如果决策行为内容属于非常规则称为非常规决策。营企决策需要客观地、全面地、准确地掌握信息，而事实上决策前未必能做到"周全"，因此，决策通常存在一定的风险，有些决策是确定而明晰的，有些决策是笼统的方向性的。

营企组织和管理是一种互动的关系。企组织系统人的核心组分是个体系统人，而不是物，组织者和管理者仅仅是其中的携带支配社约物信息模式的个体系统人，就"人"的意义上来说是平等的。组织系统人的根本动力来源于个体系统人，企社约物核心动力来自个体系统人，必须依靠个体系统人。因此，既然要做好服务保障个体系统人动力，即对其主动性、积极性、能动性、创造性保护，比如松下幸之助所说："不管在什么情况下，最重要的还是要有倾听部下心声的基本态度。只要有这种态度，部下也会察觉到，一有机会，他们就会向你表示意见的"；又要做好企社约物牵引和支配地位的权威性、方向性、核心性和确定性，正如亨利·艾伯斯所说："上司应该倾听下属想要说的话，并且努力去了解他们对问题的看法。不了解影响下属行为的种种因素，上司就不可能有效地控制和改变下属的行为。"

营企中的决策、组织和管理。要将制度和规范纳入一种有序轨道，一方面确定营企的科学程序，另一方面要保证企组织内全体成员的权利。企组织系统的环境是复杂的，企组织系统的演化发展方向是多维的，占据主导地位社约物意志的营企者对企组织的发展具有责任，企组织系统内部成员对其具有监督责任，所有成员对确定的企组织发展决策具有落实的义务。企组织系统人中，包括企业和公司，也包括各种团体和社会性组织。营企对企业和公司而言，主要是获得物质利益最大化；而对于社会性组织来说，主要是实现其组织系统人的企图或目的。营企以对组织系统人的他组织支配为主，以组织系统人自组织为基础，形成企组织系统人的有序能动演化和发展。营企的他组织支配，体现为对企组织发展道路的选择及其发展具体整合支配，即营企方案及其实施。"没有选择就没有决策。"制定营企方案，要有知识、能力、智慧和胆识，要从多条道路中选择一条，依赖于对预选方案进行价值分析、效益分析、可行性分析、风险度（可靠性和可信度）分析等，要求冷静思索、反复计算、严密论证和细致推敲，即经得起怀疑者和反对者的挑剔。

营企的实施，主要贯彻实施营企方案，通过组织和管理，从战略到战术、从客观到主观、从宏观到微观、从全局到局部、从目标到方法建立调节和控制机制，从不同角度、不同要求、不同场合、不同时机开展具体的协调管理和控制，既要求自己又促进自己，既要求别人又鼓励别人协同推动企组织向目标态演化发展，实现营企的经济价值、社会效果和人文价值等目的。营企，首先要做好组织目标和计划的制订，控制好整个管理过程，获得主客观一致、价值目标与实际情况一致的根本标准；其次要做好对决策的控制，加大监督和检查的力度，实时调整，不断完善"实施过程的起点—过程的终结—新的起点"螺旋环，确保管理活动实质上是管理者确保实际活动与规划活动相一致的过程；最后要把握所有螺旋环的共同目的，确保目标贯穿整个管理控制活动的始终。

营企管理控制是一个过程，要在符合客观实际和规律的基础上，开展有目的的选择过程，建立控制标准，衡量实际绩效，采取矫正措施实现营企目的。营企的主要方式之一是绩效衡量方式，包括定性衡量和定量衡量、连续衡量和间断衡量、执行中的衡量和执行后的衡量、系统性衡量和局部性衡量等。营企管理控制中，要进行偏差分析和进行相应控制：首先，确定偏差是顺差还是逆差；其次，了解偏差发生在哪里，影响范围多大；再次，查明偏差发生的原因，采取纠偏措施。控制可分为前馈控制与后馈控制，其区别在于信息的来源及其与权力控制的时间关系上。前者的信息来源是对控制过程中可能出现的情况与问题的预测，后者的信息来源是控制过程中正出现的情况与问题的反馈；前者是在偏差出现之前就采取预防措施，后者是在偏差出现之后才采取纠正措施；前者是"亡羊"之前"补牢"，后者是"亡羊"之后"补牢"。现实中，二者有效结合才是最佳控制方式。

第五节　开明利己的"国"组织系统人及其"社约治国"

"国"组织系统人是以政治为核心的组织系统人，其社约物及其性质是以政治为核心的，因此国家是具有强力社约物性质支配的组织系统人。国家是一个复杂社会系统，其以公共社约物上层建筑政治社约物为主导和支配，协调统筹相关区域范围内的一切组织系统人和个体系统人。马克思和恩格斯从历史唯物主义观出发提出了科学的国家理论。人类不断发展，经济上的"无国界扩展"冲击着政治上的国家理念，系统科学的发展为正确认识国家组织系统人提供了新的理论资料和理论工具。

一、关于国家组织系统人

国家组织系统人是人类系统的内部上层组织形式，它同个体系统人、企业组织系统人一样，是人类系统内部子系统。国家的起源是具有土地归属意义的范围内人们存在和发展的自组织系统产物。人类不同文明时期的国家，其都是国家组织系统人的内部要素组分及其国家社约物模式的系统，但是，国家社约物意志及其信息模式由国王、政府和军队等携带——形成政治主体特性的国家系统。不管国家社约物是奴隶制度模式、封建制度模式、资本主义制度模式还是社会主义制度模式，不管国家社约物制度模式的携带者是甲政府还是乙政府，国家社约物意志支配国家系统的普遍规律是一致的，国家社约物具有国家作为整体的系统意义，是国家系统人的标志。讨论国家组织系统人的起源及发展，本质上就是讨论国家社约物意志的起源及发展。

国家社约物意志，在人类文明不同的发展阶段具有不同的起源和形成路径。所谓"国家"区域范围内的国家社约物意志，在当前国家形式未出现时，其常常由家族、部落或者联盟等不同形式的群体性社约物替代；当区域范围内各种要素及其相互作用达到一定人类文明条件时，才出现了具有当前形式内容的国家社约物意志——这整个过程，与广义哲学表现的从混沌一体的神话、宗教、科学、经验、艺术等同狭义哲学的关系具有类似之处。人类社会系统是演化发展的，它同个体系统人、家庭系统人（包括家族系列）、企或国系统人（非血缘关系组织群体）的演化发展具有密切关系；在既定区域范围内，广义国家社约物开始是具有血缘关系的家族群体信息模式，当非血缘关系的广义企业组织系统人比如部落联盟等出现时，国家社约物才得以诞生。在这方面，人类学研究中的群演论提出演化四个阶段观点对于解释国家的起源具有积极的意义。但对四个阶段具体说法不同，比如在美国，著名人类学家摩尔根提出"氏族—部落—部落联盟—国家"的演进模式，塞维斯提出"原始群（游团）—部落—酋邦—国家"的演化模式，等等。

国家社约物意志来源于全体人群——以博弈的方式自组织涌现及其超循环螺旋不断上升达到社约物金字塔上层，即上层社约物意志。这并不能保障任何时期国家范围内的国家社约物都来自全体公民，常常是皇权、阶级权贵、智者、愚民等因素占据着国家社约物意志的优势地位，许多国家社约物意志被一部分人窃取并利用——由窃取人宣称承载并运行国家社约物意志，组建国家政府和军队，运行国家社约物意志外化之权力。于是，不同人类文明阶段，国家社约物意志的具体信息模式内容和具体承载运行者不同。

在人类文明的哲学与科学混沌一体阶段，神话在人类历史上占据主导地位，神话替代哲学用来解释比如洪水、猛兽、地震等自然灾害现象；同样地，在领地范围内人群或民族，在该阶段神意志成了用来支配所有人的最高意志，即认为国家是根据神的意志建立的，国家的权力来源于神。比如中国古代周朝起就用君权天授的说法来证明执政者的合法性，帝王称为"天子"；又比如欧洲中世纪基督教普遍宣传"一切权力来自神""除上帝外，别无权力"的观点，托马斯·阿奎那等人提出君权神授说。国家起源于神话只是国王们"愚民"的一个幌子，有哪个开国帝王不是通过政变或革命获得其位置的，没有一个国王是"神"直接派生的，而恰恰是肉身人生的。随着科学技术和生产力的发展，随着人类认识的发展，神话"愚民"上层社约物意志逐渐退出了国家组织系统人最高支配地位的历史舞台，民主和选举层层依次生成而获得金字塔的上层社约物意志作为国家组织系统人最高支配地位的历史到来，这是伴随着人的解放和生产力巨大发展而有效显现的。

国家组织系统人是在家族或部落的基础上，打破血缘关系而建立的人类内部上层子系统。国家组织系统人的演化发展遵循一般系统演化发展规律，结合弗里德提出的"原始平等社会—等级社会—阶层社会—阶级社会"分层社会演化模式，可认为：国家组织系统人的发展经历了原始社会国家、奴隶社会国家、封建社会国家、资本主义社会国家和社会主义国家等阶段，未来将向共产主义社会国家演化发展。《家庭、私有制和国家的起源》一文认为，国家是从原始的氏族制度发展而来的。分工带来的社会变革给氏族制度造成很大的冲击，"氏族制度是从那种没有任何内部对立的社会生活中生长出来的，而且只适合于这种社会。但是现在产生了这样一个社会，它由于自己的全部经济生活条件而必然分裂为自由民和奴隶，进行剥削的富人和被剥削的穷人，而这个社会不仅再也不能调和这种对立，反而必然使这些对立日益尖锐化。一个这样的社会，只能或者存在于这些阶级相互间连续不断的公开斗争中，或者存在于第三种力量的统治下，这第三种力量似乎站在相互斗争着的各阶级之上，压制它们的公开的冲突，顶多容许阶级斗争在经济领域内以所谓合法形式决出结果来。氏族制度已经过时了。它被分工及其后果即社会之分裂为阶级所摧毁。它被国家代替了"[1]。

恩格斯提出，国家的诞生就是为了抑制和缓和阶级冲突。为了维护国家的

---

[1] 《马克思恩格斯选集》第4卷，人民出版社1995年版，第169页。

良好秩序，国家就必须要抑制阶级斗争，但这种"抑制和缓和"只是相对的，它不可能从根本上解决阶级矛盾。恩格斯说："由于国家是从控制阶级对立的需要中产生的，由于它同时又是在这些阶级的冲突中产生的，所以，它照例是最强大的、在经济上占统治地位的阶级的国家，这个阶级借助于国家而在政治上也成为占统治地位的阶级，因而获得了镇压和剥削被压迫阶级的新手段。因此，古希腊罗马时代的国家首先是奴隶主用来镇压奴隶的国家，封建国家是贵族用来镇压农奴和依附农的机关，现代的代议制的国家是资本剥削雇佣劳动的工具。"①

国家本质决定国家发展方向，马克思和恩格斯通过对阶级斗争国家的分析，找到了人类发展之无产阶级必然取代资产阶级的最终结果。列宁认为："马克思的全部理论，就是运用最彻底、最完整、最周密、内容最丰富的发展论去考察现代资本主义。自然，他也就要运用这个理论去考察资本主义即将崩溃的问题，去考察未来共产主义的未来发展问题。"② 按照发展的理论，毛泽东同志为了阐明中国共产党在建立新中国问题上的基本主张，在1949年6月发表了《论人民民主专政》一文。他把新中国的国家政权明确地表述为无产阶级领导的以工农联盟为基础的人民民主专政，新国家是工人阶级领导的人民大众的反帝反封建的国家，其中的人民大众包括工人阶级、农民阶级、城市小资产阶级、被帝国主义和国民党反动派政权及其所代表的官僚资产阶级（大资产阶级）和地主阶级所压迫和损害的民族资产阶级，以及从封建阶级分裂出来的少数开明绅士。

国家包含了区域内所有的个体系统人和组织系统人。个体系统人是人类社会研究的一个基本层次，在这个层次中有人类学、生理学、心理学、性科学、人口学等诸多的科学学科研究。家庭组织系统人是社会的细胞系统，它是通过基本的血缘关系形成的社会关系和社会系统。这是一种与动物的群体"社会"形式上相似但又有着在复杂性和本质上完全不同的社会系统，在这个层次上有民俗学、民族学、伦理学、宗教学等学科研究。企组织系统人和国家内部自系统统称为"社会组织"，它是社会领域中最为复杂的系统，我们可以从规模上将其划分为微观的社会组织（如村社，街道组织，工作班、组等）和宏观的社会组织（如大公司，省、地方政府，科研团体等）。也可以从性质上划分为政治性社会组织（如行政、司法、军队、党团等），经济性质社会组织（如工厂、企业、银行、贸易市场等）和文化性社会组织（如教育、艺术、体育、科研单位

---

① 《马克思恩格斯选集》第4卷，人民出版社1995年版，第172页。
② 《列宁选集》第3卷，人民出版社1995年版，第186页。

等)。在这个领域中形成了大量的社会科学研究学科,如经济学、军事科学、教育学、司法学以及领导科学和管理科学等。国家是由多种社会组织综合作用而形成的一种组织、结构和功能完整齐备的,更具独立性的社会系统。它应有独立的政治、经济、文化,有确立、独立的领土范围。而其中任何一个方面如果不是独立的,它就不是一个自主的社会系统。国家系统也有许多的社会科学学科来研究,如哲学、政治学、宏观经济学、政党学说、政策研究、历史学,等等。国际组织是通过国与国之间的某种稳定关系形成的超国家系统。但至今人类所形成的国际组织主要是以国家为基础的、非完全独立性的社会系统,只有国与国之间特定关系方面的联络、协调、合作性系统,如跨国公司、国际金融组织、国际经济联合体、国际军事同盟、国际体育联合会、国际卫生组织,等等。由于国际性社会组织后来的广泛发展,本世纪的社会科学中,关于国际社会系统的科学学科也很快地发展起来,如外交学、国际贸易学、世界经济学、国际法学、国际关系学,等等。①

国家组织系统人处于整个人类社会层次结构金字塔的顶层,其社约物具有高级层次涌生事物特点。由于"系统高级涌现机能从低级涌现机能生成的方法,通常具有同层级的相似性和不同层级的不可逆特性"②。生物系统是从植物—动物—高级动物由低级到高级涌现生成,高层阶段涌生物和低层阶段涌生事物不能直接相互推广支配,比如人类系统的人生命体涌现是最高级的——涌生物能够获得相对的独立(意识形态独立),与动物的普通本能意志、植物的反应、石头的机械作用等不同,前者与后者不能直接相互推广支配,即不能把人的高度独立意志推广到植物和石头,或把石头机械作用推广界定为人脑内相互作用方式。

人类社会系统内部层次结构金字塔是由个体—家庭—企组织—国组织由低到高涌现生成,个体自我社约物意志、家庭社约物意志、企组织社约物意志和国家社约物意志在人类社会系统整体社约物结构中具有由低到高层次意义,相互之间不能直接推广支配。因为低层次涌现机能在高层次涌现机能特性中不保留或部分保留,比如,低层次的氯和钠的特性,在高一层次的食盐中不保留或部分保留。个体涌生事物特性在家组织系统中可能会较多保留,在企组织和国家组织中可能部分保留,可能为国家而舍弃生命或被国家处决,出现毫无保留

---

① 注:此段参见李建华、傅立著:《现代系统科学与管理》,科技文献出版社1996年版,第4页。
② 温勇增:《系统涌生原理》,经济日报出版社2014年版,第28页。

的特例。由于家庭与个体人都具有基础意义，家庭社约物特性可参照个体人。企组织自约物特性相对脱离于家庭与个体人涌生事物特性，但融入并受制约于国家组织系统人社约物意志。国家组织系统人社约物具有社约物体系的上层建筑地位，来源于个体人、家庭组织人和企组织人，同时支配控制他们。低层次事物涌现特性在高层次事物涌现特性中不一定保留，高层次涌现特性从低层次涌现特性发展而来，但在低层次涌现特性中通常不能直接适用，这种涌生事物层次结构之间的相互制约限制称为涌现局限①。类似地，个体—家庭—企组织—国组织由低到高序列中，低层次社约物意志在高层次社约物意志中不一定直接保留，高层次社约物意志从低层次社约物意志发展而来，但提出不能直接适用支配低层次系统——它可以从"上层角度"宏观"指导"支配低层次系统，并通过被支配作用化的相应低层次社约物意志来支配低层次系统，比如，国家社约物意志通常不直接支配企组织、家庭组织和个体人，但可以通过"上层角度"宏观"指导"现有的企组织社约物、家庭社约物和个体自我社约物，这些被国家社约物意志支配作用化的企组织社约物、家庭社约物和个体自我社约物再去支配相应的企组织、家庭和个人。

就外在机能来说，个体系统人自分形力量薄弱；家庭系统人具有情感功能、生育功能和保护功能等是人类系统的最高效基础细胞，其是实现幸福追求与恒存追求系统目的基础细胞，但是其在人群、种族、国家斗争之间保护功能薄弱；企组织系统人追求人之存在的物化最大化，其他功能薄弱；国家系统人则兼顾了个人、家组织、企组织的优点，保护个体和家庭自由劳动与和平生活，协调企业组织的生产和社会经济发展，并通过公共社约物最高意志权力整合建立政府和军队，克服对内协调能力薄弱和对外抗侵略能力弱小的问题，使整个社会在国社约物上层意志的主导支配下，形成一个具有比较有效的且适合现实的国家社会系统。

二、国家社约物及其支配运行

国家的本质是人的系统，国家系统内的土地、人民、主权与政府等要素，其中以人民为核心，土地、主权和政府都具有人民的属性。关于阶级社会，张传鹤认为：国家是人类社会发展到阶级社会以后，在一定地域上，以暴力为后盾，由并非基于血缘关系的一定人群，通过多种方式建立的一种内部利益并不

---

① 温勇增：《系统涌生原理》，经济日报出版社2014年版，第29页。

完全均衡的阶级性的社会政治共同体。① 就一般系统意义来看,国家是一定范围内人口的自组织有机统一体,它以公共权力意志为系统支配手段,协调处理公共事物,维护整体系统存在稳态及其优化发展。国家公共权利意志外在表现为政府携带相关权力,形成有章可循的秩序,有时还能动用暴力来维护国家公共社约物意志,即暴力统治。资产阶级启蒙思想家霍布斯、洛克和卢梭把国家看做是人们订立契约的产物,在当时有力地对抗了封建神学的"君权神授论"。

契约论基本观点认为:人们订立契约并共同遵守的结果形成国家。人在进入社会状态之前,具有一个自然状态的自由平等的生活,且具有一系列天赋的自然权利,后来因为获取资源或利益出现斗争危机,为了保护每个人的自身安宁和财产不受侵犯,他们或出于自愿或出于被迫、受骗,签订了一种协定(契约)——人们把自己的权利委托给某一个人或某部分人,他们掌握并运行社会公共权力形成政治权威,并制定法律、组建军队等工具来保护订约者,这就形成了国家。由于契约论的契约是狭义的,在理论上经不起推敲,对此韩东屏老师说:"契约论可以说是一个不成功的假说。……一方面人是社会性动物,不能脱离社会而单独诞生,另一方面有人才有社会。这就说明,人与社会不可能分别或先后出现,而只能是同时出现,所以在所谓'社会状态'之前,不可能还有一个有人而没有社会的所谓'自然状态'阶段。……其二在于缺乏史实根据。迄今为止,世界上没有任何民族的史料有国家由人们订立契约而成的记录。"②契约论者也承认集体共同订立契约是一个假设,比如卢梭说:"不应当把我们在这个主题上所能着手进行的一些研究,认为是历史的真相,而只应认为是一些假定的和有条件的推理,这些推理与其说是适于说明事物的真实来源,不如说是适于阐明事物的性质。"③

国家是占据一定领土范围的以人类系统之上层社约物支配其人民并运行应有权利和义务的特殊组织系统人。康德国家观的基础是普遍道德,普遍道德是市民社会契约,契约导致国家的产生;黑格尔以客观伦理阐述国家,国家源自以客观伦理体现的民族及其公共的宗教,国家是伦理的一部分。卢梭等人的契约论国家观点,虽然是未有历史证明的假设,但用于解释国家职能和机能具有一定的有效性。这里,克服狭义契约之"由人订立"的理论弊端,认为广义契

---

① 张传鹤:《传统国家本质理论的反思与重构》,载《齐鲁学刊》,2006年第6期。
② 韩东屏:《国家起源问题研究》,载《华中师范大学学报(人文社会科学版)》,2014年第4期。
③ 卢梭:《人类不平等的起源和基础》,李常山译,商务印书馆1997年版,第77页。

约是石头、植物、动物和人都具有的自分形博弈自组织协同或妥协的相互关系，国家正是基于广义契约的人类系统的高度复杂内部子系统。人类社会中相互订立的狭义契约是广义契约在现实生活的一种典型内容，两者相互结合，对于解决国家建立及其运行具有完整的意义。

马克思认为"国家是阶级矛盾不可调和的产物和表现，在阶级矛盾客观上达到不能调和的地方、时候和程度，便产生国家。反过来说，国家的存在表明阶级矛盾的不可调和"①。他是从阶级社约物相互博弈的角度来探讨国家，在博弈中占据上风取得支配地位的阶级社约物组建国家，支配协调其他社会阶级内容，因此"国家是阶级统治的机关，是一个阶级压迫另一个阶级的机关，是建立一种'秩序'来抑制阶级冲突，使这种压迫合法化、固定化"②。

国家系统的本质是分工、分层、分阶级的博弈产生上层社约物支配领土范围内的一切的阶级、层次和劳动者的特定区域社会共同化的产物。马克思的阶级国家观，对人类社会的系统研究具有典型性——就如牛顿力学在宏观世界的有效统治意义，但阶级国家观并不是系统国家观的根本，它是系统国家观的特定历史条件的具体表现。分工产生私有制、私有制产生阶级、阶级之间的矛盾最终产生国家；阶级社会国家的根本目的是维护统治阶级的利益，但是国家的社会本质决定国家必须将行使公共权力来管理公共事务作为其维护统治阶级利益的前提——在人类社会发展的很长一段时期内存在阶级，此时的"国家"都具有其阶级本质和社会本质，且阶级是国家不可忽视的重点。马克思和恩格斯将其作为革命的利器，揭示资产阶级国家的虚伪与欺骗。

系统国家观包括阶级社会国家观和非阶级社会国家观，就其本质而言是上层社约物支配社会系统的国家观。这里认为上层社约物支配运行具有政治性、法理性、涌生演化性、群体博弈性。

1. 国家上层社约物支配运行的政治性和法理性

马克思在 1842 年 1 月他的第一篇政论文章《评普鲁士最近的书报检查令》中提出"国家应该是政治的和法的理性的实现"③，在《第 179 号"科伦日报"社论》中提出"国家的真正的社会教育作用就在于它的合乎理性的社会存在"，他将自由和理性认为是国家的建立基础，认为"国家是一个庞大的机构，在这个机构里，必须实现法律的、伦理的、政治的自由，同时，个别公民服从国家

---

① 《列宁选集》第 3 卷，人民出版社 1995 年版，第 114 页。
② 同上。
③ 《马克思恩格斯全集》第 1 卷，人民出版社 1956 年版，第 14 页。

的法律也就是服从自己本身理性的即人类理性的自然规律"①。马克思说在《〈政治经济学批判〉导言》中指出:"人们在自己生活的社会生产中发生一定的、必然的、不以他们的意志为转移的关系,即同他们的物质生产力的一定发展阶段相适合的生产关系。这些生产关系的总和构成社会的经济结构,即有法律和政治的上层建筑竖立其上并有一定的社会意识形态与之相适应的现实基础。物质生活的生产方式制约着整个社会生活、政治生活和精神生活的过程。不是人们的意识决定人们的存在,相反,是人们的社会存在决定人们的意识。"② 阶级社会中,国家要实现统治阶级的利益;但是,国家的阶级统治是必须以为公共服务为前提的,这是国家的法理性根源,也是国家上层社约物性质决定的:上层社约物来源于个体或家庭细胞社约物、企组织中层社约物,服务它们才能确保上层社约物的有效存在和运行,方能能体现着社约物的本意。

2. 国家上层社约物支配运行的涌生演化性

"国家真正作为整个社会代表所采取的第一个行动,即以社会的名义占有生产资料,同时也是它作为国家所采取的最后一个独立行动。那时,国家政权对社会关系的干预在各个领域中将先后成为多余的事情而自行停止下来。那时,对人的统治将由对物的管理和生产过程的领导所代替。国家不是'被废除'的,它是自行消亡的。"③ 从系统科学来看,世界是系统的,遵循系统演化规律,国家也不例外;正如恩格斯所认为任何事物都有其发展的过程,一切事物都是物质发展过程的集合体,国家也毫不例外。

"国家不是从来就有的。曾经有过不需要国家、而且根本不知国家和国家权力为何物的社会。在经济发展到一定阶段而必然使社会分裂为阶级时,国家就由于这种分裂而成为必要。"④ 国家组织系统是由其内部组分涌生演化生成的,生成以后也遵循系统涌生演化规律。"随着分工的发展也产生了单个人的利益或单个家庭的利益与所有互相交往的个人的共同利益之间的矛盾;而且这种共同利益不是仅仅作为一种'普遍的东西'存在于观念之中,而首先是作为彼此有分工的个人之间的相互依存关系存在于现实之中""正是由于特殊利益和共同利益之间的这种矛盾,共同利益才采取国家这种与实际的单个利益和全体利益相脱离的独立形式,同时采取虚幻的共同体的形式,而这始终是在每一个家庭集

---

① 《马克思恩格斯全集》第1卷,人民出版社1956年版,第14页。
② 《马克思恩格斯选集》第2卷,人民出版社1995年版,第32页。
③ 《马克思恩格斯选集》第3卷,人民出版社1995年版,第631页。
④ 《马克思恩格斯选集》第4卷,人民出版社1995年版,第174页。

团或部落集团中现有的骨肉联系、语言联系、大规模的分工联系以及其他利益的联系的现实基础上,特别是在我们以后要阐明的已经由分工决定的阶级的基础上产生的,这些阶级是通过每一个这样的人群分离开来的,其中一个阶级统治着其他一切阶级"。① 国家不是外部强加于人类社会的东西,而是人类社会系统内部自组织涌现的产物。

国家制度的变更,朝代的更替,是遵循人类社会系统内部自组织涌生演化规律的必然过程。马克思认为:"当阶级差别在发展过程中已经消失而全部生产集中在联合起来的个人的手里的时候,公共权力就失去政治性质。如果说无产阶级在反对资产阶级的斗争中一定要联合为阶级,如果说它通过革命使自己成为统治阶级,并以统治阶级的资格用暴力消灭旧的生产关系,那么它在消灭这种生产关系的同时,也就消灭了阶级对立的存在条件,消灭了阶级本身的存在条件,从而消灭了它自己这个阶级的统治。"而"代替那存在阶级和阶级对立的资产阶级旧社会的,将是这样一个联合体,在那里,每个人的自由发展是一切人的自由发展的条件"。②

3. 国家上层社约物支配运行的群体博弈性

国家上层社约物不直接来自个体系统人自我社约物,而是来自人类社会系统的逐层涌现,即来自组织系统人。通俗地说,来自阶级群体博弈。阶级群体博弈研究中的经典观点是马克思恩格斯的阶级国家观,其认为,国家是一个阶级范畴,它随着阶级的产生而产生,是阶级矛盾不可调和的产物和表现。私有财产制度是国家产生的经济基础,阶级矛盾尖锐化是国家产生的政治基础。社会越向前发展,脑力劳动同体力劳动的分离就越明显,社会专业化程度就越高,从而就要建立一种特殊的机构来管理社会和实行阶级压迫,于是国家也就诞生了。

恩格斯认为:"国家决不是从外部强加于社会的任何一种力量。国家也不像黑格尔所断言的是'伦理观念的现实''理性的形象和现实'。确切地说,国家是社会在一定发展阶段上的产物;国家是承认:这个社会陷入了不可解决的自我矛盾,分裂为不可调和对立面而又无力摆脱这些对立面。而为了使这些对立面、这些经济利益互相冲突的阶级,不致在无谓的斗争中把自己和社会消灭,就需要有一种表面上凌驾于社会之上的力量,这种力量应当缓和冲突,把冲突保持在'秩序'的范围以内;这种从社会中产生但又自居于社会之上并且日益

---

① 《马克思恩格斯选集》第1卷,人民出版社1995年版,第84页。
② 《马克思恩格斯选集》第1卷,人民出版社1995年版,第294页。

同社会异化的力量，就是国家。"①

在马克思和恩格斯看来，"至今一切社会的历史都是阶级斗争的历史"②"从封建社会的灭亡中产生出来的现代资产阶级社会并没有消灭阶级对立。它只是用新的阶级、新的压迫条件、新的斗争形式代替了旧的"。③ 至今人类社会的历史主要表现为阶级斗争的历史，但是人类社会的本质不局限于阶级斗争；正像物理学中，人们宏观世界主要集中为经典力学，虽然经典力学最具直观性，但力学不局限于经典力学。人类国家上层社约物支配运行的群体博弈，不仅仅表现为企组织产生的阶级斗争，还有企组织之间的竞争合作等多种形态，比如原始共产主义社会、当前社会主义社会和未来共产主义社会都将是非阶级斗争主导上层建筑社约物的社会形态。

国家是人类社会内的一种子系统，国家社约物是国家的标志。人类一直生活在系统之中，即使所谓人类之初生活的没有政府、没有法律的原始"自然状态"也是系统，而通常的原始状态，只要人是以群居、以类聚，则其作为系统具有占据主导和支配地位的社约物，即原始权威。在"自然状态"下，人的自分形本性所表现的野心、贪婪、愤怒等使得人们陷入相互之间的战争——人与人之间战争相对于人与自然战争，其掠夺性收获来得直接且通常收获更多。家庭难以保障自身系统的安全稳定，家族虽然比家庭强大，但也难以有效抵抗外来的入侵，国家作为具有政府、军队和法律的高效系统在人类社会系统诞生。在国家内部，人们转让自己的部分权利以获得和平与安全，人们转让自己的部分权利以获得更大的利益和更大的发展，人们转让自己的部分权利以获得当下人类社会系统中自我的最大自分形。契约论中认为，人们转让自己的部分权利是通过订立契约的方式，同意把自己的意志转化为一个集体意志。"订立契约"的主语是"人"，没有人的主观"订立"思想及其行为，就没有契约，是否意味着也无法产生国家？把国家建立在人的主观"订立"基础上是狭隘的、局限的。事实上，国家作为人类社会系统的高效上层子系统，不管人们是否"主观订立"契约，自组织涌现自我相互契约"自然生成并存在着"——它只取决于人类内部相互作用关系，而不取决于人主体是否主观订立。严格地讲，人类系统内部是永恒的社会联系，即永远存在内部自我相互契约关系（社约物），只有当其以国家模式和秩序出现才称为国家。

---

① 《马克思恩格斯选集》第4卷，人民出版社1995年版，第170页。
② 《马克思恩格斯选集》第1卷，人民出版社1995年版，第272页。
③ 《马克思恩格斯选集》第1卷，人民出版社1995年版，第273页。

国家社约物支配的目的是追求国家系统人的幸福和恒存。由于国家社约物意志反映的阶级、阶层和人群的意志不同，占据主导地位的国家社约物意志支配方式和服务保障也有区别。在奴隶社会，奴隶制国家社约物支配和服务保障的是奴隶主利益及幸福；在封建社会，封建制国家社约物支配和服务保障的是地主阶级和权贵阶层的利益及幸福；在资本主义社会，资本主义制度国家社约物支配和服务保障的是资本家阶层的利益和幸福；在社会主义社会，社会主义制度国家社约物支配和服务保障的是最广大人民共同的利益和幸福。

国家社约物对内，服务保障符合主导地位社约物意志的发展，控制约束或镇压背离、逆反占据主导地位社约物意志的内容及其发展；对外，捍卫国家领土完整和保护人民幸福和平的生活。国家社约物具有暴力工具性可以引发战争，由于国家组织系统人自分形最大化之间的博弈，相互国家之间存在领土、物产等利益冲突，于是在一段时期内，国家之间掠夺和征服成为博弈的主要内容和手段，战争的胜利者成为征服者和统治者，战争的失败者成为被征服者和被统治者。国家在这一方向上"异化"，成为统治欲望者的工具，而偏离了应有的人类社会和谐自组织最大化服务者协调者和保卫者捍卫者的本意。于是，法国的伏尔泰、德国的杜林、考茨基、奥地利的龚普洛维奇、美国的奥本海默和卡内罗等人认为国家是战争的产物。事实上，连暴力论者卡内罗也坦承："毕竟在世界上许多发生战争的地方并没有出现国家。因此，尽管战争可能是国家兴起的必要条件，但却不是充足条件。"[①] 国家社约物第一属性不是统治者自然携带，第一属性是全体公民共同组织拥有，其通过自组织转让而赋予所谓政府（统治者）携带并运行其表现的权力。有些统治者利用个人意志窃取国家社约物意志，运用神话、宗教、愚民或暴力的各种方法和手段，实现其对上层建筑意志的掠夺，从而实现所谓统治者对国家系统的统治。通常这种统治都是阶级社会的服务权贵和特定阶级的，这时国家出现了异化的内容。

阶级社约物支配国家系统，其是一个异化的非完全理性的组织系统人并保障统治阶级的利益，但这种存在具有历史的合理性和效用性——这是被人类历史证明的。一方面，其展现了国家组织系统人的主要机能，履行捍卫国家领土完整和人民幸福生活的义务；另一方面，阶级社约物意志的异化国家系统中，非国家主导社约物直接保障的人们——他们可以家庭组织系统人和企组织系统人的方式获得自身自分形最大化的利益和幸福生存；只有当民众的自身利益被

[①] 参见罗伯特·L. 卡内罗：《国家起源的理论》，陈虹、陈洪波译，《南方文物》，2007年第1期。

压榨得超越警戒线（随各个人类文明发展不同而不同），民众才反抗并推翻当前国家政府，将自己共同的意志转让并交给他们寄予期待的"新政府"。这两者的有效结合，使人类历史长期处于阶级社会，这是人类进化发展的自然选择——因为，它们是人类文明发展历史中，自然选择的、效用的和具有有限理性的"最佳"国家组织系统人。国家与政府来自人民，国家社约物上层意志践踏违背人民意志的红线，或者在腐朽中不自觉地沦落了自己占据主导的位置，则必然被人民推翻或选择产生新意志替代之，由于任何一个时期的国家政府都作为由具体领导人携带并运行国家社约物意志的具体系统，系统通常具有生成、成熟、衰落的生命周期，于是人类历史出现了国家系统兴衰更替的周期律。新中国成立后，坚持群众路线，坚持改革开放，使国家社约物意志同人民意志不断匹配和高度协调，这样确保了国家系统最高社约物意志即中国特色马克思主义社约意志的长久领导和支配地位。

人类社会未来的方向必然是共产主义社会方向。国家组织系统人将逐步消灭阶级，逐步淡化社会分层，逐步形成社会分工的效用性、有限理性、有限感性的和谐统一，逐步实现国家社约物之主导社约物意志同最广大的人民群众意志具有高效一致性，真正实现理想的国度。

三、国家组织系统人的"社约治国"运行

国家组织系统人的运行形式，可称为一般系统人"治国形式"。家系中的"区位""正关系"和"树理念"在国家系统中，体现为树立治国理政理念、区分行政区域和级别、梳理行政运行关系等。一般系统人"治国形式"，总体表现为国家政府对国家系统的服务保障和控制约束，包括了国家体系的各级别的行政系统区域治理内容。

（一）关于一般系统人的治国理念

冯友兰在《中国哲学简史》关于"国家的起源"中，认为墨子的国君权威有两个来源：人民的意志和天帝的意志。他更进一步说，国君的主要任务是监察人民的行动，奖赏那些实行兼爱的人，惩罚那些不实行兼爱的人。国家的极权主义和绝对权威确保只有一义，墨子认为义就是"交相兼"，不义就是"交相别"，墨子希望通过政治制裁结合宗教制裁，使天下一切人都实行他的兼爱之道。

儒家提出要依礼治官吏，要求他们"克己复礼为仁"。早在春秋战国时期，天下失序，出现"君不君，臣不臣，父不父，子不子"的乱象，孔子为挽救危局，提出了"克己复礼"的主张，而孟子劝说君王官吏推崇王道，践行仁政。

他们强调官吏应当自省自觉，修养道德，正心正身正气，激发官吏良知，营造良好官场风气。调动官吏的自身积极能动性，克勤克俭，公正廉洁，将拥有公共权力的官吏以自我约束为主导——以期望获得"己所不欲，勿施于人"的现象，而事实上，官吏私意和公共意志是存在博弈的，官吏欲望一旦战胜头脑内的公共意志，则很容易出现私意窃用公意权力为己的问题。法家提出了依法治吏的主张，商鞅指出"守法守职之吏有不行王法者，罪死不赦，刑及三族。"韩非提出"明主治吏不治民"，即通过驭官而达驭民的观点，"故主施赏不迁，行诛无赦，誉辅其赏，毁随其罚，则贤不肖俱尽其力矣"，从而保证官吏效忠君主。

古代中国儒家和法家都是在维护君主专制的总目标下进行的治吏思想，"自汉后儒法两家合流，礼法结合、德刑并用不啻为一种综合为治的治吏模式。当政者兼用儒法之术，霸王道杂之，以德怀柔，以刑惩顽，宽猛相济，既可收一时之效，又不失为治国治吏长策。……"① 诸葛亮认为："约官职，从权制，开诚心，布公道，尽忠益时者虽仇必赏，犯法怠慢者虽亲必罚。"唐太宗主张："用得正人，为善者皆劝，误用恶人，不善竞进。赏当其劳，无功者自退；罚当其罪，为恶者戒惧。"清朝仿元朝，"以汉法治汉地"，为国取材不拘一格，选贤任能不分满汉。中国古代，"明主治吏不治民"在"礼法并用，综合为治"的方向上不断演化发展，这种治国治吏的系统模式同西方的"民主与法制"系统模式，就当时而言具有相同的重要意义。古代中国"礼法并用"模式并没有形成现代的"民主与法制"模式，虽然两者具有相通的地方。

中国完成了新民主主义革命进入社会主义建设时期，就在于树立了马克思主义治国理政理念。十月革命一声炮响，给中国送来了马克思主义，迅速地，她成为拯救中国的科学理论，并在中国社会发展历史过程中得到了实践的检验。马克思主义给各国工人运动和共产主义运动提供的只是总的指导原理，它只能指出基本的和一般的东西，不可能指出各国的具体的、特殊的东西。毛泽东同志曾经指出："主义譬如一面旗帜。"马克思主义就是一面总的旗帜，在中国化的进程中，毛泽东思想写在旗帜上，邓小平理论写在旗帜上，"三个代表"思想写在旗帜上，科学发展观写在旗帜上，习近平新时代中国特色社会主义思想写在旗帜上，这面总的旗帜是指导建设中国特色社会主义的统领层理论。如果把马克思主义总的指导原理看做一个点，把中国实际看做一个点，"中间环节"是

---

① 参见杨静：《治吏就是治国。中国传统治吏思想在依礼治吏和依法治吏的论争、交融中定型——谈古代治吏之长策》，载《北京日报》第19版，2015年5月4日。

马克思主义总的指导原理与中国实际两点之间连成一线的中国化实践，连接这两点的"中间环节"是马克思主义中国化的实践过程，即中国特色的社会主义理论。如果把马克思主义比做最精美最优质的布料，她的中国化为拯救中国量身定做，为中国发展提供最好的最科学的唯一理论指导；任何其他的"布料"都让中国过敏，都不合适中国的生存和发展，都是注定要失败的；中国选择马克思主义是历史的必然。

（二）关于一般系统人治国权力的科学运行

美国著名未来学家托夫勒认为，权力的来源有四个：暴力、财富、知识和信息。暴力是权力的基本和古老的来源之一。毛泽东曾经指出的"枪杆子里面出政权"，就是最直接明了的说法。从世界范围来讲，每个国家武装力量在全世界所占的份额决定着世界的格局，左右着全球的局面。权力的第二个基本来源就是财富。中国有句谚语"有钱能使鬼推磨"，是对财富是权力的来源的形象比喻。当前，一个国家的综合实力决定着一个国家在全球政治经济秩序中的地位和分量。知识是权力的第三个基本来源。科学知识的反馈加速增长，正在改变和左右着每一个人的生活方式、思维方式和行为规范，甚至决定着人类未来的发展道路。信息是权力的第四个基本来源，信息是控制的根本，掌握了信息就等于拥有了相当的权力。当权利一旦获取，权利作为个体的附属，可以传承、分配和赋予。皇位的世袭、政治现象中的裙带关系等都属于权力的继承；在一个集团或政治党派取得政权之后，就要将权力在其内部进行分配，以便于权力的运用和巩固。

一般系统人治国权力科学运行包括决策运行和管理运行。治国的效果，很大程度上取决于领导。领导掌握的决策，决定着国家组织系统人运行的方向和目的。一般系统人治国决策的正确性往往同决策者个人的素质因素有很大的关系。现实中，只有决策者将个人的知识、经验、智慧、魄力等基本素质能够综合运用，做到适时适事，恰到好处，不失时机，正确决策，才能体现出领导者的决策艺术。一般系统人治国决策者应当是战略家，博弗尔认为："当历史之风吹起时，虽能压倒人类的意志，但预知风波的来临，设法加以驾驭，并使其终能替人类服务，则还是在人力范围之内。战略研究的意义即在于此。"约翰·柯林斯在《大战略》中认为，具有革新思想的战略家要具有"多智慧、有理性、敢怀疑、有耐心、博学多才、擅长分析、虚心好学、有自信心、能够钻研、富有想象、尊重客观、善于表达"等特征。中国古代《孙子兵法》中认为，一个优秀的将军领导者应该具备五个要素：智、信、仁、勇、严。智者不惑，体现了知识的力量是无限的；无信不立，说明了诚信的人有足够信任度；仁者无忧，

541

要求下属有仁爱之心；勇者不惧，认为要有领袖的勇气、魄力；严以律己，要以身作则。博弗尔认为，领导要有坚强的意志、冷静的头脑（足以保证一切的决定都是经过精密计算的）、坚定的决心（足以保证一切的努力都是用来达到选定的目标），一个领导者兼备这几种素质，才能确保既是思想家，又是实行者。美国迪克·卡尔森认为，一个管理人员的任务中最困难而最重要的部分也许是管理他自己，使自己成为下级欢迎而且期望的那样一种"上司"。

一般系统人治国决策的正确性同科学性有关。要想在决策上不失误，必须有丰富可靠的信息来源、迅速的信息传递、准确的信息研究，这是决策科学化的重要物质技术基础。决策的科学性是建立在信息的全面性、真实性、有效性基础之上的，深入的准确的调查研究是决策中不可缺少的一环。世界进入了高科技的信息时代，信息流动速度加快，因而使时空间距离相对缩短。信息已成为现代社会的基础，同样，信息已成为领导的基础。现代领导的一切活动，都与信息相关联，信息是促进社会发展的最优手段之一。1979年，前总统卡特，曾发表"照亮道路"的演说。他说，信息是人类智慧的火花，它照亮了通向未来的道路。他认为，美国在经济领域所有成就中，有2/3是来自有关的信息活动。随着科技的迅猛发展，作为一个领导者，要作出科学而正确的决策，就必须充分全面地掌握信息，把握高科技时代的决策对象和决策环境。要利用现代科学所提供的信息，扩大自己的眼界，了解各种发展趋势，作出具有创造性、预见性的决策。同时，领导要有驾驭高科技时代所提供的各种手段的能力，要有面向未来的战略素质。陈云说："重要的是把实际看完全，把情况弄清楚，其次是决定政策，解决问题。难者在弄清情况，不在决定政策。只要弄清了情况，不难决定政策。我们应该用百分之九十以上的时间去弄清情况，用不到百分之十的时间来决定政策。这样决定的政策，才有基础。"在决策中，要善于听取不同意见，对此陈云说："如果没有不同意见，自己也要假设一个对立面，让大家来批驳。有钱难买反对自己意见的人。有了反对意见，可以引起自己思考问题。……能够听到不同声音，决不是坏事。这与同中央保持一致并不矛盾。"决策研究是智囊团的职责，集中体现在"谋"上。而决策行动是领导者的职能，集中体现在"断"上。谋与断是有联系的，多谋才能善断，但"谋"不能取代"断"，"断"又不能脱离"谋"，"谋"得不科学，由智囊团负责，"断"得失误，要由领导者负责。"谋"与"断"要分工，各尽其责，又相互融合，确保决策的科学性和正确性。

一般系统人治国的组织与管理的系统协调性。"官者，管也。"管理和组织的核心是服务与控制。要善于从规律层面思考问题，不能跟着感觉走，事物的本质和规律只能靠理性思维来把握；要善于透过现象（包括假象）层层深入认识和把握事物的本质和规律，本质有初级本质、二级本质、更深层次的本质；要注意研究偶然性、现象问题，善于利用系统思维，对复杂系统进行协调控制，把握机遇，同时注意规避风险，从宏观战略高度研究治国系统，具有高超驾驭和操纵决策系统，选取一种调节各方面利益和矛盾、使各方面都能满意的方案，实现职位与权力的高度融合。2005年《国家突发公共事件总体应急预案》中认为，推进和发展适合我国国情的管理决策理论要坚持"以人为本，减少危害；居安思危，预防为主；统一领导，分级负责；依法规范，加强管理；快速反应，协同应对；依靠科技，提高素质"。做好系统协调性，要采用矛盾分析方法，要在对立统一中认识和把握矛盾的每一个方面，要"亦此亦彼"，不能顾此失彼、非此即彼；要坚持两点论、两分法，两条腿走路、讲两句话；要坚持两点论与重点论的统一，把共性与个性很好地结合起来——吃透两头，提出结合的思路和招数，理性地观察问题，把握事物的规律性，从规律的层面，进行国家系统人的组织管理和协调。习近平新时代中国特色社会主义思想是新时代中国治国理政的指南，把握了新时代中国社会系统组织和发展的规律，指导着中华民族复兴的伟业。

第六节　开明利己的"人类"组织系统人及其"社约平世"

人类系统是指由一切的个体系统人和组织系统人组成的整体。人类系统是广义的组织系统人，它区别于狭义的组织系统人：在人类系统之外不存在任何个体系统人或组织系统人，在其内部则包含了所有的个体系统人和所有的组织系统人，即不同层级的组织系统人和全部的个体人。

人类系统是最大、最全和最整体的组织系统人，具有最高全体性，且具有唯一性，其具有超越一般个体系统人和超越一般组织系统人的各种特性；就人以"类"存在而言，它具有最高的意义——因为个体系统人和组织系统人都作为其内容（或为内部组分或为内部子系统）。它同个体系统人和组织系统人一道，把幸福优化和恒存优化作为自觉的发展方向和发展目的。人类系统研究，需要时时刻刻谋幸福，时时刻刻讲发展，时时刻刻遵社约，时时刻刻正人道……整个人类系统历史，其内部可以有曲折、短暂的发散，可以有生灵涂炭、民不聊生的战争灾难，可以有逆历史潮流和违背人道的丑陋挣扎；也可以有原始社会、奴隶社会、封建社会、资本主义社会、社会主义社会（未来或许还有共产主义社会）的制度形式；人类系统的种种社会形态和运行内容，貌似形散，实则神聚——凝聚在螺旋上升的发展链条之上，即凝聚于追求幸福与追求恒存的受分形与整形支配的逻辑之"神"。

人作为社会关系的总和。"关系"在本质上是指人类社会系统的社约物——它作为组织系统人整形力对于个体系统人而言成为约束，而个体系统人具有自己自分形的正当利益开显要求；因此，权利许可和利益要求，是组织系统人同个体系统人之间的现实关系。整个人类组织系统人内部的各个层次组分系统人都是平等的，经济和社会协调发展，才是一种全面发展的人类社会环境。不管是在物质文明建设中，还是在精神文明建设中，人类整个系统都受广义的自组织即人类命运共同体①的社约规律支配和约束。

一、关于人类组织系统人

人类系统是自然界的一个子系统，即人是一个"类"的系统存在。由于人的意识高度相对独立性，使人通过意识认知而可以囊括整个世界，并在实践中对整个世界进行改造。人高度意识支配下同世界的相互作用表现的劳动——这种"有意识的生命活动把人同动物的生命活动直接区别开来。正是由于这一点，人才是类存在物"②。自然对于人类来说是先在的，马克思认为："被抽象地理解的，自为的，被确定为与人分隔开来的自然界，对人来说也是无。"③这里认为，人同自然是紧密联系的，自然先于人类存在，人类是自然的产物（子系统），纵使人类消失犹如恐龙消失，并不影响自然的自然存在。现实存在着的人，是在与自然的联系中对自然显现的人。人在与自然的联系中对自然显现，同时，由于人意识高度相对独立而脱离于自然形成为主体作用于自然，则有自然在与人的联系中对人显现；前者作为自然的产物是必然的，后者自然作为人类认识和实践的对象，正如马克思所说："一个种的整体特性、种的类特性就在于生命活动的性质，而自由的有意识的活动恰恰就是人的类特性。"因为"动物和自己的生命活动是直接同一的。动物不把自己同自己的生命活动区别开来。

---

① 注：这里是指习近平提出的"人类命运共同体"思想。
② 马克思：《1844年经济学哲学手稿》，中央编译局编译，人民出版社2000年版，第57页。
③ 马克思：《1844年经济学哲学手稿》，中央编译局编译，人民出版社2000年版，第116页。

它就是自己的生命活动"①。

人类组织系统人囊括一切个体，在其之外没有任何个人，也没有任何其他组织系统人。研究中，可把整个人类系统作为一个秩点，并把其在宇宙系统中的存在及演化作为基本研究内容。整个人类系统是一个整体有机的社会系统，该社会系统是个体系统人和组织系统人活动产生的，也是自然界环境的产物。个体系统人和组织系统人构成人类系统，人类系统也不断产生新的个体系统人和组织系统人。正如马克思所说："正像社会本身生产作为人的人一样，人也生产社会。"② 社会系统是人的活动生产的，社会系统环境是被人的活动创造和改变的；改变的社会系统环境又不断地生产人。"人创造环境，同样，环境也创造人。"③ 马克思认为，如果说改变了的人是改变了的环境的产物的话，那么，环境的改变和人的活动是一致的，且这种一致"只能被看作是并合理地理解为变革的实践"。④

（一）人类系统与个体系统人

个体系统人是人类系统的根本基质组分。对于一个系统来说，组分的变换将直接决定系统的实体基础，进而决定系统的整体性能和功能。组分的基质、特点、长处和短处等是造就系统整体特性的实在基础。给定了组分，就给定了系统可能具有的整体特性范围，决定了它可能是什么，不可能是什么。这是系统唯物主义基础。古语说："龙生龙，凤生凤，老鼠生来会打洞。"这基因组分是个体系统的基质，决定了个体生物系统属于某一个生物种类。人的基因不可能生长为老鼠，同样老鼠的基因不可能生长为人。

个体系统人对于人类系统是不可或缺的。系统的组分决定了系统的实体基础，个体系统人作为人类系统的组分不是自己独立的，每一个个体系统人组分都具有作为"独立自我"的差别，表现为不同个体系统人组分的实体特性。具有特定基础特质的个体系统人自组织成为特定历史时期的人类系统，并造就相应特定历史时期的人类文明。

个体系统人就作为一个人类系统的"组分"而言，人生而是平等的。由于个体系统人具有具体差别性，个体系统对于人类历史进步的贡献也存在差异；有些个体系统成为伟人或英雄，有些个体系统人甘愿做平凡的铺路石，有些个

---

① 马克思：《1844年经济学哲学手稿》，中央编译局编译，人民出版社2000年版，第57页。
② 《马克思恩格斯全集》第42卷，人民出版社1979年版，第121页。
③ 《马克思恩格斯全集》第1卷，人民出版社1995年版，第92页。
④ 《马克思恩格斯全集》第1卷，人民出版社1995年版，第59页。

体系统人背离历史潮流和人类道德成为历史的罪人。所有的个体系统人及其生成的组织系统人是推动历史前进的车轮,历史是人民群众创造的,也是英雄创造的,归根结底是人民群众创造的。英雄属于人民群众,英雄只是人民群众推起社会前进浪潮中有幸站在浪尖的个体,社会历史就是整个人民群众推动社会浪潮的运动史,英雄具有助力引领的作用,有时候能够牵引社会历史前进的方向,但并不能直接创造历史——历史归根结底是由人民群众创造的。

人类系统具有对个体系统人人化和社会化的使命和权力。人并非生而是社会人。客观上人只要一出生并存在于社会就是社会人,但本质上只有当该个体被人类系统(首要是家庭)人化和社会化接受,才成为真正意义的社会人。人类系统对个体系统人进行人化和社会化是人类系统的本能使命——表现为社约物对个体系统人的支配运行。个体系统人根据自身自分形能力可以参与(理论上是绝对在参与,现实研究中存在非有效参与可以忽略)人类系统社约物的生成和改造,人类系统社约物一旦形成就自然遵循系统涌生支配原理,对其内部个体系统人组分具有支配运行作用(服务保障和控制约束),一切个体系统人都受社约物支配。

(二)人类系统与组织系统人

人类系统的子系统包括国家、企业、家庭等组织系统人,其自分形最大化的本性决定了,各组织系统人当以自身组织核心利益为行为的指南——所有的组织系统人都如此,则人类系统的有些问题无法在组织系统人这一层次获得解决。于是,人类系统最高层次的社约物形式以"联合国"性质方式出现了。家庭组织系统人的许多问题,尤其是物质生产与消费问题,能在企业组织系统人中解决,更多的家庭组织系统人诉求主要在国家组织系统人中得到解决;企业组织系统人的许多问题,在国家组织系统人中得到解决;自然地,国家组织系统人的许多问题,要在以"联合国"形式和性质表现的人类系统中得到解决。

通常,国家组织系统人主要参与人类系统自约物的制定与生成,即构建人类系统社约物。生成的人类系统社约物对各个国家组织系统具有一般社约物整形支配力,既提供服务保障功能,又具有控制约束功能。比如具有"联合国"性质的关贸总协定,对遵循协定的国际之间商品贸易具有服务和保障作用,对违反协定的国家具有制裁和制约功能。组织系统人对人类系统的影响,主要是紧邻的国家组织系统人参与并带来影响;越级的企组织系统人和家庭组织系统人对人类系统的影响通常并不是直接的。但是,人类系统社约物,不仅对国家组织系统人具有整形支配作用,而且对国家内部的企组织系统人和家庭组织系统人同样具有整形支配作用——因为,企组织系统人和家庭组织系统人是国家组织系统人的内属有效承载。

人类系统社约物来自一切的国家组织系统人,一旦生成就对范围内各个国家组织系统人具有整形支配力作用。人类系统社约物的不足在于:一方面,遵从和有利于整个人类系统的行为未必能够得到有效的服务和保障,比如国际环保主义、人道主义等;另一方面,违背人类系统正义性的言行缺乏"公共强力"制约制裁的力量保障,比如反人道主义战争、非正义侵略等。国家组织系统人社约物对其内部的家庭组织系统人和企组织系统人具有"军队、法律和政府"等国家暴力工具作为其整形力的强力保障,对有利于国家组织系统人的行为可以得到国家政策和国家意志的宣传帮助以及相关荣誉;人类系统社约物在这"两方面"对国家组织系统都无法有效实施。人类系统社约物,当前主要是通过"联合国"来运行的,众所周知就目前而言其效力和效用是有限的。

从太平洋之滨到大西洋沿岸,从应对气候变化到打击恐怖主义,各种国际会议不停歇地讨论着全球性的问题,但作为抽象的全人类性讨论还较少。1961年苏联宇航员加加林第一个遨游太空时描述地球说:"我能够清楚地分辨出大陆、岛屿、河流、水库和大地的轮廓……淡蓝色的晕圈环抱着地球,与黑色的天空交融在一起。"地球是个地球村。联合国总部中国厅悬挂的《互动的世界》和《共同的家园》两幅中国绘画作品,折射出人类协同发展的理念。"弱肉强食、丛林法则不是人类共存之道。穷兵黩武、强权独霸不是人类和平之策。赢者通吃、零和博弈不是人类发展之路。和平而不是战争,合作而不是对抗,共赢而不是零和,才是人类社会和平、进步、发展的永恒主题。"来自中国的思索及其声音,唱响了人类系统文明发展的基本价值坐标,符合人类系统内部守望相助的自组织命运共同体的系统本意。1942年奥地利作家茨威格因第二次世界大战让他被迫远离祖国后说:"和平是'梦幻中的宫殿'。"人类系统内部,存在不同国家利益、不同宗教信仰、不同意识形态、不同社会制度的分歧甚至对立,但共同的人类才是历史真正的主体,人类有能力让共同利益的社约物占据人类系统的主导地位,支配协调各种差异,和平共处,有序竞争,在理性中建设"梦幻中的宫殿"。人类进入互联网、物联网、大数据的信息时代,全世界国家和人民联系越来越紧密,人类系统社约物将遵循其本意生成的脚步,慢慢萌芽,逐步发展,克服当前"联合国"的各种局限,在未来人类系统的各个国家之间、各个领域之间真正具有正义的、理性的和走向美好光明的整形力支配运行,最终实现未来共产主义社会社约物支配。

(三)关于人类组织系统人的把握

费尔巴哈"将人连同作为人的基础的自然当作哲学唯一的,普遍的,最高

547

的对象"①，他将自己的哲学称为"人本学"，因此，有人将费尔巴哈看成西方人学的真正奠基人。人类系统仅仅是自然世界大系统中的一个子系统，随着自然的发展和人类科技牵引下的社会发展，现代人类社会系统存在四个方面的现代社会问题：自然环境问题、社会问题、人自身的问题、科学技术发展的问题。自然环境问题，是由于人造成了资源枯竭、环境污染、生态失衡等问题，形成的外部环境危及了人的存在和发展；社会的经济、政治、文化、军事等领域存在的经济危机、政治腐败、文明冲突、战争及恐怖主义威胁等，危及人类的内部环境；人个体自身的生存和发展，比如生存焦虑、自我价值认同、生命意义感丧失等问题，涉及整个人类系统的内部秩点细胞的生存及质量问题；科学技术的发展，对人的物质文明和精神文明的改变，具有双刃剑作用，是拯救力量还是毁灭力量，人自身如何把握和控制，涉及人类系统的优化、更好发展、继续发展与变异、倒退发展、崩溃发展的选择问题。为了有针对性地解决问题，应当建立以抽象人类系统同世界大系统环境的内外关系为核心的宇观人学，以各种组织系统人尤其以国家系统人为主体的宏观人学，以个体系统人自我社约物意志的心理学和社会心理学为内容的微观人学，三者有条件下可转化，同时要克服它们之间转化的局限性。

　　人类组织系统人是以一般系统人分形最大化与社约物整形支配的自组织一致性为核心纽带的整个人类组织。整体人类组织系统人是全球性社约物和整个人类性社约物的组织系统人，比如联合国性质的相关组织系统人。人类组织系统人包括了家、企、国组织系统人及其中间的过渡组织系统人，它更多具有自组织性而非政治性。对整体人类系统的把握，要求历史地、现实地和发展地来看待，一方面在优灵意识方面思想理论的把握；另一方面，在优灵实践方面把握主要表现为联合国性质的人类系统最高组织社约物支配协调的人类系统方面。

　　研究影响整个人类进程的事物和关系，是指研究、决策和影响整体人类系统的存在和演化发展的整体人类系统意义的相关系统人，他们在某些方面代表着或者引领着整个人类的存在和演化发展，具有整体人类系统意义。对外而言协调同自然的关系。马克思曾精辟地指出："社会是人同自然界完成了的本质的统一，是自然界的真正复活，是人的实现了的自然主义和自然界的实现了的人道主义。"② 人类与大约500万其他物种共同存在于地球家园。人类是地球生命进化史上比较晚近的产物，约1000万年前由古猿开始向人转变，经过了以腊玛

---

① 《费尔巴哈哲学著作选集（上）》，北京三联书店1962年版，第184页。
② 马克思：《1844年经济学哲学手稿》，人民出版社1985年版，第79页。

古猿和南方古猿为代表的过渡阶段，到大约 300 万年前发展成为人类。人类是整个自然界的一个子系统，而人类社会系统的历史只是自然世界系统历史的一部分。人由于意识高度相对独立而具有主体性，人的自然属性或生物属性决定了人作为主体的活动永远不能摆脱自然界或超越于自然界，必须受自然系统自约物规律支配。人的力量对于自然力和"天道"来说是渺小的，然而作为万物之灵却具有不断改造自然的能力——这并不意味着人类具有破坏环境、竭尽资源以满足自身物欲的权利。

二、人类社约物及其支配运行

人类系统自分形根本动力来源于组分，即个体系统人以及由其生成的组织系统人；同样地，人类系统整形是这些一切组分系统人的社约物整形。人类的进化发展，集中表现出人类系统的社约物优化发展。根据否定之否定规律，发展是否定自我、扬弃自我的过程，是一般"异化"过程。人类系统的"异化"是自分形发展的扬弃，它通常具有自分形—自分形扬弃生成异化力量—异化力量服务发展自分形人类形成新自分形……如此超循环螺旋发展。推动人类系统发展的异化，称为优化发展或进化；偏离人道发展的异化，成为真异化。人的异化包括人的精神异化（文化劳动异化）、人的具体自我异化（唯心）、人的抽象本质异化（宗教）、人的物质产品异化（物化劳动异化）、人的科学技术产品异化（技术异化）、人的信息虚拟和智能异化（虚拟世界异化、机能异化、智能异化）等。人的进化包含在人的异化过程中，进化只是异化的一种优化方向的特殊，它必须由人的异化来体现，进化作为优化的异化主要包含了合理的成分，合理的成分体现了进化和发展的本意，这些都由社约物承载并体现。但是，狭义异化中，非合理成分占据了社约物的主导和支配地位，扼杀了合理正义的异化，出现对人性和人本质的异化"质变"。在正常的人类系统发展进程中，在合理正义的社约物意志牵引和支配下，为了"调节"整体人类进化中的个体一级博弈矛盾，适当的、合适的狭义异化作为其补充是必要的，尤其是宗教信仰——在远大信仰难以直接企及时，作为慰藉具体伤痛之临时的有效补充。

人类社会系统自组织整形表现的社约物运行是一个体系，其包含了内部各具体个体系统、人类组织系统的自组织整形力研究，也包括了具体历史时期全体人类社会系统的整形力研究。为了方便研究，这里明确一些概念：自约物、主体社约物（认识社约物）、实践社约物、公共社约物和自我社约物，其中，自约物是指一般系统人自组织为系统生成的自我支配、自我约束、自我协调的内部自我契约性涌生事物；主体社约物是指主体携带的社会契约性信息的具有他组织性的涌生事物；实践社约物是指在组织系统人或社会系统中潜在或显在支配个体系统人及组织系统人的社会契约性涌生事物；公共社约物是指实践社约物形成的相对独立于"组分系统人"的社会系统契约性涌生事物；而自我社约物是指人本自约物被主体社约物融化、改造、渗透的相对于公共社约物而言被组分系统人独立携带的系统人自约物及其主体社约物的统称。对人类个体而言，要实现自约物、主体社约物、实践社约物三者的和谐、和解一致性，即实现自分形最大化；对人类社会整体而言，要实现自我社约物、实践社约物、公共社约物三者和谐、和解一致性，即博弈自组织自我社约物与公共社约物一致性最大化，以实现人类社会系统整体存在幸福化和继续存在最大化。因此，一般系统人的研究，其实就是自我社约物同公共社约物关系的研究，即一般系统人社约物研究。

个体系统人如果只有人本自约物，没有经过人化、文化、社会化，没有经过实践社约物锻炼，没有收获主体社约物，没有主体社约物同人本自约物的融合，则不能称之为真正意义上的人，比如狼孩没有经过人化，被狼化，则已经脱离了真正意义上的社会人。自我社约物的主体社约物的实践来源是对象社约物，自我社约物的实践对象和目的是社会系统的对象，是通过公共社约物抵达其他组分系统人（或一般社会对象）。因此，一般社会的组分系统人携带的人本自约物被主体社约物融化、改造、渗透的相对于公共社约物而言被组分系统人独立携带的系统人自约物及其主体社约物的统称为自我社约物。人本自约物与主体社约物融合统称为自我社约物，自我社约物的基础是自约物，核心是主体社约物，自约物和主体社约物的共同核心是使该系统人自分形最大化。公共社约物是指不被组分系统人私有的、被所有组分共同携带的公共拥有的但又相对独立的社会系统契约性涌生事物。公共社约物允许被履行公共权利和义务的职能部门的特定组分系统人携带，即允许被公务人员携带。多个个体系统人自我社约物的自分形最大化博弈自组织生成相对独立的公共社约物。公共社约物要使公共社约物所在的社会系统自分形整体最大化，自我社约物要使个人系统自分形最大化，两者关系是博弈自组织关系——这是社约物研究的基本实践点。

实践是一种物质，是一种人类社会系统的涌生物质（特指人类社会系统形态内容）。人类社会系统自组织整形的重要内容之一就是实践，它包含了社约物及其运行的意义。

社约物作为人类社会系统的契约性涌生事物，不管是经济社约物、政治社约物、文化社约物等一般性综合社约物，还是家庭社约物、企业社约物、国家社约物等特殊稳定形态社约物；不管是典型狭义社约物（如合同社约物、各种承诺社约物),还是非典型狭义社约物(各种交谈思想博弈与行为博弈社约物,比如一个联系并确立相互关系的话语、一个联系并有效关联彼此的行为,简单到几个字、一个动作,无论时间长短,都是社约);它们作为人类社会系统社约物的主体研究内容都通常是"介质流"。任何一个社约物,都贯串着介质流(不存在"裸流",因为不存在纯粹的裸涌生事物,不存在裸社约物)。社约物表征了介质流的产生与演化发展情况,表现和规范介质流的流道、结构、形态等整体信息模式,支配约束着介质流的流向、流力、交换能力等。比如某一公告,其就是对某一介质流的产生与演化发展进行说明、进行表征、进行规范,保障(或遏止)介质流生成或运行的流道,在不同的流道给予不同的流力支持组织协同或者给予不同的区别控制约束,造就或生成特定的流层次结构,综合起来,该公告描述了试图实现某介质流对系统功能的社约物意志(主观目的)。"介质流"在系统中存在与运行演化的一般规律认识研究称为"流理",因此,"流理"是社约物研究的主体内容。"流理"的研究困难在于:介质流同组分事物是不能截然分开的,有些可以相对独立研究,介质流在流道中进行单独流动;有些是混沌一体,像滚雪球,混沌研究中滚雪球式介质流普遍存在非线性涌现现象,这导致了"介质流"事物演化发展的复杂性、难于预测性和神秘性。吴彤在谈论涌现时以食盐举例说:"低层次组分的独立性质隐而不见,结合成为的整体则把新的性质突现出来。新性质来源于组分的相互作用,而不是来源于组分,就像两个分力会合成一个合力一样,在整体中,它们就是一个合力,再没有分力的表现;分开来,再没有合力,就是一个个的分力。"[1] 事实上,社约物的相对独立相互作用关系(流)比食盐复杂和高级多了,有介质的相对独立相互作用自我契约涌生事物关系(社约物)和近乎无介质的相对独立相互作用自我契约涌生事物意识(思维),它们的"分力"数量庞大甚至无穷,有规范的,有不规范的,有隐性的,有显现的,都随着时间和环境在线性或非线性的变化,各个"分力"性质信息模式占据系统主导地位的情况也是不断变化的,这一切表现为系统的有效复杂性。

关于人类社会系统,要把其当作系统、当作有效复杂性系统来研究。由于社约物的现实表现是流(以介质流为主),因而要侧重"介质流理"研究,比如:经济集中在于商品(资本)介质流的交换流通研究,政治集中在于意志介质流的互动交流博弈研究,人与人之间是"关系"介质流的博弈交互研究,等

---

[1] 吴彤:《试论复杂系统思想对于科学哲学的影响》,载《系统科学学报》,2013年第1期。

等。一般系统人存在并生活于社约物包围现实表现的介质流海洋之中，人在同介质流进行物质能量和信息交换的同时，自身也可能作为介质流的介质一分子为其他系统人的物质能量和信息交换提供协同服务保障或区别控制约束的整理作用。因此，社约物是人以"类"活着的保障，社约性是人以"类"活着的本性。

社约物系统的内容具有金字塔层级关系由低到高依次分三个层级：经济基础层级、社会生活层级和上层建筑层级，其中经济基础决定上层建筑，上层建筑反作用于经济基础（包括协同服务保障和控制约束阻碍两个方面作用），社会生活是它们共同博弈的现实体现。

（一）人类的基本活动是劳动

人类系统历经二三百万年艰辛地自分形优化演化发展，经过了石器时代、农业时代、工业时代与知识经济时代。在这漫长的岁月里，人类系统自分形最大化的基本活动表现为劳动。不管人的具体自然与社会属性内容如何变化，人类系统自分形最大化表现的生产劳动是贯串始终的，是永恒的逻辑。

劳动，在最开始是人同自然的直接相互作用关系。在这种相互作用中、在自然环境中向人显现——使人相对独立于自然、脱离于动物，而成为万物之灵。相对独立的人类系统通过人的类本质这种自由的有意识的活动或对象化劳动，使人对自然的生产劳动联系不断地优化。在劳动过程中，人类的本质力量对象化，使自然不断地服务于人的自分形最大化：一是人通过劳动改造过的自然，使人化自然不断生成，人自分形最大化程度不断提高；二是人在劳动中形成的认识能力不断提升，意识囊括自然表现的认识最大化不断提升，对应指导实践和改造世界的能力不断增强。

劳动不仅仅是个人的劳动，也是人类整体的劳动。人不是绝对孤立的个体人，在劳动过程中人与人相互关系的人类系统社会不断生成和发展——劳动总是许多个人的共同活动，由此产生出人与人、人与社会的联系，建构起各种社会关系。人的类存在被理解为一个历史过程，即是人类系统在劳动过程中的自分形最大化生成与演化；社会的存在和发展，也只有在这个基础上得到说明——人类是能够被人所理解的、在生产劳动中不断演化发展的、现实存在着的自组织之特殊自然，即社会。

人类生产劳动，总体表现为人类生产力。人类劳动是能够将需求或理想转化为现实而从事的超越给定性的自由的有意识的特定活动。生产劳动是全面的劳动。人类生产劳动，一方面受人的自由意识能力约束（包括认识能力和历史局限），另一方面受将理想化为现实的能力约束（包括工具能力和环境约束）。

在原始社会，人类生产劳动表现的生产力极其低下，自由意识处于原始本能状态，使用工具能力薄弱，自然对人类存在仍然是巨大威胁。在奴隶社会和封建社会，经历刀耕火种、畜牧养殖、农耕劳作等，人类作为社会系统已经相对独立于自然，人类生产力使自身摆脱了自然对动物性的约束——人类的认识能力和工具能力得到巨大发展，人类系统自分形最大化获得历史的表达和展现：人口总量得到巨大发展，人类物质生产总量不断得到增加，人类对世界的认识和改造得到了巨大的发展，这一切相对于原始社会来说，表现出了质的飞跃。

生产力来源于个体自分形力，它始终是彰显自由的领域。在资本主义社会，科技和经济的发展得到了巨大的发展，就这方面相对于封建社会来说，表现出了质的飞跃。但是资本主义生产力中的生产关系存在问题，在发达的分工体系中的物化境遇或极度片面的生存（劳动）状态中，工人生产力并不是他们自身的自组织"本源"力量，"而是某种异己的、在他们之外的强制力量"①。这种"完全异己的力量威慑和驾驭着他们"②。因而，这些个人处于被"异己的"强力支配的地位，失去了个人自分形力本意的自由。

个人自分形最大化，表现为个人劳动活动；人类系统自分形最大化，表现为人类劳动活动。人类劳动和个人劳动是相对区别的，就本质而言，人类劳动来源于个人劳动，一切的个人劳动自组织生成人类劳动。然而，在现实中，由于人类劳动自组织生成的社会系统生产力社约物（生产关系）具有维生性，可能存在违背个人本意的异己的强力支配和约束现象，使个人劳动受人类劳动控制，资本主义私有制巩固并强化着这种区别——使生产关系越来越远离"全面的而不是单纯物质的、不断发展的而不是僵死的"个体劳动自分形本意。

个体劳动和人类劳动在总体上必须具有方向一致性，两者方向偏离过大必然得到纠正。资本主义社会是在偏离这个方向上前行，在一定阶段促进了人类的总体发展，这是合理的，但随着其偏离越来越大，资本主义社会矛盾将不可调和地被激发，从而在向共产主义过渡过程中得到纠正，使人类劳动和个人劳动按照人类系统自分形最大化发展的既定逻辑和轨道演化发展。

（二）人的人化"优化"与"异化"

人的人化"优化"与"异化"集中体现为一般系统人的人化社约物的"优化"与"异化"。人的人化是以人为主体且维护人主体性使所有人沿着人主体性支配方向自组织协同演化和发展。人化首要的是锻炼并运行主体性支配特性，

---

① 《马克思恩格斯选集》第2卷，中央编译局编译，人民出版社1995年版，第86页。
② 《马克思恩格斯选集》第2卷，中央编译局编译，人民出版社1995年版，第90页。

任何个体的人化，都具有所在环境、组织、国家等社约物主体性支配特性。不同的社会环境，不同的生存环境，不同的文化环境，比如，身处帝王之家，身处权贵一族，身处书香世家，身处工人、农民甚至贫困之家……终身守在大山深处的老人，从小云游四方的圣人；学术有专攻的能人巧匠，飘洋过海学贯古今的学者或政客；近朱者赤近墨者黑，在其位谋其政；人在不同的社约物主体性环境中人化，将相应具有不同的社约物主体性支配特性。就具体人化而言，包括主体精神意识的人化、宗教意识的人化、家企国社会化的人化、总体人道的人化，等等。

1. 人的宗教"优化"与"异化"

狭义的异化则首先起源于神话与宗教。异化是一个外来语，在神学和经院哲学中，其拉丁文表达两层含义：一是只指人在默祷中使精神脱离肉体，而与上帝合一；二是指圣灵在肉体化时，由于顾全人性而使神性丧失以及罪人与上帝疏远。① 法国思想家卢梭在《社会契约论》中将异化规定为一种损害个人权利的否定活动，认为人民把权利转让给国家，国家利用该权利压迫人民时，人民有权收回。他还在《爱弥儿》中认为，文明使人腐败，而背离自然使人堕落，人在异化中变成了自己制造物的奴隶。西欧启蒙思想家通常从关系的疏远、权利的转让等方面来研究异化，而19世纪的古典哲学中，异化是指主体所创造的产物与主体本身相对立，异化上升为一个哲学范畴。

2. 人的主体精神"优化"与"异化"

人的主体精神异化包括了哲学的主客体异化和宗教异化。黑格尔在《精神现象学》中认为，异化是指向对立面的转化及"绝对观念"外化；他认为，绝对精神的运动过程首先是将自己予以异化，然后再从这个异化返回自身；这过程中核心表现为"绝对观念"外化为对象——该对象反过来成为制约和压迫"绝对观念"的产物，即异化物。费尔巴哈认为，人的本质是理性、意志和心，把人的本质抽象并外化为对象（比如上帝）——反过来以让人顶礼膜拜的方式制约和控制人们，即上帝成为人的异化物。异化作为哲学范畴，主要是分析主客体关系的，但黑格尔等人在社会历史观上都是唯心主义的，马克思从唯物史观角度首次提出了人的本质异化思想。人的精神异化具体包含了文化异化、道德异化、文艺异化等，包括了宗教、传统文化、经验和思维定式等方面。人的主体精神优化则是人的内在本性的不断优化发展内容。

---

① 陈志尚主编：《人学原理》，北京出版社2004年版，第109页。

3. 人的家企国社会化"优化"与"异化"

人不是独立存在的动物,而是社会存在的类动物;他在社会系统中栖息于家企国等组织系统人之中,通常具有组织系统人的身份和特性。家企国社会化的人化是个体完成人化的现实物质环境,脱离环境的人化是虚无的;不在理论上或现实上依托家企国社会化的人化,是自欺欺人的,要么寻求自私的心灵慰藉,要么生成出世之心态——对自己是一种优化,对全社会具有适当的补充意义、调节意义,但不是人类社会前行和发展的主体本意。因此,人的家企国社会化既是人化的环境,更是人化的内容、途径与方式。

4. 人的人道"优化"与"异化"

人之人道,顾名思义即人的运动演化发展道路,是人类存在和发展的运动规定性,即人自分形运动的道路规定性。人道正,则人生命运动生机勃勃幸福长远,人道不正,则人生命运动坎坷多难痛苦衰败;人道丧失,则人生命运动不能长远。非人道主义战争(如法西斯战争)、反人道的科学研究与实验(克隆人实验)、反人道的意识与行为(如邪教组织、恐怖主义)、丧失正义性的意识与行为(恶毒厌世、自私自利、毫无同情心等)……这些都是人道狭义异化的具体内容。人道的优化,在于正义的革命,消灭腐朽和阻碍生产力的制度与体系,消灭人类社会的各种毒瘤和恐怖垃圾,在于激发人们的优化意识和正义观念,科技创新发展,营造自由、公平、正义、勤劳的和谐生存与发展环境。

(三)人的物化"优化"与"异化"

人的物化"优化"与"异化"集中体现为物化社约物的"优化"与"异化"。马克思探讨了人的本质异化发生情况,他认为,劳动是人类的本质,表现为其自由自觉的活动,当在私有制下这种劳动出现了异化:一是劳动者和劳动产品相异化,劳动产品作为异化物统治着劳动者;二是劳动者和劳动活动异化,劳动活动作为异化物折磨劳动者,使劳动者不具备自由自觉的劳动活动,感到不幸;三是人的本质异化,自由自觉改变世界的劳动活动,变成了脱离该本质的为了维持个人生存的手段,异化物使人的本质脱离正常轨道;四是人与人之间出现异化,人与人之间的劳动产品作为异化物控制相互作用之间的人,从而使人与人之间本原的关系出现了异化。马克思认为,人的本质异化是劳动异化的结果,是私有制的直接根源。马克思说:"共产主义是私有财产即人的自我异化的积极扬弃,因而是通过人并且为了人而对人的本质的真正占有;因此它是人向自身、向社会的(即人的)人的复归,这种复归是完全的、自觉的而且保存了以往发展的全部财富的。"①

马克思探讨的异化,是从劳动即自由自觉的活动受劳动产品约束和控制的角度来阐述的,且这种劳动产品主要是物质属性的。事实上,人类社会系统中,劳动产品(即自由自觉活动产品)的系统本性是社约性——它可以由商品或产品携带,可以由物质实体携带,也可以由人携带。作为一个完全的系统的认识,人的异化就是社约物反过来整理支配人的自由自觉的自分形活动。马克思从资本主义私有制产品携带社约性的角度分析了人的异化问题(这仅仅是人的异化的一个具体方面内容),他在批判黑格尔的唯心辩证法时指出:"黑格尔站在现代国民经济学家的立场上。他把劳动看作人的本质,看作人的自我确证的本质;他只看到劳动的积极的方面,而没有看到它的消极的方面。劳动是人在外化范围内或者作为外化的人的自为的生成。黑格尔唯一知道并承认的劳动是抽象的精神的劳动。"② 劳动作为外化的人的自为的生成,是指外化的人的自分形相互作用,其结果是外化为相对独立于人的异化物,即社约物的栖息物。人的物化异化,表现了人的异化社约物栖息于劳动或实践的物质对象——通过劳动改造对象形成的异化物反过来对人的整形支配作用。

人的物化异化的本质是劳动异化,是指人的劳动社约物本性中消极的方面。消极的劳动社约物本性,跟积极的社约物本性一样,来自人的自分形意志。由于人的认识能力和实践水平不同,人的盲目活动和自私利益驱动,造成了人的劳动和实践的消极效应的可能,但不应武断地认定一旦出现劳动消极效应就是人的本质异化;因为,劳动消极效应来源于人的自分形本性,任何社会都存在这种劳动消极效应,只有当劳动消极效应在社会系统中形成一定规模且占据了该系统整体社约物的支配地位时,劳动社约物本性出现质变,才会导致人的本质的异化。

陈志尚主编的《人学原理》中认为,全面理解和把握马克思的异化思想要重视两点:一是旧式分工所造成的社会活动的固定化,以及受分工制约的共同活动所产生的强制力量。旧式分工的社会关系,"不是自愿的",而是"统治我们的、不受我们控制并使我们意愿落空的力量",是"某种异己的、在他们之外的强制力量"(注:这里认为,这种力量就是社约物本性力量的一种,即强力社约物)。二是世界市场对个人的支配。世界市场是国内市场的延伸和发展,私有制和市场不可避免地会产生如拜金主义、商品拜物主义、权钱交易(权力异化)

---

① 《马克思恩格斯全集》第42卷,人民出版社1979年版,第120页。
② 《马克思恩格斯全集》第42卷,人民出版社1979年版,第163页。

等异化现象。马克思在《德意志意识形态》中对如何消灭异化指出："这种'异化'（用哲学家易懂的话来说）当然只有在具备了两个实际前提之后才会消灭。要使这种异化成为一种'不堪忍受'的力量，即成为革命所要反对的力量，就必须让它把人类的大多数变成完全'没有财产的'人，同时这些人又和现存的有钱的有教养的世界相对立，而这两个条件都是以生产力的巨大增长和高度发展为前提的。"指出了消灭这种异化，需要无产阶级队伍壮大并同资产阶级对立和斗争两个条件。①

陈志尚等在《人学原理》中在讨论社会主义初级阶段"人的异化"问题时，将中国社会主义初级阶段导致人的异化现象可能发生的原因归纳为：（1）还存在大量的旧社会遗留的封建主义和资本主义的残余；（2）在对外开放的条件下，国外资本主义的消极腐朽的东西通过经济、文化等各种渠道传入；（3）在市场经济条件下，由于实行以公有制为主体的多种经济成分共同发展的基本经济制度，非公有制即私营的（即资本主义性质的）和个体的（即小私有者的）经济不仅占相当比重而且还在扩大，这就存在着滋生异化的土壤；（4）即便是公有制经济，由于体制落后、管理不善、分配不公等，也会在一定条件下造成某些异化现象的发生；（5）上层建筑和意识形态与经济基础不相适应而产生的种种问题，诸如决策和政策失误、机构重叠、人浮于事、官僚主义、地方主义、贪污腐败等，也会导致制度、机构和人员的局部变质；（6）在人和自然的关系上，……造成天灾和人祸相互影响、共同作用的消极后果。② 但是，中国社会主义初级阶段存在异化：（1）它不是社会主义制度本质决定的；（2）现存的异化，不是整个社会人的本质的全面异化，而是一定范围一定程度上存在的局部现象；（3）社会主义制度本身具有克服异化的力量。③

人的物化异化以经济基础的社约物形态表现，决定了人类不同社会历史时期的上层建筑，即人类物化异化牵引支配着整个人类社会的发展历史。人类发展到资本主义社会时，由于私有制和商品高度发达，使狭义物化异化得到极端彰显。

（四）人的科技工具社约物"优化"与"异化"

人的科技工具社约物变化主要是指科学理论工具社约物（如科学理论）、技术工具社约物（如科技智能）、生活工具社约物（如互联网虚拟世界）等的优

---

① 陈志尚主编：《人学原理》，北京出版社2004年版，第114－117页。
② 陈志尚主编：《人学原理》，北京出版社2004年版，第119页。
③ 陈志尚主编：《人学原理》，北京出版社2004年版，第120－121页。

化与异化。其中科技异化、智能异化和虚拟异化等狭义异化问题越来越严重。（1）人类利用科技不断地改造自然，一方面人类的文明得到巨大发展，另一方面肆意毁林开荒，导致自然植被和水土流失，生态环境恶化；（2）人类利用科技发展工业，一方面人类物质条件得到巨大丰富，另一方面废物、污水和有毒气体任意排放，造成环境严重污染；（3）人们在科技利用中追求科技利益，发明新的农药，发明克隆技术等等，一方面造福人类自身，另一方面不能正确处理人口、资源、环境和科技发展的矛盾，其行为结果产生了以科技主导的社约物性的人的异化。总地看，人的科技工具社约物运行，包含了积极方面的"优化"和消极方面的"异化"。

关于人的科技工具社约物优化。科学的历史告诉我们，科学以巨大的承载性和工具性，推动人类文明，尤其是物质文明的发展。科学主义包括了科学与技术。科学是探索客观事物及其规律的活动，也是一种知识形态的生产力。巴伯指出："科学首先是一种特殊的思想和行为，在不同的历史时期的社会中，人们实现这种思想和行为的方式和程度也不同。"[①] 马克思指出："自然因素的应用——在一定程度上自然因素被列入资本的组成部分——是同科学作为生产过程的独立因素的发展相一致的。生产过程成了科学的应用，而科学反过来成了生产过程的因素即所谓职能。每一项发明都成了新的发明或生产方法的新的改进的基础。……科学获得的使命是：成为生产财富的手段，成为致富的手段。"[②] 科学作为一种社会建制，是使科学成为以"生产科学知识"为使命，并因此具有特定工程的社会秩序和社会结构，它的形成使科学知识的生产具有相对稳定的社会模式和制度安排。科学知识的生产是一种具有特殊功能的社会劳动，是其他社会劳动形式难以替代的社会活动。科学知识为社会所需要，对于促进社会其他社会活动具有重要功能和意义。可以把技术看成是人的器官的模仿与延伸，是对人的器官功能的补偿、加强或替代，它体现了人对自然界的干预能力，是人对于自然的能动性关系的直接体现。科学更多地体现着人对自然的认识和理解，侧重于认识自然；技术更多地反映着人对自然的改造和控制，侧重于为了特殊的目的而改造自然。

在人类的早期，科学与技术各自走着自己的发展道路；到了近代以后，科学与技术加快了融合的速度，出现了科学的技术化和技术的科学化趋势，甚至已经融为一体，显现出科学技术"一体化"的新特点。科学在于去人化（或者

[①] 伯纳德·巴伯：《科学与社会秩序》，顾昕等译，三联书店1991年版，第2页。
[②] 《马克思恩格斯全集》，第47卷，人民出版社1979年版，第570页。

使人科学化），使事物精确、机械、专业化清新的概念确切呈现，但人类面临的很多问题，科学并不能解决，尤其是一些认识意义问题。在科学之外还有神学，在科学与神学之间还有哲学。在科技高度发展的今天，人直接能衡量事物的标准在减少，更多的是，人以科学作为工具或中介作为衡量事物的直接标准，而人透过这些科学工具间接地把握事物标准。

关于科技同人文割裂的异化。整个的人类文明是一个有机的系统整体，而不能用传统的机械论或还原论严格地把它们割裂开来。人文主义和科学主义在人类文明中并不直接区分，但它们在人类文明的发展中就发展目的和方向而言还是有所不同的，尤其在今天科学主义的文明被放大，忽视了人文，造成人文和科技割裂的现象。人文主义推动人类文明的发展是内在的。人文的问题，其实就是价值和意义的问题。古希腊哲学家德谟克利特认为，智慧的全部含义在于：很好地思想，很好地说话，很好地行动。中国古人认为，哲学的目的在于"为天地立心，为生民立命"。在生活中，我们常问，什么是好，什么是值得，什么是正确的事，什么是天地之心，什么是生民之命？这些答案在科学之中得不到确切的答案。人的科学技术产品异化（技术异化）、人的信息虚拟和智能异化（虚拟世界异化、机能异化、智能异化），这是当前人类系统异化的最新走向。在技术异化方面，当前人们早已经注意到了，比如人文与科技主义的割裂问题；智能异化方面，《机器人总动员》电影中人在完全智能世界下，太胖了，当摔倒后不能自己站起来，欧洲也出现了反智能生活的体验营活动，等等。科技同人文割裂的异化，最终将导致人的异化。

三、人类组织系统人的"社约平世"运行

（一）人类组织系统人社约物支配的问题

"以人为本"是一般系统人社约物"整体优化"博弈运行的优化牵引总指导和总原则。人类系统在社约物支配发展中未来可能出现的问题：一是人类系统同自然界系统的关系问题；二是社约物下的物化自然性和物化人工性的博弈问题，比如自然食物和人工食物的博弈关系问题；三是社约物下的人化自然性和人化人工性的博弈问题，比如人工智能、病毒、生物技术和克隆技术等产生的人工性下的相对人性，甚至出现相对独立的智能人工，这些对有机体的个体系统人的自然人性的博弈影响，智能机器统治人类还是人类统治智能机器？克隆生物技术控制人类还是人类控制克隆生物？病毒摧毁人类还是人类控制病毒？人类的人性是自然性占上风还是人工性占上风？等等。

自然界是人类社会系统的环境，物化社约物意志是人类系统物质需求的意

志内容，人化社约物意志是人类系统的具有人性意义的和具有系统意义的标志——其不至于使人沦落为动物或溟化为一般矿物。"自然界、客观世界的存在是无限的，人和自然的现实关系却是有限的，而人对自然的改造能力既是无限的，又是有限的。"①人和自然界的矛盾是客观的，其来源于人的自分形最大化同自然物质客体自分形最大化之间的博弈——这是贯穿于人类社会各个发展阶段的基本矛盾，只是在人类社会的不同时期、不同地区矛盾的表现方式和尖锐程度有所不同而已。在人类初始时期，自然环境恶劣，人类完全靠从生态系统中直接采集野果、用简单工具猎杀野兽等方式维持生存，尚未形成以人为中心的生态经济系统，人类同自然物质客体博弈，人类处于弱势。人类从蒙昧时代过渡到文明时代，火的发明和生产工具的改进，人类生态经济系统同自然生态系统产生直接的矛盾，其中农业使得这种矛盾在采集和狩猎方面得到了缓解；进入工业社会，人类社会发展面临着人口爆炸、资源短缺、粮食不足、能源紧张等问题，人类干预自然，将自然资源变换为自己所需要的物质资料的能力和手段也日新月异，人类从自然生态系统获取大量的物质能量，同时排出大量的各种废弃物污染自然生态系统，人类生态经济系统同自然生态系统产生新矛盾（包括直接矛盾和间接矛盾），人类过度破坏自然将带来严重代价。整个人类系统同自然界系统的矛盾，是人的自分形最大化同自然物质客体自分形最大化之间的博弈，它是受自然界系统自约物支配的。"当人类改造自然的能力小于自然的恢复能力时，大自然会像一个顺从的仆人，不仅能向人们献出自己的一切宝藏和资源，并且还可以保护人类赖以生存的生态环境。如果人类改造自然的速度大大超出了自然界的恢复速度，自然界便以其特有的方式报复人类，使人类的生存环境面临危机。"②

当前社会发展，以科技主义和人文主义的斗争揭示了物化社约物意志和人化社约物意志的斗争，而以《寂寞的春天》为代表的观点揭示了人和自然界的紧张关系；另外一个重要问题是"人工人性和自然人性的博弈问题"，这将是未来人类系统社约共同的重要问题，即构建怎样的人工人性和自然人性的社约物。这些问题，人类都已经关注到了，归结起来就是构建一个怎样的人类命运共同体问题，习近平"人类命运共同体"理念对此提供了中国方案，相信人类在自身系统的发展中能够克服和解决这些问题。

---

① 陈志尚主编：《人学原理》，北京出版社2004年版，第42页。
② 陈志尚主编：《人学原理》，北京出版社2004年版，第47页。

(二) 人类组织系统人的平世社约物支配

个体系统人往复运动于个体系统人与组织系统人之间推动人类系统运行的形式，称为一般系统人平世形式。它是修身、齐家、营企和治国的综合生活形式，其根本目的是实现对人类系统运行的推动。个体系统人，与家、企、国等组织系统人具有抽象系统同构性。人是积极的社会人，而非消极退化的人，任何个体系统人都是在前人的基础上开展生产生活的，要坚持冯友兰先生所说的"抽象继承法"。我们现在也需要在某种抽象的意义上继承"家"的价值观念，并以此作为抵御消极个体主义观念侵袭的根基，这一点，对于处在现代性进程中的中国来说，显得尤为重要。霍耐特非常敏锐地指出："一个民主性的共同体，是多么依赖于它的成员究竟有多少能力去实现一种相互合作的个人主义，就不会长久地一直否认家庭领域的政治—道德意义。因为要想让一个人把他原先对一个小团体承担责任的能力，用来为社会整体的利益服务，这个人必须拥有的心理前提，是在一个和谐的、充满信任和平等的家庭里建立的。"[1] 一般系统人"平世形式"，要把天下作为一个抽象的"家"，既要有"修"和"齐"的意识，又要有"营"和"治"的观念，为推动整个人类系统发展做出贡献。

关于一般系统人平世的心态。人们一般更加关注那些比自己成功的人，而对自己不如人的地方，又总是十分敏感。这是个人奋斗的动力。适度的不平等，是人类社会的基本状态，不平等可以调动人的积极性，为改善自己的状况而相互竞争；而相对公平的竞争，则可以改善所有参与者的生活状况。"平世"就是要追求天下的"抽象平等"，人们在发现自己境况不如他人时，固然有一种拉平差距的冲动；另外，人也有一种想比别人活得更精彩的冲动；它们都可称为平世心态。人都有尊严感，但这种尊严感并不总是直接体现为以平等、平和、不卑不亢的态度对待他人；相反，尊严感意味着对不如自己的人有优越感。人人都有嫉妒心，它是人类自分形最大化情绪化的一种自然流露。情爱中的人最容易嫉妒，因为爱情意味一个人对另一个人的完全付出，且渴求同等的回报，爱情关系蕴涵着平等，没有平等的爱情是不能长久的。平世心态，一方面要贡献自己的优势服务天下，另一方面要对真比自己高明者佩服，比如当我们在自己身上很难实现一些理想的时候，我们会主动去认同那些实现了这些理想的人，帮助他们实现更优化服务天下的目的（自己的目的也在其中）。任何一个人类社会中，大多数人在权力、名望、财富和美貌方面都属平常，但绝大多数人的眼光，却又都集中在那些有权、有名、有钱、有魅力的人身上。那些社会精英在

---

[1] 霍耐特：《自由的权利》，社会科学文献出版社2013年版，第275页。

平世过程中，变得更加有权、有名、有钱，大多数人会试图加入其进程中。因此，每个人心中对平世卓越的追求和企求，造成了人世间的各种不平等。人是社会的动物，既接受社会生活必然带来的不平等，表现出容忍和接受，又追求平世改造社会，乐于追求优越于他人的感觉，乐于在与他人的竞争中确认自己的价值。

一般系统人"平世"即"平天下"，就是对所谓的"天下"进行"参与性控制"。所谓的天下是指，井底系统人的"井口天下"比如个人居住的屋围，池塘系统人的"池塘天下"比如家、企组织，湖海系统人的"湖海天下"比如国家，整个人类系统人的"宇宙天下"比如全球、宇宙。一般系统人活动的重点和范围不同，平世的内容和范围也不同。

一般系统人"平世"包括三个方面内容：一是确定平世计划、目标；二是组织实施开展平世活动；三是全程协同支配和控制平世过程。一般系统人平世是有目的的行为，其目的就是对某一范围内的世界进行合乎人类本意的控制。克劳斯在《从哲学看控制论》中指出：控制论不仅给许多科学、技术与生产带来了新的范畴与方法论，而且它的规律性对人类社会本身也有极其巨大的意义。人们之间的社会管理和调节关系同样具有控制论性质。人类要同自然界进行物质和能量的交换，个人与组织之间，组织与组织之间，经济区与经济区之间，企业与国家之间，国家与国家之间，国民经济的生产、交换、分配、消费之间，国内市场与国际市场之间都存在着错综复杂的控制关系。

控制是一般系统人平世过程的核心，它是指一般系统人确保组织行为及其结果与既定的计划、目标相符合的过程。整个人类生存能够在复杂的自然环境中稳定地存在和发展，就是通过社会有机体的自我调节和管理，协调控制人与人、人与自然之间的关系。控制论体现了系统思想，将社会的国民经济管理、企业管理、科学管理、工程管理、军事管理、行政管理，直至整个社会，都作为大系统来研究，探索其全面的指挥和控制的规律，相应地形成了管理控制理论体系。一般系统人"平世"就内容不同而言包括思想平世、武力平世、人治平世、法治平世等。在思想平世方面，比如孔孟之道的儒家思想对古代中国的控制，思想具有传播性、教育性、渗透性、长远性等，另外从思想上平世且优化教导人们的行为，最有效的工具莫过于宗教；在武力平世方面，比如秦始皇对六国的武力征服而形成的统一控制，武力具有工具性、暴力性、短暂性等；在人治平世方面，比如"普天之下，莫非王土；率土之滨，莫非王臣"的封建王朝，人治具有权威性、崇拜性和片面性等；在法治平世方面，比如中国正在进行的全面依法治国，法治具有科学性、民主性、平稳性和长效性等。平世，管得长远的是思想平世和制度平世。古代中国几千年历史,朝代不断更替,但儒家思想得到不断地继承和发展,作为封建主义的制度形式换汤不换药。在平世活动中,人治平天下和武力平天下能够起到独特的作用,它往往伴随着英雄主义的诞生,在特定的环境和关键时期对历史起到节点性推动作用,但这只能是特殊的具体的短暂的平天下活动。一般系统人"平世"包括了思想平世、武力平世、人治平世、法治平世等的有机统一。

四、"人类命运共同体"的中国方案

当今世界并不太平。全球面临着严重治理危机,金融风险、民粹思潮等此起彼伏,贫富差距、发展鸿沟等愈加深刻,国际政治经济秩序存在不适应形势发展的诸多弊端。[1] 关于人类命运共同体的论述是习近平外交理论中较富有创造力的学说之一,其谋求本国与世界发展的最大公约数,体现了"国家自我"与"国家共我"的协同发展理念,体现了人类这个最大组织系统人共同体内的最大社约物支配的精髓,为人类组织系统人提供了优化平世社约物的中国方案。

(一)人类组织系统人的中国哲学平世社约物

当代中国既是历史中国的延续,又是现代世界的一部分。对于当代中国哲学的研究和发展,北京大学哲学系主任王博指出:核心在于诠释当代中国的价值和文化根基,包括思想意义上的中国哲学,要构建集中表达中国人精神世界的当代哲学,也包括学科意义上的中国哲学,要立足于现代世界的共同文化基础、中国悠久的文明传统、当代中国的复杂社会现实,多出哲学大家、创立哲学学派和原创性哲学思想,克服西方国家大学教学中对中国哲学的淡化(中国哲学被等同于孔孟老庄、程朱陆王的思想,甚至连这些思想也没有列入哲学的范畴,而被列入思想史、文化史的范畴)关键在于讲好道理——解释当代中国和世界的力量,反映时代发展的趋势和人民的要求,展现时代精神的精华。[2]

强调"中国的""中国味",并不是要与"世界的""世界味"对立起来,而是要既有中国主体性,又有世界共通性。胡适的博士论文以先秦名学史为主

---

[1] 参见周宗敏:《人类命运共同体理念的形成、实践与时代价值》,载《学习时报》,2019年3月29日。
[2] 参见王博:《构建富有道理的当代中国哲学》,载《人民日报》16版,2017年2月6日。

体,很重要的一个动机是让国人"看到西方的方法对于中国的心灵并不完全是陌生的",使大家在接受逻辑的方法时可以更"泰然自若"。中国改革开放以来的伟大发展实践是哲学概括的最大背景,要说出一个能够凝聚和引领当代中国人的道理、能够沟通当代中国和世界的道理,实现中国当代哲学从"高原"到"高峰"的飞跃("照着讲"到"接着讲"的飞跃)。2018年在北京大学召开的第二十四届世界哲学大会主题确定为"学以成人",颇具"中国味",也是国际哲学界共同关注的议题,围绕对人的理解、对人类生活方式的理解,以及对世界图景、伦理价值和政治秩序的思考。

从哲学层面总结升华"中国实践"是当代中国马克思主义哲学研究的增长点:解决时代问题是哲学发展的使命动力之一,应当从哲学层面归纳概括"中国道路""中国经验""中国方案"所蕴含的科学世界观和方法论。

(二)人类命运共同体的中国方案

周宗敏认为,习近平"人类命运共同体"理念是继毛泽东提出"三个世界"理论、邓小平提出"和平与发展"是当今世界两大主题后,由中国再次提出的国际议题设置,倡导全人类携手共进、共谋发展、共同振兴的主张。"人类命运共同体"理念经历三次重大跃升走向成熟,具体为:第一次,2013年3月习近平主席在莫斯科国际关系学院的演讲中第一次提到"命运共同体"概念,指出:"这个世界越来越成为你中有我、我中有你的命运共同体,和平、发展、合作、共赢成为时代潮流";第二次,2015年9月,习近平主席在联合国总部发表题为《携手构建合作共赢新伙伴 同心打造人类命运共同体》的讲话,明确指出要"构建以合作共赢为核心的新型国际关系,打造人类命运共同体";第三次,2017年1月,习近平主席在联合国日内瓦总部发表题为《共同构建人类命运共同体》的主旨演讲,阐述了中国为何要推动构建人类命运共同体、要构建一个什么样的人类命运共同体,以及怎样构建人类命运共同体这三大基本问题。[1]

习近平关于人类命运共同体的重要论述,借鉴和传承马克思"共同体"思想,立足现时代,实现了马克思"共同体"思想的创新性发展。马克思提出"人是类存在物"[2],认为"人的本质不是单个人所固有的抽象物,在其现实性

---

[1] 参见周宗敏:《人类命运共同体理念的形成、实践与时代价值》,载《学习时报》,2019年3月29日。
[2] 《马克思恩格斯选集》第1卷,人民出版社2012年版,第55页。

上，它是一切社会关系的总和"①。马克思指出："代替那存在着阶级和阶级对立的资产阶级旧社会的，将是这样一个联合体，在那里，每个人的自由发展是一切人的自由发展的条件。"② 同时马克思认为资本主义是虚幻的共体，他说："正是由于特殊利益和共同利益之间的这种矛盾，共同利益才采取国家这种独立形式，同时采取虚幻的共同体的形式。"③ 习近平共同体思想和马克思共同体思想是相通的，融合了马克思的世界历史理论逻辑和当今世界的现实逻辑，习近平总书记指出："我们生活的世界充满希望，也充满挑战，没有哪个国家能够独自应对人类面临的新挑战，也没有哪个国家能够退回到自我封闭的孤岛。"④ 习近平总书记同时指出："人类只有一个地球，各国共处一个世界……我们生活在同一个地球村，应该牢固树立命运共同体意识。"⑤ 在世界面临百年未有之大变局之际，各国普遍求安全、求发展、求稳定，对美好生活的向往、对国家与世界"良治"的愿望，是当前全球共同愿景。在此形势下，"人类命运共同体"理念的提出、实践的前行，为世界贡献了实现共同愿景的"中国版"解决方案。⑥

"人类命运共同体"思想强调国家与国家之间的"共我发展"，超越了国家与国家之间斗争的"文明冲突论"，体现了全球系统一体化的思想，体现了全球国家社约协同发展的理念。人类命运共同体思想是人类组织系统人的体现新型文明的全球社约意志支配全球的观念，它一方面继承马克思主义"自由人联合体"理想，另一方面汲取了中华优秀传统文化中"和合"思想；它瞄准"人类·社约·系统"，立足当今世界实际，将实现全人类的幸福作为终极目标，凝聚全球共同愿景和意志，贡献中国方案。

---

① 《马克思恩格斯选集》第1卷，人民出版社2012年版，第139页。
② 《马克思恩格斯选集》第1卷，人民出版社2012年版，第422页。
③ 《马克思恩格斯选集》第1卷，人民出版社2012年版，第164页。
④ 《党的十九大报告辅导读本》，人民出版社2017年版，第57页。
⑤ 习近平：《共同创造亚洲和世界的美好未来：在博鳌亚洲论坛2013年年会上的主旨演讲》，载《人民日报》第1版，2013年4月8日。
⑥ 参见周宗敏：《人类命运共同体理念的形成、实践与时代价值》，载《学习时报》，2019年3月29日。

参考文献

1. 《辩证唯物主义原理》，肖前、李秀林、汪永祥主编，人民出版社1999年。
2. 《马克思主义哲学原理》，陈先达主编，中国人民大学出版社2010年。
3. 《社会契约论·论人类不平等的起源》，卢梭，刘丹、宋淼译，湖南文艺出版社2011年。
4. 《人学原理》，陈志尚主编，北京出版社2004年。
5. 《系统哲学基本原理》，乌杰主编，人民出版社2014年。
6. 《马克思恩格斯全集》第1卷，人民出版社1995年。
7. 《马克思恩格斯全集》第3卷，人民出版社1980年。
8. 《马克思恩格斯选集》第4卷，人民出版社1995年。
9. 《马克思恩格斯文集》第5卷，人民出版社2009年。
10. 《论本能系统的辩证唯物》，温勇增，九州出版社2017年。
11. 《人论》，卡西尔［德］，上海译文出版社1985年。
12. 《马克思恩格斯文集》第9卷，人民出版社2009年。
13. 《马克思恩格斯全集》第20卷，人民出版社1971年。
14. 《马克思恩格斯全集》第23卷，人民出版社1972年。
15. 《系统的哲学》，金观涛，新星出版社2005年。
16. 《第三代系统论：自生系统论》，［日］河本英夫，郭连友译，中央编译出版社2016年。
17. 《人类历史上的重要学说》，盛文林编著，北京工业大学出版社2012年。
18. 《1844年经济学哲学手稿》，马克思，人民出版社2000年。
19. 《马克思恩格斯全集》第25卷，人民出版社1974年。
20. 《马克思恩格斯全集》第42卷，人民出版社1979年。
21. 《马克思恩格斯全集》第46卷，人民出版社1980年。

22.《马克思恩格斯全集》第 47 卷,人民出版社 1979 年。

23.《马克思恩格斯全集》第 49 卷,人民出版社 1956 年。

24.《资本论》第 1 卷,马克思,人民出版社 1975 年。

25.《资本论》第 3 卷,马克思,人民出版社 2004 年。

26.《哲学和科学进步》,伊利切夫[苏],中国人民大学出版社,1982 年。

27.《大问题:简明哲学导论》,罗伯特·所罗门[美],广西师范大学出版社 2004 年。

28.《小逻辑》,黑格尔[德],商务印书馆 2003 年。

29.《哲学与真理》,尼采[德],上海社会科学院出版社 1993 年。

30.《论系统工程》,钱学森,湖南科技出版社 1982 年。

31.《混沌学:开创新科学》,格莱克,上海译文出版社 1990 年。

32.《混沌、分形及其应用》,王东生、曹磊,中国科学技术大学出版社 1995 年。

33.《马克思恩格斯〈资本论〉书信》,人民出版社 1976 年。

34.《毛泽东选集》第 1 卷,人民出版社 1968 年。

35.《列宁选集》第 2 卷,人民出版社 1995 年。

36.《列宁全集》第 38 卷,中文第 1 版。

37.《列宁专题文集·论辩证唯物主义和历史唯物主义》,人民出版社 2009 年。

38.《系统科学精要》,苗东升,中国人民大学出版社 2006 年。

39.《科学与社会秩序》,伯纳德·巴伯,顾昕等译,三联书店 1991 年。

40.《中国艺术意境之诞生》,见《美学散步》,宗白华,上海人民出版社 1981 年。

41.《自由的权利》,霍耐特,社会科学文献出版社 2013 年。

42.《哲学的创新》,高清海,吉林人民出版社 1997 年。

43.《科学社会学新论》,魏屹东,科学出版社 2009 年。

44.《论人类不平等的起源与基础》,卢梭,商务印书馆 1997 年。

45.《系统化思维导论》,温伯格[美],王海鹏译,人民邮电出版社 2015 年。

46.《费尔巴哈哲学著作选集(上)》,商务印书馆 1984 年。

47.《系统涌生原理》,温勇增,经济日报出版社 2014 年。

48.《分数维》,高安秀树[日],沈步明等译,地震出版社 1994 年。

49.《自然哲学之数学原理》,牛顿,王克迪译,北京大学出版社 2006 年。

50. 《爱因斯坦文集（第一卷）》，爱因斯坦，许良英、范岱年编译，商务印书馆1976年。

51. 《忏悔录》，奥古斯丁，商务印书馆1977年。

52. 《创造进化论》，柏格森，湖北人民出版社1989年。

53. 《信息哲学——理论、体系、方法》，邬焜，商务印书馆2005年。

54. 《人类理解研究》，洛克，商务印书馆1983年。

55. 《系统科学大学讲稿》，苗东升，中国人民大学出版社2007年。

56. 《系统科学与管理》，李建华、傅立，科技文献出版社1996年。

57. 《一般系统论——基础、发展与应用》，贝塔朗菲［美］，清华大学出版社1987年。

58. 《系统效用认识论》，温勇增，中国书籍出版社2012年。

59. 《创建系统学》，钱学森，山西科学技术出版社2001年。

60. 《西方人学观点史》，赵敦华主编，北京出版社2005年。

61. 《论灵魂》，亚里士多德。

62. 《会饮篇》，柏拉图。

63. 《论亚里士多德全集》第3卷，苗力天主编，中国人民大学出版社1997年。

64. 《论动物的繁殖》，亚里士多德。

65. 《中国人学思想史》，李中华主编，北京出版社2004年。

66. 《比较伦理学》，黄建中，山东人民出版社2011年。

67. 《尼可马可伦理学》，亚里士多德，商务印书馆2003年。

68. 《西西佛的神话》，加缪［法］，西苑出版社2003年。

69. 《中国文化要义》，梁漱溟，上海人民出版社2003年。

70. 《物质系统论》，张华夏，浙江人民出版社1987年。

71. 《哲学来自非哲学》，赵光武，北京师范大学出版社2011年。

72. 《自然辩证法》，恩格斯，人民出版社1956年。

73. 《系统哲学》，乌杰，人民出版社2008年。

74. 《社会学研究的方法论》，迪尔凯姆，华夏出版社1988年。

75. 《拓扑心理学原理》，库尔特勒温，浙江教育出版社1997年。

76. 《TRIZ创新理论与应用原理》，王亮申、孙峰华等主编，科学出版社2010年。

77. 《自组织方法论研究》，吴彤，清华大学出版社2001年。

78. 《物流场理论及应用研究》（博士学位论文），汤银英，西南交通大学，

2007 年。

79.《基于场论的物流生成和运行机理研究》（博士学位论文），赵冰，大连海事大学，2011 年。

80.《区域经济学》，周起业、刘再兴、祝诚、张可云，中国人民大学出版社 1989 年。

81.《从混沌到有序——协同学简介》，王贵友，湖北人民出版社 1987 年。

82.《科学技术概论》，胡显章，曾国屏，高等教育出版社 2004 年。

83.《中国哲学简史》，冯友兰，北京大学出版社 1985 年。

84.《人的哲学新路》，薛震德，人民出版社 2012 年。

85.《互联网+：国家战略行动路线图》，马化腾等著，张晓峰、杜军主编，中信出版社 2015 年。

86.《比特之城：空间·场所·信息高速公路》，米切尔［美］，生活·读书·新知三联书店 1999 年。

87.《艺术哲学》，刘纲纪，湖北人民出版社 1986 年。

88.《当代管理通论》，潘云良，中央党校出版社 2001 年。

89.《经济、科学与政治——哈耶克论文演讲集》，哈耶克［英］，冯克利译，江苏人民出版社 2009 年。

90.《科技技术概论》（第二版），胡显章、曾国屏主编，李正风主持修订，高等教育出版社 2006 年。

91.《柏拉图和马克思的政治哲学比较——以"政治哲学"观为主线》（博士论文），刘华萍，中山大学，2009 年。

92.《科学社会学》，罗伯特·默顿［美］，芝加哥大学出版社 1971 年。

93.《智慧之路》，卡尔·雅斯贝尔斯［德］，中国国际广播出版社 1988 年。

94.《对科学的傲慢与偏见》，斯诺［美］，陈恒六等译，四川人民出版社 1987 年。

95.《科学与社会秩序》，伯纳德·巴伯，顾昕等译，三联书店 1991 年。

96.《哲学人类学》，米契尔·兰德曼，1974 年。

97.《论说文集》，培根，商务印书馆 1983 年。

98.《现代化与日常生活批判》，衣俊卿，人民出版社 2005 年。

99.《逃避自由》，E. 弗洛姆，北方文艺出版社 1987 年。

100.《审美特性》（第 1 卷），乔治·卢卡奇，中国社会科学出版社 1986 年。

101.《道德教育原理》，杜威［美］，王承智等译，浙江教育出版社

2003年。

102.《文化模式》，露丝·本尼迪克［美］，王炜等译，三联书店1988年。

103.《论人类生态问题的习俗性》（硕士论文），裴昊，黑龙江大学，2011年。

104.《法理学》，胡旭晟，湖南人民出版社2001年。

105.《西方法律思想史》，张宏生、谷春德，北京大学出版社1990年。

106.《法边馀墨》，贺卫方，法律出版社1998年。

107.《改革开放以来的中国农村教会》，梁家麟，香港：建道神学院，1999年。

108.《宗教社会学史》，罗伯特·希普里阿尼［意］等，高师宁译，中国人民大学出版社2005年。

109.《爱欲与文明》，马尔库塞［美］，上海译文出版社1987年。

110.《淮南子集释·原道训》，何宁，中华书局1998年。

111.《老子校释·51章》，朱谦之，中华书局1984年。

112.《一般系统论》，贝塔朗菲，社会科学文献出版社1987年。

113.《历史哲学》，黑格尔［德］，三联书店1956年。

114.《十八世纪—十九世纪初德国古典哲学》，商务印书馆1975年。

115.《精神动力论》，骆郁廷，武汉大学出版社2003年。

116.《人之动力论》（上），徐冰，辽宁人民出版社1999年。

117.《道德与宗教的两个来源》，亨利·伯格森［法］，王作虹译，译林出版社2011年。

118.《道德原则研究》，休谟［英］，曾晓平译，商务印书馆2001年。

119.《心灵、自我和社会》，乔治·赫伯特·米德［美］，华夏出版社1999年。

120.《王阳明全集·教条示范龙场诸生》，明·王守仁。

121.《颜习斋先生言行录》，清·颜元。

122.《三国志·吴书·陆逊传》，晋·陈寿。

123.《与应尾应箕两儿书》，明·杨继盛。

124.《经学理窟·学大原下》，北宋·张载。

125.《古代家庭道德教育》，何桂美，中国地质大学出版社2010年。

126.《企业、市场和法律》，科斯，上海三联出版社1990年。

127.《现代公司理论》，高程德主编，北京大学出版社2000年。

128.《双重成本约束下的最优企业所有权安排——对共同治理的经济学分

析》，杨瑞龙、刘刚，载《江海学刊》，2002年第1期。

129.《国外企业本质理论的演进与评述》，董俊武、陈震红，载《经济管理》，2007年第5期。

130.《国家起源问题研究》，韩东屏，载《华中师范大学学报（人文社会科学版）》，2014年第4期。

131.《国家起源的理论》，罗伯特·L.卡内罗，陈虹、陈洪波译，载《南方文物》，2007年第1期。

132.《试论复杂系统思想对于科学哲学的影响》，吴彤，载《系统科学学报》，2013年第1期。

133.《谈社约论书》，王元化，载《开放时代》，1998年第4期。

134.《论毛泽东哲学自然观》，赵梦昭，载《求索》，1988年第1期。

135.《系统交换引论》，袁建宏，载《系统科学学报》，2010年第2期。

136.《系统辩证论丰富和发展了辩证唯物主义》，姚志学，载《系统科学学报》，2006年。

137.《一般系统论的发展》，贝塔朗菲［美］，载《自然辩证法学习通讯》，1981年增刊。

138.《超循环论和循环发展》，沈小峰、曾国屏，载《现代哲学》，1991年第1期。

139.《暗能量究竟是什么》，胡德良编译，载《物理学》，2007年第12期。

140.《控制论与信息情报》，李升，载《情报理论与实践》，2001年第6期。

141.《从不同领域信息学的比较研究再论信息的本质》，黄小寒，载《自然辩证法研究》，2005年第12期。

142.《系统生成论体系和方法论初探》，李曙华，载《系统科学学报》，2007年第3期。

143.《秩论——论系统学独特基本的研究对象》，温勇增，载《系统科学学报》，2010年第1期。

144.《实践关联关系的"场"与历史唯物主义的"物"———广松涉的"历史唯物主义"之理解》，杨思基，载《哲学研究》，2005年第3期。

145.《试论复杂系统思想对于科学哲学的影响》，吴彤，载《系统科学学报》，2013年第1期。

146.《经济场简论》，肖国安，载《经济学动态》，1995年第2期。

147.《关于差异的哲学概念》，乌杰，载《系统科学学报》，2008年第

2 期。

148.《儒家倡导的是天下为公还是天下为家——兼论晚年熊十力对孔孟的批判》,刘清平,载《探索与争鸣》,2013 年 11 期。

149.《改革开放以来中国民主政治的成长探索留下了深刻启示——中国民主的巨变与走向》,杨光武,载《北京日报》18 版,2015 年 4 月 13 日。

150.《世界民主模式演进的新趋势》,郑永年,载《联合早报》。

151.《"微时代"下市民生活习俗的变迁》,殷俊、喻婷,载《江西社会科学》,2012 年 12 期。

152.《从习俗到法治——试析英国法治传统形成的历史渊源》,陈晓律,载《世界历史》,2005 年第 5 期。

153.《"法治"与"法制"》,谭家康,载(法治论苑)《人民网》,1999 年 11 月 10 日。

154.《"理论之后"的中国文艺理论》,王一川,载《学术月刊》,2011 年第 11 期。

155.《马克思主义文艺理论研究的反思和展望》,陆贵山,载《中国人民大学学报》,2000 年第 1 期。

156.《论建设社会主义的精神动力》,赵应云,载《华中理工大学学报》(社科版),1997 年第 1 期。

157.《论中国传统文化中"家的哲学"现代重生的可能性》,孙向晨,载《复旦学报(社会科学版)》,2014 年第 1 期。

158.《论中国文化的基本精神》,张岱年,载《中国文化研究集刊》,1982 年第 1 期。

159.《也谈"人情"与"关系"的概念化》,黄国光,载《本土心理学研究》,1999 年 12 期。

160.《从"知性伦理"到"家本伦理"——关于中西传统伦理学的一个比较》,张再林、燕连福,载《中西文化交流与会通》,2009 年第 5 期。

161.《"家"的观念:概念、视角与分析维度》,白凯、符国群,载《思想战线》,2013 年第 1 期。

162.《"家"的结构分析:当代青年人"家"的内隐观研究》,李海青,载《心理科学》2008 年第 4 期。

163.《劳动分工与企业起源》,李琼,载《教学与研究》,2001 年第 2 期。

164.《企业本质理论及其演进逻辑研究》,杜晶,载《经济学家》,2006 年第 1 期。

165.《传统国家本质理论的反思与重构》,张传鹤,载《齐鲁学刊》,2006年第6期。

166.《构建富有道理的当代中国哲学》,王博,载《人民日报》16版,2017年2月6日。

167.《人类命运共同体理念的形成、实践与时代价值》,周宗敏,载《学习时报》,2019年3月29日。

168.《共同创造亚洲和世界的美好未来:在博鳌亚洲论坛2013年年会上的主旨演讲》,习近平,载《人民日报》第1版,2013年4月8日。

169.《党的十九大报告辅导读本》,人民出版社2017年。

后　记

搭乘天使翅膀的旅行结束了。

从人类社会现实出发，随着哲学之思维天使旅行，超越现实，行走在思维自觉到思维本性的道路上，探寻"人与物质"在辩证逻辑中的超循环螺旋上升，回归活生生的现实，旅行结束。

从序言开始，每章开头都采用"我同（虚构的）思维天使对话"的方式，抛出要探讨的问题、内容和观点；但愿，这能有益于阅读。

一个人，有份工作，有口饭吃，尚且能做点自己感兴趣的事情，是件幸事。人在人流中，当局者易迷，罔活者易趋！我立志在生活中思考着成长，而拒绝在罔活中麻木着变老。生活没有标准的模板，拨开迷雾，始得曙光，一个人怎样在生活中表现自己，他自己就是怎样的；人活着追求自己，但不能脱离社约工具来表达自己，个人意志与社会意志融合具有"人己社约"的阿基米德点：一个人怎样构建社约物表达和践行自己的意志，他同社会的社约关系就是怎样的，这归根结底是要形成阐明自己意志的社约物——个人通过这个点撬动社会意志，社会通过这个点约束个人意志。

假如我不去思维，世俗打败了我，还将指着我削不尖的脑袋说："看，这就是不自努力。"作为一种对生命内心的回应，我选择了思考。深沉的思维是少利的，选择的人不多，而我除了思考，尚未找到更好的兴趣。当获知在北京大学召开的第二十四届世界哲学大会主题是"学以成人"时，"人"与"系统"突然撞到了我的心口，擦出了惊讶"火花"：中国伟大的发展实践迫切需要对其现实逻辑进行发掘与整理，立足博大精深源远流长的中华文明，梳理一般系统人实践逻辑是有必要的。展望未来，人与自己、人与自然、人与群等关系依然是哲学的重大思考，对此，认为构建人的"心理意志—事物场"、自然与社会的"科学技术—物质场"、人类社会系统的"系统人—社约物场"及它们的相互关系，可以揭示人类稳态发展与自由发展之间博弈妥协的、全人系统的超循环螺旋发展进程，这可能是未来"全人教育""全人实践""全人发展"的研究内容之一。

自己为了给思维寻找一个相对独立的空间，少社交，孤静且煎熬，低头前行。思考中遇到了一些困境，2015年暑假因父亲生病，我独自回家乡看望，深深感受到父辈农人的勤劳和执着，感受到责任，坚定了我思考的信念。那年暑假的某日清晨，我记了一篇以《晨沁莲香》为名的日记，如下：

盛夏，清晨四五点钟，我被一阵香气沁鼻惊醒，再难入睡。寻香而去，径自坐在老家屋楼阳台，独享！

天微微亮，莲香和着晨雾如潮水般涌来。俯望，云雾缭绕，隐约可见一片片莲花田地镶嵌在山松和竹林之间，一切都很宁静。偶尔，村落尽头传来几声鸡啼夹着犬吠，穿透寂静。心却清亮，越发感觉莲香阵阵来袭，忍不住迎着莲香随风的方向，尽情地呼吸这天然氧吧的馈赠，一把，两把，三把……山和竹林把清晨的世界变得很小，围成"锅"状，锅底盛满莲香，经过一夜生发，潜入晨雾，它只属于黎明，而此刻却属于我。我在楼台高处，莲香从低处涌升，心与香碰撞，润物无声，慢慢地我被融化了，直至心醉。置身于天然"氧"与"香"的海洋，世界仿佛仅剩沉浸莲香的我！

忽然，一只白鹭惊起，从荷叶丛中掠过，消失在竹林。顺着白鹭栖落的方向，天边露出了鱼肚白，太阳孕育初升。朦胧中的竹林却像大姑娘一样扭扭捏捏起来，披着云雾白纱，欲解还绕，终究经不住太阳的热诱，渐卸白纱妆，尽露翠绿本色。"妆"亮的那一刻，溪边的竹和近山的松，翠绿浸润在一起，浓郁饱满挂枝头，唯恐滑落。早起的鸟儿跃飞，带走仅剩的几缕轻纱，抖落了满枝的一股股翠绿，泄了下来，直入田头；惊醒了张开的荷叶，伞状的绿，着着实实把它们接了个满怀。

太阳悄悄出来，喜看人间。往稍远处看，左侧莲田有斗笠在动，右边莲田有红衬衫在动，那是采莲人在莲田劳作，推开荷叶，轻采莲蓬，迎着朝霞，采出了阵阵莲香。爬升着的太阳，斜着屋檐照来；炊烟升起的地方，三五根电线，早有燕子立上头。燕或啄泥，或低飞觅食，惹得鸟儿纷纷早起。各种声音开始密集起来：麻雀儿、斑鸠儿、白头翁热闹交织开启了小合唱，远处树梢上的大山雀不时地响亮独唱，近处楼下的大公鸡也肆意鸣啼附和……它们奏着乐，歌唱着忙乎农活的人们。采莲人三三两两，挑着莲蓬满袋，披着荷叶露水打湿的长袖衬衫，铸就着家乡石城的莲乡美誉。突然，人群中一个熟悉的身影闪现，他就是父亲。父亲近了，消瘦的身子，皱纹满脸，晒就的古铜色皮肤仿佛述说着莲农勤劳的无上情怀……我的眼睛湿润了，莲香化作"家"的味道，倏地一下，占满心田。刹那间，我读懂了莲香之源！再闻，莲香弥漫，乡愁深烙！

  感受到家的支撑，就要感谢"家"，感谢妻子张兰金博士的支持和女儿温乐宜、儿子温正宇给我带来的欢乐，感恩父亲温盛华、母亲肖丁秀，也感谢自己常用阿Q精神减压。同时要感谢中国农业大学常近时教授的鼓励和帮助，诚挚感谢在写作过程中参阅和引用的有关观点和资料。最后，作者学识、能力有限，书中难免存在差错，请各位专家和读者批评斧正。